U0098563

公司法要義

許忠信

學歷／
臺南一中
國立臺灣大學法學士
國立政治大學法律研究所碩士
國立政治大學法律研究所博士班修業六年（肄業）
英國劍橋大學法學博士

經歷／
中華民國律師高考並經萬國國際法律事務所實習及格
教育部碩士後赴歐公費留學生（四年）
輔仁大學財經法律系專任助理教授（四年）
中正大學財經法律系兼任助理教授（一年）
德國海德堡大學經濟法國際私法研究所訪問學者(2006)
巴黎國際商會(ICC)主任仲裁人
櫃買中心上櫃審查委員
中華民國第八屆立法委員暨黨團總召

現職／
國立成功大學法律系教授

著作／
海商法要義（元照，2016年1月）
WTO與貿易有關智慧財產權協定之研究（元照，2015年6月，第二版）
國際專利公約及發展趨勢（智慧財產局出版，臺大編印，2009年1月）
國際著作權公約及發展趨勢（智慧財產局出版，臺大編印，2009年1月）
國際金融法之研究（元照，2006年8月）

三民書局

自 序

本人退伍後為準備律師高考而熟讀柯芳枝教授與鄭玉波教授之公司法，在進入政大法律研究所碩士班與博士班後，有機會向賴源河教授及曾世雄教授學習公司法，並在萬國國際法律事務所律師實習期間，向前司法院長賴浩敏律師學習公司法實務，之後到劍橋大學攻讀博士學位期間，為研究有關國際金融法之博士論文而研讀英國忠實義務法、公司金融法與公司法等法律為背景法學基礎，對公司法之法系差異開始窺其端倪。回國擔任教職後，在成大開設公司法與國際金融法等課程，並為上課之便而撰寫公司法講義，為本書之基礎。

近年來，公司常到海外設分公司或子公司，形成跨國企業而有國際企業化之傾向。有時，國際企業之經濟力與財力可能勝過一個國家。而且，國際企業之設立常涉及外人投資、工作機會、勞工保障、租稅收入等事項，因此，其法制之研究便非常重要。公司營運之國際化包括營業之國際化與融資之國際化。公司融資之國際化乃隨著全球資本市場之建立而形成，使公司常到海外股市上市或到海外證券金融市場融資。此部分非屬本書所探討之主題，而應屬資本市場法之領域，所以，本書僅介紹其公司法制之基礎面。

公司營業之國際化乃指公司到海外投資或設立營業據點，包括到所謂之租稅天堂（如英屬維京群島或開曼群島）設立紙上公司再轉赴第三國投資。此一現象使得公司法之比較法觀察變得更重要，但本人回國後有感於國內學界對大陸法系（如德國）公司法之陌生，學說亦多英美公司法之介紹，而常與我國之大陸法系基礎欠缺連結。因此，為教學之便從二〇〇四年自撰公司法講義開始，即著眼於公司法之基本原理在大陸法系與英美法系之差異，以及日本公司法在二次大戰後如何被折衷，並影響到我國公司法之修正。此一研究方式還原我國公司法規定之來源，介紹爭議之所在，並提出如何解決之觀點。而解決此些爭議需特別關注英國一九八五年公司法與取代之的二〇〇六年公司法之變動，德國有限公司法及股份法之近年發展，與日本二〇〇五年公司法及其後續之修正。因此，本書闡述體系為在介紹導論後，於本書第二篇介紹適用於四種公司類型之總則，之後再依序介紹所有公司類型之特別規定。而本書對公司法重要議題之探討會儘可能先介紹德國法等歐陸法系，與影響我國近年修法之英美法系，再參考二次大戰後已受英美法影響之折衷法制日本法如何處理該問題，最後進入我國法之探討。又全書註碼採連續排版方式，以利前後參照。

公司法之研究要感謝賴源河教授、蔡英文教授及劍橋大學 Richard Holley 院長在公司法及金融法之指導，而本書之完成，首要感謝三民書局編輯部與諸位同仁之編輯與出版協助，亦要感謝三民書局在眾多公司法書籍已問世之今日仍願意出版本書，另外亦要感謝本人助理藍玉傑之用心之校對，惟若仍有任何誤謬，則全屬本人之責。最後，要感謝先父許學仕與母親陳幸教養之恩，以及內人月琴、兒子維邦、女兒心瑜對本人學術研究工作之體恤。

許忠信　於台北閣樓書房

中華民國一一一年二月一日

公司法要義 目次

第二篇　公司法總則

第三篇　無限、有限與兩合公司

第四篇　股份有限公司

第五篇　關係企業

第七篇　外國企業

第一篇

導　論

第一章　公司之國際企業化

近年來，許多公司常到海外設立分公司或子公司形成跨國企業，而有國際企業化之傾向。有時，一家國際企業之經濟力與財力甚至可能勝過一個國家，而且，國際企業之設立常涉及外人投資、工作機會、勞工保障、租稅收入等事項。因此，已有實證研究證實，一國公司法之立法品質（包括其對投資之保障與對少數股東權之尊重等）除了影響該國資本市場之發展，最終亦影響其經濟成長，❶而使得我們須了解企業如何國際化。

公司營運之國際化包括營業之國際化與融資之國際化。公司融資之國際化乃隨著全球資本市場之建立而產生，公司到海外股市上市或到海外證券金融市場融資。公司營業之國際化乃指公司到海外投資或設立營業據點，包括到所謂之租稅天堂（如英屬維京群島或開曼群島）設立紙上公司再轉赴第三國投資。透過該方式有避稅、違反投資禁令或外匯管制之問題，甚至有洗錢防制之問題。因此，應當要求境外子公司與母公司合併財務報表以及國際合作揭露海外金融帳戶以讓避稅者無所遁形，以求租稅公平。因此，公司法與相關法制之研究便非常重要，我國公司法亦在此一環境背景下日漸成長。

公司型態雖是國際企業之主要類型之一，然而一跨國企業之法律形式並非以公司型態為限，而包括非公司類型之企業型態，例如基金或信託等型態，因此，我們需先探討企業之概念與其類型。

---

❶ Katharina Pistor et al., The Evolution of Corporate Law: A Cross-country Comparison, 23 U. Pa. J. Int'l Econ. L. 791, 793 (Winter, 2002).

第二章　企業之概念與類型

第一節　企業之概念

壹、企業、事業與營業之概念區分

公司法的課題包括企業併購與關係企業議題，所以，須先確立企業之概念，而要確立企業之概念，事業或營業等概念應與企業之概念做區分。雖然英美法系之“business”概念可包括營業與營業組織體，❷且大陸法系之“Unternehmen”亦同為經濟上的組織單位及交易之客體，❸但在日本法則多區分事業、營業與企業之概念，而我國學者則有部分區分事業與企業，但有部分將兩者同視，本書認為不僅應區分企業與事業，而且應進一步區分事業與營業。

所謂企業乃指獨立有計畫地持續進行營利行為之主體，而其所從事之營利活動則宜被稱為事業，例如合夥企業所經營之共同事業稱為合夥事業。❹詳言之，事業本來乃指一組織之活動或業務，包括非營利機構之公益事業與營利機構之營利事業，❺但日本公司法僅將營利性質企業之總體活動稱為事業。

---

❷ Paul Davies, Gower's Principles of Modern Company Law, 16th ed., Sweet & Maxwell, London, 1997, pp. 87, 105, 114.

❸ Karsten Schmidt, Handelsrecht, 5. neubearbeitete Aufl., Carl Heymanns Verlag, Berlin, 1999, S. 64, 138.

❹ 近藤光男，最新株式会社法，第八版，中央経済社，東京，2019年5月，頁1；龍田節、前田雅弘，会社法大要，第二版，有斐閣，東京，2017年5月，頁1–3。

❺ 川村正幸等三人合著，詳說会社法，第一版，中央経済社，東京，2016年9月，頁4。

營利性質之企業在組織體上包括獨資企業（或稱個人企業）與公司企業。商號（包括公司名稱）乃商人在營業上表示自己之名稱，所以，商號與營業在概念上結合，而此一結合度有高低之別：在個人形式之商人（個人企業），商號與營業概念結合度很強，而使個人商人在一個營業使用一商號，在數個營業使用數個商號；相對地，在公司形式之商人，公司名稱即為商號，商號與營業（在公司宜集體稱為事業）概念之結合度弱，不僅商號（公司名稱）與營業可被分別轉讓，而且在一公司一商號之原則下雖可有複數之營業，但公司營業之總體被日本法合稱為事業，而與個別之營業相區別。❻這是因為日本法藉判例將事業當成一有機體，而可為企業讓購之客體，而我國公司法則仍與個人企業一樣將事業稱之為營業，例如公司法第一八五條第一項即稱「讓與全部或主要部分之營業」，而產生為何營業可以被讓與之問題。

貳、企業之定義與類別

一、企業之定義

企業之概念對關係企業、企業併購法、競爭法（公平交易法）與商業登記法等法律為關鍵之基本概念，但卻無統一之概念，而是依各該立法之規定或依其規範意旨而定。❼

企業之概念有廣狹義之分。廣義之企業概念包括非營利企業（公益社團法人、公益財團法人、一般社團法人與一般財團法人等不分配盈餘亦不分配剩餘財產者）與營利（狹義）之企業。然而，一般多採狹義企業概念，而僅指人類為經濟活動而產生之營利企業（英文為 “enterprise/business”；

---

❻ 黒沼悅郎，会社法，初版，商事法務，東京，2017年8月，頁37、41；前田庸，会社法入門，第十三版，有斐閣，東京，2018年11月，頁8。

❼ Adolf Baumbach & Klaus Hopt, Handelsgesetzbuch, 31., neubearbeitete und erweiterte Auflage, Verlag C. H. Beck, München, 2003, S. 10; Karsten Schmidt, a.a.O., S. 64.

德文為“Unternehmen”)，包括獨資，合夥與公司等。因此，企業（狹義）之概念，根據德國 Raisch 氏之定義，乃指任何一個獨自藉由持續組織之經濟單一體，向另一市場參與者提供有經濟價值之給付之組織。❽類似地，日本學者亦將企業定義為有計畫而繼續性地基於收支計算而從事經濟活動之獨立的經濟單位。❾我國學者曾世雄教授亦將企業界定為營利主體之統稱，❿所以，個人為自己之使用而買賣房屋或消費用品並非企業，而政府所進行之事業則有很多具有營利企業之性質，因此，可將企業區分成公營企業與私人企業等類別。

二、企業之類別

企業類型首先須區分公營（國營）企業與私人企業。我國法律與大法官會議解釋常將企業稱為事業，例如公平交易法與國營事業管理法。依大法官會議第八號解釋與公營事業移轉民營條例第三條之規定，政府資本超過百分之五十之事業為公營事業。可見，我國法將公營與國營同視。與公營（國營）相對者為私人企業或民營企業，即資本超過百分之五十屬於民間之企業。⓫就公司型企業而言，其可為國（公）營，亦可為私人（民營）企業，而且嚴格而言，更可承認一種半民營之公司企業，即政府對之有控制力但出資未達百分之五十之企業。

企業除可被區分成公營企業與私人企業外，私人企業又可被區分成個人企業與共同企業。個人企業僅有單一企業主，其雖較有彈性，但資本較

---

❽ 此定義被引用於 Karsten Schmidt, a.a.O., S. 65.

❾ 吉本健一，会社法，第二版，中央経済社，東京，2016年8月，頁3、4；近藤光男，前揭書，頁1；川村正幸、品谷篤哉、酒井太郎，商法總則——商行為法，新世社，東京，2019年7月，頁7；青竹正一，商法總則——商行為法，信山社，東京，2019年3月，頁7。

❿ 曾世雄，企業設計法，自刊（三民書局總經銷），台北，1995年1月，頁1。

⓫ 姚志明，公司法，第二版，新學林，台北，2020年5月，頁16；廖大穎，公司法原論，修訂第八版，三民，台北，2019年8月，頁5。

小，債信有限，未能危險分擔，而且個人生命有限，⓬因此，為克服此一困難遂由數人參與一企業稱為共同企業，包括民法上之合夥企業、隱名合夥企業、有限責任合夥企業、利益協同團體、投資法人（日本有關投資信託及投資法人之法律所設立）、信託與公司企業，而以公司企業最為普遍。鄭玉波教授則將共同企業更進一步區分為三種形態：合夥企業；公司企業；合作企業。⓭所謂合作企業應指數人合作而未成立一公司者，例如聯合開發企業 (Joint Venture)，聯合開發若採具法人格之方式則可用無限公司之型態為之，近年來合作企業亦常以隱名合夥（例如日本近年之飛機融資性租賃與不動產證券化採之）與信託型態為之，而信託本身與隱名合夥雖皆無法律人格，但出資人（隱名合夥人與信託人）僅負有限責任而由合夥人與受託人執行其業務。⓮

由上述可見企業類型之多樣化，但我國公司法關係企業章僅規範公司類型之企業，甚至我國企業併購法上之企業採更狹義之概念而僅指股份有限公司及金融機構等較大型之企業。其實，企業本有大有小，而不論大小企業，其對外均須使用一名稱作為表徵，即商號。

三、企業與商號之區別

我國商業登記法所規範之商業主體（企業）之名稱，在公司稱公司商號為公司名稱，⓯在有限合夥則被稱為有限合夥名稱，而獨資與合夥之名稱則常被稱為商號。商號乃表徵商業主體，故與表徵商品或服務之商標有所不同。但我國法制常將商業主體（企業）稱為事業，並將以營利為目的

⓬ 柴田和史，会社法詳解，第二版，商務法務，東京，2018年3月，頁1；近藤光男，前揭書，頁1。

⓭ 鄭玉波，公司法，第二版，三民，台北，1983年8月，頁1。

⓮ 神田秀樹，会社法，第二十一版，弘文堂，東京，2019年3月，頁2-3；黑沼悦郎，前揭書，頁4。

⓯ 梁宇賢，公司法實例解說，第三版，自刊，台北，1991年9月，頁71。

之事業稱為商業，而且，我國實務早期亦有將商業稱為商號者，⓰而產生以商號表示商業主體（企業）之混淆情況。現在商業登記法已統一稱商號為商業名稱（如第二七及第二八條），不再如舊法有時稱商業名稱有時稱商號名稱。可見，現行商業登記法已不再以商號表示商業主體（企業）。因此，本書將商業名稱統稱為商號 (Firma)，而在公司則稱之為公司名稱。⓱所以，不宜再以商號來表示商業主體（企業）。不過，與公司因有權利能力乃以公司名稱標示其企業主（公司本身）不同地，在沒有權利能力之企業，商號仍為該企業之企業主被標示之名字（因為企業主才有權利能力），所以，商號仍呈現出企業主與企業間之關係，而使得任何以商號簽約者乃以企業主之名就該企業而簽約。⓲此時，我們需進一步了解企業與企業主如何被區分。

參、企業與企業主之區分

企業 (Unternehmen) 並非企業主 (Unternehmenträger)，因為一企業如前所述未必有權利能力，而只有企業主才必有權利能力，因此，當一企業並無權利能力時，企業主才是該一企業之權利義務之歸屬主體。⓳

所謂企業主乃擁有企業組織之人，獨資企業之企業主乃自然人，合夥企業之企業主為合夥人，而公司企業之企業主為該公司法人。⓴然而，設立中公司雖尚未有權利能力，其亦為企業主，而關係企業乃數企業結合而具有功能上單一性（非法律上單一性）之總體，但其並非一法人，所以，亦非單一之企業主。㉑所以，企業本身雖為經濟上之一組織，但在法律上

⓰ 民國4年最高法院上字第109號判例；行政法院47年判字第48號判例。

⓱ Karsten Schmidt, a.a.O., S. 214, 338；高橋紀夫，会社法，初版，嵯野書院，京都，2016年12月，頁18；神田秀樹，前揭書，頁13；吉本健一，前揭書，頁37。

⓲ Karsten Schmidt, a.a.O., S. 339.

⓳ Karsten Schmidt, a.a.O., S. 78–81, 86.

⓴ Karsten Schmidt, a.a.O., S. 82, 98；廖大穎，前揭書，頁6。

㉑ Gesellschaftsrecht, 4. neubearbeitete Aufl., Carl Heymanns Verlag, Berlin, 2002, S. 52.

並非一權利主體，而且亦非權利之客體。

肆、企業並非單一權利客體

在大陸法系，企業本身並非權利主體，亦非單一權利之客體，企業整體並不構成物權之客體，所以，不僅對企業並不能主張單一財產權，企業主亦不能轉讓該企業本身，債權人當然亦不可查扣該企業本身，但實務上的確有必要承認企業在經濟功能上有單一性（非法律上單一權利客體），所以，德國法在債權行為（負擔行為）方面乃擴張主物（如公司基地）之買賣等處分及於從物之方式來因應，但物權（處分）行為方面則仍須針對個別之財產或權利為處分，所以，在大陸法系要將企業當成一單位來加以轉讓，而造成整個企業集體財產、權利與債務之讓與乃不被允許。[22]

英美法則承認企業 (business) 之財產性格而可加以企業讓購，日本法雖屬大陸法系，但受英美法之影響而將企業（日本法稱為事業）當成有機的一組織體（包括債權與債務）而可加以讓購，但我國法上則尚未有此種判例。

不論是英美法系或大陸法系，一公司之財產雖同時為企業財產，但在個人企業中，企業財產與私人財產即有所區別。[23]而且，在公司類型之企業併購時尚可有股份買賣 (share deal) 與資產買賣 (asset deal) 兩種方式供選擇，後者乃兩個企業主間對公司資產（財產，權利與義務等）的買賣，[24]而前者為對公司股份之買賣，顯然較簡單迅速，這使得我們須先了解為何有人選擇公司做企業類型而有人選擇了其他類型，知道這其間是如何被抉擇的。

---

[22] Karsten Schmidt, a.a.O. (Fußnote 3), S. 138–141.

[23] Karsten Schmidt, a.a.O. (Fußnote 3), S. 83.

[24] Karsten Schmidt, a.a.O. (Fußnote 3), S. 143.

第二節　企業之類型

壹、企業類型之抉擇與設計

傳統上企業之型態雖以個人與公司型態為主，但隨著現代經濟活動之不確定性增加，設備資金之提供者、勞務提供者與原物料供應者等利害關係人間如何進行決定權限分配，成功時獲利如何分配，失敗時損失如何分擔等，一國之法制原則上應容許有多樣性之企業型態供其做選擇。

一企業在選擇商業組織型態方面除該國法律有所限制外（例如有些國家要求律師與會計師須以合夥之形式為之，又例如日本銀行法及我國銀行法原則上要求銀行須以股份有限公司之形式為之），原則上有選擇之自由。選擇之考量因素包括股東有限責任與無限連帶責任，該組織有無法律人格，欲永續經營或僅一時之任務，要階層組織或運作彈性，投資轉讓自由度高低，租稅負擔輕重及租稅優惠與否。在抉擇時須先區分組織型態之抉擇與業務型態之抉擇。

就組織型態而言，一企業可採公司型態，亦可採非公司之型態，例如獨資企業、信託、合夥、有限合夥、聯合開發 (joint venture) 等。至於連鎖店則可能採分公司之方式，亦可能採加盟店之方式，若採加盟店之方式，則已屬業務型態區分，而與組織型態無關，因此，其在外觀上係本公司之一部分，實際上為獨立之單位，而有兩個法律人格，雖可藉他人之力擴大行銷網絡，但亦有加盟店以公司名義對外為法律行為可能被解釋為表見代理公司行為之問題。[25]可見，是否具有獨立之法律人格常是抉擇企業型態時的重要考量因素。

---

[25] 曾世雄，前揭書，頁 48–49。

貳、企業類型與法律人格

我國商業登記法所規範之商業主體（企業）有獨資、民法所規範之合夥及隱名合夥、有限合夥法所規範之有限合夥以及公司法所規範之四種公司。當一企業為非自然人之組織體時，其有具法人資格與不具法人資格之分。[26]

一、該類型之企業在我國法上並無法律人格者

一企業（商業）可為獨資或合夥企業，其主體本身並無法人資格。此時，商業名稱依據商業登記法之規定不得使用公司字樣。不過，商業名稱若與其他公司之名稱相同或類似，則不受限制。[27]我國企業型態以合夥方式為之者在數量上並不多，另外尚有隱名合夥與合夥類似，[28]不論是何種合夥，其與信託同樣在我國法上並無法律人格。所以，隱名合夥須由出名營業人，而信託乃由受託人，擁有該組織之權利與義務。

二、該類型之企業在我國法上有法律人格者

有法律人格之企業包括我國之有限合夥，合作社與公司（但德國之無限公司及兩合公司並無法律人格）。財團法人限以公益為目的，不得從事營利活動，雖然實務上有以公益為名行牟利之實者，但仍不屬企業之類型。[29]社團法人未從事經濟活動者非屬企業類型，而從事經濟活動者，有從事對內經濟活動之合作社（例如信用合作社與農漁會）與對外經濟活動之公司，兩者皆屬企業類型而以公司型態較為重要。

---

[26] 曾世雄，前揭書，頁 1。

[27] 經濟部 57 年 4 月 30 日商字第 15399 號函。

[28] 廖大穎，前揭書，頁 8。

[29] 曾世雄，前揭書，頁 26。

第三節　公司為最重要之企業類型

壹、公司之概念與要件

一、公司之概念

經濟生活中的企業，常以公司的型態來呈現，而公司（英文為"company"或"corporation"）之概念則是經過一段時間的演變。現在，"company"一字在一般用語上乃指一群人為進行營業以獲利而結合在一起之組織，包括我國法上之公司與合夥，因為英文之"company"在十六世紀時僅與合夥相同地為數人為某一共同目的而形成的組織，[30]當時之"company"並非具有獨立法律人格之實體。到十七世紀初期，英荷兩國競爭激烈（一六二三年荷蘭在印尼打敗英國，英國遂於一六二四年制定獨佔條例賦予自荷蘭或法國引進發明者專利獨佔權），雙雙成立其東印度公司。由於荷蘭從西班牙獨立乃有賴士紳之力，因此，早在一六〇二年即自士紳募股籌資進行國際貿易，成立全世界首家股份有限公司，稱為荷屬東印度公司，乃現代股份有限公司之濫觴。[31]為與之競爭，英國亦在十七世紀初經英王之特許成立英屬東印度公司。此時，英國法所謂之"company"，雖已屬一種將所屬資本切割成股份 (share) 之事業體，但仍是合夥之性質，而需到十九世紀中才多指具有法律人格之股份有限公司。此時，法律人才開始明白區分公司 (company) 與合夥。至於所謂"corporation"則為依法組織設立之公司，所以，其必具有法律人格。

---

[30] Paul Davies, ibid., p. 3.

[31] 龍田節、前田雅弘，前揭書，頁7；柴田和史，前揭書，頁2。

二、公司之要件

公司之要件，依我國公司法第一條之規定，公司須以營利為目的，依我國公司法組織、設立登記而成立之社團法人。因此，公司之核心概念有社團性，營利性與法人性三者。[32]

㈠社團性

我國公司，依據公司法第六條之規定，非在中央主管機關（即經濟部）登記後，不得成立。因此，公司已不必像其他社團一般須在法院辦理法人登記，已與日本時代的規定不同。公司法第一條之所以要求公司須「依照本法（即公司法）組織、登記、成立」乃是因為我國採民商合一制，而我國民法第四十五條規定，以營利為目的之社團，其取得法人資格依特別法之規定。此處之特別法即為我國公司法。[33]因此，我國公司須依據我國公司法組織設立，顯然公司法在公司國籍之認定上採準據法主義。[34]依據此主義，公司法第四條第一項乃規定，外國公司乃以營利為目的依外國法律組織登記而成立之公司。例如，依日本公司法（會社法，以下稱日本公司法）組織設立之一人公司，因日本公司法已不再規定公司須為社團，所以其為外國公司並無問題，但公司法第一條第一項既仍明定公司為一「社團法人」，則一人能否成立一公司便產生爭議。

1.社團之意義

所謂社團有廣狹義之分。廣義社團說認為社團乃相對於財團法人，所以，只要以人（包括一人）為構成要素即為社團。而狹義社團乃廣義社團中（即以人為成員之社團中）相對於合夥之團體，即團體之組織明確，藉機關而行動，成員即使變動亦不失其持續性，而使得團體內部關係並非如合夥般僅為構成員間之關係，而是包括了成員與團體間之關係者，即為一

---

[32] 川村正幸等三人合著，前揭書，頁3。

[33] 姚志明，前揭書，頁8；鄭玉波，同前[13]，頁14。

[34] 柯芳枝，公司法論，增訂初版，三民，台北，1997年10月，頁5。

社團（外國法中有所謂無法律人格之社團參照）。公司之社團性本來是指狹義之社團，但由於我國與日本公司法對所有類型之公司皆承認具有法人性，而已有組織，所以，此一狹義社團性之意義變得不重要。尤其，日本法法制並不否認廣義社團說，而且，日本民法傳統上就承認一人社團之存在，因此，多數人之結合已非社團之本質要素，進而使日本公司法不再規定公司一定需為社團了。㉟

2.形式上之一人公司與社團性

二〇一八年修法後，雖然無限公司與兩合公司仍不允許一人公司，但有限公司與股份有限公司以法人或政府為股東時，則允許一人公司。而且，實務上，有可能一人成立一有限公司，再以該有限公司法人成立一法人之股份有限公司。

在公司法學理上，應否承認形式上一人公司，學說上雖曾有否定說認為，公司為社團法人，需為人與人之結合，形式上一人公司僅有一位股東，因此，欠缺社團性而不應被允許。現在通說採肯定說，而對一人公司之「社團性」，則以「潛在的社團說」來加以闡示。依潛在性社團說，一人公司之股份雖集中於單一股東，但其後可能股份轉讓或出資轉讓而有複數股東之可能，因此，可認為一人公司具有潛在之社團性。㊱

本書認為，否定說乃著眼於大陸法系之傳統社團概念，而堅持社團須有兩人以上方可，而肯定說則試圖鬆綁社團性。一人公司乃由於個人企業為享受有限責任而成為有限公司或股份有限公司之控股公司，而且，大企業亦有成立一人完全母公司之經營策略必要性，所以，英美德日法制皆已承認之。㊲

㉟ 吉本健一，前揭書，頁8-9。

㊱ 神田秀樹，前揭書，頁7；高橋紀夫，前揭書，頁9-10；三枝一雄、南保勝美、柿崎環、根本伸一，基本会社法，第一版，中央経済社，東京，2015年9月，頁15；龍田節、前田雅弘，前揭書，頁56。

㊲ Karsten Schmidt, a.a.O. (Fußnote 21), S. 1243；江頭憲治郎，株式会社法，第七版，有斐

在一母公司持有百分之百之子公司股份之情況，雖有人否認其為社團，但其仍具有獲得複數社員之可能性而可被稱為潛在之社團。[38]而且，日本亦有學者對社團性採上述之廣義社團說，並認為一公司即使因擁有自己全部之股份而全無其他社員，其亦不須被解散，[39]因此我國法實不應太過於強調公司之社團性。

3.實質上一人公司

二○○一年修正公司法後，自然人股東之股份有限公司須有兩人以上，對於其他股東僅為掛名之形式上數人但實質上一人之公司，應否被承認之問題，我國實務見解有採否定說者，[40]認為實質意義之一人公司係以信託方式規避公司法有關股東最低人數之限制，而屬一脫法行為。然而，我國學說多數認為，基於企業維持之需求，只要公司之存續及經營不至於危害社會，不妨允許其存在。[41]

(二)營利性

所謂以營利為目的乃指公司目的乃為將對外營業所獲之利益，不只為公司本身之利益而獲得，而且尚須將該獲利以盈餘分派或剩餘財產分派方式分配於其股東。[42]所謂股東乃指社員，因為我國四種公司類型中雖僅有股份有限公司有股份，但四種公司之社員皆被稱為股東。此一營利性因二○一八年公司法第一條第二項規定之增訂，引進較大型公司之社會責任而

閣，東京，2017年11月，頁28（註2）。

[38] 神田秀樹，前揭書，頁7；高橋紀夫，前揭書，頁9–10；三枝一雄、南保勝美、柿崎環、根本伸一，前揭書，頁15；近藤光男，前揭書，頁6；柴田和史，前揭書，頁19–20。

[39] 黑沼悅郎，前揭書，頁30。

[40] 此說為修法前實務所採，經濟部79年1月16日經商字第064942號函參照。

[41] 廖大穎，前揭書，頁58。

[42] 川村正幸等三人合著，前揭書，頁4；神田秀樹，前揭書，頁6；吉本健一，前揭書，頁10–11；黑沼悅郎，前揭書，頁28；龍田節、前田雅弘，前揭書，頁52；賴源河（王志誠修訂），實用公司法，增訂二版，五南，台北，2019年9月，頁66。

有所改變。

1. 對外經濟活動所獲利益之分配

所謂以營利為目的，必須公司所營事業乃為對外的經濟活動，而分配獲利給內部社員。因此，以對內為經濟活動而賦予構成員直接經濟利益為目的之中間法人，例如合作社、合作金庫、農漁會或相互保險公司等即使會分配盈餘給成員，但仍非公司法上之公司，因為其乃基於相互扶持目的而非以營利目的。[43]此外，公司應將所獲利潤分配給股東。[44]因此，公司章程不得規定股東無盈餘分派請求權而且亦無剩餘財產分配請求權，因為此將與公司之營利性有違而無效。[45]

2. 股東利益最大化原則

傳統上公司既以營利為目的，而董事等執行業務者對公司負善良管理人之注意義務以及忠實義務，自當追求股東利益之最大化，稱為股東利益最大化原則。此一原則乃是與公司有利害關係者間之利害調整原則，因為股東權屬殘餘請求權 (residual claims)，而在受償順序上劣後於公司債權，因此，追求股東利益最大化不僅使公司及其股東受益，亦使債權人之利益最大化，而使得與公司相關者之全體總價值最大化。[46]

股東利益最大化原則之具體法律效果為，第一，違反此一原則之股東（會）決議無效，第二，董事等公司負責人之善良管理人注意義務及忠實義務，乃意味著追求全部股東經濟利益最大化之義務。[47]然而股東利益最大化原則僅屬次佳之策而不能被絕對地貫徹，因此，公司法對之有所緩和，包括，第一，當公司章程有不符股東利益最大化原則之規定，例如規定一

---

[43] 神田秀樹，前揭書，頁 6；江頭憲治郎，前揭書，頁 22；柴田和史，前揭書，頁 18；川村正幸、品谷篤哉、酒井太郎，前揭書，頁 19。

[44] 黃銘傑，公司法制修正之背景因素與基礎理論，收錄於其所編，公司治理與企業金融法制之挑戰與興革，初版，元照，台北，2006 年 9 月，頁 3、15–16。

[45] 吉本健一，前揭書，頁 10–11；近藤光男，前揭書，頁 5–6。

[46] 江頭憲治郎，前揭書，頁 24（註 3）。

[47] 江頭憲治郎，前揭書，頁 23、25（註 4）、435（註 1）。

定比例之盈餘分配給對公司有貢獻者而非全部給股東，除該比例過高以致於違反公司營利目的之本質而無效外，該章程未必無效；第二，董事之日常經營裁量權相當廣泛，所以，要主張其有違追求股東最大利益之善良管理人注意義務甚為困難；第三，由於股東為殘餘請求權人，股份有限公司及有限公司之股東甚至僅負有限責任，因此，當公司在債務超過或瀕臨超過時，董事等孤注一擲之冒險投資行為，雖屬追求股東利益最大化之行為，但由於其可能使公司債權人受害，不應被允許，相同地，亦不應因追求股東利益最大化而從事違反刑法或其他違法之行為；第四，董事即使為對股東利益無貢獻之捐贈行為，只要與公司之規模、業績等無不成比例之情形，由於董事之裁量權甚大，因此，不生義務違反之問題，此即所謂之公司社會責任議題。[48]

3.較大型公司之社會責任

(1)自由主義與集體主義之差異

較大型公司雖以營利為目的，但需兼顧公司社會責任。隨著公司規模之擴大，與公司利害相關者 (stakeholders) 例如受僱人與地方環保人士等漸增，而其利益與股東之利益未必一致，因此，會產生公司負責人在經營一家公司進行營業活動時，須以股東利益為唯一考量，或尚應考量到員工或社區居民等利害關係人及社會整體之利益之問題。[49]有關此一問題，有基於自由主義思維而尊重市場機制以追求股東之利益為唯一優先考量者，稱為股東利益優先論 (Shareholder Primacy)，[50]其認為受僱人、顧客、社區與社會之利益保護乃應由勞動法，消保法或環境法等來確保，否則因董事之超大裁量權處於無監督之狀態 ，將有損害公司經營效率與股東利益之風險。[51]亦有基於集體主義之考量而認為公司使用社會資源如交通設施而營

---

[48] 江頭憲治郎，前揭書，頁 23、24（註 3）。

[49] 川村正幸等三人合著，前揭書，頁 32；近藤光男，前揭書，頁 4、21。

[50] Paul Davies, ibid., pp. 67, 68.

[51] 黑沼悅郎，前揭書，頁 17；江頭憲治郎，前揭書，頁 25（註 3）。

運，因此，公司負責人在做決策時不僅應考量股東之利益，亦須考量勞工等其他利害關係人與社會整體之利益，稱為企業社會責任論 (corporate social responsibility)。[52]

⑵英國法與德國法及日本、美國法對照

公司社會責任之立法例，英國法傳統上偏重董事乃追求股東最大利益，而歐陸法如德國法早期從十七世紀即開始重視公司之社會責任，[53]因為大型之公司對社會影響較大，而股東已漸失對公司之支配，所以，不能再被視為一完全私有企業。日本明治維新替日本設立五百家企業之涉澤榮一在十九世紀亦提出經濟（算盤）與道德（論語）合一論。美國則從一九三〇年代開始討論之，尤其是公開發行公司或大型公司，美國之討論比英國早很多。[54]這是因為英國註冊公司乃源自合夥，所以注重股東之經濟利益。[55]而且，公司契約論發展出代理理論，而強調要縮小管理利益與股東利益之差距以控制代理成本，因此，要求董事乃為股東利益而經營，而且，認為最大化股東利益乃董事之忠實義務內涵。[56]

---

[52] 賴英照，股市遊戲規則——最新證券交易法解析，第三版，自刊，台北，2019年9月，頁139；高橋紀夫，前揭書，頁7–9。

[53] Andrew Keay, Takerholder Theory in Corporate Law, 9 Rich. J. Global L. & Bus. 249, 250, 254, 255 (Summer, 2010); Vincenzo Bavoso, The Corporate Law Dilemma and the Enlightened Sovereigh Control Paradigm, 12 Brook. J. Corp. Fin. & Com. L. 241, 254 (2018); Martin Gelter & Alexandra Reif, The UK's Influence on EU Company Law, 40 Fordham Int'l L.J. 1413, 1420 (August, 2017).

[54] Paul Davies, ibid., pp. 68, 69; Afa Afsharipour, Redefining Corporate Purpose: An International Perspective, 40 Seattle U. L. Rev. 465, 472 (Winter, 2017); Andrew Johnston, The Shrinking Scope of CSR in UK Corporate Law, 74 Wash & Lee L. Rev. 1001, 1005 (Spring, 2017); Vincenzo Bavoso, ibid., 246–251.

[55] Andrew Johnston, ibid., 1008.

[56] Min Yan, Corporate Social Responsibility versus Shareholder Value Maximization: Through the Lens of Hard and Soft Law, 40 NW J. Int'l L. & Bus. 47, 55, 63 (Fall, 2019).

⑶主要國家立法之抉擇

大體上，現在主要國家之公司社會責任規範多為自願性的規範，包括自願性揭露之法制，[57]但亦有以強制性規範做要求者，後者則可能以法律責任強制之，亦可能僅規定公司須將公司所做的盡責行為加以揭露。[58]在承認董事有忠實義務之國家，公司社會責任之立法抉擇會涉及公司負責人對公司之忠實義務，特別是與其是否違反忠實義務之裁量有相當大之關連性。[59]

⑷我國之修法引進

我國法用間接與直接兩種方式來落實公司社會責任。當社會責任規範體現於商業倫理規範時，我國法藉要求公司須遵守商業倫理規範的方式間接以義務型規範落實之，而當社會責任並未形成商業倫理規範時，我國法藉直接賦予公司負責人裁量權限的方式落實之。

公司法第一條第二項要求公司應遵守商業倫理規範，而使商業倫理規範具有法律拘束力，[60]而有可能使違反商業倫理規範之公司產生違反契約義務之民事損害賠償責任。所謂商業倫理規範，例如各商業同業公會所訂定之自律規範。商業倫理規範並非法律規範，但英美法上，公會自律規範會形成公會會員與其客戶間契約之蘊涵條款 (implied tcrms) 而有契約拘束力，我國法藉公司法第一條第二項之規定，應可達到相同效果。

---

[57] Constance Z. Wagner, Evolving Norms of Corporate Social Responsibility, 19 Transactions 619, 624 (Spring, 2018).

[58] Min Yan & Daoning Zhang, From Corporate Responsibility to Corporate Accountability, 16 Hastings Bus. L.J. 43, 45, 57 (Winter, 2020); Afa Afsharipour, Redefining Corporate Purpose: An International Perspective, 40 Seattle U. L. Rev. 465, 467, 468 (Winter, 2017).

[59] 方元沂，公司型社會企業，收錄於方嘉麟主編，變動中的公司法制，初版，元照，台北，2019 年 1 月，頁 356；楊岳平，新公司法與企業社會責任的過去與未來，中正財經法學，第 18 期，2019 年 1 月，頁 43、61、63、82。

[60] 賴源河（王志誠修訂），前揭書，頁 68；陳連順，新公司法，初版，自刊，台北，2019 年 1 月，頁 9、10。

至於公司負責人之侵權行為責任方面，我國有學者認為此些商業倫理規範，包括產業公會之自律規則或商業同業公會之商業慣例，可形成法院在認定公司負責人是否違反公司法第二三條第二項之侵權責任規定之考量因素之一，而形成義務型企業社會責任規範。[61]本書贊同此一見解。

至於公司法第一條第二項後段所稱之「得採行增進公共利益之行為，以善盡其社會責任」，條文使用「得」字表示其賦予公司負責人裁量權限而不會違反忠實義務，因為有此一規定之允許後，當公司負責人為公司進行非營利而有益於公眾之行為時，便不應再被認定為違反其對公司之忠實義務了。這是因為要落實公司社會責任有必要給經營者較大之裁量空間，[62]例如日本公司法雖無類似我國公司法第一條第二項之規定，但該國最高法院判例以及有力學說仍認為公司負責人為政治獻金等捐獻行為並不違反其對公司之忠實義務，[63]而且，日本判例就政治獻金所為之判例原理對其他一般之捐贈亦有其適用。[64]

㈢法人性

公司為一法人，由法律所創設，並為得享受權利負擔義務之事業體。[65]因此，公司在我國法有獨立之人格，得為權利義務之主體而有權利能力。

1. 意　義

公司之人格與股東之人格係各自獨立，二者不可混淆。公司為一社團法人，而由「股東」所組成，此與財團法人乃由捐助之財產所成立者有所不同。公司股東必須具有權利能力，所以，其可為自然人與其他法人，但不可為獨資企業或合夥企業。

由於無限公司之股東對公司之債務須負連帶無限責任，所以股東之有

[61] 楊岳平，前揭文，頁43、60、63、78–79、80、82。
[62] 川村正幸等三人合著，前揭書，頁35。
[63] 吉本健一，前揭書，頁13–14；高橋紀夫，前揭書，頁12。
[64] 江頭憲治郎，前揭書，頁26（註5）。
[65] 最高法院20年上字第2255號判例。

限責任並非法人性之特徵。66

2.目 的

公司在法律設計上被賦予法人格後，除了能成為權利義務之主體而使社團之管理與權利義務關係之處理簡明化外，67由於財產歸屬於公司而不必將財產信託給受託人，68不僅較簡單而且可確保團體統一活動之圓滑，69並達到公司較個人企業永續經營的效果。70

3.法人財產之權利義務與社員獨立分離之層次

有法律人格使得法人之財產及權利義務能與社員獨立，公司對外活動所生之權利義務屬於公司，社員彼此間原則上已無關係，而變成社員與公司間之關係，即使是控制公司與被控制公司間之關係亦同。71而且，要對法人產生效果之行為須由法人機關所為，因為社員在此方面之權限受了限制，但法人化與股東有限責任乃兩事，72因為公司法所承認之四種公司在此方面仍有程度上之不同，例如股份有限公司與其股東之關係最為獨立，而無限公司股東因仍對公司債務負連帶無限責任而最不獨立，而有限公司股東雖僅負有限責任而與股份有限公司之股東相同，但由於有限公司之機關為股東所組成之所謂自己機關，而與股份有限公司之機關乃所謂第三者機關者不同，因此，日本有學者將獨立與分離最徹底之股份有限公司稱為完全法人。73而日本與我國法雖承認無限公司與兩合公司之法人性，但德國法則雖然認為其有權利能力，但否認其法人格，74而且其乃根本否認這

---

66 吉本健一，前揭書，頁 10；近藤光男，前揭書，頁 7。

67 神田秀樹，前揭書，頁 4；黑沼悅郎，前揭書，頁 30；高橋紀夫，前揭書，頁 10。

68 Paul Davies, ibid., pp. 29–30.

69 吉本健一，前揭書，頁 9；江頭憲治郎，前揭書，頁 30。

70 黑沼悅郎，前揭書，頁 30。

71 Robert R. Pennington, Company Law, 7th ed., Butterworths, London, Dublin & Edinburgh, 1995, pp. 45–46.

72 Paul Davies, ibid., pp. 37–38, 41.

73 江頭憲治郎，前揭書，頁 30。

兩種公司之法人格，而與下述之法人格嗣後因特殊理由被否認者不同。

4.英美法上之揭開公司面紗原則

當公司之獨立法人格被濫用時，英美法院會基於衡平 (equity) 考量而否認之，稱為揭開公司面紗 (lifting the corporate veil)，例如當以公司進行詐欺行為，或一公司（控制公司）對他公司（從屬公司）過度控制時。[75]揭開後會形成股份有限公司之股東有限責任之例外，集團企業責任與影子董事之責任等。[76]整體而言，美國法院較英國法院願意否認公司之法律人格，尤其在公司乃明顯地違反一般法律義務或契約義務時。[77]

美國法院於決定應否適用此原則時，通常會將被害人（債權人）區分為自願性與非自願性被害人（債權人）兩種。對於自願性債權人（例如因為契約關係而生之債權人），其對於損害之發生較具有預見可能性，因此，其對風險應已有所預期，使其承擔風險尚屬合理，故不得揭穿公司面紗而將風險轉嫁至對方公司及其股東，除非股東有詐欺或不實陳述之情況。至於非自願性債權人（例如因為侵權行為而生之債權人），由於其對於損害之發生缺乏預見可能性，故法院較有可能適用揭穿公司面紗原則，而令股東負損害賠償責任。

5.日本判例採揭穿公司面紗原則

日本法亦有法人格否定論，其原理亦為揭開（或刺穿）公司面紗理論，[78]而其與德國法一樣可能為公司法所承認公司類型之法人格之刺穿 (Durchgriff)，[79]形成股份有限公司與有限公司之股東有限責任之例外與集

---

[74] Karsten Schmidt, a.a.O. (Fußnote 21), S. 46；江頭憲治郎，前揭書，頁 30（註 6）。

[75] 王文宇，公司法論，第六版，元照，台北，2018 年 10 月，頁 701；賴源河（王志誠修訂），前揭書，頁 422。

[76] Paul Davies, ibid., pp. 154, 155.

[77] Robert R. Pennington, ibid., p. 59.

[78] 廖大穎，前揭書，頁 62、64、65；江頭憲治郎，前揭書，頁 42（註 1）；龍田節、前田雅弘，前揭書，頁 60。

[79] Karsten Schmidt, a.a.O. (Fußnote 21), S. 219–220.

團企業責任，[80]尤其是廢除最低資本額制度後，[81]更有揭開公司面紗之必要。

(1)法人格否定論之正當化理由

這是因為日本公司成立採準則主義，所以，成立公司相當容易，而且沒有最低資本額之要求，很多股份有限公司為一個人企業或閉鎖性之小企業而法人格被其濫用，以及關係企業之規範不健全等理由。[82]此時若拘泥於形式而不能依其實際來解決問題，則不僅將與正義及衡平有違，而且可能使法人格被不法之利用，所以，日本學說與判例參考美國之判例而引入日本法制，特別是股份有限公司，但亦適用於其他類型之公司。[83]不過，學說上仍有對之採保留態度者。[84]

(2)法律根據

日本公司法因無一般性之立法，因此，學說有認為其實定法上之根據乃民法上權利濫用禁止規定之類推適用者，亦有認為乃根據公司法上法人性規定之解釋者，但不論根據何一見解，皆難從實定法找到根據而皆被認為過於限縮，[85]因此，學說一般以權利濫用禁止規定與誠信原則來做根據。[86]

(3)適用事例

日本法院之判例以有關中小企業在瀕臨破產時，背後之負責人被要求對公司之債務負責為多，但亦有一些否認親子公司之法人格，甚至有國外

---

[80] 廖大穎，前揭書，頁64。
[81] 柴田和史，前揭書，頁26。
[82] 川村正幸等三人合著，前揭書，頁40；吉本健一，前揭書，頁15；高橋紀夫，前揭書，頁14；龍田節、前田雅弘，前揭書，頁61。
[83] 川村正幸等三人合著，前揭書，頁7；吉本健一，前揭書，頁14；三枝一雄、南保勝美、柿崎環、根本伸一，前揭書，頁16。
[84] 黑沼悅郎，前揭書，頁36。
[85] 江頭憲治郎，前揭書，頁43；川村正幸等三人合著，前揭書，頁6。
[86] 高橋紀夫，前揭書，頁14；龍田節、前田雅弘，前揭書，頁63。

子公司之債權人要求母公司清償子公司債務之案例。[87]而且，雖以交易行為事例為多，但亦有適用於侵權行為之案例。[88]

⑷否認之要件

日本案例大體上可被區分成兩大類，即濫用事例與形式化事例，但並不能以此為限。[89]首先，所謂濫用事例，即背後支配之社員（支配要件）違法或不當地（目的要件）濫用法人格以至於若承認法人格將與誠信原則有違（稱為主觀的濫用說），包括利用法律人格迴避契約或法律上義務，以及利用法律人格詐害債權人，例如以過少資本設立公司之情形。[90]但有將過少資本事例歸類為下述之形式化事例者。[91]

所謂形式化事例，即縱使未符合前述之目的要件，但公司與背後支配社員之業務與財產混同，而且也無公司組織之營運（例如不開股東會或不開董事會），而不能被評價為具有公司與社員間在法律上有所獨立之情況（由於支配之完全性所以不需另有目的要件，但須有無視法人形式之表徵）時，例如子公司被母公司所完全支配，而不過是母公司營業部門之一部分之情形，或公司實質上為一個人營業之情形，法院會否認其法人格。[92]僅有支配之完全性並不足夠，而需另有無視法人形式之表徵，但有關親子公司之案例中，有不要求無視法人形式之表徵者。[93]

---

[87] 川村正幸等三人合著，前揭書，頁5。

[88] 川村正幸等三人合著，前揭書，頁7。

[89] 高橋紀夫，前揭書，頁16。

[90] 高橋紀夫，前揭書，頁15；三枝一雄、南保勝美、柿崎環、根本伸一，前揭書，頁17。

[91] 龍田節、前田雅弘，前揭書，頁62。

[92] 吉本健一，前揭書，頁15；神田秀樹，前揭書，頁4–5；黑沼悅郎，前揭書，頁30；高橋紀夫，前揭書，頁15–16；三枝一雄、南保勝美、柿崎環、根本伸一，前揭書，頁17–18；江頭憲治郎，前揭書，頁45。

[93] 江頭憲治郎，前揭書，頁45–46（註7）。

⑸否定論之效力

法人格否定之效力乃在必要之範圍內於特定的案例事實中特定地或個別性地否定法人格，將社員與公司（可能為母子關係公司）視為同一（單一），而非全體性地否定之，因此，並無如裁定解散公司一般有對世效力，[94]而可能將公司之債務當成背後股東之債務，或將金錢以外之債務或契約義務當作背後股東之義務，以及其他本有區分公司及股東之法律關係於否認後變成沒區分之情況。[95]

最後，由於法人格否定論乃為保障相對人而設，日本多數判決及學說認為，公司或社員不可主張要否定法人格，[96]但亦有學說與判決認為應不能完全排除公司或社員要求否認之可能性。[97]

6. 我國修法與實務見解之改變

我國實務亦早有改革呼聲。例如台灣高等法院台南分院八十九年度上字第四十七號判決即嘗試引進「法人格否認理論」。然而，最高法院九十一年度上字第七九二號判決廢棄高院見解，認為兩公司終究為不同之權利主體，而不採法人格否認理論。

我國近年修法部分地允許一人公司而且已廢除最低資本額制度，揭開公司面紗理論的引進確有其必要，因此，二〇一二年立法承認揭開公司面紗理論，先針對規範股份有限公司之公司法第一五四條，增列第二項引進揭開公司面紗之理論，嗣後並在二〇一八年修法時對有限公司亦引進揭開公司面紗理論。由於此些修法，民國一〇七年最高法院台上字第二六七號民事判決已採納揭開公司面紗理論，可見實務見解已改變。[98]

---

[94] Karsten Schmidt, a.a.O. (Fußnote 21), S. 225；川村正幸等三人合著，前揭書，頁 5；吉本健一，前揭書，頁 15；黑沼悅郎，前揭書，頁 33；高橋紀夫，前揭書，頁 14；江頭憲治郎，前揭書，頁 43（註 3）。

[95] 高橋紀夫，前揭書，頁 14–15；三枝一雄、南保勝美、柿崎環、根本伸一，前揭書，頁 17。

[96] 吉本健一，前揭書，頁 15；川村正幸等三人合著，前揭書，頁 7。

[97] 江頭憲治郎，前揭書，頁 44。

其他與此相關之股東有限責任之例外、關係企業責任與實質董事之責任規定，則留待該章節再加以探討。

貳、跨國企業未必採公司之形式

跨國企業在本國之呈現形式可以是一子公司，分公司或其他型態。在我國若採子公司形式則該子公司為我國公司。在我國若以分公司之形式呈現者，其本國公司或在我國之分公司則被稱為外國公司。但外國公司在我國的呈現方式亦可能為信託或基金之形式，因此，我們須對各該企業形式之法律規範有所了解。

98 廖大穎，前揭書，頁63。

第三章　企業之法律規範

第一節　近代商法之起源

近代民族國家興起後，法王路易十四制定一六七三年之商事條例與一六八一年之海事條例，將中世紀基爾特 (Guild) 等商業組合根據商業習慣所制定之內部自律規範形成國家立法。但是到十八世紀，商法較發達之國家則為德意志邦聯之國家，尤其是一七九四年普魯士商法，內容包括公司、海商、保險、票據法等最為完備。然而，在一八〇七年，拿破崙頒行商法典，將過去之商人法轉變為商事法而成為近代商法之鼻祖。[99]所以，十九世紀中，有些德語邦使用普魯士商法，但靠近法國之邦則使用拿破崙商法典，而造成德語系邦國商法適用上之分裂。普魯士為結束此一分裂狀態，努力商法研究與立法，終於在一八六一年完成全德商法典 (ADHGB) 才說服所有德語系邦國統一適用全德商法典，結束此一分裂狀態。[100]由於立法頗完善，一八七一年德意志帝國成立後仍宣佈繼續適用全德商法典到一八九九年底，且在一八九四年開始研擬現在之德國民法典 (BGB) 及德國商法典 (HGB) 時乃參考一部分之全德商法典來制定德國民法典與商法典，並將兩者之草案同時送進國會，[101]最後終於在一八九七年完成至今仍適用之德國商法典。

在這長期進行規範競爭的德法兩國商法中皆有公司法章節與其他企業之規範，因此，德國與法國之公司企業之法律規範一部分為前揭商法典，

---

[99] 潘維大、范建得、羅美隆，商事法，初版，三民，台北，1999 年 10 月，頁 4。

[100] Karsten Schmidt, a.a.O. (Fußnote 3), S. 43.

[101] Karsten Schmidt, a.a.O. (Fußnote 3), S. 45.

一部分為獨立之公司法立法，而非公司類型之企業，其法律規範則更為龐雜。由於我國商法受到德國法之立法影響甚深，因此，前述之情況在我國法亦存在，有待專節來加以介紹。

第二節　非公司類型企業之法律規範

非公司類型之企業之法律規範，除商事法外，亦包括民法與其他法律，甚至特別法。

壹、商事法

一、商事法之意義

商事法有形式意義與實質意義之商事法。前者指民商分立之國家所有之商法典，而實質意義之商事法乃指以商事為規範對象之各種法律。

德國與日本採民商分立制，所以有商法典，我國採民商合一制，[102]並無商法典，所以，在我國所謂商事法乃指實質意義之商事法。

實質意義之商事法又有廣義與狹義之分，廣義商事法包括國際商事法（包括國際商事習慣法與國際商事條約），但狹義商事法則僅指國內商事私法，包括公司、票據、海商與保險法。[103]

二、商事法之特質

公司法為商事法之一，因此，要了解公司法之特質須先了解商事法之特質，而依學者之見，商事法具有技術性、二元性、國際性、大量性、反覆性、集團性（無個人性）、與迅速性之要求。[104]其中，大量性、反覆性、

---

[102] 採民商合一之國家包括我國，瑞士，義大利與荷蘭，參川村正幸、品谷篤哉、酒井太郎，前揭書，頁5；鄭玉波，同前[13]，頁1；Adolf Baumbach & Klaus Hopt, a.a.O., S. 3.

[103] 梁宇賢，同前[15]，頁1–2。

集團性（無個人性）、與迅速性可歸納為簡單、明確與迅速性。

㈠技術性

商事法乃因社會上有某種交易型態產生，而為規範此種交易型態之權利義務關係而產生之實用法律，因此，因該規範客體之技術性而使商事法具有技術性，例如公司債之募集。[105]

㈡簡單、明確、迅速性

商業交易常有大量性，反覆性與集團性（無個人性），商事法為追求商業進行之效率，而特別重視簡單、明確、迅速性而可能會與民法有不同之要求，例如在德國商法上不要求以書面為債務承擔，有償受任人之沉默被當作承諾，買受人受領遲延正當化出賣人之另行出賣，未迅速檢查貨物喪失瑕疵擔保請求權等。[106]

㈢國際性

近代交通發達，國際貿易頻繁，跨國交易越來越普遍，使國與國間普遍訂有國際商事條約，而且，商事法理論亦有世界趨向一致之傾向，而使商事法具有國際性格。[107]雖然如此，大陸法系有所謂之二元性，而英美法則不強調之。

㈣二元性

商事法原則上尊重商業活動之自由性（自由主義），以便讓商業活動有蓬勃發展之空間，但當涉及消費者與交易相對人或投資大眾之交易安全保護時則多採強行規定以保障社會大眾之利益，[108]而大陸法系商事法對此更有所謂之二元性之觀點。

---

[104] 川村正幸、品谷篤哉、酒井太郎，前揭書，頁6；近藤光男，前揭書，頁7–8。

[105] 梁宇賢，同前[15]，頁3；潘維大、范建得、羅美隆，前揭書，頁3。

[106] Adolf Baumbach & Klaus Hopt, a.a.O., S. 3；川村正幸、品谷篤哉、酒井太郎，前揭書，頁5。

[107] Karsten Schmidt, a.a.O. (Fußnote 3), S. 33–34；梁宇賢，同前[15]，頁3。

[108] 潘維大、范建得、羅美隆，前揭書，頁1、3。

1.大陸法系

所謂大陸法系之二元性乃指大陸法系之商事法區分行為法與組織法兩大層面。傳統上，一般認為商業行為或商業交易應力求簡便靈活而富於彈性，乃採自由主義；而在商業組織法方面，例如商業登記、商號、公司制度、商業使用人（如經理人）之代理權等，則基於交易安全而多採強行規定（稱嚴格主義）而被稱為二元性。[109]但近年來，此一區分受到批評，因為組織法並非全為強行法，而交易法亦有強行法規範，尤其涉及公眾交易安全保障之事項，或涉及當事人經濟力、資訊蒐集力或協商力不平等的情況時。[110]

2.英美法系

英美法由於對自由主義與個人主義之重視，鑑於民法（民事）與商法（商事）有本質上差異，尤其商事行為具有高度技術性，亟需交易彈性與自由，強調交易效率，所以，有甚至在組織法層面（例如公司組織之規範）根據市場競爭機制，契約自主，公司自治，與自我責任原則之理念而放寬其管制之趨勢。[111]所以，並不強調所謂二元性。

三、商事法之特質所生之法律原則

(一)公示原則

由於上述之簡單，明確與迅速性之要求，以及為建立後述之自我責任原則，商事法上之公示原則及權利外觀責任（即權利外觀理論）在商法扮演關鍵角色。[112]所謂公示原則（又稱公示主義）乃藉登記、公告及其他方法強制對利害關係人提供相關之資訊，[113]並進而使經商業登記之事實或法

---

[109] 梁宇賢，同前[15]，頁4；潘維大、范建得、羅美隆，前揭書，頁1、3；青竹正一，前揭書，頁7。

[110] 青竹正一，前揭書，頁8。

[111] 黃銘傑，同前[44]，頁3、9。

[112] Adolf Baumbach & Klaus Hopt, a.a.O., S. 3; Karsten Schmidt, a.a.O. (Fußnote 3), S. 35–36.

律關係有公示力。

商事法上公示原則之內容，包括企業法之公示原則與權利交易與程序交易之公示原則兩大類。前者包括以商號註冊，商業登記與會計揭露等作為公示之方法，例如⑴商號公開 (Firmenöffentlichkeit) 要求商業營業之進行須向外界揭示其商號（包括公司名稱），而且，公司名稱必須讓第三人了解公司之屬性（有限責任或無限責任）；⑵註冊登記及所遞交文件之閱覽與複印（有關註冊之公開）及登記之對抗效力等；⑶所謂狹義之公示原則，即會計簿冊之作成與揭露所為之公示。[114]後者乃指在法律交易上使用公司名稱，包括代理人要避免自己之責任可藉精準地使用公司名稱而使公司為該交易負責，以及在營業文件，訂單及營業場所上使用公司名稱所為之公示。[115]

公示原則（公示主義）之公示方法與公司法上之公示制度之公示方法大體上相同，乃為使一般利害關係者周知交易上重要之事項，以求交易安全，[116]為傳統大陸法系之思維，而證券交易法上之公開原則 (disclosure) 乃受美國法之影響，除使一般利害關係者周知交易上重要之事項以求交易安全外，亦藉此讓資訊不對稱之交易雙方平等化而求企業交易之公正進行，[117]在概念及內容上有稍微差異。

㈡自我責任原則

自我責任原則 (Selbstverantwortlichkeit; Laissez-faire) 乃指自我判斷風險，自負盈虧之原則。就商人與商法而言，此原則很重要，因為作為企業主要在市場上競爭或退出，必須能自由地交易，商人需自我評斷商業交易之機會與風險，所以，契約自由較重要，保護弱勢之強行規範在此須退讓。[118]

---

[113] 龍田節、前田雅弘，前揭書，頁 43。

[114] Karsten Schmidt, a.a.O. (Fußnote 3), S. 335, 336.

[115] Karsten Schmidt, a.a.O. (Fußnote 3), S. 336, 337, 413, 414.

[116] 龍田節、前田雅弘，前揭書，頁 43。

[117] 龍田節、前田雅弘，前揭書，頁 44。

[118] Adolf Baumbach & Klaus Hopt, a.a.O., S. 3.

貳、其他法律

由於我國採民商合一制，並未對企業與商人另訂一套商法典，因此，獨資、合夥、有限合夥、信託等型態之企業，除相關契約外，須適用民法及有限合夥法等法律。

有限合夥法乃二〇一五年為鼓勵投資而制定公布。根據該法之規定，有限合夥 (Limited Partnership) 乃一人以上之普通合夥人 (General Partner) 與一人以上之有限合夥人 (Limited Partner) 根據合夥契約共同組成具有法人資格之社團法人。原則上，普通合夥人對有限合夥之債務負無限清償責任，而有限合夥人僅以出資額為限負有限責任。此一設計乃為讓資金擁有者與專業經理人合作，而將前者之資本以有限責任之方式委由負無限責任之合夥人依其專業進行投資，所以，在金融市場上有其重要性。

第三節　公司類型企業之法律規範

壹、公司法之法系

公司法乃規範公司企業之組成、經營、解散及其他對內對外法律關係之法律。[119]公司法之英文為“Company Law”與“Companies Act”，前者乃指有關公司之全部法律規範，包括判例等；後者乃指該國之成文法典，例如英國之“Companies Act 1985”。公司立法有兩大功能，即授權 (enabling) 功能與規範 (regulatory) 功能，後者乃規定形成公司之條件以及嗣後須遵守的規範以保障股東，債權人與交易大眾，而前者乃授權人民可去形成具有獨立法律人格之實體，[120]尤其是若要享受有限責任一定要有立法之授權，否則須依獨資或合夥負無限清償責任。

---

[119] 鄭玉波，同前[13]，頁1、2。

[120] Paul Davies, ibid., p. 7.

世界上公司法主要有三大法系，即英美法系，德國法系與法國法系（內容近德國法系，所以以下與德國法系合稱大陸法系或歐陸法系）。德國法在民法外，另有一八九七年商法典規範無限公司、兩合公司、股份有限公司、股份兩合公司四種公司，又於一八九二年頒行有限公司法（乃屬單行法），不過其在一九三七年又頒行股份法，而將一八九七年商法典中之股份有限公司及股份兩合公司之規定予以廢除。屬於此一法系之國家有瑞士（瑞士雖將公司法置於瑞士債務法中而採民商合一之立法例，與德國採民商分立在形式上有所不同，但在實質上乃同一法系）及瑞典等。民商分立與民商合一制之差別在於有否獨立之商法典（包括總則及行為篇）而已，並不一定影響法律之實質內容。

其次，有關英美法系，英美兩國雖為不成文法國家，但公司法皆有成文法典。美國獨立以後，聯邦與州被聯邦最高法院解釋為皆有公司之管轄權限，但聯邦少行使之。到二十世紀初，主要仍係由各州立公司法，[121]之後為統一各州之立法遂有一九二八年統一營業公司法 (Uniform Business Corporation Act) 與一九五〇年模範公司法 (Model Corporation Act) 之制定。英美公司法採自由主義，對公司之成立較放任，亦無資本三原則之要求，此與德國法系有相當大之差異。

日本公司法原屬德國法系（兼受法國法之影響）。德國商法透過德國學者 (Hermann Rösler) 協助日本明治維新而制定日本明治二十三（一八九〇）年舊商法，[122]但明治三十二（一八九九）年商法主要乃以法國商法為基礎構造並根據德國商法而發展完成，因為當時號稱日本民法之父之梅謙次郎（留法法學博士，亦曾留德）獨排眾議，堅持除若干法國法成分外大部分根據德國商法來制定，[123]其原因應在於梅謙次郎已觀察到日本之地理環境

---

[121] Susan P. Hamill, The Origins Behind the Limited Liability Company, 59 Ohio St. L.J. 1459, 1486–1498 (1998).

[122] 河本一郎、川口恭弘，新日本の会社法，初版，商事法務，東京，2018年2月，頁34；青竹正一，前揭書，頁5。

與德國同樣惡劣，應採集體主義糾合群力共同克服之，而不應完全採取較具自由主義色彩之法國法，而德國商法採集體主義較適合日本，更何況德國一八九七年商法典剛研擬完成，觀念較新。之後，日本在一九三八年又參考德國一九三七年股份法而大修，[124]德國法影響更深化。但二次大戰後則兼採美國法制（主要是受到伊利諾易州公司法之影響），尤其是昭和二十五（一九五〇）年修法大受美國法之影響，引入包括授權資本制、股東代表訴訟（或稱衍生訴訟）及董事會等制度，並修正股東會萬能主義而擴大董事會權限等，[125]因此，國內雖有見解認為其乃屬德國法系與英美法系之折衷法系，[126]但精確而言，日本股份有限公司法乃法國法與德國法融合後，再添加美國法之想法，之後又加上日本獨創之色彩而成。[127]

貳、公司法之法益、屬性與特質

一、公司法之法益

公司法所保障之法益有私法益、公法益與集體利益（社會法益），違反公司法之規定可生民事、刑事與行政責任。

㈠民事與刑事責任

由於公司法所保障之法益有私法益、公法益（公共利益及交易安全[128]）與集體利益（社會法益），違反公司法之規定，會產生民事損害賠償責任以及刑事責任，後者除自由刑外，常以「罰金」形式為之。但公司法可能僅

---

[123] 黑沼悅郎，前揭書，頁10；三枝一雄、南保勝美、柿崎環、根本伸一，前揭書，頁6。

[124] 柴田和史，前揭書，頁3。

[125] 吉本健一，前揭書，頁5；三枝一雄、南保勝美、柿崎環、根本伸一，前揭書，頁7；龍田節、前田雅弘，前揭書，頁28。

[126] 鄭玉波，同前[13]，頁9、10。

[127] 柴田和史，前揭書，頁3；神田秀樹，前揭書，頁32；Katharina Pistor et al., ibid., 849–850.

[128] 梁宇賢，同前[15]，頁8。

對行為人課以刑責而未對公司本身課以刑責。

㈡行政責任

公司法之規定可能有關收取規費外，其違反可能產生行政責任，包括罰鍰之交納義務。有關罰鍰，拒不繳納者，依法移送強制執行。

二、公司法之屬性

公司法中雖有刑法與行政法之規定，但公司法仍為一私法，其刑罰規定與行政罰之規定僅在補強或落實私法之規定而已。[129]因此，公司法之屬性與其他之私法一樣，有法系上之差異。

㈠法系間之差異

大陸法系傳統上將公司法定位為組織法，而因為其為動態法律交易之基礎，性質上較為嚴格而固定，不允許當事人間任意變更其條款，亦即公司法乃以強行規定為主所架構之法律規範，不容公司或私人任意以章程或契約排除其規範之適用。[130]而且，大陸法系公司法較重協調的資本家體系，透過公會與工會等利益團體進行集體協商，並藉強行規定保障債權人與受僱人之利益。

相對地，英美法傳統上較重視市場為基礎之資本家體系及個人市場交易，強調個人主義 (individualism)，透明化，自由選擇與契約自由，[131]尤其美國公司法學界在一九七〇年代之後，普遍認為公司法並非是從外部交易安全觀點來規範公司組織中的權利義務關係，而認為企業（含公司）乃所有利害關係人所締結之一連串契約之連結點 (nexus of contracts)，公司法乃是此等利害關係人經過交涉協商所同意之一種契約條件或假設性之契約 (Hypothetical Contracts) 而已，[132]允許當事人以契約來排除公司法之多數規

---

[129] 龍田節、前田雅弘，前揭書，頁 27；近藤光男，前揭書，頁 3。

[130] 黃銘傑，同前[44]，頁 3、12–13。

[131] Martin Gelter & Alexandra Reif, ibid., 1418, 1420, 1441.

[132] 黃銘傑，同前[44]，頁 3、9。

定，除非該規定乃屬涉及第三人或公眾利益之保護規範。而且，美國公司法基於前述之私法自治與契約自由理念，對債權人之保護並不充分，因為其認為債權人可經由與公司間之交涉保障其自身權益，[133]而將重點放在要求公司揭露相關資訊讓相對人查閱後自負盈虧。顯然，英美公司法在此與上述大陸法系有所不同，因為雙方在法哲學上即有所差異。

㈡法哲學之差異

英美法在私法領域強調個人主義與自由主義法哲學。法哲學之個人主義觀點產生重視個人自由之法律觀與國家觀（即國家契約說），而形成政治上之自由主義，以市民自由為號召保證個人得就其實質的自由（人格的自由）享有不受國家及他人干涉或侵害之形式的自由，而法制度只需保證各個人皆能依其實質的自由（人格的自由）意志追求各自私利即能因此而自然製造各種利益互相合致之前提條件。[134]依自由主義之法律觀，法律存在之目的專在保障個人平等與自由，而國家乃個人基於自由意思訂立契約所組成，國家計劃愈多，個人計劃愈難，因此，國家應保持無為之消極性且注意權力之控制與均衡 (check and balance)，而法律應規定個人自由之範圍且保障個人之自由。[135]此一自由主義與亞當史密斯及約翰米勒等當時英國經濟學所提倡之自由放任的個人主義經濟思想導致經濟活動之無政府狀態。[136]

此一發展終於使德儒黑格爾 (G. Hegel) 依據超越個人主義之倫理觀（其在法領域之表現即係團體主義之法律觀），而認為國家是人類基於理性要求所組成之全體社會（國家有機體說），而法律之本質與國家主權有絕對必然之關連。[137]團體主義有時被稱為集合主義，重視社會協同與和平秩序

---

[133] 黃銘傑，同前[44]，頁 3、10。

[134] 洪遜欣，法理學，初版九刷，三民（總經銷），台北，1991 年 12 月，頁 64、123、253–254。

[135] 洪遜欣，前揭書，頁 268（註 5）、339–340。

[136] 洪遜欣，前揭書，頁 602。

之確保。[137]近世以來之超越個人中心主義乃由於反對個人中心主義之自由思想而產生，而依此觀點會產生以下之結果：⑴法律與國家所重視者非集權主義而是分權主義（例如地方自治權而非中央集權）；⑵結婚、家庭與家族甚為重要；⑶擔負重要社會作用之同業公會及其他各種團體需容易成立，因為即使是具有利己性質之私法社團亦被認為具有超過個人之價值存在；⑷法人之本質採實在說，而在各構成員人格之背後有團體本身之現實存在。[138]從國家共同體到個人間之地方公共團體或同業公會為達一定目的所組成之各種結社皆有其法秩序，而形成上下階層法秩序，共同組成一個秩序統一體，以追求共通善，而此一共通善不似個人主義所認為僅具有保障社會成員就其各種利益所作之自由競爭之補助地位，而是集合（集體或集團）主義認為共通善乃社會統一體之配合一切社會成員之實存目的之總體，而非只具有補助地位。[139]德國法系公司法在此一法哲學思維下，採法人實在說，且特別強調公司法之團體法性質，交易安全保障與公司社會責任等。[140]

三、公司法之特質

如前所述，商業講求迅速與效率，公司為在市場上如要生存，經營須圓滑，所以，較大型股份有限公司需有所有與經營分離原則，以及經營權限賦予給董事等機制。[141]此在英美公司法與大陸法系之公司法並無大差異，但大陸法系之公司法與民法等其他私法比較而言，有以下之特質常被強調。

㈠團體法之性質

由於公司乃共同企業之一種而有複數利害關係人存在，所以，公司與個人企業不同，使得公司法與一般私法乃個人法不同地，其乃屬一團體法，

---

[137] 洪遜欣，前揭書，頁603。

[138] 洪遜欣，前揭書，頁256–257。

[139] 洪遜欣，前揭書，頁124。

[140] 洪遜欣，前揭書，頁266–267。

[141] 吉本健一，前揭書，頁6。

所以，其仰賴多數決之原理而有在個人法所少見之重要法原則，例如團體機關、多數決制度、股東平等原則與法律關係之安定地與劃一地確定等。[142]

㈡公司債權人之保護

為使公司維持長久，不受其成員個人生死以及成敗利鈍之影響，公司法具有人格法性質，所以，公司有公司名稱、住所與能力之規定。因此，公司與股東之人格獨立，保護公司債權人乃成重要之任務，尤其是在股東責任有限之公司。[143]此與英美公司法乃首重股東與投資人保障者不同。

㈢企業維持之需求

由於公司企業常涉及股東，勞工，債權人與交易相對人等多數利害關係人，因此，公司與其他企業型態不同，有企業維持之特色，例如公司法有企業重整法制與企業併購等機制之規定。[144]

㈣社會責任之兼容並蓄

公司因其營利之目的，因此本質上有犧牲他人利益成就自己利益之本色，但與其他類型之企業法制相較，公司尤其是較大型公司，對員工、消費者、地方民眾及國家有其社會責任。[145]

㈤交易安全之保障

由於公司涉及多數利害關係人，且公司法亦具有交易法之性質，若全部允許私法自治則相當危險，因此，公司法有甚多國家介入之強行規定，[146]因為股票等交易之重要性，公司法對交易安全非特別加以保障不可。例如為保障交易安全，公司法採「公示主義」對重要事項加以公開，讓交易相對人可明瞭真相（如公司登記等規定），復採「外觀主義」，如公司法第五十八條規定，公司對於股東代表權所加之限制，不得對抗善意第三人。最

[142] 吉本健一，前揭書，頁5–6。
[143] 吉本健一，前揭書，頁6。
[144] 吉本健一，前揭書，頁7。
[145] 吉本健一，前揭書，頁6–7。
[146] 吉本健一，前揭書，頁7。

後，公司法亦採取「要式主義」，對公司章程、股票、股東名簿與公司債等皆有應記載事項之法定要求。[147]此三主義皆是為要保障交易之安全。我國公司法源自大陸法系，以上五點特質較常被強調。

參、我國公司法之法源

一、法源之意義

法源乃一領域之法律之存在形式。對公司有法規範效力之法律存在形式包括有關公司之特別法（如企業併購法）、形式意義之公司法、民法相關規定、商事習慣法、判例、法理。

商業習慣在商業中比一般習慣在一般交易中來得重要，這是因為自我責任原則在商法上特別具有重要角色，以及因為商事法對簡單迅速可信賴性之要求，尤其商業習慣在國際交易之重要性更大，然而，商業習慣雖可作為交易或行為之期待，但其並非法律規範，所以，除習慣法外不是法源。[148]

二、民商分立與民商合一制之法源差異

商事法有實質意義之商事法與形式意義之商事法典。就商事法與民法間之關係而言，大陸法系國家有民商合一制與民商分立制兩種立法體例，而造成公司法法源之差異。

㈠民商分立制

民商分立制於民法典（其中債篇各論之內容較少，可被稱為小債各）之外另有一商法典，而商法典之內容會有商人通則（或稱商法總則）篇與商行為或商交易篇，如德國之商法典 (Handelsgeseztbuch, HGB) 與日本之商法即是。而商人通則（或稱商法總則）篇會規範企業之主體（如商人之定

---

[147] 鄭玉波，同前[13]，頁4。

[148] Adolf Baumbach & Klaus Hopt, a.a.O., S. 6; Karsten Schmidt, a.a.O. (Fußnote 3), S. 23.

義)、商號、商業帳簿、企業之使用人如經理人及代辦商等，以及公示原則與商業登記規定（日本將商業登記獨立出來成為公司法之特別法[149]）等。而商業行為規範或交易規範之內容因國家而稍有所差異，但主要為規範商業行為法總則、買賣（商事買賣與消費者買賣），交互計算，隱名合夥，仲介，運送，寄託，倉庫等傳統內容。教科書亦會介紹一些現代交易型態例如金融交易之約定抵銷 (Netting) 等內容。[150]

在民商分立制之下，民法與商法乃依行為主體及行為內容而被區分，商人適用商法，一般人民適用民法，因此，民法與商法不僅各有其法源與解釋方法，而且兩法皆屬私法之一部分而具平行之關係，因此，商法與民法並無特別法與普通法之關係。[151]公司為商法上之一種商人，不過，德國 Karsten 氏指出，當商法無規定時仍適用民法等規定。[152]日本學者甚至有仍認為商法為民法之特別法而應優先被適用者。[153]可見，民商分立制未能排除公司仍有適用民法之可能。

㈡民商合一制

採民商合一制（或稱民商統一制）者並不區分民事與商事行為，而無獨立之形式意義之商事法典。凡有關民事或商事之法律（實質意義之商事法）則分別編入民法典中，如瑞士除民法（人法、親屬、繼承與物權四篇）外，另有債務法包括總則、各種之債、商事公司、合作社、商號、商業登記、商業帳簿及有價證券等。[154]但在瑞士現代工商社會已不可能用瑞士債務法涵蓋所有之商行為規範，而需仰賴甚多特別法，例如對銀行交易（契約）行為，瑞士債務法便未能形成一特別而整體性之規範，而必須援引民

---

[149] 吉本健一，前揭書，頁 4（註 1）。

[150] 森本滋，商行為法講義，第二版，成文堂，東京，2006 年 5 月，頁 79-81。

[151] 賴源河（王志誠修訂），前揭書，頁 7。

[152] Karsten Schmidt, a.a.O. (Fußnote 3), S. 8.

[153] 近藤光男，前揭書，頁 6。

[154] 梁宇賢，同前[15]，頁 1。

法中如無償委任 (Auftrag) 與借貸等規定，甚至援引有價證券法 (Wertpapierrecht) 中之匯票與支票之規定。[155]

民商合一制下，民法為普通法，而公司法、證券交易法、銀行法等商法為特別法。特別法有規定時優先適用特別法，未規定時，則補充適用民法之規定。[156]

㈢我國採民商合一制

我國乃採民商合一制，並未區分一般人民與商人而分別適用不同之法律，因此，除民法以外，並無獨立之商法典之存在，而將屬於商法通則之經理人及代辦商，隱名合夥等及屬於商業行為之買賣，交互計算，仲介，運送，寄託，倉庫及承攬運送等規定於民法典「各種之債」中（可被稱為大債各），而對公司與票據等另立單行法。[157]可見，民法有普通民法與特別民法，特別民法包括土地法與講學上所稱之商事法（包括公司法與海商法），因此，公司法為一特別民法或民事特別法，[158]因而，公司法所未規定之事項當然適用民法之規定，[159]而使得相關民法規定為公司法之法源之一。

我國雖然採民商合一制，但那僅是立法體例之問題，不能對商業行為與商法之本質做改變，因此，在法律解釋時應注意商法與商行為之本質，例如公司章程之解釋即不能被當成一般契約來加以解釋。

三、公司章程

公司章程，在大陸法系國家或可被稱為一法源，因為其雖非國家法律但從廣義言之仍不失為公司之一種內部自治法，而且應優先被適用，所以，

---

[155] U. Emch, H. Renz & F. Boesch, Das Schweizerische Bankgeschaeft, 5. Aufl., Ott Verlag Thun, Bern, 1998, S. 77.

[156] 賴源河（王志誠修訂），前揭書，頁7。

[157] 梁宇賢，同前[15]，頁8。

[158] 梁宇賢，同前[15]，頁8；鄭玉波，同前[13]，頁1。

[159] 梁宇賢，同前[15]，頁8；鄭玉波，同前[13]，頁1。

其乃為公司法源之一。[160]除股份有限公司外，公司法給發起人藉章程享有很大之形塑空間，不論是在公司組織或股東權利方面，而讓發起人決定其章程之繁簡，其餘再適用公司法之規範。[161]此點，大陸法系與英美法已開始接近。不過，在英美法上，章程為股東間成立公司之法定契約 (statutory contracts)，[162]不宜被認為是一法源。

---

[160] Karsten Schmidt, a.a.O. (Fußnote 21), S. 34–35；鄭玉波，同前[13]，頁 11；三枝一雄，南保勝美，柿崎環、根本伸一，前揭書，頁 3；青竹正一，前揭書，頁 20。

[161] Karsten Schmidt, a.a.O. (Fußnote 21), S. 34–35.

[162] 王文宇，同前[75]，頁 6。

第二篇

公司法總則

第一章　公司法概述

第一節　公司法之沿革與趨勢

所謂「公司法」有實質意義之公司法與形式意義之公司法。後者乃指立法機關制定經總統公布而以公司法為名稱之法典。前者乃指全部有關公司規定之全部法規，包括形式意義之公司法、民法相關規定、民事訴訟法相關規定等。以下介紹形式意義之公司法。

壹、公司法之沿革

我國公司法之沿革，體質上乃繼受歐陸法及日本法，但近年修法又受英美法之影響。由於現行一九二九年公司法仍受滿清政府時期所頒行之公司律及民國初年所公布之公司條例之影響，因此，如欲全面了解我國公司法，不可置公司律及公司條例於不顧。[163]

清代從光緒二十九年間開始，由留英香港律師伍廷芳與載振起草，仿英國，德國及日本商法法例制定大清商律，內容包括商人通例九條及光緒二十九（一九〇三）年所頒行之大清公司律共一三一條。公司律之內容約有五分之三乃仿自日本明治三十二（一八九九）年之第二部商法，而亦約有五分之二因伍廷芳之故而仿自英國公司法。[164]當時主要所參考之日本第二部商法之前身為明治二十三（一八九〇）年舊商法，其乃德國學者(Hermann Rösler)根據德國商法與法國商法中之公司法替日本所草擬。[165]我

[163] 賴源河（王志誠修訂），前揭書，頁3。

[164] 賴源河（王志誠修訂），前揭書，頁4；賴英照，前揭書，頁167。

[165] 神田秀樹，前揭書，頁32；龍田節、前田雅弘，前揭書，頁28；河本一郎、川口恭

國公司律所參考之第二部日本商法乃日本民商法之父梅謙次郎堅持除若干法國法成分外大部分根據德國商法所制定。[166]當時日本法學家多受教於梅謙次郎，志田鉀太郎亦不例外。由於公司律內容不甚完備，中國近代法學奠基人刑律專家沈家本於光緒三十四（一九〇八）年乃聘請日本年輕法學家志田鉀太郎起草商法典而未完成，僅提出一份草案。大清農工商部在宣統二（一九一〇）年以志田鉀太郎之草案為藍本對公司律作根本之修正，而深受日本明治三十二（一八九九）年商法之影響，[167]在宣統三（一九一一）年定名為「商律草案」，內含商法總則與公司律兩篇。可見其乃採民商分立之立法例，但此法未及施行清室已覆亡。

民國成立後，因百廢待舉，臨時大總統遂於元年三月十日通令全國，凡前清法律與共和國體不相牴觸者一律援用，所以，民國一開始繼續沿用清末之商人通例九條及光緒二十九年所頒行之大清公司律。但由於其內容不如商律草案，中華民國政府農工商部乃將前述「商律草案」中之總則篇略加修正，[168]制訂商人通例共七十三條，以及將其公司篇略加以修訂成「公司條例」共二五一條，規範無限公司、兩合公司、股份有限公司、股份兩合公司四種公司，而於一九一四年元月由袁世凱大總統公佈，九月施行。由此可見，其立法體例乃採德國之民商分立制，而且，公司條例乃透過留德日本學者志田鉀太郎參考日本明治三十二（一八九九）年商法而將德日公司法引進我國商法中而屬德國法系。[169]

國民政府定都南京後，一九二七年開始民商法之編撰，依瑞士立法例改採民商合一制，一九二九年制定民商統一法典將原屬商法通則規範領域之經理人及代辦商以及原屬商行為法規範領域之居間，行紀，倉庫與運送

弘，前揭書，頁34。

[166] 黑沼悅郎，前揭書，頁10；三枝一雄、南保勝美、柿崎環、根本伸一，前揭書，頁6。

[167] 賴源河（王志誠修訂），前揭書，頁4-5。

[168] 梁宇賢，同前[15]，頁5；賴源河（王志誠修訂），前揭書，頁5。

[169] 潘維大、范建得、羅美隆，前揭書，頁6。

等納入民法典之第二篇第二章各種之債中，[170]而無另立商法典或商律，嗣後並將其性質特殊者分別訂立單行法如公司法等。因此，於一九二九年十二月公布現行「公司法」，規範無限公司、兩合公司、股份有限公司、股份兩合公司，並於一九四〇年中公佈「特種有限公司條例」以為補充。因為定都南京時之立法僅將民商分立之立法體例改採民商合一體制，[171]而未看到法律實質變動。因此，公司法之立法例維持採德國法立法例。此一公司法在抗戰勝利後於一九四六年被大幅修正成十章，其中第五章納入有限公司，取代「特種有限公司條例」，但仍維持第七章股份兩合公司。政府遷台後，經濟情況已丕變，因此，在一九六六年，一九六八年，一九六九年，一九七〇年修正，一九八〇年又大幅修正，至此已無股份兩合公司之公司型態。

公司法自一九七〇年十二月公布施行以來，至今歷經二十六次以上之修正，二〇〇一年十一月之修正幅度最大，共變動二三五條條文並大幅引進英美法之概念。之後於二〇一五年九月四日增訂閉鎖性公司規定，可謂是公司類型之重大改革。鑑於當時公司法以大型公司為規範重點，與我國大部分之公司均為中小企業之現況不符，而且強行規定過多，造成小型公司法遵成本過高，不利我國產業之發展，為使各類型公司均有適合之規範，因此，二〇一八年又大幅地（變動一四八條條文）修正部分條文。

貳、公司法之現代趨勢

近年之公司法修法有國際化與現代化兩大類趨勢。各國公司法制有國際化之趨勢，包括外國公司的相關規定。而且，各國間存有規範競爭之現象，包括公司設立之寬嚴方面之章程競爭 (charter competition)，與以公司法及證券交易法鬆綁吸引他國公司掛牌上市之競爭。

為因應此一國際競爭，我國公司法近年有以下的修正方向，包括公司

---

[170] 梁宇賢，同前[15]，頁 1；王文宇，同前[75]，頁 97。

[171] 賴源河（王志誠修訂），前揭書，頁 7。

治理合理化、會計透明化、規範簡明化、契約自主、經營效率化、資金籌措靈活化、關係企業健全化與組織再造與多元化等，而其中頗多議題乃涉及公司類型之區分。例如我國公司法自二〇〇一年修法大幅增加公司經營彈性與自治之條文，可謂是歷年來最基礎性之改變，[172]在二〇〇五年又引進閉鎖性股份有限公司，由於其非如公開發行公司涉及多數投資人，所以，給公司更大之自主空間，二〇一八年修法更擴大非公開發行股票之公司之自主空間，可見區分公司類型因地制宜乃將來之趨勢之一。

第二節　公司類型之學理區分

除公益目的公司（英國法承認之）外，現代營利目的之公司可被區分為具有兩種功能，一種為為使少數人獲利而享有獨立法人格之公司，另一種為要讓公眾可投資獲利之公司，前者例如無限公司與有限公司，其法律規範不必有大眾投資保障機制，後者例如股份有限公司，其法律規範須有大眾投資保障機制。[173]此些公司類型之屬性可依學理與法律規定來加以分別探討。

壹、公司之人合與資合區分

在公司學理上，基於公司對外提供之信用基礎不同，而有人合公司與資合公司以及中間公司或折衷公司之區分。[174]

一、人合公司

㈠意　義

此類公司重視社員之個性以及彼此間之密切與信賴關係，[175]而且其公

---

[172] 王文宇，同前[75]，頁23。

[173] Paul Davies, ibid., pp. 10, 12.

[174] 柯芳枝，前揭書，頁12；王文宇，同前[75]，頁108。

司之經營活動乃著重「股東個人條件」，包括股東之聲望、信用與資產，例如無限公司乃屬人合公司（人的公司）。無限公司為股東對公司之債務負擔無限清償責任，數股東間對公司之債務負連帶清償責任之公司型態。我國公司採此型態者較少見，但公司國際企業化之現代，在我國亦會見到國外無限公司來台營業，其公司名稱會有“Unlimited”之表示。此時，若該事件之準據法為我國法，則我國公司法之無限公司規定對該事件即有其適用。

㈡特　性

人合公司之合夥特性濃厚。公司股東因前述之密切與信賴關係，其地位之取得與移轉均不易。[176]例如我國公司法第五十五條規定，股東非經其他股東全體之同意，不得以自己出資之全部或一部，轉讓於他人。而且，企業經營與擁有乃結合為一。[177]因此，公司法第四十五條第一項規定，無限公司之各股東均有執行業務之權利，而且各負其執行之義務，但章程中訂定由股東中之一人或數人執行業務者，從其訂定。

二、資合公司

㈠意　義

資合公司（物的公司）之經營活動與信用基礎在公司財產之多寡而非股東之債信，公司之債權人僅得對公司本身之財產取償，縱有不足，亦不得要求股東清償公司債務。例如股份有限公司乃屬一種資合公司。

㈡特　性

資合公司之法人特性濃厚。資合公司之股東僅以出資額為限對公司負其責任，而且股東對於公司之債務並不負擔清償責任。因此，其股東地位取得及移轉容易。甚至，較大型之資合公司之企業經營與所有分離，即非直接以股東身分來經營公司。[178]

---

[175] 近藤光男，前揭書，頁13。

[176] 近藤光男，前揭書，頁13。

[177] 柯芳枝，前揭書，頁12；王文宇，同前[75]，頁108。

㈢閉鎖性股份有限公司

閉鎖性股份有限公司在大陸法系本以有限公司型態來滿足實務之需求，因此，日本法即因已承認閉鎖性股份有限公司而廢棄有限公司法。可見，閉鎖性股份有限公司之特性添加了人合之色彩，[179]而已接近中間公司之性質。

三、中間公司

中間公司指介於人合與資合公司間之公司型態，例如兩合公司之經濟活動主要乃著重於無限責任股東之債信，因此，屬偏向人合之中間公司。

至於有限公司究竟屬於資合公司或人合公司，在學理上則有所爭論。有學者認為，有限公司之出資轉讓上多所限制，有人合公司之意味，但股東僅對於公司債務負間接有限責任，公司之信用基礎在於公司資產之多寡而公司會計等亦多準用股份有限公司之規定，因此，有限公司之定位乃屬偏向資合之中間公司。[180]

另有學者認為就對外關係而言應屬資合公司，而就對內關係而言，依我國公司法之規定應屬人合公司之性質。[181]

亦有見解認為，資合公司與人合公司之區分標準，應係就股東是否對公司債務負直接無限清償責任而來。有限公司之股東既僅負有間接之有限責任，本質上屬於資合公司。[182]至於限制出資轉讓等人合公司之色彩，僅是為便利股東兼具有一定信賴關係之少數人集資經營事業，其本質應為「閉

---

[178] 柯芳枝，前揭書，頁 13；王文宇，同前[75]，頁 108；近藤光男，前揭書，頁 14。

[179] 前田庸，会社法入門，第十三版，有斐閣，東京，2018 年 11 月，頁 14、16。

[180] 廖大穎，前揭書，頁 16；柯芳枝，前揭書，頁 14；姚志明，前揭書，頁 19；王文宇，同前[75]，頁 108。

[181] 賴源河（王志誠修訂），前揭書，頁 70。

[182] Karsten Schmidt, a.a.O. (Fußnote 21), S. 46；王文宇、林國全，公司法，收錄於王文宇、林國全、王志誠、許忠信、汪信君，商事法，初版第 1 刷，元照，台北，2004 年 6 月，頁 192；龍田節、前田雅弘，前揭書，頁 7。

鎖性資合公司」，而非「股東負有限責任之人合公司」。換言之，就法律規定而言，有限公司具資合性質，但因公司法允許其在具有人合色彩規範上享有以章程加以形塑之自由，而可能保留一些人合色彩。[183]

貳、其他公司分類

即使同為股份有限公司，由於規模有大有小，而規模大小又影響其組織設立之需求（大規模者較需複雜組織），而且，有些大規模者有所有與經營分離現象，甚至有經營者支配之情況，而規模小者即使所有與經營合一，仍需防止經營者專斷而危害少數股東或債權人，因此，公司法不宜僅有一套法制規範，而應根據規模大小，具閉鎖性與否，以及有董事會等機關與否來加以區別做規範。

一、大公司與小公司

大公司從業人員多，交易相對人廣，資金龐大，營業成果影響一國就業與經濟，較可能有所有與經營分離之現象（大公司中亦有一人公司或聯合開發公司，而無所有與經營分離之現象），因此，需有嚴格之法律規範，而且有公司對社會之責任。由於公司可用自己資本與他人資本來進行營業，所謂公司之大小並不能僅依公司（實收）資本額來認定，即使公司資本額並不大，但負債總額大，亦屬大公司。[184]

小公司（中小企業型）無所有與經營分離之現象，較無需要強行規範之介入，而且較無力承擔法遵成本，因此，應有較高程度之章程自治空間。[185]中小企業之特色為大股東常為自然人且兼任公司之經營者。[186]其業務種類、規模、業績等比大企業有多樣性，其在有些國家例如日本常因節

---

[183] Karsten Schmidt, a.a.O. (Fußnote 21), S. 47.

[184] 龍田節、前田雅弘，前揭書，頁21。

[185] 龍田節、前田雅弘，前揭書，頁18。

[186] 江頭憲治郎，前揭書，頁6。

稅考量而法人化。[187]其傳統上與大企業間可能有下包企業或關係企業之關係，但現代亦有以股票上市為目標之知識型產業，前者可能選擇有限公司之形式即足，後者則會選擇股份有限公司形式，但對股份之轉讓做限制而成為閉鎖性股份有限公司。

英美公司法傳統上乃以大型公開發行公司為假設規範對象。[188]英國從二〇〇六年公司法才開始有小公司優先思維 (Think Small First)。[189]我國公司法與日本二〇〇五年之前之公司法，因另有有限公司之制度，所以，股份有限公司規範乃以或多或少呈現所有與經營分離之大公司(非閉鎖公司)為假設規範對象，[190]而日本二〇〇五年公司法已改以小公司為基本型規範對象，[191]再隨著公司規模之擴大成公開發行公司，並添加機關組織之強制性等。

二、公開發行與非公開發行公司

股份有限公司尚可區分為公開發行股份公司、非公開發行股份公司與閉鎖性股份有限公司。在認定公開發行與否上乃以有無向證管機構申請公開發行其股份為準，且公司一提出申請即屬公開發行公司，而公開發行公司除須遵守公司法之規定外，亦須遵守證券交易法之相關規範。[192]非公開發行公司以及閉鎖性公司則只須遵守公司法之規定。

非公開發行公司尚有所謂聯合開發公司 (Joint Venture Company)，乃由數家公司為合作進行某一事業（通常較龐大）而簽訂聯合開發協議 (Joint

---

[187] 江頭憲治郎，前揭書，頁 6（註 8）。

[188] Arad Reisberg, Corporate Law in the UK After Recent Reforms, Current Legal Problems (2010), 63 (1): 315.

[189] Jessica Schmidt, Reform of Germany's Private Limited Company (GmbH), 9 German Law Journal 1093, 1095 (2008).

[190] 龍田節、前田雅弘，前揭書，頁 19；前田庸，前揭書，頁 13。

[191] 龍田節、前田雅弘，前揭書，頁 19、22。

[192] 王文宇，同前[75]，頁 108–109。

Venture Agreement) 為股東間協議，共同出資並依該協議所約定之準據法而組織成立之公司，其在日本法上被稱為合弁公司，[193]而且，有認為聯合開發股東間具有合夥契約之關係者。[194]為因應合弁公司等由少數人進行事業之企業體，日本法在二〇〇五年公司法仿美國有些州在一九八〇年代所創之有限責任公司（limited liability company，簡稱 "LLC"），而創設一種股東皆為有限責任之合同公司，有時被稱為日本版 LLC。[195]聯合開發公司在我國則可能採閉鎖性股份有限公司之形式，亦可能採無限公司或有限公司之形式。

三、有設董事會與無設董事會之公司

股份有限公司依有無董事會而可被區分為有設董事會之公司與無設董事會之公司。除法律規定外，得不設董事會之公司而選擇設董事會可能是基於董事會決策比股東會來得便捷，其次是為獲董事專業之決策之利。[196]公司有無設董事會除影響董事之義務外，亦牽涉股東會之權限大小，因此，須有此一區分。

四、控股公司與一般公司

公司尚有所謂控股公司與非控股公司之區分。控股公司乃形成關係企業的一種型態。然而，所謂控股公司有兩種意義，其可被用以表示關係企業之控制公司（或稱母公司），但亦可能被用以表示與一般有營業（包括以投資為專業者）之公司不同之公司，而其「業務」僅為握有並管理其他公司之股份者。

---

[193] 龍田節、前田雅弘，前揭書，頁 12、566；柴田和史，前揭書，頁 7（註 10）。

[194] 龍田節、前田雅弘，前揭書，頁 4。

[195] 龍田節、前田雅弘，前揭書，頁 12、13。

[196] 龍田節、前田雅弘，前揭書，頁 25。

五、普通公司與特殊公司

與僅依公司法成立之公司不同，各國皆有尚需依特別法方能成立之公司，例如台灣證券交易所公司及日本電信電話股份有限公司等依電信法等成立之公司。此類公司之成立乃採許可主義，[197]因此，即使該國一般公司之成立採準則主義，仍需另有特許方能成立此類公司，而非準則主義或嚴格的準則主義而已。

六、公營公司與民營公司

根據公營事業移轉民營條例之區分，所謂公營公司乃政府資本超過百分之五十之公司。反之，即使政府有持股仍為民營公司。公營事業之從業人員乃刑法第十條所謂依法令從事公務之人員而屬刑法上公務員。[198]

七、一元公司與兩元公司

一公司之股東責任皆相同者稱為一元公司，一公司之部分股東與其他股東負不同責任者為兩元公司。後者例如我國之有限與無限之兩合公司，以及我國一九六六年法仍承認之股份兩合公司（一人以上無限責任股東與五人以上股份有限責任股東所組成）。德國現在雖仍有股份兩合公司，但日本在一九五〇年以其組織複雜少被利用為由而廢棄之，[199]我國法亦隨之。至於無限公司、有限公司與股份有限公司則為一元公司，且皆為我國法所承認之公司類型。

---

[197] 三枝一雄，南保勝美，柿崎環，根本伸一，前揭書，頁 22。

[198] 柯芳枝，前揭書，頁 11；王文宇，同前[75]，頁 108。

[199] 龍田節、前田雅弘，前揭書，頁 12。

第三節 我國公司之法定類型區分

壹、前 言

我國公司之法定分類有本國公司與外國公司，本國公司可有本（總）公司與分公司。而本國公司依其股東責任類型可被區分為無限公司、兩合公司、有限公司與股份有限公司（含閉鎖性公司）。基於交易安全保障，在此有公司法律形式之列舉主義之限制，其嚴苛則透過法學發展而可得緩解，例如設立中公司之承認。[200]

貳、公司之分類

由於我國公司乃依我國公司法所設立，而我國公司僅有四種法定類型，因此，在我國僅能成立無限、兩合、有限、股份有限公司。由於公司種類涉及法律關係明確性與交易安全保障，因此，此四種法定類型之規定乃屬強行規定。[201]組成這四種公司之自然人與法人社員在我國法皆被稱為股東，[202]而不論該類型公司是否有股份制度。因此，在我國要成立所謂「聯合開發公司」仍須就我國公司法之四項法定分類來加以選擇。

一、四種法定公司類型

公司之分類從一八〇七年法國拿破崙商法典開始便以股東責任之直接與間接以及責任之有限與無限為區分標準，[203]另外日本法亦從股東回收其投入資本之方式來做區分，[204]但我國公司法根據股東責任及組織型態之差

---

[200] Karsten Schmidt, a.a.O. (Fußnote 21), S. 96–97.

[201] 柯芳枝，前揭書，頁9。

[202] 潘維大、范建得、羅美隆，前揭書，頁41。

[203] 柯芳枝，前揭書，頁10。

異，僅被區分成四個種類。這是因為公司法第二條僅允許無限、有限、兩合、股份有限公司四種。我國並不允許其他類型公司的自由設立。而且，依我國公司法第二條第二項之規定，公司名稱，應標明該公司屬此四類之何一種類。不過，原則上除有法律特別規定須以股份有限公司之形式者外，公司設立者有選擇之自由，此乃屬憲法所保障之結社自由之一種。

㈠無限公司

無限公司指二人以上股東所組織，股東不論出資比例皆對公司債務負連帶直接無限清償責任之公司。

㈡有限公司

有限公司指由一人以上股東所組織，股東僅就其出資額為限，對公司債務負間接有限責任之公司。

㈢兩合公司

兩合公司在我國指一人以上無限責任股東，與一人以上有限責任股東所組織，其無限責任股東對公司債務負連帶無限清償責任（直接無限責任）；有限責任股東僅就其出資額為限，對公司負其責任之公司（間接有限責任），此與日本法上之兩合公司之有限責任股東乃負直接有限責任者不同。[205]

㈣股份有限公司

股份有限公司指二人以上自然人股東或政府、法人股東一人所組織，全部資本分為股份；股東就其所認股份，對公司負其責任之公司（間接有限責任）。從二〇一五年起，我國之股份有限公司尚有閉鎖型公司與非閉鎖型公司之區分。

選擇股份有限公司固有較高之法遵成本，但其有以下之好處：⑴在有些國家有租稅上之好處；⑵股東可享有限責任；⑶採與大企業相同之股份有限公司形式在交易上與人事上有所好處；⑷事業規模擴大較容易等。[206]

---

[204] 吉本健一，前揭書，頁17。

[205] 吉本健一，前揭書，頁18。

二、本公司與分公司

㈠本公司

公司依「管轄系統」而被公司法第三條第二項區分為本公司與分公司。本公司乃指公司依法首先設立，以管轄全部組織之總機構。而分公司乃受本公司管轄之分支機構。本公司俗稱總公司。

公司為一法人，因此，除須有公司名稱外，如同自然人一般，須有住所作為其法律關係之連接點 (Anknüpfungspunkt) 以協助其享受權利並負擔義務。但公司為法人，並未能如自然人般以久住之事實與意思意定其住所，而僅能以法人之主事務所為法定住所，因此，公司法第三條第一項才會規定，公司以其本公司（即主事務所）所在地為住所。而所謂本公司（即主事務所）所在地乃公司章程所記載之本公司所在地，因此，以之作為法律關係之中心地或法律行為中心地（而非為營業行為之發生地，例如很多公司之本公司在台北而營業地在台南），而以之定債務履行地，非專屬管轄之管轄法院及公文送達地等。

主管機關文件之送達原則上需送達於其住所，但公司若遷移而未申報或實際上未存在，依據公司法第二八條之一第二項之規定，主管機關依法應送達於公司之公文書無從送達者，改向代表公司之負責人送達之；仍無從送達者，得以公告代之。

㈡分公司

分公司之名稱應以本公司名稱後附加地名或序數以資區別，例如某某公司高雄分公司或某某公司第一分公司。然而，分公司之俗稱有相當多元，例如分店或連鎖店。

公司法本身並無強制分公司之設立，但依經濟部之解釋，若公司所屬分支機構非僅屬事務單位而是營業機構，且有設帳計算盈餘虧損使財務會計獨立者，則均須辦理分公司登記。[207]

---

[206] 黑沼悅郎，前揭書，頁9。

分公司既為本公司之分支機構，其本身並不具有獨立之法律人格，且不能為權利義務之主體。至於訴訟能力，我國實務上基於事實之需求與訴訟上之便利，從寬認定分公司之訴訟能力（當事人能力）。[208]

三、本國公司與外國公司

我國公司法與主要國家之公司法同採準據法主義決定國籍，即依我國法組織設立則為我國公司，依外國法組織設立則為外國公司。[209]因此，公司依「國籍」而被公司法第四條區分為本國公司與外國公司。外國公司在我國依我國法所設立之子公司則為本國公司。[210]

外國公司，依公司法第四條第二項之規定，於法令限制內，與中華民國公司有同一之權利能力。二〇一八年修法鑑於公司之國際企業化，已廢棄外國公司應先經認許方有權利能力之規定，但仍要求「於法令限制內」方與中華民國公司有同一之權利能力。

外國公司，於法令限制內，有與中華民國公司同一之權利能力而不待認許，但此並不表示其即可在我國營業，因為公司法第三七一條第一項仍規定，外國公司非經辦理分公司登記，不得以外國公司名義在中華民國境內經營業務。其他有關外國公司，詳參本書第七篇第一章之介紹。

---

[207] 經濟部民國55年2月26日商字第00232號函；潘維大、范建得、羅美隆，前揭書，頁79。

[208] 最高法院66年台上字第3470號判例。

[209] 柯芳枝，前揭書，頁4、11；王文宇，同前[75]，頁127；三枝一雄、南保勝美、柿崎環、根本伸一，前揭書，頁21。

[210] 三枝一雄、南保勝美、柿崎環、根本伸一，前揭書，頁21。

第二章　公司法的強行與任意規定

第一節　前　言

我國公司法的規範中有強行規定（包括強制與禁止規定）與任意規定兩種。強行規定不允許當事人以契約加以改變。強行規定常涉及公司外部關係，交易安全保障與投資大眾保障之問題。而且，須否以強行規定加以規範之問題涉及一國之公司資訊透明度高低與該國人民搜尋技術（如網路普及性）高低等因素外，又涉及該國法哲學乃偏向大陸法系之集體主義或英美法之個人主義而有所不同。

第二節　大陸法系與英美法之差異

就公司法之比較法觀察而言，大陸法 (civil law) 系會以德國與法國法為代表，而普通法 (common law) 或判例法國家會以英美法為代表，因為兩者根據近年實證研究，在債權人保障或股東權益之保護差異上，反而比實定法與判例法上的差異來得較明顯。[211]

壹、大陸法系公司法思維

大體上，在大陸法系，基於公益上之考量如交易安全保障之規定（例如投資人保障、債權人保障等），多傾向為強行規定。而且，在大陸法系，如前所述，商事法傳統上可被分為行為法與組織法兩大層面。商業行為或商業交易規範固力求簡便靈活而富於彈性乃採自由主義，而在商業組織法

---

[211] Katharina Pistor et al., ibid., 800, note 27 (Winter, 2002).

方面，例如商號、公司制度、商業使用人之代理權（如經理人）等基於交易安全多採強行規定。[212]本書認為其乃因集體主義之法哲學所產生之結果。所以，不僅公司之外部關係規範為保護公司債權人而多強行法，股份有限公司等較大型公司之內部規範（多涉組織），亦因為了保護一般股東免於大股東或經營者之專擅而多為強行法。[213]

貳、英美法系公司法思維

英美法由於對自由主義與個人主義之重視，鑑於民事與商事有本質上之差異，且鑑於商事行為具有高度技術性而亟需彈性與自由，而且商事重視交易效率，所以，甚至在組織法層面（例如公司法）仍根據市場競爭機制，契約自主與公司自治（私人自治），自己責任原則而放寬管制多任意性規定。[214]

這是因為當公司法被理解為一部涵蓋多數利害關係人而規範多種法律關係（公司與受僱人、經營者、資本提供者、原料供應者或顧客間之關係）之大型定型化契約時，公司法獨立於契約法而存在之價值便在於交易成本之減省。所謂交易成本乃找出交易相對人，並了解其背景資料之搜尋成本，以及與之締約交易之成本等，而根據公司契約論學者之看法，公司法乃儘量將此些交易事項加以涵蓋，而且是此等利害關係人經過合理之交涉協商所會同意之一種契約條件或假設性之契約 (hypothetical contracts)，藉此契約，相對人可以大大減去交易成本直接與公司根據該公司法（屬一種標準契約格式）來締結契約關係，[215]而且，當事人原則上可根據契約自由而改變之，除非該規定之改變會造成第三人之不利影響，[216]或該規定涉及公眾

---

[212] 梁宇賢，同前[15]，頁4；潘維大、范建得、羅美隆，前揭書，頁1、3。

[213] 黃銘傑，同前[44]，頁3、12–13；黑沼悅郎，前揭書，頁21；三枝一雄、南保勝美、柿崎環、根本伸一，前揭書，頁4；江頭憲治郎，前揭書，頁57。

[214] Paul Davies, ibid., pp. 45–46；王文宇，同前[75]，頁202–203、205。

[215] 黃銘傑，同前[44]，頁3、9、12；江頭憲治郎，前揭書，頁57。

之保護時。當該規定涉及公眾時，不僅涉及大陸法系所強調之交易安全問題，而且，從交易成本之觀點考量，因為其牽涉到大眾，交易成本本來就高昂，若再任意允許其更改公司法之規定，則大眾之搜尋，交涉與監督成本將更大幅攀升，所以，公開發行公司之規定多強行法。[217]與此相對地，閉鎖性公司之利害關係人相對較少，交易成本較低，條文被契約排除對利害關係人之影響較小，所以，其規範較多任意法而留給當事人私法自治空間。[218]然而，美國亦有見解認為一般股東欠缺做合理決定所需之資訊與判斷力，所以，仍須有強行規定。[219]

參、我國法

我國亦有學說認為，強行規定之存在除了促進經濟效益外，尚必需能減省市場上交易參與者之資訊搜尋成本。[220]亦即強行規定乃為匡正市場失靈，[221]質言之，市場要發揮功能需當事人資訊對等而透過契約自由形成市場，強行規定乃在資訊不對稱時為讓資訊對稱而顯其必要性。例如公司法第二三條第一項之忠實義務應屬強行規定而不容以契約加以排除，[222]因為忠實義務內容常涉資訊揭露。

相對地，公司法中具私益上考量之規定大體上為任意性規定，而允許公司自治或以契約自由加以變動，例如有限公司根據第一〇八條第一項可選任董事長對外代表公司。而此常與公司之大小有關。

---

[216] 黃銘傑，同前[44]，頁 3、13。
[217] 黃銘傑，同前[44]，頁 3、13。
[218] 黃銘傑，同前[44]，頁 3、14。
[219] 黑沼悦郎，前揭書，頁 21。
[220] 王文宇，同前[75]，頁 22。
[221] 王文宇，同前[75]，頁 24。
[222] 王文宇，同前[75]，頁 24、25。

第三節　以大型公司或中小型公司為規範典範而有區別

傳統上大陸法系之股份有限公司法乃以大公司為規範典範，而有限公司法乃以中小企業為規範典範。公司大小雖可用資本額、營業額、受僱人人數、股東人數、公開性與否或上市櫃與否等為區別標準，[223]但就公司法之適用而言，應以股東人數多寡與公開性與否為宜。英國法在區分應使用股份有限公司制度或應使用合夥契約時即以二十人為區分之標準。

須使用強行規範之理由常為外部關係之交易安全與大眾投資人之保障等公益考量，而大公司因為股東眾多，較常涉及交易安全與大眾投資人保障而有較多強行規定，包括某些機關之設置強制等。對大型公司，採集體主義之大陸法系與採個人主義之英美法系差異不大，但在對中小型公司之規範上則兩者較多差異。例如德國與我國之有限公司與英美之閉鎖性股份有限公司 (close company) 乃相對照之制度，[224]但前者之法制相較即有較多之強行規定，而英美之閉鎖性股份有限公司法僅提供一任意性規範，允許當事人以股東協議（契約）或股東決議或章程改變之，而且某些機關之設置沒有強制性。因此，當一國公司法乃以較大型股份有限公司法為規範典範時，其會有較多強行規定，而當一國公司法乃以中小企業為規範典範時，其會有較多任意性規範，例如日本公司法在二〇〇五年之前屬前者，而之後改屬後者。

---

[223] 神田秀樹，前揭書，頁 30-31。

[224] P. Davis, ibid., pp. 12-13, 40-47, 91-96.

第四節 與公司設立之立法主義差異之關連性

一國公司之設立原理差異亦影響強制與任意規定之多寡。大陸法系受到特許權論與集體主義之影響，公司之成立乃屬上下關係。蓋公司係法律及國家所創設之法律實體，國家干預公司內部事務之程度較高，該法制中公司法的強制規定會較多。

英美法受到公司契約論以及自由個人主義的影響，公司乃人們結社之行為，屬平行關係，而認為公司此一權利主體係基於契約自由及平等地位所合意結合而成立，因此，公司設立採準則主義，且公司法中的任意規定會較多。例如美國公司法中就存有比大陸法系較多之任意規定允許當事人合意變動之，而且給企業較多之自主決定空間。[225]此一差異在公司之設立程序便能被感知。

---

[225] 王文宇，同前[75]，頁22。

第三章　公司之設立與登記

第一節　公司設立之基本流程

一企業成立於有組織之單一體之成立以及對外呈現，所以，設立中階段之企業可能就有價值而可被交易並享受法律之保護，[226]這是因為大陸法系採法人實在說。

在法人實在說之基本思維下，我國四種法定類型公司之基本設立流程為，發起社團之人訂立章程作為社團之組織及活動之根本規則，然後邀集構成員以符合法定人數要求，進而確定股東之出資以符合最低資本額需求（若法令有要求的話），再設立機關以為社團之活動機構，最後為公示於社會而向主管機關申請公司之設立登記，取得公司法人格。

此一程序可被區分成社團實體形成之程序與法人形式之取得程序。所謂法人形式之取得程序，乃指為公示於社會而向主管機關申請公司之設立登記，取得公司法人格之程序。[227]此一程序在大陸法系與英美法系並無太大差異，只是英美法採法人擬制說，強調此時法人被法律所擬制成立。大陸法系採法人實在說，看到章程簽訂以後已初具法人之真實存在，而強調另有社團實體形成之程序。

所謂社團實體形成之程序也就是必須有人（發起人）、物（資本）及行為（簽訂章程）三者，[228]而此時在法人實在說之思維下已具有企業之價值，而可享受設立中公司之法律保護。[229]不過，在設立機關方面，因為無限公

---

[226] Adolf Baumbach & Klaus Hopt, a.a.O., S. 13.

[227] 吉本健一，前揭書，頁32。

[228] 鄭玉波，同前[13]，頁30-31；吉本健一，前揭書，頁32。

司、有限公司與兩合公司之組織較平整化，所以，發起人訂立章程與邀募股東（人）及資本額（物）與機關之形成同時完成，因此，此三種公司之設立時間甚短，沒必要論及設立中公司之問題。僅有在股份有限公司之設立，由於其機關立體化，而且可能需對外募資，設立之程序也較繁，才需於該章節介紹其設立中公司之相關問題，在此只介紹四種公司共通部分，如公司設立之立法主義。

第二節 公司設立之立法主義

壹、歷史上之立法主義

各國公司設立之立法主義約有四種，即放任主義、特許主義、核准主義、準則主義，而此四者中有些乃歷史上制度，在此先行介紹。

一、特許主義

在中世紀到十九世紀法國大革命之前，大陸法系與英美法系之公司成立皆採特許主義，[230]例如荷蘭與英國之東印度公司皆是。在特許主義之下，公司之設立，須經由國家特許（立法機關立法）或經國家元首命令，並於特許後組織設立。亦即，公司之設立須經國家元首特許，或立法機關制訂法律特許後，方得設立。在此主義（公司特許權理論）下，國家與法律對公司之成立與內部事務較多干涉。

二、放任主義

所謂放任主義（又稱自由設立主義或自由主義）乃指公司之設立，法律未對公司設立之要件、人數與資本額予以限制，全由當事人自由為之，

---

[229] Adolf Baumbach & Klaus Hopt, a.a.O., S. 13.

[230] Katharina Pistor et al., ibid., 807；龍田節、前田雅弘，前揭書，頁28。

法律不設任何之規定。其優點為公司容易成立，缺點乃發起人設立公司可能不在經營公司業務，而且公司財力可能不佳。學說在介紹自由主義時常舉英國在十七世紀非關特許行業的公司設立所採取之自由設立主義為例，例如英國在十七世紀股份有限公司制度的萌芽期，公司設立不必國王特許即可成立公司（但其活動比經過特許之公司受有國家較多之限制），亦被稱為設立自由主義。[231]亦有舉法國大革命後在一七九一年對私公司所採之自由註冊制度為例，但該種公司因數量大增而甚多倒閉，所以，一七九三年就停止此一制度了。[232]

三、核准主義

所謂核准主義（或稱許可主義），公司之設立，除須具備依法令所規定之要件外，尚須由行政機關依據既有之法律加以實質審查後再加以核准（屬一種行政處分，我國主管機關常稱之為特許）。[233]亦即，公司之設立除符合法定要件之外，尚需經主管機關積極之裁量核准後，方得設立。

貳、現代公司設立之立法例

現代有關公司之成立，除特許事業與許可事業外，受到公司之設立原理之影響，大體上有嚴格準則主義與準則主義兩種。

一、特許主義

現代之特許主義乃要求立法機關以立法特許之，而以前乃用國王特許之方式為之。[234]須以此方式者乃因該事業具有獨佔之性質而須以立法方足以排除公平交易法之規範。其事業通常為重大民生事業、具有公益性或帶

---

[231] 川村正幸等三人合著，前揭書，頁50。

[232] Katharina Pistor et al., ibid., 808.

[233] 三枝一雄、南保勝美、柿崎環、根本伸一，前揭書，頁34；王文宇，同前[75]，頁112。

[234] 前田庸，前揭書，頁73。

有特定政策色彩之事業，例如台灣電力公司、台灣自來水公司等須先經特許。又例如日本電信電話股份有限公司等相關法律所設立之 “NTT” 公司，及根據日本煙草產業股份有限公司法所設立之 “JT” 等公司，此乃基於立法上之特權而與基於行政上之特權之核准主義有別。[235]

二、事業須經政府許可與公司設立須經核准乃不同

事業須經政府許可與公司設立須經核准乃兩事，不可與前述公司設立須經核准之核准主義或許可主義混淆。

現代，通常於較具專業性而需特別管理之事業，例如銀行業與保險業，其須符合銀行法與保險法之規定，經核准後，再依公司法組織設立。因此，公司法第十七條第一項規定，公司業務，依法律或基於法律授權所定之命令，須經政府許可者，於領得許可文件後，方得申請公司登記。所謂「依法律或基於法律授權所定之命令」乃例如依銀行法設立銀行須經許可，或依關稅法所授權之報關行設置管理辦法規定，設立報關行應經政府許可。若是根據一般行政命令須經政府許可方可營業者，其公司之設立不須經許可即可登記，但登記後要營業須經政府許可方可營業，例如影視業。

對此種須經政府許可之事業之許可，我國主管機關可能稱之為特許，例如稱公司申請「特許」時可用公司籌備處名義為之。[236]然而，不論稱之為特許或許可，其與前述公司設立之核准主義（或稱許可主義）仍有不同，[237]因為其公司登記仍可能採準則主義，公司登記主管機關對之並無許可與否之裁量權限。這是因為需許可者乃該營業活動之進行，與公司設立本身採何主義無關。[238]

---

[235] 梁宇賢，同前[15]，頁 24；龍田節、前田雅弘，前揭書，頁 29。

[236] 經濟部 56 年 2 月 23 日商字第 04090 號函。

[237] 龍田節、前田雅弘，前揭書，頁 29。

[238] 近藤光男，前揭書，頁 24。

三、準則主義

國家對於公司之設立先制定一定要件之準則，凡公司之設立經審查合於要件者，即可登記成立公司，主管機關不得妄加拒絕登記。亦即法律預先規定設立公司所須具備之要件以為準則，凡符合此等要件者，公司則得成立，不需再經主管機關之核准或許可，例如美國法與日本法所採之主義即是。[239]準則主義有平等而迅速之好處，因此，日本在明治二十三年舊商法原採許可主義，之後在明治三十二年現行商法時起改採準則主義。[240]但為防止空殼公司，日本法乃搭配採公司解散命令制與公司設立無效制度。[241]

四、我國公司法所採用之主義

我國公司設立所採用之主義，多數學說認為，我國公司法在非關特許行業的公司，採取嚴格之準則主義。[242]根據此一見解，準則主義又分成「單純準則主義」與「嚴格準則主義」。前者並未特別加重發起人責任，法律所設之準則極為簡易，易造成流弊，而後者乃為避免濫設公司並保障股東及交易安全， 嚴格規定設立公司之要件作為準則， 並特別加重發起人之責任。[243]

然而，鄭玉波教授則認為我國法乃採準則主義。[244]公司法第一三三條第二項規定與公司法第一四八條到第一五〇條等規定的確有加重發起人之責任。然而，日本公司法在二〇〇五年前之舊法與現行法均採準則主義，仍對發起人特別加重其責任，[245]只是現在已不再如我國法要求發起人對已

---

[239] 神田秀樹，前揭書，頁 4、43；柴田和史，前揭書，頁 4。

[240] 川村正幸等三人合著，前揭書，頁 3；江頭憲治郎，前揭書，頁 59（註 1）。

[241] 前田庸，前揭書，頁 74。

[242] 梁宇賢，同前[15]，頁 25；柯芳枝，前揭書，頁 16、163；賴源河（王志誠修訂），前揭書，頁 89。

[243] 王文宇，同前[75]，頁 112。

[244] 鄭玉波，同前[13]，頁 32–33、47。

認而未繳款者之部分負無過失之責任（屬資本充實責任之一種）而已，[246]但日本仍未認為其乃採嚴格之準則主義。

第三節 公司設立行為之法律性質

壹、公司設立行為之法律性質涉及設立不成功時的權利義務關係

公司設立行為指欲成立公司之人為取得法人人格，依特定程序所為之法律行為。設立行為之法律性質涉及設立不成時相關人員的權利義務關係，甚具重要性。

貳、日本法以發起人合夥契約處理

日本公司法學界已不再強調公司設立行為之法律性質，而是一般地認為，當設立發起人有數人時，在訂立章程之前通常會先行締結一以設立公司為目的之發起人合夥契約，即使當事人間並無明示之合意時，一般仍會認定有此一民法上合夥關係之成立。[247]章程之訂立，認股及設立公司之職務分擔乃此一契約之履行行為，而其存續至目的事業完成（即公司成立）而解散。[248]因此，其與設立中公司乃平行地存在，惟發起人以設立中公司機關之地位所行使之權限與所負擔之義務係按照發起人合夥契約之約定，所以，兩者間之關係甚為密切。[249]

---

[245] 江頭憲治郎，前揭書，頁 110（註 1）；近藤光男，前揭書，頁 47、48。

[246] 前田庸，前揭書，頁 81。

[247] 神田秀樹，前揭書，頁 59；吉本健一，前揭書，頁 34；高橋紀夫，前揭書，頁 56。

[248] 神田秀樹，前揭書，頁 59；三枝一雄、南保勝美、柿崎環、根本伸一，前揭書，頁 37；柴田和史，前揭書，頁 42。

[249] 柯芳枝，前揭書，頁 168、169。

參、大陸法系公司設立行為之法律性質

一、學說之爭

有關公司設立行為之法律性質，我國學說上有合夥契約說、單獨行為說、共同行為說等。

㈠合夥契約說

此說認為公司之設立為發起人間之藉章程之簽訂所形成之合夥契約。此說乃以前之通說，因為發起人設立公司時，彼此間常先成立合夥契約是為通例。然而，將此契約與設立行為混為一談乃屬不當，因設立行為乃新的權利主體之創造行為，不能與之前（及之後）之合夥契約混為一談。[250]

㈡單獨行為說

單獨行為說有偶合之單獨行為說與聯合之單獨行為說。根據偶合之單獨行為說，公司設立行為乃各發起人以組織公司為目的之個別行為，偶然地湊合而成公司。根據聯合（或稱集合）之單獨行為說，公司設立行為乃各發起人，各以其單方意思表示，在設立共同目的下，聯合（或集合）而成立公司。

㈢共同行為說

此說認為公司等社團之設立行為乃基於創設公司之同一目的，以各發起人之意思表示所為共同一致之行為，其係多數相同方向之平行意思表示趨於一致而成立之法律行為，又稱為合同行為。[251]

二、我國多數學說

在一人公司在形式上被承認前，我國學說之通說乃採共同行為說。[252]

---

[250] 鄭玉波，同前[13]，頁31。

[251] 施啟揚，民法總則，再版，三民，台北，1984年6月，頁200；鄭玉波，同前[13]，頁32；梁宇賢，同前[15]，頁294。

但形式上一人公司被允許後，公司設立行為之法律性質，學說多數認為應區分情形而定。亦即，設立非一人公司時，係採取共同行為說，惟於一人公司之設立，則採單獨行為。[253]

根據此一多數說見解，在一人公司之設立失敗應由發起人單獨負責，故無問題，但在非一人公司之設立失敗，設立人就設立期間所為法律行為，依我國實務之傳統見解乃應依合夥之原理來加以解決。此一多數說見解認為設立行為乃數發起人之共同行為說，並未能解釋為何乃依合夥之原理來加以解決。因此，本書認為仍應就發起人合夥與設立中公司屬無權利能力社團之屬性來加以推知。

肆、公司設立發起人之責任

不論何種公司，設立行為之法律性質及其背後之合夥契約涉及設立不成功時的權利義務關係。除股份有限公司之發起人之責任，公司法因有明文規定，留待該章節介紹外，其他三種之公司，其發起人之責任，公司法並無明文規定。

當公司設立成功時對第三人之責任，在侵權行為責任方面，發起人在設立期間對第三人之侵權行為應與設立後之公司連帶負責（公司法第八條第二項、第二三條第二項、民法第二八條、第一八四條參照）。在契約等債務不履行責任方面，公司法無明文規定，此債務若在發起人之職務範圍內且為設立所必要，依同一體說，應由設立完成之公司負責。[254]

當公司設立不成立時，發起人對第三人之責任，公司法並無明文規定。因為此等公司多具有閉鎖性質，其設立關係較不若股份有限公司之複雜，

---

[252] 鄭玉波，同前[13]，頁32；柯芳枝，前揭書，頁15、173；賴源河（王志誠修訂），前揭書，頁87。

[253] 梁宇賢，商事法要論，四版，三民，台北市，1991年，頁24；王文宇，同前[75]，頁111-112；江頭憲治郎，前揭書，頁61。

[254] 陳連順，前揭書，頁27。

基於發起人欲設立公司時，多有訂立「發起人合夥契約」，此時應由發起人就對內、對外關係均依民法合夥規定負責。若其間並無訂立「發起人合夥契約」，一人公司之設立失敗固由該發起人單獨負責，非一人公司之設立失敗，鑑於前述發起行為之法律性質採共同行為說以及設立中公司（雖僅短暫存在）之性質屬無權利能力之社團，應根據合夥法理由發起人負連帶損害賠償責任。我國最高法院一九年上字第一九二四號判例亦認為其與合夥相當，因此，應以合夥之原理解決之。

第四節　公司之設立登記與其他登記

壹、公司登記為特別商業登記

公司登記乃將應行公示之事項向主管機關登記，以便公眾閱覽抄錄，甚至在主管機關之網站加以主動公開，因為公司為法人，其是否存在，組織如何，有無資力等，為保護交易安全，自應登記以公示之。[255]公司登記為（廣義）商業登記之一種，因為兩者具有同一之性質。[256]這是因為商業登記法及商業會計法之商業乃指以營利為目的之企業，而公司亦屬一種營利為目的之企業。因此，商業登記有廣義與狹義之分。

廣義商業登記事項包括獨資與合夥商業組織之商業登記與公司商業登記。[257]在採民商分立之國家，會將商業登記納入商事法之通則中加以規範，而我國採民商合一制無獨立之商法典，所以，將公司登記規定於公司法中，而一般商業登記（包括獨資與合夥商業組織之登記）則規定於商業登記法中，而被稱為狹義商業登記。[258]因此，雖然一般商業登記（狹義商業登記）

[255] 梁宇賢，同前[253]，頁25。
[256] 鄭玉波，同前[13]，頁257。
[257] 潘維大、范建得、羅美隆，前揭書，頁13。
[258] 潘維大、范建得、羅美隆，前揭書，頁13。

之主管機關依商業登記法第六條之規定為中央之經濟部、直轄市政府與縣市政府，而公司登記之主管機關為經濟部與直轄市政府，看似平行之兩套制度，但公司法中公司登記規定為商業登記法之特別法，公司法有規定者應優先適用公司法之規定。[259]

貳、公司登記之功能

公司登記之功能，在於登記制度具有較明確且較易查證之優點，故藉公司主管機關登載應公示之事項於登記簿，以降低資訊蒐集成本並維護交易之安全。雖然公司登記有一定之成本，但其可增加商業交易環境之透明度，協助當事人清楚判斷交易之風險值，降低交易之成本，進而提高交易之效率。從主管機關監督權之行使而言，藉資訊揭露與公示原則等亦可維護交易安全。從經濟學之角度而言，登記制度可減低資訊不對稱性而減少搜尋成本。

參、公司登記事項之種類

公司登記之種類計有設立登記、外國公司之分公司登記、合併及分割登記、經理人登記、變更登記、解散登記等。這些事項可以被區分為設立登記與其他登記兩大事項分類。因為商業之登記只證明了註冊程序已完成，所以，主要（原則上）只有宣示效力，但有些行為須登記才法律上完成，此時之登記具有創設效力。[260]這是因為通常商業登記事項可被分成兩大類，即通常登記前已有一定法律關係之發生、變更或消滅之事項（稱為免責的登記事項，登記僅有宣示之效力），以及因登記本身才創設新的法律關係之事項（設定的登記效力事項），後者之登記有創設效力，我國法則稱之登記要件主義，例如公司設立登記。[261]宣示的效力在我國法則被稱為登記對抗

---

[259] 鄭玉波，同前[13]，頁257；潘維大、范建得、羅美隆，前揭書，頁13。

[260] Adolf Baumbach & Klaus Hopt, a.a.O., S. 12.

[261] 青竹正一，前揭書，頁71；近藤光男，前揭書，頁40。

效力。

一、我國商業登記法上之規定

㈠登記要件主義

我國狹義商業登記之效力有登記要件（生效）主義與登記對抗效力兩種。登記要件（生效）主義規定在商業登記法第四條，其規定商業除第五條之規定外非經商業所在地主管機關登記不得成立。商業登記法第九條第一項遂進而規定，商業開業前應將名稱、組織、所營業務、資本額等八項資訊申請登記，否則不得成立開業。商業在登記後，因享有登記之創設效力，依商業登記法第二十八條第一項之規定，取得商業名稱（即商號）之專用權。[262]

㈡登記對抗效力

根據商業登記法第十五條第一項之規定，登記事項有變更時原則上應於事實發生之日起十五日內申請為變更登記。為落實此一登記要求，商業登記法第二十條第一項遂規定，商業設立登記後之應登記而不登記或已變更而不為變更之登記，不得以其事項對抗善意第三人。

二、在有實質審查之國家兩類事項之審查密度會不同

在對商業登記有實質審查之國家，例如德國透過登記法院作實質審查，其對具有創設效力之登記事項之審查密度會較高，而對於僅具宣示性效力之登記事項雖有實質審查，但因登記事項繁多，不可能全面地審查，所以，商業登記雖然仍享有與土地登記類似（但不同）之公信 (öffentlichen Glauben)，[263]但並無內容乃正確之推定力。所以，登記僅有宣示之效力。我國法乃以登記對抗效力表達之。而這審查困難度在日本及我國因無登記法院而由行政官員進行而益加困難。

---

[262] 潘維大、范建得、羅美隆，前揭書，頁 26。

[263] Adolf Baumbach & Klaus Hopt, a.a.O., S. 96.

肆、公司登記（設立與其他登記）之審查方式

不論公司設立登記乃採準則主義或採嚴格準則主義，公司之設立登記以及其他公司登記，依公司法第三八八條之規定，主管機關對於各項登記之申請，認為有違反本法或不合法定程式者，應令其改正，非俟改正合法後，不予登記。

就此一公司登記事項之審查，我國公司法學者與實務有認為採形式審查、實質審查或書面審查等之爭。以下先介紹主要國家之作法，再進入我國法之探討。

一、主要國家之作法

㈠德國法採實質審查說

德國法認為商業登記與土地登記雖有不同，但不能太強調其差異。[264] 所以，德國法對公司章程內容、合法性、正確性以及資本充實等皆有實質審查，但註冊法官並不必一一審查，而只有在具體之申請有不正確性之根據時才為之。[265] 註冊法院不僅有權利亦有義務實質審查註冊要件是否具備，審查密度則根據其為創設效力或宣示效力而有不同，在股份有限公司之設立登記最為嚴謹。[266] 註冊法院須在送交之事實之正確性有合理之懷疑時加以檢視，而且，法院有權利（只為儘量減少不正確之登記）檢視所被交付之事實是否該被登記。[267] 註冊法院有進行實質審查之效果為註冊內容之正確性被推定 (vermutet)，或被認為至少有初見證據之效力 (Beweis des ersten Anscheins)，不過其尚未達舉證責任轉換之程度。[268]

---

[264] Karsten Schmidt, a.a.O. (Fußnote 3), S. 376, 377.

[265] Karsten Schmidt, a.a.O. (Fußnote 3), S. 382; Karsten Schmidt, a.a.O. (Fußnote 21), S. 295.

[266] Adolf Baumbach & Klaus Hopt, a.a.O., S. 11.

[267] Adolf Baumbach & Klaus Hopt, a.a.O., S. 11.

[268] Karsten Schmidt, a.a.O. (Fußnote 3), S. 382.

㈡英國法採書面進行之實質審查說

英國註冊處乃依所提出之文件審查是否形式上符合程式，公司名稱是否可被接受、公司目的是否合法、公開公司之最低資本額是否達到，[269]所以，原則上乃根據申請人所提出之書面，包括法定宣示（例如最低資本要求已被遵守之宣示），來加以審查，雖然未主動地加以全面實質審查，而是可能在發證後若有合理理由懷疑有規定未被遵守時，英國政府或檢察長可啟動調查而由法院加以廢棄公司登記等。[270]所以，雖然日本有力學說認為，英美公司法僅要求章程之作成（稱為創立主義），其設立手續充其量僅為一定事項之公示而已，[271]但應可說是以書面進行實質審查原則之主義，而非形式審查主義而已。

㈢日本法通說採形式審查說

日本公司登記所須依循之商業登記法第二十四條之審查規定（其中第十款乃有關應登記事項有無效或得撤銷之原因）採何主義，雖有學說認為，準則主義並非形式審查而已，而是根據申請書所添附之書類來加以審查是否滿足法定要件，若登記官從書類上書面審查可知有無效之事項則不予以登記，藉以避免違法事項被登記，而審查之內容（即準則內之要件）以股份有限公司之設立為例，因為要構成公司社團，對外要保障交易安全，所以要求審查章程之作成、股東之確定、出資之履行、董事機關之選任等事項。[272]

然而日本實務及學說多數說則認為，由於登記採準則主義，登記官對設立是否已符法定之程序乃是在滿足形式的要件後即行設立登記，而採形式審查主義。[273]即使在股份有限公司之設立，會牽涉多數人而且屬組織之

---

[269] Robert R. Pennington, ibid., p. 33; Paul Davies, ibid., pp. 111, 112, 115.

[270] P. Davis, ibid., p. 115.

[271] 江頭憲治郎，前揭書，頁60（註2）。

[272] 江頭憲治郎，前揭書，頁59、60（註2）、102；龍田節、前田雅弘，前揭書，頁47。

[273] 前田庸，前揭書，頁77；神田秀樹，前揭書，頁29（註3）；河本一郎、川口恭弘，前

設立，審查官仍只對該準則所要求之要件是否合致做形式審查，並經設立登記後公示之。[274]採形式審查說之原因，根據日本學者近藤教授之看法為，日本二戰前之判例即採形式審查主義，因為登記乃由行政官為之，行政官非法官，不宜實質審查，而且若實質審查，則會延宕登記，故原則乃以形式審查主義為前提而做商業登記法所規定的事項，但該規定有提到當有無效或應撤銷事由時應拒絕註冊事由，所以，近藤教授認為應是以形式審查主義為原則，但是否有無效等之事由，登記官只根據申請書類、附件書類與登記簿來判斷是否有無效等事由。[275]

二、我國學說與實務見解之爭執

公司登記該如何審查，在實務上非常重要，例如遠東太平洋百貨公司增資一案的登記所根據之股東會決議有偽造之嫌，刑事法院對該偽造行為之刑事確定判決是否足資為憑，涉及該公司經營權與股權之爭，並使公司法第九條第四項在二〇一八年有大幅之修正。其關鍵在於我國公司法第三八八條究竟採何制度，我國學者與實務有採形式審查、實質審查或書面審查說等。

㈠實質審查說

此說根據公司法第三八八條（主管機關對於公司登記之申請認為有違反本法者，應令其改正）之文義認為乃採實質審查制。[276]這是因為若將不實之事項加以登記公示並不妥當，所以為一般公眾利益之觀點應採實質審查主義。

揭書，頁327。

[274] 三枝一雄、南保勝美、柿崎環、根本伸一，前揭書，頁34。

[275] 近藤光男，前揭書，頁42–43。

[276] 最高法院91年台非字第312號判決；梁宇賢，同前[253]，頁10；賴源河（王志誠修訂），前揭書，頁98。

㈡形式審查說

此說認為公司登記既採準則主義，則凡申請登記之文件已符合法令之規定與程式，即得准予登記，因此，主管機關僅做形式審查。[277]

㈢形式審查與書面審查而不實質審查說

黃銘傑教授認為，除非從一般經驗法則觀之其違法性明顯可知，否則僅形式審查與書面審查，而不實質審查。[278]蓋主管機關根據公司法第三八八條若要求實質審查，將造成實務上之重大負擔，故仍僅書面審理。最高行政法院有判決採類似見解，其認為乃採形式、書面審查而非實質審查方式，因為公司法採準則主義，主管機關依公司所應附之文件據以書面審查。[279]

㈣根據書面文件進行形式審查說

王文宇教授指出，我國公司法第三八八條本採實質審查制，應對所有之登記事項與輔助文件均克盡探究虛實之責而與登記對抗效力相呼應，但實務上卻礙於人力與物力之缺乏而未能實質審查，而只能根據書面文件進行形式審查。[280]

三、本書見解——原則上以書面進行之實質審查

公司法第三八八條所稱「是否不合法定程式」乃進入實質審查前之形式審查，而同條所規定之「是否違反法令」則已是實質審查。本條規定在一九四六年公司法乃規定於第三〇七條，當時工商業尚不發達，公司登記申請案件不多，採實質審查說並不會窒礙難行，但到了現代，由於公司設

---

[277] 最高行政法院94年度判字第960號判決；經濟部商業司82年3月22日第202767號函釋。

[278] 黃銘傑，登記制度及公司透明原則，收錄於方嘉麟主編，變動中的公司法制，初版，元照，台北，2019年1月，頁312。

[279] 最高行政法院103年判字第256號判決。

[280] 王文宇，同前[75]，頁726。

立與其他登記申請數量遽增，已不合時宜。所以，經濟部在一九八七年針對本條所做之解釋認為，主管機關對於公司登記之申請，僅須就其所提出申請之登記事項審核其所附申請書件是否符合公司法有關規定為已足，[281]開始對實質審查要求放寬見解，但並未說其乃採形式審查主義。

大陸法系在傳統上認為公司登記乃公司依照本法所定程序，將法定事項申請主管機關登載於公簿以為公示，而公司登記所具有公示作用以保護交易安全與物權登記具有同一旨趣，不僅公司設立登記採登記要件主義，其他登記亦有登記對抗效力。[282]由上述德國法之介紹可知，登記至少有對抗效力，乃是因為登記機關在登記之審查方面採實質審查主義。由上述日本法之介紹可知，日本法之所以通說採形式審查說，乃因為限於人力擔心登記延宕，但此說將未能解釋為何登記至少有登記對抗效力。因此，本書認為我國公司登記之審查並非僅為形式審查，而是實質審查制，僅是限於人力物力等而未能落實，故退而求其次採原則上以書面審查方式進行之實質審查說，如此方能正當化公司登記至少有對抗效力之規定。

伍、公司設立登記與其效力

一、公司設立登記之目的

公司設立是否符合準則之要求須加以審查，而且，公司設立之事實與組織須公示於社會，因此，公司設立須經設立登記。

二、設立登記之立法主義

公司設立登記乃公司成立之生效要件或僅為對抗他人之要件，而不影響其已成立之效力，在立法例上有採對抗主義者與生效要件主義者。採前說者固有與公司其他登記同為對抗效之一致性，但易引起法律關係之不確

---

[281] 民國76年6月20日商字第32064號函。

[282] 鄭玉波，同前[13]，頁257–258。

定，已少被採納，因此，我國法從多數立法例（如英國法與德國法）採設立登記要件主義。[283]因此，我國公司法第六條遂規定，公司非在中央主管機關登記後，不得成立。採此主義之原因除要確保設立程序之適當正確外，亦是因為法人格之認證（或賦予）乃專屬於國家之權力。[284]

三、公司設立登記之內容

公司設立登記之內容包括公司名稱與所營事業等，分述主要內容如下。

(一)公司名稱

公司為一法人，因此如自然人一般須有名稱。公司名稱原則上可自由選取，但須符以下之要求。四種類型公司之名稱須標明公司種類，外國公司應譯成中文並以中文標明種類及國籍。基於公益考量，公司名稱不得使用違反公序良俗或易於使人誤認等名稱。再者，基於公私益，公司名稱不得與其他公司名稱相同（公司法第十八條），即使相對人同意亦同。至於與其他非公司名稱之類似名稱之使用，雖有混淆誤認之虞，應歸由商標法或公平交易法處理，公司法已不再加以規範。

1.公司名稱之公示作用

為使交易相對人容易了解公司之性質與其股東所負之責任，公司法第二條第二項規定，公司名稱，應標明公司之種類。所謂種類乃指例如有限公司等種類。此一規定在各國公司法皆有。例如德國有限公司會在名稱之後附上 “GmbH”。這是因為公司種類能顯示股東之責任性質，而股東負何種責任對交易相對人判斷信用之對象乃公司或股東方面甚為重要，因此，藉商號 （公司名稱） 之登記而發揮其公示作用 (publicity in respect of the company’s name; die Firmen-öffentlichkeit; die Publizität)。[285]

---

[283] 柯芳枝，前揭書，頁 17；梁宇賢，同前[253]，頁 26–27。

[284] 川村正幸、品谷篤哉、酒井太郎，前揭書，頁 37。

[285] Karsten Schmidt, a.a.O. (Fußnote 3), S. 340、361、362、365; Robert R. Pennington, ibid., pp. 4, 9,10; Paul Davies, ibid., p. 45; Jessica Schmidt, Reform of Germany’s Private Limited

2.公司名稱之單一性原則

商號（公司名稱）單一原則，乃指雖然自然人商人或法人在一營業可使用一商號，在數營業可有數商號，但公司即使經營數個營業（日本法合稱之為事業）仍只能有一個公司名稱。[286]因此，一關係企業之成員不論彼此關係多麼緊密，一成員公司仍各有其公司名稱。[287]

3.公司名稱之持續性

公司名稱（商號）乃標示企業，不因企業主資格變動而更動，稱為公司名稱（商號）之持續性 (die Firmenbeständigkeit)。[288]此對延續公司名稱所累積的顧客好感（goodwill，日文稱「暖簾」）有其重要性，但此在非公司型態之企業較可能，因為在公司間之企業併購後，常會變更公司名稱，例如國泰與世華兩銀行合併而改稱國泰世華銀行。

4.公司名稱之公序良俗

為使交易相對人不至於誤會公司之性質，公司法第十八條第四項規定，公司不得使用易於使人誤認其與政府機關、公益團體有關或妨害公共秩序或善良風俗之名稱。

5.本國公司名稱

公司名稱（屬一種商號）除法令有所限制外，有選擇之自由，稱為商號選擇自由原則（公司名稱選擇自由）。[289]然而，公司之中文名稱，屬絕對必要，外文名稱則由公司自行斟酌是否申請登記。因此，公司法第十八條第一項規定，公司名稱，應使用我國文字，且不得與他公司或有限合夥名稱相同。二公司或公司與有限合夥名稱中標明不同業務種類或可資區別之

Compnay (GmbH), 9 German Law Journal 1093, 1097 (2008)；黑沼悅郎，前揭書，頁 38；高橋紀夫，前揭書，頁 19；青竹正一，前揭書，頁 74；近藤光男，前揭書，頁 71。

[286] Karsten Schmidt, a.a.O. (Fußnote 3), S. 131, 354–356; Adolf Baumbach & Klaus Hopt, a.a.O., S. 109；近藤光男，前揭書，頁 58–59。

[287] Karsten Schmidt, a.a.O. (Fußnote 3), S. 356–357.

[288] Karsten Schmidt, a.a.O. (Fußnote 3), S. 366–367.

[289] 柴田和史，前揭書，頁 12；廖大穎，前揭書，頁 40。

文字者，視為不相同。

為因應公司企業走向國際化趨勢，我國公司宜有外文名稱，因此，公司法第三九二條之一第一項規定，公司得向主管機關申請公司外文名稱登記，主管機關應依公司章程記載之外文名稱登記之。

6. 外國公司名稱

外國公司在中華民國境內設立分公司者，根據公司法第三七〇條之規定，其名稱，應譯成中文，並標明其種類及國籍。

7. 公司名稱專用權

公司名稱乃章程絕對必載事項，因章程登記而有登記之效力。公司名稱於登記後，該公司對之取得名稱專用權，此一排他權及於全國之所有種類之公司，除非該他公司在公司名稱中標明不同業務種類，否則專用權人可根據公司法第十八條第一項及民法第十九條請求法院除去其侵害並得請求損害賠償，不得逕請主管機關撤銷登記在後之公司，[290]而需於判決確定後由該管一審檢察處通知經濟部辦理撤銷公司登記。

公司名稱有排他性，以確保公司之競爭上利益與保障交易安全之利益。因此，即使兩公司雙方同意欲使用相同名稱，亦不被允許，因此乃為保障公眾免於混淆誤認之公益考量。[291]

依此規定，兩公司名稱既已標明不同業務種類或可資區別之文字，則不生混淆誤認，所以本法視其為不相同。此一規定乃為方便數同一集團之公司使用相同名稱而達成多角化經營，但實務上卻有不肖業者以著名公司名稱來註冊而標明不同業務種類。此時若前一公司名稱亦被用作商標來註冊，則可根據商標法請求救濟，若無商標註冊，則僅能根據公平交易法請求救濟。

㈡公司住所

公司為一社團法人具有法律人格並能享受權利負擔義務，其住所（所

---

[290] 梁宇賢，同前[15]，頁 76–77。

[291] Karsten Schmidt, a.a.O. (Fußnote 3), S. 370；潘維大、范建得、羅美隆，前揭書，頁 47。

在地）雖公司有選定自由，[292]但必須記載於章程並加以登記，以定其權利義務之中心。

㈢公司所營事業

1.章程所記載之所營事業

公司法第十八條第二項規定，公司所營事業除許可業務應載明於章程外，其餘不受限制。所謂「其餘不受限制」有兩種見解，有見解認為其乃指公司所營事業不以章程明定或營利事業登記者為限，[293]另有見解認為其乃指許可事業（如銀行保險等經目的事業主管機關之法令要求須經許可或特許之事業）以外之事業項目可以不必記載於章程。[294]而且，由於公司法原第十五條第一項之廢除，非許可業務，只要合法自可自由經營之。

公司所營事業應記載於章程而有登記效力，以讓投資人知悉其資金將用於何種事業，而可控制其投資風險。[295]但由二〇〇一年所修訂之公司法第十八條第二項可知，只有須經許可之業務仍須載明於章程外，其他業務不須載明於章程，但為求資訊透明以供第三人判斷，包括銀行做風險評估，仍須根據第三項以中央主管機關所定之營業項目代碼表登記。可見，公司所營事業，除許可事業必會在章程有記載外，亦會藉營業項目代碼表而登記。此時，由於公司法第三九三條第二項有關公司登記應公開項目將所營事業與公司章程分列於第二款及第十款而使得公司法第十八條第三項之規定（公司所營事業應依中央主管機關所定營業項目代碼表登記。已設立登記之公司，其所營事業為文字敘述者，應於變更所營事業時，依代碼表規定辦理）似乎表示章程與營業項目代碼表登記是兩件事，但由於四種類型公司之章程皆有所營事業為絕對必載事項（在有目的事業之權利能力限制

---

[292] 廖大穎，前揭書，頁 39。

[293] 姚志明，前揭書，頁 25。

[294] 曾婉如、林國彬，管理者之義務與責任，收錄於方嘉麟主編，變動中的公司法制，初版，元照，台北，2019 年 1 月，頁 189。

[295] 龍田節、前田雅弘，前揭書，頁 55。

之國家中，有允許概括方式陳述目的事業者，有要求須在章程中具體陳述目的事業範圍而不得以概括方式表達者），[296]我國法並無明文限制章程需具體陳述或可概括陳述，因此，實務上會以選擇主要營業項目或打算作為主要營業項目之營業項目代碼表上之號碼在章程中記載，有些公司甚至會附記上「除許可業務外得經營法令非禁止或限制之行業」。[297]

有否於章程中記載與能否經營雖無直接關係，但公司所營事業之章程登記在我國已廢除目的事業之限制（目的事業以外無權利能力之限制）後，仍有其對外效果與對內效果。

2.對外效果

所謂章程所記載之所營事業之對外效果乃為保障交易安全，其乃指即使未載於章程，公司仍可經營未記載之事業，例如登記經營銀行業，但仍另外可從事運輸業，此時若發生車禍則對因運輸業受害之人不可主張不負責任。[298]更何況，為保障交易安全，章程所載所營（目的）事業應被廣義解讀。[299]

3.對內效果

所謂章程所記載之所營事業之對內效果，乃指公司經營者若違反章程所營事業，則須對公司負章程遵守義務違反之責任。[300]造成公司受損之業務若非章程或營業項目代碼表登記之項目，則公司負責人已違反其忠實義務與善良管理人之注意義務，但若公司章程有附記上「除許可業務外得經營法令非禁止或限制之行業」，則此可保護公司負責人了。

不過，目的事業雖對外為保障交易安全而應被做廣義解讀，但對內效

---

[296] 近藤光男，前揭書，頁8、29。

[297] 曾婉如、林國彬，前揭文，頁189。

[298] 曾婉如，交易安全及合法授權，收錄於方嘉麟主編，變動中的公司法制，初版，元照，台北，2019年1月，頁325。

[299] 近藤光男，前揭書，頁8-9。

[300] 陳連順，前揭書，頁20、45、46。

果，包括董事是否違反善良管理人注意義務，以及是否違反股東之投資期待而言，不應被做廣義解讀，否則有容易受到濫用之虞。[301]

㈣公司名稱及業務之審查準則

公司法第十八條第五項規定，公司名稱及業務，於公司登記前應先申請核准，並保留一定期間；其審核準則，由中央主管機關定之。這是因為公司名稱是否符合公司法第十八條之其他規定，以及公司業務是否為公司法第十七條第一項之許可事業，應先申請審核，然後由主管機關依審核準則來加以審查。實質審查通過後方允許設立登記，而享有設立登記之效力。

四、公司設立登記之效力

法人為眼睛所看不到者， 何時成為一權利義務主體必須有明確之基準，[302]在採法人實在說之大陸法系需以登記作為公司成立之時點，在採法人擬制說之英美法系，也必然會採登記生效主義。所以，設立登記並非只生推定之效力，而是為客觀之法律確定性而有創設效果，即使不正確之註冊，亦有創設效果，只是主管機關或法院不受其拘束而可撤銷之。[303]這是因為公司設立登記之效力乃對世效力，而非僅對第三人之效力而已，[304]其可被區分為主要效果與附隨效果兩種。

㈠主要效果

主要效果乃對四類型公司皆有之效力，由於我國法採登記要件主義，設立登記有創設之效力，而且，創設效力登記若與事實不符，其效力仍存，雖可依職權撤銷，但未撤銷前仍存有公司殼等。

依公司法之規定，公司設立登記完成，公司因登記而成立為權利義務之主體，認股人成為股東或社員，[305]公司取得公司名稱之專用權，公司得

---

[301] 川村正幸等三人合著，前揭書，頁 9；近藤光男，前揭書，頁 8–9。

[302] 龍田節、前田雅弘，前揭書，頁 456。

[303] Adolf Baumbach & Klaus Hopt, a.a.O., S. 60–61.

[304] Adolf Baumbach & Klaus Hopt, a.a.O., S. 62.

使用公司之名稱經營業務。依公司法第十九條第一項之規定，未經設立登記，不得以公司名義經營業務或為其他之法律行為。違反前項規定者，行為人自負民事責任，此為公司法第十九條第二項所明定；所謂行為人自負民事責任，即認行為人為該法律行為之主體。[306]

㈡附隨效果

設立登記對特定公司類型方有之效力稱為附隨效果。在我國法，其主要為涉及股份有限公司。公司設立登記後，股份有限公司得發行股票，股份有限公司之股份得自由轉讓，因為此時股份讓購人之地位（日本法稱為「權利株」）變成股份了。[307]

陸、公司設立以外其他登記之效力

一、前　言

公司設立以外其他登記包括外國公司在我國之分公司登記、合併及分割登記、經理人登記、變更登記、解散登記等。此些事項皆屬經濟部所訂公司登記辦法第四條所稱之「登記事項如有變更」者，因此，依該條規定應於變更後十五日內向主管機關申請變更登記。其中，外國公司在我國之分公司登記之效力因須登記方可在我國營業，因此，其效力應類似登記要件主義而非對抗要件主義而已，但我國判例認為設立登記以外皆屬對抗要件效力。[308]所謂對抗要件效力即為宣示性效力。

二、宣示性效力之登記

公司設立登記乃登記生效 (konstitutive) 主義，而其他登記之效力稱為

---

[305] 前田庸，前揭書，頁 76；神田秀樹，前揭書，頁 57；近藤光男，前揭書，頁 46。

[306] 姚志明，前揭書，頁 26。

[307] 三枝一雄、南保勝美、柿崎環、根本伸一，前揭書，頁 47；前田庸，前揭書，頁 76。

[308] 最高法院 67 年台上字第 760 號民事判例。

宣示性 (deklaratorische) 效力，這應是因為商業註冊之內容雖未必全部被公告，但即使未公告仍有形式上公示性 (formelle Publizität)，任何人可要求閱覽與節錄，而會產生令人信賴之權利外觀。

(一)權利外觀理論

德國法在一九六九年之前，對於不正確之註冊內容之法定信賴保護只有註冊之消極公示性規定（即類似我國公司法第十二條之規定），而被甚多人指為信賴保護之令人痛苦之漏洞。[309]因此，實務及法學理論即於消極公示性規定外發展出一般性信賴保護原則來填補此一漏洞，即任何人提供一公開之宣示（即使是透過商業註冊之登記）產生一個權利外觀(Rechtsschein)，則其須受此一權利外觀所拘束，而且，有責地未排除（消極地）與積極地引起權利外觀乃相同。此一權利外觀責任之前提為權利外觀基礎（權利外觀構成要件），權利外觀之可歸責性（不必故意或過失），信賴第三人之保護必要性（以善意為前提），及權利外觀與第三人行為間之因果關係，亦即應受保護之第三人信賴該權利外觀而行為。[310]此時權利外觀引起人不可對信賴之第三人主張真實之情況，而信賴人可選擇，不受其拘束。[311]

(二)德國法現行規定

德國商業登記因有實質審查，但登記法院雖有審查仍不全面，所以，商業登記之正確性推定並未被建立（另說有可被推翻之推定力），不過仍有初見表面證據之效力 (Beweis des ersten Anscheins)，而第三人對商業註冊內容之正確性之信賴保護則依德國商法第十五條規定處理之。[312]該條藉由一個三層堆起之商業登記之公示作用以求法律交易之確定與簡易，即該條之

---

[309] Karsten Schmidt, a.a.O. (Fußnote 3), S. 404.

[310] Karsten Schmidt, a.a.O. (Fußnote 3), S. 404; Adolf Baumbach & Klaus Hopt, a.a.O., S. 63–65.

[311] Adolf Baumbach & Klaus Hopt, a.a.O., S. 66.

[312] Adolf Baumbach & Klaus Hopt, a.a.O., S. 77–78.

第一項到第三項之規定，如下述。[313]

1.消極公示原則

德國商法第十五條第一項規定，應登記而不登記，不能對抗第三人，除非第三人知之。這規定稱為消極公示原則 (die negative Publizität)，因為登記在實務上未奏效，所以對沉默者加以處罰，惟僅針對有登記義務者。[314]此一規定只有對宣示性效力登記事項有適用，具創設性效力者不適用，[315]但有異說，[316]而且，不以應登記者有可歸責之不作為為必要。[317]而所謂第三人知之時之例外，限於其乃積極知悉時，不包括應知而不知之情況。[318]

2.有關正確註冊與公告之效力

德國商法第十五條第二項規定，一事實若已登記並公告，則可對第三人主張之，然而，十五日內之法律行為不適用之，惟須第三人證明其不知，亦不應知。此一規定雖非信賴保護規定（或稱權利外觀理論），但仍與信賴保護相關，即其雖排除相對人就該公告之內容之相反事實主張信賴保護，[319]但相對人若有其他公告內容以外之信賴保護之構成要件（權利外觀構成要件）可主張，而此一權利外觀（例如撤回某人之經理權事實）比公告（例如公告某人為經理人）還強，則其仍須負信賴保護責任，而此在實務上還不少，因為權利外觀行為常比沒人讀的註冊以及數年前之公告來得強。[320]

---

[313] Adolf Baumbach & Klaus Hopt, a.a.O., S. 96–97.

[314] Karsten Schmidt, a.a.O. (Fußnote 3), S. 389–390; Adolf Baumbach & Klaus Hopt, a.a.O., S. 97.

[315] Karsten Schmidt, a.a.O. (Fußnote 3), S. 390–391.

[316] Adolf Baumbach & Klaus Hopt, a.a.O., S. 98.

[317] Karsten Schmidt, a.a.O. (Fußnote 3), S. 395; Adolf Baumbach & Klaus Hopt, a.a.O., S. 99.

[318] Adolf Baumbach & Klaus Hopt, a.a.O., S. 99.

[319] Adolf Baumbach & Klaus Hopt, a.a.O., S. 97; Karsten Schmidt, a.a.O. (Fußnote 3), S. 386–387.

[320] Karsten Schmidt, a.a.O. (Fußnote 3), S. 386–387.

3.積極的公示原則

德國商法第十五條第三項規定，若一應登記之事項被不正確地公告了，則第三人對在其場合須登記該事實者，可主張該公告之事實，除非第三人知其不正確。

交易圈原則上不可信賴註冊之內容乃正確（因為不具推定力），但例外地第三人可透過權利外觀理論對不正確之註冊及公告內容來加以信賴，即依本項有一效果稱為積極的公示效果 (die positive Publizitätswirkung)，[321]乃來自歐體準則之要求，而屬信賴保護規定而對德國傳統之權利外觀理論作一限制，須被優先適用之規定。[322]其在要件上⑴須有權利外觀基礎（不正確之公告）；⑵雖條文未要求，但依通說須有可歸責性，即有誘發原則之適用；⑶只有知悉才不受保護，所以，有重大過失不知仍為善意；⑷最後須有因果關係。[323]此一規定乃對第三人有利之規定，所以，第三人有選擇自由。[324]

㈢日本法現行規定

1.消極公示力

公司設立以外之其他登記，日本公司法第九〇八條第一項前段規定，依公司法應登記之事項非於登記以後（即於尚未登記之期間）不能以其事項對抗善意第三人。此一效力被稱為登記之消極公示力，以鼓勵登記並防止他人受損害為目的而對登記懈怠者給於不利益。[325]所謂善惡意乃指知悉與否。[326]

---

[321] Adolf Baumbach & Klaus Hopt, a.a.O., S. 97, 102; Karsten Schmidt, a.a.O. (Fußnote 3), S. 385, 405–406.

[322] Karsten Schmidt, a.a.O. (Fußnote 3), S. 385, 405–406; Adolf Baumbach & Klaus Hopt, a.a.O., S. 97.

[323] Adolf Baumbach & Klaus Hopt, a.a.O., S. 103.

[324] Adolf Baumbach & Klaus Hopt, a.a.O., S. 103.

[325] 神田秀樹，前揭書，頁 24；黑沼悅郎，前揭書，頁 43；近藤光男，前揭書，頁 45。

[326] 近藤光男，前揭書，頁 44。

2. 積極公示力

依日本公司法第九〇八條第一項後段之規定，即使在登記之後，對有正當理由不知該事項已登記之善意第三人，亦同（即亦不可以以該登記事項對抗該第三人）。此一效力被稱為登記之積極公示力。[327]

日本通說認為已登記之事項，第三人將被擬制為已知悉，此被稱為惡意擬制說。[328]而所謂正當理由，通說認為應被做狹義解讀，而指存有即使想知悉登記之事項亦未能知悉之客觀障礙，例如因災害而交通阻絕或登記簿滅失等，而不包括生病或長期出外旅行。[329]所謂不能對抗乃指登記之人不能以該登記事項對善意第三人做主張，而應以該事項事實上存否為判斷之基準。

日本學說認為惡意擬制說之原理乃基於外觀信賴保護。[330]所以，當與同為基於外觀信賴保護之表現經理人規定或表現董事長規定衝突時，日本通說認為應例外優先適用後者。[331]

3. 公信力

依日本公司法第九〇八條第二項之規定，因故意或過失登記了不實之事項者不能以其事項乃不實對抗善意第三人。日本法稱此一效力為公信力。

商業登記乃為公示而求商業之簡單明確與迅速進行，因此，商業登記以登記事項之事實存在為前提，但鑑於登記官依日本實務通說採形式審查說無權認定真假，因此，難防不正確之登記，而使商業登記並無法律上與事實上推定力，[332]該基礎事實若不存在則商業登記本該亦隨之無效，但是使一般公眾或交易相對人未能信賴登記，而需每次皆調查其事實，如此將

---

[327] 神田秀樹，前揭書，頁 24。

[328] 川村正幸等三人合著，前揭書，頁 28；黑沼悅郎，前揭書，頁 43；青竹正一，前揭書，頁 64；近藤光男，前揭書，頁 45。

[329] 神田秀樹，前揭書，頁 24（註 2）。

[330] 神田秀樹，前揭書，頁 24（註 2）。

[331] 川村正幸等三人合著，前揭書，頁 29。

[332] 青竹正一，前揭書，頁 67；近藤光男，前揭書，頁 48（頁 51 認為有事實上推定力）。

有礙商業之迅速與安全進行，因此，日本公司法第九〇八條第二項之規定使該登記具有公信力。此乃為對登記了不實之事實者有所制裁，而基於英美法禁反言之原理或大陸法系權利外觀理論而對信賴該不實登記者提供之保護規定。[333]日本學者認為若依權利外觀理論，則其之適用要件有⑴外觀之存在；⑵對外觀之信賴（即善意）；⑶歸責性，但即使不知有過失仍受保護，因為其乃商業登記公示制度之外觀信賴保護為目的。[334]

㈣我國公司法第十二條須再搭配權利外觀理論

我國有關公司設立以外其他登記之效力，最常被引用之條文乃公司法第十二條，其規定公司設立登記後，有應登記之事項而不登記，或已登記之事項有變更而不為變更之登記者，不得以其事項對抗第三人。我國判例更指出採登記對抗主義者，該事項雖未經登記者仍然有效，但依公司法第十二條之規定，不得對抗第三人。[335]

1.絕對對抗或相對對抗

公司法第十二條之「不得以其事項對抗第三人」究竟屬於絕對對抗或相對對抗呢?我國學說多數採絕對對抗說，其認為公司法第十二條並無善、惡意之分，從而，無論善意或惡意之第三人皆可對抗。[336]我國實務亦有採絕對對抗說。[337]但我國學者亦有認為在我國未能落實實質審查制之現實情況下，對公司登記所具有之對抗效力即不能不加以存疑者。[338]

本書認為，多數說應可採，因為該條之立法意旨乃在促使公司辦理登記，[339]故若不登記則處罰之，連惡意之第三人皆不能對抗之。商業登記事

---

[333] 川村正幸等三人合著，前揭書，頁30；青竹正一，前揭書，頁67；近藤光男，前揭書，頁48。

[334] 川村正幸等三人合著，前揭書，頁16（註3）；近藤光男，前揭書，頁50–51。

[335] 最高法院67年台上字第760號判例。

[336] 柯芳枝，前揭書，頁21；賴源河（王志誠修訂），前揭書，頁27；梁宇賢，同前[253]，頁28；梁宇賢，同前[15]，頁8。

[337] 例如司法院第三期司法業務研究會（1983年5月2日）。

[338] 王文宇，同前[75]，頁731。

項有絕對登記事項與相對登記事項，前者當事人有登記之義務，後者當事人無登記之義務，但當相對登記事項登記後已變更或消滅，則其會變成絕對登記事項而須加以變更登記。[340]我國公司法第十二條及德國與日本法同有之前述登記消極公示力乃為鼓勵登記並防止他人受損害為目的。[341]因此，若仍怠於登記，則不得以其事項對抗第三人。

2. 權利外觀理論之搭配

我國法並無如德國商法第十五條及日本公司法第九〇八條之規定，而僅有公司法第十二條之規定，因此，公司法第十二條以外之情況乃是適用一般性之權利外觀理論，其法律情況有如德國上述之一九六九年前之情況。但須特別注意對相對人保護之機制規定，例如公司法第三六條、五八條及第二〇八條第五項之規定。因此，當所涉情況並非「應登記而不登記」或「已登記之事項有變更而不為變更之登記」所能涵蓋時，即非公司法第十二條之問題，而是該不實之公司登記有否上述日本法所稱之公信力之問題。但由於我國公司法對此未作如日本法之規定，所以此時只能適用大陸法系所一般承認之權利外觀理論，而將該不實公司登記當作一種權利外觀事實。

有學者即認為所謂應登記或應變更登記僅限於該當事項確實依循法律規定而發生且真實存在，因此，須由登記公示給社會大眾或利害關係人周知才有公司法第十二條之效力，若所登記之事項並非事實而僅因主管機關之形式書面審查而未能發現，此時該不存在之事項即使仍登記仍不能對抗第三人。[342]本書認為，當此一不實登記並非「應登記而不登記」或「已登記之事項有變更而不為變更之登記」所能涵蓋時，則非公司法第十二條之問題，而是該不實登記是否會引起權利外觀責任之問題。

---

[339] 陳連順，前揭書，頁33。

[340] 青竹正一，前揭書，頁56–57；近藤光男，前揭書，頁39–40。

[341] 神田秀樹，前揭書，頁24；黑沼悅郎，前揭書，頁43；青竹正一，前揭書，頁61–62。

[342] 黃銘傑，同前[278]，頁315。

股份有限公司之董事長自其就任時即生效力，而非經主管機關予以變更登記才生效力。[343]當一公司董事長改選無效，但卻已經主管機關變更登記，其代表公司所簽發之本票效力如何即生爭議，最高法院七十七年五月十七日第九次民事庭會議決議，除執票人為惡意外對公司應發生效力。此一決議即是將不實之董事長登記當作一權利外觀基礎，而構成該公司之權利外觀責任，因此，其結論值得贊同。然而，當一公司章程係偽造或變造，最高法院有判決認為如經主管機關登記即生對抗之效力，[344]此一結論值得再斟酌，因為該不實登記僅頂多構成一權利外觀基礎，尚須看其他權利外觀責任之要件是否具備方能論斷。

三、宣示性效力與商業登記審查主義可以無關

德國法由於對商業登記採實質審查主義，所以商業登記有積極與消極公示力（後者即我國之對抗效力）。而日本法通說對商業登記之審查採形式審查主義，日本法仍規定與德國法有略同之效力，所以，宣示性效力依日本法之見解可以與審查主義無關。更何況，我國法在公司法第十二條適用範圍以外乃搭配一般性權利外觀理論，因此，只要引起外觀之人（申請商業註冊之人）之行為與信賴人之信賴符合權利外觀理論之要件，則會產生權利外觀責任，而與商業登記之審查採何主義無關。

柒、公司登記之申請

有關公司登記之申請，公司法第三八七條第一項規定，申請本法各項登記之期限、應檢附之文件與書表及其他相關事項之辦法，由中央主管機關定之。此一授權中央主管機關（即經濟部）制定辦法進行公司登記乃二〇〇一年仿英美法立法例以求簡化工商登記。[345]但由大陸法系之思維而言，

---

[343] 最高法院90年度台上字第2280號民事判決。

[344] 最高法院94年度台上字第1142號民事判決。

[345] 王文宇，同前[75]，頁722。

公司登記事涉大眾交易安全之保障，因此，我國有學者認為何種事項應載於官方簿冊應由法律明文規定較妥適。[346]而且，由於公司法第五條第二項之允許，中央主管機關尚得將本法所規定之事項委由所屬機關或其他機關（例如直轄市政府）辦理之。

捌、公司登記與公示

一、大陸法系與英美法系之交叉路口

大陸法系傳統上對商業登記事項乃採實質審查制，並於登記後賦予公信力或對抗效力。而英美法對公司登記事項則只儘量要求揭露，但主管機關對資訊原則上並未加以實質審查，而是讓當事人搜尋判斷自負盈虧。我國公司登記與公示制度已接近英美法之制度。

二、登記文件

登記文件乃申請人所提出之文件，其可能涉及公司內部資訊或秘密，因此，本法未強制加以公開或公告。[347]公司負責人或利害關係人依公司法第三九三條第一項之規定，對於各項登記文件，得聲敘理由請求查閱、抄錄或複製。但主管機關認為必要時，得拒絕或限制其範圍。

三、重要登記事項之公開

公司法第三九三條第二項規定，下列事項，主管機關應予公開，任何人得向主管機關申請查閱、抄錄或複製：一、公司名稱；章程訂有外文名稱者，該名稱。二、所營事業。三、公司所在地；設有分公司者，其所在地。四、執行業務或代表公司之股東。五、董事、監察人姓名及持股。六、

---

[346] 王仁宏，我對是次公司法修法之批判，收錄於新修正公司法解析，第二版，元照，台北，2002年3月，頁15-16。

[347] 黃銘傑，同前[278]，頁318。

經理人姓名。七、資本總額或實收資本額。八、有無複數表決權特別股、對於特定事項具否決權特別股。九、有無第一百五十七條第一項第五款、第三百五十六條之七第一項第四款之特別股。十、公司章程。

此些事項乃公司最基本之資訊，且無保密之必要，應對外加以公開而生公示之效力。[348]公司法第三九三條第三項遂規定，第二項第一款至第九款，任何人得至主管機關之資訊網站查閱；第十款，經公司同意者，亦同。可見，要能在主管機關之資訊網站查閱某一公司之章程，尚需該公司同意章程上網公開。[349]此一規定是否妥適，須了解章程之性質，尤其是人合色彩較濃之公司可能不願外部人知悉其公司章程之內容。此時，雖在網站上查不到其章程，但有認為公司章程經公司同意者，任何人得至主管機關查閱。[350]本書認為由於四種公司之章程皆為公示事項，公司法第三九三條第二項已規定主管機關應予公示，因此，任何人均得臨櫃向主管機關申請查閱、抄錄或複製任一家公司章程，不必經該公司同意。[351]至於欲被查閱者若屬公司法第三九三條第二項所列舉之事項以外之事項而仍屬登記文件之一，此時公司負責人或利害關係人得依公司法第三九三條第一項之規定，聲敘理由向主管機關請求查閱、抄錄或複製，但主管機關認為必要時，得拒絕或限制其範圍。

公司法第三九三條第二項第七款之資本總額或實收資本額，在有限公司僅有資本總額登記，即各股東全部繳足之出資總額，並無實收資本額之登記事項，而與股份有限公司不同。[352]亦即股份有限公司以外之三種公司有資本總額登記，而股份有限公司有實收資本額登記。因此，即使採無面

---

[348] 王文宇，同前[75]，頁 727。

[349] 黃銘傑，同前[278]，頁 317–318。

[350] 方元沂，公司型社會企業，收錄於方嘉麟主編，變動中的公司法制，初版，元照，台北，2019 年 1 月，頁 360。

[351] 朱德芳、張心悌，公司籌資與有價證券之發行，收錄於方嘉麟主編，變動中的公司法制，初版，元照，台北，2019 年 1 月，頁 76。

[352] 姚志明，前揭書，頁 154–155。

額股之股份有限公司，在該公司章程中僅記載股份總數，但從主管機關之資訊網站仍可查知其登記之實收資本額。[353]

公司登記事項與章程所載事項雖有部分重疊，但並不相同，因為登記乃為公示目的而與章程乃作為公司基本規範之目的者不同。[354]此時，我們須對章程之法律性質作一探討。

---

[353] 姚志明，前揭書，頁 193。

[354] 江頭憲治郎，前揭書，頁 103（註 2）、106（註 6）。

第四章　公司之章程及其他規章

第一節　章程之意義與目的

壹、章程之意義

公司之章程乃規定公司之組織、活動與股東權利義務之根本規則，而由發起人全體所制定。公司設立後亦因自律而可變更章程。

貳、章程之目的

公司章程之目的在於一方面讓與公司交易之人透過章程對公司之資本額、股份總數與公司負責人等有所了解，有助維護交易安全，另一方面可作為主管機關規範公司之標準與公司自律之規範。[355]

第二節　章程之內容

章程性質上為公司根據法律所賦予之自治權所為之自治法，除法律（如公司法第四一條第一項、第一〇一條第一項、第一二九條、第一三〇條）有所要求之內容外，公司可以在不違反公序良俗的限制下決定其內容。因此，章程內容區分絕對必要記載事項、相對必要記載事項與任意記載事項三種。絕對必要記載事項指公司法所要求之事項，章程未記載之或虛偽記載，則該章程無效（公司設立亦無效）；[356]相對必要記載事項乃依公司法之

---

[355] 潘維大、范建得、羅美隆，前揭書，頁50。

[356] 柴田和史，前揭書，頁30。

規定或經法學解釋而要求須記載於章程方生效力之事項，因此，記載於其他地方該記載無效，但章程仍然有效；[357]任意記載事項指記載於章程而不違反強行規定、該公司類型之本質或公序良俗之事項。[358]

第三節　章程之作用

公司於設立登記後，章程乃公司申請設立登記時所需登記之事項之一，因此，國內雖有學說認為公司登記一完成，章程即得對抗第三人，亦即具有對世效力，[359]因為第三人可透過經濟部商業司之公司登記內容察知其內容。然而，在網路資訊發達之今日，第三人固可較易知悉章程內容以便決定是否與其交易，[360]但章程之效力則須先了解其法律性質。

第四節　章程之法律性質

壹、章程設立行為與章程本身之區分

章程之法律性質有爭議，尤其是有關公司設立之法律行為之法律性質之爭，依德儒 Otto von Gierke 之見，公司設立行為並非契約行為，而是一社會法的創造行為 (ein sozialrechtlicher Konstitutivakt)，所以，不能被納入法律行為之概念中，但依相對之見解，章程仍是一契約，只是並非單純之契約。[361]鑑於公司設立失敗時仍須以合夥之原理來加以處理，若完全否認其為法律行為亦不能被接受，因此，現在一般仍認為章程為法律行為，但

---

[357] 前田庸，前揭書，頁 36。

[358] 柯芳枝，前揭書，頁 94；高橋紀夫，前揭書，頁 395。

[359] 王文宇，同前[75]，頁 116。

[360] 川村正幸等三人合著，前揭書，頁 55。

[361] Karsten Schmidt, a.a.O. (Fußnote 21), S. 75–76.

有其特別規範，即區分章程設立行為與章程本身，前者仍為法律行為，而章程本身作為公司憲法乃屬一法律狀態，章程乃構成公司的組織契約，所以，其所形成者並非僅為一多邊之契約關係，而是一法律上被合成之組織。[362]

貳、章程本身之法律性質

就章程本身而言，在德國法上，章程之法律性質有契約理論說、規範理論說與修正規範理論說之爭。契約理論說認章程為契約之變體，而規範理論說認為章程為客觀法，而其乃在章程之自治界線內藉公司創立行為而產生，而且，之後被當作客觀法來加以遵循及解釋，而德國通說所採之修正規範理論說則區分章程之制定與章程本身，並認為前者屬法律行為，而後者（所制定之章程）為公司之憲法，所以，屬客觀法，因此，在解釋及修正上有重要之意義。[363]雖然在人合公司，契約說有其說服力，但若考慮到章程對未來之股東都有其拘束力，而且，其修正並非如契約之修正需全體同意，而可由股東會多數決為之，則在此範圍內應肯定法規範說較足採了。[364]在大陸法系，股東間契約多為在閉鎖性公司或冒險資本家與事業家間之協議或表決權拘束契約等，其僅能拘束契約當事人，[365]而章程則可拘束後來加入之股東。

在英美法系，由於現代公司乃發展自合夥契約，所以，發起人在章程法定形式下有完全自由來加以擬定內容，而使章程被認為乃股東彼此間及股東與公司間之法定契約 (statutory contracts)，[366]而此一法定契約會形成股東權中之契約性權利，即股東權中除法律所賦予給股東之法定權利外，只

---

[362] Karsten Schmidt, a.a.O. (Fußnote 21), S. 76–77.

[363] Karsten Schmidt, a.a.O. (Fußnote 21), S. 77.

[364] Karsten Schmidt, a.a.O. (Fußnote 21), S. 78.

[365] 黑沼悦郎，前揭書，頁 19。

[366] Paul Davies, ibid., pp. 14, 116, 117; Robert R. Pennington, ibid., pp. 64–69.

有當章程中有明白規定時才會有之股東權利。[367]然而，此一法定契約仍有與一般契約不同之特徵，即(1)可用公司特別決議來加以變更，(2)不適用民法上之詐欺或脅迫而影響契約效力之原則，而且，(3)由於章程很重視投資人因閱覽註冊文件所應受到之保護（信賴），所以，此種契約與一般契約不同地並沒有蘊含 (implied) 條款之可能。[368]

日本法近年受美國法之影響，有學者認為章程具有股東間契約之要素，但與一般契約仍有相當大之差異，例如股份收買請求權具有契約部分解除之類似之處。[369]不過，在大陸法系上，章程之法律性質仍應為公司根據法律所賦予之自治立法權所為之公司內部自治法，而對發起人、設立時股東、董事及監察人、公司機關、機關成員及後來加入之股東有拘束力（自治規範說），而非僅基於當事人間合意之契約，而其變更亦為股東會特別決議（股份有限公司）或三分之二多數表決權（有限公司），而非全體股東之同意。[370]

第五節　章程之效力

壹、公司之最高規範

章程乃公司最高規範，屬商事自治法或自治規約，而應比制定法（強行者除外）優先被適用。[371]章程既為內部自治法，其除能拘束發起人及公司機關外，股東於決定成為股東後當然須受其拘束。[372]但亦有日本學說認

[367] Paul Davies, ibid., pp. 14, 116, 117; Robert R. Pennington, ibid., pp. 70–71.

[368] Paul Davies, ibid., pp. 14, 116, 117.

[369] 龍田節、前田雅弘，前揭書，頁 460。

[370] 柯芳枝，前揭書，頁 92–93；黑沼悅郎，前揭書，頁 19。

[371] 川村正幸等三人合著，前揭書，頁 55。

[372] 川村正幸等三人合著，前揭書，頁 55。

為現代之章程內容常極為複雜，不宜擬制股東全知悉之，何範圍可擬制知悉，乃應再考慮之問題。[373]

貳、章程對外之效力

章程既為內部自治法，對公司外第三人並無直接之效力。[374]然而，章程是公司登記內容，而與其他之公司與商業登記有相同之效力。在有些普通法國家，會認為與公司交易之人對章程之內容有擬制知悉之效力，[375]但有些普通法國家如英國則已曾有立法草案要廢棄擬制知悉之效力規定，[376]而在二〇〇六年公司法另作類似大陸法系之登記公示力與公信力之規定。德國法上登記之公示力（積極與消極）規定已於商業登記章節介紹，於茲不贅。在日本法上，對交易上重要之事項，當可從商業登記中查知而未查閱，可被認為是重大過失，所以，不得主張日本公司法第三四九條第五項之「對（董事）代表權之限制不能對抗善意第三人」之保護。[377]亦即，未查閱將使其變成非善意。

然而，就與公司交易之第三人之保護而言，當一公司董事會權限有受到章程限制，或公司經理人之代理權有受到章程之限制時，則常會有保護該第三人之規定，因此，不宜過度強調章程之對世（外）效力。國內有學者即指出，現在甚少人在交易前會去查閱章程，因此，即使章程限制了董事之權限，將僅有內部之效果而不影響公司對外行為之效力。[378]本書贊同此一見解，我國法對公司登記之效力規定僅有公司法第十二條之規定，然後即在公司法第二〇八條第五項（公司對於董事長代表權所加之限制不得

---

[373] 柴田和史，前揭書，頁 29。

[374] 川村正幸等三人合著，前揭書，頁 55。

[375] Robert R. Pennington, ibid., p. 136.

[376] Paul Davies, ibid., pp. 216, 221.

[377] 龍田節、前田雅弘，前揭書，頁 56。

[378] 曾婉如，前揭文，頁 330。

對抗善意第三人）針對董事長之代表權限加以規定來處理，並未如日本法與德國法另有登記之公示力與公信力之規定，所以，不能說未查閱章程將使其變成非善意。

參、股東權利

章程之內容可形成股東之權利。股東能否根據章程而向公司起訴，則屬直接訴權問題，英美法根據章程之法定契約屬性而肯定之，大陸法系則否。在英美法上，現代公司乃自合夥關係發展而來，因此，其章程自然取決於當事人之協議，但由於章程之制定除發起人外並未由全體股東簽署，基於契約僅具相對性效力而僅拘束簽署人，章程要拘束全體股東須仰賴法律之規定，因此，英國二〇〇六年公司法即規定，章程經登記後有拘束公司及所有股東之效力，如同該股東已簽署該章程一般。而法院在解釋章程時所受章程文義之拘束會比受契約文義拘束來得大。[379]我國法受大陸法系之影響，章程僅為內部自治法，並不認為其為一契約關係，而認為其具有法源之地位。[380]

肆、全體股東間之協議與章程仍有所不同

股東間協議若為全體股東間之協議，原則上仍僅為具有拘束參與者之相對效力，而無章程拘束將來股東之效力，但我們亦不能否認其具有類似章程的組織上效力。[381]例如，其違反在有些國家可能構成股東會決議之撤銷事由。

---

[379] Paul Davies, ibid., p. 16.

[380] 鄭玉波，同前[13]，頁7。

[381] Karsten Schmidt, a.a.O. (Fußnote 21), S. 95.

第六節 章程之變更

章程之變更有形式意義之章程（所登記之章程）變更與實質意義之章程（即公司之組織與活動之根本規則）變更。實質意義之變更包括現行規定之修正、刪除、新規定之補充或增訂等內容之變更，其有所謂之章程變更自由原則，即公司得經股東會特別決議等法定程序變更章程之內容，然而其有界線，英國法乃以章程之變更須符公司整體（股東全體）利益之要求來作界線，[382]大陸法系乃要求變更不得違反公序良俗、股東平等原則、股東之本質性權利及公司之本質等。[383]所謂公司之本質，以股份有限公司為例，例如不可以藉修改章程而將公司變為公益公司，亦不可藉修改章程而要求股東增加出資，因為其將違反股東有限責任原則。[384]最後，公司章程不得限制公司以股東會特別決議修改章程之權力。[385]

第七節 章程之執行規章

章程的下位規則，自治事項或公司事務處理程序等需較常變更之事項不宜在章程中規定（變動不易），因此，常僅在章程中置授權條款授權董事會制訂規範或規約，稱為章程之下位規則，例如董事會規則。[386]

公司其他內部規章屬公司自治規範，章程有規定者始可能生前述之外部效力，章程未規定者只有內部效力。然而，有些公司在章程中提供索引

[382] Paul Davies, ibid., pp. 14, 116, 117; Robert R. Pennington, ibid., pp. 92–100.

[383] 三枝一雄、南保勝美、柿崎環、根本伸一，前揭書，頁 324。

[384] 三枝一雄、南保勝美、柿崎環、根本伸一，前揭書，頁 324–325；Paul Davies, ibid., pp. 14, 116, 117; Robert R. Pennington, ibid., p. 103.

[385] Paul Davies, ibid., pp. 14, 116, 117; Robert R. Pennington, ibid., p. 91.

[386] 川村正幸等三人合著，前揭書，頁 63。

（例如，在章程中規定有關本公司之分公司貸款權限參閱本公司之「貸款權限規則」等是），此時藉該索引所被通知的規定內容能否藉章程之登記而具公示力，應考量該國網路資訊普遍之程度，該規章是否容易被檢索或獲知其內容，以及第三人是否如同查閱章程一般容易獲悉其內容而定。因此，國內有學者認為，理性之交易相對人於察知章程有索引時應可假設其會盡其可能為查詢且有能力為之，因此，考量公司之登記成本及第三人之資訊搜尋成本，原則上宜使如此之記載方式亦有對世（外）效力。[387]惟若該規章內容過於繁瑣，或第三人不易獲其內容，則不宜僅因章程有提供索引即課以第三人搜尋責任。因此，即使公司之內部規章在章程中有索引而第三人依公司法第三九三條規定申請查閱仍無法知悉其內容或將花費過多之資訊搜集成本時，則不應認為其有對世（外）效力。[388]

章程中之公司目的（所營）事業在一些國家的法律中乃涉及該公司之權利能力，此時，我們須對公司之能力作一全盤了解。

---

[387] 王文宇，同前[75]，頁 119。

[388] 王文宇，同前[75]，頁 120-121。

第五章　公司之能力

第一節　前　言

公司於設立登記後是一法人。依我國通說所採之法人實在說，法人為一個有機的組織體，[389]具有意思能力，有權利能力，有實體行為能力與程序行為能力。

第二節　公司之權利能力

壹、權利能力之內涵

公司為一法人，故與自然人同為權利義務之主體，同享有擁有權利、負擔義務之能力。但公司並非自然人，於本質上本即受有限制；另基於政策上之考量，公司法及民法等對於公司之權利能力亦加以限制。因此，除本質或法令限制外，其享受權利負擔義務之能力，包括公司享有名稱、住所、收受送達、國籍、財產、機關組成等能力。

貳、公司權利能力之始期與終期

公司之權利能力，始於登記完成，終於解散清算完結。我國通說認為，公司權利能力始於公司成立之時（即設立登記時），而原則上終於公司清算完結時。然而，有實務見解認為，公司權利能力之終期以「在法院辦理解散登記」為權利能力之終期；亦即，即便清算完畢，未至法院辦理解散登

---

[389] 廖大穎，前揭書，頁52、63、68。

記，該公司人格依然存續。本書認為，清散完結應解散登記而未登記根據公司法第十二條僅是不得對抗第三人而已，不應認為此時仍有權利能力。

參、公司權利能力之限制

一、權利能力之本質上限制

公司為一法人，而法人根據民法第二六條但書之規定，專屬於自然人之權利義務，法人不能享有，因此，以自然人為前提之權利義務，包括生命與身體為前提之權利義務，公司不得享有負擔之，而不具自然人性質之權利（如名譽權或姓名權）則可享有之。因此，公司名稱專用權之侵害不得根據民法第十九條請求慰撫金，蓋公司無生命無精神上痛苦可言，而只能請求財產上損害賠償。

二、權利能力之章程上限制

公司權利能力之章程上限制雖然可以根據章程自己規定之自治法，因此，其可對公司之權利能力作限制，但這常涉及對外交易安全之問題，例如公司之章程上所營事業（目的事業）之規定是否限制了公司權利能力之問題乃所謂越權理論議題，將在下節介紹權利能力之法律上限制時一併探討之。

三、權利能力之法律上限制

基於政策或公共利益考量，法律包括民法（例如民法第二六條規定法人於法令限制內有享受權利負擔義務之能力，但專屬於自然人之權利義務不在此限）、公司法等可能對法人及公司之權利能力作限制，而公司法與民法之關係為特別規定與一般規定之關係，公司法上權利能力之限制應優先適用。公司在何範圍內有權利能力乃政策上之問題，[390]例如我國公司法受

---

[390] 龍田節、前田雅弘，前揭書，頁57。

大陸法系集體主義的思維，對公司的權利能力多所限制，例如基於資本維持原則而限制其為保證人。近年來受英美法之影響，才較有放寬的趨勢。

㈠轉投資之限制

1.轉投資之意義

所謂轉投資乃指是否為他公司之股東以為實質認定，包括認股，受讓股份或出資額或將公司資本投注於其他事業，[391]而且股票無需過戶，[392]蓋股票過戶僅為對抗公司之要件。我國實務即認為，不以長期投資或股東名簿記載為必要。[393]而且，被投資之公司包括外國公司。[394]

公司法第十三條依其轉投資所負擔之責任為無限責任或有限責任而有不同之規範。以下先將其體系化後再分述其規定與違反之效力。

2.規範目的

我國在制定公平交易法與關係企業規定後沒必要完全禁止轉投資，而且反而鼓勵企業多角化經營，因此，宜適度允許之，[395]但現行公司法第十三條公司轉投資額度限制之理由實乃為防止公司將資金大量移用非公司所營事業上而喪失公司原先設立之目的，[396]基於公司資本維持，以維持股東投資時之期待與公司債權人如銀行貸款時之期待。

3.無限責任轉投資

⑴限制內容

公司不得為他公司無限責任股東或合夥事業之合夥人。此一合夥包括民法第七〇三條之隱名合夥。而且，在企業跨國投資頻繁之今日，此處所謂無限責任股東或合夥事業包括外國之企業。

---

[391] 姚志明，前揭書，頁45；賴源河（王志誠修訂），前揭書，頁78。

[392] 梁宇賢，同前[15]，頁13。

[393] 經濟部78年11月10日商字第211081號函。

[394] 梁宇賢，同前[15]，頁14。

[395] 梁宇賢，同前[15]，頁18。

[396] 梁宇賢，同前[15]，頁25。

⑵立法目的

避免公司承擔無限清償責任，以維持公司資本之穩固，保障公司股東與債權人之權益。[397]此種連帶責任危及公司存立之財產基礎或資本維持原則，故禁止之，但日本法現在已因此一理由並無充分之根據而廢除此一限制。[398]

⑶無限責任轉投資違反效果

無限責任轉投資違反效果有有效說與無效說之爭。有效說認為，為維持交易安全，本規定應解為訓示規定或稱為命令規定，而非效力規定，故仍屬有效。國內通說則採無效說，[399]因為無限責任，易受牽連，相對人並無保護之必要，而本規定性質上乃屬強行規定（本規定係一禁止規定型強行規定），因此，依民法第七一條之規定該行為無效，即該投資行為對公司不生效力，而應由公司之負責人自行負責。

4.有限責任轉投資

公司法第十三條第二項規定，公開發行股票之公司為他公司有限責任股東時，其所有投資總額，除以投資為專業或公司章程另有規定或經代表已發行股份總數三分之二以上股東出席，以出席股東表決權過半數同意之股東會決議者外，不得超過本公司實收股本百分之四十。

⑴立法目的

公開發行股票之公司為他公司有限責任股東時，其所有投資總額，原則上不得超過公司實收股本百分之四十。其立法目的為，限制公開發行股票之公司將公司財產移用於非公司事業之用途，以保障股東之投資預期。二〇一八年修法後已不再對未公開發行股票之股份有限公司以及有限公司作相同之限制。而且投資總額須累積計算，即「該投資限額之計算係以個

---

[397] 經濟部64年4月7日商字第07403號函。

[398] 江頭憲治郎，前揭書，頁32（註1）。

[399] 最高法院80年台上字第1886號判決；王文宇，同前[75]，頁130；梁宇賢，同前[15]，頁26。

別投資金額加總計算，而經股東會決議通過之投資數額仍應累積計算之」。[400]

⑵被投資公司增加配股不計入投資總額

公司法第十三條第五項規定，公司因接受被投資公司以盈餘或公積增資配股所得之股份，不計入第二項投資總額。此規定之立法理由為，此項投資額並非投資公司所能控制，而且對此種投資，公司並未投入股本，無害資本維持原則，自不應納入投資總額中。

⑶例外允許三種轉投資

本條第二項例外允許三種轉投資，即公司乃以投資為專業、公司章程另有規定與經股東會特別決議（不可事後認可）。首先，何謂以投資為專業呢？有學說認為應從嚴解釋，而須限於公司專以投資為業而不經營他項業務，而且其公司名稱應標明「投資」字樣者，[401]但多數認為，所謂以投資為專業係指「公司之所營事業限於專業經營有關投資之業務」，亦即以投資為公司章程所載唯一之業務即足，並未要求公司名稱應標明「投資」字樣者。[402]

其次，所謂章程另有規定，乃指章程事先概括地規定其所轉投資總額不受公司實收股本百分之四十之限制，[403]由於轉投資之限制乃牽涉公開發行公司投資人預期之保護，若公司章程已預先規定，則股東應有所預期，因此，公司不可事後修改章程而不受實收股本百分之四十之限制。

最後，股東會特別決議通過者，通說乃指針對特定轉投資行為，應於為投資前獲得股東會特別決議通過，而不得事後追認。[404]

---

[400] 經濟部 90 年 6 月 6 日商字第 09002108470 號函。

[401] 王文宇，同前[75]，頁 129。

[402] 經濟部 81 年 10 月 3 日商字第 227681 號函；賴源河（王志誠修訂），前揭書，頁 78；梁宇賢，同前[15]，頁 10。

[403] 王文宇，同前[75]，頁 130。

[404] 王文宇，同前[75]，頁 130；經濟部 80 年 2 月 27 日商字第 204423 號函。

⑷違反之效果

違反有限責任轉投資之效果有三說，絕對無效說認為本條乃強行規定，該行為對公司不生效力，而應由公司之負責人自行負責。相對無效說認為，未超過公司實收資本額百分之四十之部分仍為有效，超過者始為無效。我國通說採有效說，認為該投資仍有效，惟公司負責人，依本條第六項之規定，應負賠償公司因此所受損害。有效說之理由包括，由公司本得轉投資他公司而成為其有限責任股東，僅其投資額度受限而言可見本規定乃僅為訓示規定或稱命令規定，而非效力規定，更何況公司為他公司有限責任股東而投資超過實收股本之百分之四十，僅屬公司內部財務管理，非他公司所能知悉，所以，基於契約自由，且為保障交易安全，該轉投資對公司仍應被認為有效。[405]

㈡公司貸放款之限制

公司法第十五條第一項規定，公司之資金，除有左列各款情形外，不得貸與股東或任何他人：一、公司間或與行號間有業務往來者。二、公司間或與行號間有短期融通資金之必要者。融資金額不得超過貸與企業淨值的百分之四十。該條第二項進而規定，公司負責人違反前項規定時，應與借用人連帶負返還責任；如公司受有損害者，亦應由其負損害賠償責任。

1.立法目的

本條乃為維持公司資本之充實，避免變相退股之行為，而要求公司原則上不得貸款與股東或任何他人。

2.三種例外

本條所謂之公司若依特別法（例如銀行法）之規定可進行貸款業務者不包括在內，[406]此外本條例外允許兩種情況之貸放款，即公司間或與行號間有業務往來者。此時，只要有業務往來即可。此外，即使彼此間並無業務往來，公司間或與行號間有短期（依商業會計處理準則，係指一年或一

---

[405] 柯芳枝，前揭書，頁 34–35；王文宇，同前[75]，頁 130–131；梁宇賢，同前[15]，頁 29。

[406] 賴源河（王志誠修訂），前揭書，頁 84。

營業週期，以較長者為準之期間）融通資金之必要者，亦得為之。

3.限制範圍

「股東」一詞，包括自然人之股東與法人之股東。[407]而且法人股東，並不以公司股東為限，非公司之法人股東亦屬之，例如社團與財團法人。所謂任何他人，係指自然人與法人。[408]然而，員工預支薪水不包括在內。經濟部即認為，股份有限公司受僱人向公司預支薪津，約定就受僱人薪資及獎金於存續期間內扣還，非屬一般貸款性質，並不構成公司法第十五條規定之違反。[409]最後，依舉輕以明重之原理，公司亦不得將財產贈與股東或他人，[410]但為盡公司社會責任者不在此限。

4.違反效果

違反公司法第十五條限制之借貸行為之效力，學說上有有效說與無效說之爭。有效說認為，為顧及交易安全，本條應被解釋為訓示規定，故應認為有效為妥。[411]公司本有貸款能力，且公司仍得向借款人請求償還，亦得向公司負責人請求連帶償還公司所受損害。而且，就法律用語而言，若借款無效，則借用人應被稱為不當得利受領人，因此，法條既稱借用人，應是採有效說。[412]

國內多數說採無效說，[413]認為並無保護交易相對人之必要，以確保公司資本之維持。這是因為公司依本規定本即原則上不得貸款與他人，僅在該條所規定之例外情形始得為之，此與公司法第十三條所規定之有限責任轉投資乃原則上被允許者不同，所以，為貫徹資本維持原則，應將本條解為禁止規定。更何況，二〇〇一年修法以後既規定公司負責人須與借用人

---

[407] 賴源河（王志誠修訂），前揭書，頁 84；梁宇賢，同前[15]，頁 44。

[408] 賴源河（王志誠修訂），前揭書，頁 84。

[409] 經濟部 68 年 11 月 17 日商字第 39514 號函。

[410] 梁宇賢，同前[15]，頁 43。

[411] 梁宇賢，同前[15]，頁 46。

[412] 姚志明，前揭書，頁 57。

[413] 陳連順，前揭書，頁 42；王文宇，同前[75]，頁 133。

連帶負返還責任，這表示該借款行為乃無效。

㈢公司為保證之限制

公司法第十六條第一項規定，公司除依其他法律或公司章程規定得為保證者外，不得為任何保證人。該條第二項又規定，公司負責人違反前項規定時，應自負保證責任，如公司受有損害時，亦應負賠償責任。

1.立法目的

本條規定乃為穩定公司財務，杜絕公司負責人以公司名義替他人作保證之流弊，以維持公司資本，保障股東與公司債權人之利益。

2.兩種例外

本條例外只有當法律或章程另有規定時方允許公司為保證行為。前者例如銀行法第三條第十三款規定銀行可辦理國內外保證業務。後者，我國實務認為例外之解釋須從嚴，因此，即使公司章程訂明得為保證，該保證行為亦應與所營事業相關。[414]而且，公司若欲進行保證業務，自應於公司章程之所營事業項下列明，若僅於章程附則中規定則不符第十六條之要求。[415]但國內有學說認為記載於附則中僅為章程排列方式不當而已，應允許之。[416]本書認為，本條規定同有保護股東投資期待之目的，因此，若章程中已明載公司得為保證業務，則股東投資時應有所認識，所以，公司為該保證行為時應已不違股東之期待。基此，若僅在章程附則中規定，除非其明顯之程度如同記載於章程，否則不應被允許。

3.限制範圍

公司法第十六條所規定之「保證」是否包含「物保」呢？我國通說認為，[417]本條之規範目的在於穩定公司財務狀況，從而為他人提供財產設定擔保物權之情形，與為保證人無殊，所以，應包括公司為「物上保證人」

---

[414] 最高法院28年上字第1931號判例。

[415] 經濟部56年12月21日商字第36215號函。

[416] 梁宇賢，同前[15]，頁58。

[417] 最高法院74年台上字第703號判例；梁宇賢，同前[15]，頁51。

之情形。又以「債務承擔」之方式，代他人清償債務，是否屬於公司法第十六條之限制範圍呢？我國有實務見解認為，本條旨在穩定公司財務，保證既為法所禁，依「舉輕以明重」之法理，責任較重之債務承擔，仍應於禁止之列。[418]至於支票背書，我國實務見解採否定見解，而認為不在此一限制之內，[419]但公司不可為票據法上之保證，包括匯票或本票之保證人。[420]

4.違反效果

國內通說認為，違反本條規定之保證行為對公司不生效力，即對公司無效，公司負責人自負保證責任。[421]即該保證仍存在於公司負責人與相對人之間，而由負責人自負保證責任。[422]

㈣公司權利能力已無目的事業之限制

1.英美法上之越權理論

英美法並無公司權利能力之限制規定，但公司為一法人，依越權 (ultra vires) 理論，違反目的事業等行為被認定為無效。[423]但近年來英美法為維持交易效力已藉對章程中之目的事業條款作廣義規定或廣義解讀來對此一理論之適用作嚴格限縮。[424]

2.日本法

日本公司法雖無公司權利能力限於目的事業之限制規定，但因日本民法第三十四條規定，法人於目的範圍內方有權利能力，而公司為一法人，因此，日本有學說見解認為公司亦僅有在目的事業範圍內方有權利能力，[425]

---

[418] 最高法院92年台上字第914號民事判決。

[419] 93年台簡上字第5號判決；梁宇賢，同前[15]，頁51。

[420] 最高法院43年台上字第83號判例；梁宇賢，同前[15]，頁52-53。

[421] 司法院大法官解釋釋字第59號；鄭玉波，同前[13]，頁21。

[422] 廖大穎，前揭書，頁51。

[423] Robert R. Pennington, ibid., pp. 15, 111-115.

[424] Robert R. Pennington, ibid., pp. 16-23; Katharina Pistor et al., ibid., 819.

[425] 川村正幸等三人合著，前揭書，頁8；河本一郎、川口恭弘，前揭書，頁67；柴田和史，前揭書，頁21。

但亦有學說本於日本採民商分立之立場，而日本公司法並無準用民法第三十四條之規定，因此，能否類推適用民法之該規定便生爭議。[426]目的事業雖有登記，但要交易相對人一一查證則過於繁雜且有礙交易安全。由於此一目的事業之能力限制規定雖可讓因章程所載目的事業而投資之股東不受到預期外風險之好處，但由於對交易安全有所妨礙，因此，日本判例一開始雖對章程作嚴格之文義解釋，[427]後來則改對目的事業之範圍作廣義解讀，不僅目的事業不必具體陳述，而且只要是客觀抽象的為達成目的所必需者，或對達成目的有益之行為，甚至慈善捐款或政治獻金行為，皆被認為屬目的事業之範圍，所以，現在會被日本法院認為違反目的範圍限制而無效之情況幾乎不存在了。[428]因此，日本現今公司法教科書已少有關目的事業權利能力之限制之探討，而多將慈善捐款或政治獻金行為納入營利性與否之探討為多。

3.我國法與德國法已無權利能力受目的事業限制之規定

德國法雖有公司目的事業之規定，但私法人（公司）之權利能力不受公司目的之限制（股份法第八二條第一項與有限公司法第三七條第二項），所以，德國法一再強調沒有（如英美法之）越權理論，即公司之權利能力與行為能力皆不受公司目的事業之限制，以保障交易安全。[429]

我國民法第二六條僅規定，法人在法令限制內有權利能力，而無目的範圍內之限制，因此，舊公司法第十五條第一項原規定，公司不得經營登記範圍以外之業務。此一規定乃仿英國越權理論而設，[430]在公司法學理上甚為重要，一九四六年法乃規定於當時公司法第二二條，一九六六年修法移至舊公司法第十五條第一項，當時學者將本項解釋為公司權利能力因而受目的上之限制，惟為維護交易安全及保護與公司交易之第三人計，對其

---

[426] 前田庸，前揭書，頁31。

[427] 河本一郎、川口恭弘，前揭書，頁66。

[428] 近藤光男，前揭書，頁7-8；前田庸，前揭書，頁31。

[429] Karsten Schmidt, a.a.O. (Fußnote 21), S. 214-216.

[430] 柯芳枝，前揭書，頁31。

應採放寬之解釋。[431]亦有日本學者認為立法論上公司之權利能力不應受限制為妥。[432]因此，在二〇〇一年修正時此一規定被揚棄，然而此一重要原理之轉折，卻未在修正理由中作任何說明。

第三節 實體行為能力

壹、意思能力及行為能力

公司有無意思能力及行為能力之問題涉及於法人之本質。立法例上有採法人擬制說者認為公司乃法律所擬制而無實體之存在，所以，其並無意思能力及行為能力而須由公司之董事或董事長為代理人，而公司乃根據代理法則而對代理人所代理之行為負責而已，英美法採之。

根據法人實在說，公司等法人乃有實體之存在而有意思能力及行為能力，但須由代表機關進行之。代表機關於其代表權限內對第三人所為之行為在法律上視為公司本身所為之行為，其法律效果當然歸屬於該公司。[433]大陸法系採之。在十九世紀即由德儒 Otto v. Gierke 所建立之機關理論肯定公司等法人之行為能力，法人機關之法律行為與事實行為被當作法人自己之行為，並為德國實務所採，而要求有權利能力之社團須為其董事或其他有代表權之人之職務內侵權行為負損害賠償責任。[434]

代表機關（例如有限公司之董事或股份有限公司之董事長）乃公司組織之一部分，因此，其與公司間之關係乃一元之關係，而與法律行為之代理乃兩元之關係有別。而且，與代理僅及於法律行為之代理不同地，代表機關所得代表之行為包括法律行為之代理與事實行為之代表（或稱代行），但後者仍有類推適用無權代理之原理之可能。[435]可見，我國通說採大陸法

---

[431] 柯芳枝，前揭書，頁 32。

[432] 龍田節、前田雅弘，前揭書，頁 55。

[433] 柯芳枝，前揭書，頁 36。

[434] Karsten Schmidt, a.a.O. (Fußnote 3), S. 116–117, 251.

系之法人實在說，[436]公司因而有侵權行為能力。

貳、侵權行為能力

公司法第二三條第二項規定，公司負責人對於公司業務之執行，如有違反法令致他人受有損害時，對他人應與公司負連帶賠償之責。因此，國內通說亦認為公司有侵權能力。[437]

一、公司負責人之侵權行為規定之立法理由

公司負責人對外乃公司之代表，而代表與法律行為之代理不同地，其及於事實行為之代表，因此，其關於公司業務執行之行為屬於公司之行為，故公司負責人若為侵權行為，自屬公司之侵權行為，依民法第二八條之規定，公司即應與該行為人連帶對受害人負損害賠償之責。

國內學說有認為公司法第二三條第二項規定與民法第二八條同旨趣者，[438]亦有認為其乃基於強化受害人獲得賠償機會之理由，而且為提高公司負責人執行業務之注意，而令公司負責人與公司連帶負責者。[439]

二、公司侵權行為構成要件

公司負責人之侵權行為責任之請求權基礎，依通說為公司法第二三條第二項、民法第二八條與民法第一八四條。因此，其需屬公司負責人之行為；因執行業務所生；具備一般侵權行為要件。

㈠公司負責人之行為

該行為必須是公司負責人之行為，而行為包括作為與不作為，後者即

---

[435] 柯芳枝，前揭書，頁35、36。

[436] 鄭玉波，同前[13]，頁21。

[437] 鄭玉波，同前[13]，頁21–22。

[438] 鄭玉波，同前[13]，頁22；廖大穎，前揭書，頁55、57。

[439] 柯芳枝，前揭書，頁36。

有行為義務應作為而不作為。[440]

㈡因執行業務所生

關於業務執行之行為，通說採廣義見解，[441]包括「外觀上足以認為執行業務之行為」以及「與業務執行有密切關係」者。因此，外觀上不問有無代表權，只需負責人之行為與職務有密切關係即屬之。

㈢公司負責人之侵權行為須具一般侵權行為之要件

有關公司負責人需否有故意或過失，在國內有所爭議。其主要有法定特別責任說、特別侵權行為說等不同之見解。

1.法定特別責任說

我國實務[442]及少數學說認為，[443]公司法第二三條為法律特別規定公司及公司負責人之法定責任，有別於一般侵權行為，性質上屬於「法定之特別責任」，不以該負責人有故意過失為必要，[444]從而，公司負責人應負「法定擔保責任」(「無過失責任」)。此所定連帶賠償責任，乃係基於法律之特別規定，並非侵權行為上之責任，故其請求權之消滅時效，應適用民法第一二五條之規定。[445]

2.特別侵權行為責任說

我國學說之多數說認為，公司法第二三條第二項為公司之侵權行為之規定，從而，公司負責人之行為須具備民法第一八四條規定之要件，以行為人具有故意或過失為要件，國內有學說稱其為特別侵權行為責任者。[446]質言之，民法上之侵權行為有一般侵權行為（民法第一八四條）及特別侵

---

[440] 最高法院64台上字第2236號判例。

[441] 最高法院65台上字第3031號判例；賴源河（王志誠修訂），前揭書，頁82、119。

[442] 最高法院73年台上字第4345號判決；最高法院76年台上字第2474號判決；最高法院90年台上字第382號判決。

[443] 賴源河（王志誠修訂），前揭書，頁82–83。

[444] 賴源河（王志誠修訂），前揭書，頁82。

[445] 賴源河（王志誠修訂），前揭書，頁82–83。

[446] 王文宇，同前[75]，頁138。

權行為（民法第一八五條到第一九一條之三），而民法第二八條與公司法第二三條第二項皆屬特別侵權行為，且規定之內容與法律性質相近，因此，通說認為民法第二八條須具故意或過失之要件，是以，公司法第二三條第二項亦須具備一般侵權行為之要件。[447]

3.本書見解

本書根據公司法第二三條第一項（乃在規定公司負責人與公司間之義務）與第二項（乃主要在要求公司負責人應與公司負連帶責任）乃在規範公司負責人與公司之內部關係之體系而根據體系解釋與比較法解釋贊同學說通說之見解，認為特別侵權行為責任說較可採。因此，其本質上仍屬侵權行為之規定，理應有主觀歸責要件之設計，但過失概念與民法可能有所不同。

⑴民商分立國家需在公司法有類似規定

日本乃採民商分立之國家，其公司法需有類似之規定，即其公司法第三五〇條規定，依該規定，股份有限公司對代表董事（即類似我國董事長之角色）及其他代表者執行職務對第三人所加之損害負賠償之責任。代表機關之行為即為公司之行為，公司因代表機關之活動而獲利，因此，須為其負報酬責任，所以，負責人亦須具備一般侵權行為要件，而日本判例認為此時董事個人亦有賠償責任，而與公司之賠償責任形成不真正連帶債務之關係。[448]

⑵我國採民商合一但因立法時擴及經理人而須在公司法作規定

我國採民商合一之立法體例，公司法未規定者本可適用民法之規定，而我國民法第二八條已規定法人對於其董事或其他有代表權之人因執行職務所加於他人之損害，與該行為人連帶負賠償之責。為何須再有公司法第二三條第二項之規定呢？本條項規定之前身為一九二九年公司法第三三條

---

[447] 梁宇賢，同前[15]，頁 118–119；陳國義，商事法概要——案例式，初版，滄海書局，台中，2000 年，頁 46；柯芳枝，前揭書，頁 37。

[448] 三枝一雄、南保勝美、柿崎環、根本伸一，前揭書，頁 211。

之規定，其規定代表公司之股東或經理人，因執行業務致他人受有損害時，應由行為人與公司連帶負賠償之責。由於代表公司之股東與經理人皆為公司負責人，因此，一九四六年公司法第三〇條規定，公司負責人對於公司業務之執行，如有違反法令，致他人受有損害時，對他人應與公司負連帶賠償之責。其內容已與現行公司法第二三條第二項之文字完全一致。然而，民法第二八條僅規定董事或其他有代表權之人之侵權行為會構成法人之侵權行為，而公司法第二三條第二項及其前身則擴及經理人等僅有代理權而無代表權者之侵權行為亦會構成公司之侵權行為，因此，雖然國內通說認為公司法第二三條第二項乃公司之侵權行為能力之規定，但本書認為，由於公司負責人不限民法第二八條所規定之「董事或其他有代表權之人」，而包括經理人等職務負責人，所以，就此點而言，其可被稱為特別侵權行為責任。我國公司法在一九二九年之所以規定到經理人，應該是受到留英律師伍廷芳擬定公司律之影響，因為將經理人之行為等同公司機關之行為而可生公司之侵權責任，不必依賴類似我國民法第一八八條（英美法稱之為"vicarious liability"）之規定會較為方便，但此舉需在公司法做特別規定。

⑶侵權行為之過失程度

公司法第二三條第二項之侵權行為所需之過失程度，國內有學說認為公司法第二三條第一項與第二項之排列順序意謂著第一項義務之善盡將是第二項對第三人侵權責任之無由發生，[449]而有提高注意義務之作用而形成內外互動。本書贊同此說。就對內之注意義務，公司負責人如董事在英美法乃公司之代理人 (agent)，而 "agent" 對本人之義務，除衡平 (equity) 判例要求負忠實義務外，普通法判例要求其須負合理注意與技能之義務 (reasonable care and skill)，此約等於我國有償受任人之善良管理人之注意義務。

就對外之侵權行為注意義務而言，英美法之侵權行為採通常合理謹慎

---

[449] 黃銘傑，經營者支配與股東支配外的第三條路，收錄於其所編，公司治理與企業金融法制之挑戰與興革，初版，元照，台北，2006年9月，頁33、76。

之人之標準，[450]約同我國之善良管理人之注意義務。公司法在一九二九年受英美法影響而擴及經理人時，應有採英美法侵權行為之過失程度之意義在，因為我國民法第一八四條侵權行為依通說之見僅需具體輕過失即構成侵權行為，所以，立法者認為有必要在公司法另為規定。因此，在二〇〇一年引進第一項之規定時將一九二九年及一九四六年所做之現行規定移到第二項而保持與民法侵權行為之過失程度作不同而較高之程度要求之空間。

參、犯罪能力

公司為一法人，法人除法律明文規定外並無普通刑法上之犯罪能力。這是因為普通刑法所規定之刑罰中僅有罰金可能適用於公司，但當公司無力繳交罰金時並無從為易服勞役，因此，我國實務認為公司並無普通刑法上之犯罪能力。[451]但特別刑法中有處罰公司之規定，因此，公司在特別刑法上有犯罪能力，而依特別刑法之規定課以罰金，但並沒有自由刑之可能。[452]我國學說則多數從法人實在說以及英美法法人與公司亦有犯罪能力而肯定公司之犯罪能力。[453]

第四節　程序行為能力

公司既為一法人，自有訴訟當事人能力，包括民訴、刑訴及行政訴訟能力，而以法人代表為法定代理人，此時，我們需了解有權代表公司之公司負責人。

---

[450] W. Rogers, Winfield & Jolowicz on Tort, 14th ed., Sweet & Maxwell, London, 1994, p. 125; John Fleming, The Law of Torts, 8th ed., Sweet & Maxwell, London, 1992, p. 105.

[451] 最高法院54年度台上字第1894號刑事判決。

[452] 賴源河（王志誠修訂），前揭書，頁83。

[453] Robert R. Pennington, ibid., pp. 132–134；王文宇，同前[75]，頁207–208。

第六章　公司負責人

第一節　公司負責人之概念區分

公司之機關原則上有意思機關、監督機關與業務執行及代表機關三種機關，而除意思機關以外，公司法將監督機關與業務執行及代表機關稱為公司負責人。[454]因此，其涵蓋對公司僅有內部業務執行權之人（如檢查人）及對外僅有代理權而無代表權之人（如經理人）。公司負責人根據我國公司法第八條之規定有當然負責人及職務負責人兩大類。前者，在無限公司與兩合公司為執行業務或代表公司之股東；在有限公司、股份有限公司為董事。後者，在執行職務範圍內，亦為公司負責人，包括公司之經理人或清算人或臨時管理人，股份有限公司之發起人、監察人、檢查人、重整人或重整監督人。

業務執行乃處理公司業務，所以為對內之問題，與代表公司乃對外代表者不同，不過代表公司行為從內部觀之亦為執行業務之一種，亦即同一行為從內觀之為執行業務行為，從外觀之則為代表公司之行為。[455]所以，代表公司之權限原則上以有業務執行權為前提，不過，有業務執行權者未必有代表權。[456]業務執行及代表機關擔當人為公司當然負責人，而監督機關擔當人只有股份有限公司之監察人為職務負責人，有限公司等不執行業務股東雖有監督功能，但非職務負責人。

---

[454] 柯芳枝，前揭書，頁 52。

[455] 鄭玉波，同前[13]，頁 52；柯芳枝，前揭書，頁 104。

[456] 柯芳枝，前揭書，頁 104。

第二節　政府或法人股東擔任董監之問題

壹、政府或法人股東任董監事之兩模式

依據公司法第二七條之規定，政府或法人股東可本身當選為董監事（此時須指定自然人代表行使職權），或由其代表人當選為董監事（代表人有數人時，得分別當選，但不得同時當選或擔任董事及監察人）。由公司法第二七條規定之本旨觀之，此兩模式之運作方式不同，自僅能擇一行使。

一、政府或法人股東本身當選

公司法第二七條第一項規定，政府或法人為股東時，得當選為董事或監察人。但須指定自然人代表行使職務。董事之委任關係存於公司與政府或法人股東之間，該自然人並非董事，當然無任期保障，因此，公司法第二七條第三項規定，第一項之代表人，得依其職務關係例如任滿而退任，而隨時改派他人補足原任期而不必修改章程（例如有限公司之情形）或召集股東會進行改選（股份有限公司之情形）。

二、政府或法人股東之代表人當選

公司法第二七條第二項規定，政府或法人為股東時，亦得由其代表人當選為董事或監察人。代表人有數人時，得分別當選，但不得同時當選或擔任董事及監察人。此一代表人不必為股東，但須有行為能力。此種代表人乃先受政府或法人股東之委任而以個人名義當選董事，因此，又生與公司之間之委任關係而有雙重委任關係，[457]而可能產生利益優先之衝突。[458]此一代表人通常乃獲政府或法人股東之股權支持而當選，與外部董事一樣

---

[457] 賴源河（王志誠修訂），前揭書，頁269。

[458] 王文宇，同前[75]，頁221-222。

應有任期保障，但我公司法第二七條第三項卻規定，第二項之代表人，得依其職務關係，隨時改派補足原任期。問題在於僅改派而該公司未改選如何補足原任期呢？王文宇教授即認為公司法第二七條第三項之規定使單一股東得以變更全體股東之意思，而在隨時被改派的壓力下代表人必受控制而被背後之法人利用來規避董事責任，卻能實質操縱公司之經營。[459]而且，依公司法之規定，公司董事與監察人之選任應依全體股東之意思而形成，然而依該項規定，法人股東得隨時改派代表人，無異使單一之法人股東得以變更全體股東之意思。

貳、公司法第一百九十二條第一項之有行為能力之「人」

有關此一爭議，國內有見解認為，公司法第一九二條既未排除法人，則依文義，法人自得被選任為股份有限公司之董事。但有學說及實務[460]見解則認為，除法人股東外，得被選認為董事者以有行為能力之自然人為限，現行法在二〇〇一年修正，不具有股東身分者亦得被選任為董事以貫徹所有與經營分離原則，並非要讓非法人股東之法人亦可擔任董事。多數說認為公司法第二七條是法人得當選為董事、監察人之特別規定，依明示其一，排除其他之法理，法人僅能在具有股東身分時，始能當選為董事或監察人，或由其代表人當選董事或監察人。從而，可認為公司法第二七條為公司法第一九二條之特別規定。問題在於如何解釋一九六六年所立之法會成為二〇〇一年修正之法的特別規定。

參、公司法第二十七條立法源流

由於公司為法人組織，無法自為法律行為，故需設置董事或董事會，

---

[459] 王文宇，從公司管控之觀點論如何加強董事權責，收錄於其所編，公司與企業法制，初版，元照，台北，2000年5月，頁1、7。

[460] 經濟部91年2月5日商字第09102022290號函參照。

代表公司執行業務。因此，擔任公司董事之人，應限於得為意思決定與法律行為之自然人為妥。所以，在美國與日本法上的確要求董事以自然人為限，[461]但我國公司法第二七條之前身為一九四六年公司法第二一條，其規定公司得為他公司之董事、監察人，但須指定自然人充其代表。這應是受到英國法承認公司可為董事之影響。一九六六年有立法委員提案而訂立現行公司法第二七條之規定。我國政府在民營化潮流後，甚多公營事業變成民營公司而須仰賴此一規定當選為董事或監察人。更何況，在理論上，承認法人可為董事不一定有害。[462]

第三節　公司負責人之義務與責任

壹、公司法所需處理的利益衝突與受任人責任之關係

一、股權集中與分散之差異

由於第二次世界大戰後日本財閥解體之結果，現代各主要國家之大型公司通常採股份有限公司之形式，然而，各主要國家之大型公司之股權由於歷史傳統與政治經濟社會文化上之因素，而有股權分散及股權集中兩大類型。英國與美國之大型公司股權頗為分散，而德國，日本與我國之股權則相當集中。前者較能落實公司所有與經營分離原則，而後者之股權既集中於少數控制股東或家族手中，則較難做到公司所有與經營分離原則。因此，在公司治理上，股權分散之大型公司之治理首重防止專業經理人濫權而犧牲所有股東之利益，而針對股權集中型之大型公司之治理，則首重預防控制股東之自利行為以保障小股東。[463]

---

[461] 王文宇，同前[75]，頁 220；高橋紀夫，前揭書，頁 187。

[462] 高橋紀夫，前揭書，頁 187。

二、公司經營所涉之利益衝突

㈠股東與債權人之利益衝突

股東與債權人之利益常有衝突，例如就增加股份有限公司之風險性投資而言，由於股東僅就其所出資負有限責任，若公司將來投資失敗，公司股東至多僅是損失其出資金額，因此，股東多傾向進行投資，即使該項投資有風險，亦不減股東多方嘗試的動機。然對公司債權人而言，由於公司資產為其債權之擔保，債權人多期望公司穩定發展，資產能不受營運虧損之影響，故其對公司之風險性投資較趨於保守。[464]又例如，公司違法將公司資產發放現金股利圖利股東，侵害債權人之利益。此種利益衝突在股權分散型與集中型之大型公司皆可存在。[465]所以，公司法需有資本制度以及法人格否定論等保障債權人之機制。[466]

㈡經營者與股東間之利益衝突

經營者與股東間之利益衝突有如代理人與本人間之問題一般，因此，有經營者未盡力而犧牲公司（股東）利益之危險，而且，經營者由於報酬固定，但股東之利益與經營成果成正比，而造成經營者誘因較少之代理成本問題，因此，公司法需有降低代理成本之制度，例如出售股份機制，資本市場規範與司法救濟制度，如公司負責人之注意義務與忠實義務，與股東之禁止請求權等制度。[467]

在股權分散型之大型公司，由於各股東皆無控制力，產生經營者支配 (management control) 之問題，[468]尤其英美大型公司較有此一問題。反制此

---

[463] 王文宇，同前[75]，頁 75。

[464] 王文宇，同前[75]，頁 49–50。

[465] 王文宇，同前[75]，頁 49–50。

[466] 黑沼悅郎，前揭書，頁 20；龍田節、前田雅弘，前揭書，頁 38。

[467] 黑沼悅郎，前揭書，頁 17；Katharina Pistor et al., ibid., 797.

[468] 江頭憲治郎，前揭書，頁 49–50（註 1）；吉本健一，前揭書，頁 6；河本一郎、川口恭弘，前揭書，頁 21；川村正幸等三人合著，前揭書，頁 34–35。

一經營者支配之機制以前為所謂之華爾街原則，即出售所不滿之公司之股票，但近年因機構投資人持股多，出售難免影響股價，因此，現在有藉股東提案權等積極介入公司經營之傾向，[469]而且強化公司負責人之義務與責任。在日本，經營者支配則多是起因於法人（銀行）持股以及交叉持股之所謂法人支配所造成之經營者支配現象，即藉相互持股維持經營者地位，甚至低持股比率即能防衛敵意併購，股東會決議僅反映經營者之意向，股東民主淪為口號，而且經營者同樣有指定接班人之慣行。[470]但此類日本式經營者支配現象其實屬大股東與小股東間之利益衝突問題。

㈢大股東與小股東之利益衝突

大股東與小股東亦存有利益衝突，為處理此一利益衝突，公司法乃以多數決來做簡明且公正之調整方法，因為其最可能使少數股東與公司全體之利益一致，所以少數服從多數，但此以平等原則為前提，因此，當大股東所追求者並非作為股東之利益，而是另有所求，例如透過其所擁有的多數股權，操弄股東會，甚至進行高價低賣，賤賣公司資產或低價高買公司所需物品的利益輸送時，須有少數股東之股份收買請求權與支配股東之義務等機制。[471]

貳、公司負責人對股東或債權人是否有義務之問題

在保障小股東及公司債權人之策略上，除資訊公開透明外，在法律機制上，公司負責人對公司股東有無忠實義務呢？即忠實義務規範之主體為何？有認為僅公司負責人與公司間有忠實義務。惟亦有認為公司負責人不只對公司有忠實義務，而且公司負責人與股東間亦有忠實義務關係。有些

---

[469] 河本一郎、川口恭弘，前揭書，頁21。

[470] 河本一郎、川口恭弘，前揭書，頁21；近藤光男，前揭書，頁19-20。

[471] 吉本健一，前揭書，頁6；王文宇，同前[75]，頁48；黑沼悅郎，前揭書，頁1；龍田節、前田雅弘，前揭書，頁38。

英美法國家採肯定見解，但日本法不認為董事對股東有忠實義務。[472]至於，債權人與公司間為契約關係，所以，債權銀行僅能在貸款契約中約定違約事件以使貸款加速到期或以其他條款保障自己之權益，借款公司對銀行並無忠實義務。此時，須對公司負責人之義務做較全盤之探討。

參、公司負責人對公司之義務與責任

一、概　說

早期，英美法上之公司負責人如董事乃因擔任公司財產之信託受託人地位，而對公司負忠實義務，[473]而且，由於英美法無委任法制，於是將 "Law of Agency" 適用到合夥與公司，[474]而此一普通法要求受任人 (agent) 對本人負善良管理人注意義務 (reasonable care & skill)，且平行地，衡平判例要求受任人對本人負忠實義務 (fiduciary duty)，如受託人對委託人有忠實義務一般。忠實義務因衡平而生。所以，英國法上之忠實義務與注意義務乃個別獨立存在，前者較重，後者較輕。[475]現在，較傾向因董事乃為公司之 "agent"，而認為董事（受任人）對公司負有忠實義務，並存有普通法所要求受任人對本人所負之善良管理人注意義務，[476]而類似我國有償受任人之善良管理人注意義務（民法第五三五條後段）。因此，董事不會因董事地位而為股東之受任人，所以，亦原則上不會因此對股東有忠實義務。[477]

---

[472] 黑沼悅郎，前揭書，頁 59。

[473] 江頭憲治郎，前揭書，頁 436（註 2）。

[474] F. Reynolds & M. Graziadei, Bowstead and Reynolds on Agency, 16th, Sweet & Maxwell, London, 1996, p. 379; G. Fridman, The Law of Agency, 7th, Butterworths, London, 1996, p. 353; P. Davis, ibid., p. 178.

[475] Paul Davies, ibid., p. 640.

[476] Paul Davies, ibid., pp. 641, 642, 114.

[477] Ewan McKendrick, Commercial Aspects of Trusts and Fiduciary Obligations, Clarendon Press, Oxford, 1992, pp. 73, 106.

有關董事之注意義務 (duties of care and skill) 之所以如上述採合理之標準，在英美法之判例發展（不論實定法）乃以一九七七年為分水嶺，之前之標準可謂為具體標準，即不論是執行董事或非執行董事，董事不必展現出比自身知識經驗可被合理期待還佳之表現。此標準對執行董事乃因能力而被指派且享有豐厚報酬而言並不適當。[478]一九七七年以後，英國判例認為董事之注意義務乃以一般通常合理之人所可被期待者，故為一客觀測試且為一合理之標準，即一般人在處理其自己之事務所會作之努力，換言之，一個合理努力之人具有通常扮演該角色者所被合理期待有之知識（稱為合理董事之標準），技巧與經驗，以及該董事所具有之通常知識、技巧及經驗為標準。即採合理董事之標準，但該董事所具體具有者較高時，則以較高之標準為準。[479]

有學者受美國法學之影響而指出，所謂董事之 “fiduciary duty” 被提升一階而被認為是公司受任人所有之受託義務 (fiduciary duty)，而且其內容包括忠實義務 (a duty of loyalty) 與注意義務 (a duty of care)。[480]注意義務在我國法如前述被稱為善良管理人注意義務。

二、公司負責人對公司之善良管理人注意義務

(一)義務之標準

公司法第二三條第一項所稱之盡善良管理人注意義務，乃指公司負責人執行職務時，應盡注意之能事，達社會一般誠實、勤勉而有相當經驗之人所應具備之注意程度，否則應屬有抽象輕過失。[481]我國實務即認為其乃

---

[478] Paul Davies, ibid., p. 641.

[479] Paul Davies, ibid., p. 642.

[480] 王文宇，同前[75]，頁 28、142；Anil Hargovan & Timothy M. Todd, Financial Twilight Re-appraisal: Ending the Judically Created Quagmire of Fiduciary Duties to Creditors, 78 U. Pitt. L. Rev. 135, 144 (Winter, 2016).

[481] 王文宇，同前[75]，頁 143；賴源河（王志誠修訂），前揭書，頁 286；柴田和史，前揭書，頁 217。

指依交易上一般觀念認為有相當知識經驗及誠意之人應盡之義務。[482]

㈡義務之根據

我國法受大陸法系之影響，認為公司負責人（包括經理人）乃公司之有償受任人，而我國民法對有償受任人本即要求其須盡善良管理人注意義務（民法第五三五條後段參照）。[483]即使該受任人自願無償提供服務，由於公司法乃民法之特別規定，該受任人仍須根據公司法第二三條第一項負盡善良管理人注意義務而非具體輕過失之注意義務。[484]日本將一八九七年德國商法第二四一條之"die Sorgfalt eines ordentlichen Geschäftsmannes"翻譯為「善良管理人之注意義務」，[485]而使此一概念進入我國民商法中。

㈢義務之內容

董事在執行職務即使是為追求股東之最大利益仍不可違法，否則將構成其對公司善良管理人注意義務之違反。[486]但若董事信賴專家例如律師或會計師之意見，則原則上不構成善良管理義務之違反。[487]此一義務不僅受後述之商業判斷原則之制約，[488]而且在有設董事會之公司，善良管理之任務多集體運作，因此，其在實務上較可能被違反之案例為對其他董事之監督義務懈怠之情況。[489]

㈣善良管理人注意義務之性質

此一義務是否為強行規定呢？公司能否以股東會決議或章程免除董事之此一義務呢？美國各州公司法區分董事之注意義務與忠實義務，而多數州法允許公司以章程免除董事之責任，日本法對善管義務採與忠實義務同

---

[482] 最高法院98年度上字第1307號民事判決。

[483] 黃銘傑，同前[449]，頁33、77、79；吉本健一，前揭書，頁185。

[484] 姚志明，前揭書，頁77；王文宇，同前[75]，頁143。

[485] 柴田和史，前揭書，頁218（註81）。

[486] 高橋紀夫，前揭書，頁9。

[487] 江頭憲治郎，前揭書，頁471（註2）。

[488] 江頭憲治郎，前揭書，頁434。

[489] 江頭憲治郎，前揭書，頁473。

質說之見解者認為善管義務之規定為強行規定。[490]此時，我們需了解何謂忠實義務。

三、公司負責人對公司之忠實義務

㈠前　言

我國公司法第二三條第一項在二〇〇一年立法理由所稱「為明確規定公司負責人對於公司應踐行之忠實義務與注意義務」而制定，可知其乃自英美法作法律繼受。然而，公司法該條第一項所稱之「忠實執行業務」在國內有兩種解讀。有認為其乃美國法上所稱之「忠實義務」(Duty of Loyalty)，亦有認為其乃 “fiduciary duty”。主張前一見解之學者乃受美國法之影響而認為「忠實義務」(Duty of Loyalty) 源自於美國法對於公司經營者之要求，係受託人義務 (fiduciary duty) 之下位概念。[491]本書採後說以符英國法及大英國協國家之法律見解。因此，該忠實義務 (fiduciary duty) 乃基於衡平法則 (equity) 而來，存在之類型有受託人與信託人、代理人 (agent) 與本人、監護人與受監護人等類型。[492]在英國法，董事乃因為為公司擁有財產並有處理權限，或因董事為公司之 “agent”，而須對本人負忠實義務 (fiduciary duties of loyalty and good faith)。[493]

日本法對忠實義務與善管義務之關係有兩種見解。根據日本之判例與學說之多數說，忠實義務並非與善管義務平行之義務，而是兩者合為董事之一般義務，而忠實義務僅在使董事之依民法委任而生之善管義務被確立化，而且，變成強行規定化而已（同質說）。[494]但有力學說認為，兩義務有

---

[490] 江頭憲治郎，前揭書，頁 437（註 3）。

[491] 黃銘傑，同前[449]，頁 33、77。

[492] Gerard Bean, Fiduciary Obligations and Joint Ventures, Clarendon Press, Oxford, 1995, pp. 25, 28.

[493] Paul Davies, ibid., pp. 598, 599; Gerard Bean, ibid., pp. 38, 39.

[494] 川村正幸等三人合著，前揭書，頁 294；吉本健一，前揭書，頁 186；高橋紀夫，前揭書，頁 215–216；江頭憲治郎，前揭書，頁 435；龍田節、前田雅弘，前揭書，頁 96；

機能上不同。除有過失責任與無過失責任之差異外，忠實義務違反之判斷比善良管理人之注意義務需依商業判斷原則不同地，法院在認定方面較容易，而且，得請求者有損害賠償及利益返還之差異（異質說）。[495]其立法乃因日本在昭和二五年從英美法引入董事會制度而有權限強大之董事，使得之前之董事在大陸法系之善良管理人注意義務變成不足，所以，才從英美法引入忠實義務。[496]更何況，採異質說可讓董事對公司之義務較為明確。[497]

㈡忠實義務之目的

擁有經營裁量權之公司機關，須負有忠實義務，這是因為英美公司法強調所有與經營分離原則，基於專業考量或因時地制宜，委任專業經理人經營，造成所有與經營分離，惟為防範經營者濫權，使其負有忠實義務。可見，忠實義務之主要目的在於解決公司經營者與公司間所生之利益衝突情形。[498]詳言之，於公司經營者執行公司事務時，應求公司之最大利益，遇有公司利益與個人利益衝突時，應以公司利益為優先考量，執行公司業務時應做公正誠實判斷 ， 不得利用自己職務所獲得之資訊與機會圖謀私利。[499]

㈢股份有限公司董事以外之忠實義務

德國法曾有理論對合夥、人合公司及有限公司等比單純債之關係（有德國民法誠信原則之適用）更進一步地強調人的結合關係者，並承認有忠誠義務 (Treuepflicht) 存在。在現在則對有限公司股東相互間，以及對股份有限公司之支配股東課以忠誠義務。因此，德國股份法第一一七條及第三

近藤光男，前揭書，頁 259。

[495] 吉本健一，前揭書，頁 186；黑沼悅郎，前揭書，頁 113、114、131；柴田和史，前揭書，頁 223。

[496] 三枝一雄、南保勝美、柿崎環、根本伸一，前揭書，頁 241；前田庸，前揭書，頁 438。

[497] 近藤光男，前揭書，頁 259。

[498] 王文宇，同前[75]，頁 144。

[499] 曾婉如、林國彬，前揭文，頁 185、194、195。

一七條即有規定大股東對小股東或公司之義務。但此一忠誠義務乃根據民法之誠信原則而使大股東與小股東間關係及大股東與公司間關係具忠誠義務性質，而與英美的忠實義務乃一獨立之義務者不同。

日本公司法第五九三條第二項規定，持份公司之執行公司業務之股東應遵守法令及章程，並為公司之目的忠實執行職務。除此之外，有學說認為股份有限公司之支配股東對公司及其他股東具有附隨之忠誠義務，但因為要件不夠明確尚未為日本判例所採。[500]

我國公司法第二三條乃規定於總則章，因此，四類型之公司負責人皆有忠實義務。

㈣忠實義務之程度

忠實義務應有層次。忠實義務之標準為受任人所做之決定是否符合要求，應以受任人之專業能力立足於委任人之地位所會做的程度為準。[501]董事之忠實義務在上市公司乃為保障小股東之利益，但對中小企業之董事，因股東與經營之距離較近，不應對董事課以如同上市公司董事之高程度忠實義務。[502]

㈤忠實義務之內涵

1.前　言

本書認為注意義務並非忠實義務之內涵。忠實義務之內容具有浮動性，須加以類型化、具體化。英美法藉無數判例累積成忠實義務，但其內容至今仍在發展中而不明確。

2.英美法

忠實義務之內容具有變動性、不確定性，然可確定的是，信託人之利益須優先於受託人 (trustee) 之利益而被考量。發生利益衝突時，須得信託

---

[500] 江頭憲治郎，前揭書，頁131；柴田和史，前揭書，頁141。

[501] 王文宇，論董事與公司間交易之規範，收錄於其所編，公司與企業法制，初版，元照，台北，2000年5月，頁31、35。

[502] 江頭憲治郎，前揭書，頁53。

人之同意，或對信託人有揭露資訊義務。在公司經營，忠實義務之內涵為公司利益優先於公司負責人之私益、公司負責人不得利用公司資產資訊以獲不當得利，與公司交易之限制、競業禁止等。[503]原則上，忠實義務乃用以對權限濫用之反制，其大體內容包括避免利益衝突、禁止不當得利、告知或不作為等，端視忠實義務人之權限有何濫權可能而定。[504]

英國法認為在運用一般衡平原則於公司董事時（即運用忠實義務於董事時）有四個原則如下：(1)須基於誠實或善意 (good faith) 追求公司最大利益，但董事不被期待去只追求公司利益而不顧股東之利益，例如不可扣住公司所有獲利只增加公司規模與財富而不讓股東回收投資報酬。[505](2)須為適當目的，即董事不可行使其被賦予之權力於其他目的，例如為促進自己之利益或維持董事自己對公司之支配力。[506](3)須有未被扭曲之裁量 (unfettered discretion)，即董事不可扭曲或限制其裁量權，例如彼此或與他人約定將來將如何行使其投票權或如何為行為，以及移轉其裁量權給他人行使。[507](4)須避免利益與義務衝突。即董事除經公司被告知之同意外不可使自己之利益與公司之利益衝突，或使自己對他人之義務與其對公司之義務衝突，[508]包括與公司交易，利用公司之機會或資訊或與公司競業等。[509]

3.大陸法系有償委任之競合規定

我國法在大陸法系的有償委任機制下，已有一些類似英美法之忠實義務之具體落實規定，包括自己代表與雙方代表之禁止、董事與公司為交易行為時，由監察人為公司之代表、競業禁止、迴避規定。[510]此些將留待該

---

[503] Gerard Bean, ibid., p. 29.

[504] Gerard Bean, ibid., p. 44.

[505] Paul Davies, ibid., pp. 601, 602.

[506] Paul Davies, ibid., pp. 605, 606.

[507] Paul Davies, ibid., pp. 608, 610.

[508] Paul Davies, ibid., pp. 610–622.

[509] Gerard Bean, ibid., pp. 39, 44.

[510] 黃銘傑，同前[449]，頁 33、78；柴田和史，前揭書，頁 223。

章節中再加以介紹。

二次大戰後深受美國法影響之日本法，即有見解認為從民法委任契約亦會產生忠實義務，[511]或認為競業禁止與董事報酬等規定乃特別類型化之忠實義務，而以預防規範方式保護公司之利益。[512]

4.英美忠實義務內涵而為有償委任規定所不及者

(1)公司法規定之補充

忠實義務之內涵包括說明義務，因此，我國公司法在二〇一二年增訂第二〇六條第二項而要求，董事對於會議之事項，有自身利害關係時，應於當次董事會說明其自身利害關係之重要內容。因此，在企業併購之場合，根據二〇一五年新增之企業併購法第五條之規定，董事於併購交易有自身利害關係時應向董事會及股東會說明其利害關係之重要內容及贊成與反對併購之理由。

所謂自身利害關係是否應如英美法上之擴及與自身有直接或間接之利害關係者，[513]或像我國實務所傾向之限於董事自己之限縮解釋而有所爭執。[514]因此，本法在二〇一八年增訂第二〇六條第三項規定董事之配偶、二親等內血親，或與董事具有控制從屬關係之公司，就前項會議之事項有利害關係者，視為董事就該事項有自身利害關係。這是英美法因忠實義務所為之典型公開透明之揭露程序規定，[515]但由於乃基於形式之身分或控制力之有無為標準而非以董事是否有利益為標準而被學者批評為甚為限縮。[516]又所謂重要內容，有學者認為應指對董事會決定有可能產生影響之重要事實皆應說明之。[517]而該條第三項視為有利害關係之規定乃針對第二

---

[511] 吉本健一，前揭書，頁223。

[512] 三枝一雄、南保勝美、柿崎環、根本伸一，前揭書，頁241。

[513] 曾婉如、林國彬，前揭文，頁202。

[514] 周振鋒、洪秀芬，前揭文，頁221。

[515] 曾婉如、林國彬，前揭文，頁222。

[516] 周振鋒、洪秀芬，前揭文，頁217。

[517] 周振鋒、洪秀芬，前揭文，頁223。

項之說明義務。因此，此一擴大是否亦適用於該條第四項之董事會準用股東會表決之迴避規定之問題，本書認為應否定，因為說明乃為揭露資訊而在充分資訊下作表決，而與迴避不同。

⑵尚待司法實務之發展者

就英美審判實務上長期累積之案例而言，違反忠實義務之常見類型包括公司經營者與公司間之交易 (self-dealing)、有共通公司經營者之兩家公司間之交易行為、利用屬於公司之機會之行為、私下與公司從事業務競爭之行為等。此些行為中，有些乃我國法在大陸法系的有償委任機制下，已有一些類似英美法之忠實義務之具體落實規定者，已如前述，現在我國應以司法實務累積此些既有規範以外而屬英美忠實義務內涵之判決類型。此包括，雖未符合競業禁止之規定要件（例如未符競業要件），但若公司負責人使用公司之秘密圖私利而不利於公司則仍可能違反忠實義務。[518]

利用屬於公司機會 (corporate opportunity) 之行為，例如公司所應關心之新穎事業機會被董事作為自己之事業等，其乃美國州判例法所發展而為日本法就解釋論所一般接受屬於董事之忠實義務者，但問題在於其義務之界限為何，江頭教授認為該公司為上市公司或閉鎖性公司，以及該董事在公司之地位等應對其義務之程度有所差異。[519]

㈥忠實義務具強行規定性格但可被豁免

公司負責人對公司之忠實義務在英國法乃基於衡平原則而來，非屬侵權行為規定亦不屬契約關係。因此，忠實義務規定屬強行規定，公司不得以契約或股東會決議免除公司負責人之忠實義務。[520]而且，忠實義務因擔任公司董事等負責人而生，但未必在卸任時即消滅。[521]然而，原則上公司

---

[518] 江頭憲治郎，前揭書，頁438。

[519] 江頭憲治郎，前揭書，頁441、442（註6）。

[520] 方元沂，公司型社會企業，收錄於方嘉麟主編，變動中的公司法制，初版，元照，台北，2019年1月，頁356。

[521] Paul Davies, ibid., p. 601.

可以事先地或嗣後地對違反義務者不追究其責任，但必須在決定之前相關事實已被充分揭露，因此，英國判例長期以來認為，只要公司繼續營運，則可以用股東會普通決議豁免董事違反忠實義務之責任並追認該行為對公司之效力。[522]此時，在當該董事為沒有支配力之股東時，一般認為其可投票寬恕自己之行為，但當其乃具有法律上或事實上支配力之股東時，其在以股東身分投票時，其對公司亦有忠實義務，其能否投票寬恕自己則有爭議，較明確者僅能說，當董事乃盜取公司財產時，由於財產屬於全體股東，因此，公司不能以多數決（含違反義務之董事之票數）來批准該行為，至於其他例如只是盜用公司機會等則公司可以多數決批准之。[523]

㈦違反忠實義務之效果

1.英美法制

違反忠實義務如造成公司之損害，公司自得請求賠償。惟縱使公司未受有損害，但公司經營者因而獲有利益時，公司仍得請求其返還利益於公司。[524]

2.我國法

我國公司法第二三條第一項之二〇〇一年修正目的在於引進忠實義務以彌補善良管理人注意義務之不足，使公司得對公司經營者請求者不再以債務不履行之損害賠償為限。所以，依二〇一二年所增訂該條第三項之規定，公司已得請求違反忠實義務之人返還其所獲利益於公司（即歸入權）。

我國公司法第二〇九條本已有歸入權之規定，即違反競業禁止義務之效果為介入權 (Eintrittsrecht)[525]或稱歸入權。[526]二〇一二年增訂公司法第二十三條第三項之立法理由引用公司法第二〇九條，這代表該立法理由認為

---

[522] Paul Davies, ibid., pp. 644, 645.

[523] Paul Davies, ibid., pp. 646, 647, 648.

[524] Gerard Bean, ibid., pp. 30, 44.

[525] 鄭玉波，同前[13]，頁 136。

[526] 柯芳枝，前揭書，頁 314。

第二○九條為忠實義務之一種具體類型，而藉該第三項規定加以擴及到所有類型之忠實義務違反而已。

四、注意義務的商業判斷法則是否適用於忠實義務

㈠商業判斷法則之意義

所謂商業判斷法則 (Business Judgement Rule) 乃指當一股東質疑公司所做之決策時，此原則會假設董事所做之商業決策係基於充分被告知下所做之獨立判斷，並推定該董事係善意地相信其所做之決定乃基於公司之最佳利益。[527]因此，會要求原告負表面證據程度之舉證責任證明以下五項判斷要素中至少有一項不具備，法院始得就董事之判斷做實質調查：⑴限於商業決定始有適用 (a business decision)。⑵做出決定之董事與該決定不具利害關係且為獨立判斷 (disinterested and independent)。⑶已盡注意義務 (due care)。⑷出於善意 (good faith)。⑸未濫用裁量權 (no abuse of discretion)。[528]因此，我國學者有稱之為推定之保護者。[529]

㈡日本對商業判斷原則之繼受

日本法院亦認為董事之業務變化無常，需適當地迅速經營判斷，所以，必然有不確定性，甚至有風險性存在，不宜以事後結果論英雄，因此，日本法院在善管義務之違反上會慎重地判斷，廣泛承認其有經營裁量權，因此，除具體判斷的決定過程或決定內容有明顯之不合理外，應認為其並不違反善管義務。[530]日本雖有懷疑其是否類似美國之商業判斷原則者，[531]但多數認為此一規定乃受商業判斷原則之影響。[532]

---

[527] 王文宇，同前[75]，頁 28、29。

[528] 賴源河（王志誠修訂），前揭書，頁 283。

[529] 曾婉如、林國彬，前揭文，頁 193。

[530] 吉本健一，前揭書，頁 256–257；三枝一雄、南保勝美、柿崎環、根本伸一，前揭書，頁 240。

[531] 江頭憲治郎，前揭書，頁 472、473（註 3）。

[532] 川村正幸等三人合著，前揭書，頁 360；吉本健一，前揭書，頁 256–257；黑沼悅郎，

㈢適用商業判斷原則之義務

學說上有認為美國法上董事受託義務或忠實義務 (fiduciary duty) 是否被違反乃根據商業判斷法則為之者，[533]亦有認為僅有注意義務 (duty of care) 是否被董事違反時才適用商業判斷原則者。[534]本書採後說。這可從日本法上的多數說得到支持。在日本法，若對忠實義務與善良管理人注意義務採同質說，則皆適用。[535]若採異質說，則對忠實義務不適用商業判斷原則。[536]或認為利益相反規制之義務不適用商業判斷原則。[537]

本書認為只有注意義務適用商業判斷原則，因此，由於商業判斷原則重在董事會做決定之過程及程序，只有在過失或有更甚之可責性時才會究責，等於放鬆了注意義務之要求。[538]

㈣我國法上之商業判斷原則

我國實務現已有採納此一原則之判決，[539]但亦有基於程序法推定免責應以法律明文規定者為限，而我國法在此並無明文規定可推定免責而反對之者。[540]

前揭書，頁 131；三枝一雄、南保勝美、柿崎環、根本伸一，前揭書，頁 240；近藤光男，前揭書，頁 336；前田庸，前揭書，頁 437。

[533] 詹德恩，法令遵循理論與實務，初版，元照，台北，2021 年 4 月，頁 62；賴英照，前揭書，頁 144；王文宇，同前[75]，頁 144、145；龍田節、前田雅弘，前揭書，頁 98。

[534] Paul Davies, ibid., p. 644；黃銘傑，同前[449]，頁 33、80；吉本健一，前揭書，頁 256–257；黑沼悅郎，前揭書，頁 131；三枝一雄、南保勝美、柿崎環、根本伸一，前揭書，頁 240；河本一郎、川口恭弘，前揭書，頁 224；前田庸，前揭書，頁 437；柴田和史，前揭書，頁 217、223。

[535] 川村正幸等三人合著，前揭書，頁 360。

[536] 黑沼悅郎，前揭書，頁 113、131；近藤光男，前揭書，頁 335–336。

[537] 高橋紀夫，前揭書，頁 239。

[538] Eric Roiter, Disentangling Mutual Fund Governance from Corporate Governance, 6 Harv. Bus. L. Rev. 1, 8, 10, 11 (2016).

[539] 臺灣臺北地方法院 96 年度訴字第 2105 號民事判決。

[540] 臺灣臺北地方法院 92 年度訴字第 4844 號民事判決。

本書認為，在我國法上，公司負責人之善良管理人注意義務是否被違反應與日本法一樣繼受美國法之商業判斷原則。這是因為董事之任務與民法上受任人有數點不同，即民法上受任人常為特定任務被動地被賦予委任任務，而公司董事乃一般性地處理公司事務，且董事常需主動地了解公司業務之專業性與技術性，因此，應給董事較大之經營行為空間，[541]否則企業經營者動輒承擔決策之成敗風險，勢將阻礙公司經營者冒險創新之動機。所以，美國法以商業判斷原則，讓企業經營者在為公司追求利潤之同時，將必然附隨之潛在風險轉嫁由全體股東一同承擔。

第四節 實質董事

我國公司法上董事之認定採形式認定，僅依法定程序被股東選任者方為董事 (de jure director)。但實務上常有藏在幕後控制者，因此，二〇一二年參考英國法引進實質董事之概念而在公司法第八條第三項規定，公司之非董事，而實質上執行董事業務或實質控制公司之人事、財務或業務經營而實質指揮董事執行業務者，與本法董事同負民事、刑事及行政罰之責任。

為強化公司治理並保障股東權益，實質董事之規定，不應再限於公開發行股票之公司始有適用，因此，二〇一八年修正刪除公司法第八條第三項之「限於公開發行股票之公司」之規定。因此，實質董事之規定已適用於我國四類型之公司，例如有限公司。[542]

在英國法上，所謂實質董事乃相對於公司依法選出之董事，但對公司經營有實質控制力或重大影響力，而依衡平原則應使其受依法選出之董事之規範以保障股東權益，[543]而其包括事實上董事 (de facto director) 與影子董事 (shadow director)。所謂事實上董事乃指非董事而事實上執行董事之業

---

[541] 王文宇，同前[459]，頁 1、4。

[542] 王文宇，同前[75]，頁 227。

[543] 賴源河（王志誠修訂），前揭書，頁 118。

務而且有其外觀者，例如公司之總裁，而所謂影子董事乃指非董事而經常指揮公司之董事，但對外並無顯現其董事之身分者而或稱為幕後董事。[544]英美法藉衡平原則不必立法規定即可承認之，但我國須第八條第三項之立法方可承認之。最後，存在有事實上董事並不能免除合法聘任董事之義務與責任。[545]

第五節　公司經理人

壹、經理人之概念

公司事業輔助者有外部與內部之分。外部事業輔助者有非繼續性與繼續性者稱代理商；內部事業輔助者有經理人與其他使用人。[546]因此，公司經理人為公司之章定、任意、常設、輔助業務執行機關。其乃我國公司法第八條第二項所承認之公司職務負責人，除清算人外，唯一適用於四種公司者，因此，一九六六年修法將之移至公司法通則中，[547]但在有商法典之國家，經理人之規定皆被納入商法典之總則中。[548]

股份有限公司經理人之角色，在我國公司法下，通常被定位為「輔助」業務執行機關，以輔助董事會之業務執行。依公司法第二〇二條之規定，原則上公司業務執行由董事會決議行之，但實務上，多數大型公司區分業務決策權與業務執行權，董事會多僅負責重大決策之議決，至於日常公司業務之執行，多授權給專業經理人為之。[549]

---

[544] Paul Davies, ibid., pp. 182, 183；王文宇，同前[459]，頁 1、28。

[545] Karsten Schmidt, a.a.O. (Fußnote 21), S. 420.

[546] 柴田和史，前揭書，頁 13。

[547] 鄭玉波，同前[13]，頁 24–25。

[548] 鄭玉波，同前[13]，頁 28–29。

[549] 王文宇，同前[75]，頁 59。

貳、公司經理人之資格、選任、解任與報酬之決定

一、委任與解任

公司經理人之任免與資格規定於公司法第二九條、第三〇條。二〇一八年修法鑑於國際化需求，已在第二九條將經理人需在國內有住居所之要求刪除。依現行公司法第二九條第一項規定，公司得依章程規定置經理人，其委任、解任及報酬，依下列規定定之，但公司章程有較高規定者，從其規定：一、無限公司、兩合公司須有全體無限責任股東過半數同意。二、有限公司須有全體股東表決權過半數同意。三、股份有限公司應由董事會以董事過半數之出席，及出席董事過半數同意之決議行之。

在有限公司、無限公司與兩合公司，其雖無如股份有限公司程度之組織架構，仍有不同於獨資或合夥等一般商號之業務執行機關與業務代表機關。經理人亦為此業務執行機關之「輔助」業務執行機關。因為在公司法上經理人乃四類型公司之輔助業務執行機關，經理人之選任乃由其業務執行機關採多數決定之。二〇一八年修法鑑於公司法第一〇二條第一項規定，有限公司股東行使同意權係以表決權為準，並非以人數計算，故修正第二十九條第一項第二款而要求有限公司須有全體股東表決權過半數同意。

經理人與公司之間之關係由上述規定乃委任關係，[550]但我國實務見解或認為亦可能由僱傭契約所構成，[551]本書認為其乃由僱傭契約與授與包括代理權之委任契約混合而成。[552]

最後，經理人雖有權選任其他商業使用人，但除有公司授權外並無選任其他經理人之權限。[553]

---

[550] 姚志明，前揭書，頁78、82。

[551] 最高法院102年度台上字第2457號民事判決。

[552] 柴田和史，前揭書，頁14。

二、資　格

經理人除有消極資格限制外，亦有些積極資格限制，但為因應公司經營之國際化、自由化，經理人住、居所已無限制必要，因此，二〇一八年刪除原規定要求經理人需在國內有住居所之要求。此外，解釋上，經理人須為自然人而不得為法人，[554]而在民法上雖可為限制行為能力之自然人，但透過公司法第三〇條第六與第七款規定之反面解釋，在公司僅允許有行為能力之自然人為經理人。[555]

參、經理人之認定

經理人依經濟部之公司登記辦法第四條之規定來進行登記及變更登記，但因未登記或未變更登記並無法定效力規定，而且，實務上很多公司經理人人數多且變動頻繁，不能也不願將經理人一一作登記，而產生經理人名不符實之窘境，[556]但經理人之認定常涉及交易行為效力是否及於公司之問題，實務上甚為重要，但在我國卻有形式認定說與實質認定說之爭。

一、形式認定說

形式認定說認為，須依公司之登記辦法向主管機關登記，或經公司依公司法第二十九條所規定之任命程序任命者始為經理人。此說較符合法律安定性，因為經理人有代公司簽名之權。我國即有最高法院判決認為公司法二〇一二年一月四日修正前就董事與經理人之認定乃採形式主義，如非名義上擔任董事或經理人則非公司負責人。[557]

---

[553] 柴田和史，前揭書，頁 13–14。

[554] 江頭憲治郎，前揭書，頁 32。

[555] 鄭玉波，民法債篇各論（下），八版，三民（總經銷），台北，1984 年 12 月，頁 463。

[556] 王文宇，同前[75]，頁 155。

[557] 最高法院 106 年度台上字第 475 號民事判決。

二、實質認定說

實質認定說認為，我國公司法於二〇〇一年修法後，已刪除經理人之法定職稱，故經理人不以有一定之職稱者為限。因此，經理人之認定應採實質認定說，[558]不論稱為總經理，副總經理，協理或副理，依公司法第三一條第二項之規定，在公司章程或契約授權範圍內，有為公司管理事務與簽名之權者，即為經理人。更有學者主張，未來修法應廢除經理人登記制度，以免發生名實不符之情形。[559]我國實務亦有採此說者。[560]

在日本商法上，通說認為經理人乃一實質的概念，即對本號或分號有概括之經理權（包括的代理權）者即為經理人，因此，有經理權者即使使用其他名稱亦為經理人，而無經理權者並非經理人，即使此人經登記為經理人亦同。[561]日本商法第九條第二項規定，因故意或過失將不實之事項加以登記者，不能以該事項乃屬不實一事對抗善意第三人。因此，將未被選任為經理人者登記為經理人者，不能以其非經理人一事對抗善意第三人。但有力學說認為被選任並賦予經理人名稱者即為經理人 （即採形式認定說），因為若依通說之見解則代理權有一部分之限制者即非經理人，而此將有礙交易安全。[562]但若採形式說又將使經理人與表見經理人之區分模糊化了。[563]

三、本書見解

本書認為應區分內外關係。對內關係應採實質認定說，由公司授權為

---

[558] 姚志明，前揭書，頁 74、78；王文宇，同前[75]，頁 148。

[559] 王文宇，同前[75]，頁 148。

[560] 最高法院 91 年台上字第 1886 號民事判決。

[561] 黑沼悅郎，前揭書，頁 40。

[562] 高橋紀夫，前揭書，頁 25；黑沼悅郎，前揭書，頁 39。

[563] 高橋紀夫，前揭書，頁 24。

其管理事務及簽名之人，即為公司之經理人，不論其職稱為何，曾否登記，均無不同。此時，其對公司即有忠實義務、計算義務與競業禁止義務等。

對外關係，為求交易安全而兼採形式認定說與實質認定兼表現代理說，因此，就形式認定而言，依公司法第二九條任命或有經理人登記者，皆為公司之經理人，其職權內行為之效力固及於公司，職權外之行為則亦可能有表現代理之適用而使公司不能免責，即經理人若在經理權範圍外為交易行為，而公司有可歸責之授權外觀時，公司須負表現代理責任。就實質認定而言，非依公司法上開規定委任之經理人，而實質上有為公司管理事務及簽名者以及實質上並無為公司管理事務及簽名者，雖非形式上之經理人，但當公司有使其為經理人之授權外觀行為時（後者稱為表現經理人），[564]我國實務曾認為非依公司法規定委任之經理人，如符合表現代理之要件時，即應依表現代理之法理對於善意之第三人負授與經理權之責任。[565]故我國有學者即建議，經第二九條之程序者稱為委任經理人，而其他非經該委任程序者為僱用經理人者。[566]

肆、經理人職權

一、前　言

民商分立法制中之債篇各論比我國規定內容為少很多，而將企業與商人間交易行為納入商法總則篇（如商業登記與經理人及代辦商）。例如德國商法 (HGB) 第八條以下規定商業登記，而第四八條以下規定經理權及代辦權。[567]又例如，日本商法第二〇條以下規定商業使用人包括經理人（日文稱為支配人）。

---

[564] 黑沼悅郎，前揭書，頁 39。

[565] 最高法院 97 年度台上字第 1360 號民事判決。

[566] 黃銘傑，同前[278]，頁 309。

[567] Adolf Baumbach & Klaus Hopt, a.a.O., S. 196 f.

日本公司法第十條以下規定公司經理人之定義與代理權等。此時，公司經理人應優先適用公司法中之經理人規定。[568]不過，日本公司法有關經理人之規定與商法總則篇之內容相類似，故不生問題。我國則因公司法與民法之規定有所差異而生困擾。

二、民商分立法制之經理人職權

㈠日本法

根據日本商法第二十一條第一項之規定，所謂經理人（日文稱支配人）乃有替商人為有關營業上一切訴訟上與訴訟外行為權限之人。此一包括的代理權一般被稱為支配權（我國之經理權），而且一商業使用人是否為支配人乃以有無此一支配權為斷。

日本商法上經理權乃相當廣泛。上述日本商法第二一條第一項所規定者被稱為包括的代理權。依此項之代理權，當該商人以數營業所進行營業時，經理人在每一營業所皆有代理權，而當該商人以數商號進行複數營業時，經理人在每一營業皆有代理權。所以，選任經理人時有必要特定其所代理之營業或營業所並加以登記，若怠於登記，不能以其事項對抗善意第三人。而且，包括的代理權依日本商法第二一條第二項之規定，包括選任及解任其他的商業使用人。依日本商法第二一條第三項之規定，對經理人之代理權所附加之限制不得對抗善意第三人。這是因為經理人之代理權乃包括的與劃一的，而其範圍乃法定的，相對人不必一一地查對確認以保障交易安全而且可省去一一授權而提升經營效率，因此，營業主不可限制之，更何況此一限制未能被登記，而且雖在內部關係上可能加以限制，但依本條第三項之規定，其不得對抗善意第三人。[569]

㈡德國法

依德國商法第四九條及五〇條之規定，經理權範圍乃法定以確保交易

---

[568] 神田秀樹，前揭書，頁13。

[569] 黑沼悅郎，前揭書，頁39；高橋紀夫，前揭書，頁24。

安全，所以除法定範圍（即不動產處分限制，可限於一分號或要求數經理人共同為之三種）外，經理人亦不可為有關營業進行基礎有關之行為，例如終止營業或將營業加以轉讓等行為，稱為本質上限制。[570]依該第五〇條之規定，對經理權之限制不可對抗第三人。

三、我國民商合一法制下之經理人職權

(一)民　法

我國因為採民商合一制，所以，將德日等民商分立法制之商法總則篇中之一些規定放到民法債各中，經理人及代辦商即為適例，[571]又另一些商法總則篇中之規定如商業登記被制定成特別法或被納入公司法等特別法（如我國之商業登記法與公司法中之公司登記規定）中。例如瑞士債務法即有經理人及代辦商之規定。因此，我國債各中之經理人及代辦商乃屬德國與日本法之商法總則篇之規定之性質。

我國民法有第五五三條以下有關經理人及代辦商之一般規定，又於公司法第二九條以下設有公司經理人之特別規定。[572]理論上，公司法之規定既為特別規定理應優先於民法中之規定，但我國在此有所爭論。為了解此一爭議，以下先介紹我國民法之規定。

1.經理權之意義與授與

經理權乃有為商號管理事務並為其簽名之權利，因此，其具有對內之事務管理權（此點與代辦商不同）與對外之代理權（此點與代辦商相同）之雙重性質。[573]經理權之授與，德國商法基於商業之明白、確定與快速之要求，因此，德國商法第四八條第一項規定須以明示為之。所謂明示，當

---

[570] Adolf Baumbach & Klaus Hopt, a.a.O., S. 203; Karsten Schmidt, a.a.O. (Fußnote 3), S. 459, 464–467.

[571] 鄭玉波，同前[555]，頁 460。

[572] 鄭玉波，同前[555]，頁 461。

[573] 鄭玉波，同前[555]，頁 466。

意思明白時（例如「授與簽名之權」或「依據德國商法第四八條之全權」）則不必使用經理權字眼。[574]我國因採民商合一制，與瑞士債務法同允許以默示方式為之。

2.經理權之範圍

經理權之範圍非常廣泛而可被稱為主人之替身，[575]除依民法第五五五條有代表商號為一切訴訟行為之權利外，依民法第五五四條第一項之規定，經理人對於第三人之關係就商號或其分號或其事務之一部被視為有為管理上一切必要行為之權。除對內之管理事務上有為一切必要行為之權（當然可能被限制），由於本項旨在規定對第三人之外部關係，所以重點在於有為管理上一切與商號營業有關之必要行為之代理權（或稱為其簽名之權利）。[576]然而，經理人依此有否對外借款之權限之問題，我國最高法院早期有兩判例認為依據業務之性質或其他情事僅銀錢業之經理人得有此權限。[577]

3.經理權之限制

經理權對外本有概括的代理權之性質，以無限制為原則，[578]以符商業交易之清楚明確與迅速要求。但我國民法經理權仍允許法定限制與意定限制。法定限制可以對抗任何人而意定限制不可對抗善意第三人。[579]

就法定限制而言，我國民法僅規定三種限制，即(1)主管事務部門之限制。依民法第五五三條第三項之規定，經理權得限於管理商號事務之一部，或商號之一分號，或數分號。(2)需有書面授權之限制。依民法第五五四條第二項之規定，經理人除有書面之授權外對於不動產不得買賣或設定負擔。

---

[574] Adolf Baumbach & Klaus Hopt, a.a.O., S. 201.

[575] 鄭玉波，同前[555]，頁 467。

[576] 鄭玉波，同前[555]，頁 466。

[577] 最高法院 19 年上字第 276 號判例及最高法院 22 年上字第 1901 號判例。

[578] 鄭玉波，同前[555]，頁 469。

[579] 鄭玉波，同前[555]，頁 470。

⑶共同經理。依民法第五五六條之規定，商號得授權於數經理人但經理人中有兩人之簽名者對於商號即生效力。[580]相較於民法第一六八條規定共同代理人關於代理權之行使應共同為之，在共同經理之代理權行使本應一樣，但因商業貴在清楚明確與迅速，共同經理只要兩人之簽名即生效力。[581]

經理權既來自商號所有人之授權，所有人除上述之法定限制外，得任意加以限制，但為保護交易安全計，民法第五五七條規定，經理權之限制除前三種法定情況外，不得以之對抗善意第三人，因為該限制未必為外人所知，而僅得對抗惡意第三人，[582]例如第三人明知該限制。

㈡公司法

1.經理人職權之範圍

公司法第三一條第一項規定，經理人之職權，除章程規定外，並得依契約之訂定。公司法第三一條第二項規定，經理人在公司章程或契約規定授權範圍內，有為公司管理事務及簽名之權。雖然美國公司之章程或內部組織規範通常會對經理人之職權範圍或地位加以規範，但我國實務上甚少用章程或契約來加以授權，即使較具規模之公司可能會設置經理授權範圍表，但其並非法定登記必備文件，因此，交易相對人亦常無從查知。[583]

民法規定商號經理人之權限，而商號可為獨資企業、合夥企業與公司企業等。公司法第三一條為僅針對公司所作之規定，第三六條亦同。民法受大陸法系集體主義之影響，重交易安全，以保障無查知能力之相對人，而有經理人固有職權之規定。公司法第三一條第二項於二〇〇一年修正，乃是受到英美法個人主義之影響，鑑於公司之經理人之權限資訊比其他類型之企業來得透明，故首重交易當事人自我利害判斷。

---

[580] 鄭玉波，同前[555]，頁 469；潘維大、范建得、羅美隆，前揭書，頁 72–73。

[581] 鄭玉波，同前[555]，頁 469。

[582] 鄭玉波，同前[555]，頁 469–470。

[583] 王文宇，同前[75]，頁 151。

2.經理人職權之限制

公司法第三六條之規定與民法之規定同其旨趣。[584]因此，經理人行為需有關公司營業上之事務，而在其經理權或代表權範圍內者為限。[585]蓋公司經理人之職權從一開始即有所範圍限制，從而第三人不能主張，與其行為之人為公司之經理人，即可認為該經理人能為公司、分公司或其事務之一部分為管理上一切必要行為之權，故其仍須查證該經理人之授權範圍，始能主張其信賴。故本條所謂善意即不知情，[586]但未查證而不知得否為善意，則有如下段所述之權限之爭議。

至於，經理人職權外之行為（如侵權行為），我國實務認為，不法行為不得代理，只能對經理人求償。王文宇教授則認為，當有可歸責之授權外觀時，公司可能須負表見代理之責。[587]

四、我國公司經理人權限之爭議

(一)二〇〇一年公司法修正前

在二〇〇一年公司法修正前，學說[588]及實務[589]大體上認為，公司經理人之權限應回歸民法之規定。亦即，適用民法有關經理人之規定，公司法之規定係民法之補充規定，而非特別規定。從而，實務與通說認為，為公司管理事務與為公司簽名之權利為經理人之固有職權。而二〇〇一年公司法修正前即存在之公司法第三一條第一項規定（經理人之職權，除章程規定外，並得依契約之訂定。請注意，此一規定乃從一九四六年公司法之第二一七條所移列）乃僅在規定經理人之職權範圍，可因章程或契約而及於

---

[584] 鄭玉波，同前[555]，頁 470。

[585] 柯芳枝，前揭書，頁 62；賴源河（王志誠修訂），前揭書，頁 123。

[586] 賴源河（王志誠修訂），前揭書，頁 123。

[587] 王文宇，同前[75]，頁 152–153。

[588] 柯芳枝，前揭書，頁 61。

[589] 49 年 7 月 28 日司法行政部台字第 3592 號函參照。

一部或數分部，而非要限制經理人依民法第五五四條第一項與第五五五條之固有職權。[590]

林國全教授則認為，二〇〇一年公司法修正前，實務與通說之見解有其缺失。蓋二〇〇一年修正前之公司法，對公司經理人之定義及職權並無明確定義，從而應適用民法有關商號之規定。然，民法有關商號之規定，並無規定其具法人格，亦無法定機關之設計，從而得設立經理人，為商號為法律行為。但是，公司為獨立之法人，已有設計各種機關為公司對內、對外之行為；如認為公司之經理人為民法商號之經理人，其本質上有為公司管理事務及為公司簽名之權限，將造成與原有法定機關間之權責造成混淆。[591]

㈡二〇〇一年公司法修正後

二〇〇一年公司法修正後，公司法廢除總經理制且不規定經理人之法定職稱，由公司自行決定，並增訂公司法第三一條第二項之規定。然而，實務與通說之見解，並未改變，仍認為公司法之規定為民法之補充規定，而採固有職權說。

1.補充規定說（固有職權說）

國內實務及通說認為，[592]公司經理人之代理權限除法有限制外，原則上皆可代理，故對經理人代理職權之限制即屬例外，而此內部限制第三人當然無從查知，故有保護其信賴之必要。其他之理由主要如下：公司法第三一條第一項規定，經理人之職權，除章程規定外，並得按契約之訂定。然此係指得以章程或契約明訂其職權之範圍。易言之，即在經理人之各種職權範圍內是否授權於全部或一部，均得以章程或契約明訂之，並非可以

[590] 柯芳枝，前揭書，頁61。

[591] 林國全，公司經理人之概念，台灣本土法學雜誌，第48期，2003年7月，頁132–133。

[592] 最高法院83年台抗字第74號民事判決；賴源河（王志誠修訂），前揭書，頁122；陳連順，前揭書，頁66–67。

章程或契約根本排除民法第五五四條第一項與第五五五條固有職權之適用，否則經理人將失其所以為經理人之意義。此觀之民法第五五七條關於經理人之限制並不包括第五五四條第一項與第五五五條之規定，可得佐證。可知公司法第三一條第一項規定乃民法之補充規定，要非民法第五五四與五五五條之特別規定。而公司法第三一條第二項之增訂，其理由僅在於明確確定經理人有為公司管理事務及簽名之權限，並非排除民法上所規定之經理人固有職權。更何況依公司法第三六條之規定，公司對於經理人所加之限制，不得對抗善意第三人。

綜上，經理人本有為公司管理事務與簽名之權，此項權限包括對外得代理公司簽名締結契約，此乃經理人之固有權限。梁宇賢教授即認為公司契約與章程雖可「限制」公司經理人為公司管理事務與公司簽名之權利，但不可「剝奪」之，以免失其作為經理人之意義。[593]

2.特別規定說（排除民法適用說）

林國全教授認為，二〇〇一年修正後之公司法第三一條第二項，有排除適用民法有關商號之規定。[594]公司法增訂第三一條第二項後，除提供公司經理人之實質認定標準外，更具有排除民法有關商號經理人規定適用之重大意義。蓋本項既明訂，公司經理人「在公司章程或契約規定授權範圍內」有為公司管理事務與簽名之權，則在公司章程或契約規定授權外之部分，並不因其公司經理人之身分，而當然有為公司管理事務與簽名之權。相對於民法之商號經理人，係除不動產買賣或設定負擔之法定限制外，原則上皆對商號、分號或其事務之一部分被視為有為管理上一切必要行為（管理事務及為其簽名）之權，故兩者有所不同。可見，因公司法第三一條第二項之增訂，民法之商號經理人與公司法之公司經理人，現行法下已有明

[593] 梁宇賢，公司法上公司經理人之職權，月旦法學雜誌，第18期，2004年4月，頁26–27。

[594] 林國全，公司經理人之概念，台灣本土法學雜誌，第48期，2003年7月，頁131–135。

確區隔。就對外代表權而言，董事會才屬公司業務執行機關，經理人則否，其需經公司代表機關之授權下，才可認為取得代表權。

五、本書見解

本書認為，二〇〇一年修正前，第三一條規定經理人之職權，除章程之規定外，並得依契約之訂定。而又根據公司法第三三條之規定，經理人須遵照董事或執行業務股東等業務執行機關之決定，並有遵守連業務執行機關皆須遵守之公司章程與決議（股東會與董事會）之義務，而且不得逾越其規定之權限。此兩個條文皆在規定經理人對內之權限，因為公司之組織比其他商號複雜。此一內部規定、訂定、決定、或決議可能做某一授權或做某一限制，但常為外人所不知。因此，第三六條進一步規定，公司不得以其所加於經理人職權之限制對抗善意第三人。公司經理人職權本來自公司機關之授權而授權之界線即為限制，邏輯上不可能又授權又限制，因此，第三六條所謂「職權之限制」乃指公司之章程規定、契約約定、董事決定或股東會決議若構成民法經理人固有職權（民法第五五四條有為一切管理上必要行為之權及第五五五條之訴訟代理權規定）之限制，此時不得以其所加於經理人職權之限制對抗善意第三人。民法受大陸法系集體主義之影響，重交易安全，以保障無查知能力之相對人而有經理人固有職權之規定。因此，二〇〇一年修正前，根據公司法第三一條、第三三條及第三六條而認為此些規定為民法規定之補充規定，而採固定職權說，應較符合民法受大陸法系集體主義之影響，重交易安全，以保障無查知能力之相對人而符經理人固有職權之規定之意旨。

公司法第三一條第二項於二〇〇一年修正理由為，為明確規定經理人有為公司管理事務及簽名之權限。這可能是由於公司之經理人權限資訊比其他類型之商號來的透明，故要著重交易當事人自我利害判斷。若如此，在二〇〇一年修正後應採林國全教授之見解。至於公司法第三六條所規定之，公司對於經理人所加之限制，不得對抗善意第三人。此一規定，在修法後應解釋為，當該章程規定或契約約定等對經理人之職權有所限制，(1)

若此為第三人所實際知悉，則其非善意；⑵若為公司登記所可得容易查閱知悉時，第三人未查閱將使其變成非善意；⑶若甚難察知其內容，則其仍為善意，此時，該限制不得對抗善意第三人。然而，我國公司法並未要求經理人職權應登記，亦未要求有變更（例如限制職權）時應為變更登記之規定，因此，除非該限制存在於章程中而有登記，否則甚難使第三人變成非善意。而且，即使該限制存在於章程中，仍與本書介紹章程對外效力時一樣，在我國不宜因章程之登記而論斷第三人之善惡意。因此，在我國落實公司公示制度之前，為保障交易安全計，還是以通說固有職權說為妥。

伍、經理人之權利

經理人與公司間之關係乃委任，[595]其退休金不得自勞工退休準備金中支應而應由公司另行籌措支給。[596]而且，由公司法第二九條第一項規定前段（公司得依章程規定置經理人，其委任、解任及報酬，依下列規定定之）將委任與報酬用相同方式來加以決定可知其應為有償委任，[597]因此，其有享受民法第五四七條之報酬請求權利以及其他依民法第五四五條（預付必要費用）與第五四六條（必要費用償還）之受任人所可享有之權利。而且，其報酬之決定在股份有限公司依公司法第二九條之規定，乃董事會專屬之權限。

陸、經理人之義務

經理人依據公司法第八條第二項之規定，乃公司職務負責人，因此，前述公司職務負責人對公司之義務與對第三人之義務對之亦有適用。在此僅介紹針對經理人之義務規定。

---

[595] 柯芳枝，前揭書，頁60。

[596] 最高行政法院92年度判字第1539號判決。

[597] 王文宇，同前[75]，頁150。

一、基於委任關係而生之義務

經理人基於有償委任關係（或根據公司法第二三條第一項規定）對公司負有善良管理人之注意義務，以及民法第五四〇條到第五四二條之報告計算義務。

二、忠實義務與有償受任人之義務

公司法在引進英美法之公司負責人（含經理人）之忠實義務（公司法第二三條第一項）之前，大陸法系已對之課以有償受任人之義務，因此，經理人除有前述受委任人之計算義務外，尚有兼職禁止與競業禁止之義務。

此一不為競業義務在民法第五六二條、第五六三條及公司法第三二條皆有規定。因此，除優先適用公司法第三二條規定（後述）外，民法第五六二條及第五六三條亦有補充適用之餘地。

三、公司法所規定之義務

公司法第三二條規定，經理人不得兼任其他營利事業之經理人，並不得自營或為他人經營同類之業務。但經依第二九條第一項規定之方式同意者，不在此限。外國公司經理人依公司法第三七七條之規定並不受此一限制。

不得兼業乃不得競業義務以外之專業義務。蓋經理人權限廣大且有償受任故法律要求其專業。經理人一經依公司法規定之方式委任，即使尚未登記，此種兼業或競業行為即不被允許。[598]公司法第三二條前段遂規定，經理人不得兼任其他營利事業之經理人。所謂其他營利事業包括公司、獨資與合夥事業。[599]

因公司之組織比商號較為複雜，經理人所需聽命之對象不再僅為商號

---

[598] 經濟部63年5月10日商字第11890號函。

[599] 陳連順，前揭書，頁70。

所有人，因此，公司法對經理人之義務有特別之規定。經理人除不得逾越其權限外，其既為執行輔助機關，即須遵照董事或執行業務股東等業務執行機關之決定，並當然有遵守公司章程與決議（股東會與董事會）之義務外，亦有遵守法令之義務。因此，公司法第三三條規定，經理人不得變更董事或執行業務股東之決定，或股東會或董事會之決議，或逾越其規定之權限。

柒、經理人之責任

經理人依據公司法第八條第二項之規定，乃公司職務負責人，因此，前述公司職務負責人對公司之責任以及對第三人之責任對之亦有適用。在此僅介紹針對經理人責任之規定。公司法第三三條規定，經理人不得變更董事或執行業務股東之決定，或股東會或董事會之決議，或逾越其規定之權限。公司法第三四條規定，經理人因違反法令、章程或前條之規定，致公司受損害時，對於公司負賠償之責。除前述情況外，經理人若有其他違反其有償受任人所負之善良管理人注意義務即屬有抽象輕過失，依據民法第五三五條及五四四條之規定（或公司法第二三條第一項之規定）應對公司負損害賠償責任。[600]最後，對公司經理人等公司負責人之監督屬公司治理議題之一，而為公司監督一環。

---

[600] 柯芳枝，前揭書，頁65。

第七章　公司之監督

第一節　概　述

公司之監督涉及交易安全外，亦事關股東投資保障，使資金能投入生產發達經濟，並使債權人願意貸款給公司或購買其公司債，使公司取得營運資金，進行生產，創造工作機會。公司經營者決策時，常擺盪於私益，股東利益與公益（即公司社會責任）之間，而需有市場外部控制、公司內部控制、法律規範對公司行為加以管制。因此，公司之監督可被分為成立時之監督與成立後之監督。依監督之主體，則可被區分為公權力監督、自治監督與市場監督。成立時之監督為公權力監督，成立後則有公權力監督、自治監督與市場監督。公司的外部監督則包括公司之成立登記，裁定解散規定以及金融市場的監督 。[601]公司之內部監督則包括公司治理 (corporate governance) 等議題。一開始公司法並未規定要由股東來監督，而且在內部監理機制方面有國家間之差異，美國德拉瓦州公司法乃委由公司發起人以章程決定該公司內部監理機制為何，但德國法自一八八四年採後述之二階途徑，而不允許此一彈性。[602]近年民主國家在企業自治之原則下，基於公司企業乃所有人擁有之企業，因此，多將公司委由股東等自行監督，尤其英美法國家更是如此，因此，公司之監督原則上仰賴自治監督，而只有在例外才委由公權力進行監督。[603]此為各國公司法採準則主義以來一貫之政策，[604]不過，比較上，德國法系仍較英美法系有較嚴格之公權力監督。公

---

[601] 陳連順，前揭書，頁 16。

[602] Katharina Pistor et al., ibid., 816–818.

[603] 柯芳枝，前揭書，頁 38；王文宇，同前[75]，頁 156。

司之設立即使改採準則主義之國家，並未改變國家在此方面之涉入，而是增加公司內部之監督機制。

第二節 公權力監督

壹、公權力監督之類別

公司之公權力監督可分為業務監督與清算監督。[605]清算監督權限屬於法院。業務監督則包括行政監督與司法監督。行政監督乃主管機關對公司之設立、登記、查核等監督與目的事業主管機關之監督，如金管會對銀行與保險公司之監督。司法監督為司法機關所為之監督，包括法院處理公司之清算、重整、解散等所為之監督。主要之公權力監督體現於公司解散之事由中，請參閱本書第二篇第八章第二節之介紹。以下僅介紹主管機關在公司設立時與設立後之監督。

貳、主管機關在公司設立時之監督

一、公司資本額查核簽證

有關資本額，本來有限公司與股份有限公司有最低資本額之制度，因為公司股東僅負間接有限責任，而代償措施即為對公司資本之要求，而此一資本額若過小則無意義，故有最低資本額之要求。[606]但此一要求已因不利於新穎產業之創新與經濟活動之活化而被廢棄。[607]取消之同時增加公司契約債權人之自我防衛能力，並提高董事對第三人之責任以保障侵權行為

---

[604] 梁宇賢，同前[15]，頁 139。

[605] 鄭玉波，同前[13]，頁 41。

[606] 前田庸，前揭書，頁 20。

[607] 前田庸，前揭書，頁 20。

債權人，以及公司法人格否認論之承認與適用。[608]

我國在二〇〇九年廢除有限公司與股份有限公司原有之最低資本額制度，取而代之者為同年修法增加資本額簽證制度。[609]公司法第七條第一項遂規定，公司申請設立登記之資本額，應經會計師查核簽證。

二、公司設立登記

依據公司法第六條之規定，公司非在中央主管機關登記後，不得成立。此乃採公司登記生效主義。又公司法第十九條第一項明定，未經設立登記，不得以公司名義經營業務或為其他法律行為。

未經設立登記即以公司名義經營業務或為其他法律行為之行為人與參與人之責任並不相同。此種經營業務或為其他法律行為之行為人若有兩人以上，則依公司法第十九條第二項後段對債權人負連帶責任，而不論設立中公司之財產足夠與否。至於行為人以外之參與人若為股份有限公司之發起人則依公司法第一五〇條所有發起人負連帶責任，而其他公司類型設立之參與人僅於設立中公司設立失敗而且財產不足清償時方依合夥原理負連帶賠償責任。[610]

參、主管機關在公司設立後之監督

主管機關在公司設立後之監督（業務監督）事項每因公司種類不同而異，因此，對各種公司之監督介紹於各該章節中，公司法總則章所規範之共通者包括公司財務與會計查核規定（公司法第二一條及第二二條規定參照）、財務健全化（為確保公司財務健全，公司資本額達一定數額或公司具一定規模者，其財務報表，應先經會計師查核簽證；公司法第二〇條第二項參照）、洗錢防制（基於洗錢防制之目的，董事會應保存並記錄實質受益

[608] 前田庸，前揭書，頁21。

[609] 廖大穎，前揭書，頁28。

[610] 王文宇，同前[75]，頁158。

人資料，另外洗錢防制目的主管機關或主管機關得令公司限期提供股東名簿及實質受益人資料，公司不得拒絕或規避，公司法第二二條之一參照）。

第三節 自治監督

壹、意 義

公司之內部自治監督屬公司治理 (corporate governance) 之議題之一。所謂公司治理（又被譯為公司管控）在國內有採狹義說與廣義說者。狹義說認為其乃指公司透過內部架構與組織選任有能力之經營團隊，而透過經營階層之權利與義務設計，積極地為股東及其他利害關係人謀最大之利益，而且消極地透過監察人或董事會等內部機關防止經營者濫權而侵害股東與利害關係人之權益所為之自律監督。[611]而廣義說認為除狹義說內容（公司內部之權責分配）外，尚包括公權力監督與市場力量控制。[612]本書採狹義說。

貳、股份有限公司以外之公司類型

中小型公司並無所有與經營之分立，而常由所有者親自經營，而且亦由所有者（未經營者）進行監督。因此，較少成為公司治理的議題。

參、股份有限公司

企業自治之趨勢為公司外部控制減少公權力監督而強化市場監督與內部控制機制。在個人主義與自由主義之思潮下，法國自大革命基於對於權力限制自由之擔憂，在政治上有了三權之分立，而此一思維流傳至美國後

---

[611] 賴英照，前揭書，頁 163–164；吳光明，證券交易法論，第十四版，三民，台北，2019 年 2 月，頁 34；王文宇，同前[459]，頁 1、3。

[612] 詹德恩，前揭書，頁 57；廖大穎，前揭書，頁 181、183。

更以權力控制與平衡 (Check and Balance) 落實之。此一思維使得法國與美國之公司法所規範之公司內部架構與組織大體上亦有三大功能，即所有、經營與監督三功能。所有者擁有公司，經營者經營管理公司，而監督者監督公司業務與財務。其大體上為法國大革命之立法、行政與司法三權區分之關係。[613]而各國公司法對中大型股份有限公司則有所有與經營分離原則，並有第三監督機構而形成三權分立之狀態。[614]就所有而言，各國公司法皆以股東全體為公司之擁有者，至於經營者與監督者則有所不同之機制。

一、單軌制與雙軌制之選擇

各主要國家在股份有限公司之內部監理組織上大致上有單軌制與雙軌制之分。單軌制國家例如美國，其公開發行公司之所有功能屬股東會，而僅設單一之會 (board) 負責經營功能（透過經營團隊）與監督功能，而美國法稱此一會為董事會。因此，單軌制又被稱為一階體系 (one-tier system)。

若公司同時設置負責經營之董事會及負責監督之監察機關，則被稱為雙軌制，而此時再被區分垂直式與並立式兩種。[615]前者例如德國中大型有限公司與股份有限公司，其所有功能屬股東會，監督功能屬監事會，而經營功能屬董事會，故又被稱為二階體系。[616]後者（雙軌並立式）例如我國舊制及日本舊制於董事（會）外另設有監察人之制度，而其等皆由股東會選出而具有平行之地位。[617]但現在日本股份有限公司之所有功能屬股東會，經營功能屬董事會（有設董事會之公司），而監督功能屬監察人（亦可設獨立董事）等。詳細分別介紹如下：

---

[613] 吳光明，前揭書，頁 34。

[614] 王文宇，同前[75]，頁 165；廖大穎，前揭書，頁 53。

[615] 賴英照，前揭書，頁 166。

[616] 吳光明，前揭書，頁 27。

[617] 賴英照，前揭書，頁 166。

二、主要國家之公司治理

㈠美國法

1.區分董事會類型

在美國法上，針對公開發行公司等中大型公司，公司法假定其有眾多股東而為經營效率需由股東們選出一些代理人 (agent) 來做董事，為全體股東之利益管理及監督公司之業務，而董事未必具有公司業務所需之專業，因此，董事會再選任具專業之經營團隊去執行董事會所決定之決策方針以求股東利益之最大化。[618]不過，董事會依其成員是否有管理董事而被區分成管理兼監控型董事會與監控型董事會兩大類。

⑴管理兼監控型董事會

有些公司之董事會成員包括兼任行政職務（例如經理）之內部董事 (inside directors) 或稱管理董事 (managing directors) 與不兼任行政職務而負責監督之外部董事。[619]

⑵監控型董事會

有些公司董事會並不負責公司業務之執行，而僅決定出公司之決策方針（董事會為經營決策機關）後交給經營團隊去執行，而董事會僅消極地核准經營團隊之企劃案或重大事項以及監督公司之業務與財務，以達到公司之目標。[620]因此，所有者為股東會而監督者為董事會，尤其是其獨立非執行董事與審計委員會 (audit committee)，至於經營則由董事會聘請專業之經營團隊而由執行長 (CEO) 主其事。[621]此時，經營團隊之權限則來自董事會之授權。

---

[618] 王文宇，同前[75]，頁 54；黃銘傑，同前[449]，2006 年 9 月，頁 33、35。

[619] 賴英照，前揭書，頁 165。

[620] 王文宇，同前[75]，頁 54。

[621] 黃銘傑，同前[449]，頁 33、62。

2.經營者支配現象

不論是上述哪一種情況，美國之公開發行公司股權分散而使所有者與經營者分離，並產生經營者支配之現象，[622]即由於在股權分散型之大型公司，各股東皆無控制力，而公司經營乃委由專業經理人（甚至幾乎無該公司股權者），經營者事實上控制了股東會，甚至能控制接班人而產生經營者支配之問題，因此，雖本應追求股東利益最大化，但卻僅追求公司之存續與規模最大化以保障其職位及報酬之增加，形成經營階層自肥或濫權，而為公司治理之一大議題。[623]股東會本藉選任專業之業務執行者與監督者來監理公司，但因此一經營者支配現象而使股東有頂多出脫股份之不關心現象，而使股東會達不到預期之監督效果。[624]因此，為防止內部人控制失控（指內部董事與經營團隊間之密切關係而未能有效監督）且為提升董事之素質水準，並使公司財務與業務更加透明，而設立獨立於內部董事之外部董事或獨立董事（請參本書第四篇第七章第二節之介紹）。[625]

㈡德國法

德國股份有限公司法規定公司有財務章程與組織章程。而在組織章程方面，股份法規定一公司之內部組織須有三機關，即股東會 (die Hautversammlung)、監事會 (der Aufsichtsrat) 及董事會 (der Vorstand)。[626]與其他國家一樣地，公司所有之功能乃屬股東會。但由於工會之折衝力在十九世紀末已萌芽，因此，德國國會在一九五一年五月二十一日制定鋼鐵與礦業產業企業之監事會及董事會須有勞工參與決定之法律，之後在一九七六年五月四日制定勞工參與決定法 (Mitbestimmungsgesetz) 將之擴大到其

---

[622] 江頭憲治郎，前揭書，頁 309–310。

[623] 江頭憲治郎，前揭書，頁 49–50（註 1）；吉本健一，前揭書，頁 6；王文宇，同前[75]，頁 49。

[624] 江頭憲治郎，前揭書，頁 310（註 5）。

[625] 江頭憲治郎，前揭書，頁 309–310；吳光明，前揭書，頁 26、28。

[626] Karsten Schmidt, a.a.O. (Fußnote 21), S. 781.

他產業之中大型企業。根據勞工參與決定法第一條第一項之規定，股份有限公司、股份兩合公司與有限公司原則上其受僱人超過兩千人者有本法之適用，但第二項規定，本法不適用於鋼鐵與礦業產業之企業。此一規定已落實到股份法第九五條以下以及有限公司法第五二條中。依據此些規定，監事會之成員除有由股東會選出之股東代表外，尚有由工會（包括該公司之受僱人所組成之工會之代表與產業工會之代表）所選出之勞工代表。成員除須屬自然人而有完全行為能力外尚須不可同時為同公司董事會之成員。此外，依股份法第一〇二條之規定，尚有最長五年為限之任期限制，但可連任。監事會再選出負責業務執行與代表之董事或董事會 (der Vorstand)，其乃由一人或數人自然人所組成。[627]可見，德國法之經營功能（業務執行）屬董事或董事會，而監事會有選任及解任董事會成員之權，公司業務執行之經常監督權，以及公司對董事會成員之法院內外訴訟或交易之代理權。[628]

㈢日本法

日本公司法從商法（公司法為其中之一部分）時代即受德國法之影響，這是因為民法之父梅謙次郎乃法語專長，並留學法國與德國，之後在東京大學從事民商法之教學。雖然協助日本制定一八九〇年舊商法之德國律師 (Hermann Rösler) 乃根據德國商法與法國商法中之公司法而草擬日本舊商法（Hermann Rösler 之草案，將監察人稱為取締役，[629]而現行日本公司法上之取締役則為我國法上之董事），但因民法乃參考法國法為主，所以產生民商法大辯論，最後由梅謙次郎違反另兩位委員之意見下堅持參考德國商法，使得日本商法受德國商法之影響較重，但因梅謙次郎與兩位支持參考法國法委員之影響，日本商法中仍有不少法國法之影響，例如股東會、董事（會）及監察人乃法國大革命三權分立之影響所生。日本法上之監察人

---

[627] Karsten Schmidt, a.a.O. (Fußnote 21), S. 781.

[628] Karsten Schmidt, a.a.O. (Fußnote 21), S. 819, 820.

[629] 河本一郎、川口恭弘，前揭書，頁35。

即應是仿自法國法。所有之功能雖由股東會（立法）扮演，經營功能由董事（會）扮演，而監督功能由監察人（監查役）扮演，而且與德國不同地，監察人（監查役）乃與董事相同地由股東會選任。此應是受法國法之影響。監察人（監查役）職司對董事（取締役）職務之全面性監查，並不以會計監察為限。然而，在昭和二十五年，因參考美國法新設董事會制度，希望由董事會來對董事長（稱代表取締役）之業務執行加以監督，因此，縮小監察人之功能而限於會計監察。[630]但由於董事會之監督機能未成功發揮，而且與金融商品取引法（證券交易法）所要求之公開發行公司之監察機制重疊之問題發生，因此，在昭和四十九年又對股份有限公司之監察機制作根本性之改變，包括對公司之監察人回復其對董事之執行業務之監督與會計之監察。[631]昭和五十六年又強化監察人之權限與獨立性，之後又數度變革使得日本現在之監察人制度與外國之制度比起來顯現其獨特性。[632]

根據現行日本公司法第三六二條第二項之規定，股份有限公司能以章程之規定設置董事會、會計參與、監察人、監察人會、會計監察人、監察等委員會或指名委員會。本條項賦與股份有限公司機關之選擇自由，[633]但公司法第三二七條第一項規定，公開公司、監察人會設置公司、監察等委員會設置公司及指名委員會等設置公司必須設置董事會。日本公司法第三二七條第二項又規定，設置董事會之公司（除有設置監察等委員會之公司及有設置指名委員會之公司外）須設置監察人，但不公開公司而有設置會計參與者除外。該條第三項規定，會計監察人設置公司（除有設置監察等委員會之公司及有設置指名委員會之公司外）須設置監察人。該條第四項規定，有設置監察等委員會之公司及有設置指名委員會之公司不得設置監察人。本條第四項之規定乃為避免監察任務之重疊。[634]

---

[630] 神田秀樹，前揭書，頁182。

[631] 神田秀樹，前揭書，頁184。

[632] 神田秀樹，前揭書，頁184、185。

[633] 伊藤塾著，伊藤真監修，会社法，弘文堂，東京，2016年2月，頁507。

三、國情有別

勞工是公司不可分之一部分，但其在英美公司法中卻被忽視。[635]在德國，較大之有限公司與股份有限公司設有監事會負責公司監理，成員由股東會與工會所選出。董事會成員由監事會選出且無獨立董事之制。可見德國公司法上員工之地位甚為重要，可直接選出監事會成員，間接選出董事會成員。日本法雖與德國法同重視公司債權人保障，但鑑於股東為風險資本 (risk capital) 之實質擁有者，因此，應由股東決定董監人事而不採德國之勞工共同決定制，因為其認為勞工議題應屬勞動法之層面。[636]

我國公司法受法國大革命三權分立及其公司法制之影響，在股份有限公司設有股東會、董事（會）與監察人。股東會與股東全體為所有者，而由董事會為業務執行（與代表）機構而監察人為監督者。在公司章程有規定時，董事會得選任經理人作為業務執行之輔助機關。[637]此在以中小企業為主的我國，股東會召集較容易，本無不當。然而，監察人與董事同為股東會所選任，常有三合一現象，監察制度不彰，常有利益輸送、賤賣公司資產等不法情事發生。因此，我國證券交易法仿美國立法例引進獨立董事與審計委員會及薪酬委員會等董事會內部之監督機制。[638]然而，由於獨立董事亦由股東會所選任，成效不佳，而且造成公開發行股票公司監察人與獨立董事或審計委員會並行之現象。

我國有極高比例之監察人並未實際深入去了解公司之業務與財務狀況，而設有獨立董事之公司獨立董事對議案之意見發表以及其意見被內部董事尊重之情況亦不佳，[639]而使監察人與獨立董事功能不彰，其問題乃因

---

[634] 伊藤塾著，伊藤真監修，前揭書，頁 508。

[635] Paul Davies, ibid., p. 10.

[636] 黑沼悅郎，前揭書，頁 14；龍田節、前田雅弘，前揭書，頁 170。

[637] 王文宇，同前[75]，頁 55。

[638] 吳光明，前揭書，頁 1 以下。

監察人與獨立董事之選舉方式所產生，因為監察人之產生多靠董事之支持，而且由大股東所聘請之獨立董事能否超然發揮其功能令人生疑。[640]監查人制度現在除東亞外，歐美已少有此一制度，而使甚多在日本之外國機構投資人不能理解之。[641]本書認為，應仿德國法制引進勞工代表，監督效能才能發揮，並兼顧勞工權益。

第四節　金融市場監督

金融市場對公司之監督包括證券市場之監督（例如公司經營權爭奪與企業併購）、證券交易所之監督、櫃買中心之監督與貸款市場（如信用評等）之監督，[642]例如英國的銀行對貸款公司之監督，並可根據浮動擔保權制度以接收人接管問題公司。一九八〇年代美國力倡市場監督，經營不善則企業被買收，股東出售其股份。[643]但時至今日，我國資本市場信用評等制度仍待加強，會計師簽證與證券主管機關及交易所之監督機能未能充分發揮，[644]而且，金融市場監督效率首重之資訊透明，在我國則尚有相當的進步空間。因此，仍相當仰賴公權力監督，而如前所述，主要之公權力監督體現於公司解散之事由中。

---

[639] 吳光明，前揭書，頁29。

[640] 吳光明，前揭書，頁31；王文宇，同前[459]，頁1、22、27；河本一郎、川口恭弘，前揭書，頁23。

[641] 黑沼悅郎，前揭書，頁21；高橋紀夫，前揭書，頁146。

[642] 賴英照，前揭書，頁164；龍田節、前田雅弘，前揭書，頁170。

[643] 川村正幸等三人合著，前揭書，頁36-37。

[644] 王文宇，同前[459]，頁1、26。

第八章　公司之解散與清算

第一節　解散與清算之關係

公司解散 (dissolution; Auflösung)，係導致公司法人格消滅之法律事實。[645]在大陸法系，解散之概念不及於清算 (liquidation; winding-up; Abwicklung)，而英國法上之解散則包括清算，美國有些州法則採前者，[646]解散後進行清算，有些州則採後者，清算後方解散。

我國採大陸法系之制度，因此，解散之公司除因合併、分割或破產者外，應行清算。公司解散若因破產，則依破產程序，無需清算；若因合併或分割，則權利義務被概括承受，亦無需清算。其他情形之解散，則須經清算以了結權利義務關係。此時，於清算範圍內，視為尚未解散。清算完結後，法人格始歸於消滅。[647]而且，依公司法第二六條之規定，解散之公司在清算時期中，得為了結現務及便利清算之目的，暫時經營業務。

解散、破產、重整與變更組織四者與公司法人格變動之關係為，重整與變更組織乃為公司再生，而解散與破產乃為使人格消滅。若公司明顯負債大於財產，則以破產程序為之，若明顯財產大於負債則以解散及清算為之，介於兩者之間而混沌不明者，在股份有限公司則可以以特別清算程序為之，此等制度將被詳述於各類型公司之清算規定之介紹中。

---

[645] 江頭憲治郎，前揭書，頁 989。

[646] 江頭憲治郎，前揭書，頁 989（註 1）。

[647] 經濟部 95.5.8 經商字第 09502067450 號函。

第二節　解散事由

壹、解散之類型

解散事由包括任意或意定解散（股東會決議）、法定解散（例如合併或破產）、主管機關命令解散與法院裁定解散四大類。

一、任意解散

任意解散（又稱意定解散）乃指公司基於自己意思解散。此乃指例如公司法第七一條第一項規定，無限公司有下列各款情事之一者解散：股東三分之二以上之同意。二〇一八年修正將無限公司之解散門檻由全體股東同意降為股東三分之二以上之同意。

二、法定解散

法定解散乃指基於法律規定而解散，因此，法定解散之原因例如股東人數不足、與其他公司合併、因分割而消滅、破產。

三、命令解散

㈠針對四類公司

根據二〇一八年所修正公司法第十條之規定，公司有下列情事之一者，主管機關得依職權或利害關係人之申請，命令解散之：一、公司設立登記後六個月尚未開始營業。但已辦妥延展登記者，不在此限。二、開始營業後自行停止營業六個月以上。但已辦妥停業登記者，不在此限。三、公司名稱經法院判決確定不得使用，公司於判決確定後六個月內尚未辦妥名稱變更登記，並經主管機關令其限期辦理仍未辦妥。四、未於第七條第一項所定期限內，檢送經會計師查核簽證之文件者。但於主管機關命令解散前已檢送者，不在此限。

㈡針對閉鎖性公司

公司法第三五六條之十三第三項規定，公司不符合第三五六條之一規定時（即股東人數超過五十人），應變更為非閉鎖性股份有限公司，並辦理變更登記。該條第四項進而規定，公司未依前項規定辦理變更登記者，主管機關得依第三八七條第五項規定責令限期改正並按次處罰；其情節重大者，主管機關得依職權命令解散之。

四、裁定解散

公司法第十一條第一項規定，公司之經營，有顯著困難或重大損害時，法院得據股東之聲請，於徵詢主管機關及目的事業中央主管機關意見，並通知公司提出答辯後，裁定解散。該條第二項又規定，前項聲請，在股份有限公司，應有繼續六個月以上持有已發行股份總數百分之十以上股份之股東提出之。

所謂公司之經營有顯著困難或重大損害時乃指例如有限公司股東意見不合無法繼續營業而卻未能同意解散時，可依本條聲請法院裁定解散。[648]又例如在股份有限公司兩派股東有表決權持股各百分之五十，而未能選出該公司之董事時。[649]

在四種公司中，人合公司（如無限公司與兩合公司）與股份有限公司應有不同之考量。例如無限公司乃為全體社員之利益而存在，因此，即使公司業務仍可運作，但多數派把持為不公正利己行為，使少數股東受不利益而未能有打開此結之方法時，即可能構成裁定解散理由。[650]但對閉鎖性股份有限公司而言，此制乃保護閉鎖性股份有限公司之少數股東的最後手段，但只要公司營業未生障礙，而只是多數股東不公平或利己之行為使少數股東受到不利益仍不足構成法院裁定解散之理由。[651]這是因為其與無限

---

[648] 經濟部57年4月26日商字第14942號函。

[649] 江頭憲治郎，前揭書，頁991。

[650] 伊藤塾著，伊藤真監修，前揭書，頁1193–1194。

公司及兩合公司不同地，股東有限責任而有維持公司財產價值或繼續企業價值之必要，[652]因此，其裁定解散需較嚴格以對。

貳、公司經中央主管機關撤銷或廢止登記者

我國最高法院八十一年第二次民庭決議指出，公司設立登記經主管機關撤銷者，亦為公司解散之原因。

公司登記經撤銷或廢止登記者，依據二〇一八年新修正之公司法第二六條之一之規定，公司經中央主管機關撤銷或廢止登記者，準用公司法第二四條到第二六條之規定。因此，同有應行清算，清算範圍內視為存續，以及得為了結現務及便利清算之目的而暫時經營業務之效力。

第三節　解散之防止

公司法基於企業維持之原則在解散事由之規定中常設有解散防止之規定。例如有關股份有限公司之解散規定，公司法第三一五條第二項即規定，前項第一款（章程所定解散事由）得經股東會議變更章程後，繼續經營；第四款（有記名股票之股東不滿二人）得增加有記名股東繼續經營。

第四節　解散之效力

公司解散後，尚須經清算程序，了結其法律關係，在清算範圍內，視為尚未解散，即在清算完結前，法人之人格於清算之範圍內仍然存續，必待清算完結（例如決算報告為股東會承認）後，公司之人格歸於消滅，[653]亦非尚待登記方消滅。清算之方法依公司類型而有差異，因此，擬介紹於

---

[651] 江頭憲治郎，前揭書，頁 991–992。

[652] 江頭憲治郎，前揭書，頁 992–993（註 4）。

[653] 江頭憲治郎，前揭書，頁 1009。

該公司類型之章節中，但四類公司之解散與清算則有以下之共同效力。

壹、法律人格受限制

公司法第二五條規定，解散之公司，於清算範圍內，視為尚未解散。解散後於清算程序中由清算人對外代表公司，對內執行職務，但解散後之業務以了結現務及便利清算範圍為限，而且，公司人格受有限制，只限於前述業務範圍內繼續存在。[654]但公司之意思機關如股東會與監察機關（如監察人）依然存在，不過，僅限於在清算範圍內方可行使其職權。[655]

貳、營業受限制

公司法第二六條規定，前條解散之公司在清算時期中，得為了結現務及便利清算之目的，暫時經營業務。清算中公司之法律性質，雖有人格消滅說、清算公司說與擬制說，但通說採同一體說（存續說），即清算範圍內仍有法人格，但權利能力限於清算範圍內，[656]因此，營業受有限制。

參、清算久未完結不能霸占公司名稱

依公司法第二六條之二之規定，經解散、撤銷或廢止登記之公司，自解散、撤銷或廢止登記之日起，逾十年未清算完結，或經宣告破產之公司，自破產登記之日起，逾十年未獲法院裁定破產終結者，其公司名稱得為他人申請核准使用，不受第十八條第一項規定之限制。但有正當理由，於期限屆滿前六個月內，報中央主管機關核准者，仍受第十八條第一項規定之限制。

---

[654] 柯芳枝，前揭書，頁66、70。

[655] 陳連順，前揭書，頁79；梁宇賢，同前[15]，頁201。

[656] 柯芳枝，前揭書，頁67；梁宇賢，同前[15]，頁196-197。

第五節　解散之登記

二〇〇一年修法為簡化工商登記，刪除公司法中甚多登記之規定而仿英美法授權主管機關訂定子法，因此，經濟部根據公司法第三八七條第一項規定（申請本法各項登記之期限、應檢附之文件與書表及其他相關事項之辦法，由中央主管機關定之）之授權訂有公司登記辦法，其中第四條有涉及公司之解散登記。又為維護交易安全，公司法第三九七條第一項規定，公司之解散，不向主管機關申請解散登記者，主管機關得依職權或據利害關係人申請，廢止其登記。該條第二項又規定主管機關對於前項之廢止，除命令解散或裁定解散外，應定三十日之期間，催告公司負責人聲明異議；逾期不為聲明或聲明理由不充分者，即廢止其登記。

最後，解散登記之效力與公司設立登記具有創設效力不同地，只是將已生效之事實加以公示之目的而已。[657]所以，公司法人格仍於清算完結時消滅，而非登記時才消滅，只是若未解散登記，依公司法第十二條之規定，未能以解散對抗第三人而已。

---

[657] 江頭憲治郎，前揭書，頁1009。

第三篇

無限、有限與兩合公司

第一章　概　述

無限、有限與兩合公司此三類公司有三點共同特徵，第一，其內部關係（指股東與公司間及股東彼此間）原則上委由公司以章程自治。第二，其機關之設立不似股份有限公司有強制性規律。第三，其表決權原則上乃一人一表決權。[658]所以日本公司（會社）法將其並稱為持份公司。

所謂內部關係乃指公司與股東間之關係以及股東相互間之關係。所謂外部關係乃指公司與第三人間之關係以及股東與第三人間之關係。內部關係原則上委由公司以章程自治，但對外關係攸關第三人之權益與交易安全，因此，其規範原則上較多屬強行規範而不允許以章程或契約或經股東同意而變更之。[659]

有限公司在我國實務上非常重要，但其規範卻相當簡略，而多準用無限公司之規定。根據公司法第一一三條第一項之規定，有限公司變更章程、合併及解散，應經股東表決權三分之二以上之同意。該條第二項又規定，除前項規定外，公司變更章程、合併、解散及清算，準用無限公司有關之規定。因此，無限公司在我國雖然僅有約十家，但其相關公司法之規定仍有被有限公司準用與類推適用之可能。

與有限公司乃例外（公司變更章程、合併、解散及清算）地準用無限公司之規定相對地，兩合公司乃原則上準用無限公司之規定，因此，以下將較詳細介紹無限公司之規定。

---

[658] 神田秀樹，前揭書，頁 319。

[659] 神田秀樹，前揭書，頁 319；鄭玉波，同前[13]，頁 57；賴源河（王志誠修訂），前揭書，頁 134。

第二章　無限公司

第一節　導　論

壹、無限公司之沿革

無限公司是中世紀後期文藝復興時北義大利，[660]家族成員繼承家族事業而於原有商號之前冠上全體或部分股東姓名而由各繼承人對事業之債務負連帶無限清償責任之事業體，因此，德文稱之為麵包共同體公司(Brotgemeinschaft)，而拉丁文稱之為兄弟公司 (societas fratrum)。後來，一般人雖非共同繼承人亦以此形式共同經營事業而沖淡其家族色彩並形成現代企業之一種型態，德國法著重其公開股東姓名及股東無限責任而稱為公開交易公司 (offene Handelsgesellschaft)。[661]英國法亦著眼於其股東之無限責任而稱為無限公司 (unlimited company)。[662]法國法強調其股東各須將姓名列於商號之上而稱為合名公司，而日本法受法國法影響而稱之為合名会社。[663]而且，日本法受法國法之影響而認為其有法律人格。[664]

當一國家尚無現代公司法時，其所成立之公司之股東未能享受有限責任之待遇（但英國之社團俱樂部可用章程讓會員享有限責任），因此，當時之公司多為無限公司。而一部現代公司法之制定可謂是一項重大基礎工程，

---

[660] Karsten Schmidt, a.a.O. (Fußnote 21), S. 1360.

[661] Karsten Schmidt, a.a.O. (Fußnote 21), S. 1355.

[662] Robert Pennington, ibid., pp. 1032–1039.

[663] 高橋紀夫，前揭書，頁 457；近藤光男，前揭書，頁 514；鄭玉波，同前[13]，頁 43。

[664] 賴源河（王志誠修訂），前揭書，頁 127。

例如日本涉澤榮一為鼓吹公司合資主義以殖產興業在一八七二年將其在法國所學到之公司法以「立社略則」方式發表成大藏省之範例，但日本第一部商法（含公司法）則遲至一八九三年才部分生效，因此，在一八七二年到商法生效間所創之日本企業多為無限公司之家族事業，而在二次大戰之前形成四大財閥（如三井等）。[665]

貳、無限公司之概念

無限公司乃指二人以上股東所組織，股東對公司債務負連帶無限清償責任之營利性社團法人。

一、無限公司是一社團法人

無限公司此一社團法人相當仰賴股東之個人債信而為典型之人合公司。其對內之關係具有濃厚合夥之色彩，因此，德國法雖認為其有權利能力，但並無法律人格，[666]我國與日本法法賦予其獨立法人格之目的並非在於使其與股東獨立，而在於使無限公司之對外關係上能更為明確或趨於單純，[667]或使其人格在國內能永久存續而不受股東存滅之影響。

二、無限公司須由兩人以上股東組成

無限公司之股東，應有二人以上，其中半數，應在國內有住所。在用語上，公司之成員被稱為社員，而僅有股份有限公司之成員可被稱為股東，[668]因為僅有股份有限公司有股份，但我國法皆稱之為股東。此一股東解釋上可為法人，[669]但我國一般皆認為僅限於自然人，[670]而且其不以成年

---

[665] 龍田節、前田雅弘，前揭書，頁10。

[666] Karsten Schmidt, a.a.O. (Fußnote 21), S. 182–184.

[667] 柯芳枝，前揭書，頁106、116；王文宇，同前[75]，頁236。

[668] 前田庸，前揭書，頁9；柴田和史，前揭書，頁2。

[669] Karsten Schmidt, a.a.O. (Fußnote 21), S. 1356.

人為限，限制行為能力人經其法定代理人同意亦可。[671]此一兩人以上股東為公司成立與存續要件。[672]因此，股東經變動而不足法定之最低人數時，原則上須被解散。

三、無限公司之股東皆負直接連帶無限清償責任

無限公司股董責任有直接責任與間接責任之別，以及無限責任與有限責任之別。直接責任乃指股東對公司之債權人亦負責任者，而間接責任，乃指股東僅對公司有出資之責，而對公司債權人並無直接責任者。[673]

無限公司為一元公司，全體股東責任皆一致，而且，由於其人合色彩，重視股東之信用與條件，不論股東出資額（採持份單一主義而各股東之持份未必均等[674]）多寡皆對公司債務負連帶無限清償責任。此乃無限公司之特性，所以不得以章程或契約改變之。[675]所謂連帶無限清償責任乃指公司債務人於其債權未能自公司獲得清償時，可向任一股東請求負全部之清償責任，而非僅就其出資比例負責。[676]因此，股東乃負直接之無限且連帶之責任，[677]但須公司無力清償時，所以，僅具補充性。

第二節　無限公司之設立

公司之設立需訂立章程、邀集股東、確定出資額、設置機關與申請設立登記等已詳述於公司法總則篇。在此僅介紹無限公司較特殊之處。無限

---

[670] 鄭玉波，同前[13]，頁 43；梁宇賢，同前[15]，頁 226。

[671] 王文宇，同前[75]，頁 236、237。

[672] 鄭玉波，同前[13]，頁 43。

[673] 前田庸，前揭書，頁 10。

[674] 三枝一雄、南保勝美、柿崎環、根本伸一，前揭書，頁 383。

[675] 梁宇賢，同前[15]，頁 226。

[676] 王文宇，同前[75]，頁 237；陳連順，前揭書，頁 10；梁宇賢，同前[15]，頁 227。

[677] 前田庸，前揭書，頁 10。

公司之設立僅有發起設立而無募集設立，因此，須由發起人訂立章程而且由於無限公司股東原則上為公司之業務執行、對外代表與監察機關，因此，其設置機關過程與章程訂立過程合一。

壹、無限公司之組織

無限公司股東應以全體之同意，訂立章程，簽名或蓋章，且章程須置於本公司，並由每人各執一份。須全體之同意，所以具有合夥之組織性格，但並無機關形成之強制，與股份有限公司有法定之機關者不同。[678]

貳、章程載明事項

無限公司之章程如本書公司法總則篇所言，有絕對必要記載事項、相對必要記載事項、任意記載事項，分述如下：

一、絕對必要記載事項

無限公司章程絕對必要記載事項依據公司法第四十一條第一項之規定，須記載股東姓名、住所或居所。此乃因無限公司之人合性強，重視股東個人信用，而股東間以彼此信賴為基礎，[679]資合公司如股份有限公司之章程即無此一要求。

二、相對必要記載事項

公司法中有總則章與無限公司章之若干規定，要求該等事項須記載於章程方生效力，例如公司法第十六條第一項規定，公司除依其他法律或公司章程規定得為保證者外，不得為任何保證人。又依公司法第十八條第二項之規定，公司所營事業如為許可業務，則應載明於章程。又依公司法第二九條第一項前段之規定，無限公司得依章程之規定置經理人。

---

[678] 前田庸，前揭書，頁 11–16。

[679] 廖大穎，前揭書，頁 17–18。

無限公司章之規定，例如公司法第九一條規定，無限公司賸餘財產之分派，除章程另有訂定外，依各股東分派盈餘或虧損後淨餘出資之比例定之。此一以章程另為訂定之比例亦為一相對必要記載事項，即不以章程為之者不生效力。

三、任意記載事項

只要不違反強行法或公序良俗，且與無限公司之性質不相違背之內部事項，公司皆可經股東全體之同意用章程記載其事項，此即任意記載事項。此包括無限公司之內部關係，依公司法第四二條之規定，除法律有規定者外，亦得以章程定之。

第三節　無限公司之內部關係

壹、內部關係與外部關係之區分

所謂內部關係乃指公司與股東間之關係，以及股東相互間之關係，而所謂外部關係乃指公司與第三人間之關係，以及股東與第三人間之關係。[680]

各國關於內部關係適用法規之原則有商法主義與章程主義兩種。前者以商法規定為主而章程為輔，而後者以章程為主，商法為輔。依我國公司法第四二條之規定，無限公司之內部關係，除法律有規定者外，得以章程定之。可見，我國乃採商法主義。[681]這應與我國無限公司亦有法律人格有關，若無法律人格則應與合夥無殊而可以契約規範一切。

之所以得以章程為之，乃是因為無限公司股東負連帶無限清償責任（究其實質具有濃厚之合夥性質，法人性質相對淡薄）已給公司債權人相當之

---

[680] 三枝一雄、南保勝美、柿崎環、根本伸一，前揭書，頁383；近藤光男，前揭書，頁514。

[681] 賴源河（王志誠修訂），前揭書，頁129。

保障，而內部關係側重股東間權利義務之處理，而其間以彼此之信賴為基礎，所以，允許除法律有規定者外由股東自律，以章程為之。[682]

貳、股東出資

股東地位之取得有原始取得與繼受取得。入股 (Eintritt) 乃股東地位之原始取得，[683]即入股人與公司訂立以產生股東關係之契約。[684]繼受取得乃此一契約地位藉由出資轉讓而取得，不屬於入股之概念所及。

出資有兩種立法例，即全額付進制與部分付進制，前者指股東須履行出資才能成為股東，日本及我國法採之。[685]後者，股東僅須繳一定比例，其餘可留待將來再繳款。

股東地位之原始取得伴隨股東之出資義務。出資義務不履行，公司除可依民法上債務不履行之方式辦理外，亦可決議加以除名。[686]這是因為出資義務乃股東基於股東地位而負之義務，不得與股東地位分離，亦不得以章程加以免除，[687]而依公司法第四一條第一項第四款之規定，須在章程中加以確定者。

公司法第四三條規定，無限公司之股東得以勞務或其他權利為出資，並須依照第四一條第一項第五款之規定辦理。舊規定原有以「信用」出資（例如由股東對公司所簽發之票據加以承兌背書或保證方式來出資）之規定，但此一規定已在二〇一八年修法時被刪除，其理由為信用界定不易，而且現行勞務或其他權利出資，已足敷股東使用。經修正後，無限公司股東仍得以用勞務出資，所謂勞務乃指用公司成立時與成立後之精神上或身

---

[682] 柯芳枝，前揭書，頁 100–101；王文宇，同前[75]，頁 239。

[683] 柯芳枝，前揭書，頁 127；鄭玉波，同前[13]，頁 62。

[684] 鄭玉波，同前[13]，頁 62；柯芳枝，前揭書，頁 127。

[685] 前田庸，前揭書，頁 11。

[686] 鄭玉波，同前[13]，頁 52。

[687] 柯芳枝，前揭書，頁 101、103。

體上之勞務做出資，例如以專門職業技能為公司服務，[688]此乃無限公司重視股東個人信用與條件之特徵所致，[689]而且無資本充實與資本不變原則之適用之緣故。[690]

參、變更章程

依公司法第四十七條之規定，無限公司變更章程，應得全體股東之同意。這是因為無限公司具濃厚個人色彩，而其股東對公司之債務負連帶無限清償責任，因此，章程之簽訂及變更皆需全體股東之同意而不能如有限公司採多數決。[691]而章程為公司之登記事項，因此，根據公司之登記辦法第四條之規定，公司應於變更章程後十五日內向主管機關申請為變更之登記。若未變更登記固不影響章程已變更之效力，但依據公司法第十二條之規定，不得以其變更對抗第三人。例如，新股東加入須先變更章程，所以，須全體股東之同意且作變更章程登記。

肆、無限公司之業務執行

公司之機關有自己機關與他人機關，前者乃指社員資格與機關資格合一者，若為分離者，則為第三人機關或稱他人機關。[692]

一、執行業務機關

業務執行乃執行公司業務，包括業務執行之意思決定，所以，多為對內之問題與代表公司乃對外代表者不同，不過代表公司行為從內部觀之亦為執行業務之一種，亦即，同一行為從內觀之為執行業務行為，從外觀之

---

[688] 柯芳枝，前揭書，頁102；鄭玉波，同前[13]，頁51。

[689] 柯芳枝，前揭書，頁101。

[690] 前田庸，前揭書，頁834。

[691] 柯芳枝，前揭書，頁111。

[692] 川村正幸等三人合著，前揭書，頁223。

則為代表公司之行為。[693]所以，代表公司之權限原則上以有業務執行權為前提，不過，有業務執行權者未必有代表權。[694]

因為無限公司是典型人合公司而採企業所有與企業經營合一原則，因此，每一股東原則上皆有對內之業務執行權與對外之代表權。[695]公司法第四十五條第一項遂規定，各股東均有執行業務之權利，而負其義務。但基於企業自主，章程中訂定由股東中之一人或數人執行業務者，從其訂定。可見，無限公司之業務執行權不可給社員以外之他人執行。[696]

二、執行業務方法

無限公司執行業務之方法由於屬內部關係，因此，乃依據公司法第四二條之規定，即除法律有規定者外，得以章程定之。當公司法無另為規定時，將視章程之規定。若章程規定由一人執行業務，則意思決定及意思執行皆由該人為之。若章程規定由數人執行業務或全體執行業務，則有關非通常事務（如向銀行辦理抵押或貸款）之意思決定，依公司法第四六條第一項之規定，股東之數人或全體執行業務時，關於業務之執行，取決於過半數之同意。至於意思決定後之實行，公司法無規定，除章程有規定外，解釋上各執行業務股東皆得單獨為之。[697]關於通常事務之意思決定與實行，公司法第四六條第二項規定，執行業務之股東，關於通常事務，各得單獨執行，但其餘執行業務之股東，有一人提出異議時，應即停止執行。通常事務多屬例行性，若仍須以多數決為之，則徒生困擾而且可能貽誤時機。不過，若有人提出異議而執行人仍不停止，則取決於執行業務股東之多數

---

[693] 神田秀樹，前揭書，頁322、223（註1）；吉本健一，前揭書，頁196；鄭玉波，同前[13]，頁52；柯芳枝，前揭書，頁104；三枝一雄、南保勝美、柿崎環、根本伸一、前揭書，頁199。

[694] 神田秀樹，前揭書，頁322；柯芳枝，前揭書，頁104。

[695] 柯芳枝，前揭書，頁104；王文宇，同前[75]，頁241。

[696] 川村正幸等三人合著，前揭書，頁224。

[697] 柯芳枝，前揭書，頁106。

決。[698]

三、執行業務之監察

依公司法第四八條之規定，不執行業務之股東，得隨時向執行業務之股東質詢公司營業情形，查閱財產文件、帳簿、表冊。依此規定不執行業務股東有質詢權與查閱權（稱為監察權或監視權），因為其雖不執行業務仍對公司債務負連帶無限清償責任。[699]

伍、執行業務股東與公司間之關係

一、性質歸屬

執行業務之股東與公司間之關係一般被認為是委任之關係，[700]而且，原則上是無償委任之關係，因此，公司法第四九條遂規定，執行業務之股東，非有特約，不得向公司請求報酬。若有特約則為有償委任。[701]

二、執行業務股東之義務

(一)受任人注意義務

由於執行業務股東與公司間是委任之關係，因此，公司法第五十二條（執行業務依據）第一項規定，股東執行業務，應依照法令、章程及股東之決定。第二項規定，違反前項規定，致公司受有損害者，對於公司應負賠償之責。有關此一義務之遵守，民法上無償委任之受任人僅負與處理自己之事務同一之注意義務，但因執行業務股東為公司法第八條第一項之公司負責人，因此，依公司法第二三條第一項之規定，其須對公司仍負較高

---

[698] 梁宇賢，同前[253]，頁 57。

[699] 柯芳枝，前揭書，頁 107；鄭玉波，同前[13]，頁 54；梁宇賢，同前[15]，頁 238、240。

[700] 柯芳枝，前揭書，頁 106；鄭玉波，同前[13]，頁 53。

[701] 鄭玉波，同前[13]，頁 54；王文宇，同前[75]，頁 242。

之善良管理人之注意義務。[702]

㈡競業禁止義務

執行業務股東熟悉公司內情，洞悉公司之營業上秘密，若允許其為自己或他人為與公司同類營業之行為，則難免產生利用該機密為自己牟利或損害公司之利益，公司法為避免此一利益衝突情況，與民法上受任人相同地，規定執行業務股東有競業禁止之限制，因此，公司法第五四條第二項遂規定，執行業務之股東，不得為自己或他人為與公司同類營業之行為。第三項規定執行業務之股東違反前項規定時，其他股東得以過半數之決議，將其為自己或他人所為行為之所得，作為公司之所得。但自所得產生後逾一年者，不在此限。此一權利稱為介入權 (Recht des Selbsteintritts) 或歸入權，[703]而且，執行業務股東此一義務由於具有忠實義務之性質，即使全體股東同意，亦不可被免除，因此，本條並未有例外排除此義務之規定。

所謂與公司同類營業，乃指公司章程所載而實際進行之業務或暫時中止之業務 ， 而且執行業務股東之行為須具商業性或營利性方有競業之可言。[704]但此一競業禁止義務僅存在於擔任執行業務股東期間，一旦離開執行業務股東職務，則不再受此義務之拘束。[705]

㈢款項繳還義務

依公司法第五三條之規定，股東代收公司款項，不於相當期間照繳或挪用公司款項者，應加算利息，一併償還；如公司受有損害，並應賠償。

---

[702] 王文宇、林國全，公司法，收錄於王文宇、林國全、王志誠、許忠信、汪信君，前揭書，頁 224。

[703] 王文宇，同前[75]，頁 242。

[704] 柯芳枝，前揭書，頁 109。

[705] 柯芳枝，前揭書，頁 109。

陸、信用關係與出資之轉讓限制

一、雙重無限責任之禁止

無限公司乃人合公司，股東間彼此之信賴關係濃，每一股東原則上皆有業務執行權，而且股東之個人財產為無限公司之總擔保，為免股東擔負雙重執行責任而分心，亦為避免股東擔負雙重無限連帶清償責任而對其他股東不利，[706]公司法第五四條第一項遂規定，股東非經其他股東全體之同意，不得為他公司之無限責任股東，或合夥事業之合夥人。股東有違反第五四條第一項規定者，根據公司法第六七條（決議除名）之規定，得經其他股東全體之同意，加以議決除名。

二、出資轉讓

㈠生效要件

出資轉讓乃股東以法律行為轉讓其因出資所取得之股東權，而包括全部轉讓與一部轉讓。由於無限公司之人合色彩，公司法第五十五條遂規定，股東非經其他股東全體之同意，不得以自己出資之全部或一部，轉讓於他人。此處所謂他人包括其他原有之股東在內，因為股東人數減少對其他股東亦不利。[707]

㈡對抗要件

轉讓時該他人若非原股東之一，則為新股東之加入，此時應適用股東加入之修改章程規定，若為原股東之一，亦須修改章程中之出資額。因此，要變更章程並根據公司登記辦法第四條第一項辦理變更登記，否則依公司法第十二條之規定，不能以轉讓對抗第三人。[708]

---

[706] 柯芳枝，前揭書，頁 107；王文宇，同前[75]，頁 243。

[707] 柯芳枝，前揭書，頁 134；王文宇，同前[75]，頁 249；梁宇賢，同前[15]，頁 239。

[708] 王文宇，同前[75]，頁 249；陳連順，前揭書，頁 108。

㈢兩年連帶責任

公司法第七十條（退股股東責任）第一項規定，退股股東應向主管機關申請登記，對於登記前公司之債務，於登記後二年內，仍負連帶無限責任。該條第二項規定，股東轉讓其出資者，準用前項之規定。

㈣設定質權

轉讓以外之處分例如設定質權亦類推適用轉讓之規定。質言之，股東出資之出質，依民法第九〇二條之規定，權利質權之設定除質權章有特別規定外應依其權利讓與之規定為之，而其讓與依公司法第五十五條之規定既需全部其他股東之同意，因此，質權之設定亦同。[709]

柒、股東之盈餘分派與虧損分擔

在無限公司所謂盈餘乃指資產負債表上之純財產額（積極財產扣除公司債務）超過股東之財產出資總額（勞務出資不計入）之數額；反之則為虧損。[710]無限公司股東之盈餘分派與虧損分擔，應根據章程所訂之分派比例或標準。若該分派比例或標準乃以股東之出資額（包括勞務出資）多寡訂其比例，則依已繳之出資額為準。[711]

依公司法第二十條第一項之規定，無限公司每屆會計年度終了，應將營業報告書、財務報表及盈餘分派或虧損撥補之議案，提請股東同意或股東常會承認。該條第二項規定，公司資本額達一定數額以上或未達一定數額而達一定規模者，其財務報表，應先經會計師查核簽證；其一定數額、規模及簽證之規則，由中央主管機關定之。

捌、股東之權利與義務

由上述可見，無限公司股東有業務執行權、異議權、意思決定權、代

---

[709] 鄭玉波，同前[13]，頁 57；梁宇賢，同前[15]，頁 241。

[710] 柯芳枝，前揭書，頁 96、112。

[711] 柯芳枝，前揭書，頁 112。

表權及監察權等共益權，以及盈餘分派請求權、執行業務股東之報酬請求權、出資轉讓權、退股權、出資返還請求權、剩餘財產分配請求權等自益權。

相對地，股東亦有出資義務及虧損分擔之義務。至於以勞務出資之股東有否分擔虧損之義務，有認為應類推適用民法第六七七條第三項規定，勞務出資合夥人除另有約定外不必分擔損失之約定者。[712]但亦有認為仍應依章程所訂或另定之分派比例分擔虧損較妥適合理者。[713]

第四節　無限公司之外部關係

所謂外部關係乃指公司與第三人間之關係以及股東與第三人間之關係。[714]對外關係攸關第三人之權益與交易安全，因此，其規範原則上係屬強行規範而不允許以章程或契約或股東同意變更之。[715]無限公司重視股東信用與個人條件，而且，股東對公司之債務皆負連帶無限清償責任，因此，會與第三人產生外部關係，此點與有限公司及股份有限公司之股東並不與第三人產生外部關係者不同。[716]

壹、公司之代表與限制

公司為一法人，需由自然人擔任其機關而代表公司為法律行為與事實行為。因為無限公司是典型人合公司而採企業所有與企業經營合一原則，因此，每一股東原則上皆有對內之業務執行權與對外之代表權。公司法第

---

[712] 鄭玉波，同前[13]，頁 57；賴源河（王志誠修訂），前揭書，頁 133。

[713] 柯芳枝，前揭書，頁 112。

[714] 王文宇、林國全，公司法，收錄於王文宇、林國全、王志誠、許忠信、汪信君，商事法，初版第 1 刷，元照，台北，2004 年 6 月，頁 226。

[715] 鄭玉波，同前[13]，頁 57；賴源河（王志誠修訂），前揭書，頁 134；三枝一雄、南保勝美、柿崎環、根本伸一，前揭書，頁 383。

[716] 柯芳枝，前揭書，頁 113；王文宇，同前[15]，頁 250。

五六條第一項遂規定，公司得以章程特定代表公司之股東；其未經特定者，各股東均得代表公司。該條第二項規定，公司法第四五條第二項之規定，於代表公司之股東準用之。當公司以章程特定一位代表公司之股東時，固由其代表，而當公司以章程特定代表公司之數位股東時（須自執行業務股東中特定之，因為代表公司亦是一種執行業務），除章程有規定共同代表外，每位股東皆有單獨代表之權。[717]這是基於原則上每一股東皆有對內之業務執行權與對外之代表權之原則。而且，此一代表權並非因選任而得，而是附屬於股東資格，因此，章程不得排除全體股東之代表權而選第三人為代表。[718]

又依公司法第五七條（代表權限）之規定，代表公司之股東，關於公司營業上一切事務，有辦理之權。而且，此一代表權原則上屬全權代表並無限制，但例外有兩種限制，[719]即特別附加之限制，例如要求各股東需共同代表之限制，以及利益衝突時之限制。前者依公司法第五八條（代表權之限制）之規定，公司對於股東代表權所加之限制（例如在章程中加以限制或以股東間協議加以限制），不得對抗善意第三人。後者，依公司法第五九條（雙方代表之禁止）之規定，代表公司之股東，如為自己或他人與公司為買賣、借貸或其他法律行為時，不得同時為公司之代表。但向公司清償債務時，不在此限。

貳、股東責任

一、一般股東責任

由於無限公司雖有獨立法人格，但乃以股東之債信取信於外界，因此，公司法第六〇條遂規定，公司資產不足清償債務時，由股東負連帶清償之

---

[717] 柯芳枝，前揭書，頁115；梁宇賢，同前[15]，頁247。

[718] 梁宇賢，同前[15]，頁247。

[719] 鄭玉波，同前[13]，頁58。

責。換言之債權人須先證明公司資產不足清償債務，方得向股東求償，亦即股東之責任具補充性（二次性）。[720]此時，由於債務人仍為公司，所以公司所得為之抗辯，股東亦得主張之。而所謂「公司資產不足清償債務」如何認定，則有債務超過說、請求無效說與執行無效說（例如用強制執行程序向公司求償而未獲滿足），本書採執行無效說，因為若採前兩說則無限公司便無破產之可能，亦無在第七一條第一項第六款規定破產為解散事由之必要了。[721]而且，其具從屬性，即公司對債權人可主張之事由股東亦可主張之。[722]

其次，所謂連帶乃股東間連帶而非股東與公司間之連帶，因為若為後者則股東不可要求先向公司求償了。[723]一股東清償公司債務後，在股東內部關係上依彼此之出資比例分攤之。又公司法第九六條規定，無限公司之股東之連帶無限責任，自解散登記後滿五年才消滅。

二、特殊股東責任

㈠新加入股東

新加入者對公司財務應有所了解，而且，加入後與其他股東享用公司財產，而加入前之債務本為公司之債務而非原股東之債務，因此，為提高信用，保障交易相對人，[724]依公司法第六一條（新股東責任）之規定，加入公司為股東者，對於未加入前公司已發生之債務，亦應負責。所謂加入包括原始取得股東地位之加入與繼受取得之加入。此規定乃為加強公司之信用。[725]

---

[720] 鄭玉波，同前[13]，頁 58；柯芳枝，前揭書，頁 117。

[721] 神田秀樹，前揭書，頁 321；柯芳枝，前揭書，頁 119–120；潘維大、范建得、羅美隆，前揭書，頁 272；賴源河（王志誠修訂），前揭書，頁 136；梁宇賢，同前[15]，頁 262。

[722] 神田秀樹，前揭書，頁 321。

[723] 鄭玉波，同前[13]，頁 59；賴源河（王志誠修訂），前揭書，頁 136。

[724] 柯芳枝，前揭書，頁 117；王文宇，同前[75]，頁 251。

㈡表見股東責任

公司法第六二條（表見股東責任）規定，非股東而有可以令人信其為股東之行為者，對於善意第三人，應負與股東同一之責任。此規定乃為維護交易安全。[726]

㈢退股股東責任

公司法第七〇條（退股股東責任）第一項規定，退股股東應向主管機關申請登記，對於登記前公司之債務，於登記後二年內，仍負連帶無限責任。該條第二項規定，股東轉讓其出資者，準用前項之規定。

㈣變更組織後股東責任

根據公司法第七八條之規定，股東依第七六條第一項或第七六條之一第一項之規定，改為有限責任時，其在公司變更組織前，公司之債務，於公司變更登記後二年內，仍負連帶無限責任。

㈤解散後股東責任

依公司法第九六條之規定，股東之連帶無限責任，自解散登記後滿五年才消滅。

參、資本維持原則

股份有限公司所謂資本確定、不變與維持三原則在無限公司由於股東對公司債務負連帶無限清償責任而較無必要，[727]但公司法為保障債權人仍有若干資本維持原則（公司存續中公司至少需經常維持相當於資本額之具體財產）之規定。[728]

---

[725] 鄭玉波，同前[13]，頁 60。

[726] 鄭玉波，同前[13]，頁 60。

[727] 柯芳枝，前揭書，頁 123。

[728] 梁宇賢，同前[253]，頁 63；賴源河（王志誠修訂），前揭書，頁 137。

一、盈餘分派之限制

公司法第六三條第一項規定，公司非彌補虧損後，不得分派盈餘。此乃無限公司之資本維持原則之規定，而且，無限公司違反此一規定乃違反強行規定，所以，該分配行為無效，股東應依不當得利之規定將盈餘返還於公司。[729]

二、債權抵銷之禁止

由於無限公司於股東人格外另有獨立之法律人格，[730]而且由於要維持公司之資本，[731]公司法第六四條遂規定，公司之債務人，不得以其債務與其對於股東之債權抵銷。

第五節　無限公司之退股

壹、退股之情況

退股 (Austritt) 乃指無限公司存續中特定股東絕對喪失其股東地位，至於股份轉讓所產生之相對喪失並不包括在內。[732]無限公司股東對公司債務負無限清償責任而有相當高之風險性，所以，應有讓其退出之機會，而且，股東與公司皆相當仰賴其他股東之個人條件，因此，在特定情況發生時更有將之除名之可能性。[733]因此，無限公司之退股有法定、章定與意定退股

---

[729] 柯芳枝，前揭書，頁 124；王文宇，同前[75]，頁 244、252。

[730] 鄭玉波，同前[13]，頁 61；柯芳枝，前揭書，頁 123；潘維大、范建得、羅美隆，前揭書，頁 273。

[731] 鄭玉波，同前[13]，頁 61；陳連順，前揭書，頁 107。

[732] 鄭玉波，同前[13]，頁 63；柯芳枝，前揭書，頁 128。

[733] 柯芳枝，前揭書，頁 128。

三種，而意定退股尚有主動與被動（被除名）退股兩種。

首先，法定與章定退股，依公司法第六六條第一項之規定，除前條規定外，股東有下列各款情事之一者退股：章程所定退股事由；死亡；破產；受監護或輔助宣告；除名；股東之出資，經法院強制執行者。

其次，意定主動退股，依據公司法第六五條（申請退股）第一項之規定，章程未定公司存續期限者，除關於退股另有訂定外，股東得於每會計年度終了時退股。但應於六個月前，以書面向公司聲明。該條第二項規定，股東有非可歸責於自己之重大事由時，不問公司定有存續期限與否，均得隨時退股。

意定被動退股，依據公司法第六七條（決議除名）之規定，股東有左列各款情事之一者，得經其他股東全體之同意議決除名。但非通知後不得對抗該股東：應出之資本不能照繳或屢催不繳者；違反第五四條第一項規定者；有不正當行為妨害公司之利益者；對於公司不盡重要之義務者。所謂得經其他股東全體之同意議決，解釋上乃指兩人以上股東之決議而不包括一人所為之除名決定。

擬制退股，依據公司法第七一條第一項之規定，公司有下列各款情事之一者解散：章程所定解散事由；公司所營事業已成就或不能成就；股東三分之二以上之同意；股東經變動而不足本法所定之最低人數；與他公司合併；破產；解散之命令或裁判。而該條第二項規定，前項第一款、第二款得經全體或一部股東之同意繼續經營，其不同意者視為退股。此一擬制退股所產生之法律效果如同上述之退股。

最後，公司法第七六條之一第一項規定，公司得經股東三分之二以上之同意變更章程，將其組織變更為有限公司或股份有限公司。該條第二項規定，前項情形，不同意之股東得以書面向公司聲明退股。本條修正理由指出，為利無限公司轉型，允許無限公司可經股東三分之二以上之同意變更章程將其組織變更為有限公司或股份有限公司，因此，增訂第一項。又無限公司股東如不同意變更組織者，得以書面向公司聲明退股，故增訂第二項。

貳、退股時股東之權利

無限公司又稱合名公司，常在公司名稱顯示股東姓名，因此，公司法第六八條規定，公司名稱中列有股東之姓或姓名者，該股東退股時，得請求停止使用。又公司法第六九條（退股決算）第一項規定，退股之股東與公司之結算，應以退股時公司財產之狀況為準。該條第二項規定，退股股東之出資，不問其種類，均得以現金抵還。該條第三項又規定，股東退股時，公司事務有未了結者，於了結後計算其損益，分派其盈虧。

參、退股應踐行之登記

根據公司法第四一條第一項之規定，有股東退股時，公司應變更章程且為變更章程之登記。

第六節　解散、合併、清算及變更章程之規定及其準用

根據公司法第一一三條第一項之規定，有限公司變更章程、合併及解散，應經股東表決權三分之二以上之同意。又根據公司法第一一三條第二項之規定，除前項規定外，公司變更章程、合併、解散及清算，準用無限公司有關之規定。因此，無限公司之解散、合併、變更章程及清算之規定更因有限公司之準用而益加重要。

有限公司之變更章程、合併、解散及清算，在一九六六年法（即一九八〇年修法之前）第一一三條乃規定，有限公司設有執行業務股東者準用無限公司有關之規定，其選有董事者準用股份有限公司之規定。一九八〇年修改公司法第一〇八條改採董事單軌制，而不再允許有限公司設執行業務股東，同年亦修改第一一三條而規定有限公司之變更章程、合併、解散及清算準用無限公司有關之規定。鑑於一九六六年法乃規定選有董事者準用股份有限公司之變更章程、合併、解散及清算規定，而且，有限公司有

資合色彩，而股東責任為間接有限責任與股份有限公司較接近，因此，為保障公司債權人，有學說認為有限公司之變更章程、合併、解散及清算，宜準用股份有限公司之規定而非無限公司之規定，[734]但現行法則仍準用無限公司之規定。所以，有限公司根據原第一一三條之規定，公司變更章程、合併、解散及清算，全部準用無限公司有關之規定。但二〇一八年修法後，因公司法第一一三條第一項已規定，公司變更章程、合併及解散，應經股東表決權三分之二以上之同意。可見在決定門檻上已不再準用無限公司有關之規定了，其他則仍準用無限公司之規定，而使我們須探討無限公司在此方面之規定。

壹、無限公司之解散

公司之解散與其後應行之清算之一般原理，已介紹於本書公司法總則篇，在此僅針對無限公司解散之特別規定進行介紹。無限公司之解散與變更組織在二〇一八年修法後皆不必全體股東同意，而僅需股東三分之二以上之同意，以利無限公司解散或變更組織。

公司法第七一條第一項規定，公司有下列各款情事之一者解散：一、章程所定解散事由。二、公司所營事業已成就或不能成就。三、股東三分之二以上之同意。四、股東經變動而不足本法所定之最低人數。五、與他公司合併。六、破產。七、解散之命令或裁判。該條第二項規定，前項第一款、第二款得經全體或一部股東之同意繼續經營，其不同意者視為退股。第一項第四款之場合得加入新股東繼續經營。第三項規定因前二項情形而繼續經營者，應變更章程。可見，降低無限公司解散之門檻，以應實際需要。

貳、無限公司之合併

公司之合併與其後果之一般原理，介紹於本書第六篇第四章企業之基

---

[734] 柯芳枝，前揭書，頁655。

礎變更篇，在此僅針對無限公司合併之特別規定進行介紹。

無限公司之合併決議，依公司法第七二條之規定，公司得以全體股東之同意，與他公司合併。所謂他公司乃限於無限公司。[735]其合併程序依據公司法第七三條第一項之規定，公司決議合併時，應即編造資產負債表及財產目錄。第二項規定公司為合併之決議後，應即向各債權人分別通知及公告，並指定三十日以上期限，聲明債權人得於期限內提出異議。又公司法第七四條規定，公司不為前條之通知及公告，或對於在指定期限內提出異議之債權人不為清償，或不提供相當擔保者，不得以其合併對抗債權人。亦即僅具對抗效力。最後，合併之效力，依公司法第七五條規定，因合併而消滅之公司，其權利義務，應由合併後存續或另立之公司承受。亦即合併具有概括承受之效力。

參、無限公司之變更組織

公司之變更組織與其後果之一般原理，介紹於本書企業之基礎變更篇，在此僅針對無限公司變更組織之特別規定進行介紹。無限公司章程之變更，依據公司法第四七條之規定，應得全體股東之同意，而變更組織要變更章程，因此，若無特別針對變更組織作規定，則變更組織便須有全體股東之同意而甚難。

一、變更為兩合公司

公司法第七六條第一項規定，公司得經全體股東之同意，以一部股東改為有限責任或另加入有限責任股東，變更其組織為兩合公司。該條第二項規定，前項規定，於第七一條第三項所規定繼續經營之公司準用之。

二、組織變更為有限公司或股份有限公司

公司法第七六條之一第一項規定，無限公司得經股東三分之二以上之

---

[735] 鄭玉波，同前[13]，頁68；賴源河（王志誠修訂），前揭書，頁141。

同意變更章程，將其組織變更為有限公司或股份有限公司。修正理由指出，此乃為利於無限公司轉型，允許無限公司可經股東三分之二以上之同意變更章程，將其組織變更為有限公司或股份有限公司。

為保障債權人，公司法第七七條規定，無限公司依前二條變更組織時，準用第七三條至第七五條之規定。又公司法第七八條規定，股東依第七六條第一項或第七六條之一第一項之規定，改為有限責任時，其在公司變更組織前，公司之債務，於公司變更登記後二年內，仍負連帶無限責任。

肆、無限公司之清算

公司清算之定義與效力已於公司法總則篇介紹，在此僅介紹無限公司清算之特別規定，即公司法第七九條到九七條之規定。依據公司法第三三四條之規定，公司法第八三條至第八六條、第八七條第三項、第四項、第八九條及第九〇條之有關無限公司之清算規定，於股份有限公司之清算準用之。這一準用規定使得我們更有必要進一步了解無限公司之清算規定。

一、清算人與其解任

公司法第七九條規定，公司之清算，以全體股東為清算人。但本法或章程另有規定或經股東決議，另選清算人者，不在此限。由股東全體清算時根據公司法第八〇條之規定，股東中有死亡者，清算事務由其繼承人行之；繼承人有數人時，應由繼承人互推一人行之。不能依第七九條規定定其清算人時，公司法第八一條授權法院得因利害關係人之聲請，選派清算人。公司法第八三條第一項規定，清算人應於就任後十五日內，將其姓名、住所或居所及就任日期，向法院聲報。

不論清算人如何產生，[736]根據公司法第八二條之規定，法院因利害關係人之聲請，認為必要時，得將清算人解任。但股東選任之清算人，亦得由股東過半數之同意，將其解任。公司法第八三條第二項規定，清算人之

---

[736] 鄭玉波，同前[13]，頁71；柯芳枝，前揭書，頁141；梁宇賢，同前[253]，頁71。

解任，應由股東於十五日內，向法院聲報。公司法第八三條第三項規定，清算人由法院選派時，應公告之；解任時亦同。

二、清算人職務

公司法第八四條第一項規定，清算人之職務如左：一、了結現務。二、收取債權、清償債務。三、分派盈餘或虧損。四、分派賸餘財產。第二項規定，清算人執行前項職務，有代表公司為訴訟上或訴訟外一切行為之權。但將公司營業包括資產負債轉讓於他人時，應得全體股東之同意。未到期之債權或附條件之債權為清算之必要得為讓與或做其他換價處分，而未到期之債務得拋棄其期限利益俾利清算。[737]

公司法第八七條第一項規定清算人就任後，應即檢查公司財產情形，造具資產負債表及財產目錄，送交各股東查閱。該條第五項規定，清算人遇有股東詢問時，應將清算情形隨時答覆。這是因為無限公司在清算期間股東仍有監察權。[738]

公司法第八八條規定，清算人就任後，應以公告方法，催告債權人報明債權，對於明知之債權人，並應分別通知。

公司法第八九條第一項規定，公司財產不足清償其債務時，清算人應即聲請宣告破產。該條第二項規定，清算人移交其事務於破產管理人時，職務即為終了。

三、清算人代表權與其限制

公司法第八五條第一項規定，清算人有數人時，得推定一人或數人代表公司，如未推定時，各有對於第三人代表公司之權。關於清算事務之執行，取決於過半數之同意。第二項規定推定代表公司之清算人，應準用第八三條第一項之規定向法院聲報。公司法第八六條規定，對於清算人代表

---

[737] 賴源河（王志誠修訂），前揭書，頁147。

[738] 王文宇，同前[75]，頁258。

權所加之限制，不得對抗善意第三人。

四、財產分派

公司法第九〇條第一項規定，清算人非清償公司債務後，不得將公司財產分派於各股東。有關賸餘財產之分派，公司法第九一條規定，除章程另有訂定外，依各股東分派盈餘或虧損後淨餘出資之比例定之。

五、清算人義務與責任

清算人與公司之關係，根據公司法第九七條之規定，除本法規定外，依民法關於委任之規定。因此，公司法第九五條遂規定，清算人應以善良管理人之注意處理職務，倘有怠忽而致公司發生損害時，應對公司負連帶賠償之責任；其有故意或重大過失時，並應對第三人負連帶賠償責任。

六、清算完結

所謂清算完結乃指公司於分派剩餘財產後清算即完結。[739]公司法第九二條規定清算人應於清算完結後十五日內，造具結算表冊，送交各股東，請求其承認，如股東不於一個月內提出異議，即視為承認。但清算人有不法行為時，不在此限。又公司法第九三條第一項規定，清算人應於清算完結，經送請股東承認後十五日內，向法院聲報。

---

[739] 賴源河（王志誠修訂），前揭書，頁 149。

第三章　有限公司

第一節　概　述

壹、有限公司之概念

公司法第二條規定，有限公司乃由一人以上股東所組織，股東就其出資額為限，對公司負其責任之公司。這一制度是我國受日本舊有限公司法之影響，採德國有限公司（德文稱為"die Gesellschaft mit beschraenkter Haftung"，而簡稱為"GmbH"）之制度。

英國法上較類似之公司稱為"private companies limited by shares"（但其有股份而與有限公司沒股份者仍有所差異）；美國之類似公司稱為有限責任公司(Limited Liability Company)；日本從二〇〇五年廢棄德式有限公司法而另創類似之公司稱為「合同会社」，其乃在二〇〇五年仿自美國之有限責任公司。[740]由於英美日之法制與我國及德國仍有所差距，因此，我國之有限公司研究應參考德國法為宜。

股東之責任乃一種量之有限責任而且僅對公司負責而不直接向公司債權人負責（間接責任），此點與股份有限公司之股東責任相同，但前者乃以其出資額為限，而與後者乃以所擁有股份為限不同。換言之，有限公司之資本並未分割成股份而僅有比例，而股份有限公司之資本則被分割成股份。

我國有限公司之股東人數曾為兩人以上十人以下（一九四六年法），兩人以上二十人以下（一九六六年法），五人以上二十一人以下（一九八〇年

---

[740] 高橋紀夫，前揭書，頁457；黑沼悅郎，前揭書，頁370；江頭憲治郎，前揭書，頁1、3。

法），都有人數之上限，但現行法在二〇〇一年已取消人數限制而僅要求一人以上之股東，即允許一人有限公司。我國現有約五十三萬多家。

可見其乃股東負間接有限責任有如股份有限公司，其設立程序與機關組織方面有如無限公司之簡易性，公示主義被緩和，由少數股東所組成之具閉鎖性或非公眾性（不得公開招募股東且股東地位移轉受限制）之公司。[741]有限公司之特徵為股東人數少，股權移轉受限制且未於公開市場交易，企業所有與經營結合，股東權益未依持份比例，公司運作規則較具彈性。因此，有認為有限公司為適合中小企業經營之具有人合公司與資合公司性質之中間公司，尤其是在股東間之內部關係（股東地位移轉受限制）偏向人合色彩，而在公司資本方面（如股東僅以出資為限對公司負責）偏重資合公司之色彩，[742]亦有人認為其乃資合公司而具有之非公開性與人合公司因素，[743]已詳述於第二篇第一章第二節，於茲不贅。

貳、有限公司之沿革

有限公司之法制乃以一八九二年有限責任德意志帝國公司法為嚆始，當時德國參考英國之私公司制度融合股份有限公司與無限公司而創，因盛極一時而受到各國如法國、西班牙、葡萄牙、奧地利、捷克、波蘭、中南美國家、日本等國之倣效，[744]例如日本在一九三八年（昭和十三年）制定有限會社法，但日本中小企業卻未必愛好之，而有不少中小企業採用股份有限公司型態，而且，日本二〇〇五年公司法已改以較小型公司為規範典範，組織簡單化且規制任意法增加，公司內部組織有種種類型可供選擇，因此，從二〇〇五年有限公司之實質已被併入股份有限公司而廢棄有限公

---

[741] 柯芳枝，前揭書，頁617；王文宇、林國全，公司法，收錄於王文宇、林國全、王志誠、許忠信、汪信君，前揭書，頁199。

[742] 柯芳枝，前揭書，頁615、620；王文宇，同前[75]，頁260。

[743] 鄭玉波，同前[13]，頁231。

[744] 龍田節、前田雅弘，前揭書，頁14。

司法，並於日本公司法中除創設合同公司（合同會社，全體股東皆為有限責任股東）外，亦於股份有限公司中允許以章程對全部股份做轉讓限制之公司次類型，讓中小企業作選擇，以享有如舊有限公司之章程自治。[745]英國公司法中承認一種私公司 (private company) 而其股東責任包括有限責任股東與無限責任股東，若一私公司之股東全為有限責任股東，則其與有限公司較雷同。美國對此一需求乃由州公司法中以閉鎖性公司專章為特別規定。[746]

我國於一九四〇年制定特種股份有限公司條例並在一九四六年將之納入公司法有限公司章中。

第二節　有限公司之組織設立與章程

壹、組織與設立

有限公司之設立須有人的要件、物的要件與設立行為要件。除本書第二篇總則篇公司設立之一般規範外，第一，人的要件，有限公司乃由一人以上股東所組成，而此一人可為自然人或法人。德國有限公司現亦允許一人有限公司 (die Einpersonen-GmbH)。[747]

第二，物的要件，即須有資本。有關有限公司之資本，公司法第一〇〇條規定，公司資本總額，應由股東全部繳足，不得分期繳款或向外招募。所以，有限公司僅有發起設立而無募集設立之情況。有限公司之出資額，立法例上有採如法國法及日本舊有限公司法之持份 (Anteil) 均一與複數主義與德國有限公司法之持份不均一主義與單一主義。[748]我國法採後者方式。

---

[745] 江頭憲治郎，前揭書，頁 4（註 6）；龍田節、前田雅弘，前揭書，頁 14。

[746] 龍田節、前田雅弘，前揭書，頁 14。

[747] Karsten Schmidt, a.a.O. (Fußnote 21), S. 1243 f.

[748] 江頭憲治郎，前揭書，頁 123（註 4）。

另外，有限公司有資本三原則之適用，但二〇〇九年修法刪去第一〇〇條第二項「有限公司最低資本額由中央主管機關以命令定之」之規定，而不再有最低資本額之要求了。有限公司之資本不得對外招募乃因有限公司具有非公眾性或閉鎖性所使然。[749]

第三，設立行為要件，公司法第九八條第二項規定，股東應以全體之同意訂立章程，簽名或蓋章，置於本公司，每人各執一份。由於有限公司之組織比股份有限公司簡單，因此，其章程之簽訂同時已確定股東及其出資額並在章程決定執行業務之股東與監察機關。

貳、章　程

一、絕對必要記載事項

公司法第一〇一條第一項規定，公司章程應載明下列事項：一、公司名稱。二、所營事業。三、股東姓名或名稱。四、資本總額及各股東出資額。五、盈餘及虧損分派比例或標準。六、本公司所在地。七、董事人數。八、定有解散事由者，其事由。九、訂立章程之年、月、日。在此須特別注意者為第三款股東姓名或名稱，此要求與無限公司章程同，而為股份有限公司章程所無，顯示出其重視股東身分與股東間信賴關係之人合關係。[750]又所謂「虧損分派比例或標準」與有限公司股東僅就出資額負間接有限責任之性質不合，[751]應被做限縮解釋為乃指公司清算後之虧損分派比例或標準。

二、相對必要記載事項

除公司法總則篇之規定（例如依公司法第二九條第一項以章程設經理

---

[749] 鄭玉波，同前[13]，頁 234；王文宇，同前[75]，頁 260。

[750] 廖大穎，前揭書，頁 589。

[751] 柯芳枝，前揭書，頁 623。

人及第三一條第一項以章程訂經理人職權）外，我國公司法有限公司章對章程中有如下之相對必要記載事項之規定。

公司法第一〇一條第一項第八款規定，公司章程應載明下列事項：定有解散事由者，其事由。

公司法第一〇二條第一項規定，每一股東不問出資多寡，均有一表決權。但得以章程訂定按出資多寡比例分配表決權。有關有限公司之決策依本條項之本文仍是依表決權計算而非依人數計算，只是若無另以章程訂定按出資多寡比例分配表決權時，原則上一人有一表決權而已。此一原則乃體現有限公司之人合色彩，例外以章程訂定按出資多寡比例分配表決權時則資合色彩浮現。[752]

依據公司法第一〇八條第一項之規定，有限公司得設董事長，其乃章訂任意機關。

公司法第一一二條第二項規定，除前項法定盈餘公積外，公司得以章程訂定，或經股東表決權三分之二以上之同意，另提特別盈餘公積。

最後，公司法第一一三條準用無限公司清算規定（第七九條但書）之結果，有限公司亦得以章程另訂清算人之人選。

三、任意記載事項

只要不違反強行法或公序良俗且與有限公司之本質不相違背之事項，公司皆可經股東全體之同意用章程記載其事項，此即任意記載事項。例如章程不得訂定股東對公司之債務負直接無限清償責任，否則即為違背有限公司之本質而無效。[753]

---

[752] 王文宇，同前[75]，頁264。

[753] 柯芳枝，前揭書，頁616、625。

第三節 有限公司之資本與股東

壹、資本制度

一、資本三原則

有限公司股東之責任乃是一種量的有限責任，而且僅對公司負責而不直接向公司債權人負責，即間接有限責任，因此，為保障公司交易相對人而有資本三原則之適用。[754]

㈠資本確定原則

依據公司法第一〇一條第一項之規定，有限公司須在章程中載明資本總額及各股東出資額。又公司法第一〇〇條規定，公司資本總額，應由股東全部繳足，不得分期繳款或向外招募。此為資本確定原則之落實規定。而且，有限公司未如股份有限公司，並不採行授權資本制。[755]

㈡資本維持原則

公司法第一一二條第一項規定，公司於彌補虧損完納一切稅捐後，分派盈餘時，應先提出百分之十為法定盈餘公積。但法定盈餘公積已達資本總額時，不在此限。此一規定為資本維持原則之落實規定。[756]

有關有限公司之資本維持，有限公司股東是否得根據第一一三條而準用公司法第四三條以「勞務或其他權利」出資之規定呢？本書認為，除公司法第一一三條第二項有明文規定準用之事項外，其他之無限公司規定僅

---

[754] 柯芳枝，前揭書，頁620；王文宇，同前[75]，頁262；陳連順，前揭書，頁118；黑沼悅郎，前揭書，頁375-376。

[755] 姚志明，前揭書，頁153；王文宇、林國全，公司法，收錄於王文宇、林國全、王志誠、許忠信、汪信君，前揭書，頁193。

[756] 姚志明，前揭書，頁153。

有在性質相類似之情況下才可能被類推適用。鑑於無限公司之人合色彩與有限公司在資本方面之資合色彩有相當之差異，[757]公司法第四三條以「勞務或其他權利」出資之規定應無被類推適用之空間。此由二〇一八年修法增加第九九條之一可以看出。根據該條之規定，股東之出資除現金外，得以對公司所有之貨幣債權、公司事業所需之財產或技術抵充之。其明定之項目並不包括「勞務」出資。

㈢資本不變原則

所謂資本不變原則原來乃指非經修改章程之程序不得變更公司之資本。此時，增資與減資時皆須修改章程。但資本不變原則與股份有限公司一樣，在二〇一八年修法之前已鬆動為，需經嚴格之法定程序方得為之，即有限公司依原公司法第一〇六條第四項之舊規定，減少其資本須經全體股東同意。但根據公司法第一〇六條第三項之現行規定，公司已得經股東表決權過半數之同意減資。此時，根據資本不變原則應修改章程方可。而修改章程時，依據公司法第一〇六條第四項之規定，前三項不同意之股東，對章程修正部分，視為同意。

二、已無最低資本額之要求

在二〇〇九年修法之前公司法第一〇〇條第二項對有限公司有最低資本額之要求而且授權中央主管機關以命令定之。在廢除最低資本額要求前主管機關對有限公司所定之最低資本額為新台幣五十萬元。公司設立時須有此一最低資本額或比之更多之資本記載於章程，而在設立後此一資本會漸漸轉型為公司資產而形成公司債信之基礎，只要公司資產大於負債則公司可繼續經營。大陸法系以此方法保障交易安全。但二〇〇九年修法受到英美法（個人主義下與公司交易者需自行查證公司債信而自負盈虧）之影響，為有助於公司快速成立只要公司有足敷公司設立時之開辦成本即允許其設立。然而，若有限公司所經營之事業其目的事業主管機關有最低資本

---

[757] 鄭玉波，同前[13]，頁234。

額之要求，例如保險或證券等許可行業，則仍需滿足該要求公司方可成立。

三、股東之出資責任與揭穿面紗原則之適用

依據公司法第九九條第一項之規定，各股東對於公司之責任，除公司法第九九條第二項規定外，以其出資額為限。

為防免股東利用公司獨立人格及股東有限責任規避其應負之責，有限公司亦應有公司揭穿面紗原則之適用。二〇一八年遂修正條文第九九條。公司法第九九條第二項規定，股東濫用公司之法人地位，致公司負擔特定債務且清償顯有困難，其情節重大而有必要者，該股東應負清償之責。增訂公司法第九九條第二項之理由為本法於二〇一三年一月三十日（因時任總召許忠信立委提案）引進「揭穿公司面紗原則」(Piercing the Corporate Veil)，明定於第一五四條第二項，惟僅適用於股份有限公司。按「揭穿公司面紗原則」之目的，在防免股東利用公司之獨立人格及股東有限責任而規避其應負之責任。考量與股份有限公司股東同屬負有限責任之有限公司股東，亦有利用公司之獨立人格及股東有限責任而規避其應負責任之可能，故一併納入規範，以資周延。實務上有限公司還比股份有限公司有濫用公司法人格與有限責任之問題。[758]在廢棄最低資本額制度後更有在一定情況下否認公司法人格之必要。[759]

貳、股東權、股東名簿與新股東之加入

一、股東權與表決權

股東權有自益權及共益權，已如本書第二篇公司法總則篇所述，於茲不贅，且亦有股東平等原則之適用，只是股東平等原則在自益權及共益權

---

[758] 杜怡靜，有限公司，收錄於方嘉麟主編，變動中的公司法制，初版，元照，台北，2019年1月，頁377。

[759] 前田庸，前揭書，頁21。

方面有限公司與股份有限公司不甚相同。

有關表決權，公司法第一〇二條第一項規定，每一股東不問出資多寡，均有一表決權。但得以章程訂定按出資多寡比例分配表決權。所謂「每一股東不問出資多寡，均有一表決權」顯示有限公司之人合色彩稱為「股東平等原則」，而「得以章程訂定按出資多寡比例分配表決權」乃使之偏向資合色彩，此一股東平等原則與股份有限公司之股東平等原則實為「股份平等原則」者略有不同。[760]這是因為有限公司並無如股份有限公司之股東平等原則，因此，公司章程在此方面有章程自治原則之適用。[761]

有關盈餘分派請求權，依據公司法第一一〇條第三項準用公司法第二三五條之規定，即「股息及紅利之分派，除本法另有規定外，以各股東持有股份之比例為準」。而此所謂「除本法另有規定外」乃包括公司法第一〇一條第一項所規定之有限公司章程應載明盈餘分派比例或標準之規定。因此，有限公司之盈餘分派，除章程另有規定外，以各股東出資額之比例為準。

二、股東名簿

由於有限公司之閉鎖性而且由於股東僅負間接有限清償責任，公司法並未如股份有限公司般在公司法第二一〇條第二項規定，前項章程及簿冊，股份有限公司股東及公司之債權人得檢具利害關係證明文件，指定範圍，隨時請求查閱、抄錄或複製；其備置於股務代理機構者，公司應令股務代理機構提供。因此，有限公司之股東及債權人不得檢具利害關係證明文件請求查閱、抄錄或複製股東名簿。

三、股單已被廢棄

股單並非有價證券，已遭廢棄。公司法原第一〇四條第一項規定，公

---

[760] 柯芳枝，前揭書，頁640；王文宇，同前[75]，頁268。

[761] 江頭憲治郎，前揭書，頁135（註10）。

司設立登記後，應發給股單。然而，股單僅為一種股東出資憑證（僅為一證據）並非有價證券，[762]因為股東權非因股單做成而生，股權轉讓亦不能單憑股單為之，股單本身亦不得依背書而轉讓，而且股東權之行使亦不必提示股單。[763]二〇一八年修正將股單規定刪除，因為其並非有價證券，「股單之轉讓」亦不等同於「股東出資之轉讓」。

四、新股東加入

二〇一八年修正公司法降低新股東加入之同意門檻為股東表決權過半數之同意。新股東之加入與參與公司設立而取得股東地位皆屬原始取得，而與繼承、公司合併及出資額之受讓乃繼受取得股東地位者不同。有限公司並無退股或除名之制度，當一股東之出資之轉讓達到其出資之全部時，受讓人繼受取得股東資格而出讓人乃相對喪失股東資格，而此與公司消滅時之股東資格之絕對喪失不同。

參、股東出資之轉讓

由於有限公司兼具人合色彩而著重股東間之信賴，因此，出資之轉讓（有償與無償）與新股東之加入皆需原股東之同意作為生效要件以維持公司運作之和諧。惟出資之轉讓即使在轉讓雙方生效，尚需對公司有效之對抗要件之滿足。

一、出資轉讓之生效要件

有限公司股東人數本有二十一人之上限而使其具有閉鎖性以維持股東間相互信賴之密切關係。為維持此一閉鎖性舊公司法第一一一條第一項規定股東非得其他全體股東過半數之同意，不得以其出資之全部或一部，轉讓於他人。舊公司法第一一一條第三項規定，有限公司董事轉讓其出資，

---

[762] 梁宇賢，同前[253]，頁80。

[763] 鄭玉波，同前[13]，頁235；柯芳枝，前揭書，頁631。

須經其他全體股東同意。表決時依人數計算而非依表決權計算以及董事轉讓出資須經其他全體股東同意皆顯示公司之閉鎖性。此一規定為出資轉讓之生效要件。

有限公司無退股制度，[764]舊法又不允許減資，股東在公司存續中要收回投資僅有出資轉讓一途，此時為維持其閉鎖性，公司法第一一一條第三項規定，前二項轉讓，不同意之股東有優先受讓權，如不承受，視為同意轉讓，並同意修改章程有關股東及其出資額事項。此一規定乃因股東姓名與出資額為章程絕對必載事項，為避免同意轉讓卻不同意修改章程（舊法要求需全體股東同意），故在一九八〇年增訂此一擬制規定。

㈠二〇一八年新規定

二〇一八年修正公司法第一一一條，因此，有限公司股東出資之轉讓只需得股東表決權過半數同意，董事則需股東表決權三分之二以上同意。公司法第一一一條第三項規定，出資轉讓，不同意之股東有優先受讓權；如不承受，視為同意轉讓，並同意修改章程有關股東及其出資額事項。此一規定乃是因為股東姓名與出資額為章程絕對必要記載事項，而出資轉讓勢必更動章程中股東姓名與出資額，但變更章程需股東表決權三分之二以上之同意，高於股東轉讓出資所需之股東表決權過半數之同意，所以需有此一視為同意之規定。

公司法第一一一條第四項規定，法院依強制執行程序，將股東之出資轉讓於他人時，應通知公司及其他股東，於二十日內指定受讓人。此一指定受讓人規定顯示出有限公司之閉鎖性。

㈡公司法第一百十一條第一項與第三項之「他人」是否包括原股東？

公司法第一一一條第一項規定，股東非得其他股東表決權過半數之同意，不得以其出資之全部或一部，轉讓於他人。此規定乃因有限公司亦重視股東之個人條件而亦具有人合公司之性質使然。[765]此一「他人」倘為有

---

[764] 賴源河（王志誠修訂），前揭書，頁163；陳連順，前揭書，頁126。

限公司之股東，是否仍有關於同意之限制呢？林國全教授認為該「他人」，解釋上應係指該轉讓出資股東以外之人，蓋股東將出資轉讓與公司內部之股東，同樣可能產生公司權力結構之變動，基於同樣維持公司內部和諧與信賴的觀點，不應區分轉讓相對人是否為股東而有異。[766]然而柯芳枝等多數說認為，依本條之立法意旨，受讓人既已為原股東則不礙股東間之信賴關係亦不妨公司之閉鎖性及不公開性，應無加以限制之必要。[767]本書認為多數說見解較可採，因為股東彼此間之信任關係不變，而且例外之解釋應從嚴。

㈢出資轉讓之時間限制

有限公司之出資轉讓在二〇一八年修正前之公司法第一〇四條第二項明文準用公司法第一六三條第一項但書之結果，非於有限公司設立登記後不得轉讓，但公司法第一〇四條已在該次修法中被全部刪除，但解釋上仍應類推適用相同規定而達到相同結果。否則，有限公司之出資額於公司設立登記前即可轉讓，而亦可對設立中之有限公司主張，又無憑據，恐增加設立中公司設立之複雜性。

二、出資轉讓之對抗要件

㈠廢股單制度後出資轉讓對公司如何生效

原公司法第一〇四條第二項規定，第一六二條第二項、第一六三條第一項但書、第一六五條之規定，於前項股單準用之。而公司法第一六五條第一項乃規定股份之轉讓，非將受讓人之姓名或名稱及住所或居所，記載於公司股東名簿，不得以其轉讓對抗公司。因此，廢除股單制度而刪除第一〇四條後仍應認為有限公司出資之轉讓，非將受讓人之姓名或名稱及住

---

[765] 鄭玉波，同前[13]，頁 234。

[766] 王文宇、林國全，公司法，收錄於王文宇、林國全、王志誠、許忠信、汪信君，前揭書，頁 199。

[767] 柯芳枝，前揭書，頁 634；王文宇，同前[75]，頁 271。

所或居所，記載於公司股東名簿，不得以其轉讓對抗公司。[768]此一規定為出資轉讓之對抗公司之要件，解釋上應可類推適用公司法第一六五條第一項之規定。[769]

㈡對第三人生效

第三人有可能對有限公司之出資加以強制執行，此時其需依賴章程中股東姓名與出資額之登記，因此，出資轉讓即使在當事人間已生效，尚必須根據公司登記辦法第四條之規定於轉讓後十五日內為章程之變更登記，否則依公司法第十二條之規定不得以其轉讓對抗第三人。[770]

三、出資之設質

有限公司股東之出資具有財產價值又可轉讓，而其轉讓固受限制，但財產價值之出質尚未達轉讓之可能影響閉鎖性，因此，可成為質權之標的，性質上屬於權利質權。[771]由於公司法未做特別規定，因此適用民法權利質權之規定。

雖出質股東仍具股東身分，尚未影響到公司閉鎖性，所以，出質不必經其他股東之同意，[772]但對抗要件上則須將質權人姓名及住居所記載於股東名簿方能以其設質對抗公司。[773]

此時股東權中之共益權如表決權仍由原股東行使，至於自益權如盈餘分派請求權乃出資所生之法定孳息，故屬於質權人（民法第八九九與九〇

---

[768] 陳連順，前揭書，頁124；杜怡靜，前揭文，頁379。

[769] 姚志明，前揭書，頁167。

[770] 王文宇、林國全，公司法，收錄於王文宇、林國全、王志誠、許忠信、汪信君，前揭書，頁201；王文宇，同前[75]，頁272；陳連順，前揭書，頁124。

[771] 王文宇、林國全，公司法，收錄於王文宇、林國全、王志誠、許忠信、汪信君，前揭書，頁201。

[772] 王文宇，同前[75]，頁273。

[773] 王文宇、林國全，公司法，收錄於王文宇、林國全、王志誠、許忠信、汪信君，前揭書，頁201。

一條參照），而剩餘財產分配請求權，質權人基於物上代位之原理亦享有之（民法第八九九條與第九〇一條參照）。

四、出資之拋棄

有限公司之出資額拋棄，公司法並未作規範，我國有實務見解認為其與出資之轉讓類似，而應類推適用出資轉讓之規定，亦即須獲其他股東全體表決權過半之同意。[774]本書認為由於有限公司並無股份，而僅有出資額比例，因此，一人拋棄等於對公司之無償轉讓出資額，所以不必得其他股東全體表決權過半之同意。

五、出資之繼承或遺贈

股東死亡出資額被繼承或遺贈時是否有轉讓之限制之適用，有學者認為若繼承人或被遺贈人亦為股東，則由於閉鎖性與股東之信任關係未受影響，固可認為不適用轉讓限制之規定，若其並非股東則仍應「類推適用」上開規定。[775]本書原則上同意此一見解，但在繼承人與被遺贈人乃非股東時應「適用」該規定，因為該規定乃針對轉讓之物權行為而作規定，至於轉讓之發生原因是買賣，贈與或遺贈則未被做限定。

肆、增減資與修改章程

有限公司資本總額為章程絕對必要記載事項，因此，增減資勢必變更章程，而根據公司法第一一三條第一項之規定，有限公司變更章程應經股東表決權三分之二以上之同意。此一門檻甚高，為方便增減資而本法有所變動。

---

[774] 台灣高等法院100年度上字第309號民事判決。

[775] 杜怡靜，前揭文，頁378。

一、增　資

為使有限公司減少運作之僵局，有限公司增資僅需股東表決權數過半數之同意即可增資，且增資時過半股東表決權數同意則可由新股東參加，公司法第一〇六條第一項遂規定，公司增資，應經股東表決權過半數之同意。但股東雖同意增資，仍無按原出資數比例出資之義務。該條第二項又規定，有前項但書情形時，得經股東表決權過半數之同意，由新股東參加。

二、減　資

(一)允許與否

減資，有限公司因資本較少在二〇〇一年之前為保護債權人原本規定不可減資，以維持公司資本之穩固，但公司資本額大小乃公司自治事項且交易相對人亦應自我徵信自負盈虧，二〇〇一年修法允許其經全體股東同意而減資，二〇一八年修正公司法第一〇六條由原本之全體同意降至股東表決權數過半之同意即可為之，[776]以免少數人可決定公司之經營方向。

又公司法第一〇六條第四項規定，前三項不同意之股東，對章程修正部分，視為同意。這是因為資本總額為章程絕對必要記載事項，而增減資勢必更動章程，但變更章程如上所述需股東表決權三分之二以上之同意，高於增減資所需之股東表決權過半數之同意，所以需有此一視為同意之規定。

(二)減資之方式

至於減資方式須否依出資比例為之，經濟部舊函釋認為本條並未做明文要求，[777]因此，有學說認為似可類推適用股份有限公司之規定依比例減少，[778]但亦有見解認為，由於有限公司之增資寓有新股東加入之同樣道理，

---

[776] 王文宇，同前[75]，頁291。

[777] 經濟部民國90年12月26日經商字第09002270310號函。

[778] 杜怡靜，前揭文，頁386。

減資亦相對寓有股東退出之可能，因為有限公司不僅增資不採股份有限公司之原股東依持股比例儘先分認之方法，而有限公司之減資亦未有股份有限公司之依所持股份比例減少之規定，因此，相關公司股東同意減資時，如以「特定股東之退股」作為減資方式，亦不足為奇的。[779]根據有限公司尚存之人合色彩，重視股東間之信賴關係，而非採股份有限公司之資本多數決，後一見解應較足採。因此，有學說認為，解釋上得依經股東表決權過半數之同意之方式進行減資，例如將不配合而長期影響公司經營之股東之出資額以減資方式加以全數退還。[780]但經濟部一〇九年一月八日經商字第10902400360號函釋認為，為避免對特定股東不公平，若不依出資比例之減資，則須全體股東同意方得為之。

㈢減資之公告

公司法第一〇七條第三項規定，公司法第七三條及第七四條之規定，於減少資本準用之。本規定乃在二〇一八年增訂，其修正理由為有限公司為減資之決議後，須否向各債權人分別通知及公告，尚無明文規定，為杜疑義，故參考公司法第二八一條有關股份有限公司減資之規定，而予以明定以資周延。

伍、有限公司之機關

有限公司之業務執行機關在一九八〇年修改公司法第一〇八條改採董事單軌制，而不再允許有限公司設執行業務股東。雖然一九七〇年舊法第一〇八條第二項乃規定選有董事者準用股份有限公司之規定而採雙軌制，但一九八〇年修改該條改採董事單軌制後，不再準用股份有限公司之相關規定，而是第四項規定「第三十條、第四十六條、第四十九條至第五十三條、第五十四條第三項、第五十七條至第五十九條、第二百零八條第三項、

---

[779] 廖大穎，前揭書，頁602-603。

[780] 陳連順，股東經營權大戰勝出秘笈，巴菲特會計師聯誼會講習講義，2019年8月14日，頁4。

第二百零八條之一及第二百十一條第一項及第二項之規定，於董事準用之」，可見在組織上乃主要準用無限公司之規定，以增加有限公司機關設置之彈性。

有限公司之設計乃為避免股份有限公司之嚴密設計而易於成立與運作，因此董事即使有數人亦無強制董事會之設置，全體股東亦無股東會之設置（一九八〇年修正理由明白提及廢除股東會之組織），所以，有限公司之意思機關為「全體股東」，業務執行機關為董事，而監督機關為未擔任董事之股東。[781]代表機關為董事或董事長，而董事長為章定任意機關且需董事有數人時，方得以章程置董事長一人。[782]

一、意思機關

由於有限公司之意思機關為「全體股東」而無需設股東會，因此，公司法規定須經股東同意之事項，無需以會議之方式為之，而可採用書面個別逐次簽名進行表決等任何足以表達股東意思之方式為之。[783]

公司法就股東同意之標準有五種程度要求，即㈠「全體股東同意」如公司法第九八條第二項規定有限公司股東應以全體之同意訂立章程。㈡「經股東表決權三分之二以上之同意」如公司法第一〇八條第一項規定，公司應經股東表決權三分之二以上之同意，就有行為能力之股東中選任董事。㈢「其他股東表決權三分之二以上之同意」如董事依公司法第一一一條第二項規定，董事非得其他股東表決權三分之二以上之同意，不得以其出資之全部或一部，轉讓於他人。㈣「經股東表決權過半數之同意」如公司法第一〇六條第一項規定，公司增資，應經股東表決權過半數之同意。㈤「其他股東表決權過半數之同意」如公司法第一一一條第一項規定，股東非得其他股東表決權過半數之同意，不得以其出資之全部或一部，轉讓於他人。

---

[781] 賴源河（王志誠修訂），前揭書，頁156-157。

[782] 柯芳枝，前揭書，頁649；王文宇，同前[75]，頁285。

[783] 柯芳枝，前揭書，頁638；王文宇，同前[75]，頁274；陳連順，前揭書，頁133。

二、業務執行機關

有限公司之業務執行機關已改採董事單軌制，因此，有限公司之董事乃法定必備常設之業務執行機關，而董事長乃章程定任意常設之業務執行機關。

㈠董事之人數與選任

公司法第一〇八條第一項規定，公司應至少置董事一人執行業務並代表公司，最多置董事三人，應經股東表決權三分之二以上之同意，就有行為能力之股東中選任之。董事有數人時，得以章程置董事長一人，對外代表公司；董事長應經董事過半數之同意互選之。此一「應經股東表決權三分之二以上之同意」乃因公司法第一〇二條第一項在二〇一八年被修正，有限公司股東之同意權係以表決權為準，而不再以人數計算，故同作修正。

㈡董事之資格

與德國有限公司之業務執行機關可為外部機關不同地，我國有限公司董事需具有股東資格，而且自然人股東需具行為能力。當股東為政府或法人時，需指定自然人代表行使職務。另外，因公司法第一〇八條第四項對公司法第三〇條之準用，所以，董事亦有該消極資格之限制。

㈢董事之登記

董事人數為章程絕對必載事項。又依原公司法第一〇八條第一項之規定，董事有數人時，得以章程特定一人為董事長，但考量實務上有公司誤認須於章程中載明董事長之姓名，致董事長變更時即須進行修正章程之程序，而徒增困擾，故修正為「得以章程置董事長一人」。換言之，章程僅需載明置董事長一人，毋庸載明董事長姓名。依此，董事長（乃執行業務或代表公司之股東）及董事姓名雖不必載於章程，但其乃公司法第三九三條第二項主管機關應公開之事項，因此，董事或董事長有變更時依公司登記辦法第四條第一項之規定須申請變更登記，否則依公司法第十二條之規定不得以其事項對抗第三人。[784]

㈣董事之任期

公司法第一〇八條第四項規定，第四六條、第四九條至第五三條、第五四條第三項、第五七條至第五九條等無限公司之規定，於董事準用之。

由於有限公司董事係準用公司法第四六條、第四九條至第五三條、第五四條第三項等無限公司之執行業務股東之規定，因此，董事並無任期之限制，但公司如於章程中訂明任期者則屬任意記載事項，依章程規定辦理之。[785]由於公司法第一〇八條第四項準用第五一條規定之結果，公司章程訂明專由一名或數名董事執行業務者，該董事不得無故辭職，其他股東亦不得無故使其退職。此一準用規定之反面解釋結果，若有正當理由（即非無故）則全體股東得以股東表決權三分之二以上之同意使其退職。[786]

董事與公司間乃民法委任關係，因此，除任期屆滿（章程所訂或同意改選）與民法第五五〇條所規定之死亡破產喪失行為能力與公司法第三〇條之失格解任外，由於公司法第一〇八條第四項準用第五一條規定之結果，公司章程訂明專由一名或數名董事執行業務者，該董事不得無故辭職，其他股東亦不得無故使其退職。此點與民法第五四九條第一項允許委任雙方得隨時終止委任者不同，蓋既以章程承擔公司業務執行之重任，則不得任意推卸此一重責大任。

㈤董事之權限

1.未以章程置董事長時之業務執行與代表

有限公司之業務執行權，依前述規定，當有限公司有二至三位董事而已選任董事長時，對內之業務執行與執行方法，由該董事長為之。若未選任董事長時，根據公司法第一〇八條第四項準用第四六條之結果，業務執行方法應區分通常事務與非通常事務兩種情形。通常事務，各董事對內皆可決策並執行。而非通常事務應以董事半數以上決定之，然各董事對內皆

---

[784] 陳連順，前揭書，頁135。

[785] 姚志明，前揭書，頁172；王文宇，同前[75]，頁280。

[786] 王文宇，同前[75]，頁280。

有執行權。

又公司法第一〇八條第二項規定，董事請假或因故不能行使職權時，指定股東一人代理之；未指定代理人者，由股東間互推一人代理之。

2.董事或董事長對外代表權及其限制

公司法第一〇八條第一項規定，公司應至少置董事一人執行業務並代表公司，最多置董事三人，應經股東表決權三分之二以上之同意，就有行為能力之股東中選任之。董事有數人時，得以章程置董事長一人，對外代表公司；董事長應經董事過半數之同意互選之。

當董事有數人而未以章程置董事長時，全體董事皆有個別對外代表公司之權而非共同代表。[787]當有以章程置董事長時由董事長代表公司，其他董事無代表權。質言之，有限公司之代表權，有限公司有二至三位董事而已選任董事長時，對外固由董事長作代表。未選任董事長時，根據公司法第一〇八條第四項準用第四六條之結果，業務執行方法應區分通常事務與非通常事務兩種情形。通常事務，各董事皆有對內決策並執行權與對外亦有代表權。而非通常事務應以董事半數以上決定之，然各董事對內皆有執行權，對外亦皆有代表權。

由於公司法第一〇八條第四項準用公司法第五七條至第五九條之規定，因此，代表公司之董事，關於公司營業上一切事務，有辦理之權。公司對於董事及董事長代表權所加之限制，不得對抗善意第三人。代表公司之董事或董事長，如為自己或他人與公司為買賣、借貸或其他法律行為時，不得同時為公司之代表。但向公司清償債務時，不在此限。本規定為禁止規定，如有違反之者，其法律行為依民法第七一條規定而無效。[788]

---

[787] 柯芳枝，前揭書，頁641、642；王文宇，同前[75]，頁281。

[788] 王文宇、林國全，公司法，收錄於王文宇、林國全、王志誠、許忠信、汪信君，前揭書，頁209。

㈥董事對公司之義務

1.委任關係所生義務與忠實義務

董事與公司間乃民法上委任之關係，789而且，由於公司法第一〇八條第四項準用第四九條之結果，董事原則上屬無償委任（無給職），790但其注意義務有學者認為應與處理自己之事務為同一之注意，惟若受有報酬則負善良管理人之注意義務，791但本書認為董事或董事長乃公司法第八條之負責人，因此，依公司法第二三條第一項之規定，應負忠實義務與善良管理人之注意義務，而非具體輕過失之注意義務。792

2.遵守法令、章程及股東之決定之義務

公司法第一〇八條第四項準用第五二條至第五三條之結果，董事執行業務，應依照法令、章程及股東之決定。違反前述規定，致公司受有損害者，對於公司應負賠償之責。又董事代收公司款項，不於相當期間照繳或挪用公司款項者，應加算利息，一併償還；如公司受有損害，並應賠償。

3.不競業義務

公司法第一〇八條第三項規定，董事為自己或他人為與公司同類業務之行為，應對全體股東說明其行為之重要內容，並經股東表決權三分之二以上之同意。因已有此一規定，因此，公司法第一〇八條第四項僅規定，公司法第五四條第三項之規定於有限公司準用之。公司法第五四條第三項規定，執行業務之股東違反前項規定時，其他股東得以過半數之決議，將其為自己或他人所為行為之所得，作為公司之所得。但自所得產生後逾一年者，不在此限。公司法第一〇八條第四項規定準用公司法第五四條第三項之結果，董事或董事長不得為自己或他人為與公司同類營業之行為，若董事或董事長違反前項規定時，其他股東得以過半數之決議，將其為自己

---

789 經濟部92年1月29日經商字第092005450號函。

790 王文宇，同前75，頁280；陳連順，前揭書，頁136。

791 柯芳枝，前揭書，頁646。

792 王文宇，同前75，頁280、283；陳連順，前揭書，頁136。

或他人所為行為之所得，作為公司之所得，此權利被稱為歸入權。

4.報告公司虧損及聲請宣告公司破產之義務

公司法第一〇八條第四項規定，第二〇八條第三項、第二〇八條之一及第二一一條第一項及第二項等股份有限公司之規定，於董事準用之。由於有限公司並無董事會，因此，公司法第一〇八條第四項準用公司法第二一一條第一項與第二項之結果，有限公司虧損達實收資本額二分之一時，董事應即向全體股東提出報告。而且，有限公司資產顯有不足抵償其所負債務時，除得依第二八二條辦理者外，董事應即聲請宣告破產。

5.會計上義務

公司法第一一〇條第一項規定，每屆會計年度終了，董事應依第二二八條之規定，造具各項表冊，分送各股東，請其承認；其承認應經股東表決權過半數之同意。本條所規定之義務性質可被歸類為董事基於委任契約所負之報告義務。[793]與股份有限公司相較，有限公司之會計帳冊之公示主義被緩和了許多。[794]

㈦董事之責任

董事對公司之責任除公司法第一〇八條第四項規定，公司法第五二條及第五三條之無限公司之規定，於董事準用之。因此，董事依公司法第五二條第一項之規定執行業務，應依照法令、章程及股東之決定。該條第二項又規定違反前項規定，致公司受有損害者，對於公司應負賠償之責。

有關董事之款項使用，公司法第五三條規定，股東代收公司款項，不於相當期間照繳或挪用公司款項者，應加算利息，一併償還；如公司受有損害，並應賠償。其他董事對公司與對第三人之責任請參閱本書公司法總則篇之介紹。

---

[793] 柯芳枝，前揭書，頁 650。

[794] 江頭憲治郎，前揭書，頁 41（註 5）。

三、監察權與檢查權

㈠監察機關

公司法第一〇九條第一項規定，不執行業務之股東，均得行使監察權；其監察權之行使，準用第四八條之規定。因此，為行使監察權得隨時向董事質詢公司營業情形，查閱財產文件帳簿表冊，並得代表公司委託律師、會計師審核前述書面資料；又主管機關對於妨礙、拒絕或規避不執行業務股東行使監察權之執行業務股東，則可處以罰鍰。

㈡檢查人

公司法第一一〇條第三項規定，第二二八條之一、第二三一條至第二三三條、第二三五條、第二三五條之一、第二四〇條第一項及第二四五條第一項之規定，於有限公司準用之。

由於公司法第二四五條第一項之被準用，繼續六個月以上，持有出資總額百分之一以上之股東，得檢附理由、事證及說明其必要性，聲請法院選派檢查人，於必要範圍內，檢查公司業務帳目、財產情形、特定事項、特定交易文件及紀錄。所謂特定事項、特定交易文件及紀錄乃指例如某次關係人交易及其文件紀錄。[795]

陸、有限公司之會計

一、表冊之編造

公司法第一一〇條第一項規定，每屆會計年度終了，董事應依第二二八條之規定，造具各項表冊，分送各股東，請其承認；其承認應經股東表決權過半數之同意。該條第二項又規定，前項表冊，至遲應於每會計年度終了後六個月內分送。分送後逾一個月未提出異議者，視為承認。公司法第二二八條所規範之表冊乃指營業報告書、財務報表、盈餘分派或虧損撥

---

[795] 陳連順，前揭書，頁134。

補之議案。此些表冊應依中央主管機關規定之規章編造。而其中財務報表乃指資產負債表、損益表、現金流量表、股東權益變動表等。

公司法第一一〇條第三項規定，第二二八條之一、第二三一條至第二三三條、第二三五條、第二三五條之一、第二四〇條第一項及第二四五條第一項之規定，於有限公司準用之。二〇一八年修正公司法第一一〇條明訂有限公司會計表冊之承認應經過股東表決權過半數之同意，並開放一年得二次盈餘分派及準用第二四〇條盈餘轉增資之規定。此留待股份有限公司之會計規定章節再介紹之。有限公司之董事，每屆會計年度終了，應造具各項表冊，分送各股東，請其承認。惟承認之程序為何，二〇一八年之前尚無明文，故二〇一八年修正第一一〇條第一項，明定表冊之承認，應經股東表決權過半數之同意。

董事造具之各項表冊，應於何時分送股東請其承認，二〇一八年修正參酌第一七〇條及第二三〇條有關股份有限公司之表冊，至遲應於每會計年度終了後六個月內提出於股東常會請求承認之規定，故在第一一〇條第二項予以明定。又各項表冊之分送，由現行之送達主義改採發信主義，以避免股東以未收到表冊爭執，徒增董事須證明股東收到之困難度及送達不到等情形之困擾，明定各項表冊分送後逾一個月，股東未提出異議者，視為承認，以利適用並避免糾紛，更能簡化作業程序。

公司法第一一〇條第三項所準用之規定大多為股份有限公司之規定，因為有限公司具有資合性質而且其股東之責任為間接有限責任與股份有限公司較接近，為保護公司債權人，有關會計部分多準用股份有限公司之規定。[796]

二、公積之提出

(一)提列特別盈餘公積之門檻

為降低有限公司提列特別盈餘公積之門檻，特別盈餘公積除得以章程

---

[796] 柯芳枝，前揭書，頁650；王文宇，同前[75]，頁287。

訂定外，亦可由股東表決權三分之二以上同意而提列之。公司法第一一二條第一項遂規定，公司於彌補虧損完納一切稅捐後，分派盈餘時，應先提出百分之十為法定盈餘公積。但法定盈餘公積已達資本總額時，不在此限。公司法第一一二條第二項規定，除前項法定盈餘公積外，公司得以章程訂定，或經股東表決權三分之二以上之同意，另提特別盈餘公積。

㈡有限公司提列之法定盈餘公積及會計處理

公司法第一一二條第三項規定，第二三九條、第二四一條第一項第二款及第三項之規定，於有限公司準用之。本項為二〇一八年所增訂。有限公司提列之法定盈餘公積及會計處理產生之資本公積，應如何處理或使用，應比照股份有限公司之規定辦理，為期明確計，予以增訂，明定準用第二三九條、第二四一條第一項第二款及第三項之規定。準用之結果，有限公司之法定盈餘公積及資本公積，除填補公司虧損外，不得使用之；但第二四一條第一項第二款之情形，或法律另有規定者，不在此限。又有限公司非於盈餘公積填補資本虧損，仍有不足時，不得以資本公積補充之。另有限公司無虧損者，得經股東表決權三分之二以上之同意，將法定盈餘公積及資本公積（受領贈與之所得）之全部或一部，按股東出資額之比例發給出資額或現金。以法定盈餘公積發給出資額或現金，以該項公積超過資本總額百分之二十五之部分為限。法定盈餘公積之用途乃準用股份有限公司法定盈餘公積之用途之規定，因為法定盈餘公積之提撥義務乃資合公司資本維持原則之表現。[797]

三、盈餘分派與盈餘轉增資

公司法第一一〇條第三項規定，第二二八條之一、第二三一條至第二三三條、第二三五條有關股份有限公司之規定於有限公司準用之。此乃有關有限公司盈餘分派之規定。準用第二二八條之一之理由為，股份有限公

---

[797] 王文宇、林國全，公司法，收錄於王文宇、林國全、王志誠、許忠信、汪信君，前揭書，頁211。

司得每季或每半會計年度為盈餘分派或虧損撥補，有限公司亦無不可。由此規定亦可見，有限公司並不適用建設股息之規定。

㈠盈餘分派

依據公司法第一一〇條第三項準用公司法第二三二條之結果，公司非彌補虧損及依本法規定提出法定盈餘公積後，不得分派股息及紅利。又公司無盈餘時，不得分派股息及紅利。公司違反前條規定分派股息及紅利時，依據公司法第一一〇條第三項準用公司法第二三三條之結果，公司之債權人，得請求退還，並得請求賠償因此所受之損害。

有關盈餘分派請求權，依據公司法第一一〇條第三項準用公司法第二三五條之規定（即「股息及紅利之分派，除本法另有規定外，以各股東持有股份之比例為準」）。而此所謂「除本法另有規定外」乃包括公司法第一〇一條第一項所規定之有限公司章程應載明盈餘分派比例或標準之規定。因此，有限公司之盈餘分派，乃依章程所載之盈餘分派比例或標準為準。[798]此一準用規定徒增循環論證而已。國內有學者亦認為有限公司之盈餘分派比例乃章程必載事項，似無準用本法第二三五條規定之餘地。[799]

㈡盈餘分派作員工酬勞

由於有限公司並無董事會，股東會與股票，因此，依據公司法第一一〇條第三項準用公司法第二三五條之一第一項之結果，公司應於章程訂明以當年度獲利狀況之定額或比率，分派員工酬勞。但公司尚有累積虧損時，應予彌補。

依據公司法第一一〇條第三項準用公司法第二三五條之一第三項之結果，員工酬勞以現金為之（因有限公司並無股票），[800]應由全體股東以三分之二以上之表決權曾表達意見及表達意見中過半數表決權之同意決議行之。但此一準用結果似將剝奪原屬董事之權限。[801]

---

[798] 賴源河（王志誠修訂），前揭書，頁163。

[799] 王文宇，同前[75]，頁289。

[800] 賴源河（王志誠修訂），前揭書，頁163。

依據公司法第一一〇條第三項準用公司法第二三五條之一第五項之結果，章程得訂明依前規定發給現金之對象包括符合一定條件之控制或從屬公司員工。

㈢盈餘轉增資

二〇一八年之前，公司法現行第三章「有限公司」雖無盈餘轉增資之規定，亦無準用公司法第二四〇條有關股份有限公司盈餘轉增資之規定，惟實務上，登記機關核准有限公司盈餘轉增資之案件行之已久，二〇一八年乃配合實務需求，在公司法第一一〇條第三項增列準用第二四〇條第一項之規定。而公司法第二四〇條第一項規定（公司得由有代表已發行股份總數三分之二以上股東出席之股東會，以出席股東表決權過半數之決議，將應分派股息及紅利之全部或一部，以發行新股方式為之；不滿一股之金額，以現金分派之）之準用結果，有限公司得由全體股東以三分之二以上之表決權曾表達意見及表達意見中過半數之表決權同意，將應分派盈餘之全部或一部，以增資之方式為之。

第四節　變更組織

有限公司之變更組織之一般原理介紹於本書企業之基礎變更篇，在此僅介紹有限公司之特別規定。公司法第一〇六條第三項規定，有限公司得經股東表決權過半數之同意變更其組織為股份有限公司。公司法第一〇六條第四項又規定，前項不同意之股東，對章程修正部分，視為同意。可見，我國法僅允許有限公司變更組織為股份有限公司，而不得變更為兩合公司，而且變更前後不失其法人格之同一性，因此，公司法第一〇七條第一項規定，公司為變更組織之決議後，應即向各債權人分別通知及公告，以保障債權人利益。該條第二項進而規定，變更組織後之公司，應承擔變更組織前公司之債務。公司法第一〇六條第四項有關變更章程之規定乃是因為鑑

---

801 王文宇，同前75，頁290。

於有限公司變更組織之程序，已降低門檻為股東表決權過半數之同意，且經股東表決權過半數之同意後，即須進行修正章程，而修正章程須經股東表決權三分之二以上之同意。為避免不同意股東以反對修正章程為手段阻止程序之進行，故規定其對章程修正部分，視為同意。

除此一變更組織之規定外，其他變更組織之程序與公司合併、解散及清算之規定乃準用無限公司有關之規定，請參無限公司該節所述，於茲不贅。

第四章　兩合公司

第一節　兩合公司之概念

壹、兩合公司之沿革

兩合公司德文稱為“Kommanditgesellschaft”，日文稱為「合資会社」，[802]英文稱為“Limited Partnership”，其源自於十世紀義大利地中海沿岸所盛行之“Commenda”契約，即資本家將資本託給企業家以企業家名義進行營業與貿易而受利益分配之契約。[803]此一契約後來分化為隱名合夥與兩合公司兩種型態。[804]在經濟功能其類似我國民法上之隱名合夥，惟兩合公司乃公司法人，而隱名合夥僅為當事人間之契約關係並不具法人資格，而且隱名合夥人之出資對外未揭露而兩合公司之有限責任股東之出資有對外公開。[805]

兩合公司有讓有能力者與有資本者能夠合作之優點，而與我國現在另有之有限合夥之法人登記制度類似，因有限合夥之合夥人中亦有有限責任與無限責任兩種。此外，兩合公司亦有使募集資本比無限公司來得容易等之優點，但由於兩合公司業務難免為無限責任股東所操縱，而且有出資轉讓困難等缺點，[806]因此，在我國兩合公司數量上甚至比無限公司為少，約

---

[802] 高橋紀夫，前揭書，頁457。

[803] Paul Davies, ibid., pp. 24, 42, 43; Adolf Baumbach & Klaus Hopt, a.a.O., S. 461；近藤光男，前揭書，頁527。

[804] 鄭玉波，同前[13]，頁241；龍田節、前田雅弘，前揭書，頁5、10。

[805] 柯芳枝，前揭書，頁657、658；近藤光男，前揭書，頁527。

十家左右且僅為中小企業。日本現在則約有兩萬家，二戰前之財閥亦有採此型態者，例如三菱合資會社與住友會社等。[807]

貳、兩合公司之組織

兩合公司本另有股份兩合公司一型，但其已不被我國所採納，所以我國公司法第二條遂規定，兩合公司指一人以上無限責任股東，與一人以上有限責任股東所組織，其無限責任股東對公司債務負連帶無限清償責任；有限責任股東就其出資額為限，對公司負其責任之公司。

兩合公司乃為使有限責任股東投資於無限責任股東所經營之企業之一種公司，而具有資合與人合色彩之結合形態，故屬中間公司，[808]或謂偏人合之中間公司。[809]因此，公司法第一一四條第一項規定，兩合公司以無限責任股東與有限責任股東組織之。該條第二項又規定，無限責任股東，對公司債務負連帶無限清償責任；有限責任股東，以出資額為限，對於公司負其責任。

參、兩合公司之規範原則上準用無限公司之規範

兩合公司由無限責任股東擔任主要經營角色，除另有有限責任股東投資參與外，係以無限責任股東個人之信用關係為基礎而偏向人合公司而與無限公司無大差異，[810]因此，公司法除就有限責任股東另為規定（因參與兩合公司投資而帶來之人合色彩而需特別規定）外，依公司法第一一五條之規定，兩合公司原則上準用公司法第二章無限公司之規定。因此，以下

[806] 梁宇賢，同前[253]，頁 89、90。

[807] 龍田節、前田雅弘，前揭書，頁 11–12。

[808] 柯芳枝，前揭書，頁 657。

[809] 王文宇，同前[75]，頁 296。

[810] 鄭玉波，同前[13]，頁 241；王文宇，同前[75]，頁 296；龍田節、前田雅弘，前揭書，頁 11。

僅介紹兩合公司專章之特別規定。

第二節　有限責任股東與公司設立規範

壹、兩合公司之設立要件

兩合公司之成立要件有人之要件、物之要件與行為要件。人之要件方面，公司法第一一四條第一項規定，兩合公司以無限責任股東與有限責任股東組織之。無限責任股東限於自然人，但有限責任股東則不受限。[811]

物之要件乃有關出資之要件，而且兩種股東皆須出資，此點與隱名合夥允許出名營業人不必出資者不同。[812]無限責任股東依公司法第一一五條之規定，準用公司法第四三條之規定，因此，無限責任股東得以勞務或其他權利為出資，並須依照第四一條第一項第五款之規定辦理。最後，行為要件為有關訂立章程與設立登記之要件。分別介紹如下。

貳、有限責任股東之出資種類

公司法第一一七條規定，有限責任股東，不得以勞務為出資。換言之，有限責任股東只能以財產（包括金錢與其他之財產）出資，其故在於有限責任股東對公司債務並不直接負責而僅負間接有限責任，[813]而且，兩合公司不允許有限責任股東執行業務，因此，無所用其勞務，[814]更何況，若允許以信用出資將很容易飄逸出此一限制。

---

[811] 王文宇，同前[75]，頁296。

[812] 鄭玉波，同前[13]，頁242。

[813] 柯芳枝，前揭書，頁658。

[814] 鄭玉波，同前[13]，頁242。

參、訂立章程

依據公司法第一一五條準用公司法第四〇條第二項規定之結果，股東應以全體之同意，訂立章程，簽名或蓋章，置於本公司，並每人各執一份。公司法第一一六條進而規定，兩合公司之章程，除記載第四一條所列各款事項外，並應記明各股東之責任為無限或有限。

肆、設立登記

兩合公司申請設立登記應由全體無限責任股東為之，並依據公司法第一一五條準用無限公司設立登記之規定。

第三節　兩合公司之內部法律關係

依據公司法第一一五條準用公司法第四二條規定之結果，公司之內部關係，除法律有規定者外，得以章程定之。

壹、有限責任股東無業務執行權而僅有監督權

兩合公司業務執行由無限責任股東為之，因此，公司法第一二二條規定有限責任股東，不得執行公司業務及對外代表公司。有限責任股東無業務執行權而僅有監督權，[815]因此，公司法第一一八條第一項規定有限責任股東，得於每會計年度終了時，查閱公司帳目、業務及財產情形；必要時，法院得因有限責任股東之聲請，許其隨時檢查公司帳目、業務及財產之情形。

又無限責任股東若有不執行業務者，根據公司法第一一五條準用公司法第四八條規定之結果，其亦有監察權。[816]而公司法第四八條之監察權乃

---

[815] 王文宇，同前[75]，頁298。

[816] 鄭玉波，同前[13]，頁243；潘維大、范建得、羅美隆，前揭書，頁302。

隨時監察權，與上述有限責任股東僅有定例監察（年度終了時）與臨時監察（限於必要時且經法院許可者）者相較，[817]較為廣泛。[818]

貳、有限責任股東之競業允許

有限責任股東既未執行業務，較難知悉公司營業機密，不必對其要求競業禁止義務，[819]因此，公司法第一二〇條前段規定，有限責任股東，得為自己或他人，為與本公司同類營業之行為；又有限責任股東既僅以出資額為限負有限責任，不必擔心其因擔負其他無限責任而未能履行對公司之責任，[820]因此，公司法第一二〇條後段規定，其亦得為他公司之無限責任股東，或合夥事業之合夥人。

參、章程變更

兩合公司之章程變更在兩合公司章並無特別規定，因此，根據公司法第一一五條準用公司法第四七條規定之結果，須得全體股東之同意而全體股東包括無限與有限責任股東，因為章程變更乃重大事項，不能排除有限責任股東之參與。[821]

第四節　兩合公司之外部法律關係

有限責任股東不得代表公司，亦不得有表見代表之行為，因此，公司法第一二一條規定，有限責任股東如有可以令人信其為無限責任股東之行為者，對於善意第三人，負無限責任股東之責任。本條規定乃為保護交易

---

[817] 鄭玉波，同前[13]，頁 243；陳連順，前揭書，頁 148。

[818] 梁宇賢，同前[253]，頁 92；賴源河（王志誠修訂），前揭書，頁 170。

[819] 王文宇，同前[75]，頁 300；賴源河（王志誠修訂），前揭書，頁 172。

[820] 王文宇，同前[75]，頁 300。

[821] 鄭玉波，同前[13]，頁 245。

安全之權利外觀理論 (Rechtsscheinstheories) 之表現。[822]

第五節 有限責任股東之出資轉讓、退股與除名

由於兩合公司亦有人合之色彩，因此，有限責任股東之出資轉讓、退股與除名皆有特別之限制。依據公司法第一一九條第一項之規定，有限責任股東，非得無限責任股東過半數之同意，不得以其出資全部或一部，轉讓於他人。該條第二項又規定，公司法第一一一條第二項及第四項之規定，於前項準用之。本條規定乃因為有限責任股東對外雖不負責任，但對內與無限責任股東間仍係基於個人相互之信賴關係，故不允許其自由轉讓出資。[823]又為避免無限責任股東阻撓有限責任股東轉讓出資而賦予不同意之無限責任股東有優先受讓權。[824]

公司法第一二四條規定，有限責任股東遇有非可歸責於自己之重大事由時，得經無限責任股東過半數之同意退股，或聲請法院准其退股（自請退股）。然而，公司法第一二三條第一項規定，有限責任股東，不因受監護或輔助宣告而退股。該條第二項又規定，有限責任股東死亡時，其出資歸其繼承人。

公司法第一二五條第一項規定，有限責任股東有左列各款情事之一者，得經全體無限責任股東之同意，將其除名：一、不履行出資義務者。二、有不正當行為，妨害公司利益者。該條第二項進而規定，前項除名，非通知該股東後，不得對抗之。

---

[822] 鄭玉波，同前[13]，頁 247。

[823] 鄭玉波，同前[13]，頁 244。

[824] 王文宇，同前[75]，頁 299。

第六節　兩合公司之解散、變更組織與清算

壹、解散與變更組織

兩合公司之解散原則上準用無限公司解散之規定，但兩合公司為兩元公司，因此，公司法第一二六條第一項規定，公司因無限責任或有限責任股東全體之退股而解散，但其餘股東得以一致之同意，加入無限責任股東或有限責任股東，繼續經營。本項規定之理由在於，兩合公司乃無限責任股東或有限責任股東全體之兩合，缺一不可，因其乃兩合公司之本質與構成要件。[825]因此，若僅有限責任股東全退而仍有無限責任股東亦須解散。

公司法第一二六條第二項規定，前項有限責任股東全體退股時，無限責任股東在二人以上者，得以一致之同意變更其組織為無限公司。但反之則不行，即當無限責任股東全體退股時，有限責任股東在二人以上者，仍不得以一致之同意變更其組織為有限公司。這是因為對公司債權人有所不利。[826]

公司法第一二六條第三項規定，無限責任股東與有限責任股東，以全體之同意，變更其組織為無限公司時，依前項規定行之。

公司法第一二六條第四項規定，公司得經股東三分之二以上之同意變更章程，將其組織變更為有限公司或股份有限公司。第五項規定，前項情形，不同意之股東得以書面向公司聲明退股。本項為在二〇一八年所增訂，乃為利於兩合公司轉型，允許兩合公司經股東三分之二以上之同意，即可變更章程將其組織變更為有限公司或股份有限公司。又同時增訂第五項允許兩合公司股東如不同意變更組織為有限公司或股份有限公司，得以書面向公司聲明退股。

---

[825] 梁宇賢，同前[253]，頁95、96。

[826] 鄭玉波，同前[13]，頁249。

貳、清 算

兩合公司之清算原則上準用無限公司清算之規定，但兩合公司為兩元公司而由無限責任股東負較重之責任，因此，公司法第一二七條規定，清算由全體無限責任股東任之。但無限責任股東得以過半數之同意另行選任清算人；其解任時亦同。此一被選任之清算人可為該兩合公司之有限責任股東。[827]

[827] 鄭玉波，同前[13]，頁249。

第五章　我國所承認之四種公司類型之對內外組織差異

我國所承認之四類型公司之對內與對外組織有所差異，包括對內業務執行機關，執行業務方法，對外代表機關與內部監督機關，有些相同，有些準用，有些則有所差異。其中最重要者為有限公司與股份有限公司間之差異。

就業務執行機關（對內）而言，有限公司之業務執行機關為董事，其選任依公司法第一〇八條第一項之規定為之，而股份有限公司之業務執行機關則為董事會，由股東會選任董事組成之，但有些公司已可不設董事會，例如政府或法人為股東之一人公司。

就代表機關（對外）而言，有限公司由董事代表公司，若只有一人，則由其代表，若有數人董事，則得以章程特定一人為代表，若未特定，則每位董事均有代表權。股份有限公司則原則上由必備之董事長為代表，但有例外由監察人代表公司之情況。

就監督機關而言，有限公司由不執行業務之股東監察業務，而股份有限公司則由股東會選任監察人來單獨行使監察職權，此有待對股份有限公司做更進一步之介紹。

第四篇

股份有限公司

第一章　概　述

第一節　股份有限公司之沿革

壹、特許主義時代

雖有人認為英國之“joint stock company”乃股份有限公司之起源，但一般認為股份有限公司（company limited by shares; stock corporations; Aktiengesellschaft；株式会社）乃源自於荷屬東印度公司。荷蘭人從一五九三年即為從事東印度貿易之目的而成立甚多小規模之先驅公司（非股份有限公司型態），而且荷蘭聯邦會議為東方貿易之獨佔權，乃在一六〇二年三月二十日特許設立荷屬東印度公司而將其資本切割成股份，由士紳以及前述先驅公司認購成為股東。此一公司經其他歐洲國家模仿而形成股份有限公司之制度。在此一時期由於公司之成立仍需國家之特許（可被稱為特許主義時代），所以，當時股份有限公司具有濃厚之公法色彩。國家特許狀不僅賦與公司法律人格、營業特權與貿易特權，而且授權公司行使部分國家主權，包括收稅，制訂法律，甚至擁有軍隊。

貳、歐陸法

現在股份有限公司之立法始於一八〇七年法國商法。法國大革命後，人民享有自由，民主與平等，股份有限公司亦被解除公法色彩而進入核准（許可）主義時代，所以，一八〇七年法國拿破崙商法典對股份有限公司之成立改採核准主義（許可主義），並樹立股東有限責任之原則，而且公司組織亦反映當時三權分立之政治思維。[828]至一八六七年，法國制定新法對股份有限公司之設立改採準則主義（具自由化設立原則），並成為歐陸及拉丁美洲國家公司法之楷模。第一個模仿的國家即為要與法國競爭的普魯士。

普魯士在一八六一年之前對股份有限公司之成立與其他歐洲君主國一樣採特許主義，一八六一年之全德商法典為與法國競爭說服西部德語邦採用全德商法典而放棄拿破崙商法典之使用，亦改採核准（許可）主義，到一八七〇年第一次股份法修正雖改採準則主義（具自由化設立原則），但很快產生公司大量泡沫化，所以，立法者在一八八四年第二次股份法修正對股份有限公司之立法改回嚴格立場，嚴格規定公司之設立程序、資本額要求、股東人數要求與加重發起人之設立責任，並採行高度保護股東與債權人之強行規定，我國學者稱之為嚴格的準則主義，並在一八九六年證券交易法引入揭露要求以及對公開說明書內容不實之法律責任制，一九〇〇年生效之一八九七德國商法典維持嚴格的準則主義，且一九三四年制定現行股份法仍維持之。[829]

參、英美法

英國到了十九世紀受到經濟自由思想（自由主義之法哲學）之影響，從一八四四年開始立法對公司設立只要求需註冊，而不需有國會立法或國會以憲章特許（國內稱其為準則主義），到一八五六年在自由放任主義最盛時期制定英國第一部現代公司法 (the Joint Stock Companies Act 1856)，奠定現代公司法之基礎，仍採準則主義，[830]由此可見，雖與當時法國法與普魯士法同採準則主義，但英國公司法之基本思想為自由放任主義，對股份有限公司之設立條件方面，其準則要求比歐陸寬鬆許多。英美法隨移民而到美國，所以，美國亦屬此一法系，但美國聯邦較少行使公司法之立法權，而是主要由各州立法，例如美國一八一一年紐約州公司法即是。

---

[828] 吉本健一，前揭書，頁 29。

[829] 鄭玉波，同前[13]，頁 84；柯芳枝，前揭書，頁 155；Katharina Pistor et al., ibid., 812。

[830] Paul Davies, ibid., pp. 38, 44, 45；鄭玉波，同前[13]，頁 84。

肆、日本與我國法

我國股份有限公司之法制受到二戰前之日本法與德國法之影響，而對股份有限公司之股東人數與資本三原則有相當多之限制。即使是有關股份有限公司內部之法律規範，與其他三類型之公司多章程自治不同，以涉及公司之組織且有大股東犧牲小股東之風險之理由而多強行規定。二戰後日本股份有限公司法制受到美國法之影響，也多波及我國公司法，例如在二〇〇五年以後，日本股份有限公司法制改以中小型企業為規範典範增加章程自治及任意法之規定，[831]我國法在二〇一五年修法引進閉鎖性股份有限公司，在二〇一八年又大量修法後，考量到股份有限公司之中小型企業之需求，所以，增加章程自治及任意法之規定。這是因為我國現有約近十七萬家股份有限公司中多數為中小型公司，大型公司僅約一萬七千家。

第二節　股份有限公司之概念

股份有限公司乃指二人以上股東或政府、法人股東一人所組織，公司全部資本區分為均等之小股份，股東就其所認股份，對公司負其有限責任之公司。

壹、股份有限公司原則是由兩人以上股東所組織之公司

一、原則上股東需兩人以上

股份有限公司之股東原則須二人以上，而且至少須有兩位發起人，公司法第一二八條第一項遂規定，股份有限公司應有二人以上為發起人。因此，當一設立中公司之股東有一位自然人與另一位法人時，則須該法人與

---

[831] 吉本健一，前揭書，頁29、30。

自然人同為發起人才符本條第一項之規定。這是因為一人股份有限公司之設立在公司註冊之行政作業上負荷不了，對債權人保障恐不足，而且公司內部監理制度無法落實。對此兩位股東之資格要求，公司法並無限制，但發起人則受有限制，請參後述發起人之資格限制。

二、例外法人或政府股東一人可發起成立公司

若可有效保障債權人且案件數不會太多而造成過重行政負擔，則例外可承認一人股份有限公司，所以，政府或法人股東一人所組織之股份有限公司依我國公司法第一二八條之一第一項之規定，不受前條第一項之限制，因此，政府或法人股東一人為發起人即可設立公司，此時，該公司之股東會職權由董事會行使，不適用本法有關股東會之規定。該條第二項又規定，法人或政府股東一人所發起成立之公司，得依章程規定不設董事會，置董事一人或二人；置董事一人者，以其為董事長，董事會之職權由該董事行使，不適用本法有關董事會之規定；置董事二人者，準用本法有關董事會之規定。該條第三項進一步規定，法人或政府股東一人所發起成立之公司，得依章程規定不置監察人；未置監察人者，不適用本法有關監察人之規定。該條第四項又規定，該公司之董事或監察人，由政府或法人股東指派。

本條第二項乃在二〇一八年所增訂，以回應企業實務需求，而開放政府或法人股東一人所組織之股份有限公司得不設董事會，而僅置董事一人或二人，惟應於章程中明定。而且考量到政府或法人股東一人所組織之股份有限公司，該一人股東對董事有完全之決定權，又無他股東之存在，故二〇一八年增訂該條第三項，明文允許得以其章程規定不置監察人，且未置監察人者，不適用本法有關監察人之規定。由此可知，若一設立中公司只有一位自然人與一位法人或政府，雖由法人或政府股東一人為發起人，仍不符本例外之規定，此時，須符上述原則規定方可。

有關國立大學，根據經濟部之函釋，現行法令並未限制其不得為公司之發起人或股東。[832]另財團法人係屬非營利之性質，其可否出資成為公司股東，雖法務部曾函釋指出，宜由主管機關視該投資行為是否為該財團法

人達成公益目的所必需而定，[833]但本書認為，若該法人為股份有限公司之發起人，則依公司法第一二八條第三項之規定來辦理。

貳、股份有限公司之全部資本須被區分成股份

與有限公司及無限公司之章程皆有記載資本總額及股東出資額（公司法第四一條及第一〇一條參照）不同地，股份有限公司之章程並未被要求須記載資本總額，而是公司法第一二九條規定，公司採行票面金額股者，章程應載明股份總數及每股金額；公司採行無票面金額股者，章程應載明股份總數。章定股份總數乘上每股金額固可算出章定資本總額，但採行無票面金額股者，章程僅應載明股份總數。可見，在股份有限公司資本總額已非章程必載事項，雖然如此，公司章程必載有股份總數，而每一公司或多或少必有其資本。

公司資本在有限公司及其他類型公司並未被區分成股份，所以，股東乃擁有持份（投資比例）而非持股。與有限公司之資本未被區分成股份不同地，依公司法第一五六條第一項前段之規定，股份有限公司之全部資本須被區分成股份。股份乃股東對公司資本所應分擔之最基本的比例單位而不能再被細割，否則會影響章程所必載之股份總數。

參、股份有限公司之股東僅就其所持有股份對公司負間接有限責任

與無限公司允許股東以勞務出資不同，非閉鎖性之股份有限公司股東不得以勞務出資，其原因即在於股東之有限責任原則。而且，公司之債務不得向股東求償，因為股東與公司債權人並未發生直接債務法律關係，此點與無限公司有別。股東僅就其所持有股份對公司負有限責任，而股份之每股金錢價值乃持有該股股東對公司債務所負間接有限責任之範圍。所以，

---

[832] 經濟部105年4月19日經商字第10502408860號函。

[833] 法務部96年4月10日法律決字第0960013258號函。

股東之責任為繳清其購買該股份之金額為限，即使該股東以低於每股票面金額購得該股份亦同。因此，公司法第一五四條第一項遂規定，股東對於公司之責任，除第二項規定外，以繳清其股份之金額為限。

一、股東有限責任之正當化理由

在大規模或上市公司，企業所有與經營分離，股東喪失公司經營權或支配權，所以，應讓其僅負有限責任，不過，此論點在未有所有與經營分離之股份有限公司亦可享有限責任之解釋上較難被接受。其實，一事業即使為失敗風險高之事業，只要其對人類社會有益，則值得鼓勵以企業型態進行之，此時即有鼓勵糾合小額投資，分散風險，並有有限制責任之必要，[834]更何況公司債權人之風險判斷與承擔能力有可能比股東來得高。[835]而且，就效率性而言，向多數散在各地之股東求償對債權人而言乃一無效率之事。[836]

二、股東有限責任之利弊

股東有限責任有其利與弊。其利在於股東可安心創業，股東對經營者之監視可不必過度，而會趨向適度監視，而且股份價格不會因股東資力而受影響，可增其流動性以建立股市。[837]現代資本主義社會之隆興可謂是股東有限責任與股份轉讓自由制度所帶來。[838]另外，有限責任制亦可省去個別調查各股東債信之交易成本。[839]然而，股東有限責任之弊在於經營者不必為其經營失利負全責，頂多為公司破產投資全失，有失企業家精神，而

---

[834] 高橋紀夫，前揭書，頁3；三枝一雄、南保勝美、柿崎環、根本伸一，前揭書，頁2；江頭憲治郎，前揭書，頁35。

[835] 高橋紀夫，前揭書，頁3。

[836] 三枝一雄、南保勝美、柿崎環、根本伸一，前揭書，頁29。

[837] 黑沼悅郎，前揭書，頁46、47；江頭憲治郎，前揭書，頁36（註2）。

[838] 川村正幸等三人合著，前揭書，頁88。

[839] 江頭憲治郎，前揭書，頁36（註2）。

且，公司之交易相對人，除銀行較有能力判斷而另謀債權保障外，包括侵權行為受害人，可能因有限責任而受害。[840]

三、股東有限責任之代償措施

由於上述之弊，所以，股東有限責任需有代償措施，例如有公司資本制度（如資本維持原則與盈餘分派之限制等），有限責任等重要資訊之登記，公司財產之獨立處理會計與財務報表之作成與開示義務，公司負責人之責任制度，甚至法人格否定論等。[841]然而，此時須注意，資本維持原則為大陸法系與現行英國法用以保護債權人之制度，並非有限責任之代償措施（或不可或缺之前提），例如美國股份有限公司之股東享受有限責任，但美國主要州之公司法並無資本維持原則之規定。[842]這是因為與德國法等歐陸法乃以資本制度作為有限責任之代償措施相對地，英美法傳統上不重視資本制度，而認為換取有限責任之代償措施為會計與揭露。[843]

四、有限責任之本質性

有限責任雖可能以契約約定，但其僅有相對效力，[844]若要有第三人或對世效力，則需有法律之規定，例如法國法自前述之一八〇七年，英國法自一八五五年，德國法自一八六一年，股份有限公司股東才享有有限責任之保障。

由於此一特徵為法律之規定，且對股份有限公司具本質重要性，因此，該規定屬強行規定，公司章程、股東會決議或董事會決議違反此一原則者

---

[840] 黒沼悅郎，前揭書，頁46、47。

[841] Paul Davies, ibid., pp. 80, 83；黒沼悅郎，前揭書，頁45、379-380；三枝一雄、南保勝美、柿崎環、根本伸一，前揭書，頁16、29；江頭憲治郎，前揭書，頁36。

[842] 江頭憲治郎，前揭書，頁37（註1）。

[843] Martin Gelter & Alexandra Reif, The UK's Influence on EU Company Law, 40 Fordham Int'l L.J. 1413, 1428 (August, 2017).

[844] Katharina Pistor et al., ibid., 810；江頭憲治郎，前揭書，頁36（註1）。

無效。[845]例如，公司章程若規定股東有追加出資之義務，除該國法另有允許外，該章程規定無效。[846]同理，公司章程、股東會決議或董事會決議要求股東負業務執行之義務者或要求股東負行使表決權等共益權之義務者亦無效。[847]

五、有限責任之否定

當股東濫用股份有限公司之有限責任，將獨立法人格與有限責任制度作為侵害他人利益之手段時，則其已背離有限責任立法之原意與目的，此時，即需有法人格否認理論或揭開公司面紗理論之規定，[848]因此，公司法第一五四條第二項規定，股東濫用公司之法人地位，致公司負擔特定債務且清償顯有困難，其情節重大而有必要者，該股東應負清償之責。此時需注意，其並非全盤否認公司法人格，要求所有股東對所有該公司之債務負責，而是原則上股東仍僅負有限責任，而例外地要求背後之濫用股東對特定債務負責任。[849]

美國有就侵權行為責任而認為公司因股東有限責任而有從事高風險高獲利之行為而將公害或藥害等侵權行為成本委由外部人負擔（即侵權成本外部化）之現象，而認為此時須揭開公司面紗而要求股東依持股比例負無限責任者，但此有破壞股份之流動性，而有礙股市之正常發展之虞，不可不慎。[850]其他請參閱本書第一篇第二章第三節之介紹。

---

[845] 柯芳枝，前揭書，頁 154；三枝一雄、南保勝美、柿崎環、根本伸一，前揭書，頁 28–29；前田庸，前揭書，頁 18。

[846] 江頭憲治郎，前揭書，頁 36（註 1）。

[847] 三枝一雄、南保勝美、柿崎環、根本伸一，前揭書，頁 29。

[848] 黃銘傑，公司設立及法人人格，收錄於方嘉麟主編，變動中的公司法制，初版，元照，台北，2019 年 1 月，頁 39–40。

[849] 黃銘傑，同前[848]，頁 40–41。

[850] 黑沼悅郎，前揭書，頁 50。

第三節 股份有限公司法之假設規範對象之規模

美國主要各州（如德拉瓦州、紐約、加州）之公司法乃在規範包括上市公司之股份公開發行公司，並在公司法中設專章特別地規範中小型之閉鎖性公司 (close corporation)，所以，當該專章未特別規定時，乃原則上將閉鎖性公司納入與公開發行公司相同之基本規範中。[851]

與此相對地，日本二〇〇五年公司法已改以中小企業公司（含閉鎖性公司）為基本規範對象，而允許其享有廣泛之機關設置等之章程自治空間，然後對大公司及公開發行公司添加機關設置等額外之強行規範。[852]這是因為日本已廢除有限公司法而希望將中小企業納入股份有限公司制度中。[853]

我國公司法與日本二〇〇五年前之公司法因另有有限公司之制度，因此，股份有限公司法制乃以大規模（甚至有所有與經營分離現象之大公司）公司為假設規範對象，[854]而與美國法及德國法較為接近，此由公司法對股份有限公司有比日本法更詳盡之募集設立之程序規定可以看出，不過，在二〇一八年修法後，我國公司法亦已朝向中小企業之需求調整。

---

[851] 江頭憲治郎，前揭書，頁 4（註 3）。

[852] 江頭憲治郎，前揭書，頁 6。

[853] 龍田節、前田雅弘，前揭書，頁 16。

[854] 龍田節、前田雅弘，前揭書，頁 8、16。

第二章　股份有限公司之設立

第一節　概　述

壹、股份有限公司設立之特殊性

我國四種法定類型公司之基本設立流程為，發起人訂立章程，符合法定人數，符合最低資本額要求（若法令有要求的話），向主管機關申請公司之設立登記，取得公司法人格，已如本書公司法總則篇之介紹。

與另三種公司類型相較，股份有限公司之設立程序較為繁雜，即由發起人訂立章程，確定股東（人），確定股東出資額（物）並認股或募股，設立機關，最後，向中央主管機關登記而成立。而且，股份有限公司之設立程序涉及較廣大投資人保護與債權人保護之問題，其規定之性質為強行規定，因此，不容以契約加以變更。[855]由上述可見公司實體之形成有三要素，即章程之作成與簽訂，社員之確定與機關之具備，此三者如本書第二篇第三章所述，在無限、有限與兩合公司乃同時在章程簽訂時完成，而在股份有限公司則皆有個別之程序。[856]

貳、股份有限公司社團實體之形成

就訂立章程而言，由於股份有限公司之資合性，訂立章程者不必為全體之股東而與其他公司不同，而可以由發起人訂立即可，但依據公司法第一二九條之規定，發起人應以全體之同意訂立章程。其次，就社員之確定

---

[855] 賴源河（王志誠修訂），前揭書，頁186；近藤光男，前揭書，頁23。

[856] 前田庸，前揭書，頁28–29。

而言，由於股份有限公司之資合性使得股東身分移轉容易且數量較多，不宜如其他公司類型在章程中確定股東姓名及其出資額，而保留向外招募之空間與自由。且公司財產為公司信用之基礎而與無限公司不同，所以，在公司成立時，初期股本即應募足繳足不得嗣後補繳。最後，就機關之具備而言，因為股份有限公司之股東人數時常眾多，需有複雜之機關組織，不像無限公司與有限公司可由股東以股東身分擔任業務執行機關，而需由創立會選任董事及監察人等，因此，其設立程序較繁複，主管機關之監督亦較多。

上述程序中，章程之作成乃各種設立程序（指發起設立與募集設立）所共通，而後兩要素即社員之確定與機關之具備則視所採之發起程序為發起設立或募集設立而有別。[857]

參、股份有限公司有募集設立之選項

發起人以全體之同意訂立章程後，由於在完全授權資本制之下第一次所要發行之股份數不必達章程所規定之股份總數，而可由發起人自行決定，不過，股份有限公司因影響層面較廣，發起人就該些股份尚得決定是否對外招募，而使設立程序被區分成無對外招募之發起設立與有對外招募之募集設立程序。因此，股份有限公司之設立，除閉鎖性股份有限公司外，被區分為發起設立及募集設立兩種情況。首先，發起設立（又稱單純設立或同時設立）須由發起人認足公司初期所需「全部資本額」，不再另外對外募集。

其次，募集設立（又稱複雜設立或募股設立），發起人不認足第一次所發行之股份總額，而將不足額向外公開招募，惟發起人均不得撤回所認股份。[858]但一則因為發起設立後再發行新股時能得到與募集設立相同之結果，另則因為現在為國民財富蓄積社會，幾個人便可湊集足夠資金設立一公

---

[857] 前田庸，前揭書，頁 29、50。

[858] 最高法院 96 年度台上字第 2574 號民事判決。

司，[859]尤其是對沒有最低資本額限制之公司在採取授權資本制之後，更是如此。因此，實務上以募集方式設立公司之情況甚少。[860]

以下於介紹發起人與章程後，區分發起設立與募集設立介紹之，其他程序則同前述之基本流程，不再贅述。

第二節　發起人

壹、發起人之意義與認定

一、發起人之意義

發起人乃發起公司設立之人。其在章程草擬完成並經簽名後，簽名人成為設立中公司之職務負責人。

發起人為數人時，在訂立章程之前通常會先行締結一以設立公司為目的之發起人合夥契約，或此些人通常會被認為彼此間已存有發起人合夥契約。此一契約存續至目的事業完成（即公司成立）而解散，因此，其與設立中公司乃平行地存在，惟發起人以設立中公司機關之地位所行使之權限與所負擔之義務係按照發起人合夥契約之約定，所以，兩者間之關係甚為密切。[861]一開始未參加成立之策劃，後來才在章程簽名或蓋章而充任發起人者當然成為發起人，以貫徹形式認定說。[862]

---

[859] 川村正幸等三人合著，前揭書，頁52（註1）；神田秀樹，前揭書，頁44；高橋紀夫，前揭書，頁42；江頭憲治郎，前揭書，頁60。

[860] 黃銘傑，同前[848]，頁27；黑沼悅郎，前揭書，頁289。

[861] 柯芳枝，前揭書，頁168；黃銘傑，股份有限公司發起人之意義地位權限與責任，收錄於其所編，公司治理與企業金融法制之挑戰與興革，初版，元照，台北，2006年9月，頁87、110；吉本健一，前揭書，頁34。

[862] 柯芳枝，前揭書，頁168、169；黃銘傑，同前[861]，頁87、109-110。

二、發起人之認定

因為我國公司法並未界定何謂發起人，因此，學說多數說認為，發起人之認定以形式判斷為已足，惟另有學說及實務見解認為，應實質認定其有否實際上參與公司之設立工作。分述如下：

㈠形式認定說

國內學說多數說根據公司法第一二九條（發起人應以全體之同意訂立章程，並簽名或蓋章）而認為，發起人之認定以形式判斷為已足，並主張凡於章程上簽名或蓋章之人，不論事實上是否參與公司之設立均屬之。[863]這是因為發起人得享受特別利益及報酬（公司法第一三〇條第一項第四款參照）而為設立中公司之機關，並負較重之設立責任，所以，宜從形式上認定以資明確。[864]發起人之特別利益及報酬一經記載於章程，除經股東會依公司法第一三〇條之規定撤銷或刪減者外，發起人即得享受之，其與股權之擁有與否無關。[865]這亦是因為股份有限公司之發起人須先有章程之簽訂，才開始有設立中公司之可能存在，其與數人創立公司時可能先成立之合夥契約（稱為發起人合夥）之合夥發起人乃不同之概念，後者為契約法上之概念而前者乃組織法上之概念。[866]更何況，依公司法第一三一條及第一三二條之規定，發起人應首先認股而成為設立中公司之原始構成員。

㈡實質認定說

國內有學說基於保護交易安全與強化發起人責任之觀點，而認為應採實質認定說，並以是否實際從事發起人工作作為判斷基準，[867]其認為⑴公

---

[863] 柯芳枝，前揭書，頁164；姚志明，前揭書，頁203；潘維大、范建得、羅美隆，前揭書，頁107；梁宇賢，同前[15]，頁289；黃銘傑，同前[861]，頁87、101-107；鄭玉波，同前[13]，頁85；王文宇，同前[75]，頁311。

[864] 柯芳枝，前揭書，頁164；前田庸，前揭書，頁26。

[865] 王文宇，同前[75]，頁312；黃銘傑，同前[861]，頁87、101-102。

[866] 黃銘傑，同前[861]，頁87、97-98。

[867] 方嘉麟，論發起人之形式意義，收錄於財經法論集——柯芳枝教授六秩華誕祝賀文集，

司法第八條第二項既規定發起人為公司負責人，則其對公司負有忠實義務，因此，發起人應指實際參與公司設立之人，亦即幫助創設公司之人。⑵即使採實質認定說，因為在章程上簽名者仍可被認定為發起人，亦即形式上之發起人仍在認定範圍內，對交易相對人而言自屬有利。

我國最高法院亦有採此見解者，而認為股份有限公司之設立人，謂之發起人，而公司法第一二九條固有發起人應以全體之同意訂立章程，載明左列各款事項，並簽名或蓋章之規定，惟此乃規範發起人應如何為章程之絕對必要記載事項，非可以此「有無於章程上完成簽名、蓋章」之形式上判斷，即為有關發起人之認定之唯一標準，仍應參酌實際上有無參與公司之設立之情事以為斷。[868]

梁宇賢教授認為章程並非第三人所能完全知悉，因此，若能使實質參與者對善意第三人負起與發起人相同之責任則交易安全較能被確保，所以，少數說亦值得參考。[869]

㈢本書見解

日本法上，判例及通說採形式認定說，因為事後可能有民事責任等，所以，為求客觀及法律關係明確性而採形式認定說，因此，實質上參與設立卻未於章程上簽名者並非發起人，然而，雖非形式上發起人，但若有例如於募集設立時在募集文書表示自己之姓名及協助設立之意旨者須依日本公司法第一〇三條第四項負擬似發起人責任，[870]此乃日本法根據禁反言之原理或權利外觀理論而對形式主義之修正。[871]

三民書局，台北，1997年，頁71、93。

[868] 最高法院93年台上字第2188號民事判決。

[869] 梁宇賢，同前[15]，頁289。

[870] 川村正幸等三人合著，前揭書，頁52；神田秀樹，前揭書，頁45；高橋紀夫，前揭書，頁56；三枝一雄、南保勝美、柿崎環、根本伸一，前揭書，頁35；江頭憲治郎，前揭書，頁65（註2）。

[871] 三枝一雄、南保勝美、柿崎環、根本伸一，前揭書，頁50；江頭憲治郎，前揭書，頁114；近藤光男，前揭書，頁25。

在我國法上，本書認為原則上應採形式認定說，因為公司組織之設立規範屬組織法，須保護信賴與交易安全，而且發起人之行為要歸屬於設立中公司，常涉及發起人與第三人間的法律行為之效力是否得歸屬於設立中公司的問題，應採形式認定說以求客觀及明確。至於真正參與設立卻未在章程簽名者，在涉及第三人之交易安全保障與欲令真實發起人依背後之發起人合夥契約負其責任之考量，例外可實質認定發起人，例如最高法院九十三年台上字第二一八八號判決之公司章程並未完成，更未被簽名，所以，該案設立中公司尚未被成立，而使該案發起人乃屬發起人合夥契約之發起人，應實質認定之。

貳、發起人之人數

發起人人數，自然人須二人以上，由自然人與一法人發起，亦須兩人以上，但一人政府或法人股東而無其他股東所設立之一人公司，其發起人一人即可。一位發起人所應認購之股數須一股以上而無上限。[872]若一自然人想發起一股份有限公司之設立僅能先成立一有限公司再以該有限公司為法人間接設立一股份有限公司。[873]發起人有數人時，業務執行權採集體執行制，而如合夥般以全體同意執行設立業務，但可以共同選出一人以上之業務執行代表，統籌相關籌設事宜。[874]此時，我們須了解發起人之資格為何。

參、發起人之資格

發起人之資格限制，依公司法第一二八條第二項之規定，無行為能力人、限制行為能力人或受輔助宣告尚未撤銷之人，不得為發起人。由此一規定可見，發起人之資格在自然人須具行為能力，其意在避免形成家族公司。[875]又發起人並無國籍或住所之限制，以因應公司經營之國際化與自由

[872] 柯芳枝，前揭書，頁164。

[873] 黃銘傑，同前[848]，頁29。

[874] 黃銘傑，同前[861]，頁87、109。

化。[876]

我國法在一九九〇年之前皆明文規定法人為發起人者以公司為限，現已不再受此限，政府或法人均得為發起人，但公司法第一二八條第三項但書規定，法人為發起人者，以下列情形為限：該法人為一公司或有限合夥、該法人為以其自行研發之專門技術或智慧財產權作價投資該要設立公司之法人或經目的事業主管機關認屬與其創設目的相關而予核准之法人。

肆、發起人之地位

發起人對設立中公司或對設立完成後公司之地位在學說上有無因管理說、第三人利益契約說、設立中公司之機關說（或稱同一體說）及當然繼承說，其中以設立中公司之機關說（或稱同一體說）為通說，[877]同一體說之內容請參後述設立中公司一節。

伍、發起人之誘因

股份有限公司發起人得享有報酬及特別利益，公司法第一三〇條第一項第五款及第一三〇條第二項定有明文，但報酬及特別利益有冒濫者，在募集設立之情形，根據公司法第一四七條之規定，創立會有裁減權。

所謂特別利益是指一般股東應得利潤以外之利益，蓋發起人在籌備期間比一般股東辛苦，故公司法允許其有特別利益，惟必須將其範圍、種類與受益人姓名記載於章程，而且，若業已確定則屬既得權，嗣後除經受益人同意外不得變更章程予以裁減，而且，此一特別利益與該發起人所擁有之股份乃屬兩事，而基於其乃得以請求給付之財產權，自得與股份脫離而單獨被轉讓。[878]

---

[875] 柯芳枝，前揭書，頁 165；王文宇，前揭書，頁 311。

[876] 姚志明，前揭書，頁 205。

[877] 鄭玉波，同前[13]，頁 86–87；王文宇，同前[75]，頁 312；賴源河（王志誠修訂），前揭書，頁 190。

第三節 股份有限公司之章程

壹、前　言

章程為申請設立登記文件之一與設立登記事項之一，於登記完成，章程所規定事項即可具有對抗善意第三人，[879]與其他對外之效力，已介紹於本書公司法總則篇，以下僅針對股份有限公司章程之特別規定做介紹。

股份有限公司之章程內容亦有絕對必要記載事項、相對必要記載事項與任意記載事項三種。

貳、章程之內容

一、絕對必要記載事項

公司法第一二九條規定，發起人應以全體之同意訂立章程，載明下列各款事項，並簽名或蓋章：一、公司名稱（須標明股份有限公司）。二、所營事業（即公司之目的事業）。三、採行票面金額股者，股份總數及每股金額；採行無票面金額股者，股份總數。四、本公司所在地。五、董事及監察人之人數及任期。六、訂立章程之年、月、日。

公司法於二〇一五年七月一日修正時引進國外無票面金額股制度，允許閉鎖性股份有限公司得發行無票面金額股。二〇一八年為讓所有股份有限公司均得發行無票面金額股，故修正本條第三款，區分採票面金額股或無票面金額股之公司，其章程應記載之事項，以利適用。又依二〇一八年修正條文第三九三條第二項第七款及第三項規定，任何人得至主管機關之資訊網站查閱公司之「資本總額或實收資本額」，是以，採行無票面金額股

---

[878] 梁宇賢，同前[15]，頁 297–298。

[879] 王文宇，同前[75]，頁 308。

者，雖章程僅記載股份總數，仍可經由主管機關之資訊網站查知公司之實收資本額，維護投資人知的權利及保障交易之安全。公司法第一二九條第三款之股份總數，又稱為發行可能股份總數，授權資本或授權股份數（乃指授權董事會發行之股份總數），[880]其之所以須記載於章程乃為避免董事會無限制發行新股而稀釋原股東持股比例或造成股價跌落，而且非公開發行公司即使所發行新股為該章程記載之股份總數內，理論上仍須經股東會決議通過來保障原股東之相同利益為妥。[881]

公司法第一二九條第四款之所謂本公司所在地，乃指最小之獨立行政區。[882]其作用乃在決定債務履行地與管轄法院等以定公司之權利與義務之中心地。

公司章程未根據公司法第一二九條之規定記載公司名稱、所營事業、股份總數等事項者，不論是一項以上欠缺或一項以上違法（含虛偽），則該公司章程全部違法而且公司之設立無效。[883]發起人依據合夥法理負連帶責任。

另外，公司法第二三五條之一第一項規定，公司應於章程訂明以當年度獲利狀況之定額或比率，分派員工酬勞。此亦屬絕對必要記載事項。[884]

二、相對必要記載事項

公司法第一三〇條第一項規定，下列各款事項，非經載明於章程者，不生效力：分公司之設立、解散之事由、特別股之種類及其權利義務、發起人所得受之特別利益及受益者之姓名。公司法第一三〇條第二項規定，

---

[880] 柴田和史，前揭書，頁 31。

[881] 三枝一雄、南保勝美、柿崎環、根本伸一，前揭書，頁 38。

[882] 柴田和史，前揭書，頁 30。

[883] 鄭玉波，同前[13]，頁 91；龍田節、前田雅弘，前揭書，頁 460；柴田和史，前揭書，頁 30。

[884] 王文宇，同前[75]，頁 309。

前項第四款發起人所得受之特別利益，股東會得修改或撤銷之。但不得侵及發起人既得之利益。

公司法第一三〇條第一項第四款所規定之「發起人所得受之特別利益及受益者之姓名」之所以須記載於章程方生效力，乃因發起人在設立程序中濫用權限損害公司之危險性頗高而被稱為「危險的約束」事項，因此，須記載於原始章程始生效力，[885]以便外界加以檢視。同理，發起人以現物出資及發起人在設立中為公司所受讓之財產亦有相同之危險，[886]但我國法遺漏而未作規定，而僅在公司法第三五六條之三第四項對閉鎖性公司發起人以技術或勞務出資有須記載於章程之片斷規定。

根據公司法第一三〇條之規定，該條所列舉之事項，例如特別股之種類，須記載於章程方生效力，否則（例如記載於公司其他內部規章）該事項無效。此外，公司法中另有甚多個別的相對必要記載事項之規定，有一小部分規定於總則章，如經理人之設置（公司法第二十九條第一項規定參照），有甚多規定在股份有限公司章，如特別股之種類（公司法第一五六條第三項規定參照），將於該章節中介紹之。其特徵為法條中有「能以章程另為規定」或「除章程另有規定外」之表達方式。[887]此類相對應記載事項亦僅記載於章程方生效力。日本法另有公司法雖無明定，但因該事項對股東利益影響重大，所以判例認為應記載於章程始生效力者，例如出席股東會之代理人限於該公司股東之規定。[888]我國法並無此類判例存在。

三、任意記載事項

任意記載事項屬自治立法權，只要記載於章程即生章程之效力，但不得違反強制規定或公序良俗或股份有限公司之本質。[889]若一事項違反強行

---

[885] 三枝一雄、南保勝美、柿崎環、根本伸一，前揭書，頁39、41。

[886] 三枝一雄、南保勝美、柿崎環、根本伸一，前揭書，頁39–40。

[887] 龍田節、前田雅弘，前揭書，頁461。

[888] 江頭憲治郎，前揭書，頁71、72（註8）。

法或股份有限公司之本質則被稱為無益之記載事項，[890]因該記載本身無效。在日本法上，只要不違公司法之規定，公序良俗或股份有限公司之本質即可被記載於章程，而且，日本實務上有甚多任意記載事項被載於章程，因為雖載於他處亦有效，但以章程為之明確性較高且有更改較不容易之效果，[891]而且股東權種類雖多數由法律所明定，但亦可藉章程規定而享有某種股東權，[892]我國法上亦同。

第四節　發起設立及其程序

壹、發起設立之基本流程

發起設立又稱單純設立或同時設立，因為發起人應繳足股款，選任董事、監察人。此類公司因人數較少且可能為閉鎖性公司。[893]發起設立程序之基本流程為訂立章程，認足並繳足第一次發行之股份，選任董事、監察人，申請設立登記及主管機關審核。

貳、發起人訂立章程

與其他公司類型可享有較多自主權不同地，股份有限公司乃匯集多數股東之資金形成公司資本，股東人數可能眾多而未能讓每位股東介入經營，因此，其章程為保護未得參與經營之股東，及為保障股東之權益，即使為公司內部關係之規定，亦多強行規定而與無限公司有別。[894]

---

[889] 鄭玉波，同前[13]，頁 91；王文宇，同前[75]，頁 310；高橋紀夫，前揭書，頁 395。
[890] 高橋紀夫，前揭書，頁 67。
[891] 神田秀樹，前揭書，頁 50；高橋紀夫，前揭書，頁 67。
[892] 神田秀樹，前揭書，頁 69。
[893] 王文宇，同前[75]，頁 313。
[894] 柯芳枝，前揭書，頁 169。

參、發起人認足並繳足第一次要發行之股份

公司法第一三一條第一項規定，發起人認足第一次應發行之股份時，應即按股繳足股款並選任董事及監察人。該條第二項規定，前項選任方法，準用第一百九十八條之規定。該條第三項規定，發起人之出資，除現金外，得以公司事業所需之財產、技術抵充之。所謂「第一次應發行之股份」在完全授權資本制下乃指發起人們所共同決定之所欲發行之股份。

一、現金以外出資

本條第三項為二〇一八年所修正，其明定發起人之出資，除現金外，得以公司事業所需之財產或技術抵充之，以符實際。但因股份有限公司為資合公司，公司債務以公司財產為擔保，所以，本法除閉鎖性股份有限公司外不允許發起人以勞務為出資之標的。[895]現物出資之承認理由為，公司成立後可能需較快進行營業或公司事業需該財產較有利或方便，但若違反法定程序，則該出資無效，因為乃屬社員關係而非交易關係，而無交易安全之特殊顧慮。[896]

二、發起人認股之法律性質

每一發起人至少應認一股以上，以免有無心而不負責任的隨便發起人。[897]發起人認足第一次應發行之股份時，應即按股繳足股款，若有發起人已認而不願繳納對價，則應依民法債務不履行之規定辦理之，[898]因為公司尚未成立，不能遽認為「認股」乃買賣契約。其所為認股行為之法律性質，學說上有合夥契約說、買賣契約說、委任契約說、第三人利益契約說、

---

[895] 柯芳枝，前揭書，頁 175。

[896] 高橋紀夫，前揭書，頁 60–61。

[897] 賴源河（王志誠修訂），前揭書，頁 195；近藤光男，前揭書，頁 24。

[898] 柯芳枝，前揭書，頁 174。

無名契約說、合同行為說與雙重性質說。[899]鄭玉波教授採日本學者野津務氏之入社契約說，而認為公司設立行為係以設立公司人格為目的之行為，而認股（入社）行為係以取得社員權為目的之財產法上行為，其為一種契約（若公司尚未成立則為將來入社契約）而可被稱為入股契約。[900]柯芳枝教授則認為其係發起人欲以所認股份之對價為出資加入該公司而成為其股東之意思表示，而為公司設立行為之一部分，故應屬公同行為。[901]

三、股款之繳納方式

在股金之繳納制度上有股金全部付進制與股金部分付進制，前者需繳清全部股款方成為股東，而後者則允許僅付一部分即成為股東而其餘部分則允許將來再履行（如英國法）。[902]我國與日本法採前者，股東交清股款後，將來已不再有任何繳款之義務了，[903]所以，股款須一次繳足不得在公司成立後再補繳。以公司事業所需之財產、技術抵充之者，若有市價則依市價定其價值，若無市價，則得由公正之有關機關團體評定之。不論何者，依股金全部付進制之精神，皆須移轉給公司後方成為股東。

肆、發起人選任董事及監察人

公司法第一三一條第一項規定，發起人認足第一次應發行之股份時，應即選任董事及監察人。該條第二項規定，前項選任方法，準用第一百九十八條之規定。而公司法第一九八條第一項規定之準用結果，發起人們選任董事及監察人時，每一股份有與應選出董事人數及監察人數相同之選舉權，得集中選舉一人，或分配選舉數人，由所得選票代表選舉權較多者，

---

[899] 此些學說被介紹於鄭玉波，公司法，第二版，三民，台北，1983年8月，頁97–99。

[900] 鄭玉波，同前[13]，頁100。

[901] 柯芳枝，前揭書，頁173。

[902] Paul Davies, ibid., p. 81；前田庸，前揭書，頁18。

[903] 前田庸，前揭書，頁87。

當選為董事。亦即採所謂之累積投票制 (cumulative voting)，而且，肥水不落外人田，人事選舉並沒有利益迴避原則之適用。

第五節 募集設立及其程序

壹、募集設立之基本流程

募集設立又稱募股設立或漸次設立或複雜設立，[904]發起人未認足繳足第一次所欲發行之股份數而對外招募，所以，需召開創立會。此類公司可能由於法律或目的事業主管機關訂有最低資本額而超出發起人認購能力，而使發起人須向大眾募股，所以多屬大眾公司之設立（例如銀行之設立）。募集設立程序為訂立章程，發起人認股，募股，認股人認股，催繳股款及召開創立會，因實務上使用之機會不多，以下僅分述其與發起設立之不同要點。

貳、發起人訂立章程與認股

發起人訂立章程與認股與發起設立大體相同，但每位發起人僅須認一股以上而不必認足第一發行之股份，惟公司法第一三三條第二項規定，募集設立發起人所認股份之總數，不得少於第一次發行股份四分之一。

參、發起人募股與股款之繳納

募集設立時發起人之義務較發起設立時為重，包括以下之義務：應具備法定事項申請證券管理機關審核、備置認股書、募足股份、催繳股款。未認足的第一次發行股份，以及已認而未繳股款者，發起人有連帶認繳義務。

發起人應募足第一次發行而未被認之股份。公司法第一三二條第一項

---

[904] 王文宇，同前[75]，頁314；廖大穎，前揭書，頁82。

規定，發起人不認足第一次發行之股份時，應募足之。該條第二項規定，前項股份招募時，得依第一百五十七條之規定發行特別股。所謂募集，國內通說認為乃須公開招募之者，[905]但日本法認為仍可能有對特定人（非發起人者）之緣故募集與對不特定人之公募（與分次發行新股同）兩種可能性。[906]其次，若採須為公募之見解，則發起人應具備法定事項申請證券管理機關審核。審核通過後（又稱報備生效後），發起人應備認股書由認股人填載，因為認股為要式行為所以須填寫認股書。[907]填載時依公司法第一三八條第二項之規定，以超過票面金額發行股票者，認股人應於認股書註明認繳之金額。[908]由此可見，認股人僅能以現金出資認股。

認股人之認股行為之法律性質，在我國雖有採共同行為說而與發起人之認股行為同性質者，但多數說乃採契約說，亦即以認股書為設立中公司藉發起人作代表機關對大眾之要約，而認股人以認股所為承諾之加入設立中公司之契約。[909]若認股所認股份總數超過擬募集之股份總數，而發起人已預先公告將以抽籤方法決定者，則應解釋認股書之填寫為附停止條件之承諾，而於中籤時該條件始成就。[910]若無預先對外公告以抽籤決定之，則依自由分配原則（日文稱割当自由原則），分配可自由為之。[911]此後，認股人依據公司法第一三九條之規定，有照所填認股書，繳納股款之義務。

為讓公司早日成立並擁有初期運作之資金，公司法第一四一條規定，第一次發行股份總數募足時，發起人應即向各認股人催繳股款，以超過票面金額發行股票時，其溢額應與股款同時繳納。這是因為公司法雖對公司成立後之資本採完全授權資本制，但對公司成立時之第一次發行之股份仍

---

[905] 姚志明，前揭書，頁 216；廖大穎，前揭書，頁 82。

[906] 前田庸，前揭書，頁 60。

[907] 柯芳枝，前揭書，頁 180。

[908] 賴源河（王志誠修訂），前揭書，頁 180。

[909] 柯芳枝，前揭書，頁 181；王文宇，同前[75]，頁 316。

[910] 柯芳枝，前揭書，頁 181；王文宇，同前[75]，頁 316。

[911] 前田庸，前揭書，頁 63；柴田和史，前揭書，頁 45。

嚴格地遵守資本確定原則，須對之認足募足繳足，公司才可成立，惟當股份乃對外公開招募時，為避免認股大眾有人延欠應繳股款而使公司成立受到延宕，公司法須採行便捷定型集團的處理以督促認股人繳款，[912]因此，公司法第一四二條第一項規定，認股人延欠前條應繳之股款時，發起人應定一個月以上之期限催告該認股人照繳，並聲明逾期不繳失其權利。該條第二項規定，發起人已為前項之催告，認股人不照繳者，即失其權利，所認股份另行募集。該條第三項又規定，前項情形，如有損害，仍得向認股人請求賠償。

肆、發起人召開創立會

一、創立會之意義

創立會為募集設立時設立中公司之意思決議機關，為成立後公司之股東會之前身。創立會之主要權限為修改章程、選任董事與監察人、裁減權之行使、為公司不設立之決議等，可見創立會之設置旨趣在於募集設立所招募加入設立中公司之認股人與發起人同在公司成立與否具相同利害關係，但卻與發起人不同地，僅信賴認股書及招股章程等書面資料即進行投資，因此，為保障認股人應讓其有聽取設立經過報告，並對設立費用加以裁減之機會。[913]

二、創立會之召集時期與召集效果

發起人依據公司法第一四三條之規定應於發起人及認股人股款繳足後，二個月內召開創立會。而且公司法第一五二條規定，第一次發行股份募足後，逾三個月而股款尚未繳足，或已繳納而發起人不於二個月內召集創立會者，認股人得撤回其所認之股。而且，依公司法第一五三條之規定，

---

[912] 柯芳枝，前揭書，頁182、183。

[913] 柯芳枝，前揭書，頁185。

創立會結束後，認股人不得再將股份撤回。

三、創立會之程序與決議

創立會之程序與決議原則上準用股東會之規定。二〇一八年修法之前有關創立會決議瑕疵之救濟並無明文準用之規定，因此，柯芳枝教授認為，創立會既為股東會之前身，似可類推適用股東會之相關規定。[914]二〇一八年修法之立法理由指出，創立會之召集程序、決議方法及其內容，違反法令或章程時，其法律效果為何，應如何救濟，尚無明文，基於創立會為股東會之前身，因此，修法明定準用第一八九條至第一九一條股東會之相關規定。此一修法顯然乃採納柯芳枝教授之見解。

四、創立會之權限

創立會之權限包括報告聽取權，董監選任權，調查與裁減權，修改章程及公司不設立之決議權。[915]有關董監選任權，舊法時董事及監察人須從發起人及認股人中選出否則該決議無效，[916]但現行法已無董事及監察人須具股東身分之要求，所以，不再有此限制。

有關調查與裁減權，公司法第一四七條規定，發起人所得受之報酬或特別利益、公司所負擔之設立費用有冒濫者，創立會均得裁減之，用以抵作股款之財產，如估價過高者，創立會得減少其所給股數或責令補足。此些事項在日本法上被稱為變態設立事項或危險拘束，其乃因為要防止發起人濫用其權限（自肥）而有此規定。[917]

---

[914] 柯芳枝，前揭書，頁 188。

[915] 鄭玉波，同前[13]，頁 102–103。

[916] 柯芳枝，前揭書，頁 190。

[917] 江頭憲治郎，前揭書，頁 101（註 4）；近藤光男，前揭書，頁 31。

伍、募集設立發起人之較重責任

募集設立發起人之責任比發起設立發起人為重，因此，公司法第一四八條規定，未認足之第一次發行股份，及已認而未繳股款者，應由發起人連帶認繳；其已認而經撤回者亦同。本條依其體系解釋應限於募集設立之情況，因為依據公司法第一四九條之規定，因第一四七條及第一四八條情形，公司受有損害時，得向發起人請求賠償。此一規定將第一四八條與第一四七條並列。

公司法第一四八條乃基於發起人所負之資本充實責任，以落實資本確定原則及資本維持原則，達到交易安全之保障，更何況募集設立所招募之認股人對公司成立之期待不能僅因部分認股人未繳股款致公司設立無效而落空，因此，課募集設立之發起人此一連帶認繳責任。[918]而公司法第一四九條所規定之損害賠償責任屬無過失之賠償責任，因此，不論發起人對第一四七條及第一四八條情形有否過失皆應負責，惟本法未規定數發起人間須負連帶賠償責任乃屬疏漏。[919]

第六節　設立中公司

設立中公司對股份有限公司之設立較有重要性，因為其設立需較長（尤其是募集設立）之時間，其他類型之公司依公司登記辦法之規定應於訂立章程後短時間內（十五日內）申請公司登記，因此，設立時間短暫，較沒必要討論之。不過，設立中公司之原理對其他類型之公司亦有適用。[920]

---

[918] 柯芳枝，前揭書，頁194；王文宇，同前[75]，頁320。

[919] 柯芳枝，前揭書，頁195。

[920] 柯芳枝，前揭書，頁23。

壹、設立中公司之意義與法律性質

所謂設立中公司 (die werdende Gesellschaft; Vorgesellschaft) 指自「訂立章程」起，至「完成設立登記」前，尚未取得法人資格之實體。此一實體乃設立完成後公司之前身 (Vorbild)，且由於業已具備相當於成立後公司之構成員（如發起人及認股人），機關之一部分，及股款之一部分或全部，僅尚未登記，因此，其人與物之基礎已一部分具備，法律性質上已屬無權利能力之社團，[921]或無法人格之社團。[922]由於設立中公司為一無權利能力之社團（非法人團體），因此，其需具有成為團體之組織及構成員，是以，設立中公司應始自發起人簽立章程並認股始成立，[923]因為此時才具有成為團體之組織及構成員。

以民法角度而言，設立中公司並無法人格，理應不能享受權利、負擔義務，當然不能成為法律行為主體才是，然而，公司法為民法之特別法，而公司法蘊含對設立中公司之承認。

貳、設立中公司之承認

雖有見解認為設立中公司之承認僅是為說明方便而承認之，[924]但本書認為其承認乃是因為大陸法系採法人實在說之理論使然，[925]至於英美法因採法人擬制說，所以並無設立中公司之概念，而且甚至嚴格禁止任何人為設立登記前之公司簽訂契約，即使簽訂，成立後之公司亦不得追認之，而須由行為人自負其責。[926]

---

[921] 柯芳枝，前揭書，頁 22、166；王文宇，同前[75]，頁 112；黑沼悅郎，前揭書，頁 290；神田秀樹，前揭書，頁 58；龍田節、前田雅弘，前揭書，頁 443。

[922] 近藤光男，前揭書，頁 26。

[923] 吉本健一，前揭書，頁 34。

[924] 近藤光男，前揭書，頁 27。

[925] Karsten Schmidt, a.a.O. (Fußnote 21), S. 187, 188, 195.

[926] Paul Davies, ibid., pp. 14, 116, 117, 140–141; Robert R. Pennington, ibid., pp. 106, 109.

由公司法第一五五條第二項之規定（發起人對於公司在設立登記前所負債務，在登記後亦負連帶責任）可察知，公司法雖未明文承認設立中公司，然已藉設立登記前公司已可負債務之用語間接承認其存在。

參、設立中公司代表機關與成立後公司之關係

隨著股份有限公司之成立，發起人及認股人即成為股東，設立中公司所選任之董事與監察人即成為公司之業務執行機關與監督機關。因此，設立中公司之法律性質雖屬無權利能力之社團，但為此團體之代表機關之發起人或發起人合夥，於公司訂立章程後之法律行為，其效力與成立後的公司間之關係，有以下之不同見解。[927]

一、學說與實務見解之爭

㈠無因管理說

此說認為，發起人與成立後之公司間之關係係屬無因管理之關係。因此，於公司設立後，發起人行為之效力，依無因管理之規定，歸屬於公司。然而，實際上，發起人並無無因管理之意思。而且，民法上之無因管理人不得請求報酬，但公司法之發起人有報酬，所以，此說並不妥。[928]

㈡第三人利益契約說

此說認為發起人之行為，係為將來成立公司之利益，與他人訂立契約。然而，公司發起行為甚難符合民法第二六九條之要求。

㈢代理說

此說認為，發起人係未成立公司之代理人，故應將設立行為所生之權利義務移於成立後之公司。此說甚不足採，因公司尚未成立，尚無法律人格，無從代理。[929]

---

[927] 以下學說被介紹於梁宇賢，同前⑮，頁294–295。

[928] 梁宇賢，公司法實例解說，第三版，自刊，台北，民國80年9月，頁294。

[929] 梁宇賢，同前⑮，頁295；龍田節、前田雅弘，前揭書，頁443。

㈣繼承說

此說認為，發起人基於設立行為而生之權利義務，依當事人之意思或法律之規定，當然由成立之公司繼承。然而，公司在成立前並無人格，概念上不能被繼承。[930]

㈤歸屬說

此說認為，發起人在設立時所為必要行為而取得權利或負擔義務者，此權益於公司成立後，在法律上當然由公司取得。此說過於武斷而缺乏當然取得的法律根據。[931]

㈥同一體說

發起人或發起人合夥乃設立中公司（屬無權利能力之團體）之機關，[932]根據同一體說 (die Identitaetstheorie)，設立中公司於實體上，具有法律上相當程度之意義，視為成立後公司之前身，猶如自然人之胎兒，兩者間超越人格之有無，實質上屬於同一體，則設立中公司藉發起人為機關所生之法律關係，即係成立後公司之法律關係。同一體說為德國判例及學說所創，[933]亦為日本之通說（稱為同一性說或同一說）。[934]

二、我國通說採同一體說

我國學說與實務，亦皆認為設立中公司與完成設立之公司本屬同一體，[935]發起人或發起人合夥以設立中公司機關所為有關設立之必要行為，

---

[930] 梁宇賢，同前[15]，頁 295。

[931] 梁宇賢，同前[15]，頁 295。

[932] 梁宇賢，同前[15]，頁 295；黑沼悅郎，前揭書，頁 290；三枝一雄、南保勝美、柿崎環、根本伸一，前揭書，頁 37。

[933] Karsten Schmidt, a.a.O. (Fußnote 21), S. 299, 301–302.

[934] 神田秀樹，前揭書，頁 58–59；吉本健一，前揭書，頁 34、47；三枝一雄、南保勝美、柿崎環、根本伸一，前揭書，頁 36–37；江頭憲治郎，前揭書，頁 107（註 2）；龍田節、前田雅弘，前揭書，頁 443。

[935] 柯芳枝，前揭書，頁 166；陳連順，前揭書，頁 26；梁宇賢，同前[15]，頁 295；黃銘

其法律效果在公司成立前實質上已歸屬於設立中公司。[936]因此，於公司成立之同時，形式上亦當然歸屬於公司。此際，並不需要特殊之轉移行為，亦無須權利義務之繼受。[937]亦即，設立中公司之認股人乃成立後公司的股東，設立中公司所選任之董事及監察人即為成立後公司的機關。發起人權限內行為（即使以發起人合夥之名義為之者）所取得之權利或負擔之義務在公司成立後由公司享受或負擔。

肆、發起人所為行為之效力要歸屬設立後公司之要件

發起人之行為要能依同一體說歸屬於設立後之公司，必須是發起人之行為，且屬設立所必要，並以公司籌備處名義為之，方可使該權利義務歸屬設立中公司，再依同一體說而使效力歸屬設立後公司。

一、發起人之行為

該行為須屬發起人之行為。發起人為設立中公司之原始構成員且為其事務執行機關與代表機關。[938]至於，發起人之認定基準雖有實質認定與形式認定兩種見解，原則上乃採形式認定說，已述於第二篇第六章第五節。

二、須屬發起人為設立中公司機關之權限內行為

設立行為與事業行為本具有連續性，因此，若對發起人之行為做過度限制則對事業之開始營運並不利，因此，依保護之法益之不同，日本判例及學說大致上對設立中公司機關之權限內行為有三種見解。

傑，同前[861]，頁 87、114–115；最高法院 72 年台上字第 2127 號判決。

[936] 柯芳枝，前揭書，頁 22、166。

[937] 柯芳枝，前揭書，頁 166。

[938] 柯芳枝，前揭書，頁 167；王文宇，同前[75]，頁 313。

㈠以公司設立為直接目的行為

以設立公司為直接目的之行為（設立本身為目的之行為），例如訂立章程、募股、董事之選任，以及設立公司所必要之創立會召集行為等。[939]日本判例及學說有本於公司設立時財產基礎之確保，而認為僅有此類行為方為發起人作為設立中公司機關之權限內行為者。[940]

㈡必要行為

除以公司設立為直接目的之行為外，發起人之行為要歸屬於設立後公司須在法律上與經濟上為設立公司所必要之行為，包括對外之交易行為，如租賃公司籌備處之處所、雇用籌備處之員工。[941]日本判例亦有本於公司設立時財產基礎之確保而採此之見解者。[942]

㈢開業準備行為對設立後公司之效果

開業準備行為乃指為營業準備所為之行為，包括廠房與土地之建購、機器原料之購買、員工之聘雇與銷售通路之建立等。[943]與上述之以公司設立為直接目的行為及公司設立必要行為，乃各種公司之設立皆會有的共通行為不同，開業準備行為因受公司目的事業之影響，各公司會有不同之開業準備行為。[944]其是否在發起人作為設立中公司機關之權限範圍內，少數說認為其乃屬權限內行為，而僅有為公司受讓財產才因濫用危險較高而須受嚴格之限制，但日本通說顧及成立後公司之財產基礎而認為其乃權限外行為，[945]惟該行為之效力，應如何加以處理，學說上亦有爭議。

---

[939] 江頭憲治郎，前揭書，頁 108（註 2）。
[940] 三枝一雄，前揭書，頁 36；前田庸，前揭書，頁 27。
[941] 柯芳枝，前揭書，頁 167。
[942] 三枝一雄、南保勝美、柿崎環、根本伸一，前揭書，頁 36。
[943] 神田秀樹，前揭書，頁 60（註 1）；龍田節、前田雅弘，前揭書，頁 444。
[944] 前田庸，前揭書，頁 27。
[945] 黃銘傑，同前[861]，頁 87、118；江頭憲治郎，前揭書，頁 108（註 2）；近藤光男，前揭書，頁 25、32。

1.絕對無效說

發起人所為公司開業準備行為，並非發起人之權限，其行為之效果，對公司不生效力，故屬絕對無效。

2.適用無權代理說

發起人權限須加以限制，藉以保障股東及債權人。惟公司之設立，並非僅以取得法人人格為唯一目的，而係欲利用成立後公司，追求營利。於公司設立階段，亦須有些事前準備工作，以確保公司完成設立後之順利營運。因此，此類行為若對公司有利無害，無妨依無權代理之規定，容公司在事後加以追認。

3.類推適用無權代理說

本說之論點原則上與適用無權代理說相同，惟因設立中公司尚未成立而無法人人格，而尚未有本人，[946]因而，並無本人可被代理，可見，「適用無權代理說」，有所未妥。然而，設立中公司既係一無權利能力之社團，故無妨類推適用無權代理之法理，允許設立中公司對發起人代表公司所為之開業準備行為為事後之追認。[947]

日本多數說及判例亦認為開業準備行為原則上並不屬發起人權限內之行為，而是為迅速實現開業而例外允許之，[948]至於該行為之效力則視以何名義為之。若以設立中公司名義而為之，則成立後之公司可決定是否追認之，若以發起人合夥之名義為之，則需以債務承擔之方式由設立後公司決定是否承擔之。[949]當設立後之公司不願追認或承擔之時，若該行為屬發起人合夥之代理權限內之行為，則該行為效力歸發起人合夥，若不屬代理權限內，以代理人名義作該行為之發起人雖不必自負責任，但可能須負無權代理人之責。[950]因此，本書雖肯定類推適用無權代理說，但須該行為乃以

---

[946] 川村正幸等三人合著，前揭書，頁 54。

[947] 姚志明，前揭書，頁 40；王文宇，同前[75]，頁 313。

[948] 川村正幸等三人合著，前揭書，頁 54。

[949] 神田秀樹，前揭書，頁 60（註 1）；龍田節、前田雅弘，前揭書，頁 444。

公司籌備處名義為之方可。

三、須以公司籌備處名義為之

設立中公司藉發起人所為行為之效力能否歸屬公司，尚須視以何名義為之。

㈠以公司名義為之者應由行為人自負

公司在設立登記前，既不得謂其已取得法人之資格，自不能為法律行為之主體，而以其名稱與第三人為法律行為。若以其名稱而與第三人為法律行為，則應由行為人自負其責，即認行為人為該項行為之主體。此公司法第十九條規定之所由設。因此，在未經設立登記，而以公司名稱與第三人所為之法律行為，除雙方預期於公司設立登記後，由公司承受，而公司於設立登記後已表示（無論明示或默示）承受，或公司另有與該為法律行為之雙方當事人成立「契約承擔」之契約外，公司原則上不當然承受，而且由於公司並非該法律行為之主體，亦不因其後股東之承認，而變為該法律行為之當事人。[951]

㈡以公司籌備處名義為之

發起人以公司籌備處名義所為之設立必要行為，依同一體說，效力由成立後公司負擔。[952]至於開業準備行為則須類推適用無權代理說，由成立後之公司決定是否承認之。

伍、發起人以公司籌備處名義所為之事業營業行為

其他非設立公司之必要行為，亦非開業準備行為，而是設立後公司所預定要進行之事業（包括所登記之營業項目之營業行為）行為，發起人作

---

[950] 近藤光男，前揭書，頁33。

[951] 姚志明，前揭書，頁40；最高法院71年台上字第4315號判決。

[952] 姚志明，前揭書，頁40。

為設立中公司之機關並無權限為之，[953]此時即使乃以公司籌備處名義為之，尚須區分其是否為發起人合夥之目的行為，若肯定則由發起人連帶負責，若否，則屬發起人無權代理之行為，[954]惟不論何者，皆可由設立後之公司決定是否繼受此一法律關係。若設立後公司決定繼受，自為此決議時起，該法律關係主體發生移轉，但發起人基於公司法第一五五條規定應連帶負責。若設立後公司決定不予繼受，則該法律關係仍存在於發起人與相對人之間，此時須視該事業行為是否符發起人合夥之目的而定，若符合之，則發起人或有代理發起人權限之人所為之行為，其效力歸發起人合夥，若發起人無代理權或其他不能認為屬發起人合夥之行為之情況，則應由該發起人負無權代理人之責。[955]

第七節 股份有限公司設立成功與失敗時發起人之責任

壹、股份有限公司設立不成功之情況

當設立不成功時，不論不能成立原因為創立會否決或其他原因，此時對外責任而言，公司既未成立，公司不負任何責任。此時，在另三種公司之情況，乃依合夥之原理處理其權利義務關係，已如第二篇第三章第三節所述，而股份有限公司之情況，由於所涉較廣，公司法有介入規範，因此，在對外關係乃由發起人全體依公司法第一五〇條規定負責，對內關係則因為與前述發起行為並行之合夥法律關係，而根據合夥法理負連帶損害賠償責任。分述如下。

---

[953] 神田秀樹，前揭書，頁 60（註 1）；龍田節、前田雅弘，前揭書，頁 444。

[954] 龍田節、前田雅弘，前揭書，頁 444–445。

[955] 神田秀樹，前揭書，頁 60（註 1）。

一、對外關係

公司法第一五〇條規定，公司不能成立時，發起人關於公司設立所為之行為，及設立所需之費用，均應負連帶責任，其因冒濫經裁減者亦同。

設立中公司既屬無權利能力之社團，現既不能完成設立登記取得法律人格，本應因目的不能達成歸於解散與清算，將剩餘財產分配給其構成員（包括發起人及認股人），惟公司法為保護認股人之權益，僅令發起人對公司設立行為負全責，以替代解散與清算。[956]此時，設立中公司被溯及既往地否定存在過，因此，不對設立中公司進行解散與清算。[957]也因為設立中公司被溯及既往地否定存在過，因此，其他認股人居於與設立中公司債權人同一之地位，得向發起人請求返還其所繳交之股款。[958]而且，不論發起人有否過失（屬無過失責任），皆連帶負責（包括對認股人連帶負返還責任）。[959]

發起人關於設立所需之費用，亦均應負連帶責任，其因冒濫經裁減者亦同。至於非設立所需之費用以及非發起人權限內之行為，本即不歸屬於設立中公司，因此，應依發起人合夥契約由發起人及合夥人連帶負責。[960]

二、對內關係

對內關係，由實質發起人根據發起人合夥契約或合夥法理解決其間之責任，因為發起行為之法律性質雖有數說，但設立中公司之性質既屬無權利能力之社團，我國最高法院十九年上字第一四〇三號判例及十九年上字

---

[956] 柯芳枝，前揭書，頁 24、197；王文宇，同前[75]，頁 113；黃銘傑，同前[861]，頁 87、121；江頭憲治郎，前揭書，頁 115。

[957] 前田庸，前揭書，頁 81。

[958] 柯芳枝，前揭書，頁 24、197。

[959] 前田庸，前揭書，頁 81；柴田和史，前揭書，頁 50。

[960] 黃銘傑，同前[861]，頁 87、122。

第一九二四號判例認為其與合夥團體相當，既未完成登記取得人格，則其所負債務，各發起人應依合夥之例擔負償還責任。[961]

貳、股份有限公司設立成功的情況

在股份有限公司設立成功的情況，發起人之義務與責任宜區分對內與對外來加以探討較為明瞭。

一、對內之責任

發起設立與募集設立之發起人對於公司設立事項，如有怠忽職守（未盡善良管理人之注意）致公司受有損害時，應對公司負連帶賠償責任（公司法第一五五條第一項前段參照）。這是因為發起人為設立中公司之業務執行機關，屬公司法第八條第二項之職務負責人，又受有報酬，故與有償受任人相同，須依公司法第二十三條第一項對公司負善良管理人之注意義務，而任務懈怠乃屬一種債務不履行所使然。[962]

二、公司成立時對第三人責任

公司成立時發起人在設立期間對第三人責任當區分侵權行為責任與債務不履行而論。

㈠侵權行為責任

發起人在設立期間因執行職務對第三人之侵權行為應與設立後之公司連帶負責（公司法第八條第二項、第二十三條第二項、民法第二十八條、第一八四條參照）。這是因為發起人乃設立中公司之業務執行機關，而且依我國公司法第八條第二項乃公司之職務負責人，[963]所以對之課以如同公司成立後之負責人對公司第三人相同之責任。[964]

---

[961] 最高法院 93 年台上字第 2188 號判決。

[962] 柯芳枝，前揭書，頁 195；江頭憲治郎，前揭書，頁 113。

[963] 柯芳枝，前揭書，頁 196。

㈡債務不履行

根據公司法第一五五條第二項之規定，發起人對公司設立登記前所負之債務，在公司設立登記後亦負連帶責任，而此債務應不包括前述侵權行為所生之責任。本條項之規範理由在於公司設立登記前所負之債務，若屬公司設立之必要費用，依同一體說應由公司負責，但為增加債權人之獲償機會而規定發起人應連帶負其責任。[965]此一連帶關係存於數發起人之間及發起人與公司之間。

三、申請公司設立登記

公司設立成功根據公司登記辦法第二條第二款之規定，代表股份有限公司之負責人應於就任後十五日內向主管機關為公司設立之登記申請。而主管機關依公司法第五條第一項之規定為經濟部與直轄市政府，因此，申請公司設立登記之公司之本公司在台北市或高雄市等六都者須向該市政府登記，而全國其他之縣市則向經濟部（中部辦公室）為之。設立登記後，該公司股份即得轉讓並可發行股票。

---

[964] 江頭憲治郎，前揭書，頁 114（註 1）。

[965] 柯芳枝，前揭書，頁 196。

第三章　股份與股票

第一節　概　述

股份有限公司之特色在於其資本被區分成股份。股份與股票之概念雖有密切關聯，但仍應嚴格加以區分。股份乃股份有限公司資本之最小單位並表彰股東權。至於股票則為表彰股份之有價證券，其性質為不完全有價證券，因為股東權乃隨股份而生，而非因為股票之作成而產生。

股份有限公司未發行股票者，其股份交易屬財產交易，而發行股票者，雖然股票交易比財產交易有租稅上優惠，[966]但發行股票有其成本，例如有實體之股票有銀行簽證成本，防偽成本與保管成本，而無實體發行者，仍有向集保公司登錄之成本。因此，僅有股東人數較多，股份轉讓較頻繁者有發行股票之實益，因此，原則上應讓公司決定是否要發行股票，是以，二〇一八年修法後，我國法現僅要求公開發行股票之公司應發行股票。

第二節　股份與股東權

壹、股份與持份之區分

股份有限公司之資本被區分成股份，乃為被細分化之持份 (equity)。[967]股份有限公司之股份與有限公司之持份之差異在於股份採持份均一主義，

---

[966] 朱德芳、張心悌，公司籌資與有價證券之發行，收錄於方嘉麟主編，變動中的公司法制，初版，元照，台北，2019 年 1 月，頁 78。

[967] 河本一郎、川口恭弘，前揭書，頁 85。

而有限公司之持份乃採持份不均一主義，而且股份有限公司之股東可擁有複數之股份，稱為持份複數主義，而我國有限公司之股東僅能擁有一持份（可大可小），稱為持份單一主義，而與現行日本持份公司（包括有限責任之合同公司）乃採持份單一主義，但持份不均一主義者同。[968]

貳、股份乃股東權之表彰

一、股份與股東權之關係

股份乃股東權之表彰，擁有股份便享有股東權。股東權之意義在學者間有權益合併說、權益集體說、法律地位說、股東地位說與新債權說之爭，[969]但一般認為其乃股東基於股東地位所得對公司有所主張的社員權（日本通說），[970]既非純粹的財產權，亦非純粹的人格權，[971]既非物權亦非債權，因此，股東間並無法律關係（如契約關係）存在，而是藉社團關係受規範。[972]

二、股東權所衍生子權之種類

在股份乃社員權說之基礎上，對股份有限公司之擁有 (ownership) 關係乃藉由股東持有股份而擁有之，然而股份有限公司仍為一社團法人，因此，股東權乃是兼具財產權成分與人格權成分之社員權，而股份乃為股東所擁有被細分化之對公司可作主張之地位，而與一般債權或物權不同，此一人格成分使得股東權不能脫離股份而被單獨處分，股東權所含之諸權利亦不

---

[968] 三枝一雄、南保勝美、柿崎環、根本伸一，前揭書，頁 54；江頭憲治郎，前揭書，頁 122（註 2）。

[969] 此些學說被介紹於梁宇賢，同前[253]，頁 126–127。

[970] 神田秀樹，前揭書，頁 70（註 1）；吉本健一，前揭書，頁 52–53。

[971] 鄭玉波，同前[13]，頁 107。

[972] 吉本健一，前揭書，頁 53。

可以被單獨加以處分（所以表決權信託乃對全部股份為之而非針對表決權），而且使得該抽象之股東權亦不會因長時間未行使而罹於時效消滅。[973] 不過，股東權既為一種獨自性質之社員權而受社團之團體多數決所制約，因此，只要不違反強行法規定及股東平等原則，亦未侵害股東之固有權，則可以被股東會以決議限制之。[974]

㈠自益權與共益權

由股東權此一母權之財產權成分可導出自益子權，而由此一母權之人格權成分可導出共益子權，德國法乃首創將股東權依股東行使權利之目的之不同而區分「自益權」與「共益權」兩大類。[975]所謂自益權乃為股東自己利益而行使之權利，例如股息紅利分派請求權、剩餘財產分派請求權、股份收買請求權、股東名簿上之姓名更換請求權等。其中，不可全部股份皆無剩餘財產分派請求權，因為清算時剩餘財產必須被分配。[976]

所謂共益權乃股東以參與公司之管理與營運為目的所享有之權利，以及對公司經營者為不當之經營時監督改正（有謀取救濟）之權利，前者為透過股東會之權利，例如股東提案權、表決權或稱投票權，後者包括防止不當之經營，董事會違法行為制止請求權、代表訴訟提起權、會計帳冊閱覽權等，其承認乃因僅賴議決權及監察機關之監督恐有不足，所以應給股東監督改正之權限。[977]

共益權在日本法上有權利說與權限說之爭，前者（通說）對股東權採社員權說而認為共益權與自益權一樣皆屬股東之權利，兩種權利之性質雖

---

[973] 前田庸，前揭書，頁 88；神田秀樹，前揭書，頁 67；三枝一雄、南保勝美、柿崎環、根本伸一，前揭書，頁 58。

[974] 柯芳枝，前揭書，頁 200。

[975] 柯芳枝，前揭書，頁 200；江頭憲治郎，前揭書，頁 129（註 3）。

[976] 柴田和史，前揭書，頁 56。

[977] 王文宇，論公司股東使用委託書法制，收錄於其所編，公司與企業法制，初版，元照，台北，2000 年 5 月，頁 97、103；神田秀樹，前揭書，頁 70；江頭憲治郎，前揭書，頁 128。

有差異，但共益權在根本上亦是為了股東自身之利益，所以，在此意義上與自益權並無區別，只是共益權之行使，效果會及於公司全體，等於對其他股東之權利加以變動，所以須加以限制。[978]共益權行使之效果雖及於其他股東，但仍應被認為屬於股東之權利，因為其可謂是落實自益權之權利。[979]若只因共益權有較高被濫用使全體受到不利益之危險，而認為其與自益權乃不同之性質則可能不正確了。[980]對於股東權採社員權否認論者認為，共益權並非權利而僅是權限，因為共益權並非因社員之資格而有之權利，不過是在機關（股東會）之資格所有之權限，因此，股份之受讓人並非繼受取得共益權，而是取得團體構成員資格，因此原始取得共益權，既僅為權限而非權利，非基於公司之利益不得行使。[981]此乃較早期之見解，現在通說已認為兩者皆為權利。[982]更何況，有些權利如日本法所承認之董事會議事錄等各種書類之閱覽請求權，雖是以監督並要求改正董事等之行為為目的，但亦是兼為股東投資判斷材料之取得，所以亦兼有自益權之性質。[983]

㈡單獨股東權與少數股東權

股東權依權利之行使與持股數之關係，可被區分「單獨股東權」與「少數股東權」。單獨股東權乃每一個股東單獨即可行使之權利。而所謂少數股東權乃指股東須持有一定股份以上方得行使之權利，若一股東未達此比例，則得集合數股東之股份合併計算，共同行使。可數人持有乃是因為其僅注重股份持有之比例而不注重股東之人數。

---

[978] 近藤光男，前揭書，頁 56；長谷川雄一，有価証券法通論，成文堂，東京，平成 12 年 9 月，頁 43。

[979] 吉本健一，前揭書，頁 53；黑沼悅郎，前揭書，頁 53。

[980] 近藤光男，前揭書，頁 57。

[981] 此說之介紹，請參閱吉本健一，前揭書，頁 53–54；近藤光男，前揭書，頁 56；前田庸，前揭書，頁 89。

[982] 河本一郎、川口恭弘，前揭書，頁 87–88；前田庸，前揭書，頁 89。

[983] 江頭憲治郎，前揭書，頁 128–129。

單獨股東權例如股東有請求被登載於股東名簿之權利，[984]上述自益權均屬單獨股東權。[985]而共益權大半為單獨股東權，但亦有少數股東權，例如表決權、董事會違法行為制止請求權、訴請撤銷股東會決議之權利等屬單獨股東權。[986]

少數股東權之目的在於壓抑大股東的專橫，以保護公司權益，惟因顧慮股東濫用此權利之危險大，故要求一定持股比例。[987]例如公司法第二一四條第一項規定，繼續六個月以上，持有已發行股份總數百分之一以上之股東，得以書面請求監察人為公司對董事提起訴訟。

㈢固有權與非固有權

股東權依得否被剝奪或限制可被區分為固有權與非固有權，我國學者多數認為，凡不得以公司章程或股東會決議予以剝奪或限制之權利為固有權，反之則為非固有權。[988]但日本學者則認為不得以股東會多數決加以剝奪者為固有權。[989]固有權之承認旨在劃定股東會多數決之界線，防止多數決之濫用藉以保障股東之基本利益。[990]

至於何種權利為固有權，學說及實務並無統一之見解，但一般認為應依股份有限公司之本質、權利之性質及法律規定個別決定之。[991]有認為議決權、股票交付請求權（有發行股票之公司）、股東名義更換請求權、盈餘分配請求權乃固有權。[992]亦有認為抽象的盈餘分派請求權乃固有權。[993]共

[984] 吉本健一，前揭書，頁54。

[985] 神田秀樹，前揭書，頁71；三枝一雄、南保勝美、柿崎環、根本伸一，前揭書，頁59。

[986] 柯芳枝，前揭書，頁201；川村正幸等三人合著，前揭書，頁91–92。

[987] 柯芳枝，前揭書，頁201；三枝一雄、南保勝美、柿崎環、根本伸一，前揭書，頁59。

[988] 柯芳枝，前揭書，頁202；王文宇，同前[75]，頁346。

[989] 前田庸，前揭書，頁88。

[990] 神田秀樹，前揭書，頁72；柯芳枝，前揭書，頁202。

[991] 柯芳枝，前揭書，頁202；王文宇，同前[75]，頁72；廖大穎，前揭書，頁133；三枝一雄、南保勝美、柿崎環、根本伸一，前揭書，頁60。

益權多為固有權，例如股東提案權、投票權與臨時動議提出權皆為我國實務所承認之固有權，[994]但特別股股東之表決權則可被章程限制或剝奪（即無表決權股），而自益權多為非固有權，惟股份轉讓權、股份收買請求權及股東新股認購權則為固有權。[995]

日本法上之固有權乃指涉及股東本質性之利益而未經股東同意公司不得以股東會決議或章程變更予以剝奪或限制之權利，以防止多數決之濫用。固有權概念為十九世紀以來時德國法所發展，[996]而現代能以股東會多數決之事項大多已以法律明定（例如消滅合併決議需股東會決議），而且，即使有多數決濫用之情況，亦會有其他之理論因應之，所以，固有權概念在日本幾乎沒有用武之地或無討論之實益了，[997]因此，日本現代之公司法教科書已少介紹之了。

參、股份之特性

股份乃股份有限公司之資本最小單位，而有以下之細分性、均一性與不可分性等特性。

一、股份之細分性

股份有限公司之資本，應分為股份，而且被細分成出資單位。由於股份有限公司制度之用意在吸收小額游資，聚積成大資本，因此，將股份細分化以使多數投資人可參加公司，[998]而且，使其易轉讓而收回投資，建立

---

[992] 三枝一雄，前揭書，頁 60、160。
[993] 前田庸，前揭書，頁 88、657。
[994] 王文宇，同前[977]，頁 97、101。
[995] 柯芳枝，前揭書，頁 202、203。
[996] 柴田和史，前揭書，頁 57。
[997] 神田秀樹，前揭書，頁 71–72；三枝一雄、南保勝美、柿崎環、根本伸一，前揭書，頁 60。
[998] 吉本健一，前揭書，頁 52；三枝一雄、南保勝美、柿崎環、根本伸一，前揭書，頁

股份有限公司與其籌資之證券市場制度。[999]與我國法不同，日本法基於股東管理成本（例如公開公司須向多數零星個別股東發股東會開會通知之成本），允許數股份合併成一單元而有一單元之投票權稱為「單元株制度」，[1000]我國法不採之。

二、股份之均一性

股份之內容以權利同一為原則，但例外允許特別股之發行，在日本被稱為種類股份制度。[1001]在股份之內容同一之前提下，股份乃均一比例的單位之股東地位而具有均一性，以有利於多數出資者與公司間之法律關係可依其持股比例地簡明處理，[1002]因此，當一人擁有數股份時，其有數股東之地位。[1003]均一性（特別股除外）表現出來者即為後述之股份平等原則（或稱股東平等原則）。[1004]而且，由於公司資本被切割成股份而且每股均一，若有股東拋棄其股份時，應向公司為意思表示而由公司取得該些股份之所有權。[1005]其他股東之持股並未受影響，此點與有限公司出資額之拋棄會增加其他股東之擁有比例者不同。最後，均一性亦可導出股份之不可再細分性。[1006]

28。

[999] 神田秀樹，前揭書，頁66；三枝一雄、南保勝美、柿崎環、根本伸一，前揭書，頁28。

[1000] 神田秀樹，前揭書，頁124、131；江頭憲治郎，前揭書，頁136。

[1001] 神田秀樹，前揭書，頁72。

[1002] 吉本健一，前揭書，頁52；三枝一雄、南保勝美、柿崎環、根本伸一，前揭書，頁28、53。

[1003] 神田秀樹，前揭書，頁66。

[1004] 神田秀樹，前揭書，頁72；伊藤真，前揭書，頁152。

[1005] 司法行政部64年6月17日台參字第05196號函；賴源河（王志誠修訂），前揭書，頁219。

[1006] 吉本健一，前揭書，頁52。

三、股份之不可再分性

股份代表公司資本被細分之所有權利益，且其為公司資本之最小單位，不可被股東任意地再加以細分，[1007]稱為股份不可分原則 (die Unteilbarkeit)，而僅有公司根據股份分割之程序方可分割之。在此，我們須區分 “shares” 與 “stocks”，前者為我國法之股份，而後者為英國法在該些股份之股本已繳納後，允許該些股份被轉換成以一名目金額表示之資本，例如「一百英鎊 stocks」，此時擁有人可只轉讓其中之一部分，亦即可再被細分而轉讓。[1008]因此，“stocks” 不具不可細分性，亦無上述之均一性。

股份由於具有不可再被細分性，所以，僅可能被共有，依據公司法第一六〇條第一項之規定，股份為數人共有者，其共有人應推定一人行使股東之權利。該條第二項規定，股份共有人，對於公司負連帶繳納股款之義務。指定行使股東權利乃管理行為，因此，須依共有人持份之多數決定之。[1009]此一規定乃是為便利公司處理股務，解釋上，被推定之人應通知公司此一指定，否則不能行使股東之權利。

肆、股份在形式上區分面額股與無面額股

我國法在二〇一八年對所有類型之股份有限公司允許選擇採行無票面金額股。公司法第一五六條第二項進一步規定，公司採行票面金額股者，每股金額應歸一律；採行無票面金額股者，其所得之股款應全數撥充資本。股份依我國法條用語可被分為票面金額股與無票面金額股，但本書鑑於其涵蓋不發行股票之股份，所以應避免使用「票面」兩字，而宜稱為面額股份（或面額股）與無面額股份（無面額股），日本法即稱有額面股份與無額面股份。

[1007] 江頭憲治郎，前揭書，頁 121。

[1008] Robert R. Pennington, ibid., pp. 212–213.

[1009] 三枝一雄、南保勝美、柿崎環、根本伸一，前揭書，頁 54。

一、定義與內容差異

股份不論有否發行股票，依其面額之有無可被區分為面額股（票面金額股；par-value stocks）與無面額股（無票面金額股；non-par-value stocks; shares without par value）兩種。

(一)面額股

票面金額股，其每股具有一定金額之面額（如一股十元），而且其金額應歸一律。票面金額股搭配股份折價發行之禁止原則可以確保公司有相對於該價格之具體財產之抑注，乃大陸法系用以落實資本維持原則之設計之一。[1010]面額股之所以須金額一律乃因為便利股東權之計算、帳簿登載、分配股利手續與市場買賣股份等之考量。[1011]

面額，依所記載之金額而未必為每股十元，可作為股份出售之價格參考，且公司資本額乃由該面額乘以股份總數而得，又面額能協助使持股比例較易被計算出來，[1012]尤其是採持份不均一主義之情況，各股份 (stocks) 未表示出其持份之比例，所以須有面額。[1013]

1.我國之面額股

我國在一九七九年發佈公開發行公司股票統一規格要點規定，公開發行公司之股票一股面額為十元，而對未公開發行之股份並未限定其一股須為十元，但實務上仍多採之。

2.低面額股與超低面額股

在二〇〇一年為解決有些公開發行公司因每股價格低於十元而造成籌資困難，因此，開放其可以以低於面額（十元）而發行新股。[1014]在我國公

[1010] 江頭憲治郎，前揭書，頁 126。

[1011] 賴源河（王志誠修訂），前揭書，頁 204。

[1012] 方嘉麟，緒論，收錄於方嘉麟主編，變動中的公司法制，初版，元照，台北，2019 年 1 月，頁 4。

[1013] 江頭憲治郎，前揭書，頁 126。

司股票之面額仍為十元之情況下，在二〇一二年為鼓勵外國公司來台上市，特允許外國公司無面額股與低於十元之面額股在台灣上市，造成內外公司間之差別待遇，所以，二〇一三年金管會修改公開發行股票公司股務處理準則，允許公開發行公司可以章程自己決定股票面額。若面額低於十元則被稱為低面額股，而若低於一元則被稱為超低面額股。[1015]美國亦有甚多州因租稅之原因而維持面額低於一美元之名目面額股 (nominal par value shares)。[1016]

3. 面額股之缺點

現在資本市場上股票價格常與面額有相當差距，因此，面額非但喪失其股價參考價值，而且已喪失其被用以評估公司債信之能力，有時甚至因法律要求其發行價格不得低於面額而造成籌資之障礙，[1017]這是因為票面金額常未能真實反映股票之價值，不僅反而在公司新創時造成以較低價格籌資之障礙，而且亦可能在景氣低迷股價不高時形成公司發行新股之阻礙，甚至面額股之盈餘分派乃依面額之比例而非依該股東為該股份所實際付出之金額之比例，亦非根據該股份之現在市場價值之比例，而使面額具有誤導性。[1018]

由於此些缺點，先進國家已有些早已改採無票面金額股，例如美國德拉瓦州公司法乃在一九一七年法第一個允許無面額股者。[1019]日本在明治三十二（一八九九）年商法時代僅有面額股，昭和二十五（一九五〇）年修改商法時自美國引入無面額股與面額股併行，至二〇〇一年全面採行無面

[1014] 黃銘傑，公司融資規範之理論基礎與制度興革，收錄於其所編，公司治理與企業金融法制之挑戰與興革，初版，元照，台北，2006年9月，頁139、156。

[1015] 朱德芳、張心悌，前揭文，頁56。

[1016] 江頭憲治郎，前揭書，頁125（註1）。

[1017] 方嘉麟，緒論，收錄於方嘉麟主編，變動中的公司法制，初版，元照，台北，2019年1月，頁6。

[1018] Robert R. Pennington, ibid., pp. 25–26 (note 10)；江頭憲治郎，前揭書，頁127（註4）。

[1019] Katharina Pistor et al., ibid., 823.

額股，但該國學者指出至今主要國家仍尚少全面採行無面額股者。[1020]

㈡無面額股

由於每股市價與其票面金額常有差異，因此，美國及日本早已推行無票面金額股。無票面金額股有真正無票面金額股 (true no-par stocks) 與不真正無票面金額股，又被稱為準無票面金額股 (quasi no-par stocks)。

不真正無票面金額股在股票雖未記載票面金額，但在公司章程中則每股有一設定價值 (stated value) 而不允許發行價格低於該價格，而且高於該價格之售價將被計入資本公積者。[1021]真正無票面金額股，不僅在票面未記載票面金額而且在章程中亦未記載每股票面金額 (no stated value)。其為美國多數州之公司法所採。

1. 真正無面額股

一般所謂無面額股 (share without par value) 乃真正無面額股，即公司章程上並無每股金額（額面金額、券面額、股金額）之規定，是以，若該公司有發行股票，其股票亦未表示一定金額而僅記載其所表彰的股份數額，以顯示其對公司總資本之比例。因為無票面金額股僅記載其所代表之股份數以顯示其對公司資本之佔有比例，所以亦被稱為比例股、份額股或份數股。[1022]

2. 無面額股之好處

無面額股有如下之好處。第一，無面額股可以在知識經濟時代讓有技術或創新概念之人在與創投或天使基金合作時較能以低對價取得相當之股份，[1023]因為無面額所以無最低發行價格之限制，而且也無票面金額股每股

[1020] 龍田節、前田雅弘，前揭書，頁 236–237。

[1021] 王文宇，同前[75]，頁 332。

[1022] 鄭玉波，同前[13]，頁 106；賴源河（王志誠修訂），前揭書，頁 208；梁宇賢，同前[253]，頁 117；陳連順，前揭書，頁 190；江頭憲治郎，前揭書，頁 124；廖大穎，前揭書，頁 121。

[1023] 方嘉麟，緒論，收錄於方嘉麟主編，變動中的公司法制，初版，元照，台北，2019 年 1 月，頁 11。

金額應一律之限制，而可以以極低之價格發行股份給沒資金之創業家，但以較高之價格發行股份給創投或投資人以讓創業者較容易掌控公司之經營。[1024]第二，由於沒最低發行價格之限制，所以可在股價暴跌時避免造成籌資障礙。[1025]第三，其可避免投資人將面額誤會成為股份之價值。第四，因為沒有溢價公積使公司之會計處理較為單純。[1026]第五，無面額股較容易進行股份分割，例如不會在股價高漲而有需要分割時須維持高於該面額。[1027]

二、我國無票面金額股之全面承認

(一)我國法制之演進

我國雖從二〇一三年底修正公開發行股票公司股務處理準則第十四條（內容成為：公開發行之股份每股金額應歸一律），未限定其金額，亦未設定其下限，而引進彈性面額股票制度，允許公開發行股票公司之股票面額一股不再限於十元，雖有少數說認為此時甚至得為無面額股之發行，但多數說認為此時仍須有面額。[1028]但一公司若成為公開發行股票公司則其法律遵守之成本較高，並非所有公司皆願意因為得發行低面額股而成為公開發行公司，我國遂於二〇一五年修法增訂原公司法第三五六條之六允許閉鎖性股份有限公司依章程之規定選擇發行無面額股，而於此時引進無面額股之制度，[1029]但由於新創產業（未必為閉鎖性股份有限公司）於初創之時，股票可能難以超過票面金額，所以，二〇一八年修法將無票面金額股制度擴大適用至所有（無論是否公開發行）新設之股份有限公司。

修正後公司法第一四〇條第一項規定，採行票面金額股之公司，其股

[1024] 朱德芳、張心悌，前揭文，頁57。

[1025] 江頭憲治郎，前揭書，頁126。

[1026] 朱德芳、張心悌，前揭文，頁58。

[1027] 江頭憲治郎，前揭書，頁124、126、127（註3）。

[1028] 陳連順，前揭書，頁190；王文宇，同前[75]，頁350。

[1029] 朱德芳、張心悌，前揭文，頁57；王文宇，同前[75]，頁350。

票之發行價格，不得低於票面金額。但公開發行股票之公司，證券主管機關另有規定者，不在此限。公司法第一四〇條第二項規定，採行無票面金額股之公司，其股票之發行價格不受限制。本條第二項乃二〇一八年所增訂。明定採行無票面金額股之公司，其股票之發行價格，不受限制。是以，該股票之發行價格高低，由公司自行訂定，並無限制。

㈡全面承認無面額股而可被選擇

1.新設股份有限公司可選擇無面額股

公司法第一五六條第一項規定，股份有限公司之資本，應分為股份，擇一採行票面金額股或無票面金額股。該條第二項規定，公司採行無票面金額股者，其所得之股款應全數撥充資本。

我國公司法於二〇一五年七月一日修正時引進國外無票面金額股制度，允許閉鎖性股份有限公司得發行無票面金額股。二〇一八年擴大適用範圍讓所有新設之股份有限公司均得選擇全面發行無面額股。

2.非公開發行之既有公司可選擇片面轉換

為讓非公開發行股票之既有公司之面額股可選擇全數轉換成無面額股，公司法在二〇一八年新增公司法第一五六條之一。公司法第一五六條之一第一項規定，公司得經有代表已發行股份總數三分之二以上股東出席之股東會，以出席股東表決權過半數之同意，將已發行之票面金額股全數轉換為無票面金額股；其於轉換前依第二百四十一條第一項第一款提列之資本公積，應全數轉為資本。

該條第三項規定，公司印製股票者，依第一項規定將已發行之票面金額股全數轉換為無票面金額股時，已發行之票面金額股之每股金額，自轉換基準日起，視為無記載。而且，該視為無記載面額之股票在市場上流通恐生誤導，因此，該條第四項規定，前項情形，公司應通知各股東於轉換基準日起六個月內換取股票。

該條第五項規定，前四項規定，於公開發行股票之公司，不適用之。這是因為公開發行股票之公司涉及眾多投資人，原則上仍維持現行面額股制度。至於非公開發行股票之公司未來申請首次辦理公開發行或申請上市、上櫃掛牌時，其原為面額股者，於公開發行後，即不得轉換，以免造成投資人交易資訊之混淆。

該條第六項規定，非公開發行股票之公司得以特別決議將面額股轉換為無面額股，反之則否。這是因為自由互轉將造成投資人交易資訊之混淆，二〇一八年修法僅允許面額股轉成無面額股，而採無面額股者，不得轉換為面額股。

伍、股份之實質上分類

一、前　言

股份分類與股票分類稍有差別。股份之分類亦屬股票之分類，而股票之分類則未必為股份之分類標準，例如股票可分記名與否以及有實體與否，但股份則無此些分類。相對於股份在形式上如上述區分為面額股與無面額股，各國立法例及我國法所允許之股份實質分類為普通股與特別股。

二、普通股與特別股

公司法第一五六條第三項規定，公司股份之一部分得為特別股；其種類，由章程定之。所以，股份包括普通股及特別股。股份之權利內容原則上以同一為原則，但由於為因應股東對公司經營支配上與經濟上之不同需求，而對股東平等原則加以修正，採取股份種類多樣化（兩種以上不同內容之股份）之特別股制度，而在一定範圍與條件下藉由股份多樣化，達到籌資多樣化有助於籌資，與達到公司支配關係多樣化而有助於股份募集。[1030]這是因為股東權種類雖多數由法律所規定，但亦允許藉章程根據股東取得股份之動機，公司投資企劃，以及公司形成資本之政策而排除或強化特定權利而享有某種特別股東權（即特別股）。[1031]

[1030] 神田秀樹，前揭書，頁76；三枝一雄、南保勝美、柿崎環、根本伸一，前揭書，頁60；江頭憲治郎，前揭書，頁136-137；龍田節、前田雅弘，前揭書，頁226。

㈠普通股與特別股之概念

不論一公司之股份全數採面額股或無面額股，其皆可以一部分發行特別股。普通股乃具⑴剩餘性：先償還公司債和特別股後才分配給普通股；⑵有公司控制權：利用表決決定公司政策。而特別股乃例如⑴優先於普通股而受償與分配盈餘；⑵劣後於公司債；⑶表決權有限制等。

邏輯上公司之股份不可能全部為特別股。若所發行之全部股份皆有相同之該種內容，例如股份轉讓限制方式，則非特別股。[1032]這是因為普通股與特別股乃相對之概念，有特別股才有普通股。因此，國內雖有見解認為普通股乃嚴格遵守股份平等原則而使股東權一律平等所發行之股份，[1033]但本書認為凡依據股東平等原則發行之股份而僅發行一種者，其本無普通與特別之區分，而只有當公司就該內容發行兩種以上之股份時，才有普通股與特別股之區分。此時，所謂普通股乃指發行兩種類以上之股份時作為比較標準者，但神田教授認為若未以章程規定股份之內容而依公司法規定之內容者即為普通股，例如有發行盈餘分配優先股時，普通股不必仰賴章程之規定其內容，因為公司法已規定之了。[1034]然而，本書認為，若公司已有發行盈餘分配優先之特別股，而其普通股對全體股東在章程上平等地規定發給一定比例之盈餘者仍為普通股而非特別股。

㈡特別股需章程之規定

公司法第一五六條第三項規定，公司股份之一部分得為特別股；其種類，由章程定之。須以章程加以規定之原因在於股份內容乃重要事項，不能太容易被變更，而且，可讓既有股東知悉可能會存有權利比其優先或劣後之股東存在。[1035]因此，公司法第一五七條第一項規定，公司發行特別股

[1031] 川村正幸等三人合著，前揭書，頁 89；神田秀樹，前揭書，頁 69。

[1032] 川村正幸等三人合著，前揭書，頁 104–105；江頭憲治郎，前揭書，頁 137。

[1033] 姚志明，前揭書，頁 228；鄭玉波，同前[13]，頁 105；黃銘傑，同前[1014]，頁 139、160。

[1034] 神田秀樹，前揭書，頁 77（註 1）。

[1035] 龍田節、前田雅弘，前揭書，頁 227。

時，應就特別股分派股息及紅利之順序、定額或定率等於章程中定之。

㈢特別股乃採列舉主義

雖然公司法第一五六條第三項規定，特別股種類由章程定之，看似允許公司以章程規定要發行之特別股種類，但因公司法第一五七條第一項規定公司發行特別股時，應就下列各款於章程中定之：特別股分派股息及紅利之順序、定額或定率與特別股分派公司剩餘財產之順序、定額或定率等。這表示特別股之種類內容須是該項所列舉者，但問題在於該項第八款又規定「特別股權利、義務之其他事項」而可能使列舉主義在我國法受到質疑。

日本公司法以列舉方式承認特別股，[1036]從我國公司法第一五七條第一項第八款所謂特別股權利、義務之「其他事項」之文義似採例示主義，而允許前七款以外之事項之特別股，但我國學者如柯芳枝教授認為所謂其他事項乃指特別股股東就盈餘或剩餘財產分派請求權及表決權以外之事項而未違反股份有限公司之本質及法律之強行規定之股東權利或義務之事項，例如，公司對所發行之特別股預定日後將以發行新股所得之股款收回之(關於特別股之回收機制)。[1037]所以，她並不認為我國法對特別股之種類乃採例示主義。然而，我國學說及實務認為償還股為該款之「特別股權利、義務之其他事項」，應於章程中訂明之，若訂明則承認償還股為特別股。[1038]此一解釋之必要性在於我國將償還性規定為所有特別股之性質，而未將國外允許之償還特別股列舉為公司法第一五七條第一項所明文允許之特別股種類，本書雖表贊同，但此一解釋將使特別股列舉主義破功。

㈣我國法所允許之特別股種類

公司法第一五七條第一項規定公司發行特別股時，應就下列各款於章程中定之：一、特別股分派股息及紅利之順序、定額或定率。二、特別股分派公司賸餘財產之順序、定額或定率。三、特別股之股東行使表決權之

[1036] 江頭憲治郎，前揭書，頁 137、138（註 1）；前田庸，前揭書，頁 97。

[1037] 柯芳枝，前揭書，頁 215（註 39）；王文宇，同前[75]，頁 356。

[1038] 經濟部 100 年 7 月 7 日商字第 2418380 號函釋；廖大穎，前揭書，頁 137。

順序、限制或無表決權。四、複數表決權特別股或對於特定事項具否決權特別股。五、特別股股東被選舉為董事、監察人之禁止或限制，或當選一定名額董事之權利。六、特別股轉換成普通股之轉換股數、方法或轉換公式。七、特別股轉讓之限制。八、特別股權利、義務之其他事項。

特別股之發行以及公司法第一五七條第一項規定所列舉之事項乃章程相對必要記載事項。由此些事項可知我國之特別股可為優先股、劣後股、混合股、無表決權股與複數表決權股等。未在章程作規定者，該公司之股份全部為普通股。

我國從一九六六年修法將優先股改稱為特別股，但實務上除優先股外其他特別股並不多見，近年上市公司為防止敵意併購而有需要拒否權之特別股，而且閉鎖性公司不論是高科技產業或傳統產業皆可能有必要使用不依持股比例之選舉權之特別股等，[1039]我國二〇一八年修法遂增加公司採行股份種類之彈性，但比起英美德日之規定仍較保守。

以下介紹我國含閉鎖性股份有限公司所允許之特別股種類，但須注意公司基於章程自治可用章程之規定對特定股東做特別之有關盈餘分配請求權、剩餘財產分配請求權及表決權之特別規定，但其並非有關股份之內容，所以並非特別股，而僅是所謂之「屬人的規定」，其在日本舊有限公司法時代是否被允許有很大之爭論，但現行日本公司法已明白在閉鎖性股份有限公司被承認了，而形成股東平等原則之例外。[1040]當該股份與該股東脫離時，該權利亦喪失。[1041]我國法尚未承認之。

1.所有股份有限公司皆被允許發行之特別股

⑴優先股、劣後股與混合股

此一分類乃以盈餘分配請求權及剩餘財產分配請求權之享有情況而做區分。普通股依國內通說乃嚴格遵守股份平等原則而使股東權一律平等所

[1039] 江頭憲治郎，前揭書，頁137、138。

[1040] 江頭憲治郎，前揭書，頁139；龍田節、前田雅弘，前揭書，頁220–221。

[1041] 龍田節、前田雅弘，前揭書，頁221。

發行之股份，[1042]而在盈餘分配請求權及剩餘財產分配請求權或其兩者作標準之股份中，[1043]根據股東權中之盈餘分配請求權及剩餘財產分配請求權等內容與普通股作比較，凡有一項以上優於普通股者為優先股（稱為盈餘分配優先股或剩餘財產分配優先股），凡有一項以上劣於普通股者為劣後股，若有一項（例如盈餘分配請求權）優於普通股而另一項（例如剩餘財產分配請求權）劣於普通股者則為混合股。[1044]

盈餘分配優先股尚可被區分為參加的優先股與不參加優先股，即依分配給優先股後之剩餘金，優先股是否尚能參加該第二之分配而做區分，其中非參加的優先股在經濟上與公司債具有較強之類似性。[1045]優先股又有累積的優先股與非累積的優先股之區分，其乃依企業某一期（例如年度）之盈餘分配若有不到所約定之盈餘分配數額時，是否累積地自下一期所獲盈餘補分配之不同來作區分，若肯定則為累積的優先股。非累積優先股與普通股有較近之經濟上性質，而累積的優先股有與公司債較近之經濟上性質，特別是當其乃屬無表決權而且附有請求公司買回權時與公司債更接近了。[1046]

業績不佳之公司可藉優先股而較容易籌到資金，獲利佳之公司，即使為劣後股仍有籌資之能力。剩餘財產分配之優先股常用於為招引冒險資金(venture capital) 投資創新（風險）企業，而當公司事業未能順利進行要將公司解散時，依此而讓冒險資金能就剩餘財產優先受分配之用。[1047]最後，剩餘財產優先股（或劣後股）是否僅在公司被進行清算時始有適用，或在公司與他公司合併或分割而消滅時亦有適用呢？解釋上合併或分割並非剩

[1042] 鄭玉波，同前[13]，頁 105；黃銘傑，同前[1014]，頁 139、160。

[1043] 伊藤真，前揭書，頁 146；神田秀樹，前揭書，頁 84。

[1044] 柯芳枝，前揭書，頁 212、213；神田秀樹，前揭書，頁 84。

[1045] 江頭憲治郎，前揭書，頁 142（註 6）。

[1046] 神田秀樹，前揭書，頁 85；江頭憲治郎，前揭書，頁 142（註 7）。

[1047] 黑沼悅郎，前揭書，頁 343。

餘財產分配，因此，應不適用。[1048]

⑵連動股

所謂連動股 (tracking stocks) 乃有關盈餘分配之內容差異之特別股。[1049]公司法第一五七條第一項第一款及第二款所謂特別股分派盈餘或剩餘財產之「定率」，乃包括雖然盈餘或剩餘財產之分配順序與普通股相同，但其金額與普通股不同之特別股，而其金額之決定乃依章程所訂之一定比率或一定公式而言。例如所謂特定事業連動股，其所分配盈餘之金額乃依該公司之完全子公司或特定事業部門之業績而定（此即我國法所稱之定率），前者被稱為子公司連動股。[1050]這在母公司發行新股乃為將該資金借給子公司進行業務時便可能有必要發行此種連動股份。[1051]而所謂剩餘財產分配子公司連動股乃指發行該特別股之母公司解散時以子公司之股份做剩餘財產而分配給該特別股股東者。[1052]

美國連動股由通用汽車公司 (GM) 在一九八四年所創，日本 "SONY" 公司亦在二〇〇一年曾發行之。[1053]子公司連動股可讓母公司維持其對子公司之支配力而將該子公司之價值在股票市場上加以顯現出來以籌資，但其有股東與特別股股東間利益相反之解決方法不明之問題。[1054]

⑶無表決權股與表決權受限制股

股份依其表決權之有無與數量多寡可被區分成對一切事項皆無表決權股、表決權受限制股（例如僅對一定事項有表決權）、單一表決權股（即普通股） 與複數表決權股 。複數表決權股乃指一股有複數之表決權股

[1048] 江頭憲治郎，前揭書，頁 142（註 8）。

[1049] 河本一郎、川口恭弘，前揭書，頁 91–92；前田庸，前揭書，頁 100。

[1050] 江頭憲治郎，前揭書，頁 144；黑沼悅郎，前揭書，頁 342。

[1051] 黑沼悅郎，前揭書，頁 342。

[1052] 黑沼悅郎，前揭書，頁 343。

[1053] 龍田節、前田雅弘，前揭書，頁 229。

[1054] 三枝一雄、南保勝美、柿崎環、根本伸一，前揭書，頁 63；江頭憲治郎，前揭書，頁 144。

(Mehrstimmrechtaktien; excessive voting stocks)，[1055]相對地，有股份而無表決權者為無表決權股 (Aktien ohne Stimmrecht; nonvoting stocks)。無表決權股亦屬一種表決權受限制股。[1056]而且，公司事務一定需有人做決定，所以，不可全部股份皆無表決權。[1057]

無表決權股源自美國法，乃通常在盈餘方面給較優渥之分配比率（故屬優先股），以滿足對公司意思決定不感興趣之股東（通常為小股東）之需求，而在第一次世界大戰後漸為各國所仿效。[1058]例如日本法在平成十三年之前雖對由少數出資者支配公司有所戒心，而不承認無表決權股或表決權受限制股，但之後因中小企業之共同經營者及聯合開發公司之夥伴間常有不依資本多數決來決定公司業務之需求，而上市公司亦可以較低價格在股市上出售此類股份來籌資，故修法允許之，然而公開發行公司不應由經營者藉表決權限制股而僅憑少數出資即支配公司，故各國公司法及證券交易所規範對交易表決權限制股則常對之有所限制。[1059]因此，我國法另有非公開發行公司方可發行之特別股。

2.非公開發行公司方可發行之特別股

公司法第一五七條第一項規定公司發行特別股時，應就下列各款於章程中定之：……四、複數表決權特別股或對於特定事項具否決權特別股。五、特別股股東被選舉為董事、監察人之禁止或限制，或當選一定名額董事之權利。六、特別股轉換成普通股之轉換股數、方法或轉換公式。七、特別股轉讓之限制。

公司法第一五七條第一項規定在二〇一八年被增訂第四款至第七款。這是因為閉鎖性股份有限公司為追求符合其企業特質之權利義務規劃及安

[1055] 柯芳枝，前揭書，頁 213。

[1056] 江頭憲治郎，前揭書，頁 145。

[1057] 柴田和史，前揭書，頁 55。

[1058] 柯芳枝，前揭書，頁 213、214；王文宇，同前[75]，頁 358。

[1059] 江頭憲治郎，前揭書，頁 145、146（註 14）；近藤光男，前揭書，頁 67。

排，已可依現行第三五六條之七之規定，於章程中設計與此四款相關類型之特別股，以應實際需要，為讓非公開發行股票公司之特別股能更多樣化，故參酌上開第三五六條之七第三款後段至第六款規定，增列本條項第四款至第七款。

公司法第一五七條第三項規定，下列特別股，於公開發行股票之公司，不適用之：一、第一項第四款、第五款及第七款之特別股。二、得轉換成複數普通股之特別股。本項乃在二〇一八年所增訂，理由為若讓公開發行股票公司適用該些特別股規定，則少數持有複數表決權或否決權之股東，可能凌駕或否決多數股東之意思，鑑於公開發行股票之公司股東眾多，為保障所有股東權益，並避免濫用特別股衍生萬年董事或監察人之情形，導致不良之公司治理及代理問題，而且亞洲大多數國家對於發行複數表決權或否決權之特別股仍採較嚴謹之規範，更何況特別股股東被選舉為董事、監察人之禁止或限制，或當選一定名額董事之權利，實有違股東平等原則，而一特別股可轉換成複數普通股者，其效果形同複數表決權，考量公開發行股票之公司之股東人數眾多，不應由一部分股東獨佔公司支配權，所以尚不宜放寬限制。可見，公開發行股票之公司因有強力之經營者支配現象，若重要人事由少數特別股股東決定或由特別股股東會決定 (class voting) ，則有濫用之危險，不應被允許，而非公開發行公司如閉鎖性公司、聯合開發公司或冒險企業常以股東間協議確保各派系之董監人數（例如冒險資金在投資初期常由僅擁有少數股份之股東擁有過半數之董事選任權，但冒險資本有剩餘財產分配之優先權），所以能夠允許之。[1060]

⑴複數表決權股

複數表決權股源自於德國法。第一次世界大戰後馬克大幅貶值，為防外資併購而有複數表決權之股份制。其有不符資本多數決原則之缺點，且使國內資本間移動公司支配權益受限制，而且可能產生經營者傲慢之缺點，不追求公司最大利益而僅求經營者私益，所以，日本法不採之。[1061]我國在

[1060] 江頭憲治郎，前揭書，頁 166、166（註 45）；近藤光男，前揭書，頁 72。

二〇一八年修法前有學者認為我國法僅採無表決權股，並認為我國應無複數表決權之特別股。[1062]經濟部解釋亦採否定見解，認為依修正前之公司法應不能容有每股享有數表決權之特別股發行。但因為其具有防止敵意併購以及經營團隊較易鞏固經營權達到長期發展之效，所以，二〇一八年修法已明文承認非公開發行股票公司可發行複數表決權股了。之所以限於非公開發行股票公司乃因為複數表決權股有可能造成公司管理階層不受股東之監督使公司治理機制弱化，或被公開發行公司經營者濫用來鞏固多數派地位而對一般股東造成傷害，而使得其在上市櫃公司成為高度爭議性之議題。[1063]至於非公開發行公司包括閉鎖性股份有限公司，則基於公司自治，為求經營階層穩定而可允許之。[1064]

在此須注意，我國法並未明文規定，公司可藉章程規定某一股東（例如冒險資金）所擁有之所有股份皆一股有複數表決權或某一股東對特定事項有否決權，其與此處之複數表決權特別股或下述之黃金股不同，其乃屬前述之章程之屬人的規定，[1065]我國法並未允許之。

⑵黃金股

黃金股 (Golden Share) 乃對於特定事項具有否決權之特別股，例如對特定事項（常為董事長之選任或公司債之發行等重大事項）該股股東不論持股數即有否決權 (veto power)，[1066]或例如對應經董事會或股東會決議之事項尚須經特別股股東會通過之特別股（包括有無否決權之別與否決權內容之差異之特別股）。[1067]

黃金股與複數表決權股也方便家族企業世代傳承，讓家族企業第二代

[1061] 川村正幸等三人合著，前揭書，頁 243；龍田節、前田雅弘，前揭書，頁 173。

[1062] 柯芳枝，前揭書，頁 217。

[1063] 朱德芳、張心悌，前揭文，頁 73。

[1064] 黃銘傑，同前[1014]，頁 139、164。

[1065] 江頭憲治郎，前揭書，頁 169、170（註 4）。

[1066] 王文宇，同前[75]，頁 675。

[1067] 江頭憲治郎，前揭書，頁 164。

可以鞏固經營權，獲有效監控。[1068]黃金股亦可被用於剛民營化之公司由政府短期間內用以避免公司受到不受歡迎之控制。[1069]此種特別股在聯合開發公司等冒險企業等常使用之。

我國公司法在二〇一五年之前基於股份平等原則而未允許黃金股，但在引進閉鎖性股份有限公司時，為讓公司有彈性可以發行此一種特別股，以便公司於引進天使基金時讓某一股東對該公司之某些決策仍具有關鍵決定權，而不因股權較少而喪失對公司之支配力。[1070]因此，公司法第三五六條之七第一項第三款規定，公司發行特別股時，應就下列各款於章程中定之：……對於特定事項之否決權。此一規定不僅在二〇一八年修法時獲得維持，而且其適用範圍被擴大到非公開發行股份有限公司。至於對公開發行公司，包括上市公司對之的運用而言，例如用之作為防禦敵意併購之黃金股，此種特別股雖可讓擁有否決權者可對抗敵意併購，但其有為保經營團隊之經營而非為公司之利益，而且可能有損股東利益之虞，因此，即使法律未限制之，亦有證券交易所是否允其上市之政策問題。[1071]因此，對上市公司引進此制須小心謹慎，我國法遂不允許之。

⑶有關董事或監察人選舉之特別股

有關董事或監察人選舉之特別股，例如禁止或限制被選舉為董事或監察人特別股或保障董事名額特別股，公司法第一五七條第一項第五款允許非公開發行股票公司以章程規定，禁止或限制特別股股東被選舉為董事或監察人，且其亦得於章程中規定，保障特別股股東當選一定名額之董事。

[1068] 方嘉麟，緒論，收錄於方嘉麟主編，變動中的公司法制，初版，元照，台北，2019年1月，頁12。

[1069] Paul Davies, ibid., pp. 70, 71；王文宇，政府、民間與法律，收錄於其所編，公司與企業法制，初版，元照，台北，2000年5月，頁279、299–300；三枝一雄、南保勝美、柿崎環、根本伸一，前揭書，頁69。

[1070] 王文宇，同前[75]，頁674。

[1071] 江頭憲治郎，前揭書，頁164–165；三枝一雄、南保勝美、柿崎環、根本伸一，前揭書，頁69–70。

基於監察人為公司之監督機關，為落實監察權之行使及公司治理之需求，故公司法第一五七條第一項第五款未允許公司以章程保障特別股股東當選一定名額之監察人而僅允許當選一定名額之董事，但與閉鎖性股份有限公司作比較，公司法第三五六條之七第一項第四款則允許閉鎖性公司以章程保障特別股股東當選一定名額之監察人。這應是因為閉鎖性公司之公司自治空間較高，所以，允許公司以章程保障特別股股東當選一定名額之監察人，而使特別股股東較願意釋出業務執行權給經營團隊來主導經營，而其他之非公開發行公司之人合色彩已稀薄，不能享有閉鎖性公司所享有之自治空間。而且，為避免具複數表決權特別股股東掌控董事及監察人席次，有違公司治理之精神，故在二〇一八年增訂公司法第一五七條第二項，對於具有複數表決權特別股之股東，限制其於選舉監察人時，其表決權應與普通股股東之表決權同（即原則上回復為一股一權）。

最後，已發行具複數表決權特別股、對於特定事項有否決權特別股或其他類型特別股之非公開發行股票之公司，嗣後欲申請辦理公開發行時，應回復依股份平等原則辦理之，而且，由特別股股東所選任之董事等，於修改章程成為公開公司時應認為其任期屆滿。[1072]

⑷轉讓受限制之特別股

公司法第一五七條第一項第七款允許非公開發行股票公司以章程規定特別股轉讓之限制，其乃是因為有些特別股如黃金股或複數表決權股若被轉讓給不適當之人，則將對公司之經營有重大之負面影響，所以，允許公司以章程限制之，或是因為公司之營運安定，避免該股份被轉讓給不當之人，以保障其他股東之利益，因此，我國現行規定與日本法一樣可對全部股份附轉讓限制（如我國法之閉鎖性股份有限公司）或僅對一部分之特別股附轉讓之限制（在日本法上乃指轉讓須公司之同意而非完全之禁止）。[1073]

[1072] 江頭憲治郎，前揭書，頁167。

[1073] 朱德芳、張心悌，前揭文，頁76；神田秀樹，前揭書，頁81；三枝一雄、南保勝美、柿崎環、根本伸一，前揭書，頁66。

非公開發行公司（含閉鎖性公司）可發行轉讓權受限制之特別股，包括該公司之股份一部分有轉讓限制，而另一部分無轉讓限制，以及該公司之股份全部有轉讓限制（即閉鎖性公司），而有不同之轉讓限制內容。[1074]例如一部分之轉讓限制特別股乃由董事會決議來同意其轉讓，而一部分轉讓限制之特別股依章程規定須由股東會來同意轉讓（常為涉及公司經營支配權變動者）。因此，由於閉鎖性股份有限公司之所有已發行股份皆已受轉讓限制，所以，若其僅發行一種轉讓限制股時，則其並非特別股。

⑸轉換股與非轉換股

股份根據其是否可轉換為同公司所發行之其他類型股份而被區分為轉換股 (convertible shares) 與非轉換股。轉換股制度為美日公司法所採（僅為日本附取得請求權之特別股之一類型）。[1075]我國公司法在二〇一八年修法在公司法第一五七條第一項第六款規定特別股轉換成普通股之轉換股數、方法或轉換公式應在章程中定之。日本公司法在平成十七年公司法制定前僅將轉換權規定為特別股之一種屬性，而造成轉換股是否為特別股之爭議。[1076]我國公司法第一五七條第一項第六款雖亦在規定特別股之屬性，但我國公司法第一五七條第三項（得轉換成複數普通股之特別股）則進一步明文承認轉換股為特別股。然而，在採列舉主義之前提下，我國此一規定僅明文部分地承認此一類型之轉換股，即僅有特別股為轉換股，而特別股乃指⑴前述種類之特別股且依章程規定可轉換者；⑵非前述種類之特別股而依章程規定一部分股份有轉換權（此時成為特別股）而另一部分股份無轉換權者；及⑶非前述種類之特別股而公司章程規定全部股份皆有轉換權，但一部分之轉換權內容與其他部分股份之轉換權內容不同者。若一公司之全部股份皆有相同之轉換權，則其並非特別股，依我國現行規定，應不被允許發行。

[1074] 江頭憲治郎，前揭書，頁 148–149。

[1075] 柯芳枝，前揭書，頁 214；江頭憲治郎，前揭書，頁 150。

[1076] 江頭憲治郎，前揭書，頁 151（註 17）。

依我國之現行規定有轉換權者包括公司有權轉換與股東有權轉換。此一轉換權乃一形成權，一經行使公司當然取得附該權利之股份，而特別股股東成為一般股東。[1077]而可以被用以做轉換對價之普通股可為新股或公司庫藏股。[1078]

㈤特別股發行之限制

特別股在公司成立時（不論發起設立或募集設立）及成立後皆可以發行之。[1079]公司成立後發行者原則上不論採公開發行新股或非公開發行新股方式皆可，但公司法有兩個例外，即公司獲利情況不佳與債信不佳時之限制，與對公開發行股票公司之特別股發行之特別限制。

前者依公司法第二六九條之規定，公司有左列情形之一者，不得公開發行具有優先權利之特別股：最近三年或開業不及三年之開業年度課稅後之平均淨利，不足支付已發行及擬發行之特別股股息者。對於已發行之特別股約定股息，未能按期支付者。此乃因公司獲利情況不佳或債信不佳。其次，對公開發行股票公司之特別股發行之特別限制。此即前述二〇一八年所增訂之公司法第一五七條第二項之規定。由該項可見，公司得發行複數表決權或具轉讓限制之特別股等，惟公開發行股票之公司，為顧及公司治理，仍採較嚴謹之規範而不得發行上述類型之特別股。

㈥章程變更與特別股

公司法第一五九條第一項規定，公司已發行特別股者，其章程之變更如有損害特別股股東之權利時，除應有代表已發行股份總數三分之二以上股東出席之股東會，以出席股東表決權過半數之決議為之外，並應經特別股股東會之決議。該條第四項規定，特別股股東會準用關於股東會之規定。

在此情況即使所涉者為無表決權之特別股股東，其仍有表決權。[1080]至

[1077] 江頭憲治郎，前揭書，頁153。

[1078] 江頭憲治郎，前揭書，頁151（註19）。

[1079] 姚志明，前揭書，頁231。

[1080] 柯芳枝，前揭書，頁218。

於何種特別股之權利受影響始有公司法第一五九條之適用，有認為乃指特別股股東之優先權利受影響而言，[1081]但亦有認為並不以此為限，而只要是特別股股東之權利因章程而受影響即屬之。[1082]本書認為，應以前說為可採，因為需動用到特別股股東會乃其特別權利受影響。而且，解釋上該特別股股東會之通過亦須採特別決議。

三、償還股與非償還股

㈠法律規定

償還股在我國公司法之條文規定上並非特別股之類型，因為公司法第一五八條規定，公司發行之特別股，得收回之，但不得損害特別股股東按照章程應有之權利。可見，我國所有之特別股皆為償還股，而且僅有公司可發動償還，股東不可以，而且，公司之償還時機並無限制，故為公司任意償還股。[1083]我國之特別股皆為償還股，但在國外立法則未必。

㈡學說及實務

學理上，股份根據其是否事先預定為可償還為標準而可被區分償還股(redeemable stocks) 與非償還股。[1084]普通股屬非償還股。償還股多為償還優先股 (redeemable preferred stocks)，包含任意償還股與強制償還股。

在立法例上，償還股為英美日公司法所採。日本公司法允許附公司強制買回權之特別股。此類特別股可被用來作章程所訂股份總數內減資（減少公司已發行股份）之用，但須在章程中規定收回之條件及其對價之決定機制。[1085]

我國公司法第一五七條第一項前七款並未列舉到償還股，而是到第一

[1081] 柯芳枝，前揭書，頁 218；最高法院民國 72 年台上字第 808 號民事判決。

[1082] 陳連順，前揭書，頁 186。

[1083] 柯芳枝，前揭書，頁 219。

[1084] 柯芳枝，前揭書，頁 214。

[1085] 神田秀樹，前揭書，頁 87。

五八條才規定，公司發行之特別股，得收回之。

我國學說及實務認為償還股為公司法第一五七條第一項前八款之「特別股權利、義務之其他事項」所涵蓋，若在章程訂明則能承認償還股為特別股。[1086]此一解釋之必要性在於我國將償還性規定為所有特別股之性質，而未將國外允許之償還特別股列舉為公司法第一五七條第一項所明文允許之特別股種類，本書雖表贊同，但此一解釋將使特別股列舉主義破功，因此，還是以修法在公司法第一五七條第一項明文列舉償還股為特別股較妥。

陸、股份之分割、合併與銷除

股份之分割、合併與銷除除涉及減資者將再詳述於減資一節外，在此針對股份之處理介紹之。原則上，若無法律上之限制，無面額股份有合併或分割自由之原則，[1087]但股份之銷除涉及減資而受有法律之限制。

一、股份之分割

股份之分割乃對公司已發行股份加以細分化之公司行為，常因股份價格已高而細分之以利交易。股份分割時，公司資產並未受影響，但由於市場可銷售性及流通性增加，當一股分割成兩股時，其市價會比原來之半價多一點。[1088]以發行新股分派盈餘或以公積轉增資時，由於公司之資產亦未增加，而已發行股份數增加，所以，每一股之價值會減少，因此，其等理論上亦屬股份之分割。[1089]股份分割當依該股份為面額股或無面額股來分別介紹較清楚。

(一)面額股之分割

當公司採面額股時，股份分割乃指實收資本不變，股份之名目價值減

[1086] 經濟部100年7月7日商字第2418380號函釋；廖大穎，前揭書，頁137。

[1087] 前田庸，前揭書，頁127。

[1088] 龍田節、前田雅弘，前揭書，頁242。

[1089] 前田庸，前揭書，頁136。

少，例如當名目價值減半，則股份數加倍。[1090]面額股較不容易進行股份分割，例如在有需要分割時，仍須維持實際價格高於該面額。

㈡無面額股之分割

當公司採無面額股時，股份分割造成股份數量增加，每股之價值（非其面額）當然會減少。[1091]無面額股較容易進行股份分割，例如不必在有需要分割時仍須維持實際價格高於面額，而且與公司資本制度較易配合，因為股份分割時股份數雖增加，但公司實收資本與公積並未增加等。[1092]

二、股份之合併

股份之合併乃數個股份合併成更少股（例如兩股合併成一股）之公司行為，[1093]其須對所有同種股東之股份一律平等地為之。減資亦可以以減少股份數額之方式為之，包括股份合併之方式為之，若一公司以股份合併方式來進行減資，則須另遵減資之程序，例如我國公司法第二八〇條即規定以股份合併進行減資時應遵守之程序之一，此留待減資一節再詳述。除用來減資外，股份合併能讓每股反應適當之市價而能期待其帶來股價上揚及股東管理成本下降之好處。[1094]股份合併當依該股份為面額股或無面額股來分別介紹較清楚。

㈠股份為面額股時

當公司採面額股時，合併乃指公司實收資本不變，股份之名目價值增加，例如當名目價值增一倍，則股份數減半。[1095]又例如資本十萬元每股名目價值一元之十萬股，經股份合併成五萬股每股名目價值二元。[1096]

[1090] Robert R. Pennington, ibid., p. 212.

[1091] 前田庸，前揭書，頁 135–136。

[1092] 江頭憲治郎，前揭書，頁 124、126、127（註 3）。

[1093] 賴源河（王志誠修訂），前揭書，頁 218。

[1094] 高橋紀夫，前揭書，頁 132。

[1095] Robert R. Pennington, ibid., p. 212.

[1096] Robert R. Pennington, ibid., p. 212.

㈡股份為無面額股時

當公司採無面額股時，股份合併乃指公司實收資本不變，而已發行股份總數雖減少，因對公司資產（公司財產）不產生影響，所以，每股之真實價值（非指面額）會變大。[1097]

股份合併與股票之合併（一張股票一千股變成一張一萬股）在概念上須加以區別。[1098]不過，以合併股份而減少股份數之方式，可能亦需換發股票。[1099]

三、股份之銷除

股份之銷除 (retirement of shares; die Einziehung von Aktien) 係指公司消滅個別之股東權而使其股份及股票失其效力之行為，其有公司取得自己股份之銷除與減資之銷除兩種。銷除與股份合併為我國法所承認之兩種股份數額減少之方法，其與股份合併雖同會減少公司已發行股份總數（對章程所訂股份總數不生影響），但股份合併乃針對公司全部股份，而銷除僅針對一部分之股份。[1100]

所謂減資之銷除，我國公司法第一六八條所規定之股份銷除乃公司收回股份並加以消滅股權之減資銷除。[1101]以股份銷除之方式進行減資將留待減資一節再詳述。

所謂公司取得自己股份之銷除，例如公司法第一六七條第二項後段、公司法第一六七條之一第二項後段，或證交法第二八條之二第四項後段所規定之公司收回自己股份逾期未出售視為未發行股份，而加以銷除併為變更登記之情況。

[1097] 江頭憲治郎，前揭書，頁 284；龍田節、前田雅弘，前揭書，頁 244；近藤光男，前揭書，頁 108；前田庸，前揭書，頁 127。

[1098] 前田庸，前揭書，頁 127。

[1099] 陳連順，前揭書，頁 419。

[1100] 江頭憲治郎，前揭書，頁 267–268。

[1101] 鄭玉波，同前[13]，頁 189–190。

第三節　股　票

壹、股票之概念

股票為表彰股份亦即股份有限公司股東地位之要式的有價證券。[1102]由於股份有限公司之股東地位極具非個人性，而且資本細分為股份，因此，能加以證券化以在證券市場中加以買賣流動並使法律關係明確化。[1103]

貳、股票之應記載事項

公司法第一六二條第一項規定，發行股票之公司印製股票者，股票應編號，載明下列事項，由代表公司之董事簽名或蓋章，並經依法得擔任股票發行簽證人之銀行簽證後發行之：一、公司名稱。二、設立登記或發行新股變更登記之年、月、日。三、採行票面金額股者，股份總數及每股金額；採行無票面金額股者，股份總數。四、本次發行股數。五、發起人股票應標明發起人股票之字樣。六、特別股票應標明其特別種類之字樣。七、股票發行之年、月、日。該條第二項又規定，股票應用股東姓名，其為同一人所有者，應記載同一姓名；股票為政府或法人所有者，應記載政府或法人之名稱，不得另立戶名或僅載代表人姓名。

現行實務上，主管機關已不自辦股票簽證事務，且實務上已無信託投資公司在營業，所以，二〇一八年修正本條第一項規定，只以銀行為股票發行簽證人，並增加「發行股票之公司印製股票者」之文字及放寬股票原需董事三人以上簽名或蓋章之規定，改為僅需由代表公司之董事簽名或蓋章即可。又為配合所有股份有限公司均得發行無面額股，故區分採面額股或無面額股之股份，其股票應記載之事項。又二〇一八年修法已刪除無記

[1102] 江頭憲治郎，前揭書，頁 176。

[1103] 高橋紀夫，前揭書，頁 139。

名股票之規定，所以，該條第二項遂規定股票應用股東姓名，其為同一人所有者，應記載同一姓名，毋庸提及無記名股票。之所以要求應載同一姓名乃為便利計算持股比例之用。

與日本公司法第二一六條規定股票應記載該股票所表徵之股份數不同地，我國法並無要求一張股票代表多少股，而通常是一千股。理論上股票可為一股券或複數股券，而通常乃在公司章程中規定該公司之股票為千股券或百股券，而且若章程無限制，由於每一股皆為股份轉讓自由原則所保障，因此，股東可請求股票之分割或合併，公司原則上不得拒絕發行一股券，除非股東並無必要而只是基於困擾公司之目的，而要求將千股券分割成一股券，日本法院於此種情況有認為其乃權利濫用之例者。[1104]

參、股票之法律性質

股票為表彰股東權利之有價證券且為投資性質之資本證券，其法律性質為要式證券、證權證券、不完全有價證券、要因證券與流通性證券。[1105]

一、要式證券

國內有學說認為非依公司法第一六二條之要式要件者，非有價證券更非證交法上之有價證券，[1106]但英美法並無要式性之要求，所以，受其影響之日本學說通說認為股票之內容僅在於表明一定程度之內容，以免受讓人受到不測之損害而採寬鬆的（比票據法所要求更不嚴格的）要式主義，只要有本質事項之記載（例如公司名稱及董事之簽名等），其他之事項欠缺並不影響股票之效力，[1107]但是何者為本質事項則成問題。[1108]例如，股票若未

[1104] 江頭憲治郎，前揭書，頁177（註1）。

[1105] 梁宇賢，同前[15]，頁306-307。

[1106] 賴源河（王志誠修訂），前揭書，頁222-223。

[1107] 神田秀樹，前揭書，頁94；伊藤真，前揭書，頁352；吉本健一，前揭書，頁134；三枝一雄、南保勝美、柿崎環、根本伸一，前揭書，頁81、83；龍田節、前田雅弘，前

經簽證是否有效在學說上有肯否兩說。公司法第一六二條第一項規定，股票應由代表公司之董事簽名或蓋章，並經依法得擔任股票發行簽證人之銀行簽證後發行之。由此一文義可知簽證與董事簽名或蓋章並列為同等重要之成立要件，因此，欠缺簽證該股票應屬無效。[1109]可見，簽證可被認為是本質上事項。不過，我國有實務見解認為，若僅欠缺簽證則其仍有股權憑證之性質。[1110]

二、證權證券與不完全有價證券

因股權乃隨股份之發生而生，而非因為股票之作成而產生，因此，股票僅為證權證券而非創權證券。[1111]亦因為股權非因為股票之作成而產生，其僅為不完全有價證券，[1112]蓋完全有價證券必須證券權利之發生、行使、消滅與證券之作成及佔有有完全不可分離之關係，例如鈔票與票據法上之票據，若其中有一項以上不具備者，則為不完全有價證券。股票所表徵之股權乃因股份而生，而非因為股票之作成而產生，所以其為不完全有價證券。

三、要因性

由於股票沒有無因性，為完全要因證券，因此，若無股份而仍被發行股票，則該股票無效，[1113]當其上之記載與事實不符或與章程內容不同時，仍以章程內容與事實為準，該股票無效或該記載無效，信賴其上記載之受

揭書，頁 246-247。

[1108] 近藤光男，前揭書，頁 142。

[1109] 柯芳枝，前揭書，頁 211。

[1110] 最高行政法院 80 年度判字第 1586 號判決。

[1111] 梁宇賢，同前[15]，頁 306。

[1112] 鄭玉波，同前[13]，頁 112。

[1113] 三枝一雄、南保勝美、柿崎環、根本伸一，前揭書，頁 81；江頭憲治郎，前揭書，頁 177；長谷川雄一，前揭書，頁 21。

讓人不能主張其上之記載，而只生董事之民事責任與刑事責任之問題，因為股票並無文義性。[1114]

四、無文義性

由於股票之要式性並不嚴格，因此，股票並非文義證券。所以，股票並不像票據般具有文義性，當有與事實不符之記載，不因該記載而生文義責任。[1115]

五、具流通性而可被善意取得

股票具有流通性。我國股票現在僅有記名股票，而記名股票依我國之實務見解並非動產，因此，並無我國民法第九四八條動產善意受讓之適用，[1116]但學說有採肯定見解者，因為公司法第一六四條規定（記名）股票得以完全背書轉讓即生轉讓之效力，而過戶僅為對抗公司之要件，所以，即使尚未過戶，其仍因受讓股票而成為股東而與動產及票據法上之票據之轉讓有相同之轉讓效果，因此，不妨類推適用票據法第十四條之規定而讓其有善意取得之可能。[1117]更何況記名股票在權利人不完全背書後，將與無記名股票相同。日本公司法第一三一條第二項對無記名股票之受讓人規定，除有惡意或重大過失者外，有善意取得之保護，因為該條第一項對佔有之者推定為適法權利人（稱為資格授與效力），所以，對信賴之而受讓該股票者應給善意受讓之保護。[1118]其與民法上動產之善意取得皆為保障流通性，[1119]

[1114] 吉本健一，前揭書，頁 134；三枝一雄、南保勝美、柿崎環、根本伸一，前揭書，頁 81、83；江頭憲治郎，前揭書，頁 177。

[1115] 近藤光男，前揭書，頁 142；柴田和史，前揭書，頁 95。

[1116] 最高法院 59 年度台上字第 2787 號民事判決。

[1117] 潘維大、范建得、羅美隆，前揭書，頁 142。

[1118] 神田秀樹，前揭書，頁 96；伊藤真，前揭書，頁 194；吉本健一，前揭書，頁 136–137；三枝一雄、南保勝美、柿崎環、根本伸一，前揭書，頁 122；龍田節、前田雅弘，前揭書，頁 269；近藤光男，前揭書，頁 83。

我國法亦應做相同之解釋。

至於無股票之股份因無佔有外觀，所以，無善意受讓之可能，但以帳戶劃撥登記者因有登記足生信賴，日本法規定經登記者有推定為適法權利人之效力，因此，為保障交易安全有善意受讓之保護。[1120]我國無實體之股票若有類似情況，亦宜作相同之解釋，此時我們需了解股票之分類，無實體者可能亦是股票而非僅為股份。

肆、股票之分類

股票之學理上分類有記名與不記名股票、有票面金額股票與無票面金額股票（我國已採兩者如前述股份種類時所述）、實體發行股票與無實體發行之電子股票。

一、二〇一八年修法廢除無記名股票制度而只剩記名股票

所謂無記名股票有兩種，一種為表徵無記名股份之股票，另一種為表徵記名股份而只是股票上不記名。前者乃指不僅股票上未記載股東之姓名，而且公司亦無股東名簿或股東名簿不記載該股東之姓名，而股東權利之行使全憑其向公司提出股票為憑據者（德國股份法第二三條第三項第五款參照）。至於我國與日本法所採者皆為後者，即記名股份而依股東名簿之記載認定股東，[1121]但股票則不記載股東姓名。我國與日本原有記名與不記名股票之區分。不記名股票之權利轉讓乃以交付為生效要件（而非對抗要件），而與股份之轉讓乃以當事人間之合意為生效要件者不同。[1122]我國原公司法第一六六條規定，公司得以章程規定發行無記名股票；但其股數不得超過

[1119] 近藤光男，前揭書，頁 83。

[1120] 黑沼悅郎，前揭書，頁 185、186；三枝一雄、南保勝美、柿崎環、根本伸一，前揭書，頁 122；龍田節、前田雅弘，前揭書，頁 270；近藤光男，前揭書，頁 149。

[1121] 龍田節、前田雅弘，前揭書，頁 247；柴田和史，前揭書，頁 95。

[1122] 神田秀樹，前揭書，頁 96；黑沼悅郎，前揭書，頁 182。

已發行股份總數二分之一。公司得因股東之請求，發給無記名股票或將無記名股票改為記名式。為配合無記名股票制度之廢除，本條已在二〇一八年被刪除。

因此，我國現乃採記名股票制度。公司法第一六二條第二項遂規定，股票應用股東姓名。記名股票由於另已有股東名簿之記載為憑，所以不必出示或交存股票即得出席股東會。但記名股票若僅簡單背書而交付，實與無記名股票無殊，因此，日本法上，並不在股票上記載股東姓名。[1123]

二、實體發行股票與無實體發行之電子股票

由於印製股票需要簽證費及印製費，且股票有遺失、被盜以及遭受偽造之風險，而且交易時必須實物交割，交易成本過高，不易國際交易。因此，我國證券交易法第四十三條有明文規定簡化股票之發行成本與交付作業，而以帳簿劃撥代替實體交易。

(一)二〇一八年修法擴及非公開發行公司亦可無實體發行股票

二〇一八年修法之前僅公開發行股票公司可依上述證交法規定無實體發行股票，二〇一八年修法考量到非公開發行公司亦有此一需求，因此，擴及非公開發行公司亦可無實體發行股票，公司法第一六一條之二第一項遂規定，發行股票之公司，其發行之股份得免印製股票。該條第二項規定，依前項規定未印製股票之公司，應洽證券集中保管事業機構登錄其發行之股份，並依該機構之規定辦理。該條第三項規定，經證券集中保管事業機構登錄之股份，其轉讓及設質，應向公司辦理或以帳簿劃撥方式為之，不適用第一六四條及民法第九百零八條之規定。該條第四項規定，前項情形，於公司已印製之股票未繳回者，不適用之。

公司法第一六一條之二乃二〇一八年所增訂，其立法理由為，有價證券無實體化可有效降低實體有價證券遺失、被竊及被偽造、變造等風險，已為國際主要證券市場發展趨勢，目前各主要證券市場之國家亦陸續朝有

[1123] 龍田節、前田雅弘，前揭書，頁247。

價證券無實體化之方向推動。我國亦遵循國際證券市場之發展趨勢，自二〇一一年七月二十九日起，所有上市、上櫃及興櫃之有價證券全面轉換為無實體發行，而未上市、上櫃或興櫃之公司，亦得自行決定其發行之股票免印製。又公司發行股票，未印製股票而洽證券集中保管事業機構登錄者，因已無實體股票，股東辦理股份轉讓或設質，無法再以背書、交付之方式為之，故參酌證券交易法第四三條第二項及第三項規定，增訂該條第三項，排除公司法第一六四條有關股票背書轉讓之規定及民法第九〇八條有關證券質權設定規定之適用，並明定其轉讓及設質應向公司辦理或以帳簿劃撥方式為之。另鑑於現行實務上，部分公司於全部股份洽證券集中保管事業機構登錄前，仍存在已發行之實體股票並未繳回公司之情形，該實體股票仍為有效之有價證券，具有流通性，其轉讓及設質仍回歸實體股票之方式辦理，故增訂該條第四項。

㈡無實體發行在我國亦是股票

與我國有實體股票與電子股票概念不同地，在日本稱無實體發行乃「股份脫去股票之天上羽衣而改搭乘電腦」，所以，上市公司等股份流動性高者被強制廢棄股票制，[1124]可見日本法上採劃撥帳戶制者並非股票，而僅有以紙（書面）印刷者方為股票。[1125]國內有見解亦認為無實體發行則其要式性已蕩然無存，[1126]但股票發行若採無實體發行者仍為股票而非僅為股份，因為無實體發行者，依我國證券交易法第六條第三項之規定，仍被視為有價證券。

三、單張大面額股票已遭廢棄

無實體發行之股票，其發行公司與集保公司及股東間之關係應屬信託之關係，但在學理上有重大爭議，因此，才會有單張大面額股票之設計以

[1124] 龍田節、前田雅弘，前揭書，頁 247（註 66）。

[1125] 龍田節、前田雅弘，前揭書，頁 1–3。

[1126] 王文宇，同前[75]，頁 347。

利傳統之有體集保，因為有體集保傳統上被解釋為寄託，甚至是消費寄託，而寄託不論在大陸法系或英美法系都是有體物才可能被寄託。因此，公司法原第一六二條之一第一項規定，公開發行股票之公司發行新股時，其股票得就該次發行總數合併印製。該條第二項又規定，依前項規定發行之股票，應洽證券集中保管事業機構保管。由本條第二項不允許該股票共有人決定如何處理，而須強制集保可見單張大面額股票與集保的密切關係。然而，本條在二〇一八年被刪除，其理由為單張大面額股票係為降低公開發行股票公司股票發行之成本，其股票須洽證券集中保管事業機構保管，為我國在上市、上櫃及興櫃公司有價證券全面無實體化前之過渡階段而設，配合有價證券集中保管實務，依此規定發行者均為上市、上櫃及興櫃公司，而我國現行上市、上櫃及興櫃公司股票業已全面無實體化，證券集中保管事業機構就上市、上櫃及興櫃有價證券，將全面採無實體登錄方式保管，故本條已無適用之可能及存在之必要，故予刪除。本理由未論及刪除後，無實體發行股票之集保之法律性質，而只能由學說與法院實務加以發展解決了。

伍、股份有限公司股票之發行

一、股票發行之概念

股票之發行乃指公司依法定方式印製股票並以之發交於股東之行為，[1127]此種行為無需相對人之承諾，故為有相對人之單獨行為且為要式行為。[1128]但在無實體化之後，股票之發行指股票之作成與交付或以帳簿劃撥方式交付於股東之行為。[1129]

股票作成後需否發行方發生效力，亦即股票何時成為有價證券（即生

[1127] 鄭玉波，同前[13]，頁112。

[1128] 鄭玉波，同前[13]，頁112。

[1129] 陳連順，前揭書，頁228。

效）之時點，在日本法中有重大爭議。日本最高裁判所判例與部分學說採股票作成並交付給股東時（交付時說），因為股票須交付給股東方生效力，[1130]若只作成尚未交付時，其僅為一證明證券，必須交付而移轉入社形成權才使其成為有價證券。[1131]因此，在此之前之郵寄階段尚非股票，不可對之假扣押或主張善意受讓。但學說則亦多認為交付僅是對權利人之讓渡而已，因此，應以股票之作成（包括何種股票而權利人為誰等完成）即成為有價證券，而採作成說或稱創造說，即股票作成並將股東名稱記載於股東名簿，則發生股票之效力，更何況股票與票據不同地，並非設權證券（僅為證券），因此，其發行或交付並非法律行為，而且，日本法未要求股票須記載股東之姓名，因此，股票於作成後交付前即可能被善意受讓，為保障受讓人之交易安全應認為作成時已成為一有價證券，是以，公司在郵寄股票給股東時，宜進行保險較妥。[1132]

江頭教授則認為，因為股票並非票據，在此所涉者為股東與善意第三人間之利益權衡問題，而非如票據般涉及發行人與善意第三人之利益權衡問題，所以，不應受票據成為有價證券之創造說、交付契約說或發行說之影響，而應就股東與尚未交付股票之善意取得人間之利害權衡，看有沒有實質之理由應保證尚未交付股票之善意取得之問題。[1133]

二、股票發行之時期

公司法第一六一條第一項規定，公司非經設立登記或發行新股變更登記後，不得發行股票。但公開發行股票之公司，證券管理機關另有規定者，不在此限。

[1130] 川村正幸等三人合著，前揭書，頁 4（註 60）；長谷川雄一，前揭書，頁 46–47。

[1131] 長谷川雄一，前揭書，頁 44、46–47。

[1132] 高橋紀夫，前揭書，頁 140；伊藤真，前揭書，頁 351；吉本健一，前揭書，頁 136；龍田節、前田雅弘，前揭書，頁 248；前田庸，前揭書，頁 187。

[1133] 江頭憲治郎，前揭書，頁 179（註 2）。

本條之立法意旨在於須設立登記或發行新股變更登記後股權才發生，而股權發生後始得發行證明之的股票以保障交易安全。[1134]本條項但書依二〇〇一年之修正理由，乃因為要因應公開發行公司發行可轉換公司債時，可於債權人行使轉換權後先行交付股票再補辦變更登記之實務需求。

公司法第一六一條第二項規定，違反前項規定發行股票者，其股票無效，但持有人得向發行股票人請求損害賠償。因此，違反此一規定者其股票無效。然而，就立法政策而言，日本法上有見解認為此一規定只不過為關於權利株（股份認購所取得之權利）轉讓之限制規定，因此，該股票在股份發行之效力發生後應變成有效，[1135]此一見解值得我國立法之參考。

三、僅公開發行股票公司才強制發行股票

(一)法制變動過程

舊公司法第一六一條之一考量股份有限公司之大眾化，規定資本額達一定數額以上者，強制其發行股票。此乃與二〇〇四年前之日本法相同，其所以要求所有股份有限公司皆須發行實體股票，乃因為當時我國與日本公司法皆以大型之股份有限公司為假設規範對象，而其較有財力可印刷股票且防偽，而且，強制發行股票之理由為對公司之權利明確化，與股份因此較易於被轉讓而有利投資人回收投資。[1136]而我國在一九八〇年五月引入本規定是因為當時公司有於設立後多年從未發行股票，所以，立法強制其發行股票，期保障股東之權益與便於股份之轉讓，[1137]但由於發行股票有其成本，而且中小公司股東人數不多，所以，立法後有很多（約八成）公司仍不願發行股票，[1138]因此，經提高罰鍰後於二〇〇一年考量到非公開發行

[1134] 王文宇，同前[75]，頁 351。

[1135] 江頭憲治郎，前揭書，頁 178（註 1）。

[1136] 神田秀樹，前揭書，頁 93；龍田節、前田雅弘，前揭書，頁 253；河本一郎、川口恭弘，前揭書，頁 86。

[1137] 梁宇賢，同前[15]，頁 309。

公司（修正理由稱閉鎖性公司）發行股票之實益，因此，修正第一項為強制資本額達中央主管機關所定一定數額以上者應於設立登記或發行新股變更登記後三個月內發行股票。我國實務乃認為，公告實收資本額達新台幣五億元以上之股份有限公司，應於設立登記或發行新股變更登記後三個月內發行股票；其未達該數額者，除章程另有規定外，得不發行股票。[1139]

然而，印發股票需一筆成本，尤其要做到防偽造之程度，而且股票有被盜或被善意取得之風險，而非公開發行公司股份轉讓之需求並不高，不發行股票並不會不方便，更何況，公司發行股份未必願意發行股票，[1140]例如閉鎖性股份有限公司較沒必要發行股票，因為股份轉讓不頻繁，而股東對公司乃根據股東名簿主張其股東權。[1141]但公開發行公司之股份因涉及大眾投資人，股權應明確而且需有憑據證明，因此，二〇一八年修改公司法第一六一條之一第一項之規定，只要求公開發行股票之公司，應於設立登記或發行新股變更登記後三個月內發行股票。

㈡登記後三個月內發行股票

公司法第一六一條之一第一項之規定，公開發行股票之公司，應於設立登記或發行新股變更登記後三個月內發行股票。何以須三個月內呢？這乃是為了轉讓自由原則之維持與協助股份（股票）交易之頻繁進行。[1142]另外，亦為順遂而正確地發行股票，[1143]並基於股票對股東權之保護價值，並為了避免以前之公司設立後多年不發行股票之作法再現之故。日本公司法第一二八條第二項規定，股票發行前之股份轉讓對公司不生效力。由於此一限制，日本公司法第二一五條第一項規定，發行股票之公司須於發行股

[1138] 梁宇賢，同前[15]，頁 312。

[1139] 經濟部 90 年 11 月 23 日經商字第 09002254560 號函。

[1140] 黑沼悅郎，前揭書，頁 183。

[1141] 江頭憲治郎，前揭書，頁 180。

[1142] 黑沼悅郎，前揭書，頁 182、183。

[1143] 近藤光男，前揭書，頁 80；伊藤真，前揭書，頁 187。

份後不遲延地發行股票。我國法雖無股票發行前之股份轉讓對公司不生效力之規定，但應是受日本法第二一五條第一項規定之影響而有此一三個月之限制。

四、股票之公開發行在公司法已無強制性

所謂股票公開發行乃對不特定人之發行，依規定須向證期局辦理公開發行手續而將其財務公開。[1144]公開發行在公司法上有三種情況，即募集設立、公開發行新股及公開發行公司債，而一公司一但為公開發行行為即屬公開發行公司而適用證券交易法。其證券交易市場，除證交法所規定之集中交易市場（上市）與店頭市場（上櫃或興櫃）外，尚有其他之公開市場，只要符合公開發行公司定義而未上市或上櫃仍為公開發行公司。[1145]是否公開發行乃公司自治，除我國證交法第二十八條之一第一項及第二項對公開發行公司以現金發行新股時有一定比例之強制公開發行外，依公司法二〇〇一年以後之規定，公司股票已無須強制公開發行。

㈠法制變動過程

二〇〇一年修正前，我國公司法自一九六六年所修正之公司法第二六八條第四項之規定開始有強制公開發行之規定，但其實行困難，所以，一九七〇年修法廢除之，直到一九八〇年修正公司法時再於舊公司法第一五六條第四項要求資本額達到一定數額（依當時規定為新台幣二億）以上之公司其股票須公開發行。其當時修法理由為便利投資以期達到資本大眾化之目的。然而，僅以股權大眾化的政策理由即強制企業分散股權其法理依據是否充分值得探討。[1146]此一思維乃第二次世界大戰後美國佔領日本時，令當時財閥解體，要求其股份向民間釋放之遺緒。[1147]二戰後佔領日本之聯

[1144] 王文宇，同前[75]，頁351。

[1145] 王文宇，同前[75]，頁209-210。

[1146] 賴英照，前揭書，頁63。

[1147] 河本一郎、川口恭弘，前揭書，頁36。

合國軍隊總部認為財閥乃二戰時日本帝國軍隊之支柱，故令其解體。[1148]其用意乃肯定證交法上嚴格之財務與業務資訊揭露規範，但是證交法之所以對公開發行公司課以嚴格之財務業務資訊揭露義務，其著眼點在於證券市場上不特定多數投資人之保護，與公司資本額大小無關。因此，若股份有限公司並無意透過證券發行市場對不特定多數投資大眾籌措資金，而僅因其資本額達一定數額即強制其成為公開發行公司，在財閥解體時代或有必要，但在現代已不具合理性。

㈡公開發行與否現在乃自治事項

二〇〇一年修正理由認為公司股票是否公開發行，屬企業自治事項。因此，公司法第一五六條之二第一項前段規定，公司得依董事會之決議，向證券主管機關申請辦理公開發行程序。

㈢停止公開發行

舊法並未明定既存之公開發行公司欲撤銷公開發行程序之意思決定機關為何，因此，有學說認為依法理，申請撤銷與申請辦理應同其意思決定機關，即董事會。然而此說並不妥當，因為公司是否為一公開發行公司往往是投資人投資時評估因素之一。若一公開發行公司，得無須徵詢股東意思，逕以董事會決議做成撤銷公開發行之決定，對於當初因該公司為公開發行公司而決定投資之股東而言，保護實有不足。再者，證交法直接或間接促使公司健全經營之相關規定，其規範強度高於公司法。若實務上發生經營者涉嫌違法，卻以董事會決議輕易撤銷公開發行，免除證交法嚴格規範適用之情形，將有損害投資人權益。因此，二〇一八年修正增訂公司法第一五六條之二第一項後段而規定，申請停止公開發行者，應有代表已發行股份總數三分之二以上股東出席之股東會，以出席股東表決權過半數之同意行之。即需有股東會特別決議通過方可。

[1148] 河本一郎、川口恭弘，前揭書，頁319。

第四節　股份之轉讓

壹、導　論

股份轉讓乃以轉讓股份或股東之法律上地位為目的之準物權行為。[1149] 股份有限公司並無退股制，因此，除公司解散之剩餘財產分配請求權外須有股份轉讓之機制，使股東權得以被移轉而收回投資。[1150]股東權雖具社員權性質，但股份之財產性格強烈而不具一身專屬性，可被移轉給他人，由該他人繼受取得股東權而成為新股東。理論上亦有善意取得之可能。我國最高法院四十三年台上字第七七一號民事判例即謂，股份有限公司股份之轉讓，固係包括股東應有權利義務之全體而為轉讓，與一般財產權之讓與有別，但股東之個性與公司之存續並無重大關係，故除公司法第一百六十條、第一百六十一條但書規定外，股東自可將其股份自由轉讓於他人。

貳、股份轉讓方式

一、未發行股票之股份之轉讓方式

股份轉讓方式與股票轉讓方式有所區別。未發行股票之股份之轉讓，公司法未作規定，因此，僅需雙方讓與合意即生效力，[1151]但根據公司法第一六五條第一項之規定，股份之轉讓，非將受讓人之姓名或名稱及住所或居所，記載於公司股東名簿，不得以其轉讓對抗公司，而且，對公司以外之第三人亦以記載於股東名簿為對抗要件 ，情況如同有限公司持份之轉

[1149] 吉本健一，前揭書，頁73。

[1150] 神田秀樹，前揭書，頁97。

[1151] 王文宇，同前[75]，頁367；賴源河（王志誠修訂），前揭書，頁224；江頭憲治郎，前揭書，頁173。

讓。[1152]因此，實務上多由買賣雙方簽訂股份轉讓同意書或股份購買契約書後，會同向公司辦理過戶登記。[1153]而所謂「不得以其轉讓對抗公司」並不包括（即不影響）股票（份）持有人請求為股東名簿記載變更之權利。[1154]

二、有發行股票之股份之轉讓方式

㈠無實體股票

無實體股票並非無形之股份而已，所以其轉讓方式須區分發行公司是否為上市櫃或興櫃公司而有不同。

1.上市櫃或興櫃公司之股票

上市櫃或興櫃公司所發行之股票，其轉讓方式二〇一八年修法增加公司法第一六一條之二之前尚須視該股票是否有交付集保而有不同轉讓方式。[1155]二〇一八年修法增加該條將無實體股票強制集保而得以帳戶劃撥方式來進行轉讓，因為該條第二項規定，依前項規定未印製股票之公司，應洽證券集中保管事業機構登錄其發行之股份，並依該機構之規定辦理。該條第三項更規定，經證券集中保管事業機構登錄之股份，其轉讓及設質，應向公司辦理或以帳簿劃撥方式為之，不適用第一百六十四條及民法第九〇八條之規定。一般而言，上市、上櫃及興櫃公司之股票乃採帳簿劃撥方式辦理轉帳。採劃撥帳戶，其權利歸屬乃依帳戶記載而定。為何有劃撥制可選擇呢？這乃是因為證券交易法第四十三條第二項前段規定，證券集中保管事業保管之有價證券，其買賣之交割得以帳簿劃撥方式為之。

[1152] 江頭憲治郎，前揭書，頁220。

[1153] 王文宇、林國全，公司法，收錄於王文宇、林國全、王志誠、許忠信、汪信君，前揭書，頁80。

[1154] 最高法院60年台上字第817號民事判決。

[1155] 王文宇、林國全，公司法，收錄於王文宇、林國全、王志誠、許忠信、汪信君，前揭書，頁79-80。

2.非上市櫃亦非興櫃公司之股票

公司法第一六一條之二第二項規定，依前項規定未印製股票之公司，應洽證券集中保管事業機構登錄其發行之股份，並依該機構之規定辦理。非上市櫃亦非興櫃公司之股票因為不適用證券交易法而無證券交易法第四十三條第二項前段規定之允許，所以，沒劃撥制可供選擇。一般而言，非公開發行股票之公司或非上市、上櫃或興櫃之公開發行股票之公司，於無實體股票買賣或其他轉讓原因後，由股東洽發行公司辦理其股票轉讓作業，而發行公司於自己或委託股務代理機構於審查相關文件及稅單後，辦理帳戶調整或移轉。

㈡實體股票

在國外有承認無記名股票者以交付轉讓之，但我國已不承認無記名股票。至於記名股票轉讓之生效要件乃以合意後完全背書加交付股票之方式轉讓之即生轉讓效力，[1156]而不得以空白背書為之，因為空白背書等於將該股票變成不記名股票，[1157]公司法第一六四條即規定，股票由股票持有人以背書轉讓之，並應將受讓人之姓名或名稱記載於股票。此處所謂股票乃指記名股票。此一規定乃生效要件與對抗公司以外第三人之對抗要件規定而已，若要生對抗公司之效力尚須遵守公司法第一六五條之規定。

股票之交付原則上乃股份轉讓之成立要件而非對抗要件而已，但例外在繼承與公司合併或分割之轉讓，不必有股票之交付即生效。[1158]所謂交付可為簡易交付、佔有改定與指示交付。[1159]此時因已完全背書，所以，其轉讓可以對抗第三人，[1160]但仍不得對抗發行公司，因為尚有股東名簿記載之問題。

[1156] 經濟部58年8月20日商第28540號函。

[1157] 梁宇賢，同前[15]，頁317。

[1158] 江頭憲治郎，前揭書，頁219（註2）。

[1159] 江頭憲治郎，前揭書，頁219（註2）。

[1160] 王文宇，同前[75]，頁366。

參、股份轉讓對公司之生效尚待股東名簿之更名記載

由於我國之股份制乃採記名股份制，因此，公司法第一六五條第一項規定，股份（股票亦同）之轉讓，非將受讓人之姓名或名稱及住所或居所，記載於公司股東名簿，不得以其轉讓對抗公司。股票若由集保公司集保者，證交法第四十三條第五項有特別規定，所以，不適用公司法第一六五條第一項之規定。其他情形，當股份轉讓具備成立要件後，公司對於變更股東名簿記載之請求，應如何審查以確認其為真正股東，此時我們需對股東名簿之制度有所了解。

一、股東名簿之意義與內容

股東名簿乃為規律股份有限公司與其經常變動之股東間之關係，[1161]而依公司法必須備置用以記載股東與股票事宜之名冊。公司法第一六九條第一項規定，股東名簿應編號記載下列事項：一、各股東之姓名或名稱、住所或居所。二、各股東之股數；發行股票者，其股票號數。三、發給股票之年、月、日。四、發行特別股者，並應註明特別種類字樣。該條第二項規定，採電腦作業或機器處理者，前項資料得以附表補充之。

公司法第一六九條第一項之股東名簿記載內容並未明示質權設定事項，而日本法則另外有質權之登錄設定、信託財產之表示及其他主管機關法定事項，所以，股票設質亦在股東名簿上登記，[1162]我國法上學說與實務亦採相同見解。

所謂股東之姓名或名稱，鑑於股東名簿設置之旨趣乃為供股東及債權人閱覽，因此，日本有判例認為若以戶籍上姓名或通稱以外之名稱登記者不得對公司主張其為股東，但有學說認為除閉鎖性公司外，其他之股份有

[1161] 江頭憲治郎，前揭書，頁204。

[1162] 柴田和史，前揭書，頁78、91。

限公司實務上多有此種情況，因此，應認為若股東可以證明其為該名稱所表示之人，則公司不能拒絕其行使股東之權利。[1163]

二、股東名簿之設置理由

股份之轉讓在當事人間因意思表示合致而生轉讓之效力，因此，若要求公司在每次處理股東會開會通知及發放盈餘等繼續反覆之行為皆須確認股東之身分與資格，則將耗費時日，有違商法追求簡單迅速明確之要求，因此，有股東名簿之設置。[1164]

三、股務代理機構

股東名簿之管理包括股東名簿之製作、備置、內容之更新以及其他相關之事務，[1165]乃一繁雜之工作，因此，實務上大型公司多會委託股務處理機構代為處理，包括股東會開會通知之發送以及盈餘分派等事務。日本法稱之為股東名簿之管理人，其資格並未由法律所規定而多由信託銀行或專業之證券公司為之，日本證券交易所上市審查準則並要求上市公司須指定股東名簿管理人。[1166]

四、股東名簿記載之效力

我國有實務見解與學說認為，經股東名簿記載為股東者，即被推定為真正之股東，而對公司得主張並行使其股東權，[1167]即使其實質上並非真正股東，解釋上公司除有惡意或重大過失外，仍得免其責任。然而，我國法並未規定股東名簿記載之效力，因此，以下介紹日本法上股東名簿之對抗

[1163] 江頭憲治郎，前揭書，頁206（註1）。

[1164] 吉本健一，前揭書，頁86。

[1165] 江頭憲治郎，前揭書，頁204（註3）。

[1166] 江頭憲治郎，前揭書，頁205（註3）。

[1167] 最高法院86年台上字第1730號判決；賴源河（王志誠修訂），前揭書，頁224。

效力、推定力、確定力與免責力供我國做參考。

(一)對抗效力

1.對第三人

我國法未規定對抗公司以外第三人之問題。在日本法上，有發行股票之公司對抗公司以外之第三人乃以佔有或交付股票為據。[1168]未發行股票之公司，在股東名簿記載不只有對抗公司而且亦有對抗公司以外第三人之效力。[1169]

2.對公司

股東名簿在股份轉讓之對抗效力上甚為重要，因為公司法第一六五條第一項規定，股份之轉讓，非將受讓人之姓名或名稱及住所或居所，記載於公司股東名簿，不得以其轉讓對抗公司。股份信託因須移轉所有權，亦同。

要對公司作主張，不論有無發行股票，須限作股東名簿之名義書換方可對抗公司，而除有部分情況，公司有主動做股東名簿名義變更之義務外，當受讓人乃自己公司以外之人繼受股票時，受讓人可請求公司為之（日本公司法第一三三條第二項有規定須名義股東共同請求之情形）。在有發行股票之公司之情形，受讓人應可以用完全背書之股票或不記名股票（我法已不採之）單獨作請求。

股份轉讓之受讓人未經更名登記者，雖原則上不可以向公司主張其乃股東，但在當其向公司做更名請求而公司不當地或有過失地或懈怠地不為名簿上之更名時，日本判例認為其雖尚未更改姓名，但仍可以以股東之名義對公司作請求，包括起訴或甚至假處分請求，因此，公司須以其為股東對待之。學說多數支持判例此一見解因為此時公司不承認權利人之權利行使乃有違誠信原則。[1170]

[1168] 吉本健一，前揭書，頁 85-86；伊藤真，前揭書，頁 191；神田秀樹，前揭書，頁 109。

[1169] 吉本健一，前揭書，頁 87；江頭憲治郎，前揭書，頁 203、206。

(二)確定力

為了集團法律關係劃一處理之方便性，對未被請求書換之公司而言，即使公司知道股份已被轉讓，對股東權利之行使若僅以股東名簿之記載亦可以足夠，此被稱為確定力。[1171]然而，根據日本之判例，股東名簿之確定力不過是為讓公司能方便地劃一地處理集體法律關係而設，因此，公司可以自己之風險負擔將股份受讓人當作股東來加以對待。[1172]雖有反對說認為公司只能依股東名簿上之記載為準，但江頭等教授認為實無必要禁止公司依實質權利歸屬採較具彈性之作法。這是因為若名義上股東非真正權利人已被證明，則仍須強依登記而認定其為權利人乃不當。[1173]

(三)推定力

為了集團法律關係劃一處理之方便性，名義上之股東雖然並未必為真正之股東，但由於若要求名義股東需證明其權利，在有多數股東之公司則不勝其煩，因此，名義股東被推定為適法之股東，[1174]因此，公司除非已證明該名義股東並非真正權利者外，不得拒絕名義股東行使其權利，稱為股東名簿之推定力（資格授與之效力）。[1175]

由於僅是推定，因此在股份已轉讓而尚未書換之場合，公司可否證明已轉讓，而拒絕名義股東之權利行使呢？日本有法院實務見解及學說如上述採肯定說，因此不認為股東名簿記載此時有確定力，但一部分學說認為擔心公司將有恣意妄為之風險而認為股東名簿記載有確定力。

[1170] 神田秀樹，前揭書，頁 113；吉本健一，前揭書，頁 87、94；高橋紀夫，前揭書，頁 100。

[1171] 高橋紀夫，前揭書，頁 96；江頭憲治郎，前揭書，頁 206。

[1172] 神田秀樹，前揭書，頁 113；三枝一雄、南保勝美、柿崎環、根本伸一，前揭書，頁 119。

[1173] 江頭憲治郎，前揭書，頁 213；高橋紀夫，前揭書，頁 97–99；三枝一雄、南保勝美、柿崎環、根本伸一，前揭書，頁 119。

[1174] 高橋紀夫，前揭書，頁 96；廖大穎，前揭書，頁 129。

[1175] 吉本健一，前揭書，頁 87。

㈣免責力

基於前述之推定力，當公司將名義股東當作股東來加以對待而該人並非真正權利者時，只要該公司對該事實以及其證明可能性之不知上並無重大過失，則該公司之行為並無瑕疵，因此，其在對真正權利者之關係上並無責任可言，此稱為免責力。[1176]

但此一免責力可被承認之範圍有爭議，多數說認為其基礎乃來自於劃撥帳戶之登記所生之權利推定力及日本無記名股票之推定力，所以，不印股票者其股東名簿並無免責力，[1177]但少數說認為即使為不印製股票之情況，該股東名簿之變更登記仍是由轉讓方與受讓方共同登記之慎重手續之結果，因此，該股東名義登記應已足生免責力。[1178]

五、股東名簿之提供

股東名簿及其所載內容包括各股東之姓名或名稱、住所或居所在公司經營權之競爭上與股東會之召集上具有相當之實務重要性。因此，股份有限公司在公司法第二一〇條第二項被規定，前項章程及簿冊（含股東名簿），股份有限公司股東及公司之債權人得檢具利害關係證明文件，指定範圍，隨時請求查閱、抄錄或複製；其備置於股務代理機構者，公司應令股務代理機構提供。因此，股份有限公司之股東及債權人得檢具利害關係證明文件請求查閱、抄錄或複製股東名簿。

又公司法第二一〇條之一第一項規定，董事會或其他召集權人召集股東會者，得請求公司或股務代理機構提供股東名簿。公司法第二一〇條之一乃二〇一八年所新增。依本法規定，股東會召集權人包括董事會、少數

[1176] 吉本健一，前揭書，頁88；高橋紀夫，前揭書，頁97；三枝一雄、南保勝美、柿崎環、根本伸一，前揭書，頁119；江頭憲治郎，前揭書，頁207。

[1177] 黑沼悅郎，前揭書，頁198；高橋紀夫，前揭書，頁106；江頭憲治郎，前揭書，頁211。

[1178] 此說被介紹於高橋紀夫，前揭書，頁98。

股東權之股東、持有過半數股份之股東、監察人等。實務上，公司發生經營權之爭時，常生監察人或少數股東權之股東，雖依法取得召集權，卻因代表公司之董事或股務代理機構拒絕提供股東名簿而無法召開股東會，致本法賦予其股東會召集權之用意落空，故增訂第一項規定。

六、公司法第一百六十五條股票過戶之效力與閉鎖期間

公司法第一六五條第二項規定，前項股東名簿記載之變更，於股東常會開會前三十日內，股東臨時會開會前十五日內，或公司決定分派股息及紅利或其他利益之基準日前五日內，不得為之。該條第三項又規定，公開發行股票之公司辦理第一項股東名簿記載之變更，於股東常會開會前六十日內，股東臨時會開會前三十日內，不得為之。該條第四項進而規定，前二項期間，自開會日或基準日起算。

過戶閉鎖期間股票仍能自由買賣僅是不能過戶，若在過戶閉鎖期間，仍受理股東辦理過戶手續者，其效力如何呢？柯芳枝教授認為，公司法第一六五條第二項為強行規定，違反之者其過戶無效，[1179]公司股東名簿變更之記載無效，若允許該人參與股東會之決議則該決議可根據公司法第一八九條訴請法院撤銷其決議。[1180]在此閉鎖期間以外，股份轉讓原則上有自由。

肆、股份自由轉讓原則

一、股份自由轉讓原則之相對化

公司法第一六三條規定，公司股份之轉讓，除本法另有規定外，不得以章程禁止或限制之。但非於公司設立登記後，不得轉讓。本條規定確立了公司設立登記後之股份自由轉讓原則。其中「除本法另有規定外」之文字乃二〇一八年修正所增加，因為二〇一八年修正在公司法第一五七條第

[1179] 柯芳枝，前揭書，頁234；陳連順，前揭書，頁236。

[1180] 柯芳枝，前揭書，頁234。

一項第七款對特別股及在第三五六條之七第一項第六款對閉鎖性股份有限公司增加公司得於章程針對特別股為轉讓之限制。

在二〇一八年修法之前我國法不允許以章程禁止或限制股份之轉讓（除閉鎖性公司外），稱為股份轉讓自由之絕對化，應是受日本法之影響。日本法在二戰之前本允許公司以章程規定禁止股份之轉讓而形成財閥，財閥影響了日本陸軍部造成二次世界大戰，所以，日本在美國之主導下於一九五〇年修法，不允許股份有限公司以章程限制股份轉讓，而使股份轉讓自由絕對化，以達到財閥解體之目的，到一九六六年時過境遷，日本鑑於閉鎖性股份有限公司之家數甚多，所以允許全公司股份皆受有轉讓限制（例如需董事會同意方可轉讓）之閉鎖性股份有限公司，最後二〇〇五年公司法將轉讓限制當成股份之內容而允許一部分之特別股有轉讓限制。[1181]日本法此一立法演變途徑與我國法如出一轍，顯示我國近年修法仍受日本法之影響。我國二〇一八年修正使我國股份轉讓自由從絕對化變成相對化，而讓公司在有公司法明文允許以章程限制股份轉讓之場合可藉章程規定限制股份之轉讓。

二、股份自由轉讓原則之存在理由

股份轉讓自由原則乃因(1)股份有限公司並無退股制，除公司解散之剩餘財產分配以外，有必要使其股份可被自由轉讓以回收其投資；(2)股份有限公司為典型之資合公司，不重視股東個性，其股份不具個人性色彩，對債權人保障而言無加以限制轉讓之必要；(3)股東不直接經營公司，不因股東改變而影響公司經營；(4)由於股東未涉入經營未能藉經營決策與努力來避開風險，甚至有所謂一般股東公司債權人化之現象，需有管道讓其出脫股份；(5)自由轉讓原則與股東有限責任原則可提高股東認股意願，增強公司之集資能力，聚集大眾資本以形成大資本。[1182]

[1181] 龍田節、前田雅弘，前揭書，頁 259-260。

[1182] 柯芳枝，前揭書，頁 221；王文宇，同前[75]，頁 359；高橋紀夫，前揭書，頁 107；三

三、股份自由轉讓原則違反之效果

公司法第一六三條之規定為強行規定，若公司以章程限制或禁止股份之轉讓而未符公司法之規定者，該章程之規定將因違反民法第七一條及公司法第一六三條而無效。

伍、股份自由轉讓之例外限制

本書在此不稱股份自由轉讓原則之例外而稱為股份自由轉讓之例外限制乃因為所討論者並非僅指公司法第一六三條所稱之本法另有規定得以章程禁止或限制之例外而已，而包括公司法所規定之例外，而且，另有契約對股份轉讓所作之限制三者，[1183]分述如下：

一、公司法所規定之限制

公司法所規定之股份轉讓限制中對發起人之限制已在二〇一八年被刪除。原公司法第一六三條第二項規定，發起人非於公司設立登記一年後，不得轉讓股份。其立法意旨在於本法採嚴格準則主義加重發起人責任，發起人於公司設立後即轉讓股份，影響公司之經營，故限制其股份轉讓以增強公司與公司債權人之債權實現可能性，而且可避免以獲取報酬及特別利益為專業之專業發起人產生。二〇一八年之刪除理由為，股份有限公司之特色為股份自由轉讓，發起人設立公司後，其身分與一般股東並無不同，對其轉讓股份設有限制並不合理，而且此一限制會降低發起人新創事業之意願，為外國立法例所無，故刪除之以貫徹股份自由轉讓原則。因此，公司法所規定之現行股份轉讓限制可被區分成公司設立登記後方得轉讓、對公開發行公司董監事之限制、為加強員工向心力之股份轉讓限制與股份回籠之原則上禁止。

枝一雄、南保勝美、柿崎環、根本伸一，前揭書，頁87-88。

[1183] 神田秀樹，前揭書，頁97。

㈠非公司設立登記後不得轉讓

1.限制內容與立法目的

公司法第一六三條但書規定，公司股份非於公司設立登記後不得轉讓。此一限制乃指發起人、認股人或設立中公司等於公司設立登記前不得轉讓股份。此時所謂股份其實為股份認購人之地位（在日本公司法上被稱為權利株），其立法目的在日本早期較傾向認為公司既尚未完成設立登記，其將來是否成立，並不確定，為防止投機以維交易安全而有此限制，現在則多數認為此一規定僅為避免公司設立手續複雜化而有害公司之迅速成立，或因設立中公司對受讓人之掌握有困難之虞，所以禁止其轉讓，更何況此一限制之時間並不長，對投資之收回並不會產生太大之影響而可被正當化。[1184]

2.違反之後果

違反本轉讓限制之效力在日本早期較傾向認定本規定乃為防止投機以維交易安全之目的時，違反之轉讓曾被認為無效，但現在日本通說認為其在當事人之間仍有效，惟其轉讓不得對抗公司。[1185]

國內通說認為公司法第一百六十三條但書之規定屬禁止規定，如違反之而於公司經設立登記前為轉讓，依民法第七十一條之規定，應屬無效。[1186]此見解與日本早期見解相同，但現在就立法論而言，宜認為其於當事人間仍有效，而僅對公司不生效力。

㈡對公開發行公司董監事之限制

公司法對股份自由轉讓之另一例外限制為對公開發行公司董監事之限制，即在任期中轉讓超過選任當時所持有之公司股份數額二分之一時，其

[1184] 前田庸，前揭書，頁64；吉本健一，前揭書，頁59、295；神田秀樹，前揭書，頁58；高橋紀夫，前揭書，頁107；三枝一雄、南保勝美、柿崎環、根本伸一，前揭書，頁89。

[1185] 前田庸，前揭書，頁64。

[1186] 最高法院47年台上字第46號民事判決；最高法院75年台上字第431號民事判決；82年台上字第2205號判決；柯芳枝，前揭書，頁229；王文宇，同前[75]，頁360。

董監事當然解任（公司法第一九七條第一項及第二二七條參照）。此規定乃為防止董監事巧取名位後又大量出脫持股以至於減少對公司之向心力。惟公司法第一九七條第一項及第二二七條之限制僅限於對公開發行股票公司之董監事，違反此一規定之效果為董監事當然解任，但其轉讓行為本身仍然有效。[1187]

㈢為加強員工向心力之股份轉讓限制

1.公司法第二六七條員工行使新股認購權而承購者之限制

公司法第二六七條第一項規定，公司發行新股時，除經目的事業中央主管機關專案核定者外，應保留發行新股總數百分之十至十五之股份由公司員工承購。該條第七項規定，公司章程得訂明依第一項規定承購股份之員工，包括符合一定條件之控制或從屬公司員工。該條第二項規定，公營事業經該公營事業之主管機關專案核定者，得保留發行新股由員工承購；其保留股份，不得超過發行新股總數百分之十。此一規定之立法意旨乃為加強員工對公司的向心力而採行員工入股政策以融合勞資關係。因此，該條第六項規定，公司對員工依第一項、第二項承購之股份，得限制在一定期間內不得轉讓，但其期間最長不得超過二年。

2.限制員工權利新股

有關發行限制員工權利新股，包括限制員工轉讓股份權利之新股，公司法第二六七條第九項規定，公司發行限制員工權利新股者，不適用第一項至第六項之規定，而且其發行應有代表公司已發行股份總數三分之二以上股東出席之股東會，以出席股東表決權過半數之同意行之。該條第十項規定，公開發行股票之公司出席股東之股份總數不足前項定額者，得以有代表已發行股份總數過半數股東之出席，出席股東表決權三分之二以上之同意行之。該條第十一項規定，章程得訂明依第九項規定發行限制員工權利新股之對象，包括符合一定條件之控制或從屬公司員工。最後，該條第十二項規定，公開發行股票之公司依前三項規定發行限制員工權利新股者，

[1187] 柯芳枝，前揭書，頁230；王文宇，同前[75]，頁360。

其發行數量、發行價格、發行條件及其他應遵行事項，由證券主管機關定之。

3.員工庫藏股制

公司法第一六七條之三規定，公司依第一百六十七條之一或其他法律規定收買自己之股份轉讓於員工者，得限制員工在一定期間內不得轉讓，但其期間最長不得超過二年。此乃為激勵員工而參考美國員工限制股之制度所制定之員工庫藏股制，若該公司有不得轉讓之限制，則會構成股份自由轉讓之例外。由於員工庫藏股涉及公司收買自己股份之問題，此時我們需了解歐陸法系有股份回籠之原則上禁止。

㈣股份回籠之原則上禁止

1.股份回籠之原則上禁止例外允許

我國公司法對股票回籠現仍採原則上禁止之立場而構成股份轉讓自由之例外。公司法第一百六十七條第一項遂規定，公司除依第一百五十八條、第一百六十七條之一、第一百八十六條、第二百三十五條之一及第三百十七條之規定外，不得將自己股份收回、收買或收為質物，但於股東清算或受破產之宣告時，得按市價收回其股份，抵償其於清算或破產宣告前積欠公司之債務。

大陸法系傳統上認為，股份有限公司的屬性為社團法人，理論上自己無法成為自己之構成員而擁有自己之股份，但股份（或股票）具有轉讓性在發行流通後可能由公司繼受取得該股份，而公司若以買回之方式取得自己公司已發行的股份，則實際上等於將股款返還給股東，公司資產將低於登記之實收資本額而造成資本有灌水之疑慮，並威脅公司之資本充實有悖資本維持原則。[1188]因此，就政策考量上而言，若准許公司買回自己股份，則表示已不再如傳統大陸法系般強調資本維持原則，而趨向美國法思維了。

[1188] 柯芳枝，前揭書，頁222；王文宇，同前[75]，頁361；神田秀樹，前揭書，頁103（註1）。

2.股份回籠之可能弊病

除上述資本維持之考量外，股份回籠原則上被禁止之原因包括⑴若允許公司任意地選擇自一部分股東買回自己股份，將有違股東平等原則，且可能圖利該特定股東；[1189]⑵股份回籠之禁止可避免有害公司支配之公正性，例如公司發生經營權爭奪時，公司經營派大量買進公司自己的股票，造成股價上揚，使市場派之對手需付出更多的資金成本才能取得足夠的股數以獲得經營權，此時不僅該經營派董事可能已違反其對公司之善良管理人之注意義務與忠實義務，[1190]亦危害了公司支配之公正性；[1191]⑶股份回籠禁止亦可避免炒作公司股票，減少公司進行內線交易之機會；[1192]⑷在取得之股份納入資產負債表時，若公司業績不佳而股價下跌，則公司將遭受雙重之害。[1193]

3.立法例之差異

有關公司取得自己之股份在立法例上有歐洲型與美國各州法型。所謂歐洲型乃基於前述之理由，原則上禁止而例外在必要性高時才以列舉取得事由方式允許之，而美國各州法型乃指公司與股東依合意取得自己之股份以及取得後之保有乃原則上自由之制度，所以，取得事由與取得股數原則上無限制，而取得後有銷除制與庫藏股制之細分。[1194]日本法在一九三八年

[1189] 柯芳枝，前揭書，頁222；王文宇，同前[75]，頁361；神田秀樹，前揭書，頁103（註1）；吉本健一，前揭書，頁101；洪令家，公司對股東所為之分配，收錄於方嘉麟主編，變動中的公司法制，初版，元照，台北，2019年1月，頁113；潘維大、范建得、羅美隆，前揭書，頁126；江頭憲治郎，前揭書，頁247；川村正幸等三人合著，前揭書，頁137；龍田節、前田雅弘，前揭書，頁281。

[1190] 江頭憲治郎，前揭書，頁249（註5）。

[1191] 神田秀樹，前揭書，頁103（註1）；吉本健一，前揭書，頁101；龍田節、前田雅弘，前揭書，頁281。

[1192] 神田秀樹，前揭書，頁103（註1）。

[1193] 吉本健一，前揭書，頁101。

[1194] Katharina Pistor et al., ibid., 827；江頭憲治郎，前揭書，頁248（註2）。

之前乃完全禁止，而僅在最小範圍內列舉例外允許之情況，直到二十世紀末期。[1195]我國法至今及日本法在二十世紀末期之前之規定乃採歐洲型，但日本由於產業界特別是上市公司之財務戰略觀點而轉向美國各州法型，但由於擔心前述問題而仍設有取得價額限於可分配給股東之財源之限制與確保股東平等原則等限制，[1196]所以可被稱為折衷制。

4.股份回籠禁止之適用範圍與其擴張

⑴適用範圍

除公司以自己之名義經合意取得自己之股份外，公司以他人之名義為公司之計算（以取得之資金是否來自公司來加以認定）而取得之股份亦屬之。[1197]公司因代物清償或強制執行而取得自己之股份由於一般屬有償取得，因此，原則上須同受規制。[1198]股東以股份為公司設定擔保權（如質權），若債權僅是名義上存在，則屬脫法行為，應同受規制。[1199]

至於新股認購權與附新股認購權之轉換公司債，對公司而言僅為債權性質，所以，公司買回此兩者並不受限制。[1200]這是因為，在公司債轉換之前，係屬債權性質，公司法既未禁止公司受讓所發行的轉換公司債而不轉換的情形，應認為此時並無違反公司法第一六七條第一項之規定，然而一旦公司行使轉換權，則違反前述之規定。

⑵適用範圍之擴張

公司法第一六七條第三項規定，被持有已發行有表決權之股份總數或資本總額超過半數之從屬公司，不得將控制公司之股份收買或收為質物。該條第四項規定，前項控制公司及其從屬公司直接或間接持有他公司已發

[1195] 龍田節、前田雅弘，前揭書，頁282。

[1196] 江頭憲治郎，前揭書，頁247。

[1197] 神田秀樹，前揭書，頁108；江頭憲治郎，前揭書，頁251。

[1198] 江頭憲治郎，前揭書，頁250。

[1199] 江頭憲治郎，前揭書，頁250。

[1200] 江頭憲治郎，前揭書，頁250。

行有表決權之股份總數或資本總額合計超過半數者，他公司亦不得將控制公司及其從屬公司之股份收買或收為質物。

由此一規定又被稱為交叉持股之禁止，[1201]乃參考日本立法例而要求公司之從屬公司，亦不得買回控制公司之股份。這是因為若不禁止，除子公司可能受母公司之指揮外，子公司之資產減少，會造成母公司之資產亦減少，而產生前述股份回籠之弊病之虞。[1202]

至於從屬公司可否取得控制公司的可轉換公司債呢？國內實務見解認為於此情形，轉換公司債將來可能因從屬公司的行使轉換權而成為公司股份，而可能滋生弊端，若由此一角度觀察，從屬公司的確有可能藉收買轉換公司債而逃避相關法律規範，然而公司債在轉換之前，僅係屬債權性質，公司法既未有禁止從屬公司買賣控制公司所發行的轉換公司債而不轉換的情形，應無違反公司法第一六七條第三與四項之虞，然而一旦從屬公司行使轉換權，則違反前述規定。[1203]此一實務見解值得贊同。這是因為在從屬公司得請求轉換之期間內，控制公司本可隨時調整其與從屬公司之間的關係，例如出售其所持有從屬公司之股份，而不復有控制從屬關係，此時自不受公司法第一六七條第三、四項之限制。因此，若從屬公司僅購買其控制公司所發行轉換公司債而不進行轉換，則不違反公司法第一六七條第三與四項之規定。

5.股份回籠例外允許之情況以及嗣後之處理方式

公司依公司法第一六七條第一項之規定原則上不能將公司自己之股份收回、收買與收質，但公司既可以分配盈餘給股東作股息，而公司從股東手上買回股份加以銷除之效果與分配股息相似，因此，在一定條件下（包括不影響債權人權益）例外可允許公司買回自己股份。[1204]因此，除證券交

[1201] 陳連順，前揭書，頁 204–205。
[1202] 江頭憲治郎，前揭書，頁 272；龍田節、前田雅弘，前揭書，頁 302。
[1203] 經濟部 91 年 4 月 8 日經商字第 0910206643 號函。
[1204] 賴英照，前揭書，頁 297。

易法有一些例外可買回之規定，例如為備企業組織調整之資金、規劃推行員工獎勵以及防禦敵意併購等外，公司法第一六七條第一項亦有例外之規定（即當有公司法第一五八條、第一六七條之一、第一八六條、第二三五條之一及第三一七條規定之情形時），[1205]此時因又回到股份轉讓自由原則，所以，沒例外之解釋應從嚴之必要，而且其等可被稱為合法取得自己之股份。此一例外乃採列舉方式，日本舊法時期規定與我現行規定相近，亦是採列舉方式。[1206]

我國公司法與日本公司法允許公司長期擁有自己股票不同，[1207]我國公司不可長期持有自己之股份，否則視為未發行，應變更實收資本之登記。我國公司法依規定有數種處理適法取得自己股份之方式：(A)根據公司法第一六七條第一項但書之規定與公司法第一八六條之規定，應於六個月內按市價將其出售。(B)因員工庫藏股而收回者應於三年內轉讓於員工。(C)特別股收回後，公司應加以銷除，不得再將其出售。[1208](D)其他情形，在法無明文情形下，應類推適用銷除股份之規定，或是類推適用公司必須於六個月內按市價售出之規定。分述如下。

⑴取得後加以銷除

公司法第一五八條規定了特別股之收回。特別股乃為特殊目的而發行，非屬常態，且與股東平等原則不符，若允許其長期存在，必影響普通股之權益，故公司法明文允許收回之。而且，特別股是股東平等原則的例外，不宜長久存在，故公司應予以銷除，不得將其再出售。[1209]

此外，依減資之規定，為銷除股份而暫時取得自己股份者，亦不太可

[1205] 洪令家，公司對股東所為之分配，收錄於方嘉麟主編，變動中的公司法制，初版，元照，台北，2019年1月，頁113。

[1206] 近藤光男，前揭書，頁96。

[1207] 神田秀樹，前揭書，頁108。

[1208] 柯芳枝，前揭書，頁227。

[1209] 柯芳枝，前揭書，頁227。

能發生流弊，[1210]但公司應予以銷除，不得將其再出售。

⑵六個月內按市價出售

公司法第一六七條第二項規定，公司依公司法第一六七條第一項但書、第一八六條規定，收回或收買之股份，應於六個月內，按市價將其出售，屆期未經出售者，視為公司未發行股份，並為變更實收資本之登記。

公司法第一六七條第一項但書規定，公司於股東清算或受破產之宣告時，得按市價收回其股份，抵償其於清算或破產宣告前結欠公司之債務。本條規定之旨趣在於自然人與法人股東既已被進行清算或受破產之程序，則其法律人格將趨於消滅或自然人股東將被宣告破產，此時若公司不得按市價收回其股份抵償其於清算或破產宣告前結欠公司之債務，則公司將來勢必未能獲償而有害公司之利益而已。[1211]

⑶取得後加以保有一段期間作為員工庫藏股

我國公司法第一六七條之一乃二〇〇一年為讓公司可採行員工庫藏股制度而增定，其亦屬公司可適法取得自己股份之情形之一。本條在二〇一八年有被修正。依該條第一項規定，公司除法律另有規定者外，得經董事會以董事三分之二以上之出席及出席董事過半數同意之決議，於不超過該公司已發行股份總數百分之五之範圍內，收買其股份；收買股份之總金額，不得逾保留盈餘加已實現之資本公積之金額。該條第二項規定，前項公司收買之股份，應於三年內轉讓於員工，屆期未轉讓者，視為公司未發行股份，並為變更登記。該條第三項規定，公司依第一項規定收買之股份，不得享有股東權利。該條第四項並規定，章程得訂明第二項轉讓之對象包括符合一定條件之控制或從屬公司員工。

二〇一八年之修正理由為，鑑於公司法第二三五條之一第三項所規定之「員工酬勞以股票或現金為之」的所謂股票，並不以新股為限，公司亦得收買其已發行股份發給員工，且二〇一八年另修正公司法第二三五條之

[1210] 柯芳枝，前揭書，頁225；王文宇，同前[75]，頁365。

[1211] 柯芳枝，前揭書，頁223、224。

一增訂第四項有關公司收買自己已發行股份之規定，故修正公司法第一六七條第一項，增列第二三五條之一為公司不得將股份收買之例外規定，讓公司為上開目的有收買自己已發行股份之依據。

公司法第二百三十五條之一第四項規定，公司經董事會特別決議以股票之方式發給員工酬勞者，得同次決議以發行新股或收買自己之股份為之。當收買自己股票以分派股票方式分配員工酬勞，此時亦屬一種合法股票回籠之情況。

公司法第一六七條之一之規定乃員工庫藏股之規定，此由二〇〇一年立法增訂之理由可看出，「增列第一項公司得以未分配之累積盈餘收買一定比例之股份為庫藏股，用以激勵優秀員工，使其經由取得股份，對公司產生向心力。又員工庫藏股，證券交易法第二八條之二已另有特別規定，爰於第一項為除外規定。」此一制度乃基於現代企業包括科技公司為能有自己公司股票（而不必以發行新股稀釋股權為代價）以延攬人才增加向心力，而例外讓公司可擁有自己之股份。二〇〇一年修法引進此一制度幾乎是仿自證交法第二八條之二之規定，[1212]但英美法之庫藏股制乃不限於為特定目的而允許買回自己之股份，而且相當時期內可加以保有而不處分之。[1213]甚至，日本庫藏股制依現行法可不限保有期間地保有之。[1214]我國則有三年之限制而且僅能發給員工，所以稱為員工庫藏股。屆期未轉讓者，視為公司未發行股份，並為變更實收資本之登記。

有關決策機關方面，經濟部函釋認為非公開發行公司之董事會可決議授權董事長在公司已發行股份總數百分之五數量限制內（量）以不高於每股淨值（值）買回做庫藏。[1215]而董事會之決議，公開發行公司依證交法第

[1212] 王文宇、林國全，公司法，收錄於王文宇、林國全、王志誠、許忠信、汪信君，前揭書，頁 78。

[1213] 前田庸，前揭書，頁 151。

[1214] 柴田和史，前揭書，頁 111。

[1215] 經濟部 96 年 3 月 1 日經商字第 09602022820 號函。

二八條之二第一項之規定由公司董事會以特別決議為之，非公開發行公司依公司法第一六七條之一第一項規定亦同。就學理而言，公司依協議取得自己之股份與盈餘分派同為對公司股東之財產分派之一種，因此，公司意思之形成應與盈餘分派相同，[1216]但我國法則另作此一規定。

公司法第一六七條之一第一項後段規定收買股份之總金額，不得超過保留盈餘加已實現之資本公積。所謂保留盈餘乃指包括法定盈餘公積、特別盈餘公積與未分配盈餘，而已實現之資本公積乃指超過票面金額發行股票之溢額與受領贈與之所得。[1217]有學者認為，資本公積係屬資本之一種，而公司資本本來就是債權人之總擔保，故買回庫藏股之來源應如日本法限於「可分派盈餘」之範圍內，資本公積之部分應不可作為買回之財源，以符合資本維持原則。[1218]其次，資本公積之動用以經股東會之決議為妥。

最後，二〇一八年亦修正第一六七條之一之規定而讓公司可買回庫藏股轉讓予符合一定條件之控制或從屬公司員工。

⑷取得後公司法未規定如何加以處理者

除上述情形外，法無明文如何處理，應類推適用銷除股份之規定，或是類推適用公司必須於六個月內按市價售出之規定。

若其將股份再轉讓他人者，則股東權回復原來狀態。有關公司轉讓或處分自己之股份，在非閉鎖性公司首重確保價金之公正性，而在閉鎖性公司為確保原股東之持股比例不受影響， 應有如同發行新股相同之程序規定，[1219]但我國因採歐洲型制度，股份數不多而未作規定。

若股份未銷除或出售，則超過期間後我國公司法與日本公司法允許公司長期擁有自己股份不同地，[1220]我國公司不可長期持有自己之股份，否則

[1216] 江頭憲治郎，前揭書，頁 251。

[1217] 經濟部 91 年 3 月 20 日經商字第 09102055950 號函；洪令家，前揭文，頁 113。

[1218] 王文宇，同前[75]，頁 364；江頭憲治郎，前揭書，頁 260。

[1219] 江頭憲治郎，前揭書，頁 270。

[1220] 神田秀樹，前揭書，頁 108。

視為未發行，應變更實收資本額登記。所謂視為未發行股份乃指對該股份加以銷除，性質上為法定減資。

A.股東行使股份收買請求權

根據公司法第一八六條之規定，反對公司法第一八五條重大決議之股東有股份收買請求權。類似情形而產生合法取得自己之股份之情形如下。

根據公司法第三一六條之二第一項規定，控制公司持有從屬公司百分之九十以上已發行股份者，得經控制公司及從屬公司之董事會以董事三分之二以上出席，及出席董事過半數之決議，與其從屬公司合併。其合併之決議，不適用第三一六條第一項至第三項有關股東會決議之規定。該條第二項規定，從屬公司董事會為前項決議後，應即通知其股東，並指定三十日以上期限，聲明其股東得於期限內提出書面異議，請求從屬公司按當時公平價格，收買其持有之股份。

又根據公司法第三一七條第一項之規定，公司分割或與他公司合併時，董事會應就分割、合併有關事項，作成分割計畫、合併契約，提出於股東會；股東在集會前或集會中，以書面表示異議，或以口頭表示異議經紀錄者，得放棄表決權，而請求公司按當時公平價格，收買其持有之股份。

此時，應類推適用公司法第一六七條第二項之規定，公司收買之股份，應於六個月內，按市價將其出售，屆期未經出售者，視為公司未發行股份，並為變更實收資本之登記。

B.公司無償取得自己之股份

公司無償取得自己之股份，例如受贈與或受遺贈，並不會導致公司資產之減少，不礙資本維持原則，亦無前述取得自己股份之疑慮。[1221]類似地，當股東向公司為拋棄其持有股份之意思表示時，該股份由公司取得，因為此亦不礙資本維持原則。

C.其他之例外

因公司之合併或受讓他人全部營業及財產而取得自己股份者，因為此

[1221] 柯芳枝，前揭書，頁225；江頭憲治郎，前揭書，頁248（註1）。

等概括承受行為非專以取得自己股份為目的，不太可能發生流弊。[1222]

6.適法取得並保有之股份之效力

股份有限公司取得自己之股份後，該股份除非被銷除，否則並不當然消滅（因為公司資本額已分成一定數量之股份）。

⑴股東權

公司符合公司法第一六七條第一項所規定的例外情形，適法取得股份，或其他合法取得股份之情況，公司在該持有本身股份之期間，得否行使股東權呢？國內多數說認為，此時公司的股東權利即應處於休止的狀態，包括沒有表決權、盈餘分派請求權等。[1223]公司法第一六七條之一第三項遂規定，公司依第一項規定收買之員工庫藏股份，不得享有股東權利。可見，我國一般認為，公司短期持有自己之股份則其股東權處於休止之狀態。若其將股份再轉讓他人者，則股東權回復原來狀態。但本書認為應細分如下：

A.股份合併或分割之權益以外

就共益權而言，公司法第一七九條第二項規定，公司依法持有自己之股份者，其股份無表決權。此一規定乃為確保公司支配之公正性。[1224]此規定雖僅就表決權作規定，其他之共益權應亦相同。[1225]而且，公司以他人之名義為公司之計算而取得之股份亦無表決權及其他股東權。[1226]就自益權而言，盈餘分派請求權固處於休止狀態，剩餘財產分配請求權應仍存在。[1227]但由子公司取得母公司之股份之盈餘分派請求權等自益權應不受影響，以免影響子公司之少數股東及債權人之利益。[1228]

[1222] 柯芳枝，前揭書，頁225；王文宇，同前[75]，頁365。

[1223] 柯芳枝，前揭書，頁226；王文宇，同前[75]，頁365；陳連順，前揭書，頁212。

[1224] 三枝一雄、南保勝美、柿崎環、根本伸一，前揭書，頁111。

[1225] 前田庸，前揭書，頁163。

[1226] 神田秀樹，前揭書，頁108。

[1227] 前田庸，前揭書，頁164。

[1228] 吉本健一，前揭書，頁115；江頭憲治郎，前揭書，頁275。

B.股份合併或分割之權益方面

股份被進行分割或合併時，對全部股份或特定特別股之一律地且當然地生效之權利則不進入休止狀態，否則將會對公司所持有之自己股份之交換價值產生影響。[1229]另有學者認為其理由在於股份合併或分割之效果並非因權利之行使而獲得，因此，合併或分割之效果及於自己股份，[1230]但亦有學說認為即使因此而股份價格下跌，因並無股東會因此受害，所以，不禁止公司自行裁量是否將此些股份納入分割或合併。[1231]

⑵會計上之處理

公司對自己之股份不計入公司之資產，因為取得公司自己之股份與盈餘分派同為一種對股東分派財產之方法，而且因為公司清算時自己之股份乃無價值之資產，而不得不被視為公司流失之金額。[1232]

7.違反股份回籠禁止限制之效果

公司法第一六七條第五項規定，公司負責人違反前四項規定，將股份收回、收買或收為質物，或抬高價格抵償債務或抑低價格出售時，應負賠償責任。公司違反股份回籠禁止原則時，除相關董事之民刑責任外，該違法取得行為之效力如何呢？有關公司違法取得自己股份之效力我國實務多採無效說，認為公司法第一百六十七條第一項禁止取得自己股份之規定為禁止規定，固屬強行規定，違反此項規定之行為，應屬無效。[1233]我國學說見解分歧，但近年多採折衷說。當不涉第三人保護時無效說固無不可，但當涉及交易安全之善意第三人保護時應認為仍有效。[1234]或出賣人乃善意或是在證券市場購入股份應例外認為有效以維交易安全與市場秩序。[1235]本書

[1229] 高橋紀夫，前揭書，頁 127；三枝一雄、南保勝美、柿崎環、根本伸一，前揭書，頁 111；前田庸，前揭書，頁 164。

[1230] 龍田節、前田雅弘，前揭書，頁 298。

[1231] 江頭憲治郎，前揭書，頁 266。

[1232] 江頭憲治郎，前揭書，頁 267。

[1233] 最高法院 72 年台上字第 289 號民事判決；最高法院 96 年台上字第 252 號民事判決。

[1234] 王文宇，同前[75]，頁 362。

認為該行為違反法律禁止之規定，原則依民法第七一條之規定應屬無效，以遵守資本維持原則，但若出賣人係屬善意，例如公司以第三人名義，為自己之計算而取得自己之股份時，應例外解為有效以維護交易安全。日本學說雖有重視交易安全而採有效說而認為僅生董事對公司之損害賠償責任者，但通說認為原則上乃無效，惟若出賣人乃善意，則例外應被認為有效（即公司方面不可主張無效之相對無效說） 以調和公司健全性與交易安全。[1236]雖有學說認為為達成禁止公司違法取得自己股份之立法目的，應允許公司及相對人皆可主張此一無效，[1237]但日本通說則不採之。

當該交易乃無效時，公司所付出之價金則不被認為是不法原因之給付，因此，可請求返還，因為若不能請求返還則會使違法狀態持續下去而不利於公司資本之維持。[1238]最後，違法取得之股票，公司不可享有表決權等股東權。[1239]

二、章程所作之轉讓限制

依公司法第一六三條之規定，若公司要以章程作股份轉讓之限制，則須有公司法之明文規定方可。此在公司法中有三種情況，即閉鎖性公司章程對所有股份轉讓之限制，以及二〇一八年修正在公司法第一五七條第一項第七款對特別股及在公司法第三五六條之七第一項第六款對閉鎖性股份有限公司，增加公司得於章程針對特別股為轉讓之限制。

㈠三種適用之情況

非公開發行公司因為股東有個性化之需求故得以章程限制之，而限制

[1235] 柯芳枝，前揭書，頁229；洪令家，公司對股東所為之分配，收錄於方嘉麟主編，變動中的公司法制，初版，元照，台北，2019年1月，頁116。

[1236] 高橋紀夫，前揭書，頁126；三枝一雄、南保勝美、柿崎環、根本伸一，前揭書，頁113；江頭憲治郎，前揭書，頁258；前田庸，前揭書，頁161。

[1237] 江頭憲治郎，前揭書，頁258（註10）。

[1238] 三枝一雄、南保勝美、柿崎環、根本伸一，前揭書，頁113。

[1239] 陳連順，前揭書，頁217。

之方式可為全部股份皆設限制（如閉鎖性股份有限公司）或為特別股中的轉讓限制兩種態樣。我國法及日本法除一般（非閉鎖性）股份有限公司之特別股之轉讓限制外，閉鎖性股份有限公司亦可以章程做股份轉讓之限制，閉鎖性股份有限公司介紹於該專章，在此僅對股份轉讓限制做介紹。

有關一般股份有限公司之特別股，公司法第一五七條第一項第七款之規定，非公開發行公司發行特別股時，應就下列各款於章程中定之：……特別股轉讓之限制。所以，非公開發行股票公司因此一規定可用章程限制其特別股之轉讓。

有關閉鎖性股份有限公司，公司法第三五六條之五第一項規定，公司股份轉讓之限制，應於章程載明。又閉鎖性股份有限公司所發行之特別股另可作不同之轉讓之限制，因此，公司法第三五六條之七第一項第六款規定，公司發行特別股時，應就下列各款於章程中定之：……特別股轉讓之限制。可見，閉鎖性股份有限公司可用章程限制其特別股之轉讓。所以，閉鎖性股份有限公司可能有兩種股份轉讓限制，即對公司全部股份皆須做之轉讓限制（例如轉讓需董事會同意），以及針對該公司股份之（一部分）特別股作另一轉讓限制（例如轉讓需股東會同意）。

㈡轉讓限制之意義

何謂轉讓限制，我國法未明定其意義而太廣，應限縮解釋，例如日本法之所謂限制並非轉讓本身受限制而是股份之取得須公司（股東會或董事會）之承認而已，這是因為股份有限公司並無退股制度，所以，雖可有條件限制之，但不得妨礙股東以轉讓股份回收其投資。[1240]

日本公司法僅允許在章程中規定，當股東轉讓股份時，其轉讓應經公司股東會或董事會之承認，而請求承認人依章程規定可為出賣人或買受人，[1241]但不可對轉讓人之資格做限制，例如要求需屬公司受僱人股東方受

[1240] 吉本健一，前揭書，頁25、72、78、79；三枝一雄、南保勝美、柿崎環、根本伸一，前揭書，頁92、96；龍田節、前田雅弘，前揭書，頁261。

[1241] 神田秀樹，前揭書，頁98-99；龍田節、前田雅弘，前揭書，頁263-264。

限制，因為此將違反股東平等原則，至於章程若規定當受讓人有特定屬性（例如原股東）時不必經公司承認則為法之所許。[1242]有關轉讓之承認須遵守股東平等原則。[1243]承認之標準，法律並未限制，委由承認機關之裁量，而當承認機關為董事會時，此一裁量之濫用會構成善良管理人注意義務之違反。[1244]

㈢轉讓限制之公示要求

章程所作之轉讓限制需登記或在發行股票之公司須記載於股票上，否則不能對抗善意第三人。[1245]我國法在閉鎖性股份有限公司有條文明定，即公司法第三五六條之五第一項規定，公司股份轉讓之限制，應於章程載明。該條第二項規定，前項股份轉讓之限制，公司印製股票者，應於股票以明顯文字註記；不發行股票者，讓與人應於交付受讓人之相關書面文件中載明。然而，特別股則未做規定，解釋上應類推適用。

㈣違反轉讓限制之效力

日本判例及學說通說認為違反章程所訂轉讓限制之轉讓在當事人間仍有效，但不得對抗公司，即不得要求更換股東名簿上之股東姓名，即僅具相對效力。[1246]我國法上，亦同。

三、契約約定之轉讓限制

公司股東間協議為維持公司之閉鎖性漸漸採行此一方式，例如須一方同意方能轉讓股份之約定，或特定事由發生時一方具有優先購買權之約定。[1247]

[1242] 神田秀樹，前揭書，頁99（註4）；三枝一雄、南保勝美、柿崎環、根本伸一，前揭書，頁92。

[1243] 吉本健一，前揭書，頁80；近藤光男，前揭書，頁62。

[1244] 近藤光男，前揭書，頁62–63。

[1245] 神田秀樹，前揭書，頁99。

[1246] 神田秀樹，前揭書，頁100；吉本健一，前揭書，頁83–84；高橋紀夫，前揭書，頁112；近藤光男，前揭書，頁62。

㈠從契約主體作區分

契約約定轉讓限制在實務上有股東間之約定、公司與董事間約定與公司與股東間之約定之區分。[1248]

㈡從契約內容做區分

實務上常用之股東間協議以維持公司閉鎖性之典型例，依其限制內容則可分為須經同意、優先承購權與強制轉讓等約定。[1249]

1.須經同意條款

所謂須經同意條款 (consent restrictions)，乃指股東間協議未經一方之同意（包括事先允許與事後之承認）不得轉讓股份給他人，而且亦常連事實上轉讓 (transfer of beneficial interests in shares) 或以股份供擔保亦加以限制者。[1250]此種協議若僅存在於股東間則屬契約自由之範疇，但若以賦予公司（包括董事或董事會）同意權之形式為之，除有積極之合理性（例如要符合證券交易法之私募之要件），則常因限制了股東收回投資之機會或因違反了股份有限公司之基本理念而無效之可能性甚高。[1251]

2.優先購買權條款

所謂優先購買權條款 (first options; pre-emption rights) 乃指股東間協議一方擬處分（包括轉讓）股份時有通知他方之義務，而受通知之當事人有優先承購權。實務上亦有在公司章程中做此規定者，例如英國法，此時股東間會被認為形成此一內容之法定契約 (statutory contracts)。此類契約約定之法律效力並不成問題，而關鍵常在價格如何決定之問題。[1252]

[1247] 江頭憲治郎，前揭書，頁 234。

[1248] 三枝一雄、南保勝美、柿崎環、根本伸一，前揭書，頁 96。

[1249] 江頭憲治郎，前揭書，頁 243–244。

[1250] 江頭憲治郎，前揭書，頁 243。

[1251] 江頭憲治郎，前揭書，頁 243（註 1）。

[1252] 江頭憲治郎，前揭書，頁 244。

3.強制出售條款與強制買受條款

股東間協議當有例如繼承、閉鎖性公司員工持股制度下之離職或聯合開發公司一方當事人有支配權移轉之情形發生等時，該股東有向他股東轉讓股份之義務而不論該股東有否轉讓意思，稱為強制出售條款 (call options)。[1253]與強制出售條款相反地，特定事實發生時股東有向他股東收買其所持股份之義務，稱為強制買受條款 (put options)，此在公司合併契約可能亦使用之。[1254]

㈢有效與否

若公司與全體股東約定全部股份皆不得被轉讓，則此一規定將屬公司法所為以章程做轉讓限制規定之脫法行為而無效。[1255]除此之外，此一問題當區分契約當事人是否為該公司而有所不同之考量。

1.公司為轉讓契約之當事人（原則無效例外有效）

公司與股東以契約約定不得轉讓股份或限制股東轉讓之對象的效力如何呢？其效力如何有爭議。若以文義解釋，應屬有效，因為公司法僅明定「不得以章程禁止或限制」，而且，承認以契約約定禁止或限制股份轉讓乃有效，可有助於閉鎖性公司維持其閉鎖性。

日本通說及判例認為由於容易成為脫法手段，所以，原則上乃無效，但例外在該契約內容不會構成股東收回投資之不當妨礙時則例外認為有效。但有力學說則認為，除契約實質內容原被評斷為有礙股東收回投資之公序良俗外，原則上應被認為有效，因為與章程所為之限制乃對全部股東以及章程對第三人有外部效力不同地，當事人間之約定既有個別意思之考量，其個人利益應不會受損害，而該約定既僅具有債權相對效力，應可被允許。[1256]類似地，吉本教授亦認為，原則上有效但例外在其內容被認定為

[1253] 江頭憲治郎，前揭書，頁244。

[1254] 江頭憲治郎，前揭書，頁245（註4）。

[1255] 高橋紀夫，前揭書，頁107。

[1256] 伊藤真，前揭書，頁185–186。

違反以章程限制股份轉讓制度之旨趣而可被認定為脫法行為時方無效。[1257]近年日本亦有見解認為，不應根據契約主體而做區分，而應依契約內容之合理性來判斷，因此，即使公司為契約主體，只要有經濟上之合理性，除有違公序良俗外，應依契約自由而肯認之。[1258]

2.公司非契約當事人（原則有效例外無效）

若是公司某一股東與另一股東以契約所為之轉讓限制，或股東與非公司股東之第三人所為之轉讓限制約定，由於不涉及公司法第一六三條之規定，依契約自由原則，該約定原則上有效（但其僅有債權效力），[1259]但例外在從其實質內容而言可被認為乃契約當事人之脫法行為時，則依公序良俗之違反而例外被認為無效。[1260]

陸、股份轉讓之效力

股份或股票轉讓產生股東權移轉之效力。又根據民法第二九五條規定之類推適用，股息與紅利等附屬權利亦隨同股份及股票移轉而移轉，[1261]但已具體化之權利例如已確定之盈餘分派請求權，則不隨同移轉。[1262]

第五節　股份之設質

壹、概　述

股份之設質乃指以股份或股票為質權之標的。實務上有甚多融資融券

[1257] 吉本健一，前揭書，頁84、85。

[1258] 此說被介紹於高橋紀夫，前揭書，頁113–114。

[1259] 伊藤真，前揭書，頁185；吉本健一，前揭書，頁84。

[1260] 高橋紀夫，前揭書，頁107。

[1261] 經濟部59年6月23日商字第29196號函。

[1262] 三枝一雄、南保勝美、柿崎環、根本伸一，前揭書，頁87。

之需求。股份雖有社員權性質，但仍為可轉讓之財產權，而股票更是有價證券，故可成為權利質權之標的。[1263]

貳、股份設質之方法

股份設質有兩種區分，即有於股東名簿登記質權設定者稱為登錄質，而未登記者稱為略式質。[1264]股份設定質權之方法視該股份有否發行股票而不同。若無發行股票，則以民法上財產權利設定質權之方法為之（參照民法第九〇〇條以下規定）而僅有登錄質而無略式質。[1265]若有發行股票，則可為登錄質或略式質，即使在僅承認記名股票之國家，亦可能以完全背書或不完全背書之股票為略式質。一般而言，非公開發行股票之公司或非上市、上櫃或興櫃之公開發行股票之公司，其股票設質作業乃於背書並交付給質權人後，由股東洽發行公司辦理，發行公司於審查相關文件後自行辦理登記。而公開發行股票之公司則可集中保管股票並以帳戶劃撥方式為設質之交付，分述如下：

一、股份設質之生效要件

股份設質以當事人意思合致為生效要件，但若有發行股票則無記名股票（我國已廢止）以交付而生設定質權（屬略式質）之效力（我國民法第九〇八條第一項前段參照），[1266]而記名股票應區分兩種情況即⑴股票未集中保管者，根據民法第九〇八條第一項後段之規定，於背書兼交付該股票而生設定質權（屬略式質）之效力。該背書可為完全背書（有記載質權人之姓名）或不完全背書（未記載質權人之姓名），且不必在背書處附記表示設質或其他同義之文字。[1267]⑵適用證交法之股票已集中保管者，根據證交法

[1263] 王文宇，同前[75]，頁368。

[1264] 吉本健一，前揭書，頁97；高橋紀夫，前揭書，頁117。

[1265] 高橋紀夫，前揭書，頁117。

[1266] 神田秀樹，前揭書，頁102。

第四十三條第三項之規定，其設質之交付得以帳戶劃撥方式為之，並不適用民法第九〇八條之規定。解釋上以經證券集中保管事業登錄之不適用證交法股票設質者亦同，[1268]且其即使在劃撥帳戶登記質權之設定，但因仍沒有在公司股東名簿登記，所以仍僅為略式質。[1269]

二、股份設質之對抗要件

有關對抗效力，根據公司法第一六五條第一項之規定（股份之轉讓，非將受讓人之姓名或名稱及住所或居所，記載於公司股東名簿，不得以其轉讓對抗公司）之類推適用，非將質權人之姓名或名稱及住所或居所記載於發行公司之股東名簿（成為登錄質），不得以其設質對抗公司。因此，未發行股票之公司之股份僅能以向公司為股東名簿上之登記質權人之姓名及住所等方生質權設定對抗公司之效力。[1270]在以記名股票設質之情況，其設質須將股票背書並交付給質權人，並在公司股東名簿記載質權人之姓名或名稱及住所或居所，方能以其設質對抗公司，而其背書根據我國判例須完全背書，即須將質權人之本名或名稱記載於股票，[1271]而與上述略式質時，因無判例之要求，而可簡式背書者（又稱不完全背書）不同。

參、股份設質之效力

質權人除可對其債權就拍賣股份所得價金有優先受償之權外，質權設定有以下之效力。

[1267] 姚志明，前揭書，頁 261。

[1268] 陳連順，前揭書，頁 219。

[1269] 高橋紀夫，前揭書，頁 116；江頭憲治郎，前揭書，頁 225。

[1270] 神田秀樹，前揭書，頁 102。

[1271] 最高法院 60 年台上字第 4335 號民事判例。

一、物上代位權

質權人有收取孳息之權，包括盈餘（股息及紅利及所謂子股）分派收取權。[1272]此一權利乃根據物上代位之原理而來。[1273]又根據質權之物上代位性，質權人可享有公司清算後之剩餘財產分配請求權以及特別股股東所享有之選擇權或其他權利等而自其優先受償。[1274]我國學者則認為乃類推適用民法第八八九條及第九〇一條（物上代位性之規定）之規定而來。[1275]

二、對公司之關係

㈠略式質

承認無記名股票之國家（如日本），其質權之設定以交付而生略式質權之效。我國僅承認記名股票，若當事人間有質權設定之合意而且已背書交付該股票給質權人，僅是未向公司為登記，在當事人間應亦生質權設定之效，只是不能對抗公司而已。

當公司未發行股票，亦未採用劃撥制度，由於股東權具財產權之性質，所以，亦可經當事人合意設立質權，但由於未在發行公司為登記，因此，不能對抗公司，公司仍對原股東為盈餘分派等行為。[1276]

㈡登錄質

登錄質之質權人雖可對公司作主張，但仍不能出席股東會行使表決權，因為其尚非股東，須屬股東方可出席股東會行使表決權，[1277]但物上代位權之對象如盈餘分派則屬質權人。[1278]

[1272] 陳連順，前揭書，頁219。

[1273] 神田秀樹，前揭書，頁102；江頭憲治郎，前揭書，頁227。

[1274] 神田秀樹，前揭書，頁102；吉本健一，前揭書，頁98。

[1275] 姚志明，前揭書，頁263。

[1276] 吉本健一，前揭書，頁98。

[1277] 柯芳枝，前揭書，頁256；鄭玉波，同前[13]，頁111。

[1278] 吉本健一，前揭書，頁98。

第六節 股東平等原則

壹、概 述

股份有限公司之構成員乃股東，其地位不因其取得為原始取得（經認股行為而取得資格）或繼受取得（經繼承或受讓股份而取得股東資格），而有所不同，皆有股東平等原則之適用。

貳、股東平等原則

一、意 義

股東平等原則有廣狹兩義。狹義之股東平等原則乃指各普通股股東基於一股份對公司所得享有之權利及負擔之義務原則上平等。[1279]此乃在各股份之內容相同的前提下所為之論，[1280]當公司以章程之規定發行特別股時，則會構成此一原則之例外。[1281]日本二〇〇五年公司法制定前之舊法及我國現行法採之。其雖被通稱為股東平等原則，但根據公司法之規定內容，其實可被稱股份平等原則。[1282]現行日本公司法第一〇九條第一項則規定，股份有限公司應根據股東所持有股份之內容及股份數平等地對待之，而且，所謂依股份之內容乃考慮到特別股，而所謂依股份數乃表達相對之平等，[1283]因此，在此一股東平等原則的意涵下，特別股（乃有關股份之內容）與股

[1279] 鄭玉波，同前[13]，頁81。

[1280] 神田秀樹，前揭書，頁73；三枝一雄、南保勝美、柿崎環、根本伸一，前揭書，頁56。

[1281] 前田庸，前揭書，頁91。

[1282] 神田秀樹，前揭書，頁72；龍田節、前田雅弘，前揭書，頁219；近藤光男，前揭書，頁57–58。

[1283] 吉本健一，前揭書，頁59；前田庸，前揭書，頁91。

東平等原則便無違反了。[1284]

廣義說之股東平等原則乃指公司根據正義衡平之原則，在對公司之關係上須對股東依人數一人一人地平等對待之。[1285]其內容包括上述之⑴狹義股東平等原則或稱相對的（比例的）股東平等原則，即公司因股份之均一性之結果須依持股比例平等對待之，例如議決權或盈餘分派請求權，以及⑵絕對的平等，亦即公司須不論其股份數而平等地對待股東，而且，此乃股東之絕對權（與股數無關之權），包括股東會召集通知受領權、股東會之入場、議場之發言與質問權、股東會決議撤銷權。[1286]因此，亦有見解認為此一頭數平等原則仍可被理解為股東平等原則之一環。[1287]

二、目　的

股東平等原則乃內在於團體法，而不得以多數決改變之，藉此避免多數決之濫用與董事之權限濫用，以保護少數股東之利益。[1288]

三、效　力

公司章程或股東會決議或董事會決議或執行機關之行為(如契約約定)違反股東平等原則者無效，但在個別交易中經該受有不利益之股東之承認者，則應被允許，因為此時該瑕疵已被治癒。[1289]

[1284] 神田秀樹，前揭書，頁 73。

[1285] 吉本健一，前揭書，頁 58；高橋紀夫，前揭書，頁 83；近藤光男，前揭書，頁 58–59。

[1286] 吉本健一，前揭書，頁 58；高橋紀夫，前揭書，頁 83；近藤光男，前揭書，頁 59。

[1287] 川村正幸等三人合著，前揭書，頁 97（註 24）。

[1288] 伊藤真，前揭書，頁 153；吉本健一，前揭書，頁 58；三枝一雄、南保勝美、柿崎環、根本伸一，前揭書，頁 56；江頭憲治郎，前揭書，頁 132；前田庸，前揭書，頁 91。

[1289] 神田秀樹，前揭書，頁 73–74；吉本健一，前揭書，頁 59；伊藤真，前揭書，頁 153–154；三枝一雄、南保勝美、柿崎環、根本伸一，前揭書，頁 57。

四、規　範

此一股東（股份）平等原則體現在我國法上至少有六個地方。第一，公司法第一七九條第一項規定，公司各股東，除本法另有規定外，每股有一表決權。但公司法有數規定構成此一原則之例外包括特別股之規定與公司法第一七九條第二項所規定之情況。第二，公司法第二三五條規定，股息及紅利之分派，除本法另有規定外，以各股東持有股份之比例為準。第三，公司法第二六七條第三項規定，公司發行新股時，除依前二項保留者外，應公告及通知原有股東，按照原有股份比例儘先分認，並聲明逾期不認購者，喪失其權利。第四，公司法第三三〇條規定，清償債務後，賸餘之財產應按各股東股份比例分派。但公司發行特別股，而章程中另有訂定者，從其訂定。第五，公司法第一六八條第一項規定，公司非依股東會決議減少資本，不得銷除其股份；減少資本，應依股東所持股份比例減少之。但本法或其他法律另有規定者，不在此限。第六，公司法第二四一條第一項規定，公司無虧損者，得依前條第一項至第三項所定股東會決議之方法，將法定盈餘公積及下列資本公積之全部或一部，按股東原有股份之比例發給新股或現金：一、超過票面金額發行股票所得之溢額。二、受領贈與之所得。

五、界　線

股東平等原則並非絕對，其妥當範圍如何，常涉及以下之問題。

㈠股東優待制度

股東優待制度乃指公司給予股東與公司業務有關之便利或利益，例如客運公司規定持股一定比例以上之股東可免費乘車等。[1290]當公司有合理理由時可採行依股東人數而非依其股份數之股東優待制度，例如電影院門票或免費乘車券等，因為一般認為其程度輕，實質上並不違反股東平等原則，

[1290] 江頭憲治郎，前揭書，頁133（註8）。

但若涉及盈餘分派等重大利益則應被存疑。[1291]

㈡因持股數或持股期間而作差別待遇

當一公司之規定因持股數或持股期間而作差別待遇，雖有見解認為任何股東只要符合該前提即可享有之，因此，不違股東平等原則，但一般認為，為避免給大股東特權，所以，仍違反股東平等原則。[1292]

㈢少數股東權

少數股東權有違反股東平等原則之嫌，因為與單獨股東權不同地，未達一定條件之股東不能主張或行使少數股東權，雖可用任何股東只要符合該條件即可行使，因此仍屬平等，但應認為其乃股東平等原則之例外。[1293]

㈣閉鎖性公司

當閉鎖性公司被允許以章程對股東個人作不同之規定時，其乃股東平等原則之例外。[1294]我國公司法中有關閉鎖性股份有限公司之規定並未允許此種情況。

㈤有關作收買防衛機制

有關收買防衛機制，若只針對將被收買公司之特定股東所做之減少其支配力之嘗試，包括章程中規定其表決權行使之條件，雖有認為其並不違反股東平等原則之見解，[1295]但江頭教授認為同一種類之股份不論持股數多少皆應被平等地對待，所以，原則上不被允許，而僅有例外具有強大之必要性或合理性時方能被允許，例如買收者損及公司之企業價值，或其為公司利益或股東共同利益所必要者方可允許之。[1296]在了解股東平等原則之複雜性後，我們便能夠探討股份有限公司之股東會等機關了。

[1291] 三枝一雄、南保勝美、柿崎環、根本伸一，前揭書，頁57；近藤光男，前揭書，頁59-60。

[1292] 江頭憲治郎，前揭書，頁132。

[1293] 近藤光男，前揭書，頁59。

[1294] 近藤光男，前揭書，頁60。

[1295] 近藤光男，前揭書，頁60。

[1296] 江頭憲治郎，前揭書，頁133（註7）。

第四章　股份有限公司之機關

第一節　機關之概述

壹、機關之意義

公司之組織有人之組織與物之組織。人之組織為公司之機關，物之組織為後述之資本制度等。所謂公司之機關乃指為公司為意思決定或行為之公司組織上之自然人或自然人所組成之會議體。[1297]有學說甚至認為法人亦可為機關。[1298]公司為社團法人無法自為行為與活動，而須藉由所設立之機關為意思決定及行為（包括法律行為及事實行為）而成為公司之意思決定及行為。

貳、公司機關之類型

一、三權分立機關

機關依其所扮演之機能，在通常時期一公司之機關可被區分成三大類，即意思機關（例如股東會）、業務執行（與代表）機關、監察機關（例如監察人或未執行業務之股東）。其乃受到立法、行政、司法三權分立而有相互制衡之影響。[1299]

[1297] 川村正幸等三人合著，前揭書，頁223；神田秀樹，前揭書，頁178；吉本健一，前揭書，頁141；高橋紀夫，前揭書，頁145。

[1298] 柴田和史，前揭書，頁142。

[1299] 近藤光男，前揭書，頁193；廖大穎，前揭書，頁178–179。

二、自己機關與第三者機關

公司機關依其與股東身分之結合度高低可被區分成自己機關與他人機關。人合公司多強調股東之個性，因此，機關（包括執行機關）之地位常伴股東之地位而產生，稱為「自己機關」，而且僅有無限責任股東方可為自己機關，稱為自己機關原則，且此原則為強行規定；而資合公司則多強調公司之團體性，股東之地位與機關之地位截然有別，稱為「他人機關（或第三者機關）」。[1300]股東可以另外被選任為該機關，但該機關並不以具股東身分者為限，而且該機關可能為自然人或會議體，例如股份有限公司之業務執行機關可能為董事（未設董事會者）而可能為一自然人，[1301]或董事會（設董事會者）。[1302]

就意思決定而言，在自己機關，公司之意思決定由股東（稱自己機關）自為，而在他人機關，除由股東會所為之基本意思決定外，有關公司營運與管理之意思決定乃由股東會所選任之董事會或董事做意思決定。[1303]但公司業務並不以意思決定為限，所以機關之行為內涵尚包括執行業務（含代表），所以，公司有代表機關，如有限公司之具代表權之執行業務股東（自己機關）或股份有限公司之董事長（他人機關），但美國有些州公司法例如德拉瓦州公司法允許閉鎖性股份有限公司以章程規定由股東任業務執行機關（屬自己機關）。[1304]就監察業務而言，有限公司之未執行業務股東有監察權，而屬自己機關，而股份有限公司並未由不執行業務之一般股東做平時監察之工作，而另外設有監察人或獨立董事（公開發行公司），屬他人機

[1300] Karsten Schmidt, a.a.O. (Fußnote 21), S. 409–411；鄭玉波，同前[13]，頁 118；吉本健一，前揭書，頁 136；三枝一雄、南保勝美、柿崎環、根本伸一，前揭書，頁 141。

[1301] 江頭憲治郎，前揭書，頁 307。

[1302] Paul Davies, ibid., p. 201.

[1303] Paul Davies, ibid., p. 201；江頭憲治郎，前揭書，頁 307。

[1304] 江頭憲治郎，前揭書，頁 308（註 1）。

關。此時，我們尚須區分合議制機關與獨任機關。

三、合議制機關與獨任機關

公司機關就其組成人數來區分可有合議制與獨任制兩大類，即由複數人所形成會議體之合議制機關（例如董事會或如日本法所承認之監察人會），與由一人所形成之獨任制機關，而後者即使一公司備置有數人，仍各自獨立行使其職權（例如我國之監察人）。[1305]

四、必要機關與任意機關

依法必須設立之機關隨公司大小、是否公開發行股票或是否為閉鎖性公司而異，最小型之股份有限公司之法定必備機關為股東會與董事，[1306]因此，我國法允許一人公司與非公開發行公司不設董事會。這是受日本法之影響，本來只有有限公司才可如此，日本法現在廢棄有限公司法而將機關設立自由引入股份有限公司（小型者）。[1307]因此，現在各類型股份有限公司之基本共通要求僅有股東有限責任，以及機關僅股東會及董事為必備機關。[1308]董事會與監察人已非法定必備機關了。

五、持份公司與股份公司機關之差異

由前述無限、有限與兩合公司（可合稱持份公司）之介紹可知，持份公司之執行機關乃自己機關，且意思機關未必以會議體為之，而股份有限公司之機關則較多樣化，視其規模大小、是否公開發行股份及有無閉鎖性而有甚大差別，而且，機關名稱雖然相同（例如股東會或董事），但其權限則可能不同，例如日本法上之股份有限公司之股東會權限與董事之權限因

[1305] 三枝一雄、南保勝美、柿崎環、根本伸一，前揭書，頁140。

[1306] 龍田節、前田雅弘，前揭書，頁23、65。

[1307] 前田庸，前揭書，頁362–363。

[1308] 龍田節、前田雅弘，前揭書，頁8。

該公司有無設董事會而不同。[1309]

參、股份有限公司機關之設計

公司之機關設計之區分標準為公司乃公開（或閉鎖）與否及公司規模大小而有不同之機關設計。立法例尚有由小而大與由大而小兩種體例。

一、由小而大之立法體例

股份有限公司由小而大而添增機關必要性之立法體例，例如現行日本公司法上之股份有限公司乃以非公開之公司為假設之規範來做基本規定，而有機關設計自由原則（機關設計規律之柔軟化），因為其股東變動少，交易對象與債權人數亦不多，而可選擇簡單之機關型態，然後日本法再根據公司之公開性與規模擴大而添增機關，甚至必要機關。[1310]當公司設有董事會時，若該公司並無設執行長 (CEO)，董事會作主要之意思決定，所以大部分之董事乃經營者；而當公司設有執行長時，執行長為經營者，而董事會主要為監督執行長之機制。[1311]

二、由大而小之立法體例

由大而小之立法體例認為，與其他類型公司不同地，身為資合公司代表之股份有限公司，其聚集大眾資金形成較大之資本，股東人數可能眾多，未能讓每位股東參與業務執行，且在股東有限責任下，股東多僅在乎利得而不關心公司業務執行，而且為確保有效率之經營，所以，較大型之股份有限公司落實企業所有與企業經營分離原則，專設法定必備之業務執行與代表機關（董事會與董事），[1312]甚至得以用章程設置任意機關，如副董事

[1309] 龍田節、前田雅弘，前揭書，頁 65、66（註 5）。

[1310] 高橋紀夫，前揭書，頁 145–149；三枝一雄、南保勝美、柿崎環、根本伸一，前揭書，頁 142；龍田節、前田雅弘，前揭書，頁 23。

[1311] 江頭憲治郎，前揭書，頁 308。

長、常務董事與經理人等，但非公開發行公司則可不設董事會。而且，為防止業務執行與代表機關濫權與擅權，股份有限公司在法國大革命之影響下亦採三權分立之體制，而設監察人藉彼此制衡以達公司內部自治監督之目的。[1313]因為股東會傳統上雖為最高意思機關，但因其未能經常集會以監督業務執行與代表機關，所以，須設置監察人為常設之監督機關，然又擔心董監皆為股東會大股東所支持而產生而狼狽為奸之現象，故公司法又設有檢查人為臨時監督機關。[1314]此些機關之設計乃公司治理之中心部分。[1315]

三、我國法之體例

我國公司法因另有仿自德國法制之有限公司制度，因此，股份有限公司之制度在二〇一五年之前乃以公開且規模較大之公司為假想規範典範，[1316]所以，股份有限公司原則上有董事會之設計，而另外針對閉鎖性公司作特別之規定。在一人股份有限公司，根據公司法第一二八條之一之規定，股東會功能由董事會行使之，而且董事與監察人由該一人股東指定之。非一人之股份有限公司，其執行（或代表）機關原為董事會，監察機關為監察人，意思機關為股東會。二〇一八年修法後董事會與監察人已非必備機關，而只有董事與股東會為必備機關。股東民主之體現在表決權採多數決。然而，在現行法下，股東會有何等程度之介入權呢？股東如何取得公司資訊呢？股東提案權有無限制呢？如何充分利用代理制度使股東表達其意思呢？介紹如下。

[1312] 柯芳枝，前揭書，頁290；王文宇，同前[75]，頁375；吉本健一，前揭書，頁28、29。

[1313] 柯芳枝，前揭書，頁244；王文宇、林國全，公司法，收錄於王文宇、林國全、王志誠、許忠信、汪信君合著，前揭書，頁81。

[1314] 柯芳枝，前揭書，頁244。

[1315] 神田秀樹，前揭書，頁179。

[1316] 高橋紀夫，前揭書，頁149。

第二節　股東會

壹、股東會之概念

股東會乃股份有限公司由全體股東所組織，為公司以多數決在內部決定意思之法定、必備、常設、最高意思機關。[1317]

一、股東會係全體股東所組成之機關

股東會係全體股東所組成之機關而與其他機關不同，其股東包括普通股股東與特別股股東，因此，股東會有別於由特別股股東所組成之特別股股東會。特別股股東雖可能無表決權，但其仍有權參與股東會取得公司資訊或提案或就議案提出質詢或表達其意見。[1318]因此，公司法第一七二條第一項規定股東常會之召集，應於二十日前通知各股東，而未排除特別股股東。

二、股東會係公司內部藉會議體制以多數決決定意思之機關

股東會為內部意思機關而非業務執行或代表機關，所以，其不得為業務執行之行為而其意思決定之效力之發生常須另有執行董事等之執行行為才能發生效力。[1319]股東會以多數決決定公司意思時原則上須以會議體制藉多數決原理為之的合議制機關為之，[1320]不可如有限公司由股東先後表達意思而達到意思決定。

所謂多數決乃以一股一表決權為原則之資本多數決制，而依出資多寡

[1317] 王文宇，同前[75]，頁375。

[1318] 柯芳枝，前揭書，頁245。

[1319] 江頭憲治郎，前揭書，頁317（註3）；吉本健一，前揭書，頁144。

[1320] 鄭玉波，同前[13]，頁119。

（即企業危險分擔）而決定其發言權，因為股份有限公司有資本團體性，但資本多數決若被濫用（例如表決權非為公司之利益而是為股東自己或第三人之利益，例如為收購公司之利益而以不當條件通過企業併購決議）、違反股東平等原則或違反股東有限責任原則，則將使股東會決議無效。[1321]

三、股東會係法定、必備、常設、最高意思機關

股東會係公司法所規定且必備之最高意思機關，而可對公司重要事項（例如變更章程、合併或解散等）做決定，亦可任免董事與監察人，而且雖非經常集會仍屬常設之機關，而能應召集權人之命令召開之。[1322]

所謂最高，在二〇〇一年修法之前，股東會得決議公司之一切事務而無分大小，[1323]而與其他類型公司之意思機關相同。近年來股份有限公司之股東會常反映大股東之意思，未必反映全體股東之意思，所以有些國家不再承認股東會為最高意思機關。[1324]英美法上，公司實務為擴大董事會之職權，賦與董事會有權行使公司所有之權力，除非公司法或公司章程特別保留給股東會，但股東會仍像英國國會一般具有最高 (supreme) 之規則制定權，而且，董事會乃向股東會負責，不過，現代公司法理論則有所不同，因為只要該行為乃屬已授權給董事們者，則股東會不能再干涉之，而頂多僅能改選董事們或修改章程來限制其權力。[1325]這使得股東會的最高性產生爭議。此一爭議之解決，可從影響我國法甚深之日本法的變動看出端倪。

日本公司法上，未設董事會之公司，其股東會享有萬能機關之地位而且具有最高性，可決定公司之組織、營運、管理及其他事項（日本公司法第二九五條第一項參照）。[1326]這是因為日本在昭和十三年之商法修正中擴大

[1321] 吉本健一，前揭書，頁 143、172。

[1322] 柯芳枝，前揭書，頁 246。

[1323] 鄭玉波，同前[13]，頁 119。

[1324] 鄭玉波，同前[13]，頁 120。

[1325] Paul Davies, ibid., pp. 15–16, 183–184.

股份有限公司股東會之權限，縮小董事之權限，而成為以股東會為中心之形式（稱為股東會萬能主義）。[1327]然而，股東出席率低而使股東會形式化，決策權多委由董事決定，實務上且常特定由兼任社長之董事執行，而形成以社長為頂之決策體制。[1328]而當時日本又有甚多家族企業所形成之財閥，由社長一人所主導。二戰後，麥帥在一九五〇年時令在背後支持日本陸軍部之財閥解體，股權向民間釋放，以形成所有與經營分離之現象（如美國），因此，為求強化專業經營之效率化以及為貫徹所有與經營分離原則，董事之權限在一九五〇年被擴大許多，此時為讓董事適當且謹慎地行使其權限，遂自美國法引進董事會制度，更何況當時以大型股份有限公司為假定規範對象，所以，乃假定公司有相當數量之股東數而不易集會，因此，將基本重要事項以外之事務決定委由專門經營之董事會，[1329]而縮小股東會之權限，不再採股東會萬能機關主義，股東會可決議之事項以公司法規定及章程所規定者為限（約如我國公司法第二〇二條之意旨）。[1330]現行日本公司法對非公開公司已不再強制設董事會，但對設有董事會之股份有限公司，日本公司法第二九五條第二項仍在此一思維下規定，其股東會權限限於法律與章程所規定之事項，而要求股東會僅能決定具基本重要性之事項。其中法定事項之所以會法定由股東會決定乃因包括公司本質變更或其他影響股東重大利益等理由。[1331]除法定事項外，章程可規定哪些事項須由股東會作決定，乃是因為考量到中小型公司之需求。[1332]而未設董事會之公司，其股東會如上述本可決定一切事務，為萬能機關而且具有最高性。董事會設

[1326] 龍田節、前田雅弘，前揭書，頁 66；神田秀樹，前揭書，頁 186。

[1327] 河本一郎、川口恭弘，前揭書，頁 35–36；近藤光男，前揭書，頁 193。

[1328] 近藤光男，前揭書，頁 193。

[1329] 近藤光男，前揭書，頁 233；伊藤真，前揭書，頁 455；神田秀樹，前揭書，頁 186；吉本健一，前揭書，頁 136。

[1330] 河本一郎、川口恭弘，前揭書，頁 36；近藤光男，前揭書，頁 18。

[1331] 川村正幸等三人合著，前揭書，頁 232–233。

[1332] 神田秀樹，前揭書，頁 186（註 1）。

置公司，股東會雖非萬能機關，但仍為最高機關，因為其仍可以用章程擴大股東會之權限，而且，有關企業存續之重大事項及董監選舉權限仍屬股東會，在此意義上，仍具最高性。[1333]因此，章程將股東會專屬權限規定由其他機關行使者無效。[1334]

我國法在有董事會之公司，股東會得決議之事項依據公司法第二〇二條之規定已被限縮為公司法或章程規定應由股東會決議之事項，其他事項股東會則無權決議之，[1335]可謂是採董事會為中心意思決定機關之主義。而未設董事會之公司，本書認為應與日本法一樣乃採股東會萬能主義。本書之理由為，現行公司法第一九三條第一項雖規定，董事會執行業務，應依照法令章程及股東會之決議。然而本條乃一九六六年修法時參考英美及日本之立法，引進董事會制度縮小股東會權限，強化董事會之組織及其權責，僅將舊法（一九四六年之第一九六條第一項規定，董事執行業務，應依照法令章程及股東會之決議）之董事兩字改成董事會，而其股東會之決議乃舊法時即有之文字，現在公司法在二〇一八年以後既已允許公司不設董事會，則在未設有董事會之公司，其董事應恢復依舊制度遵守股東會之任何合法決議，股東會應恢復為萬能機關，詳參董事會一節所述。惟不論該公司有否設董事會，股東會皆為最高意思機關。

貳、股東會之種類

一、股東會

股東會有股東常會與股東臨時會。股東常會為定期由董事會召集之全體股東之會議，每年至少召集一次。股東臨時會依據公司法第一七〇條第一項之規定，於必要時召集之。

[1333] 吉本健一，前揭書，頁 143；前田庸，前揭書，頁 370。

[1334] 吉本健一，前揭書，頁 144。

[1335] 賴源河（王志誠修訂），前揭書，頁 250；陳連順，前揭書，頁 275。

二、特別股股東會

特別股股東會乃由特別股股東所組成之股東會。有關特別股股東會之權限，日本公司法第三二一條規定，特別股股東會之權限以法令規定或章程規定屬特別股股東會權限之事項為限。所謂法令規定，例如依據我國公司法第一五九條第一項之規定，公司章程之變更若有損害特別股股東之權利時，應召集特別股股東會議。解釋上，只要不違強行法或股份有限公司之本質，公司章程亦可規定屬特別股股東會權限之事項。報告聽取權及查核權，應亦在特別股權益方面有之。

參、股東會之權限

股東會權限除各主要國家公司法皆承認之董事與監察人選任權外，有如下之權限。

一、報告聽取權

股東會召開時依慣例由召集人為召集事由之報告。若召集人為董事會且所召集者為股東常會，則除召集事由外，董事會亦會報告開會時公司之營業與財務狀況，以及依公司法之規定董事會須向股東會報告之事項，例如公司法第二一一條第一項規定，公司虧損達實收資本額二分之一時，董事會應於最近一次股東會報告。而且，股東常會召開時，監察人應向股東會提出查核董事會所造具擬提出於股東會請求承認之會計表冊之查核報告書，此時依慣例監察人均就報告書之內容進行口頭報告，由股東們聽取之。[1336]

二、查核權

公司法第一八四條第一項規定，股東會得查核董事會造具之表冊、監

[1336] 柯芳枝，前揭書，頁257。

察人之報告，並決議盈餘分派或虧損撥補。因此，公司法第二三〇條第一項遂規定，董事會應將其所造具之各項表冊，提出於股東常會請求承認，經股東常會承認後，董事會應將財務報表及盈餘分派或虧損撥補之決議，分發各股東。

三、決議權

與英國國會有至上原則 (the supremacy of parliament) 相對地 ，法國國會並無至上原則之適用而是三權分立，彼此制衡。仿自法國三權分立之公司自治監理制度亦未給股東會決定一切公司事務之權限，而有公司法之限制。因此，股東會所可決議之事項有公司法上之概括規定與個別明文規定，又公司章程亦得訂定應由股東會為決議之事項。[1337]

㈠公司法上個別明文規定

公司法上有甚多股東會得作決議之個別明文規定，例如公司法第一八四條第一項規定股東會得決議盈餘分派或虧損撥補。

㈡法律概括規定或章程規定模式

除公司法之個別規定外，股東會與董事會間之權限劃分，在立法例上有以章程做區分根據者與以公司法規定做區分根據者。前者，例如英國法，後者例如日本法。以章程做區分根據者，除法律規定者外，乃以該公司之章程之規定為準。我國法採日本法模式以公司法規定做區分根據，即依公司法第二〇二條之規定，公司業務之執行，除本法或章程規定應由股東會決議之事項外，均應由董事會決議行之。有關股東會與董事會權限劃分詳述於董事會一節，而所謂本法規定應由股東會決議之事項乃例如公司法第一八五條第一項之重大決議等事項。

㈢與董事會共享之權利

有關股東會與董事會共享之權利，在設有董事會之公司限制股東會決議權之趨勢下，我國公司法有些規定須董事會決議後提出於股東會，再由

[1337] 柯芳枝，前揭書，頁 257。

股東會作決議，例如公司法第一八五條第一項之重大決議，依該條第四項須由董事會特別決議後提出於股東會。[1338]可見，公司法對於重大決策之分配並非採取「非董事會即屬股東會」之二分模式，而有共享權利，例如公司合併、分割議案，均以董事會之建議為股東會同意之前提要件。其目的在於尊重董事會之專業，並由董事會扮演事前把關者之角色，即使股東會主動提案通過，董事會仍不受其拘束。[1339]

肆、股東會之召集

股東會應由召集權人依法定程序召集之，但一人公司因一人出席即成股東會，因此，不必有法定召集程序，[1340]除此之外，以下區分召集時機與召集權人等分別介紹其程序。

一、召集時機

股東常會每年至少召集一次，並且依公司法第一七〇條第二項之規定，應於每會計年度終了後六個月內召開，但有正當事由經報請主管機關核准者，不在此限。

股東臨時會依據公司法第一七〇條第一項之規定，於必要時召集之。何謂「必要時」呢？其乃指㈠基於法律規定如⑴董事缺額達三分之一時（公司法第二〇一條參照）；⑵公司虧損達實收資本額二分之一時（公司法第二一一條第一項參照）；⑶監察人全體均解任時（公司法第二一七條之一參照）。㈡應少數股東請求而召集（公司法第一七三條第一項參照）。㈢董事會自動認為必要時，此乃由董事會主觀認定。㈣二〇一八年所新增之所謂大同條款之適用情況。以下藉召集權人之區分再詳細介紹之。

[1338] 王文宇，同前[75]，頁 380。

[1339] 陳連順，前揭書，頁 276–277。

[1340] 三枝一雄、南保勝美、柿崎環、根本伸一，前揭書，頁 149。

二、召集權者

公司法第一七一條規定，股東會除本法另有規定外，由董事會召集之。股東會之召開，董事會屬當然召集機關，其正常程序，應由董事長先行召集董事會，再由董事會決議召集股東會。在未設董事會之公司，則由董事召集之。除董事會（董事）外，公司法所規定之其他召集權者如下。

㈠少數股東權之股東自行召集

1.董事會經請求而仍不為召集

公司法第一七三條第一項規定，繼續一年以上，持有已發行股份總數百分之三以上股份之股東，得以書面記明提議事項及理由，請求董事會召集股東臨時會。該條第二項規定，前項請求提出後十五日內，董事會不為召集之通知時，股東得報經主管機關許可，自行召集。根據本條第二項經主管機關許可自行召集之股東會，若主管機關對討論事項有做許可之決定，則該次會議之臨時動議權受限制，若其仍為許可事項以外事項之臨時動議之決議，則依我國實務見解，該決議有瑕疵而得被撤銷。[1341]

2.董事會不為或不能召集

公司法第一七三條第四項規定，董事因股份轉讓或其他理由，致董事會不為召集或不能召集股東會時，得由持有已發行股份總數百分之三以上股份之股東，報經主管機關許可，自行召集。

有關此一規定經濟部指出，其立法理由乃因股東會以由董事會召集為原則，但如董事會應召集股東會而不召集，或因與董事有利害關係，故意拖延，不肯召集股東會，宜給予股東有請求召集或自行召集之權，但也不能允許任意請求，漫無限制，故有前開之規定。準此，董事會不為召集股東會之情形，除自始即不為召集外，其雖為召集，但所定股東會開會日期故意拖延之情形，亦應包括在內。至所定股東會開會日期是否有故意拖延情事及有無召集股東會之必要，則屬事實認定問題。[1342]又經濟部亦指出，

[1341] 最高法院94年度台上字第1821號民事判決。

若公司全體董事經地方法院假處分裁定不得執行董事職務與股東會之召集有關之職務，致不能依本法之規定召集股東會時，自得依公司法第一七三條第四項規定申請自行召集股東會。[1343]

(二)二〇一八年所新增之所謂大同條款

持有已發行股份總數過半數股份之股東得自行召集股東臨時會，依據公司法第一七三條之一第一項規定，繼續三個月以上持有已發行股份總數過半數股份之股東，得自行召集股東臨時會。該條第二項規定，前項股東持股期間及持股數之計算，以第一六五條第二項或第三項停止股票過戶時之持股為準。

本條乃二〇一八年所新增。當股東持有公司已發行股份總數過半數股份時，其對公司之經營及股東會已有關鍵性之影響，倘其持股又達一定期間，賦予其有自行召集股東臨時會之權利，應屬合理，故明定繼續三個月以上持有已發行股份總數過半數股份之股東，可自行召集股東臨時會，毋庸先請求董事會召集或經主管機關許可。

國外甚少類似之立法而屬我國獨特之立法。[1344]而且，依本條召集臨時股東會並無次數或時間之限制。[1345]所謂持有已發行股份總數過半數股份之股東可以合併數人之股份計算，與少數股東權類似，但本條不宜被稱為少數股東權之一種。而且，須注意其乃以已發行股份總數（未必全有表決權）為基準，所以，不看表決權之多寡，而包括無表決權之特別股，而且，即使持有複數表決權之股東之表決權過半，若持股不過半仍不得召集。[1346]最後，經濟部與金管會已達成共識，依本條召集股東會者必須靠市場派自己

[1342] 經濟部民國 82 年 12 月 10 日商字第 230086 號解釋。

[1343] 經濟部民國 84 年 10 月 19 日商字第 225901 號解釋。

[1344] 陳蕙君，公司法第 173 條之 1 持股過半數股東召集股東會之解釋與適用，中正財經法學，第 19 期，2019 年 7 月，頁 1、19。

[1345] 陳蕙君，前揭文，頁 32。

[1346] 陳彥良，股東會及經營權爭奪，收錄於方嘉麟主編，變動中的公司法制，初版，元照，台北，2019 年 1 月，頁 159。

之持股，不得以徵求委託書之方式達到門檻。[1347]

㈢監察人

由監察人召集之股東會可被區分為主動召集與受法院之命令而被動召集兩種。

1.主動召集

公司法第二二〇條規定，監察人除董事會不為召集或不能召集股東會外，得為公司利益，於必要時，召集股東會。本條於二〇〇一年修正前原規定監察人認為必要時得召集股東會。此一舊規定被我國判例解釋為以「董事會不為召集或不能召集股東會」為限。[1348]亦即監察人召集僅為補充性質。然而，二〇〇一年十一月十二日修正之理由除將判例內容法律化外，亦參考德國股份法之立法例，為發揮監察人功能而規定監察人認定於公司利益而有必要時亦得召集股東會之規定。因此，經濟部採與判例不同見解而認為，監察人得行使股東會召集權之情形有二：董事會不為召集或不能召集股東會時；監察人為公司利益認為必要時。換言之，修法後，為強化監察人權限，使其得即時合法召集股東會，監察人不再限於「董事會不為召集或不能召集股東會時」始得行使其股東會召集權了。[1349]

至於「必要時」如何認定，林國全教授認為所謂「董事會不為召集或不能召集股東會」應解為係指董事會依法律或章程規定應召開股東會，卻不為或不能召集之情形，而且在概念上，應以「董事會不為召集或不能召集股東會」為「為公司之利益，有必要時」之例示規定，始為妥當。[1350]王文宇教授亦基於監察人是三權分立之監察機關，為強化其權限，認為不必要對此一規定做過度限縮之解釋。[1351]因此，本書認為，只要監察人認為於

[1347] 陳連順，前揭書，頁254–255。

[1348] 最高法院77年台上字第2160號判例。

[1349] 93年4月13日經濟部商字第09302055200號解釋。

[1350] 林國全，監察人自行召集股東會，月旦法學教室，第32期，2005年6月，頁37。

[1351] 王文宇，同前[75]，頁385。

公司利益而有必要即得召集股東會，而且所謂必要並不以「董事會不為召集或不能召集股東會」為限，該判例見解已因修法而遭廢棄。

2.被動召集

公司法第二四五條第一項規定，繼續六個月以上，持有已發行股份總數百分之一以上之股東，得檢附理由、事證及說明其必要性，聲請法院選派檢查人，於必要範圍內，檢查公司業務帳目、財產情形、特定事項、特定交易文件及紀錄。該條第二項規定，法院對於檢查人之報告認為必要時，得命監察人召集股東會。

㈣臨時管理人

公司法第二〇八條之一第一項規定，董事會不為或不能行使職權，致公司有受損害之虞時，法院因利害關係人或檢察官之聲請，得選任一人以上之臨時管理人，代行董事長及董事會之職權。但不得為不利於公司之行為。經登記後臨時管理人可代替董事會召開股東會。

㈤重整人與清算人

重整人完成重整工作後，應召集重整後的股東會（公司法第三一〇條第一項參照）。又清算人於執行清算事務之範圍內，其權利義務與董事同。因此，清算人為利清算之進行自得召集股東會。

三、召集方式與方法

除閉鎖性股份有限公司介紹於該專章之特別規定外，非閉鎖性公司之召集程序主要如下。

㈠依規定時間內通知記名股東

公司法第一七二條第一項規定，股東常會之召集，應於二十日前通知各股東。該條第二項規定，股東臨時會之召集，應於十日前通知各股東。該條第三項規定，公開發行股票之公司股東常會之召集，應於三十日前通知各股東；股東臨時會之召集，應於十五日前通知各股東。有關股東會召集之通知，經濟部指出，本條所規定之通知日期，實務上均採「發信主義」而非到達主義。[1352]所需通知之股東以股東名簿記載者為準，而且特別股股東亦需通知，此由原第一七二條第五項（原規定股東會之通知及召集事由之記載對無表決權之股東不適用之）之規定遭刪除可知。

最後，公司法第一八二條規定，股東會決議在五日內延期或續行集會，不適用第一百七十二條之規定。所謂延期集會乃指開會後尚未進入議程即行決議（普通決議即可）延期之情形，而所謂續行集會乃指開會後已進入議程而因故未能於當日議決而決議（普通決議即可）改日繼續開會，此時不必為後者再發開會通知。[1353]鄭玉波教授認為，從學理上而言，續開無需再踐行召集程序，若屬延期再開，則原則上仍須依公司法第一七二條再召集之。[1354]但我國公司法第一八二條不區分之，而認為延期或續行集會只要在五日內為之，不必再為召集程序。

㈡召集事由之記載

股東會召開前，股東對議決之重大事項有知的權利以決定是否出席，因此，通知應載明召集事由而且重大事項須在召集事由中列舉並說明其主要內容。公司法第一七二條第四項規定，通知應載明召集事由；其通知經相對人同意者，得以電子方式為之。此時尚需區分非公開發行股票之公司與公開發行股票之公司兩種情況。

1.非公開發行股票之公司

公司法第一七二條第五項規定，選任或解任董事、監察人、變更章程、減資、申請停止公開發行、董事競業許可、盈餘轉增資、公積轉增資、公司解散、合併、分割或第一百八十五條第一項各款之事項，應在召集事由中列舉並說明其主要內容，不得以臨時動議提出；其主要內容得置於證券主管機關或公司指定之網站，並應將其網址載明於通知。

本項在二〇一八年修正有三大變動，即⑴股東會召集時應在召集事由

[1352] 經濟部69年11月10日商字第38934號解釋。

[1353] 柯芳枝，前揭書，頁254；神田秀樹，前揭書，頁195（註1）；吉本健一，前揭書，頁152；江頭憲治郎，前揭書，頁355（註2）。

[1354] 鄭玉波，同前⑬，頁123。

中列舉者增加五項，即減資、申請停止公開發行、董事競業許可、盈餘轉增資、公積轉增資，⑵本次修正並要求說明事由之主要內容，⑶增加主要內容得置於證券主管機關或公司指定之網站之規定。

此處之減資包括在章程所載股份總數內而減實收資本額之減資，根據二〇一八年修正理由，其增列乃鑑於公司減資涉及股東權益甚鉅，又在授權資本制下，股份可分次發行，減資大多係減實收資本額，故通常不涉及變更章程，故增列「減資」屬應於股東會召集通知中列舉，而不得以臨時動議提出之事由，以保障股東權益；又公司申請停止公開發行，亦影響股東權益至鉅，一併增列。另董事競業許可、盈餘轉增資、公積轉增資亦屬公司經營重大事項，應防止取巧以臨時動議提出，以維護股東權益，故一併納入規範。由於本項之事由均屬重大事項，明定股東會召集通知除記載事由外，亦應說明其主要內容。所謂說明其主要內容，例如變更章程，不得僅在召集事由記載「變更章程」或「修正章程」等字，而應說明章程變更或修正之處，例如由面額股轉換為無面額股等。另考量說明主要內容，可能資料甚多，故明定主要內容得置於證券主管機關指定之網站（例如公開資訊觀測站）或公司指定之網站，並明定公司應將載有主要內容之網址載明於開會通知，以利股東依循網址進入網站查閱。

2.公開發行股票之公司

公開發行股票之公司除上述公司法第一七二條第五項之規定外，尚須遵守證交法第二六條之一有關須在通知中列舉不得以臨時動議提出之事項，亦即公司法第二〇九條第一項競業禁止之允許事項、盈餘轉增資及公積轉增資。此三事項皆已在二〇一八年修正公司法時納入前述公司法第二七五條第五項之列舉事由中。

四、股東提案權

㈠股東提案權之現代重要性

由美日等國公司之演變可看出，一開始股份有限公司多由股東出資者自己經營（稱為機能資本家階段），進入所有與經營分離原則階段後，隨著保險、信託投資公司與年金等機構投資人漸漸增加後，個人直接投資公司會變少，而變成透過機構投資人來投資公司，使得股東對（上市）公司之監督由「出售股份」（稱為“Wall Street Rule”）變成由於機構投資人間接投資，而機構投資人之股權集中、較有專業能力而且時常因投資組合配置而不願出售股份，因而其開始積極介入公司經營，希望影響公司往有利於機構投資人之方向發展，因此，股東提案權便日增其重要性了。[1355]

㈡股東提案權之意義

股東提案權有廣義與狹義之分。我國之股東提案權採狹義，乃指符合一定條件之股東得於股東會召開前，提出符合法律規範之提案，要求董事會或其他股東會之召集人將之列為股東會之議案，使股東不再僅有被動的表決權。此在日本又被稱為議題提案權。

日本公司法之股東提案權則採廣義而包括議題提案權與議案提案權兩種。所謂議案提案權乃每位股東可對股東會之開會目的事項提出議案（例如修正董事所提出之議案），⑴由於該目的事項已屬股東會權限之事項，所以，其並無是否為股東會權限之判斷問題；⑵此並非專為少數股東權而設；⑶股東會對適法之議案提案不加以尊重時有該股東會決議被撤銷之問題，[1356]因為其乃議決程序之違法。

所謂議題提案權（即我國所採之狹義股東提案權）乃以一定事項作為股東會之目的事項（即議題），而作為少數股東召集股東會制度之替代，所以，其有該議題是否為股東會可決事項之判斷問題，[1357]而且，公司違反規定未將適法之議案納入議題，僅生公司負責人之罰責問題，並無股東會決議撤銷之問題。[1358]這是因為未有議題不可能有決議可得被撤銷。

[1355] 黑沼悅郎，前揭書，頁81、83、84。

[1356] 江頭憲治郎，前揭書，頁334。

[1357] 江頭憲治郎，前揭書，頁331。

[1358] 江頭憲治郎，前揭書，頁331。

㈢規定主要內容與增訂理由

公司法第一七二條之一第一項規定，持有已發行股份總數百分之一以上股份之股東，得向公司提出股東常會議案。但以一項為限，提案超過一項者，均不列入議案。該條第二項規定，公司應於股東常會召開前之停止股票過戶日前，公告受理股東之提案、書面或電子受理方式、受理處所及受理期間；其受理期間不得少於十日。該條第三項又規定，股東所提議案以三百字為限；提案股東應親自或委託他人出席股東常會，並參與該項議案討論。該條第五項又規定，第一項股東提案係為敦促公司增進公共利益或善盡社會責任之建議，董事會仍得列入議案。

二〇〇五年增訂第一項之立法理由為鑑於現代公司法架構下，公司之經營權及決策權多賦予董事會，本法已明文規定，公司業務之執行，除本法或章程規定應由股東會決議者外，均應由董事會決議行之。若股東無提案權，則許多不得以臨時動議提出之議案，除非由董事會於開會通知列入，否則股東難有置喙之餘地，為使股東得積極參與公司之經營，賦予股東提案權，以落實股東民主之理念。又為避免提案過於浮濫，並參酌美國證券交易法之規定，於本項但書明定股東所提議案，以一項為限。且為防止提案過於冗長，且鑑於我國文字三百字已足表達一項議案之內容，特於第三項就提案之字數限制在三百字以內。所稱三百字，包括理由及標點符號。如所提議案字數超過三百字者，該項議案不予列入。

㈣二〇一八年再度修正之理由

二〇一八年修正股東向公司提出股東常會議案，公司得以書面或電子方式受理，另外建議性提案雖係非股東會所得決議事項，董事會仍得列入議案，以呼應公司法第一條企業社會責任之增訂，且董事會未將股東提案列為議案者，提案股東得向法院聲請以裁定命公司列為議案，而且，主管機關亦得對公司負責人為裁罰。

伍、股東表決權之擁有與行使

股東之議決權，包括討論與表決權，而議決權之行使形式之最重要者為表決，因此，我國常針對表決權而規定之。

一、股東表決權之意義

表決權乃股東對股東會之決議事項加以可決或否決之意思表示以形成公司意思之權利。[1359]此種權利係基於股東之地位而生，不能脫離股東而獨立，因此，雖得委託他人行使，但不得與股東之資格分離而被讓與或設質。[1360]較大型股份有限公司雖可能有企業所有與企業經營分離現象，股東仍藉表決權對公司之人事及重要決策間接地加以支配。由於表決權乃根據股份數，因此，公司法第一八一條第一項乃規定政府或法人為股東時，其代表人不限於一人，但其表決權之行使，仍以其所持有之股份綜合計算。

二、股東表決權之擁有

(一)一股一表決權原則

公司法第一七九條第一項規定，公司各股東，除本法另有規定外，每股有一表決權。此稱為一股一表決權原則或資本多數決原則。[1361]一股一表決權乃表決權平等原則，因為股份有限公司乃資合公司而其盈餘分派原則上乃以股份為準，因此，對公司之支配權亦以股份為準而非以人數為準。[1362]

(二)一股一表決權原則之例外

一股一表決權原則（表決權平等原則）之例外包括公司法第一五七條第一項第三款之特別股、公司法第一五七條第一項第四款複數表決權特別股或對於特定事項具否決權特別股、公司持有自己之股份、相互投資公司行使表決權之限制、公司法中有股東權例外無表決權之情形等，介紹如下。

[1359] 柯芳枝，前揭書，頁259、260；鄭玉波，同前[13]，頁124。

[1360] 鄭玉波，同前[13]，頁124。

[1361] 吉本健一，前揭書，頁156。

[1362] 柯芳枝，前揭書，頁260。

1.無表決權及表決權受限制之特別股

公司法第一五七條第一項規定公司發行特別股時，應就下列各款於章程中定之：……三、特別股之股東行使表決權之順序、限制或無表決權；四、複數表決權特別股或對於特定事項具否決權特別股。另外，閉鎖性股份有限公司表決權及董監選舉權之章程規定若有特別規定者，亦屬一股一表決權之例外。[1363]

2.公司依法持有自己股份無表決權

公司法第一七九條第二項規定，有下列情形之一者，其股份無表決權：公司依法持有自己之股份。這是因為公司適法取得自己之股份者，如上述，該股東權原則上處於休止狀態，所以無表決權。此乃是為確保公司支配之公正性。[1364]

3.受控制之他公司持有控制公司之股份無表決權

公司法第一七九條第二項規定，有下列情形之一者，其股份無表決權：被持有已發行有表決權之股份總數或資本總額超過半數之從屬公司，其所持有控制公司之股份；控制公司及其從屬公司直接或間接持有他公司已發行有表決權之股份總數或資本總額合計超過半數之他公司，其所持有控制公司及其從屬公司之股份。詳參本書關係企業篇之介紹。

4.迴　避

公司法第一七八條規定，股東對於會議之事項，有自身利害關係致有害於公司利益之虞時，不得加入表決，並不得代理他股東行使其表決權。此需係針對特定議案之迴避，而且依第一八〇條第二項之規定，股東會之決議，對依第一七八條規定不得行使表決權之股份數，不算入已出席股東之表決權數，但股東出席數仍計入。所謂有自身利害關係係指與一般股東之利益無涉，而與特定股東有利害關係而言，且本條乃屬強行規定之性質。[1365]

[1363] 高橋紀夫，前揭書，頁160。

[1364] 川村正幸等三人合著，前揭書，頁244；高橋紀夫，前揭書，頁160。

[1365] 王文宇，同前[501]，頁31、41–42。

5.代理行使表決權之限制

為防止利用取得委託書之方式操縱股東會，公司法第一七七條第二項規定，除信託事業或經證券主管機關核准之股務代理機構外，一人同時受二人以上股東委託時，其代理之表決權不得超過已發行股份總數表決權之百分之三，超過時其超過之表決權，不予計算。

6.相互投資公司之有相互投資之事實

公司法第三六九條之十第一項規定，相互投資公司知有相互投資之事實者，其得行使之表決權，不得超過被投資公司已發行有表決權股份總數或資本總額之三分之一。但以盈餘或公積增資配股所得之股份，仍得行使表決權。該條第二項又規定，公司依第三六九條之八之規定通知他公司後，於未獲他公司相同之通知，亦未知有相互投資之事實者，其股權之行使不受前項限制。

相互投資而持有之股份並非無表決權股，而僅係表決權之行使受限制，故於計算出席數時，其仍應被計入已發行股份總數，而於計算表決權數時，超過三分之一之部分不得行使表決權，因此，應類推適用上述公司法第一八〇條第二項，不算入出席股東之表決權數之規定。

7.股東權被假處分者

定暫時狀態之假處分在公司經營權爭奪上具有相當之重要性。[1366]當董監事或其他股東經假處分不得行使股東權利者，雖仍得出席股東會，但是不能行使表決權。[1367]因此，其仍應被計入出席數，而納入股東會召集所需股份數之計算中。

8.董事以股份設定質權

公司法第一九七條之一第二項規定，公開發行股票之公司董事以股份設定質權超過選任當時所持有之公司股份數額二分之一時，其超過之股份

[1366] 王文宇，定暫時狀態假處分與公司經營權之爭奪，收錄於其所編，公司與企業法制，初版，元照，台北，2000年5月，頁79、83。

[1367] 最高法院95年台上字第984號判決。

不得行使表決權，不算入已出席股東之表決權數。這是因為質押比例過高，代表公司經營風險已移轉給質權人，其對公司之經營得失利害關係已減弱，因此，應限制其表決權。[1368]但此一規定在實務上卻可能被此類董事以股東會前辭去董事職務而使其表決權不受限制，而後在該股東會再度當選董事之方式被規避了。[1369]

㈢表決權數之計算

在計算表決權數時須注意股東會出席門檻乃視出席人數（但須符要求），而表決門檻乃依表決權數，因此，例如公司法第一七四條遂規定，股東會之決議，除本法另有規定外，應有「代表已發行股份總數過半數股東」之出席，以「出席股東表決權過半數」之同意行之。在上述表決權平等原則之例外規定中有些不能計入前者，有些不能計入後者。公司法第一八〇條第一項規定，股東會之決議，對無表決權股東之股份數，不算入已發行股份之總數（前一門檻或稱出席門檻）。公司法第一八〇條第二項規定，股東會之決議，對依第一七八條（迴避）規定不得行使表決權之股份數，不算入已出席股東之表決權數（即後一門檻或稱表決門檻）。而且，不能計入前者者，當然亦不能計入後者。

不得計入前一門檻或出席門檻者，如公司法第一五七條第一項第三款之無表決權特別股與第一七九條第二項所規定之「無表決權」情況，係指自始即無權參與表決者，不算入已發行股份總數（公司法第一八〇條第一項參照）。其他之無表決權情況如回籠股以及庫藏股等。不得計入後一門檻或稱表決門檻者，公司法第一八〇條第二項規定，股東會之決議，對依第一七八條規定（迴避）不得行使表決權之股份數，不算入已出席股東之表決權數。另外公司法第一七七條第二項規定之一人受二人以上股東所委託代理之表決權不可超過已發行股份總表決權數之百分之三，其超過部分之表決權，亦不算入已出席股東之表決權數。最後，已出席股東表決權計算

[1368] 陳彥良，前揭文，頁170。

[1369] 陳彥良，前揭文，頁170。

乃指以簽到出席者計算，而不以進行表決時實際之出席股數為準。[1370]

㈣表決權之侵害

表決權為私權之一種，故得為侵權行為之對象，若遭他人侵害（例如故意隱匿通知使其未能開會）則可根據民法第一八四條之規定請求損害賠償，若遭該公司侵害則得根據公司法第一八九條之規定聲請法院撤銷該股東會決議。[1371]

三、股東表決權之行使

表決權之行使可被區分為直接行使與間接行使（委託行使），而直接行使包括統一行使與不統一行使。

㈠直接行使

1.直接出席股東會行使表決權

股東原則上均得出席股東會行使其表決權（未成年人應由法定代理人代理出席），但股份為數人共有時，依據公司法第一六〇條第一項之規定，共有人應推一人行使其權利。與此相對地，政府或法人為股東時，其代表人不限於一人而且其表決權之行使，仍以其所持有之股份綜合計算。因此，公司法第一八一條第二項規定，前項之代表人有二人以上時，其代表人行使表決權應共同為之。

2.以書面或電子方式行使表決權

以書面或電子方式行使表決權乃屬擬制親自出席股東會。公司法第一七七條之一第一項規定，公司召開股東會時，採行書面或電子方式行使表決權者，其行使方法應載明於股東會召集通知。但公開發行股票之公司，符合證券主管機關依公司規模、股東人數與結構及其他必要情況所定之條件者，應將電子方式列為表決權行使方式之一。該條第二項規定，前項以

[1370] 經濟部64年1月30日商字第02367號函；潘維大、范建得、羅美隆，前揭書，頁163。

[1371] 鄭玉波，同前[13]，頁125。

書面或電子方式行使表決權之股東，視為親自出席股東會，但就該次股東會之臨時動議及原議案之修正，則視為棄權。

本條規定之立法理由為，依現行規定，股東出席股東會之方式，有親自出席及委託出席兩種。為鼓勵股東參與股東會之議決，公司得允許股東以書面或依電子簽章法規定之電子方式行使其表決權，而以書面或電子方式行使表決權之股東，視為親自出席。由此理由可見，此一規定乃為便利股東行使表決權，而且避免代理出席股東會所可能產生之流弊。然而，採行此一制度之公司仍應召開股東會，只是股東可用書面或電子方式表示其意見而已，所以，其與書面決議制不需召開股東會者仍有所不同。[1372]

3.表決權之不統一行使

⑴規定內容與目的

有關表決權之不統一行使（或稱為分裂投票）之法制化，公司法第一八一條第三項規定，公開發行公司之股東係為他人持有股份時，股東得主張分別行使表決權。該條第四項規定，前項分別行使表決權之資格條件、適用範圍、行使方式、作業程序及其他應遵行事項之辦法，由證券主管機關定之。此一規定乃二〇一一年時為方便證券保管機構、存託機構或信託機構等之表決權行使，能依投資人之意思來行使投票權，而仿自日本公司法第三一三條之規定。

⑵所參考之日本法

日本公司法第三一三條第一項規定，股東對其所有之表決權可不統一地行使。該條第二項規定，在設有董事會之股份有限公司，前項之股東非於股東會三日前將不統一行使之要旨及其理由通知公司者不得為之。該條第三項規定，股份有限公司在第一項之股東並非為他人而擁有股份時，可拒絕該股東依該項不統一地行使其表決權。

本條之立法旨趣在於投票權之行使本屬股東之自由，但由於不統一行使可能造成計票上之混亂或不真正面目地行使表決權，[1373]所以，在第三項

[1372] 江頭憲治郎，前揭書，頁346、362。

規定股東非為他人而擁有股票之情形時，公司可拒絕之，而且，即使股東乃因信託或投資組合 (portfolio) 而為他人擁有股票，在有設置董事會之股份有限公司，因股東會權限較小，因而基於公司事務處理的方便考量而在該條第二項要求其須股東會三日前通知公司，至於未設董事會之公司，因股東會權限較大，故未規定其須事前通知。[1374]此一事前通知之要求乃僅為公司事務處理之便，因此，若公司對其違反不計較而仍允許其行使，亦可。[1375]

⑶所謂為他人持有股份

所謂「為他人持有股份」有狹義說與廣義說之爭。日本多數學說採狹義說，認為其乃指基於信託、證券投資信託、美國存託憑證 (ADR) 或因投資組合，而形式上為一位股東，但實質上其乃為數人擁有股票者而言。[1376]因此，共有股份之情形，因共有者並非為他人而持有股份，而且共有人可藉代表人而統一決定其意思並無必要不統一行使其表決權，因此，其並不適用此一規定。[1377]但亦有教授採廣義說，認為其乃如股份信託之受託人等為他人持有股份者，即適用此規定，但並不以信託者為限，而包括股份共有、股份受讓但未完成股東名簿之更名者及借名購股之情況，但股份轉讓受限制之股份，後兩者未經公司承認前，公司可拒絕其不統一行使之請求。[1378]

[1373] 江頭憲治郎，前揭書，頁 341（註 2）。

[1374] 伊藤真，前揭書，頁 490；江頭憲治郎，前揭書，頁 342。

[1375] 川村正幸等三人合著，前揭書，頁 250。

[1376] 伊藤真，前揭書，頁 490；神田秀樹，前揭書，頁 195；吉本健一，前揭書，頁 157；高橋紀夫，前揭書，頁 163；三枝一雄、南保勝美、柿崎環、根本伸一，前揭書，頁 170；河本一郎、川口恭弘，前揭書，頁 182。

[1377] 三枝一雄、南保勝美、柿崎環、根本伸一，前揭書，頁 170。

[1378] 江頭憲治郎，前揭書，頁 341–342（註 5）；前田庸，前揭書，頁 410；柴田和史，前揭書，頁 163。

⑷我國與日本法之不同

與日本法不同地，我國法僅限於公開發行公司之股東才允許不統一行使，而並非全面合法化，[1379]但日本法乃全面承認股份有限公司皆可不統一行使。另外，在我國宜採狹義說，而不包括股份共有與尚未在股東名簿更名者，前者不應不統一行使，後者則因認定困難，恐造成公司作業上之不方便。

4.非公開發行股票之公司之股東得訂立表決權拘束契約及表決權信託契約

公司法在二〇一八年修正允許非公開發行股票公司之股東得訂立表決權拘束契約及表決權信託契約。公司法第一七五條之一第一項規定，股東得以書面契約約定共同行使股東表決權之方式，亦得成立股東表決權信託，由受託人依書面信託契約之約定行使其股東表決權。表決權拘束契約及表決權信託契約仍屬表決權之直接行使，而與使用委託書之間接（代理）行使有別，介紹如下。

⑴表決權拘束契約

A.定　義

表決權拘束契約 (voting agreements) 乃指股東間彼此約定如何行使其表決權之契約，[1380]而屬股東間契約之典型，其形式包括除有全體簽約股東之同意外不贊同決議之形式與依第三者之決定方向來行表決權之形式等。[1381]

B.實務見解

在二〇一八年修法承認之前，對於此種契約，我國實務見解分歧。有法院見解擔心股東表決權之行使因此種契約而被大股東所把持或受其威脅利誘，而妨礙股東權之自由行使，因而認為其違反公序良俗而無效。[1382]亦

[1379] 陳連順，前揭書，頁286。

[1380] 王文宇，同前[75]，頁677。

[1381] 江頭憲治郎，前揭書，頁339（註1）。

有法院採肯定見解認為，所謂表決權拘束契約，係指股東與他股東約定，於一般的或特定的場合，就自己持有股份之表決權，為一定方向之行使所締結之契約而言。此契約乃股東基於支配公司之目的，自忖僅以持有之表決權無濟於事，而以契約結合多數股東之表決權，冀能透過股東會之決議，以達成支配公司所運用之策略。[1383]

C.學 說

此種表決權拘束契約，是否是法律所准許，在學說上有肯定與否定二說。否定說著眼於累積投票制之立法意旨而認為，選任董事表決權之行使，必須顧及全體股東之利益，如認選任董事之表決權，各股東得於事前訂立表決權拘束契約，則公司易為少數大股東所把持，對於小股東甚不公平。因此，如股東於董事選舉前，得訂立表決權拘束契約，其結果將使該條項之規定形同虛設，並導致選舉董事前有威脅，利誘不法情事之發生，更易使有野心之股東，以不正當手段締結此種契約，達其操縱公司之目的，不特與公司法公平選舉之原意相左且與公序良俗有違自應解為無效。

國內多數學說採肯定見解，例如有學說認為現代公司法既承認委託書制度而其就某種程度而言，乃對議案之贊成與否，以及對董監之人選，所訂立之契約，而且，此種契約不過為一種拉票行為之契約化而已，因此，應被認為有效。[1384]亦有學說認為此種協議之簽訂本屬契約自由之範疇，若有威脅利誘尚可根據民法之規定撤銷該意思表示或契約，因此，國外已長久承認此種協議之合法性。[1385]

本書認為，股東可否於股東會前訂定契約，約定選任特定人為董事之問題涉及大股東或董事之忠實義務之裁量權能否受限制之問題，因為如前所述，忠實義務之內涵包括不受扭曲之裁量義務，若簽訂此類協議則裁量

[1382] 最高法院71年台上字第4500號民事判決。

[1383] 最高法院71年台上字第4500號民事判決。

[1384] 潘維大、范建得、羅美隆，前揭書，頁166。

[1385] 王文宇，同前[75]，頁678。

權將受限制，甚至扭曲。因此，在我國法上，若該股東並非董事，則屬契約自由所保障，若該股東為董事，則在非公開發行公司固已被允許，但在公開發行公司則仍屬未決之問題。

D.效　力

我國企業併購法第十條第一項已承認企業併購時之表決權拘束契約。二〇一八年修法又承認非公開發行公司之股東表決權拘束契約。在此合法的範圍內，表決權拘束契約在實務上有載入章程之任意記載事項者與未載入章程中以求保密而維持股東間協議者。股東間協議有全體股東間協議與部分股東間協議之分，而全體股東間協議具有準章程之效力。

除已載入章程中之任意記載事項而生章程之效力者外，部分股東間之表決權拘束契約，基於其乃僅屬契約當事人間之債之契約而具債權效力，因此，違反之表決權行使僅生違約之損害賠償責任，並不會影響該股東之表決權行使之效力，亦不會影響該股東會決議之效力。[1386]

然而若該表決權拘束契約屬全體股東間之協議（而與聯合開發公司之全體股東間之聯合開發協議一樣），則其違反，在日本法上有學者認為應與違反章程一樣具有使該股東會決議具有被提起撤銷訴訟之可能。[1387]甚至，議會主席即能適法地將違反之的提議不加以納入議題，而且，契約當事人可訴請法院代為如契約約定內容之意思表示。[1388]德國法學說與實務同此說。[1389]

⑵表決權信託契約

鑑於表決權拘束契約被違反時，常僅生損害賠償責任而難有效防止之，

[1386] 川村正幸等三人合著，前揭書，頁 246；神田秀樹，前揭書，頁 192（註 4）；吉本健一，前揭書，頁 161；江頭憲治郎，前揭書，頁 339。

[1387] 高橋紀夫，前揭書，頁 164；川村正幸等三人合著，前揭書，頁 246；江頭憲治郎，前揭書，頁 340（註 2）。

[1388] 江頭憲治郎，前揭書，頁 340（註 2）。

[1389] Karsten Schmidt, a.a.O. (Fußnote 21), S. 95.

所以實務上發展出表決權信託契約。[1390]

A.定 義

表決權信託契約在英美法雖只有將投票權信託給受託人，[1391]但在大陸法系，其乃屬一種信託契約而將股份所有權移轉給受託人而由受託人依信託本旨處理並行使表決權等事務，亦即乃股份信託而非僅表決權信託，因為大陸法系不允許將表決權自其他股東權獨立出來加以單獨處分。[1392]由於是股份信託，因此，受託人乃以自己之名義行使表決權而非代理委託之股東行使表決權。[1393]而且，原股份所有人仍享有信託受益權，而實質上仍享有股利分派請求權及剩餘財產分派請求權。

B.公開發行公司不適用

公司法第一七五條之一第三項規定，於公開發行股票之公司，不適用表決權信託契約之規定。本項立法理由指出，證券交易法第二十五條之一及公開發行公司出席股東會使用委託書規則，明文禁止價購公開發行股票公司股東會委託書，故公開發行股票之公司表決權不得以有償方式移轉，為避免股東透過表決權協議或表決權信託方式私下有償轉讓表決權，且考量股務作業亦有執行面之疑義，因此，排除公開發行股票公司之適用，明定於公司法第一七五條之一第三項。而且，證交法上之大量持股之情報開示制度有受到混亂之虞，[1394]因此，僅開放至非公開發行股票之公司。

C.成立與對抗要件

表決權信託契約於簽訂時信託關係即成立，但要對抗公司（可對公司作主張）依公司法第一七五條之一第二項之規定，股東非將前項書面信託契約、股東姓名或名稱、事務所、住所或居所與移轉股東表決權信託之股

[1390] 江頭憲治郎，前揭書，頁340（註3）。

[1391] Paul Davies, ibid., p. 732.

[1392] 江頭憲治郎，前揭書，頁340（註3）；龍田節、前田雅弘，前揭書，頁174。

[1393] 經濟部104年12月29日經商字第10402137390號函。

[1394] 江頭憲治郎，前揭書，頁341（註3）。

份總數、種類及數量於股東常會開會三十日前，或股東臨時會開會十五日前送交公司辦理登記，不得以其成立股東表決權信託對抗公司。此乃參酌公司法第三五六條之九第三項有關閉鎖性公司之規定，而明定股東應將相關資料送交公司辦理登記，否則不得以其成立股東表決權信託對抗公司。

D.允許性

我國法企業併購法第十條第二項已承認企業併購時之表決權之信託契約。因此，公司法第一七五條之一乃在二〇一八年新增。其乃為使非公開發行股票公司之股東，得以信託之方式，匯聚具有相同理念之少數股東，以共同行使表決權方式，達到所需要之表決權數，故參酌有關閉鎖性股份有限公司之規定，於第一項明定公司股東得訂立表決權信託契約。

我國學者認為，此一開放值得肯定，因為其乃契約自由之表現，而且在國外亦多被肯定，無加以限制之必要。[1395]然而，日本判決有認為若信託乃基於對少數股東表決權之不當限制之目的者則無效，而美國有些州法亦規定有信託期間及信託契約開示義務等之限制，因此，江頭教授認為有效與否不能一概而論，而應視委託者與受信託者之關係，表決權行使之明確性及信託期間之上限等作基準來加以判斷。[1396]傳統上，表決權信託乃在閉鎖性股份有限公司用作依委託者之意思行使表決權之用，但現在日本實務上已有非閉鎖性公司將信託受益權在市場上出售，而使受益權與表決權分離，對表決權之行使有利害關係者僅擁有表決權而僅關心議決權之行使，而使公司之意思決定受到扭曲。[1397]因此，我國法現在僅開放到非公開發行公司，值得肯定。

㈡間接行使

表決權之間接行使指以委託書由他人代理行使。公司法第一七七條第一項規定，股東得於每次股東會，出具委託書，載明授權範圍，委託代理

[1395] 王文宇，同前[75]，頁 395。

[1396] 江頭憲治郎，前揭書，頁 341（註 3）。

[1397] 江頭憲治郎，前揭書，頁 341（註 3）。

人，出席股東會。但公開發行股票之公司，證券主管機關另有規定者，從其規定。該條第三項規定，一股東以出具一委託書，並以委託一人為限，應於股東會開會五日前送達公司，委託書有重複時，以最先送達者為準。但聲明撤銷前委託者，不在此限。

1.制度目的

委託書 (form of proxy) 乃股東為委託他人代理出席股東會所書立之授權文件。[1398]美國早期之判例把股東的表決權和政治投票同樣看待而不允許由他人代為行使，[1399]但股東會有法定最低出席定額 (quorum) 之要求，而股份有限公司之股東人數可能眾多，而且散居各處，在美國公司股東甚至跨州投資而造成股東會常流會。後來美國法院改變見解，認為股份為利益分享契約 (profit-sharing contract) 而股東權本質上為財產權，所以，表決權得委由他人為之不必親自出席，[1400]因此，為提高股東會之出席數免於流會，美國乃首創委託書之徵求制度。[1401]

我國公司法於一九二九年制定時即在當時第一三〇條允許股東委託代理人出席股東會但須出具委託書。股東原則上須親自出席，但股東分散各地有時未能親自出席，因此，公司法鑑於股東並不具個性，而且，表決權乃屬基本性質之權利（甚至為固有權），所以設有代理出席等特例。[1402]此規定乃為提高股東表達其意思之便利性及經濟效益。因此，在一九四六年修法時移至第一七五條並增列第二項規定前項代理人不限於公司之股東。隨著公司漸漸國際化後，股權更為分散，因此，一九六六年修法將委託書規定移至第一七七條而開始對委託書加以管理與規範。

[1398] 賴英照，前揭書，頁 231。

[1399] 賴英照，前揭書，頁 232。

[1400] 賴英照，前揭書，頁 232。

[1401] 王偉霖，我國新修正公開發行公司出席股東會使用委託書規則之評析，中正財經法學，第 18 期，2019 年 1 月，頁 1、5。

[1402] 三枝一雄，前揭書，頁 163。

委託書制度盛行後卻由股東自動委託演變為代理人主動徵求委託書，使得代理人擁有控制股東會議案與議程之可能，而使得決戰點由股東會移轉到委託書徵求過程上，[1403]此一情況尤以公開發行公司為甚，因此，有對委託書加以管理與限制的必要，證券交易法第二十五條之一遂授權主管機關金管會制定公開發行公司出席股東會使用委託書規則，以下簡稱委託書規則（二〇一八年有修正）並於一九九六年十二月十七日修正委託書規則而禁止收購委託書之行為。[1404]

公司法第一七七條第一項之所以要求每次股東會皆須另有委託書乃為避免長期代理複數之股東會而剝奪股東自己行使表決權之機會，並進而造成由股東以外之人控制公司之危險。[1405]

2. 可代理出席之規定乃強行規定

公司法有關可代理出席之規定基於其目的在於儘可能讓較多人參與決議（參與權，動議權與審議權等）以及較易滿足法定出席人數之目的，該規定應屬強行規定，因此，不能以章程剝奪之或過度限制之。[1406]

3. 代理人是否須為該公司股東

股份有限公司之股東委託出席股東會之人，是否以該公司之股東為限?我國區分公開發行股票公司與否兩種情況。前者，依金管會所發佈之委託書規則，代理人以該公司股東為限，至於非公開發行股份之公司，我國學說多數認為受託人不以股東為限。[1407]可見，原則上代理人不必為該公司股東，但股東若要依委託書規則成為委託書之徵求者，則須符合委託書規則所為持股之限制。[1408]

[1403] 梁宇賢，同前[15]，頁 303–305；王偉霖，前揭文，頁 4。

[1404] 賴英照，前揭書，頁 250。

[1405] 吉本健一，前揭書，頁 159、161；江頭憲治郎，前揭書，頁 342、343。

[1406] 吉本健一，前揭書，頁 158；高橋紀夫，前揭書，頁 161–162；江頭憲治郎，前揭書，頁 342（註 2）。

[1407] 王文宇，同前[75]，頁 402；梁宇賢，同前[15]，頁 301。

[1408] 賴英照，前揭書，頁 241–242。

若一非公開發行公司以章程限制代理人須具股東身分，則此一規定是否有效呢？日本有判例認為公司若以章程規定代理人須為股東等本有表決權者，由於此限制可避免股東會受到股東以外之人之干擾，應屬合理。日本學說亦有有條件肯定此種限制者，例如江頭教授認為由於實務上有甚多之公司在章程中做此一限制，此一規定不只閉鎖性公司，即使上市公司基於避免股東會受到股東以外之人之干擾的合理理由而有適當程度之限制，則可被解釋為有效，但是若有因此而產生事實上剝奪了股東參與股東會機會的場合，則應認為該場合非該限制條款之效力所及，例如法人股東指定其受僱人為代理人參與股東會或閉鎖性公司之股東因病入院而指派其家人作代理人參與股東會，則即使其不具股東之身分，仍不應受此一限制條款之限制。[1409]但吉本教授認為其可能剝奪有困難找到股東為代理人之股東而限縮其參與決議之機會而有被認為無效之強烈質疑，[1410]而且，為防干擾可強化議長之秩序維持權即可，因此，此一限制應被認為無效。[1411]

本書認為，我國現行公司法與一九四六年不同，並無明文規定，亦無限制所委託之人應以公司股東為限。就實務運作而言，除上市公司須遵守委託書規則外，未上市之股份有限公司屬資合公司，不重視股東的人格特質，而且股東可能散居各地，股東間又多彼此互不認識，如強制代理人需具股東身分，無異對表決權之代理行使與參加會議附加不必要之限制，所以，除公司章程有所合理限制需股東方可為代理人外，應不限於股東方可擔任代理人，而閉鎖性公司之人合色彩較強，其在章程作此限制之必要性較高，此時唯股東方可為代理人。若代理人為股東，則依公司法第一七八條後段規定股東對於會議之事項，有自身利害關係致有害於公司利益之虞時，不得代理他股東行使其表決權。

[1409] 江頭憲治郎，前揭書，頁 342、343（註 6）。

[1410] 吉本健一，前揭書，頁 158（註 5）。

[1411] 高橋紀夫，前揭書，頁 162–163。

4.委託書格式

依最高法院六十九年度台上字第三八七九號民事判決之見解，非公開發行股票公司之股東得自行書寫委託書，委託他人代理出席，故二〇〇五年六月修正而刪除「公司印發之」之文字。二〇〇五年六月之修正符合最高法院六五年台上字第一四一〇號判例之見解。該判例認為公司法第一七七條第一項所定「股東得於每次股東會出具公司印發之委託書載明授權範圍，委託代理人出席股東會」，惟查該條項之規定乃為便利股東委託他人出席而設，並非強制規定，公司雖未印發，股東仍可自行書寫此項委託書，委託他人代理出席，公司未印發委託書並非股東會之召集程序有何違反法令，不得據為訴請撤銷決議之理由。更何況非公開發行公司規模較小，公司大多不印發委託書以節省經費。[1412]

又依公開發行公司出席股東會使用委託書規則第二條第二項規定「公開發行公司出席股東會使用委託書之用紙，以公司印發者為限」，故二〇一八年增訂但書明定公開發行股票之公司依證券主管機關之規定辦理，而使此一代理權之授與乃須以書面為之之要式行為。[1413]至於非公開發行公司之委託書，二〇一八年修法後，公司法第一七七條第一項規定已採納前開判例見解，不以公司印發之委託書為限。

5.授權範圍

公司法第一七七條第一項雖規定股東得於每次股東會出具委託書，載明授權範圍、委託代理人、出席股東會，其所以規定載明授權範圍，乃為尊重股東之意思而保障其權益，如其不記明委託事項，則對於授權範圍未加限制，除法令另有規定外，該受託人於當次股東會，似得就委託之股東依法得行使表決權之一切事項代理行使表決權。[1414]由於本條規定每次股東會出具委託書，每次委託僅限該次股東會而不可長期概括性委託。

[1412] 梁宇賢，同前[15]，頁 300。

[1413] 柯芳枝，前揭書，頁 267。

[1414] 柯芳枝，前揭書，頁 267、268；王文宇，同前[75]，頁 403。

6.代理權之撤回

委託書所為代理權之撤回可隨時且不必以特定方式為之。[1415]但公司法第一七七條第四項規定，委託書送達公司後，股東欲親自出席股東會或欲以書面或電子方式行使表決權者，應於股東會開會二日前，以書面向公司為撤回委託之通知；逾期撤回者，以委託代理人出席行使之表決權為準。

陸、股東會之議事與決議

一、出席與議事

(一)股東會之出席

無表決權者能否出席，有所爭議，我國多數見解認為，各種股東（包括無表決權之股東因為股東會權限並非僅有表決權）皆能出席股東會，只是無表決權者不得計入表決權數中，即使已將股份出質仍可親自參加股東會或委託他人出席股東會行使表決權。[1416]

日本法則在昭和五十六年修正前之有力學說認為即使無表決權仍有出席討論之權利，但之後否定說為有力說，所以，現在多數說認為無表決權者亦無以表決權為前提之權利，所以，除非章程另有規定，否則並無受通知出席，發言與受資料之提供之權利。[1417]所以，江頭教授認為此應屬章程自治範疇。[1418]

(二)股東會之主席

公司法第二〇八條第三項規定，董事長對內為股東會、董事會及常務董事會主席，對外代表公司。公司法第一八二條之一第一項規定，股東會

[1415] 柯芳枝，前揭書，頁 268。

[1416] 柯芳枝，前揭書，頁 256；鄭玉波，同前[13]，頁 123；王文宇，同前[75]，頁 382。

[1417] 江頭憲治郎，前揭書，頁 335、337–338（註 5）；前田庸，前揭書，頁 103；龍田節、前田雅弘，前揭書，頁 172。

[1418] 江頭憲治郎，前揭書，頁 335、337–338（註 5）。

由董事會召集者，其主席依第二〇八條第三項之規定辦理；由董事會以外之其他召集權人召集者，主席由該召集權人擔任之，召集權人有二人以上時，應互推一人擔任之。該條第二項又規定，公司應訂定議事規則。股東會開會時，主席違反議事規則，宣佈散會者，得以出席股東表決權過半數之同意推選一人擔任主席，繼續開會。所以，原則上股東會之主席由前述召集權人任主席，而在少數股東申請獲准召開之股東會可由原申請召開之股東中自行推選一人擔任主席。[1419]依據公司法第一七三條之一第一項規定由繼續三個月以上持有已發行股份總數過半數股份之股東所自行召集之股東臨時會，其主席亦宜由召集之股東中自行推選一人擔任主席。日本法上之股東會主席即乃原則依章程之規定，章程未規定者，則由股東會推選。[1420]

㈢會議地點與視訊會議

公司法並未規定股東會之地點，因此，若章程未規定，有認為應於本公司所在地為之，[1421]有認為應於適當地點召開之，而且，若地點不適當，似應可構成撤銷股東會決議之事由。[1422]

對非公開發行股票之公司，公司法第一七二條之一第一項規定，公司章程得訂明股東會開會時，以視訊會議或其他經中央主管機關公告之方式為之。該條第二項規定，股東會開會時，如以視訊會議為之，其股東以視訊參與會議者，視為親自出席。本條乃二〇一八年所新增，但該條第三項排除公開發行股票公司之適用，因為公開發行股票之公司股東人數眾多，且視訊會議尚有股東身分認證、視訊斷訊之處理、同步計票技術之可行性等相關疑慮，執行面尚有困難。

㈣議事運作

股東會之議事運作除法令有些規定外，原則上依公司章程等內部規章

[1419] 柯芳枝，前揭書，頁255。

[1420] 神田秀樹，前揭書，頁195-196。

[1421] 鄭玉波，同前[13]，頁122。

[1422] 柯芳枝，前揭書，頁255。

以及慣行為之。[1423]公開發行股票之公司之股東會應編製議事手冊，依公司法第一七七條之三第一項之規定，公開發行股票之公司召開股東會，應編製股東會議事手冊，並應於股東會開會前，將議事手冊及其他會議相關資料公告。該條第二項又規定，前項公告之時間、方式、議事手冊應記載之主要事項及其他應遵行事項之辦法，由證券管理機關定之。

㈤議事錄之作成

公司法第一八三條第一項規定，股東會之議決事項，應作成議事錄，由主席簽名或蓋章，並於會後二十日內，將議事錄分發各股東。該條第二項規定，前項議事錄之製作及分發，得以電子方式為之。該條第三項又規定，第一項議事錄之分發，公開發行股票之公司，得以公告方式為之。有關議事錄之內容，該條第四項規定，議事錄應記載會議之年、月、日、場所、主席姓名、決議方法、議事經過之要領及其結果，在公司存續期間，應永久保存。

二、股東會之決議

㈠決議方法

有關表決方法，公司法並無限制，因此，除公司章程或內部規章另有規定外，可依一般慣例之議事規則，而只要經過討論而能知各股東之意思與態度而且能知是否達到所要求之表決權數即可，並未必要有表決行為(投票，舉手，起立等)，拍手或無異議通過皆可。[1424]因此，不得反面表決，因為其可能違反一股一表決權原則，[1425]而且未能表達出股東之意思是否達要求之表決權數。

股東會得否採取鼓掌通過之方式呢？我國有實務見解認為，不可鼓掌

[1423] 江頭憲治郎，前揭書，頁 354。

[1424] 川村正幸等三人合著，前揭書，頁.254；吉本健一，前揭書，頁 162；黒沼悅郎，前揭書，頁 78；高橋紀夫，前揭書，頁 172；江頭憲治郎，前揭書，頁 359。

[1425] 最高法院 92 年台上字第 595 號判決；賴源河（王志誠修訂），前揭書，頁 252。

通過亦不得舉手表決，因為掌數不等於股數，[1426]但亦有判決認為鼓掌方式並不違法。[1427]我國實務見解即肯定股東會主席徵詢在場股東無異議後，以多數鼓掌視為通過之表決方式所作成之決議者。[1428]我國學者則有採否定說者，其認為鼓掌通過之方式根本不能計算贊成與反對之表決權數，有違股東會多數決之設計精神。本書認為，只要能確定股東之意思與表決權數是否達法定要求，表決方法可有彈性，例如前開實務見解肯定股東會主席徵詢在場股東無異議後，以多數鼓掌視為通過之表決方式，實值肯定。

㈡決議種類與事項內容

股東會決議採多數決而可被區分成普通決議、特別決議與特殊決議三大類。

1. 普通決議

普通決議之事項乃非特別決議事項亦非特殊決議之對象者而言。公司法第一七四條規定，股東會之決議，除本法另有規定外，應有代表已發行股份總數過半數股東之出席，以出席股東表決權過半數之同意行之。此一門檻乃最低之標準，公司章程得為較高之規定。[1429]但在一些事項做過高之要求會無效，例如對股東常會須通過之會計書類若以章程要求須經全體股東之同意，則此規定無效，因為此將有使該書類決議不了之虞。[1430]

2. 特別決議

公司法之特別決議在學理上有輕度特別決議與重度特別決議兩種。因此，在公開發行股票之公司，公司法對此兩種特別決議皆有便宜決議之設，然重度特別決議現已被減輕，所以本法現僅有一種特別決議。

公司法第一八五條之特別決議屬輕度特別決議之規定，而公司法上其

[1426] 最高法院91年台上字第2496號民事判決。

[1427] 最高法院72年台上字第808號民事判決。

[1428] 最高法院85年台上字第2945號民事判決。

[1429] 柯芳枝，前揭書，頁269。

[1430] 江頭憲治郎，前揭書，頁360。

他輕度特別決議之規定包括⑴公司法第十三條第一項第三款；⑵公司法第一九九條董事之解任決議；⑶公司法第二〇九條；⑷公司法第二四〇條；⑸公司法第二四一條；⑹公司法第二七七條等，此些將留在該章節再詳述之。重度特別決議現有已被減輕，例如股份有限公司之解散、分割與合併在二〇〇一年之前乃要求代表已發行股份總數四分之三以上股東之出席，以出席股東表決權過半數之同意行之。所以，為重度特別決議，但二〇〇一年修法認為其與公司法第一八五條相當，所以降低其門檻。因此，現行公司法第三一六條第一項規定，股東會對於公司解散、合併或分割之決議，應有代表已發行股份總數三分之二以上股東之出席，以出席股東表決權過半數之同意行之。

3.特殊決議

特殊決議乃股東會決議的成立要件上比特別決議要求更嚴格之決議，[1431]包括全體股東同意之情況。公司法第三五六條之十四第一項規定，非公開發行股票之股份有限公司得經全體股東同意，變更為閉鎖性股份有限公司。該條第二項規定，全體股東為前項同意後，公司應即向各債權人分別通知及公告。

㈢決議種類與其替代

股東會決議之替代有便宜決議與假決議兩種。所謂便宜決議乃是用於公開發行股票公司特別決議未能達到定額時之便宜替代決議，例如公司法第一八五條第一項規定，公開發行股票之公司，出席股東之股份總數不足前項定額者，得以有代表已發行股份總數過半數股東之出席，出席股東表決權三分之二以上之同意行之。此即所謂便宜決議之規定。

所謂假決議乃指暫時決議，依公司法第一七五條第一項之規定，出席股東不足前條（有關普通決議）定額，而有代表已發行股份總數三分之一以上股東出席時，得以出席股東表決權過半數之同意，為假決議，並將假決議通知各股東，於一個月內再行召集股東會。該條第二項又規定，前項

[1431] 江頭憲治郎，前揭書，頁361。

股東會，對於假決議，如仍有已發行股份總數三分之一以上股東出席，並經出席股東表決權過半數之同意，視同前條之決議。

假決議是否適用於特別決議，國內雖有少數見解採肯定說，但多數認為基於公司法第一七五條之文義解釋應僅適用於普通決議。[1432]公司法對股東會之決議方式，係依決議事項情事之輕重為不同設計，對於重大決議事項之決議方法提高其出席數或表決權數，以求其較高之代表性，稱為特別決議。其為與第一七四條（普通決議）有別之決議方法。因此，其本質上不應適用代表性較低之普通決議之假決議之決議方法。這是因為假決議僅適用於普通決議事項。經濟部即指出，公司法第一七五條假決議之適用，以股份有限公司股東會「出席股東不足前條定額」為要件，而第一七四條則係就普通決議之決議方法而為規定，可知假決議適用於普通決議事項。至於我國法能否如日本法除法律另有規定外允許以章程降低法定出席門檻而如很多公司以章程規定僅以出席股東表決權過半即做成決議，鑑於我國法已有假決議，應以否定說為妥。[1433]

㈣公司法第一九八條累積投票之屬性

公司董監事選任方式採累積投票制。然而，由於公司法第一九八條累積投票並未規定出席門檻而產生董事選任之決議是否亦適用假決議之爭議。

有學說認為累積投票仍為普通決議。蓋特別決議數乃係提高出席股東為三分之二，公司法第一九八條並無提高股東應代表已發行總數之比例，只是針對計算方式採累積投票制而已。因此，公司法第一九八條董監事之選任方式並非同法第一七四條的「本法另有規定」，所以，其仍為普通決議，有同法第一七五條假決議之適用。王文宇教授則認為應視公司章程有否規範董監事選舉之出席門檻，若有規定且其規定內容同普通決議之門檻，則其有假決議之適用。[1434]另有見解採特別決議說。公司法第一九八條董監

[1432] 柯芳枝，前揭書，頁271、272；鄭玉波，同前[13]，頁126。

[1433] 公司法第175條參照。

事之選任方式屬於同法第一七四條的「本法另有規定」，因為同法第一九八條是針對選任方法作特別規定，排除一般特別決議採多數決之方式，而出席比例與決議的性質無涉。從而，公司法第一九八條董監事之選任方式為特別決議，為具有特殊性質之決議，故非屬普通決議而無假決議之適用。[1435]

我國實務則認為，不得適用假決議，因為公司法第一七五條假決議之適用，以股份有限公司股東會「出席股東不足前條定額」為要件，而第一七四條則係就普通決議事項之決議方式為規定，可知假決議只適用於普通決議事項。特別決議事項及選舉董事、監察人，公司法既另規定其決議或選舉方法，自不得適用假決議。[1436]

本書認為，累積投票制並非多數決的分類而是投票方式的分類，然而其亦為股東表決權之行使，因此，除公司法第一七八條之規定外，其他表決權之限制對累積投票制亦有適用，例如公司法第一七七條第二項規定除信託事業或經證券主管機關核准之股務代理機構外，一人同時受二人以上股東委託時，其代理之表決權不得超過已發行股份總數表決權之百分之三，超過時其超過之表決權，不予計算。[1437]公司法對累積投票制並未有規定出席股東之數額，但解釋上亦需如普通決議般應有代表已發行股份總數過半數股東之出席始得投票，[1438]因為若應選董事僅有一人時，其與普通決議無殊，此時應有假決議之適用。

此一決議若有選任瑕疵而構成選任決議內容違反法令或章程，則該選任無效，若有召集程序或議決方法違反法令或章程則有公司法第一八九條之適用，[1439]此時，我們須對股東會決議之瑕疵做一體系式了解。

[1434] 王文宇，同前[75]，頁 409。

[1435] 姚志明，前揭書，頁 323–324。

[1436] 司法院第三期司法業務研究會 (72.5.2)；賴源河（王志誠修訂），前揭書，頁 258。

[1437] 柯芳枝，前揭書，頁 300、301。

[1438] 柯芳枝，前揭書，頁 269、270。

[1439] 柯芳枝，前揭書，頁 302。

柒、股東會決議之瑕疵

一、概　念

決議自體與各個表決行為應有所區別，而決議之法律性質通說認為是共同行為，因此，股東會決議原則上依公司法第一九三條有拘束公司及其機關之效力，但此一共同行為如其他法律行為一般，不得有形式違法（即召集程序或決議方式違法）或內容違法，[1440]否則該股東會決議即有成立過程之瑕疵或內容之瑕疵。與自然人之意思形成乃心性交會所自然形成不同地，股份有限公司之意思形成乃藉股東會經法定程序形成多數決。因此，須有股東會之召集且作成決議才有決議之成立，之後再有股東會之瑕疵乃程序上瑕疵或內容違法之瑕疵等問題。當有股東之表決權行使依民法之規定乃無效或得撤銷時，若剔除該股東之表決權數尚達出席之定額或通過決議之門檻者，則該瑕疵並不影響股東會決議之成立與生效，這是因為股東會決議屬集團法律關係，涉及股東等利害關係人保護、公司交易關係之保護、劃一地處理相關法律關係及法的確定性等考量，因此，其內容或程序有違法之瑕疵時並不適用民法之違法行為無效之一般原則，而須另藉形成判決使其失效方生對世效，[1441]日本法甚至將無效（限於重大瑕疵）與決議不存在之確認判決與決議撤銷判決規定為有對世效力，[1442]而與一般確認之訴之效力不同。

決議成立後若有程序性之瑕疵，由於其較內容違法為輕，所以公司法視其瑕疵之輕重種類而設其救濟途徑。因此，當股東會決議不成立時，乃以確認之訴確認其不成立，當股東會決議成立，但召集程序或決議方法違

[1440] 鄭玉波，同前[13]，頁127。

[1441] 柯芳枝，前揭書，頁282；川村正幸等三人合著，前揭書，頁257；三枝一雄、南保勝美、柿崎環、根本伸一，前揭書，頁183-184；江頭憲治郎，前揭書，頁365。

[1442] 江頭憲治郎，前揭書，頁365。

法，則以撤銷之形成之訴處理之，惟若為內容違法，則又以無效之確認之訴救濟之。

二、股東會決議不成立

所謂股東會決議不成立或決議不存在乃指自決議之成立過程觀之，顯係違反法令，在法律上不能被認為有股東會或有其決議之成立之情形，換言之，由於欠缺股東會決議之成立要件以至於可以否定其決議之存在，例如完全未為召集股東會而在議事錄為決議之紀錄或一部分股東在股東會後所為之決議等。[1443]最高法院九十二年台上字第一一七四號民事判決即謂，股東會決議之瑕疵，與法律行為之瑕疵相近，有不成立、無效、得撤銷等態樣。所謂決議不成立，係指自決議之成立過程觀之，顯然違反法令，在法律上不能認為有股東會召開或有決議成立之情形而言。因必須先有符合成立要件之股東會決議存在，始有探究股東會決議是否有無效或得撤銷事由之必要，故股東會決議不成立應為股東會決議瑕疵之獨立類型。我國公司法雖僅就決議之無效及撤銷有所規定，惟當事人如就股東會決議是否成立有爭執，可以決議不成立為理由，提起確認股東會決議不成立之訴，以資救濟。日本公司法第八三〇條第一項即明文規定可以確認之訴為之，且只要有確認利益，任何人任何時間皆得以確認訴訟為之。[1444]

㈠無召集權人召集之股東會所為之決議

因為無召集權人所召集之會非股份有限公司之意思機關，不能為有效之決議，我國實務與柯芳枝教授認為僅為該決議無效，[1445]然而，應認為其乃決議不成立，因為若欲討論股東會有無得撤銷之瑕疵，需以股東會及其

[1443] 柯芳枝，前揭書，頁 283；王文宇，前揭書，頁 415；賴源河（王志誠修訂），前揭書，頁 266–267；川村正幸等三人合著，前揭書，頁 263；黑沼悅郎，前揭書，頁 93；高橋紀夫，前揭書，頁 186。

[1444] 三枝一雄、南保勝美、柿崎環、根本伸一，前揭書，頁 189。

[1445] 柯芳枝，前揭書，頁 283；最高法院 70 年台上字第 2235 號判決。

決議存在為前提，無召集權人所召集之股東會，根本不應被認為有股東會之存在，其所為之決議，非屬股東會決議，即股東會決議根本不成立。[1446]

㈡未達法定最低出席定額數之股東會所為決議之效力

股東會之召開須先確定出席數足額與否，即出席股東所代表之股份總數應達法定最低出席定額。然後確定決議在表決權數中是否取得出席股東表決權特定比例（過半數或三分之二）之同意。出席定額未達法定要求即行開會並決議，該決議之效力如何呢？我國通說認為乃決議不成立。[1447]其理由為股東會滿足法定足數之要求，為股東會決議成立要件之一，未達此要件是決議根本不存在，不因為普通決議或特別決議而有別，若認為決議得撤銷，將使得少數股東得以自己的意思為所欲為，而多數股東則須承擔事後提起撤銷之訴的成本，有違社會交易之安全與誠信原則，更何況股東會決議是一法律行為而須有最低法定數額之出席為法律行為之成立要件，而此一法定最低額之規定乃屬強制規定，因此，如有欠缺乃屬決議不成立。

三、股東會決議之撤銷

公司法第一八九條規定，股東會之召集程序或其決議方法，違反法令或章程時，股東得自決議之日起三十日內，訴請法院撤銷其決議。此一訴訟根據最高法院六十八年台上字第六〇三號民事判例乃以公司為被告當事人才適格，因該決議乃股東會所為而股東會屬於該公司。而原告方面，由於公司決議對將來之股東亦有拘束力，所以，決議後才繼受股權者亦可提起之。[1448]

程序上之瑕疵性質上較決議內容違法來得輕微而且隨著時間經過判斷上會有困難。[1449]因此，公司法第一八九條之一規定，法院對於前條撤銷決

[1446] 陳連順，前揭書，頁258。

[1447] 最高法院65年台上字第1374號民事判決；柯芳枝，前揭書，頁285；梁宇賢，同前[15]，頁333。

[1448] 龍田節、前田雅弘，前揭書，頁184。

議之訴，認為其違反之事實非屬重大且於決議無影響者，得駁回其請求。因此，法院有駁回之裁量權，其目的在交易安全之確保以及法律關係之劃一確定，[1450]即避免股東會決議因實際上不影響決議結果之瑕疵而遭撤銷，而發生過度重視程序，卻有害交易安全之情形，而且其有起訴期間之限制，以求該期間過後法律關係對眾人劃一地確定、防止濫訴與避免採證之困難。[1451]

㈠決議撤銷之事由

1.股東會召集程序違法

股東會決議之撤銷事由中何種情形屬於「股東會召集程序違法」呢？歸納實務的見解包括開會通知未遵循期前通知期限、董事長未經董事會決議而召集股東會、股東會未經召集通知而召開、對一部分之股東漏未為通知而情況不甚嚴重者、召集通知未遵守法定期間、不得列為臨時動議之事項未在召集事由中載明、股東會之地點非常不恰當、[1452]未經主管機關核准即延期召開股東會、[1453]監察人無公司法第二二〇條之「召集必要」而召集股東會等。[1454]至於細節性、技術性事項上的錯誤並非召集程序違法，例如以公司名義而非以董事會名義發開會通知、公司董事長代表公司因董事會決議之結果而召集股東會，但開會通知未記載由董事會名義召開等。[1455]

至於不得以臨時動議的方式提出之事項若仍以臨時動議提出，該決議之瑕疵為未於召集通知中載明召集事由之違法，而屬召集程序違反法令。然實務有見解認為其屬決議方法違反法令。[1456]應以前說為可採。

[1449] 三枝一雄、南保勝美、柿崎環、根本伸一，前揭書，頁184。

[1450] 黒沼悅郎，前揭書，頁87。

[1451] 三枝一雄、南保勝美、柿崎環、根本伸一，前揭書，頁186。

[1452] 柯芳枝，前揭書，頁284；神田秀樹，前揭書，頁187（註2）。

[1453] 高雄地院89年訴字第3254號判決。

[1454] 最高法院86年台上字第1579號判例；最高法院89年台上字第425號民事判決。

[1455] 最高法院79年台上字第1302號判例；最高法院81年台上字第2945號民事判決。

[1456] 最高法院75年台上字第593號民事判決。

2.股東會決議方法違法

股東會之決議方法違法包括由不得擔任股東會主席之人擔任主席並主持股東會、非股東參與決議而對決議結果有影響、股東會表決方式違法等。

應經而未經股東會特別決議之行為之效力以及應經特別決議之事項而以普通決議或假決議為之，該決議之效力如何呢？我國實務見解分歧，有認為乃決議不成立，即無公司法第一八九條適用者。有認為乃決議方法違反法令而決議得撤銷說者，其認為公司為公司法第一八五條第一項所列之行為，而召開股東會為決定時，出席之股東，不足代表已發行股份總數三分之二以上，乃違反公司法第一八五條第一項之規定，而為股東會決議方法之違法，依公司法第一八九條規定，僅股東得於決議之日起一個月內，訴請法院撤銷之，而不屬於同法第一九一條決議內容違法為無效之範圍。[1457]

但該決議內容之行為因未經股東會決議，有實務見解認為應屬效力未定或甚至不生效力。例如最高法院八十七年台上字第一九八八號民事判決即謂，公司讓與全部或主要部分之營業或財產，應有代表已發行股份總數三分之二以上股東出席之股東會，以出席股東表決權過半數之同意行之；又此議案，應由有三分之二以上董事出席之董事會，以出席董事過半數之決議提出之。公司讓與全部或主要部分之營業或財產，如未依前開規定為之，自不生效力。由此判決要旨可見，此與公司為該讓與行為所召集之股東會召集程序或決議方法違反法令章程時，股東得依同法第一八九條規定訴請法院撤銷其決議之情形不同。

㈡何種股東始有權提起撤銷之訴

民法第五六條第一項規定「總會之召集程序或決議方法」，違反法令或章程時，社員得於決議後三個月內請求法院撤銷其決議。但出席社員，對召集程序或決議方法，未當場表示異議者，不在此限。該條但書之規定於撤銷公司股東會決議之訴是否仍有適用呢？提起撤銷之訴是否以出席並當場表示異議為前提，我國學說及實務有不同見解。

[1457] 最高法院63年台上字第965號判例；最高法院91年台上字第2183號民事判決。

柯芳枝教授根據民法第五六條而認為，以該次股東會時，已具股東身分者，該股東必須對該瑕疵當場表示異議。[1458]我國實務亦有採此一見解者，例如最高法院七十二年第九次民庭決議即指出，綜觀公司法與民法關於本問題之規定，始終一致，惟依公司法第一八九條規定提起撤銷股東會決議之訴，應於決議後一個月內為之，而依民法第五六條第一項規定，提起撤銷總會決議之訴，得於決議後三個月內為之，其餘要件，應無何不同。若謂出席而對股東會召集程序或決議方法原無異議之股東，事後得轉而主張召集程序或決議方法為違反法令或章程，訴請法院撤銷該項決議，不啻許股東任意翻覆，影響公司之安定甚鉅，法律秩序，亦不容許任意干擾。故應解為依公司法第一八九條規定訴請法院撤銷股東會決議之股東，仍應受民法第五六條第一項但書之限制，即民法此項但書規定，於此應有其適用。

至於未出席會議之股東則不受此限。當場表示異議取得訴權是以該股東出席股東會為前提，未出席會議之股東因非可期待其事先預知股東會決議有違反章程或法令的情事，無法當場表示異議，與民法第五六條有異，無從類推適用。自應許其於法定期間內提起撤銷股東會決議之訴。公司法第一八九條規定，股東會之召集程序或其決議方法，違反法令或章程時，股東得自決議之日起一個月內，訴請法院撤銷其決議，對於得請求法院撤銷決議之股東，並未加任何限制。本院七十二年九月六日七十二年度第九次民事庭會議，係鑑於出席而對股東會召集程序或決議方法原無異議之股東，若事後得轉而主張召集程序或決議方法為違反法令或章程，訴請法院撤銷該項決議，不啻許股東任意翻覆，影響公司之安定甚鉅，法律秩序，亦不容許任意干擾，始決議依公司法第一八九條規定，訴請法院撤銷股東會決議之股東，應解為仍受民法第五六條第一項但書之限制。然所謂應受民法第五六條第一項但書之限制，亦僅指出席會議之股東而言。即出席會議之股東，對召集程序或決議方法，未當場表示異議者，事後即不得再依上開公司法規定，訴請法院撤銷該股東會決議，而不及於受通知未出席會

[1458] 柯芳枝，前揭書，頁287。

議之股東。[1459]

最後，此一訴權應不因股份之轉讓而消滅，得由繼受人繼受。[1460]最高法院七十二年第九次民庭決議指出公司法第一八九條規定股東得訴請法院撤銷股東會決議，係關於撤銷訴權之規定，股東依此規定提起撤銷之訴，其於股東會決議時，雖尚未具有股東資格，然若其前手即出讓股份之股東，於股東會決議時具有股東資格，且已依民法第五六條規定取得撤銷訴權時，其訴權應不因股份之轉讓而消滅，得由繼受人即起訴時之股東行使撤銷訴權而提起撤銷股東會決議之訴，至於決議後原始取得新股之股東（非因繼受取得股份）則於決議時既尚非股東，不能有撤銷訴權，其不能提起該項訴訟。

㈢決議撤銷之效力

1.主管機關之登記

公司法第一九〇條規定，決議事項已為登記者，經法院為撤銷決議之判決確定後，主管機關經法院之通知或利害關係人之申請時，應撤銷其登記。

2.公司若於決議被撤銷前已依該決議而為行為

股東會決議經撤銷後，其決議效力如何？若於決議被撤銷前，已依該決議而為行為時，該行為效力如何？首先，有關決議之效力。公司股東會決議撤銷之訴提起後，在撤銷判決未確定前，該決議固非無效，例如違反股東會通知期限之規定之會議所作成之股東會決議在撤銷前仍屬有效。[1461]惟決議撤銷之判決確定時，該決議即溯及決議時成為無效，因為撤銷之訴乃形成之訴，而且其既判力對第三人亦有效力。[1462]

其次，有關決議內容行為之效力。該行為並非一概無效。若不涉及第

[1459] 最高法院77年台上字第518號民事判決；最高法院86年台上字第3604號民事判決。

[1460] 潘維大、范建得、羅美隆，前揭書，頁158。

[1461] 28年上字第1911號判例。

[1462] 柯芳枝，前揭書，頁287、288；最高法院73年台上字第2463號判決。

三人，且需溯及否定決議之效力始能達其目的者，則依決議之撤銷，該行為亦溯及無效；若決議之實行涉及交易相對人之權益者，則依照公司對於代表董事代表權所加之限制不得對抗第三人之法理，以維護交易安全。[1463]因此，其情況可能如下：⑴倘若該股東會所決定的事項必須依此次決議始能發生效力，而其決定的執行又不涉及第三人之權益，以及須經溯及的否定決議之效力始能達到撤銷決議之目的者，例如股東會決議董監之報酬、盈餘分配等，則於決議經法院撤銷時，公司所為之行為亦溯及失效。[1464]⑵若公司之行為不以該次之決議為要件，其行為效力則不受影響。[1465]⑶若公司之行為以該次之決議為要件，然涉及第三人之權益，為維護交易安全，應不得對抗第三人。[1466]因此，若董事當選之決議被撤銷，而該董事於決議撤銷前已代表公司對外為交易行為，該行為之效力如何？選舉董監決議於經撤銷之後，被選出之董監則溯及喪失董監資格，不過若該董監已與第三人簽訂與公司事務有關之契約，則有學說認為應依表見代理處理之，[1467]亦有學說認為，應類推適用表見代理之規定。[1468]然我國實務見解認為，該行為只能視為無權代理，但此項無權代理行為，如經股東會追認者，可視為已經補正。[1469]

四、股東會決議無效

公司法第一九一條規定，股東會決議之內容，違反法令或章程者無效。此時有確認利益之人僅能提起確認之訴而非撤銷股東會決議之訴訟。但就違反章程而言，日本法認為其僅違反公司內部自治規範，因此，與違反法

[1463] 柯芳枝，前揭書，頁288。

[1464] 柯芳枝，前揭書，頁288；梁宇賢，同前[15]，頁328；神田秀樹，前揭書，頁204。

[1465] 柯芳枝，前揭書，頁288；神田秀樹，前揭書，頁204。

[1466] 柯芳枝，前揭書，頁288；吉本健一，前揭書，頁170。

[1467] 柯芳枝，前揭書，頁288、289。

[1468] 梁宇賢，同前[15]，頁328。

[1469] 經濟部55年12月3日商字第28344號函。

令不同而僅屬得撤銷之瑕疵，以兼顧交易安全，[1470]足供參考。

第三節　董事、董事會與董事長

壹、立法體例

我國公司法有關董事與董事會等業務執行機關乃採由大公司到小公司之立法體例。我國股份有限公司之制度，傳統上以大型股份有限公司為規範典範，而其乃為聚集大眾資金形成較大之資本，所以，股東人數被假定為眾多，未能讓每位股東參與公司之業務執行，而且，股東在有限責任制度下多僅在乎利得，而不想涉入公司之業務執行，所以，公司法對較大型股份有限公司乃落實企業所有與企業經營分離原則，專設法定必備之業務執行與代表機關（董事會與董事長），[1471]甚至得以用章程設置任意機關副董事長、常務董事與經理人。然而，二〇一八年修法後，非公開發行公司得不設董事會，依該年修正之公司法第一九二條第二項之規定，董事會已非必備之機關，但董事長在我國則仍為必備之機關，即使無設董事會，仍由一人董事任董事長或由兩人以上之董事互選為董事長。

董事之作為公司負責人之相關規定與責任，已在本書公司法總則篇中介紹，以下僅介紹股份有限公司之董事之相關規定，先實體後程序，並以董事為主軸，介紹其業務執行與對外代表公司之活動，擴及董事會與董事會議，再論述董事與公司間之內部關係，最後論述董事責任與其訴追程序。

[1470] 三枝一雄、南保勝美、柿崎環、根本伸一，前揭書，頁184。

[1471] 柯芳枝，前揭書，頁290。

貳、董事之種類與資格

一、董事之種類

董事就其權限而區分有非執行董事與執行董事，前者僅開會，而後者另會被董事會指派某種執行或管理職務，執行董事中位階最高者稱為管理董事(managing director)而在公開發行公司則常稱最高者為“Chief Executive”。[1472]

董事就其資格而區分有自然人董事，法人董事，外部董事，獨立董事與影子董事及實質董事等，除影子董事及實質董事因亦適用於有限公司已介紹於公司法總則篇外，其他多適用於股份有限公司，故依序介紹如下。

二、董事之資格

董事之資格有積極資格與消極資格。董事之消極資格規定除公司法第二二二條規定監察人不得兼任董事之規定外，主要乃依公司法第一九二條第六項之規定而準用公司法第三〇條（經理人消極資格）之規定。

有關董事之積極資格，舊法原要求董事須兼具股東身分（與有限公司同），但現行公司法第一九二條第一項僅要求董事有行為能力即可。其修正理由為貫徹經營與所有分離原則、美日立法例上亦不要求董事須為股東、外部董事可避免董事兼具監察者與被監察者之利害衝突。此外，公司法第一九二條第三項規定，公開發行股票之公司依第一項選任之董事，其全體董事合計持股比例，證券主管機關另有規定者，從其規定。因此，非公開發行公司董事（甚至董事長）之持股並未被法令所要求。

㈠董事之行為能力

公司法第一九二條第一項規定「公司董事會，……由股東會就有行為能力之人選任之」依此項之文義解釋，股份有限公司之董事不限於有股東

[1472] Paul Davies, ibid., p. 193.

身分之人擔任。我國實務亦採相同見解而指出，公司法第一九二條第一項規定「公司董事會，……由股東會就有行為能力之人選任之」第二一六條第一項規定「公司監察人，由股東會選任之」準此，公司選任之董事或監察人，不以具有股東身分為必要，又未具有股東身分者，以有行為能力之自然人為限，始得被選任為董事或監察人。[1473]董事之選任，原則上不以具有股東身分為必要，以落實專業經營。而且，董事為自然人者尚須具有行為能力，此一要求乃為避免家族公司之形成。[1474]而已結婚之未成年人依民法第十三條第三項之規定具有行為能力，則其是否得擔任董事呢？公司法第一九二條第四項之規定並未明文排除民法第十三條第三項規定之適用，依明示其一排除其他之法理，法律未明文禁止已結婚之未成年人有行為能力而擔任董事，這是因為，一般而言，利用結婚之方式使未成年人取得行為能力，進而擔任董事，應不多見，故為立法評估後之取捨，而非疏漏。[1475]

㈡政府或法人董事與自然人董事

股份有限公司之董事在有些國家之立法乃以自然人為限，例如日本公司法第三三一條第一項第一款限定董事不得為法人，其理由為股份有限公司董事職務之性質限於自然人方適當（亦即認為董事職務具有個人的性質），[1476]或認為乃因重要職務之擔任者須以能見其面者較妥，[1477]亦有認為乃為求公司之妥適經營而有必要以對自然人董事之民事責任落實之，但由於國外亦有甚多國家允許法人為董事，因此，江頭教授認為在立法論上至少在閉鎖性之股份有限公司有承認法人可為董事之餘地。[1478]我國公司法在一九六六年立法委員提案修法（有關公司法第二七條政府或法人被選任為董

[1473] 經濟部91年2月5日經商字第09102022290號函。

[1474] 柯芳枝，前揭書，頁296。

[1475] 王文宇，同前[75]，頁427。

[1476] 伊藤真，前揭書，頁516。

[1477] 龍田節、前田雅弘，前揭書，頁73。

[1478] 江頭憲治郎，前揭書，頁386。

監事之規定）之前即採以自然人方可為董事之見解，現在亦同，至於政府或法人被選任為董監事有無股東資格條件呢？依公司法第二七條「政府或法人為股東時」之文義，可解釋成政府或法人為股東時，始可當選為董、監事。因此，公司法第二七條為公司法第一九二條之特別規定，詳參本書第二篇第六章之介紹。

㈢外部董事與獨立董事之資格要求

1.設置原因

股份有限公司之董事在實務上兼任公司之經理人、廠長或其他受僱員之情況甚多，尤其在日本終身雇用制之背景下更常有此情況且為法律所許。[1479]即使董事未兼受僱員，仍可能在董事會擔任執行董事或管理董事，此時其亦屬公司之經營階層之一部分。因此，要其扮演好監督角色常有困難。外部董事乃與公司經營階層有所距離之董事，以期對董事之執行職務客觀地評價而提升董事會之監督機能。[1480]

2.美國法之借鏡

外部董事制度乃源自美國法，[1481]因為美國法之公司治理與監督乃以董事會為中心，尤其監控型董事會並不像我國董事會須負責公司業務之執行，而是透過決策之指示、建言與監督執行成效或限制重要交易需經批准始得執行等種種方式，來參與指揮公司之業務管理，真正執行公司業務者乃公司經理人或執行長等。而非監控型董事會又稱管理型董事會為確實達成監督功能，亦將董事會成員分成內部董事與外部董事二種，前者職司公司之經營，後者則負責監督公司業務，而一般被稱為「外部董事」。

3.我國獨立董事制度之引進

大陸法系傳統之思維為董事與監察人乃具有不同之角色功能，董事或

[1479] 江頭憲治郎，前揭書，頁 11、12（註 2）；神田秀樹，前揭書，頁 205（註 1）。

[1480] 三枝一雄、南保勝美、柿崎環、根本伸一，前揭書，頁 194；近藤光男，前揭書，頁 240–241。

[1481] 龍田節、前田雅弘，前揭書，頁 74。

董事會乃公司業務執行機關，而監察人為公司業務與財務之監督機關，而且監察權應單獨行使職權較能發揮功效，因此，董事會在合議制之下無法也不宜扮演監督公司業務及財務的角色。我國監察人制度未能發揮功能之癥結並不在於體制而是在於其選舉制度令其與董事同為股東會所選出，而淪為一丘之貉。

證券交易法自二〇〇六年修正引進獨立董事制度，公開發行公司依證交法第十四條之二之規定得依章程設立獨立董事，而且金管會在二〇一三年曾發函強制要求依證交法公開發行股票之金融業及所有之上市櫃公司皆應設置獨立董事。[1482]若是被主管機關強制設獨立董事者，其獨立董事不得少於兩人且不得少於董事席次之五分之一（證交法第十四條之二第一項參照）。若是經主管機關要求設置審計委員會者，依證交法之規定，其成員人數不得少於三人且全部需為獨立董事，而由其中一人為召集人且其中至少一人應具備財務或會計專長（證交法第十四條之四第二項）。這是因為獨立董事得利用其獨立性與專業性參與董事會之運作，對於業務執行違法情事之防範上居於較監察人為前端之地位。公司董事會所扮演者乃公司股東與經理人間之橋樑，負責確保經理人確係為股東之利益而經營，而兼具經營功能與監督功能。因此，董事會若由兼具獨立性及專業性之獨立董事參與其中，將可使董事會更能充分發揮其經營與監控之功能。

我國之監察人採獨任制，執行監察權時，與個別董事相比，其所受之羈絆較少。引進獨立董事於我國後，董事會同時具有業務執行與公司監督之功能，可能造成球員兼裁判之角色衝突，而且董事會採多數決，獨立董事所發揮之功能較有限。因此，我國與日本同樣雖引進獨立董事制度，但仍不敢完全廢棄監察人制度。

4.獨立董事與外部董事之概念區別

本書認為外部董事不能以有無該公司股份來做區別標準，因為在公開發行股票之公司擁有股份並不具區分之意義。而是應採美國普遍之定義即，

[1482] 102年12月31日金管會證發字第1020053112號函。

外部董事乃屬非公司之內部人 (insiders) 而可避免諸多利益衝突之董事。[1483]

獨立董事與外部董事之概念是否相同，在我國約略有兩種見解。有將外部董事與獨立董事等同視之者，而指出其乃為防止內部人控制失控（指內部董事與經營團隊間之密切關係而未能有效監督）且為提升董事之素質水準，而且為使公司財務與業務更加透明，而設立獨立於內部董事之外部獨立董事。[1484]亦有認為外部董事乃未兼任公司經營團隊職務者，且與公司間又不具有利害關係者才被稱為獨立董事，所以，外部董事中（例如會計師或律師擔任外部董事）而與公司間有利害關係（例如會計師受有公司報酬者）即非獨立董事。[1485]

本書認為獨立董事必須具外部性與獨立性（例如會計師雖非屬經營團隊而符外部董事之外部性，但若受公司多額報酬則不具獨立性），而其他不符獨立性標準者為外部董事但非獨立董事。此可由日本法得到印證。在日本公司法在平成二十六年修法前，由於尚未限定外部董事不得為母公司之業務執行董事，因此，當時之外部董事甚多身兼母公司之執行業務董事，因此，東京證券交易所便以規則要求上市公司須有與一般股東無利害相反之虞之外部董事（稱獨立董事或獨立外部董事），而依東京證券交易所之標準，主要交易對象之公司之業務執行者或自該上市公司受有多額報酬之專門職業者（例如律師）等符合當時外部董事之要求者，仍不符獨立董事之資格要求，即使平成二十六年修法後，東京證券交易所規則之要求仍比公司法之要求嚴，[1486]可見，獨立董事乃基於公司治理之觀點認為公司法所要求之外部董事仍不足而要求須符更嚴格之獨立性要求者。[1487]

[1483] 王文宇，同前[75]，頁 224–225；龍田節、前田雅弘，前揭書，頁 75。

[1484] 吳光明，證券交易法論，第十四版，三民，台北，2019 年 2 月，頁 26、28。

[1485] 賴英照，前揭書，頁 165；詹德恩，法令遵循理論與實務，初版，元照，台北，2021 年 4 月，頁 64。

[1486] 江頭憲治郎，前揭書，頁 390（註 8）、525；龍田節、前田雅弘，前揭書，頁 76；河本一郎、川口恭弘，前揭書，頁 24。

[1487] 近藤光男，前揭書，頁 241–242。

三、以章程限制董事資格之允許性問題

就立法政策而論，股份有限公司能否以章程限制董事資格，例如須具股東之身分或須在該公司任職一定期間以上等呢？此當區分非閉鎖性公司與閉鎖性公司而論。閉鎖性股份有限公司，本於章程自治之原則，除依該公司之具體情況乃不合理之情況，[1488]而可被認為乃違公序良俗外，應被允許。

至於非閉鎖性之股份有限公司，日本公司法第三三一條第二項規定，公司不得以章程限定須具股東之資格，其立法意旨乃為確保非閉鎖性公司能廣泛地找到適當人才來替公司效勞，因此，若要求須任職公司一定期間以上之受僱員方可，應同屬無效。[1489]但此並非謂非閉鎖之公司完全不能以章程對董事之資格做限制，而是若該限制乃合理之限制時，例如年齡或須在總公司所在地有住所，或須具國籍之人，則可被允許。[1490]亦有見解不區分公司類型而端視該資格限制是否合理而定。[1491]我國公司法除有明文規定者外，解釋上亦以該章程限制乃屬合理與否而定，若不合理則該章程之內容（限制）將因違公序良俗或公司之本質而無效。

參、董事之人數與選任

一、董事之人數

有設董事會之公司，除證交法有特別規定外，其董事之人數依公司法第一九二條第一項之規定，公司董事會之董事人數不得少於三人。至於未設董事會之公司，依該條第二項之規定，公司得依章程規定設置董事一人

[1488] 江頭憲治郎，前揭書，頁 386（註 3）。
[1489] 江頭憲治郎，前揭書，頁 386（註 3）。
[1490] 江頭憲治郎，前揭書，頁 386（註 3）。
[1491] 近藤光男，前揭書，頁 239。

或二人。可見公司設置董事會者董事人數應三人以上，未設置董事會者董事可一人或二人。具體人數為何應以章程所訂董事之人數為準，而且董事人數為章程絕對必要記載事項。

公司法第二〇一條規定，董事缺額達三分之一時，董事會應於三十日內召開股東臨時會補選之。但公開發行股票之公司，董事會應於六十日內召開股東臨時會補選之。本條所謂董事缺額達三分之一乃指章程所定董事人數缺額達三分之一。由於董事會之重要議案需有三分之二以上之董事出席方能做決議，董事缺額達三分之一已使董事會未能作決議，所以，需補選之。[1492]而董事之人數會影響到董事之選任機關與選任方法。

二、董事之選任

(一)選任之機關

公司首任董事乃由發起人選任（發起設立時）或創立會選任（募集設立時），公司成立後之董事則原則上由股東會為選任機關。[1493]選任董事之權限可謂是最重要之股東權之一，[1494]而且，前述之股東間表決權拘束契約之典型契約乃有關董事之選舉之決議，[1495]其已部分被我國法所允許。然而，為讓在企業所有與企業經營分離原則之下仍能讓股東會間接支配公司，此一選任權不容被以契約或章程加以剝奪，例如以章程規定委由其他機關或第三人來行使，否則該契約或章程規定無效。[1496]

上述董事由股東會選任之原則有一例外，即政府或法人一人所組織之股份有限之公司之董事選派，依公司法第一二八條之一第四項之規定，由政府或法人股東指派。而且，早在二〇〇一年即增訂公司法第一二八條之

[1492] 柯芳枝，前揭書，頁 332；王文宇，同前[75]，頁 431。

[1493] 鄭玉波，同前[13]，頁 131；王文宇，前揭書，頁 429。

[1494] 近藤光男，前揭書，頁 236。

[1495] 江頭憲治郎，前揭書，頁 339、393。

[1496] 柯芳枝，前揭書，頁 299；吉本健一，前揭書，頁 179。

一第一項之規定，即股東會之功能由董事會行使之，因此，在概念上當時已非由股東會來選任董事了。

㈡董事之選任方法

董事之選任方法為累積投票制。為讓少數股東較有機會選出其中意之董事，我國公司法第一九八條第一項規定，股東會選任董事時，每一股份有與應選出董事人數相同之選舉權，得集中選舉一人，或分配選舉數人，由所得選票代表選舉權較多者，當選為董事。公司法第一九八條第一項所規定之累積投票制其實涵蓋普通決議與累積投票兩種選任方法。而依公司法第一九八條第二項之規定，第一七八條之規定（即迴避之規定），對於前項選舉權不適用之。至於，董事們可否分期改選之問題，有學者採美國之作法認為有利於經驗傳承，但我國主管機關採否定見解，[1497]因為我國之累積投票制乃強制性質，而分期改選可能每期選一人而使累積投票制無用武之地。

1. 一人董事之選舉乃原則上以普通決議為方法

公司法第一九八條第一項規定所涵蓋之普通決議方法乃指，當公司僅設董事一人時（除政府或法人為一人股東外），該條所稱應選出董事人數即為一人（而候選董事之人數可能為一人或數人），並無累積投票之可能。此時由於我國法在累積投票制之外乃以股東會普通決議為原則，因此，須對所有候選人個別進行普通決議，若僅有一位獲通過，則由其擔任董事，若有兩位以上獲得通過，則視何者取得股東較多數之信任。

2. 兩人以上董事之選舉乃強制採納累積投票制

⑴累積投票制之內容

累積投票制 (cumulative voting; Stimmenhaüfung) 此一董事之選任方法亦為我國公司法第一九八條之規定所涵蓋，即當公司設有兩人以上之董事時（即法條所稱之應選出董事人數為二人以上時）乃以累積投票制為之。每一股份有與應選出董事人數相同之選舉權，得集中選舉一人，或分配選

[1497] 經濟部 100 年 3 月 24 日經商字第 10002406370 號函。

舉數人，由所得選票代表選舉權較多者，當選為董事。

⑵累積投票制之優點

董事選舉若用普通決議（日本法乃以一董事之選任構成一案）而對每一董事以多數決決定，則公司多數派將掌控所有之董事席位，而此將有不能反映少數股東意見之危險。[1498]累積投票制源自美國一些州之州公司法，其優點在於股權較少之股東能藉由累積投票之方式，使少數股東亦能依持股比例獲得董事席次，防止大股東操縱與獨大，以求公允。[1499]

⑶累積投票制之缺點

累積投票制之缺點則在於董事會內部可能存在多數股東與少數股東所支持之董事，易生派系對立，遇事不能協調。[1500]日本法即是鑑於此一缺點之擔憂而修法允許公司以章程完全加以排除，不採行之。[1501]

⑷累積投票制之強行性與任意性

公司得否以章程排除累積投票制的適用，而以普通決議等其他之方式選任董事呢？日本公司法本於董事選舉屬公司自治事項之精神在第三四二條第一項規定，當選任兩人以上之董事時，除公司章程另有規定外，有選舉權之股東得請求採行累積投票制。我國公司法在二〇〇一年修法亦本於董事選舉方式係屬公司內部自治事項而參考日本法，在我國舊公司法第一九八條第一項增列「除公司章程另有規定外」而進入十年之任意性主義期間。

我國公司法自一九六六年引入累積投票制起即採強制性主義，當時之公司法第一九八條第一項並未有「除公司章程另有規定外」之規定，而且

[1498] 三枝一雄、南保勝美、柿崎環、根本伸一，前揭書，頁195–196；龍田節、前田雅弘，前揭書，頁76–77。

[1499] 江頭憲治郎，前揭書，頁394（註3）。

[1500] 鄭玉波，同前⑬，頁131；王文宇，同前⑮，頁429；吉本健一，前揭書，頁180；龍田節、前田雅弘，前揭書，頁78。

[1501] 江頭憲治郎，前揭書，頁395（註3）；近藤光男，前揭書，頁244。

法院判決亦為落實累積投票制之規定而認為表決權拘束契約使該條規定形同虛設且違公序良俗而無效。[1502]在上述十年任意性主義期間後，我國又於二〇一一年十一月二十八日修正刪除「除公司章程另有規定外」，其理由為該規定將董事選舉授權予公司章程規定，但部分公司經營者修改章程改採全額連計法（每股雖有與應選董事人數相同之選舉權，但不可集中投一人，而須分散選該數量之董事），使公司失去制衡力量造成萬年董事會與董事長，因而再度修法刪除「除公司章程另有規定外」，俾保障少數股東當選董事之機會。

⑸累積投票之性質

累積投票乃一種比例代表制，且非一股一權原則之例外，而僅是承認數個董事之選任決議一次概括性行使。[1503]

㈢董事選舉時股東表決權之有無

被提名之董事如具有股東身分，公司法第一九八條第二項規定，其於選舉時仍不需迴避。這是因為人事選舉不適用對事項表決之利益迴避規定。

又由於公司法第一九八條第二項並未排除公司法第一七七條第二項之適用，因此，鑑於人事選舉亦是一種表決權之行使，是以，除信託事業或經證券主管機關核准之股務代理機構外，一人同時受二人以上股東委託時，其代理之表決權不得超過已發行股份總數表決權之百分之三，超過時其超過之表決權，不予計算之規定（公司法第一七七條第二項之規定）在選舉董監時亦有適用。[1504]

公開發行公司之董事選舉，非獨立董事與獨立董事應一併進行選舉，分別計算當選名額，而且，董事選舉可依章程使用候選人提名制度，而公開發行股票公司可能採候選人提名制度。[1505]

[1502] 最高法院71年台上字第4500號民事判決。

[1503] 川村正幸等三人合著，前揭書，頁267；近藤光男，前揭書，頁243-244。

[1504] 法務部75年8月1日(75)參第9236號函。

[1505] 賴源河（王志誠修訂），前揭書，頁268、270、271。

㈣董監事候選人提名制度

董監事選舉有盲選制與候選人提名制度，盲選制即無預備候選人名單而任何有表決權之股東皆可在選票上填載投票對象之姓名。[1506]董監事候選人提名制度乃為避免公司經營派藉一般股東連絡不方便且資訊不充分而長期藉股權優勢控制董監事候選人人選而設。因此，董監事候選人提名制度原僅適用於公開發行公司，以讓市場派有經營公司之機會。

董監事候選人提名制度之缺點在於較耗時費錢，所以，一般私人企業較不願採取，而且，亦可能有被公司董事會濫用其候選人資格審查權而成為鞏固本身權力工具之缺失，但其效果在於使股東得就候選人中選任董事，而能綜攬全局根據被提名人之過去表現與學經歷選出專長互補之董事團隊有利於公司治理。[1507]而透過股東與原董事會之雙重提名制，即可避免董事會把持，以落實股東民主。因此，二〇一八年修法開放非公開發行股票公司得於章程明定採用董事候選人提名制度，公司法第一九二條之一第一項遂規定，公司董事選舉，採候選人提名制度者，應載明於章程，股東應就董事候選人名單中選任之。但公開發行股票之公司，符合證券主管機關依公司規模、股東人數與結構及其他必要情況所定之條件者，應於章程載明採董事候選人提名制度。該條第二項規定，公司應於股東會召開前之停止股票過戶日前，公告受理董事候選人提名之期間、董事應選名額、其受理處所及其他必要事項，受理期間不得少於十日。該條第三項規定，持有已發行股份總數百分之一以上股份之股東，得以書面向公司提出董事候選人名單，提名人數不得超過董事應選名額；董事會提名董事候選人之人數，亦同。委託書之徵求人僅為股東會開會時代理股東行使表決權之人並非出資之股東，因此，並非第三項所稱之股東，所以，其並非董監候選人提名

[1506] 方嘉麟，公司管理之權力結構，收錄於方嘉麟主編，變動中的公司法制，初版，元照，台北，2019 年 1 月，頁 127。

[1507] 方嘉麟，公司管理之權力結構，收錄於方嘉麟主編，變動中的公司法制，初版，元照，台北，2019 年 1 月，頁 127。

權人。[1508]

該條第五項又規定，董事會或其他召集權人召集股東會者，除有下列情事之一者外，應將其（股東以書面所提之董事候選人名單）列入董事候選人名單：一、提名股東於公告受理期間外提出。二、提名股東於公司依第一百六十五條第二項或第三項停止股票過戶時，持股未達百分之一。三、提名人數超過董事應選名額。四、提名股東未敘明被提名人姓名、學歷及經歷。本項所謂有股東會召集權人包括依公司法第一七三條之一自行召集股東會之股東。[1509]

㈤選任與委任之兩階段區分

1.選任決議

董事之選任須依公司法之規定來做公司之內部意思決定，但對外發生效力在時點上有所不同。選任行為乃公司內部意思形成之行為，並不能直接對外發生效力，日本雖有少數見解認為股東會決議乃以被選任者承諾為停止條件之公司之單獨行為，但通說認為須於股東會決議為意思決定後另有委任契約之締結。[1510]而其方式可由公司代表機關向被選中之人為要約而由被選中之人為明示或默示（例如在席上向人道謝或參加股東會後之董事會）之承諾方式來締結該委任契約。[1511]

2.委任契約之締結

董事與公司間關係之歸類，在法律行為上乃民法上之委任關係，在事實行為上乃準委任之關係，因此，應適用民法委任之規定。[1512]我國公司法第一九二條第五項即規定，公司與董事間之關係，除本法另有規定外，依

[1508] 經濟部102年7月15日經商字第10200616510號函。

[1509] 陳蕙君，前揭文，頁1、40。

[1510] Karsten Schmidt, a.a.O. (Fußnote 21), S. 416–417；江頭憲治郎，前揭書，頁396（註5）；高橋紀夫，前揭書，頁186–187；近藤光男，前揭書，頁236–237；前田庸，前揭書，頁432。

[1511] 柯芳枝，前揭書，頁301、304；王文宇，同前[75]，頁430。

[1512] 三枝一雄、南保勝美、柿崎環、根本伸一，前揭書，頁240。

民法關於委任之規定。而且，學說認為其為有償委任之關係。[1513]

3.選任決議之撤銷

有關撤銷股東會選任決議，日本法上，不因選任決議被提起撤銷訴訟而停止其職權之行使，因此，此時若有不適宜讓其繼續之事由，應以假處分方式向法院提起停止該董事職權之請求。[1514]我國法亦同，但較可能的情況是選任決議內容違反法令或章程，而依公司法第一九〇條無效，應提確認之訴而非撤銷訴訟，在確認判決之前亦可以假處分程序先行。若股東會選任董事之決議違反全體股東間協議之內容，德國聯邦最高法院允許撤銷該股東會之決議，[1515]在我國則尚未有實務見解。

4.缺額之補選

有設董事會之公司若董事僅剩兩人，依經濟部之解釋，可依實際在任而能應召出席之董事作為董事會應出席之人數，而由該出席董事以董事會名義召開臨時股東會補選董事。[1516]

肆、董事之任期、終任與解任

一、董事之任期

董事之任期乃章程絕對必要記載事項。公司法第一九五條第一項規定，董事任期不得逾三年，但得連選連任。該條第二項又規定，董事任期屆滿而不及改選時，延長其執行職務至改選董事就任時為止，但主管機關得依職權限期令公司改選；屆期仍不改選者，自限期屆滿時，當然解任。

(一)任期之起算點

有關董事任期之起算點，日本現行公司法制定前有選任決議時起算說

[1513] 鄭玉波，同前[13]，頁 132。

[1514] 神田秀樹，前揭書，頁 214。

[1515] Karsten Schmidt, a.a.O. (Fußnote 21), S. 95.

[1516] 經濟部 93 年 12 月 2 日經商字第 09302202470 號函。

與就任時起算說之爭，由於現行公司法第三三二條第一及第二項之文義使用「選任後」之文字，乃採以選任決議時起算之見解，但該國學者認為，若選任決議時特別將選任效力發生之時點定為就任時，則應被認為自就任時起算。[1517]日本法此一規定應是要確保股東依決議對被選任之董事所表達之信任，不因就任延遲造成終任延後而失真。我國內有見解認為，除公司首任董事自公司成立時起算外，乃視民法上之委任關係何時生效而起算。[1518]解釋上，此一見解應以委任關係之生效時點與選任決議之時點不差太遠為限。

㈡任期原則上可縮短而不可延長

董事之任期原則上為三年，而得連選連任，以讓股東會有較多表達其信任與否之機會。董事之任期乃為保障公司股東能藉重新選舉來定期檢視對該董事信任與否，因此，在我國法（公司法第一九五條第一項僅規定董事任期不得逾三年，而未限制不得短於三年）及日本法上其任期之法定期間原則雖可以被以章程或股東會決議加以縮短，但不可以被延長（因為股東變動頻繁，且延長等於限制股東會之權限）。[1519]

不過，閉鎖性股份有限公司因公司所有與公司經營較常合一，且股東變動較不頻繁，因此，較無探詢此一信任關係變動與否之必要，[1520]而且，為讓小型企業可省登記之費用與成本，[1521]因此，日本法允許董事任期被延長至十年。閉鎖性公司中股東人數較多而股權較分散者，可能有必要讓員工有晉升董事之機會，此時較無必要以章程將董事任期延至如此長，而較小型之閉鎖性公司較常以經營股東間之協議相互保證彼此之地位，日本法

[1517] 江頭憲治郎，前揭書，頁 392（註 2）。

[1518] 王文宇，同前[75]，頁 426。

[1519] 川村正幸等三人合著，前揭書，頁 266；江頭憲治郎，前揭書，頁 392；近藤光男，前揭書，頁 244。

[1520] 川村正幸等三人合著，前揭書，頁 266；江頭憲治郎，前揭書，頁 392；伊藤真，前揭書，頁 518。

[1521] 近藤光男，前揭書，頁 244-245。

允許公司章程延長董事之任期達十年之久，即可達到股東間協議相同之效果。[1522]我國法則未對閉鎖性股份有限公司做特別規定。

㈢任期可全體被縮短

除章程或選任決議有另為較短之任期規定外，任期原則上為三年，但依公司法第一九九條之一之規定，股東會可以藉普通決議全體解任董事而提前改選。此時等於全體任期被縮短。此外，董事亦可能個別地被解任等，分述如下。

二、董事之全體提前解任

公司法第一九九條之一第一項規定，股東會於董事任期未屆滿前，改選全體董事者，如未決議董事於任期屆滿始為解任，視為提前解任。該條第二項又規定，前項改選，應有代表已發行股份總數過半數股東之出席。

股東會依公司法第一九九條不合理地個別解任董事，公司須負損害賠償責任，本條則無類似之規定，被提前解任之董事是否仍可主張損害賠償呢？公司可透過公司法第一九九條之一的方式以普通決議提前改選全體董事，規避同法第一九九條須以特別決議解任董事之規定。然而，由於董事與公司間之委任契約之任期未屆，除全體董事皆有違反委任本旨者外，不論該普通決議合理與否，公司皆應賠償董事所受之損害。如此解釋之必要性由該公司僅有一位董事時最明顯。當公司僅有一位董事，而股東會在其任期屆滿前決議提前改選而未同時決議該董事於任期屆滿始為解任，則該位董事將被視為提前解任，若不需賠償其損害，則提前解任制度將可能被濫用來規避公司法第一九九條第一項之規定了。因此，本書認為公司法第一九九條之一之提前解任制度僅適用於兩位以上之董事之全體解任，而且亦應類推適用公司法第一九九條第一項之損害賠償規定為妥。

[1522] 江頭憲治郎，前揭書，頁393（註4）。

三、董事之個別終任

董事之個別終任，包括退任與解任，乃指個別董事與公司間之委任關係終止。首先，退任之理由除任期屆滿外，尚包括民法第五五〇條所規定之法定事由（如董事死亡、董事破產或喪失行為能力）之發生、公司破產（因管理處分權移轉到破產管理人）與解散以及董事自行辭職（稱為辭任）之理由。其次，解任乃指董事非自願性之終任之四種情形而與主動辭任不同，分述如下。

㈠辭　任

根據民法第五四九條第一項之規定，董事得隨時向公司辭職，無需公司之同意，但根據該條第二項之規定，董事若於不適當之時間辭職應負損害賠償責任。辭任為對公司（其代表者）所為之單方意思表示，到達而生其效力，[1523]所以，不需公司之同意。

日本有判決認為，董事之責任重，因此，限制董事辭任之特約無效，但學說有認為其乃屬債之契約性質而有效者，江頭教授考量到聯合開發公司等冒險企業對此種特約之需求，而認為不論是股東與董事間之協議或公司與董事間之協議，只要違約金之約定數額屬合理，則應可被認為有效。[1524]

㈡解　任

由於董事需有專門知識以求公司之最大利益，因此，公司法除前述之全體提前被決議解任外，另外規定有四種（被動之）解任情況，分述如下。

1.失格解任

由於公司法第一九二條第六項規定，公司法第三〇條之規定對董事準用之。因此，若發生公司法第三〇條所規定之任一情況，則該董事即喪失資格，公司依法使其當然解任並為董事之變更登記。此外，由於公司法第二二二條亦屬於「資格」之規定，因此，若一監察人同時當選為董事，則

[1523] 江頭憲治郎，前揭書，頁398（註3）。

[1524] 江頭憲治郎，前揭書，頁397、398（註3）。

其後一當選者無效。

2. 當然解任

董事之當然解任乃指不待股東會之決議或法院之裁判當然絕對地喪失股東身分而言，[1525]其有三種情況：首先，當選後發生公司法第三〇條所規定之任一情事而當然解任已納入失格解任。其次，主管機關限期令改選，屆期仍不改選者，自限期屆滿時，當然解任。最後，公開發行股票之公司，其董事因持股轉讓二分之一以上而當然解任。

公司法第九七條第一項規定，董事經選任後，應向主管機關申報，其選任當時所持有之公司股份數額；公開發行股票之公司董事在任期中轉讓超過選任當時所持有之公司股份數額二分之一時，其董事當然解任。該條第二項規定，董事在任期中其股份有增減時，應向主管機關申報並公告之。該條第三項規定，公開發行股票之公司董事當選後，於就任前轉讓超過選任當時所持有之公司股份數額二分之一時，或於股東會召開前之停止股票過戶期間內，轉讓持股超過二分之一時，其當選失其效力。

公司法第一九七條有關董事之當然解任與股份之申報，如何認定董事的持股比例呢？經濟部認為公開發行股票之公司董事、監察人在任期中轉讓超過選任當時所持有之公司股份數額二分之一時，其董事、監察人當然解任。所稱「選任當時所持有之公司股份數額」之認定，係指停止過戶股東名簿所記載股份數額；又董事、監察人係於上屆任期屆滿前改選，並經決議自任期屆滿時解任者，其「選任當時所持有之公司股份數額」之認定，亦同。所以董事雖移轉持股，只要尚未過戶，則並不當然解任。[1526]

又公司法第一九七條第三項是否限於公開發行股票公司呢？公司法第一九七條第三項是根據同條第一項而來，舊法文字上未限定僅適用於公開發行股票公司，顯為立法疏失，解釋上亦僅限於公開發行股票公司。現行法已因時任立委許忠信總召之提案而修正。

[1525] 柯芳枝，前揭書，頁309。

[1526] 經濟部商字第09102195340號函；梁宇賢，同前[15]，頁321。

3. 決議解任

公司法第一九九條第一項規定，董事得由股東會之決議，隨時解任；如於任期中無正當理由將其解任時，董事得向公司請求賠償因此所受之損害。該條第二項規定，股東會為前項解任之決議，應有代表已發行股份總數三分之二以上股東之出席，以出席股東表決權過半數之同意行之。該條第三項規定，公開發行股票之公司，出席股東之股份總數不足前項定額者，得以有代表已發行股份總數過半數股東之出席，出席股東表決權三分之二以上之同意行之。該條第四項規定，前二項出席股東股份總數及表決權數，章程有較高之規定者，從其規定。

公司法第一九九條所規定之解任方式稱為決議解任。委任之前提為信任，當雙方信任已動搖，自應讓任一方得解除委任（民法第五四九條第一項參照），[1527]或當有新的多數股東產生時，應讓新多數股東之意思反映在董事之人選上，[1528]而且，與選任決議一樣，此一權限乃股東會之專屬權限，不得委由第三人或其他機關來行使。[1529]公司為法人，因此，須由其意思機關作成公司意思決定，但股東會雖得決議解任董事，但不得決議將董事停權，[1530]因為此將破壞董事之功能設計。

⑴決議方法為特別決議

決議方法須股東會特別決議，我國學者一般認為此乃因我國董事選舉在應選董事乃兩人以上時乃採累積投票制，以讓持股較少之股東仍有機會當選，而避免表決權過半之大股東贏者全拿所有董事席次，因此，若普通決議即可解任，則上開設計將失其功能設計。[1531]然而，在此其實有兩種考

[1527] 王文宇、林國全，公司法，收錄於王文宇、林國全、王志誠、許忠信、汪信君，前揭書，頁 97。

[1528] 龍田節、前田雅弘，前揭書，頁 79-80。

[1529] 柯芳枝，前揭書，頁 307。

[1530] 經濟部 82 年 10 月 28 日商字第 226225 號函。

[1531] 方嘉麟，公司管理之權力結構，收錄於方嘉麟主編，變動中的公司法制，初版，元照，台北，2019 年 1 月，頁 128-129。

量之抉擇，即董事地位安定之考量與股東會藉決議控制董事（或股東的信任）之考量，前者使日本二〇〇五年公司法制定前採特別決議方法，而後者使公司法改採普通決議即得解任，[1532]但以累計投票選任者需以特別決議為之，以保累積投票之旨趣。[1533]我國在公司僅設一人董事時，並非採累積投票制而選出，因此，我國法在此時仍採特別決議之理由已非為保累積投票之旨趣，而應是基於董事地位安定之考量。

有關公司法第一九九條解任董事之決議，該被遭提案解任之董事如具有股東身分，於股東會表決時是否須迴避呢？國內學說見解有分歧。採肯定說者認為須迴避，因為該被決議解任之董事對於會議事項具有利害關係，而且，因為公司法第一九九條並無如同法第一九八條排除同法第一七八條之適用，因此，其不得參與表決。[1534]採否定說者認為，公司法第一七八條除要求股東就該事項「具有利害關係」外，尚須「致有害於公司利益之虞」；而因人事議案為中性事項，其雖「有自身利害關係」，但並無「有害於公司利益之虞」，因此，不適用公司法第一七八條迴避之規定。日本法判例及多數說採前說而認為必須迴避。[1535]本書認為，解任決議蘊含對解任理由之意思決定，並非單純為人事議案，因此，公司法第一九九條特意未如同法第一九八條在人事選任決議時排除同法第一七八條（迴避規定）之適用，是以應適用迴避之規定。

⑵決議解任之理由

決議解任不論有無正當理由皆可解任之，[1536]只是若任期未滿而解任無正當理由，公司有賠償責任而已。所謂正當理由乃以董事是否違反其與公

[1532] 江頭憲治郎，前揭書，頁400（註8）；神田秀樹，前揭書，頁212；龍田節、前田雅弘，前揭書，頁79（註49）。

[1533] 三枝一雄、南保勝美、柿崎環、根本伸一，前揭書，頁197。

[1534] 柯芳枝，前揭書，頁307；王文宇，同前[75]，頁435。

[1535] 吉本健一，前揭書，頁205；伊藤真，前揭書，頁586。

[1536] 柯芳枝，前揭書，頁306。

司間之委任關係所生之義務暨忠實義務，及是否不適任而定，所以，所謂正當理由包括所任事業部門之廢業，董事為違反法令或章程之行為，身心障礙，明顯不適任等，甚至經營判斷之失敗亦有多數見解認為屬此處之正當理由者。[1537]

日本通說認為此一賠償責任之性質為一法定責任，[1538]所以，並非侵權責任亦非契約債務不履行之責任，而是基於保護股東之解任自由與董事對任期之期待利益之雙方衡平考量的結果。[1539]

⑶解任決議生效時點之爭

依日本學說多數之見解，需於決議通過後由公司代表機關向被解任之董事為解任之意思表示，而此一表示（我國法乃依民法第五四九條第一項之規定）無需董事之同意，但少數學說認為，解任於決議通過時即發生效力，其理由有認為既然股東會已作最終之意思決定，不待公司代表者之裁量，該解任之效力於通過時即已發生，[1540]亦有見解認為日本判決所為董事長被董事會解任不必告知即生效之判決原理在此亦有適用，更何況被解任者所在常不明。[1541]

⑷決議解任之損害賠償方法與範圍

解任後之賠償方法乃以金錢賠償之。而其賠償範圍之認定則以「若未遭解任原可獲得之報酬，因無正當理由遭解任而未獲得者」。[1542]至於報酬之種類，則依實質給付內容判斷。因此，董事之車馬費，雖與報酬有別，然須視其實質內涵不同而加以處理，如係交通費用，則被解任之董事自不得主張；如係按月致送，如同固定薪資一般，則應被解為董事損害之一部分。

[1537] 江頭憲治郎，前揭書，頁400（註7）。

[1538] 近藤光男，前揭書，頁249；高橋紀夫，前揭書，頁193；江頭憲治郎，前揭書，頁400（註7）。

[1539] 高橋紀夫，前揭書，頁193；江頭憲治郎，前揭書，頁400（註7）。

[1540] 高橋紀夫，前揭書，頁192-193。

[1541] 江頭憲治郎，前揭書，頁399（註6）。

[1542] 江頭憲治郎，前揭書，頁400（註4）。

⑸包裹決議解任董事之合法性受質疑

股東會以一次整批表決解任多數（未必全體）董事之合法性受質疑。例如最高法院九十三年台上字第四一七號民事判決謂，「一次整批表決解任多數董事，不能表達參與表決之股東對各被解任董事之個別意思，會產生不公平之結果。如公司形式上雖符合每一股有一表決權，但於實質上違背股東以公平方式表達其意見，影響表決之結果，其決議方式應認為違反股份平等原則。」黃銘傑教授認為，此一判決依據股東平等原則之違反而撤銷該解任決議，使股東平等原則由每股所受實體權利應有相同之對待，擴及到表決過程中公平性之程序正義的實踐。[1543]

4. 裁判解任

公司法第二〇〇條規定，董事執行業務，有重大損害公司之行為或違反法令或章程之重大事項，股東會未為決議將其解任時，得由持有已發行股份總數百分之三以上股份之股東，於股東會後三十日內，訴請法院裁判之。此一解任稱為裁判解任而其訴乃形成之訴，乃以公司及該董事為共同被告並於判決確定時即生解任之效力。[1544]

本條之立法目的在於使股東有機會透過司法審查，矯正不當的股東會決議（例如被大股東所把持），[1545]而不會影響公司經營之安定性。其前提要件為須有解任案於股東會被提出，而股東會未為決議將其解任。依其文義，包括股東會否決之或表決權未達解任決議之成立要件，因為裁判解任乃國家權力介入私人自治，因此，須限縮於較有必要之情況。[1546]

若股東於股東會討論解任董事議案時，未表示贊成該議案，則該股東

[1543] 黃銘傑，包裹決議解任董事之合法性，收錄於其所編，公司治理與企業金融法制之挑戰與興革，初版，元照，台北，2006 年 9 月，頁 353、358。

[1544] 柯芳枝，前揭書，頁 307、308。

[1545] 柯芳枝，前揭書，頁 308。

[1546] 柯芳枝，前揭書，頁 308；王文宇，同前[75]，頁 436；三枝一雄、南保勝美、柿崎環、根本伸一，前揭書，頁 197–198。

是否能於股東會後提起裁判解任董事訴訟呢？亦即，股東欲提起解任董事之訴，是否仍有民法第五六條之適用？我國學說多數採肯定見解，認為為避免違反「禁反言原則」，仍有民法第五六條之適用，因此，若股東曾在股東會上表示不予解任該位董事，則將喪失提起裁判解任訴訟的權利，是以，依民法第五六條規定之意旨，得提起裁判解任董事訴訟之股東，以在股東會曾贊成解任該董事者為限。[1547]本書認為，即使曾在股東會上為反對解任董事之意，仍可訴請法院裁判解任之，因為「禁反言原則」在我國法尚乏根據而民法第五六條第一項對召集程序或議決方法未當場表示異議喪失撤銷訴訟權乃因該等事項僅為程序事項之瑕疵，該瑕疵因未當場異議而治癒，但董事裁判解任之理由為重大事項，不可類推適用民法第五六條第一項之規定。

在日本法上，不因裁判解任之訴之提起而停止該董事之職權，若有不適宜讓其繼續之事由， 應以假處分方式向法院提起停止該董事職權之請求。[1548]我國法亦同。

伍、董事之地位

一、董事之法定、必備與常設

㈠董事乃法定必備機關

董事乃股份有限公司之法定、必備與常設之業務執行機關。[1549]即使政府或法人一人股東之公司，依公司法第一二八條之一之規定，至少須設一位董事。

㈡董事會之必備性已被鬆動

董事會係由全體董事所組成。由我國立法史可以得知董事會之必備與

[1547] 柯芳枝，前揭書，頁308；王文宇，同前[75]，頁436。

[1548] 神田秀樹，前揭書，頁214。

[1549] 柯芳枝，前揭書，頁292；鄭玉波，同前[13]，頁130；王文宇，同前[75]，頁425。

否之變化。

1. 公司法立法初期乃採德國模式而非英美模式

德國股份有限公司之業務執行機關稱為「董事或董事會 (Vorstand)」，其乃由一位或數位董事所組成。[1550]英美法上，例如英國公司法在一九八五年公司法即對股份有限公司規定有董事會 (the board of directors)，而在二〇〇六年法才改稱董事們 (the directors)。

我國一九六六年修正前之公司法採德國模式。因此，我國公司法在一九四六年時之舊公司法第一八四條規定公司須置董事至少三人，而非「董事會設置董事不得少於三人」。而當時之舊公司法第一九六條第一項規定，董事之執行業務，應依照法令章程及股東會之決議。可見，一九六六年修正前之公司法並未規定董事會為必備集體業務執行機關，而僅規定（舊公司法第一九一條）董事之執行業務，除章程另有規定外，由董事過半數之同意行之，以及規定（舊公司法第一九二條）董事在職權上須集體行動時得組織董事會。換言之，此時之董事會乃任意性機關。

2. 一九六六年受美日法影響而強制有董事會

日本公司法在昭和二十五（一九五〇）年修法縮小股東會權限而法定化董事會，以監督董事長及其以下之執行業務之董事（稱為自己監督）。[1551]一九六五年行政院之公司法修正要旨指出，應確定董事會為集體執行業務機關，並加強其職責以適應企業所有與企業經營分離之趨勢，而劃分股東會與董事會之職責。因此，一九六六年修法乃仿英美日本（已受美國法影響）立法例，而規定董事會為公司業務執行之必備、常設之議事體機關，其設置之目的在於避免凡事皆須依賴股東會之決議，以求經營之效率化，並藉由集會之方式以集思廣益，為公司追求最大利益。

可見，我國法之董事會在一九六六年修法前為任意機關，日本法亦是在第二次世界大戰後在美國強力影響下才引進董事會制度，[1552]因此，我國

[1550] Karsten Schmidt, a.a.O. (Fußnote 21), S. 781.

[1551] 江頭憲治郎，前揭書，頁 314。

在一九六六年修法後到二〇一八年，董事會被認為乃由全體董事所組成之會議體，而有決定公司業務執行權限之對內之法定、必備、常設之集體業務執行機關。這是因為當時認為董事會乃公司法根據企業所有與經營分離原則仿自英美日諸國立法例所設之集體業務執行機關。[1553]當股份之擁有者分散，則甚難期待分散各地之股東對公司之經營會有繼續性之積極參與，更何況股東對公司所營事業亦常欠缺知識與經驗，為使公司決策較快速，有必要使公司之業務執行程序嚴格化而設置董事會。[1554]因此，公司法第一九二條第一項規定，公司董事會，設置董事不得少於三人，由股東會就有行為能力之人選任之。

3.二〇一八年修法又回復中小企業機關設置之彈性

董事會之必備性已在二〇一八年修法中被鬆動。二〇一八年修法又回復中小企業機關設置之彈性而規定非公開發行公司得不設置董事會。這是因為未公開發行股票之公司較無企業所有與經營分離之現象。依公司法第一九二條第二項之規定，非公開發行股票之公司得依章程規定不設董事會，置董事一人或二人。非公開發行股票之公司得不設董事會，而僅置董事一人或二人，惟應於章程中明定。至於公開發行股票之公司，則應依證券交易法第二十六條之三第一項「已依本法發行股票之公司董事會，設置董事不得少於五人」之規定辦理。

非公開發行股票之公司，而其股東結構有一人者，亦有二人以上者。一人公司若為政府或法人股東一人所組織之股份有限公司，則在董事會方面，公司法有特別規定，分述如下。

⑴非公開發行股票公司

二〇一八年修正為使非公開發行股票公司組織更加彈性。因此，公司

[1552] 黒沼悦郎，前揭書，頁10；三枝一雄、南保勝美、柿崎環、根本伸一，前揭書，頁241。

[1553] 柯芳枝，前揭書，頁333。

[1554] 江頭憲治郎，前揭書，頁381-382（註3）；前田庸，前揭書，頁370-371。

法第一九二條第二項規定，非公開發行股票之公司得依章程規定不設董事會，置董事一人或二人。置董事一人者，以其為董事長，董事會之職權並由該董事行使，不適用本法有關董事會之規定；置董事二人者，準用本法有關董事會之規定。可見，不設董事會之非公開發行股票之公司並不可有三人以上之董事。這應是為避免產生多頭馬車的困境。

⑵政府或法人股東一人所組織之股份有限公司

政府或法人股東一人所組織之股份有限公司，得以章程規定不設董事會及監察人。因此，二〇一八年修正公司法第一百二十八條之一，依據該條第二項之規定，政府或法人股東一人所組織之股份有限公司，得依章程規定不設董事會，而僅置董事一人或二人；置董事一人者，以其為董事長，董事會之職權由該董事行使，不適用本法有關董事會之規定；置董事二人者，準用本法有關董事會之規定。

二、置董事二人者準用本法有關董事會之規定

不僅非公開發行股票之公司可設兩員董事，甚至政府或法人股東一人所組織之股份有限公司亦可設兩員董事，此時依公司法第一二八條之一第二項與公司法第一九二條第二項之規定，準用本法有關董事會之規定。

所謂準用，乃準用董事會權限之規定，包括準用董事會與股東會權限之劃分規定。亦即，所謂準用董事會之規定，重點應在於仍採「董事會為中心意思決定機關」，而非未設董事會之公司所應採之「股東會萬能主義」。此由法條用語「置董事一人者，董事會之職權由該董事行使，不適用本法有關董事會之規定；置董事二人者，準用本法有關董事會之規定」之差異用語可見之。日本學說亦認為，一人董事之公司，很多重要事項須由股東會作決議。[1555]

[1555] 龍田節、前田雅弘，前揭書，頁24。

三、董事是否為公司機關之爭

董事是否為股份有限公司之機關呢？國內雖有見解認為，依公司法第二〇八條之文義，董事會乃採集體執行制，所以，一般董事平時無法單獨執行職務或代表公司，因而董事並非機關，僅為董事會之構成員。然而，我國多數學說認為，董事除被授權執行董事會決定或股東會決定外，其個別職權除出席董事會並透過董事會表達其意思外並須監督董事長與常務董事業務之執行，董事缺額達一定程度時，董事會無法決議，而且，董事尚有在股票及公司債券上簽名等公司法所賦之各種個別的權限，與代表公司對監察人起訴的權限等，而得以其本身名義在董事會外行使職權之情況，因此，公司法第八條第一項遂規定其為公司之當然負責人，而為公司之機關。[1556]

日本法上，通說認為，無設董事會之公司，個別董事乃公司之機關，而有設董事會之公司，董事會乃一機關，而個別董事除擔任公司代表或擔任業務執行董事外，個別之董事雖有些單獨提起公司法上訴訟之權限，仍僅為董事會（機關）之構成員，非公司之機關。[1557]

本書認為根據民法第二十七條第二項之規定，董事有數人者，各董事皆得代表法人，雖然公司法相對於民法較重視商業明確性與迅速性而規定由董事長或有代表權之董事為公司之代表，但董事依公司法第八條第一項之規定為公司負責人，此一地位不因股份有限公司可能設有董事會而改變，因此，董事在我國法上，不論該公司有無設董事會皆不失為一機關。

[1556] 柯芳枝，前揭書，頁 292、293；王文宇、林國全，公司法，收錄於王文宇、林國全、王志誠、許忠信、汪信君，前揭書，頁 94；王文宇，同前[459]，頁 1、4；鄭玉波，同前[13]，頁 134。

[1557] 吉本健一，前揭書，頁 199；高橋紀夫，前揭書，頁 186；江頭憲治郎，前揭書，頁 308（註 2）；近藤光男，前揭書，頁 233、235；前田庸，前揭書，頁 363；柴田和史，前揭書，頁 184–185。

陸、董事與董事會之活動與權限

一、業務執行與代表權限之概念

公司之事務有組織、營運、管理、監督及其他事項，涵蓋層面相當廣泛而包括股東會之召集，選任董事長與業務執行等行為。而所謂業務執行之概念有廣狹義，狹義之業務執行乃指為達成公司目的事業（即章程中之所營事業）而決定事業策略、設定數量目標、目標達成計畫之擬定、經營資源之購入與分配、原料之購置、商品之製造與販售、從業員之聘雇與管理等法律行為與事實行為，而其相關意思決定稱為「業務之決定」或「業務執行之決定」。[1558]有時，業務執行乃表示業務執行之事實行為或法律行為，而有時乃表示業務執行之意思決定，應視情況而認定。狹義之業務執行固有如政府之行政相對於立法及司法之關係，而不包括業務執行之監督，但在由董事會亦進行執行業務之監督的公司，對其他董事業務執行之監督亦屬董事之業務執行之一部分，[1559]本書認為其屬廣義業務執行概念。日本法將外部董事之業務（監察行為），董事會的召集與議決權之行使等稱為職務之執行，[1560]可供參考。以下，若無特別指明，對業務執行乃採狹義。

二、業務執行與代表權限之分配

董事會與董事之業務執行權限之分配，應視該公司有無設董事會而定，分述如下（至於董事或董事會與股東會權限之劃分問題另參後述）。

(一)未設董事會之公司

1.業務執行

業務執行可分業務執行之意思決定與實行，但當此兩者由同一機關為

[1558] 江頭憲治郎，前揭書，頁379。

[1559] 江頭憲治郎，前揭書，頁380。

[1560] 川村正幸等三人合著，前揭書，頁272；前田庸，前揭書，頁369。

之時則較無區別之實益。[1561]我國未設置董事會之公司，公司業務之執行，如何意思決定與執行呢？未設董事會之公司，以未以章程限定何董事有業務執行權為限，各董事皆有業務執行權，而由於沒有設立董事會，所以，其權限不待董事會之授權。[1562]這是因為在未設董事會之公司，董事之權限乃依章程或股東會決議之規定，若兩者皆無規定，則通常（日常）業務之決定及執行，以及股東會決議之執行，屬董事之權限，當董事有數人時，日本法上各董事以各自執行（對外代表及對內業務執行）為原則，[1563]至於非通常業務，其業務執行之意思決定（指應由股東會決定以外者）在兩人以上之董事之場合，依日本公司法第三四八條第二項之規定，除章程另有規定外，以董事過半數為業務之決定。我國法則分一人與兩人董事兩種情況而做規定。

⑴置一人董事之情形

我國法中有兩種公司可僅有一人董事，即政府或法人股東一人所組織之股份有限公司與非公開發行公司（公司法第一二八條之一第二項規定與公司法第一九二條第二項規定參照）。此時，董事會之職權並由該董事行使。除章程另有規定（例如章程規定一定業務之決定須由股東會決議）外，該董事有包括的業務執行決定與業務執行行為（業務執行行為可另外授權由公司職員為之）之權限。

⑵置兩人董事之情形

我國法中上述可僅有一人董事之公司亦可僅有兩員董事。我國法僅規定「置董事二人者，準用本法有關董事會之規定」，但該如何準用呢？又當置董事兩人時而產生業務執行的爭議時，如何處理呢？因此，有論者認為此乃一錯誤立法，[1564]本書認為，所謂「準用本法有關董事會之規定」乃指

[1561] 川村正幸等三人合著，前揭書，頁272。

[1562] 江頭憲治郎，前揭書，頁379。

[1563] 三枝一雄、南保勝美、柿崎環、根本伸一，前揭書，頁192；龍田節、前田雅弘，前揭書，頁66–67（註10）。

除通常事務兩董事各有業務執行權與代表權外，非通常事務，應認為除章程另有規定外，須有董事過半數之決定。而此時，當對某一非通常事務一人同意而另一人不同意時會產生鎖死 (deadlock) 之困境，所以若一公司有必要設兩人董事時，則宜以章程規定就我國後述專屬董事（會）之決議事項，在產生鎖死現象時如何決定預作規範。日本法在此值得我們參考。

日本法上，二名董事以上之公司，除章程另有規定外，業務執行之決定由過半數之董事（依人數而不計其持股）決定之，但不必以會議之形式決之。[1565]僅設置二名董事之公司亦同。由於與有設董事會之公司不同地，甚多事項之決定權乃屬股東會（股東會萬能主義），而有些事項亦可能已以章程授權由個別董事執行（含決定），所以，須由兩員或兩員以上之董事以過半數決定之情況並不多。[1566]其業務執行方法可以以章程自治乃因為少數股東與個別董事間之信賴關係以及董事間緊密接觸之公司實態考量之故。[1567]而且，即使已有選任特定董事對外為代表，此時其他董事的對內之業務執行權並不當然消滅，雖有見解認為，此時，其他董事除對業務與財務狀況之調查權以及重要業務執行之同意權外，原則上已無業務執行權，但另有見解認為，對內之業務執行權原則上仍存在，江頭教授採後說，而且，日本昭和二十五年之前未有強制設董事會前之見解亦採後說。[1568]本書認為，對外代表之選任應原則上不影響對內之業務執行。對其他董事業務執行之監督義務亦屬董事廣義業務執行之一環。[1569](A)通常業務之決定，雖各董事皆有決定權，為避免雙頭馬車，即使沒有章程之規定，亦可依董事過半數之決定，由各董事分擔或委由特定董事專門決定；[1570](B)非通常業務

[1564] 陳連順，前揭書，頁 297。
[1565] 江頭憲治郎，前揭書，頁 379、405。
[1566] 江頭憲治郎，前揭書，頁 405。
[1567] 江頭憲治郎，前揭書，頁 379。
[1568] 江頭憲治郎，前揭書，頁 405、406（註 3）。
[1569] 江頭憲治郎，前揭書，頁 405。
[1570] 江頭憲治郎，前揭書，頁 405、406（註 2）。

之決定，除日本法第三四八條第三項所規定（如經理人之選任）不得委由某位董事個別決定而須全體董事過半數之決定者外，若有章程之規定，亦可委由某位董事或甚至由他人或他機關來行使（決定），例如在聯合開發公司即可能由股東設置營運委員會（steering commitee）而有對該公司董事之指揮權或某些事項之同意權。[1571]

2.公司之代表

未設置董事會之公司由誰代表公司呢？應區分置一人董事之情形與置兩人董事之情形討論之。

⑴置一人董事之情形

我國法中有兩種公司可僅有一人董事，即政府或法人股東一人所組織之股份有限公司與非公開發行公司（公司法第一二八條之一第二項規定與公司法第一九二條第二項規定參照）。此時，由該董事為董事長，並由董事長作公司之代表。

⑵置兩人董事之情形

我國法中上述可僅有一人董事之公司亦可僅有兩員董事。我國法僅規定「置董事二人者，準用本法有關董事會之規定」，但如何準用呢？當置董事兩人時而產生誰任董事長之爭議時，如何處理呢？未設董事會之公司，日本法上除以章程定有社長或以章程所訂之方法選出代表董事者外，各董事以各自代表為原則，即全部董事皆為代表董事而有業務相關之一切訴訟上與訴訟外之代表權，[1572]而為保障交易安全，對此一包括的代表權之限制，不可對抗善意第三人，[1573]而且，應經過半數董事決定之事項，有代表權之董事未經該程序仍為之者，依日本判例之見解，若相對人知悉或應可知時，該行為固無效，但當相對人乃善意時，則不可對抗該善意第三人。[1574]在我

[1571] 江頭憲治郎，前揭書，頁406（註2）。

[1572] 三枝一雄、南保勝美、柿崎環、根本伸一，前揭書，頁192；江頭憲治郎，前揭書，頁408（註2）。

[1573] 江頭憲治郎，前揭書，頁408-409。

國法上，當兩位董事爭董事長之位而相持不下而未選出董事長時，我國法因採民商合一制，須適用民法第二十七條第二項後段規定，除章程另有規定外，兩位董事均得代表公司，而且，依該條第三項之規定，對兩位董事代表權所加之限制，不能對抗善意第三人。其結果與上述日本法及判例見解約略相同，而適用各自代表原則，且有相同之保障交易安全之設計。

㈡有設董事會之公司

有設董事會之公司有⑴因法律強制須設董事會者與⑵公司自願性設董事會者兩種情況。[1575]不論何者，該董事會有相同之業務執行權與代表權，如下述。

1.業務執行

⑴董事會為意思決定機關而非業務執行之執行機關

董事會為業務執行之意思決定機關，除法令或章程規定屬股東會之權限之事項外（章程可將董事會之法定權限事項規定為屬股東會之權限，[1576]而不可將股東會法定權限移給董事會），董事會具有關於全部業務執行之決定權限（本書稱之為「董事會中心主義」）。[1577]我國法及日本在一九五〇年到二〇〇五年之公司法皆屬此型，[1578]而後者影響我國在二〇〇一年修正第二〇二條之方向。

董事會之職權行使需以會議之方式為之，任何單一董事本身並無決策權。而且，董事會並非業務執行之執行機關，因其權限乃在於業務執行之意思決定與股東會權限以外事項之意思決定，而業務執行所包括之對外代表乃由董事長或其他有代表權或執行權之董事為之，但通常事務之意思決定通常由董事長或有執行權之董事為意思決定即可。[1579]董事長等之通常業

[1574] 江頭憲治郎，前揭書，頁409（註5）。

[1575] 江頭憲治郎，前揭書，頁380。

[1576] 江頭憲治郎，前揭書，頁415；龍田節、前田雅弘，前揭書，頁68。

[1577] 江頭憲治郎，前揭書，頁307、412。

[1578] 龍田節、前田雅弘，前揭書，頁68（註16）。

務決定權限來源，有認為董事會既有決策（業務執行之意思決定）權，自得於法令限制範圍內，將通常業務執行之意思決定權限委由董事長或某一執行董事做意思決定 (delegation)，[1580]另亦有見解認為應推定當然委由董事長來決定。[1581]不論採何見解，除後述之較重大而且公司法規定須由董事會自為決定之事項以及依章程規定屬董事會自決之事項外，董事會可依其所訂之規則或依董事會決議將某一事項之決定權委由常務董事會、董事長或執行董事等決定之。[1582]

⑵有董事會時董事長之業務執行決定權來源

當公司設有董事會時，日本通說採所謂「並列機關說」而認為董事會為機關，董事長亦並列為機關，而同為業務執行機關，且對通常事務被推定為具有意思決定權。[1583]此時，董事長之業務執行決定權限之來源方面，依日本少數學說，除法令、章程、股東會決議或董事會決議保留屬董事會外，董事長有固有業務執行決定權限，但通說認為，公司之全部業務執行相關之決定權皆屬董事會，因此，董事長若有業務執行決定權乃因董事會之授權，江頭教授認為前者乃基於大陸法系之業務執行權限原屬董事之思維而導出，而後者乃根據美國州法之董事會乃被授予業務執行權之思維，所以，董事長之權限乃來自董事會。[1584]我國之董事會乃一九六六年修法自美日法所引進，所以，應以後說為可採。

⑶有董事會時個別董事之角色

除管理董事 (managing directors) 與執行董事 (executive directors) 外，其他未參與管理工作（另有獨立董事）者僅分享董事會所集體行使之權限，

[1579] 神田秀樹，前揭書，頁 215、218；吉本健一，前揭書，頁 196。

[1580] 吉本健一，前揭書，頁 178、208；江頭憲治郎，前揭書，頁 380–381。

[1581] 江頭憲治郎，前揭書，頁 414。

[1582] 江頭憲治郎，前揭書，頁 414。

[1583] 川村正幸等三人合著，前揭書，頁 273。

[1584] 江頭憲治郎，前揭書，頁 382（註 4）。

所以，原則上無代表權，亦無業務執行權，[1585]但有公司法所規定之一些如在股票上簽名之權限。而且，由於乃集體行使職權，當決議違反法令，章程或股東會決議造成公司損害時，依公司法第一九三條第二項之規定，參與決議之董事需表示異議方能免責。

⑷業務執行之意思決定之執行

董事會意思決定之執行由董事會授權交董事長或特定執行董事執行之(authorization)。[1586]執行董事亦可能因董事長之授權而有執行權。[1587]而其他董事之權限，除法令（如我國董事扮演公司機關所擁有者）或章程所規定者外，亦有經董事會授權者。

2.代表權

業務執行亦包括對外代表行為。[1588]在我國法上，董事會採集體執行制，為內部意思決定機關而非業務之執行機關，亦非代表機關。因此，其決定不能直接對外生效，而須由代表機關為之，而對外之代表機關則由董事長（公司法第二〇八條參照）為當然代表。而且，原則上僅董事長有代表權，個別董事除章程另有規定外並無代表權，此點與民法第二十七條第二項後段規定各董事均得代表者不同。然而，除董事長有包括的（概括的）代表權外，董事會亦可能對受委任執行業務之特定董事授與一定範圍內之代理權限。[1589]此時，我們須對董事會加以進一步了解。

[1585] 川村正幸等三人合著，前揭書，頁272。

[1586] 吉本健一，前揭書，頁178、208；江頭憲治郎，前揭書，頁380–381、427。

[1587] 江頭憲治郎，前揭書，頁382（註5）。

[1588] 川村正幸等三人合著，前揭書，頁272。

[1589] 江頭憲治郎，前揭書，頁427。

柒、董事會

一、董事會之類型

董事會來自英美法。傳統上英美法系之股份有限公司之董事會有監督型董事會 (monitor board) 與業務執行型董事會 (management board) 兩大類，前者為上市公司或至少公開發行公司之董事會而其成員之全部或大多數乃與業務執行無關且甚至包括獨立董事，而僅做經營一般性基本方針之決定、業績考評、業務執行者（例如執行長或經理人）之選任與解任與一般性地監督其政策之執行而已。[1590]可見，監督型董事會乃業務執行的監督機關，所以，其與德國法上之監事會乃接近純粹形式之監督機關。[1591]業務執行型董事會乃以業務執行之決定為主要之任務，[1592]英美法上，非上市公司之董事會與日本法上對重要業務執行自為決定之董事會乃為未徹底之監督機關，[1593]而應屬業務執行型董事會。因此，非監控型之董事會可謂為有關業務執行之意思決定以及監督董事職務執行之機關。[1594]

傳統上大陸法系（例如現今德國法）之董事會乃非必備機關（即可僅設董事）且為業務執行型董事會，而與英美法系之監督型董事會不同，因為其另已有監察人或監事會 (Aufsichtsrat)，所以，傳統上大陸法系之董事會乃業務執行型董事會，甚至設有常務董事會經常執行業務。

監督型董事會不宜採集權設計，而應分設審計委員會 (audit committee) 職司監察與經營委員會 (Executive Committee) 負責業務重大決

[1590] Paul Davies, ibid., p. 17；江頭憲治郎，前揭書，頁 383；三枝一雄、南保勝美、柿崎環、根本伸一，前揭書，頁 201、228。

[1591] 江頭憲治郎，前揭書，頁 383–384（註 7）。

[1592] 三枝一雄、南保勝美、柿崎環、根本伸一，前揭書，頁 200。

[1593] 江頭憲治郎，前揭書，頁 384（註 7）。

[1594] 三枝一雄、南保勝美、柿崎環、根本伸一，前揭書，頁 198。

策。[1595]我國在證交法引進獨立董事制度後已朝向監督型董事會之折衷制，雖漸漸要求審計委員會之設立，但仍主要屬業務執行型董事會，詳述如下。

二、我國所採業務執行型董事會之權限

傳統上，大陸法系（如德國法）之董事會乃業務執行型董事會。基於企業自主，只要不違反法律強行規定、公序良俗或股份有限公司之本質，公司章程得規定董事會之權限。除章程所定之權限外，董事會依公司法有法定之權限。公司法明定屬董事會職權者不得由常務董事會代為決議，[1596]而且亦不得以章程規定委由董事長或其他董事決定之。[1597]

我國公司法之董事會，除章程另有規定外，具有業務執行之意思決定權、董事長之選任與解任權以及對董事職務執行之監督權。[1598]分析如下。

(一)選任與監督權

董事會對其所選任之董事長、副董事長、常務董事及個別董事之職務執行有內部監察權 (internal audit rights)。[1599]這是因為董事會對此些人之選任、解任與分配職務之權，而且，董事會為意思決定之事項乃委由董事長或其他被授予執行權限之董事執行之，而其執行不得違反董事會之意思決定，因此，需賦予董事會監督權限。[1600]其不待法律明文規定，而可藉法律解釋而得。[1601]此一監督權包括業務執行行為之適法性與妥當性及效率性，[1602]

[1595] 方嘉麟，公司管理之權力結構，收錄於方嘉麟主編，變動中的公司法制，初版，元照，台北，2019年1月，頁134；三枝一雄、南保勝美、柿崎環、根本伸一，前揭書，頁200。

[1596] 經濟部86年12月26日經商字第86224536號函。

[1597] 神田秀樹，前揭書，頁215。

[1598] 神田秀樹，前揭書，頁217。

[1599] 柯芳枝，前揭書，頁336。

[1600] 神田秀樹，前揭書，頁220；吉本健一，前揭書，頁201；江頭憲治郎，前揭書，頁416；近藤光男，前揭書，頁275。

[1601] 河本一郎、川口恭弘，前揭書，頁40。

而與監察人之對公司之業務與財務之監察原則上限於適法性監督者不同。不過，由於董事長及執行董事乃董事會之構成員，而且其常有實質支配力，董事會之監督可謂是自己監督，因此，為發揮其監督功能，日本法除要求相關資訊揭露外，乃讓董事於發現不正情況或有不正情況之虞時有召集董事會之權限。[1603]

有爭議者為公司能否以章程規定董事長由股東會選出呢？此在日本雖有見解認為若如此將使董事會喪失對董事長之監督機能，但多數學說認為即使藉章程規定由股東會選任，此並不表示解任權亦隨同移轉，而且，即使解任權亦隨同移轉，這亦不表示董事會對其之監督機能即已喪失，[1604]因此，公司應可以章程規定董事長由股東會選任。若採此一見解，則我國公司法第二〇八條第一項及第二項所為董事長分別由董事會或常務董事會選出之規定將變成具有任意規定之成分，而與傳統大陸法系認為組織法乃屬強行規定不同了。

㈡業務執行之意思決定權——董事會或董事與股東會權限之劃分

公司法第二〇二條規定，公司業務之執行，除本法或章程規定應由股東會決議之事項外，均應由董事會決議行之。所謂本法規定應由股東會決議之事項乃例如營業讓與（公司法第一八五條參照）等事項。然而，公司法第一九三條第一項規定，董事會執行業務，應依照法令、章程及股東會之決議。此兩條規定皆規範業務之執行，其間顯有衝突，該如何調和此兩條文呢？有關此一爭執，國內學者意見紛歧如下。

1.有認為股東會得決議之事項不以章程及本法所規定為限者

國內有見解認為股東會得決議之事項不以章程及本法所規定者為限者，其理由包括A.舊公司法第二〇二條之立法過程中顯示立法者無限制股東會權限之意思；B.本法第一九三條第一項之明文規定；C.股東會為公司

[1602] 吉本健一，前揭書，頁201；黑沼悅郎，前揭書，頁103；高橋紀夫，前揭書，頁200。

[1603] 三枝一雄、南保勝美、柿崎環、根本伸一，前揭書，頁199-200。

[1604] 黑沼悅郎，前揭書，頁103；江頭憲治郎，前揭書，頁319（註5）。

最高意思機關。

2.有認為股東會得決議之事項以章程及本法所規定為限者

國內多數見解認為股東會得決議之事項以章程及本法所規定者為限，其理由包括A.為避免股東會權限肥大化；B.立法上有限制股東權之趨勢，以貫徹所有與經營分離之原則；C.並非所有股東會決議均具有拘束董事會之效力。[1605]依公司法第二〇二條之修正，同法第一九三條所指之「股東會之決議」應係指依法令或章程規定應由股東會決議之事項所為之股東會決議，否則，董事會與執行董事並無遵守之必要。這是因為在現行法下，有專屬於股東會決議之事項與專屬於董事會決議之事項。[1606]股東會得決議之事項依據公司法第二〇二條之規定已被限縮到經公司法或該公司章程規定應由股東會決議之事項，其他事項股東會則無權決議之。[1607]

多數說所採之見解對中小企業並不嚴苛，因為凡不違反公司法強行（強制或禁止）之規定、公序良俗或股份有限公司之本質者，公司仍得以章程規定其為股東會有權限決議之事項。[1608]只是要修改章程之門檻較高而已。而且，章定股東會可決議事項應以公司法具體明訂之董事會專屬權限事項為其界限，亦即，現行公司法明訂由董事會決定之事項，即不得以章程規定之方式，將之列為應由股東會決議之事項。[1609]

本書認為，就我國之立法趨勢與規定內容而言，多數說應較足採，理由如下。A.就歷史解釋而言，我國公司法第二〇二條在一九六六年修訂時受日本法之影響曾有「股東會得決議之事項依本法或章程所規定者為限」之草案，不過，此一草案被立法院以股東會為最高權力機關之考量而加以

[1605] 潘維大、范建得、羅美隆，前揭書，頁166。

[1606] 陳連順，前揭書，頁275–276。

[1607] 賴源河（王志誠修訂），前揭書，頁250；陳連順，前揭書，頁275。

[1608] 柯芳枝，前揭書，頁259。

[1609] 曾婉如、林國彬，管理者之義務與責任，收錄於方嘉麟主編，變動中的公司法制，初版，元照，台北，2019年1月，頁196。

刪除，但是二〇〇一年十一月十二日之修正將該次草案中之「公司業務之執行，除本法或章程規定應由股東會決議之事項外，均得由董事會決議行之」改成「均應由董事會決議行之」以劃明股東會與董事會之職權，因此，依新法優於舊法之原理，我國股份有限公司之股東會之權限已被限縮到經公司法或經該公司章程規定應由股東會決議之事項為限了，但其他類型公司（如有限公司）之意思決定機關則未受影響。B.就立法目的而言，現行公司法第一九三條第一項雖規定，董事會執行業務，應依照法令、章程及股東會之決議。然而，本條在一九六六年修法時僅將舊法（一九四六年）之第一九六條第一項「董事執行業務，應依照法令、章程及股東會之決議」之「董事」改成「董事會」，而其他文字乃舊法時即有之文字，因為一九六六年之修法意旨乃參考英美及日本之立法，縮小股東會權限，強化董事會之組織及其權責，以因應企業所有與企業經營分離原則。[1610]這修法過程顯示，一九六六年因強制所有股份有限公司都須有董事會，所以，強化董事會之權責而縮小股東會權限。

3.立法政策上本書認為應以該公司有無設董事會而有區別

有關此一爭議應思考有設董事會之較大型企業，股東會之介入權應有較多限制，而由董事會為主要之意思決定。相對地，在沒設董事會之中小企業，股東會基於股東會萬能，介入之程度較高。立法政策上，本書認為應考量一國之企業多為大型企業或以中小企業居多;該公司有否設董事會;董事雖負有忠實義務，但一國在忠實義務尚未被完全落實之前，不應完全信任董事會。二〇一八年修法既已允許我國有些股份有限公司得不設董事會，因此，本書認為應以該公司有無設董事會而定。

⑴有設董事會之公司

有董事會之公司乃以「董事會為中心意思決定機關」，[1611]因為依據公司法第二〇二條之規定，股東會得決議之事項已被限縮到經公司法或該公司

[1610] 賴源河（王志誠修訂），前揭書，頁10。

[1611] 江頭憲治郎，前揭書，頁307；柴田和史，前揭書，頁146–147。

章程規定應由股東會決議之事項為限，股東會對其他事項則無權決議之。[1612]這是因為股東會較難發揮裁量功能，若產生公司責任亦難究明責任所在，且股東人數多未能常開會且效率不佳。[1613]此時，股東會雖仍為最高機關（因公司基礎性變更仍需其同意且其有董監事選任權限），但已非萬能機關。[1614]

與「董事會為中心意思決定機關」相反方向地，在設有董事會之公司，有關業務執行之意思決定可否以章程規定屬於股東會之問題，在主要國家立法例上有兩大立法例之差異，(A)美國多數州公司法、法國法與日本法同採肯定說，例如日本公司法第二九五條第二項規定，除法定或章程規定屬股東會外屬董事會權限，因此，業務執行決定權屬董事會管理公司之權限，原則上雖屬董事會，但公司亦可用章程規定保留給股東會，而(B)德國非閉鎖性股份有限公司，則依德國股份法第一一九條第二項之規定，有關業務執行 (Geschäftsführung) 問題，股東會僅有在董事或董事會 (Vorstand) 做請求時，方可做決定，因此，即使該公司章程規定某一業務執行權屬股東會，無董事或董事會做請求時，仍不能由股東會做決定。[1615]

(2)未設董事會之公司

未設董事會之公司，例如僅有董事一人者，乃採股東會為最高機關且為萬能機關之主義（與日本舊有限公司同），[1616]而其法律根據為公司法第一九三條之歷史解釋與目的解釋（雖然本條文字稱董事會，但應將之解釋為包括未設董事會時之董事）為根據。現行公司法第一九三條第一項雖規定，董事會執行業務，應依照法令章程及股東會之決議。然而，本條如前述僅在一九六六年修法時將舊法（一九四六年）之第一九六條第一項「董事執

[1612] 賴源河（王志誠修訂），前揭書，頁 250；陳連順，前揭書，頁 275。

[1613] 龍田節、前田雅弘，前揭書，頁 188。

[1614] 前田庸，前揭書，頁 366；柴田和史，前揭書，頁 148；廖大穎，前揭書，頁 187。

[1615] 江頭憲治郎，前揭書，頁 317（註 2）。

[1616] 川村正幸等三人合著，前揭書，頁 231；前田庸，前揭書，頁 366；柴田和史，前揭書，頁 146–147。

行業務，應依照法令、章程及股東會之決議董事」之「董事」改成「董事會」，而其他文字乃舊法時即有之文字。在二〇一八年修法允許我國股份有限公司可不設董事會後，該條項之所謂「董事會」應可被解釋為包括「董事」，而且該條所謂「股東會之決議」，依該條在一九四六年之立法意旨本不必被做限縮解釋，而只要不違強行法或股份有限公司之本質者，皆可由股東會決議，[1617]而非以公司法或章程規定由股東會決議者為限，其情況與設有董事會之公司不同。未設董事會之公司，股東會本可決定一切事。日本學說亦認為，未設董事會之公司（如一人董事之公司），很多重要事項須由股東會作決議，因此，股東會為最高、萬能機關。[1618]此類公司多為不準備上市而由既有股東全面支配之公司。[1619]

㈢董事會之其他權限

董事會之其他權限會受到該公司有否以章程介入之影響，但在此需注意公司章程規定由股東會決議之事項與公司法規定由股東會決議事項之對抗效力可能不同，前者雖同會對董事會之權限形成限制，但不僅使意思決定手續繁雜化，而且不能對抗善意第三人，所以，其並非對董事會外部權限之限制，而僅為內部決定程序。[1620]

1.公司法所規定之權限

依我國公司法之規定，董事會另有其他之權限，其重要者包括⑴公司經理人之任命、解任與報酬之決定（公司法第二九條第一項第三款）（普通決議，但無「除法律或章程另有規定者外」）；⑵決議向證管機關申請辦理股份公開發行之程序（公司法第一五六條之二第一項）（須特別決議，且無「除法律或章程另有規定者外」）；⑶決議發行新股作為受讓他公司股份之對價（公司法第一五六條之三）（須特別決議，且無「除法律或章程另有規

[1617] 江頭憲治郎，前揭書，頁319。

[1618] 龍田節、前田雅弘，前揭書，頁24、66。

[1619] 龍田節、前田雅弘，前揭書，頁67。

[1620] 川村正幸等三人合著，前揭書，頁233；江頭憲治郎，前揭書，頁318。

定者外」)；⑷決議收買員工庫藏股（公司法第一六七條之一第一項）（須特別決議，有「除法律另有規定者外」）；⑸決議與員工簽訂認股權契約（公司法第一六七條之二第一項）（須特別決議，有「除法律或章程另有規定者外」）；⑹決議召集股東會（公司法第一七一條）（須普通決議，有「除本法另有規定外」）；⑺決議向股東會提出公司法第一八五條第一項所列重大事項之議案（公司法第一八五條第四項）（須特別決議，且無「除法律或章程另有規定者外」之規定）；⑻決議募集公司債（須特別決議，且無「除法律或章程另有規定者外」之規定）；⑼決議（依授權資本制）發行新股（公司法第二六六條第二項）（須特別決議，且無「除法律或章程另有規定者外」之規定）；⑽決議公司前三季或前半會計年度盈餘分派或虧損撥補之議案（普通決議，但無「除法律或章程另有規定者外」之規定）；⑾決議以現金發放公司前三季或前半會計年度之盈餘（普通決議，但無「除法律或章程另有規定者外」之規定）；⑿決議向法院申請重整（公司法第二八二條第一項）（須特別決議，且無「除法律或章程另有規定者外」之規定）；⒀決議向股東會提出公司分割計畫或合併契約之議案（公司法第三一七條第一項）（普通決議，但無「除法律或章程另有規定者外」之規定）。條文中若有「除法律或章程另有規定者外」之文字，會涉及該事項是否為董事會專決事項之認定，如下述。

2.其他非法定之董事會權限事項

依我國最高法院之判決見解，商標權之讓與，[1621]將公司之債權讓與他人，[1622]須經董事會決議。

3.董事會專決事項

公司法中有些重要事項，董事會須自己決定而不得藉章程（舉重明輕）移轉由董事長或常務董事會等下級機關做決定（即使藉章程規定亦不可委由常務董事會等其他機關決定），以期藉全體董事之協議而獲得適切之結

[1621] 最高法院96年度台上字第2352號民事判決。

[1622] 最高法院95年度台上字第2370號民事判決。

果，[1623]而且，亦是為避免該事項移轉由董事長決定而造成董事會權限（包括監督權）空洞化，而有董事長獨裁之可能，[1624]我國經濟部亦認為，公司法明定專屬董事會決議事項，不論係普通決議或特別決議事項，均不得由常務董事會決議之。[1625]

但何謂明定專屬呢？日本法上例如經理人之選任、公司債之發行、庫藏股之取得、公開發行新股、股東會之召集與決議公司前三季或前半會計年度盈餘分派等。[1626]本書認為在我國法乃以「除法律或章程另有規定者外」與「除法律另有規定者外」或根本未有除外規定之差異來表示之。若條文中有可用章程另為規定者，則非董事會專決事項。若一事項屬董事會專決事項，則即使公司停業中，董事會功能不彰或不能發揮時，公司股東會尚無代董事會議決之可言。[1627]

㈣與股東會共享之權利

在一九六六年到二〇一八年間限制股東會決議權之趨勢下，我國公司法有些規定須董事會決議後提出於股東會，再由股東會作決議，例如公司法第一八五條之重大決議，依該條第四項之規定，須由董事會特別決議後提出於股東會。[1628]可見，公司法對於重大決策之分配並非採取「非董事會即屬股東會」之二分模式，而有共享權利，例如公司合併、分割議案，均以董事會之建議為股東會同意之前提要件。其目的在於尊重董事會之專業，並由董事會扮演事前把關者之角色，即使股東會主動提案通過，董事會仍不受其拘束。[1629]

[1623] 江頭憲治郎，前揭書，頁412、413。

[1624] 近藤光男，前揭書，頁273–274。

[1625] 經濟部86年12月26日經商字第86224536號函。

[1626] 江頭憲治郎，前揭書，頁413。

[1627] 經濟部91年9月18日經商字第09102206950號函。

[1628] 王文宇，同前[75]，頁380。

[1629] 陳連順，前揭書，頁276–277。

三、我國董事會之義務

根據公司法之規定，董事會除有公司法第二二八條、二二九條及二三〇條所規定之會計上義務外尚有包括如下之義務：㈠章程及歷屆股東會議事錄、財務報表之備置義務。公司法第二〇一條第一項規定，除證券主管機關另有規定外，董事會應將章程及歷屆股東會議事錄、財務報表備置於本公司，並將股東名簿及公司債存根簿備置於本公司或股務代理機構。該條第二項規定，前項章程及簿冊，股東及公司之債權人得檢具利害關係證明文件，指定範圍，隨時請求查閱、抄錄或複製；其備置於股務代理機構者，公司應令股務代理機構提供。㈡向股東會提出報告之義務。董事會除向股東會為召集事由之報告外，公司法亦特別規定其須向股東會提出報告之義務，例如公司法第二一一條第一項規定，公司虧損達實收資本額二分之一時，董事會應於最近一次股東會報告。二〇一八年之前本條第一項規定原要求「董事會應即召集股東會報告」且本條「所稱之虧損，為完成決算程序經股東會承認後之累積虧損，與公司年度進行中所發生之本期淨損之合計」。[1630]實務上，對於公司虧損之認定，以公司財務報表上之累積虧損及當期損益作為判斷依據。以公開發行股票之公司為例，其財務報表通常係於每年三月始編造完成，若發現公司虧損達實收資本額二分之一時，則其召開股東會之時間將與每年六月底前召開股東常會之時間相當接近。準此，為減輕公司行政上之負擔，二〇一八年將第一項「董事會應即召集股東會報告」修正為「董事會應於最近一次股東會報告」。㈢召開股東會之義務。董事會除應於每營業年度終了後六個月內召集股東常會外，公司法亦規定董事會有召集臨時股東會之義務，例如公司法第二〇一條規定，董事缺額達三分之一時，董事會應於三十日內召開股東臨時會補選之。但公開發行股票之公司，董事會應於六十日內召開股東臨時會補選之。㈣董事會通知解散之義務。公司法第三一六條第四項規定，公司解散時，除破產外，

[1630] 經濟部91年12月11日經商字第09102280620號函。

董事會應即將解散之要旨，通知各股東。㈤董事會之破產聲請義務。公司法第二一一條第二項規定，公司資產顯有不足抵償其所負債務時，除得依公司法第二八二條辦理者外，董事會應即聲請宣告破產。此乃董事會之集體義務而非個別董事之義務，且乃為避免公司債務繼續擴大而損及公司債權人。所謂公司資產顯有不足抵償其所負債務，乃指公司現實財產少於負債總額而顯然不足以抵償其債務之情形。此時，除公開發行股票之公司得依公司法第二八二條辦理重整者外，董事會應即作成聲請破產之決議並由代表機關對外申請宣告破產。若董事會不依公司法第二一一條第二項之規定聲請破產，不管是董事會不為決議或代表公司之董事不向法院聲請宣告破產，致公司債權人受有損害，此時因公司法無特別規定，所以依民商合一之立法體例，適用民法第三五條第二項之一般規定，即「不為前項聲請，致法人之債權人受有損害時，有過失之董事，應負賠償責任，其有二人以上時，應連帶負責」。

四、董事會與董事會議應加區別

㈠董事會議之意義

董事會 (Board of Directors) 因為要集結各董事之知識及能力，而且期待其對權限慎重而適當地行使，[1631]所以，乃以會議體為意思決定之機關，因此，其權限之行使需以會議之形式為之，而不得以書面輪流簽名方式為之，以便透過董事之見面交換意見與凝聚董事之知識經驗。[1632]此一現實召集之董事會議 (meetings of directors) 與董事會屬會議體之機關在概念上有所區別，[1633]但我國公司法將兩者皆稱為董事會。

由於董事會為會議體之機關，有見解甚至認為其乃有必要時才召開，所以並非常設機關，[1634]本書認為其仍屬常設機關，但不可能經常開會，因

[1631] 吉本健一，前揭書，頁 199。
[1632] 柯芳枝，前揭書，頁 333、334。
[1633] 河本一郎、川口恭弘，前揭書，頁 213。

此，一九六六年修法時一方面要求董事會應選任董事長對外代表公司，另一方面規定，公司得設常務董事於董事會休會時以集會之方式經常執行公司之業務。而董事會之意思決定（多數意見之達成）需以現實之會議體（包括常務董事會議）為之，而現實之會議須由召集權人依法定程序召集者方屬之，否則即非董事會議，更無董事會議之決議可言。

㈡董事會議之召集

1.召集權人

⑴原則上為董事長

董事會之召集權人原則上為董事長，故公司法第二〇三條之一第一項規定，董事會由董事長召集之。每屆第一次董事會因尚未有選出董事長，因此，該條項又規定每屆第一次董事會，由所得選票代表選舉權最多之董事於改選後十五日內召開之。但董事係於上屆董事任滿前改選，並決議自任期屆滿時解任者，應於上屆董事任滿後十五日內召開之。該條第三項規定，第一次董事會之召開，出席之董事未達選舉常務董事或董事長之最低出席人數時，原召集人應於十五日內繼續召開，並得適用第二〇六條之決議方法選舉之。該條第四項規定，得選票代表選舉權最多之董事，未在第一項或前項期限內召開董事會時，得由過半數當選之董事，自行召集之。

⑵過半數之董事

二〇一八年修法前有關公司法第二〇三條董事會召集之程序，柯芳枝教授認為，當董事長不為董事會的召集時，公司法未設解決規定，屬於立法疏漏，[1635]應委由立法增訂，仿照公司法第二〇三條第四項處理之。為解決此一問題二〇一八年遂增訂公司法第二〇三條之一第二項，而規定過半數之董事得以書面記明提議事項及理由，請求董事長召集董事會。該條第三項進而規定，前項請求提出後十五日內，董事長不為召開時，過半數之董事得自行召集。

[1634] 川村正幸等三人合著，前揭書，頁 276。

[1635] 柯芳枝，前揭書，頁 346–347。

2.召集程序

公司法第二○四條第一項規定，董事會之召集，應於三日前通知各董事及監察人，但章程有較高之規定者，從其規定。該條第二項規定，公開發行股票之公司董事會之召集，其通知各董事及監察人之期間，由證券主管機關定之，不適用前項規定。該條第三項規定，有緊急情事時，董事會之召集，得隨時為之。該條第四項又規定，前三項召集之通知，經相對人同意者，得以電子方式為之。該條第五項規定，董事會之召集，應載明事由。其中，監察人依公司法第二一八條之二第一項之規定得列席董事會陳述意見乃為讓其陳述意見並取得業務執行之相關資訊，以有利其監察權之行使，因此，董事會若未通知監察人，則該董事會決議無效。[1636]

㈢董事會議之開會

1.親自出席與代理

董事之出席原則上親自出席，例外章程若有規定則可由其他董事代理。因此，公司法第二○五條第一項規定，董事會開會時，董事應親自出席，但公司章程訂定得由其他董事代理者，不在此限。該條第二項規定，董事會開會時，如以視訊會議為之，其董事以視訊參與會議者，視為親自出席。原則上須親自出席乃因為要讓基於個人信賴被選任之董事間可彼此協商及交換意見以達一定之結論之故。[1637]

公司法第二○五條第三項規定，董事委託其他董事代理出席董事會時，應於每次出具委託書，並列舉召集事由之授權範圍。該條第四項規定，前項代理人，以受一人之委託為限。

2.非公開發行股票之公司得以書面方式行使其表決權

公司法第二○五條第五項規定，公司章程得訂明經全體董事同意，董事就當次董事會議案以書面方式行使其表決權，而不實際集會。該條第六

[1636] 黃銘傑，公司監察人列席董事會之權利義務與責任，收錄於其所編，公司治理與企業金融法制之挑戰與興革，初版，元照，台北，2006年9月，頁359、362-363。

[1637] 江頭憲治郎，前揭書，頁381、420。

項規定，前項情形，視為已召開董事會；以書面方式行使表決權之董事，視為親自出席董事會。該條第七項規定，前二項規定，於公開發行股票之公司，不適用之。

此三項規定乃二〇一八年所增訂，其立法理由指出香港法原則上對董事會開會方式允許任何方式為之，董事會得以書面決議取代實際開會，但會前須取得全體董事同意；日本公司法亦有類似之規定，故仿外國立法例，容許多元方式召開董事會，增訂第五項，明定公司得於章程訂明經全體董事同意，董事就當次董事會議案以書面方式行使其表決權，可不實際集會，以利公司運作之彈性及企業經營之自主。公司倘於章程訂明經全體董事同意，董事就當次董事會議案得以書面方式行使其表決權時，為明確規定其效果，故增訂第六項，明定視為已召開董事會，毋庸實際集會；又董事就當次董事會議案以書面方式行使其表決權者，其法律效果，亦予明定視為親自出席董事會。

由此一立法理由之說明可知，公司法第二〇五條第五項到第七項所規定之書面方式行使表決權之實際運作可能有兩種方式，即全體董事皆以書面方式行使其表決權以及僅部分董事以書面方式行使其表決權。前者又被稱為書面決議，但其僅免除實際開會之必要性而未免除召開董事會之其他要求，如發送開會通知、利益迴避及作成議事錄等要求。[1638]後者，有召集董事會，而僅部分董事以書面方式行使其表決權。

3.因已可視訊會議而捨經常代理制度

依原公司法第二〇五條第五項及第六項之規定，董事有經常代理制度，容許居住國外之董事得以書面委託居住國內之其他股東，經常代理出席董事會。此種制度下，居住國外之董事，可經常性不親自出席董事會，有違董事應盡之義務，並不妥適，況且董事會開會已開放得以視訊會議為之，故二〇一八年刪除該第五項及第六項之規定。

[1638] 方嘉麟，公司管理之權力結構，收錄於方嘉麟主編，變動中的公司法制，初版，元照，台北，2019年1月，頁138。

㈣董事會議之決議

1.董事會議之決議方法

依公司法第二〇六條第一項所為董事會議決議方法之規定，董事會議之決議有普通決議與例外本法另有規定時之特別決議。

普通決議乃指應有過半數董事之出席，出席董事過半數之同意行之者。特別決議乃指須由三分之二以上董事之出席及出席董事過半數之同意行之者，例如公司法第二四六條第一項規定，公司經董事會決議後，得募集公司債，但須將募集公司債之原因及有關事項報告股東會。該條第二項規定，前項決議，應由三分之二以上董事之出席，及出席董事過半數之同意行之。現行公司法中，非特別規定需特別決議者即為普通決議事項。

經濟部指出，於政府或法人股東一人所組織之股份有限公司，董事會行使股東會職權時，其決議乃依公司法第二〇六條第一項之規定辦理，與股東會決議之方法係屬二事。[1639]其兩者間最大之差異在於董事會議乃依董事人數計算表決權而與股東會決議所賴之持股數無關，因為乃因個人能力而被選任而非因股數而被看中。[1640]而就人數之計算，有實務見解認為，公司董事名額總數之計算，應以依法選任並以實際在任而能應邀出席者作為認定。[1641]董事如為法院假處分禁止執行職權，雖非將其解任仍具有董事資格，但因已遭法院停止其行使職權，應不計入能應邀出席人數中。若董事有簽到出席，但於會議進行中離席，實務認為不因表決時有董事離席而受影響，且於認定該表決是否通過時，仍應視是否已超過出席（即簽到）董事之半數，而非以超過在場董事之半數為準。

最後，若董事會議案之表決，在正反意見同數時，董事長可否行使可決權呢？我國有實務見解認為，每一董事僅有一表決權，董事長是由董事互選之，從而，董事長享有之表決權應與董事一致，僅有一表決權，故董

[1639] 經濟部 91 年 5 月 24 日商字第 09100130680 號函。

[1640] 龍田節、前田雅弘，前揭書，頁 122。

[1641] 經濟部 61 年 7 月 22 日商字第 20114 號函。

事會在正反意見同數時，董事長不得行使可決權。[1642]我國學者多採此見解。[1643]在此所謂正反意見同數乃指董事長已行使其表決權而仍同數。[1644]在日本法上，董事會議決議乃以過半數而成立，而且不允許以章程規定緩和之，因此，當公司章程規定可否同數時議長有裁決權，此一規定是否有效，日本少數說認為此等於以章程緩和之，所以，此規定無效，但日本多數學說認為董事會有責任為公司做決定，而議長裁決乃會議體之通常法則，更何況董事會不像股東會般注重表決權之平等，因此，應認為有效。[1645]本書採與日本多數說相同之見解。

2.董事會議之迴避

公司法第二〇六條第二項規定，董事對於會議之事項，有自身利害關係時，應於當次董事會說明其自身利害關係之重要內容。該條第三項規定，董事之配偶、二親等內血親，或與董事具有控制從屬關係之公司，就前項會議之事項有利害關係者，視為董事就該事項有自身利害關係。該條第四項又規定，公司法第一七八條、第一八〇條第二項之規定，於第一項之決議準用之。與公司法第一七八條股東之迴避乃以股東自身有否利害關係為準不同地，本條第三項乃擴及董事之配偶、二親等內血親，或與董事具有控制從屬關係之公司為基準。

3.董事會議決議之瑕疵

董事會決議之內容違反法令、章程、股東會決議或決議程序有嚴重（指對決議之結果有影響）瑕疵時，該決議無效。[1646]這是因為董事會為公司之權力中樞，為充分確認權力之合法與合理運作以及為確定其決定之內容最

[1642] 經濟部81年2月1日商字第200876號函。

[1643] 柯芳枝，前揭書，頁350；王文宇，同前[75]，頁460。

[1644] 陳連順，前揭書，頁352。

[1645] 近藤光男，前揭書，頁281。

[1646] 方嘉麟，公司管理之權力結構，收錄於方嘉麟主編，變動中的公司法制，初版，元照，台北，2019年1月，頁142；吉本健一，前揭書，頁207；黑沼悅郎，前揭書，頁105。

符合所有董事及股東之利益，應嚴格要求董事會之召集程序及議決內容均符合法律之規定。[1647]有學說即認為，董事會決議之瑕疵並未如股東會一樣另有明文之規定，因此，依一般原則，除輕微而與結果不生影響之瑕疵外，董事會決議不論是召集程序、決議方法或決議內容有瑕疵，利害關係人得以任何方法（包括以訴訟上抗辯）主張該次決議無效。[1648]例如，召集董事會議而漏未通知部分董事，致其未參與決議，且有影響決議結果之虞時，該決議即為無效。[1649]

㈤董事會會議之議事錄

公司法第二〇七條第一項規定，董事會之議事，應作成議事錄。議事錄之作用除供查閱之公示作用外，主要為使法律關係明確，所以即使有漏載或記載與事實不符，並不影響該決議之效力。[1650]

五、董事會違法行為之制止

由於股份有限公司股東人數可能眾多，牽連較廣，與有限公司之董事違法時不同地，公司法在股份有限公司之董事責任除有事後究責之規定外，另特有事先預防之機制，即董事會決議為違反法令或章程之行為時股東（公司法第一九四條參照）與監察人（公司法第二一八條之二第二項參照）有制止請求權。

㈠由股東制止之

公司法第一九四條規定，董事會決議，為違反法令或章程之行為時，繼續一年以上持有股份之股東，得請求董事會停止其行為。此條所規定之

[1647] 最高法院97年台上字第925號民事判決。

[1648] 柯芳枝，前揭書，頁350；王文宇，同前[75]，頁460；三枝一雄、南保勝美、柿崎環、根本伸一，前揭書，頁206；川村正幸等三人合著，前揭書，頁286；江頭憲治郎，前揭書，頁425；柴田和史，前揭書，頁202。

[1649] 柯芳枝，前揭書，頁347。

[1650] 江頭憲治郎，前揭書，頁426（註21）。

股東制止請求權為董事會違法行為時之停止請求權，乃一單獨股東權。其乃一九六六年時仿自日本法 （於一九五〇年仿自美國法） 及美國法之“Injunction”之制度，故為事前之防範措施且屬單獨股東權之共益權以防範董事會濫權。[1651]其規範對象僅為「董事會決議」，至於「董事」是否亦包含在內呢？此一請求在美國法乃委由法院根據衡平 (equity) 而做裁量。柯芳枝教授認為，若董事會已將決議交由執行董事執行，不論執行董事是否著手執行，該執行董事亦可為違法行為停止請求權的對象。[1652]此一見解值得贊同，因為衡平之特色為賦予法官裁量權。方法上，應類推適用公司法第二一八條之二第二項的規定。

當董事長或董事未經董事會決議而擅自為違反法令或章程之行為是否有股東制止請求權之適用呢?最高法院八〇年台上字第一一二七號判決謂，公司法第一九四條所規定之單獨股東權，旨在強化小股東之股權，使之為保護公司及股東之利益，得對董事會之違法行為，予以制止，藉以防範董事之濫用權限，而董事長或董事為董事會之成員，若董事長或董事恣意侵害公司及股東之利益，而為違法行為，是否仍應拘泥須為董事會之違法行為，始有上開規定之適用，而不得探求法律規定之目的，為法律的補充或類推適用，尚非無疑。因此，我國學者認為應可對本條作擴張解釋。[1653]在此擴大適用之思維下董事或董事會違反公司法第二三條第一項之「注意義務」與「忠實義務」，是否為違反法令之行為呢？國內有學者認為，董事或董事會違反公司法第二三條之「注意義務」與「忠實義務」，亦符合同法第一九四條之違反法令， 應可成為請求制止的對象 ， 以擴大股東的監督權限。[1654]同理，當一公司僅設董事一人或兩人時，雖無董事會之決議可言，

[1651] 柯芳枝，前揭書，頁 342；鄭玉波，同前[13]，頁 141；近藤光男，前揭書，頁 366。

[1652] 柯芳枝，前揭書，頁 343；陳連順，前揭書，頁 357。

[1653] 王文宇，同前[75]，頁 462–463；王文宇、林國全，公司法，收錄於王文宇、林國全、王志誠、許忠信、汪信君，前揭書，頁 109。

[1654] 柯芳枝，前揭書，頁 343；陳彥良，前揭文，頁 280；王文宇、林國全，公司法，收錄

但若董事決意為違反法令或章程之行為，股東應亦可對其行使制止請求權。[1655]

㈡由監察人制止之

董事會或董事執行業務有違反法令、章程或股東會決議之行為時根據委任關係與忠實義務之規定有權制止者乃公司，但公司為法人須有機關代其行為，故公司法第二一八條之二第二項規定，董事會或董事執行業務有違反法令、章程或股東會決議之行為者，監察人應即通知董事會或董事停止其行為。此一權利亦屬監察權，因此，根據公司法第二二一條之規定，監察人各得單獨行使之。其不以提起訴訟為必要，而可以任何方式（裁判外）行使之。

㈢可以假處分先行

美國法上之"Injunction"制度，如情況急迫，可先用"preliminary injunction"為之，即我國之假處分或定暫時狀態之假處分。因此，通說認為若董事會或董事對制止請求置之不顧，則可根據此一不作為請求權以消極給付之訴為之，並且，若不作為請求之本案訴訟緩不濟急，則得根據該消極給付之訴為本案申請以假處分（定暫時狀態之假處分）為之。[1656]

捌、董事長、常務董事與常務董事會

除較重大而公司法規定須由董事會自為決定之事項以及依章程規定屬董事會自決之事項外，董事會可依其所訂之規則或依董事會決議將事項之決定權委由常務董事會、董事長或執行董事等決定之。[1657]

於王文宇、林國全、王志誠、許忠信、汪信君，前揭書，頁109；神田秀樹，前揭書，頁231。

[1655] 陳彥良，前揭文，頁281。

[1656] 姚志明，前揭書，頁366；柯芳枝，前揭書，頁345、346；陳連順，前揭書，頁358；吉本健一，前揭書，頁212；神田秀樹，前揭書，頁278。

[1657] 江頭憲治郎，前揭書，頁414。

一、董事長

(一)法定必備業務執行機關

1.法定必備

董事長為我國股份有限公司之法定、必備、常設之業務執行與代表機關。[1658]

董事長之選任依公司法第二〇八條第一項之規定，董事會未設常務董事者，應由三分之二以上董事之出席，及出席董事過半數之同意，互選一人為董事長。又依該條第二項之規定，董事會設有常務董事者，董事長由常務董事依前項選舉方式互選之。董事長之任期本法未規定，但由於其須先具董事之資格，因此，其不得超過董事之任期。[1659]

然而，所謂董事長之必備性，在兩人董事之公司可能會有些偏離。依公司法第一九二條第二項之規定，非公開發行股票之公司僅設一人董事時由其擔任董事長，當公司僅設兩人董事時準用董事會之規定，而其有可能僵持不下而未能選出董事長，此時應可適用我國法院所表達之見解，即公司雖已選任董事但尚未選出董事長者自應由全體董事，對內經多數決執行公司事務，對外均有代表公司之權限。[1660]此一實務見解值得肯定，因為與適用民法第二七條第二項後段之結果相符。

董事長原則上對公司所有對外行為有代表權，因此，其有關於公司業務之一切訴訟上與訴訟外之代表權（含代理權）。[1661]而公司業務執行之意思決定乃由董事會為之，但通常事務之意思決定基於機動性與效率性會推定已委由董事長作意思決定，而且，原則上董事長為受董事會委任執行董事會意思決定之機關。[1662]所以，解釋上董事長以自然人為限。[1663]且業務執行

[1658] 柯芳枝，前揭書，頁352；王文宇，同前[75]，頁463。

[1659] 柯芳枝，前揭書，頁352。

[1660] 台灣高等法院97年度抗字第1192號民事裁定。

[1661] 吉本健一，前揭書，頁212。

權乃被授權給執行之董事長或執行董事或其輔助機關之經理部門等，[1664]並不以董事長為限。因此，所謂董事長制或總經理制之爭其實乃公司董事會有授權給總經理與否之爭。

2.副董事長

副董事長為章定任意常設之輔助董事長之業務執行機關。[1665]因此，公司法第二〇八條第一項規定，董事會未設常務董事者，應由三分之二以上董事之出席，及出席董事過半數之同意，互選一人為董事長，並得依章程規定，以同一方式互選一人為副董事長。該條第二項又規定，董事會設有常務董事者，其副董事長由常務董事依前項選舉方式互選之。

3.董事長之代理

董事長對外代表公司對內執行業務不可一日或缺，因此，公司法第二〇八條第三項規定，董事長對內為股東會、董事會及常務董事會主席，對外代表公司。此乃採單獨代表制，且在公司股票及公司債券簽名者乃由代表公司之董事（董事長）簽章之。董事長請假或因故不能行使職權時，由副董事長代理之；無副董事長或副董事長亦請假或因故不能行使職權時，由董事長指定常務董事一人代理之；其未設常務董事者，指定董事一人代理之；董事長未指定代理人者，由常務董事或董事互推一人代理之。

㈡董事長之權限

1.董事長代表權之概括性

公司法第二〇八條第五項規定，公司法第五七條（代表公司之股東，關於公司營業上一切事務，有辦理之權）對於代表公司之董事準用之。而股份有限公司原則上由董事長代表公司，因而所謂準用，當區分董事長與

[1662] 吉本健一，前揭書，頁212。

[1663] 王文宇、林國全，公司法，收錄於王文宇、林國全、王志誠、許忠信、汪信君，前揭書，頁110。

[1664] 柯芳枝，前揭書，頁334、335；神田秀樹，前揭書，頁178。

[1665] 柯芳枝，前揭書，頁357。

其他受董事會授權代表公司特定事項之董事兩種情況。董事長準用公司法第五七條之結果，關於公司營業上一切事務有代表公司之權。所謂一切事務乃指有關公司營業之一切事務且有訴訟上及訴訟外之代表權限。而後者，僅在該特定事項上有代表權。

2.對董事長代表權之內部限制

由上述可見董事長大權獨攬，因為董事會或常務董事會乃由其召集，而且該些會議之程序及議題由董事長主導，而公司法明定須由股東會或董事會決議之事項並不多，所以，一般業務會由董事長決定並對外代表公司。[1666]

公司可能以章程或內部規章對董事長之代表權加以限制，稱為代表權之內部限制。[1667]然而，為保障交易安全，公司法第二〇八條第五項規定，公司法第五八條（公司對於股東代表權所加之限制，不得對抗善意第三人）對於代表公司之董事準用之。因此，公司即使以章程限制董事長之代表權，根據第五八條之準用，不得以章程之限制對抗善意第三人，[1668]因為我國法並未對章程等登記事項規定有如德日法之登記公信力或積極公示力，因此，章程等經登記之事項即使有對董事長之代表權限加以限制，仍不能說第三人未查閱該章程中之限制乃屬非善意，詳參本書第二篇第四章第五節有關章程與登記之介紹。但此以所代表者乃有關公司營業上之事務為限，因此，若董事長所代表者非公司營業上之事務，則應由董事長自負責任。

3.董事長專斷行為之效力

所謂董事長之專斷行為乃指董事長依法令、章程或內部規章應經股東會或董事會決議之事項卻未經決議即為之之行為。[1669]公司以章程或內部規

[1666] 方嘉麟，公司管理之權力結構，收錄於方嘉麟主編，變動中的公司法制，初版，元照，台北，2019年1月，頁135。

[1667] 吉本健一，前揭書，頁210。

[1668] 曾婉如，交易安全及合法授權，收錄於方嘉麟主編，變動中的公司法制，初版，元照，台北，2019年1月，頁329。

章對董事長之代表權加以限制屬前述之代表權內部限制問題。[1670]專斷行為與所根據之決議無效或經撤銷之行為之情況，一方面須確保該行為須經過決議，另一方面須保護信賴該行為之交易相對人之利益，日本學說多認為應根據行為之個別種類來利益衡量。[1671]

應經股東會決議或董事會決議而未經，然而董事長仍代表公司為之的行為之效力，日本判例曾認為有關重要財產之處分行為應經董事會（我國公司法第一八五條乃規定應經股東會特別決議）而未經仍由董事長代表者，該行為原則上有效，但例外在相對人知悉或得知悉其未經決議時乃無效，江頭教授認為依此判例相對人有輕過失而不知其未經決議時（即得知悉未經決議時）即不受保護，會產生「對董事長概括代表權之限制」不能對抗善意第三人之規定相異之結果，日本判例之根據為「法令對董事長代表權限之限制」相對人對之有調查之義務，而與「對董事長概括代表權之限制」不同。[1672]

在我國法上，讓與公司全部營業或財產，本須經股東會之特別決議，因此，董事長若未經股東會特別決議則屬專斷行為，但我國實務及學說認為此時其本不在其代表權範圍內，因此，不論第三人善意與否，其行為應類推適用無權代理之規定非經公司之承認效力未定，或甚至不生效力。[1673]

4. 董事長代表權之濫用

所謂董事長代表權之濫用乃指客觀上雖屬董事長之權限範圍內，但其乃基於自己或第三人之利益之目的而為之，此時該行為之效力在日本有爭議。[1674]日本判例認為此時相對人若知或應知董事長之真意，則類推適用民

[1669] 吉本健一，前揭書，頁210。

[1670] 吉本健一，前揭書，頁210。

[1671] 吉本健一，前揭書，頁210；伊藤真，前揭書，頁547；黒沼悅郎，前揭書，頁107。

[1672] 江頭憲治郎，前揭書，頁431、432（註4）。

[1673] 最高法院64年台上字第2727號判例；最高法院87年台上字第1988號民事判決。

[1674] 吉本健一，前揭書，頁212；伊藤真，前揭書，頁547。

法心中保留之規定而認為該行為無效（心中保留說），亦有判例認為在相對人知或得知董事長之目的時會構成無權代理，[1675]但有力學說認為該行為原則上有效，而例外在能證明相對人明知董事長權利濫用，則依違反民法誠信原則或權利濫用原則而無效（權利濫用說）。[1676]

二、常務董事與常務董事會

常務董事在立法例上有規定其僅為董事會之諮詢機關者，亦有規定其有拘束董事長之權限者，有種種之態樣，在日本通常為屬於業務執行之階層組織之一部分。[1677]我國法則規定其為業務執行之階層組織之一部分。這是由於董事會為會議體之機關不可能經常開會，因此，一九六六年修法時一方面要求董事會應選任董事長對外代表公司，另一方面允許公司得設常務董事於董事會休會時以集會之方式經常執行公司之業務。可見常務董事與常務董事會屬於任意、章定、常設之業務執行機關，乃為便利公司業務之運作而設。[1678]公司法第二〇八條第二項遂規定，董事會設有常務董事者，其常務董事依前項選舉方式互選之，名額至少三人，最多不得超過董事人數三分之一。又該條第四項規定，常務董事於董事會休會時，依法令、章程、股東會決議及董事會決議，以集會方式經常執行董事會職權，由董事長隨時召集，以半數以上常務董事之出席，及出席過半數之決議行之。

常務董事會決議後，董事會可否否定其決議？我國董事會乃公司最高業務執行機關，理論上，公司事務除應由股東會決議之事項外皆由董事會決議行之。然公司事務繁瑣，若凡事要求董事會親力親為，顯然不具效率且不符成本考量，故當董事會人數較多時，設置常務董事會自有其必要性。惟公司設置常務董事會，並不表示董事會將所有決策權限完全移轉與常務

[1675] 此些判例被介紹於江頭憲治郎，前揭書，頁 431。

[1676] 吉本健一，前揭書，頁 212；伊藤真，前揭書，頁 546；黑沼悅郎，前揭書，頁 111。

[1677] 江頭憲治郎，前揭書，頁 414（註 4）。

[1678] 柯芳枝，前揭書，頁 359；王文宇，同前[75]，頁 468。

董事會，故實務上並發展出「核備」制度以資因應。此時雖然經濟部之解釋認為常務董事會之職權係基於法律規定而來，但依學說之見解，常務董事會之決議應不具終局效力，基於乃受董事會授權行使之本質，在核備制下，必須取得董事會之追認後（准予核備），始具完全之正當性，而即使未採核備制，董事會亦可否決常務董事會之決議。[1679]

公司法第二一八條之二第一項規定 ，「監察人得列席董事會陳述意見。」而同法第二〇八條第四項規定，「常務董事於董事會休會時……以集會方式經常執行董事會職權……」是以，經濟部雖認為常務董事會開會時，自宜通知監察人，監察人亦得列席常務董事會陳述意見，[1680]但本書認為應通知監察人，而由監察人決定是否列席。

常務董事依公司法第二〇八條第二項產生後，如何解任常務董事之問題，解釋上應得由股東會或董事會解任之，但法律效果不同。前者同時喪失董事與常務董事職位；後者僅喪失常務董事資格。此時，股東會得否解任常務董事（仍保留董事身分）呢？基於有權選任者有權解任（解鈴還需繫鈴人）的理由，常務董事既然是由董事會決議選出，解任權限機關亦應是董事會。我國之實務見解即認為選任常務董事之權限，乃在於董事會，雖其解任方式，公司法並無明文，若非章程另有規定，自仍以原選任之董事會決議之較合理。[1681]

三、臨時管理人

公司法第二〇八條之一第一項規定，董事會不為或不能行使職權，致公司有受損害之虞時，法院因利害關係人或檢察官之聲請，得選任一人以上之臨時管理人，代行董事長及董事會之職權。但不得為不利於公司之行為。該條第二項規定，前項臨時管理人，法院應囑託主管機關為之登記。

[1679] 王文宇，同前[75]，頁 374、468、477。

[1680] 經濟部 91 年 4 月 22 日商字第 09102068230 號函。

[1681] 經濟部 74 年 11 月 27 日商字第 51787 號函。

該條第三項規定，臨時管理人解任時，法院應囑託主管機關註銷登記。

本條之立法意旨係在委由法院選擇適任之人暫時代行董事長或董事會職務，避免影響股東權益。因此，法院宜選任適當之人為之，倘若法院選任法人為之，法人還須選派代表人，則代表人是否為適當之人，法院即無法控管，因此，臨時管理人以自然人而有行為能力者為宜。由於該臨時管理人係代行董事長及董事會職權，是以，在執行職務範圍內，亦為公司負責人。[1682]臨時管理人之聲請要件「董事會不為或不能行使職權，致公司有受損害之虞時」有學者認為應強調「董事會不為或不能行使職權」，而「致公司有受損害之虞時」應被從寬認定而以「董事會不為或不能行使職權」就已經構成有受損害之虞，而不必要求受損害之虞之證明，[1683]而且，臨時管理人之首要任務乃在排除「董事會不為或不能行使職權」之僵局而不應長期鳩佔鵲巢。[1684]

玖、董事對公司之義務與權利

一、應區分有董事會與無時之兩種情況

股份有限公司之董事對公司之義務應區分有董事會與無董事會時之兩種情況。當公司有設董事會時，董事有些義務乃在董事會中由全體董事集體行使（例如一部分善良管理人之注意義務與商業判斷）；有些義務仍在董事會內與外對個別董事存在（例如忠實義務）。

當公司未設董事會時，董事身為公司負責人之義務（如公司法第二三條第一項之忠實義務與善良管理人之注意義務）與責任，請參閱本書第二篇第六章第三節之討論，在此不贅，而僅介紹股份有限公司之董事之特殊

[1682] 經濟部93年11月9日經商字第09300195140號函釋。

[1683] 林國彬，經營僵局之處理，收錄於方嘉麟主編，變動中的公司法制，初版，元照，台北，2019年1月，頁297。

[1684] 林國彬，前揭文，頁299。

義務，包括在董事會制度下之義務。

二、股份有限公司之董事與公司間之關係

股份有限公司之董事與公司間之關係（包括法律行為與事實行為），根據公司法第一九二條第五項之規定，公司與董事間之關係，除本法另有規定外，依民法關於委任之規定。該特殊委任之締結係以股東會決議為基礎並以處理團體法上之公司事務為標的，[1685]故公司法有特別規定時，依公司法之規定；公司法無特別規定時，依民法委任或民法其他之規定。所謂公司法有特別規定者，例如公司法第二二三條規定，董事為自己或他人與公司為買賣、借貸或其他法律行為時，由監察人為公司之代表。此一規定乃為避免董事為自己或他人之利益而犧牲公司之利益。[1686]英美法及日本法從忠實義務出發，亦導出類似之利益衝突避免義務。[1687]

三、董事依公司法之義務

董事與經理人等一樣，其受任人權限來自委任人。因此，除民法委任所生之計算義務（民法第五四一條、五四二條等參照）等義務外，公司法上之義務包括以下之義務。

㈠董事之監視義務

董事會對董事之職務執行有監督義務，因此，公司有成立董事會者，董事作為董事會之成員，有對董事會之其他董事之執行職務（依日本判例見解）有監視之義務，[1688]而此一義務乃屬董事之善良管理人注意義務之機能之一，而且，即使為未設董事會之公司而有複數董事時，各董事有個別之執行權與代表權，但為確保公司業務執行之組織上統一與適當性，因此，

[1685] 賴源河（王志誠修訂），前揭書，頁277。

[1686] 柯芳枝，前揭書，頁328。

[1687] 吉本健一，前揭書，頁189。

[1688] 近藤光男，前揭書，頁276；河本一郎、川口恭弘，前揭書，頁224。

基於其對公司之善良管理人注意義務，其相互間亦有監視義務。[1689]而此一義務並不限於董事會議程所討論之事項，[1690]而其之落實在公司漸增規模而業務複雜化之後，要董事長或執行董事對從業員一一加以下令指揮與監督便生困難，因此，日本判例認為此時善管義務所生之監視義務之履行乃在於建立符合公司規模大小與特性之業務執行程序、風險管理體制、法律遵守體制及人的組織（包括監察體制）之風險管理體制或內部統制 (internal control)，且隨著公司規模擴大，越有此一義務，而其違反之不作為乃善良管理人注意義務之違反。[1691]董事之監視義務乃個人有其調查權或須通過董事會之問題，日本判決及通說認為應透過董事會方有調查權，因此，有一些判決拒絕給董事對帳冊之個別閱覽或謄寫權。[1692]

董事之此一監視義務亦可謂是基於董事會之監督權限而生。[1693]然而，在董事兼任公司經理人等職務時要求其監視其上級長官之董事長或常務董事常造成此一監督機能未能發揮之原因，因此，在公開發行公司便有引進獨立董事之必要。[1694]由於董事之監視義務，我國公司法第二一八條之一遂規定，董事發現公司有受重大損害之虞時，應立即向監察人報告。

㈡董事之競業禁止義務

公司法第二〇九條第一項規定，董事為自己或他人為屬於公司營業範圍內之行為，應對股東會說明其行為之重要內容並取得其許可。該條第二項規定，股東會為前項許可之決議，應經特別決議。

[1689] 吉本健一，前揭書，頁 186；黑沼悅郎，前揭書，頁 132–133；三枝一雄、南保勝美、柿崎環、根本伸一，前揭書，頁 200、241、242。

[1690] 近藤光男，前揭書，頁 276。

[1691] 黑沼悅郎，前揭書，頁 132–133；高橋紀夫，前揭書，頁 200；三枝一雄、南保勝美、柿崎環、根本伸一，前揭書，頁 242。

[1692] 高橋紀夫，前揭書，頁 200。

[1693] 吉本健一，前揭書，頁 201。

[1694] 吉本健一，前揭書，頁 202。

1.義務性質

忠實義務理論上包括董事之競業限制。[1695]忠實義務未能以契約來加以免除，但我國董事之競業限制則得以股東會特別決議加以免除，對小股東之保障顯然不足。

2.禁止理由

此一競業禁止規定之理由乃因董事執行公司業務，因此，洞悉公司之內情、顧客情報、甚至握有公司之營業秘密，恐有藉其強大之權力利用其資訊為自己或他人謀利或甚至奪取公司交易機會或客戶而損害公司之利益，故設此一規定避免兩者間之利益衝突。[1696]

3.禁止範圍

競業禁止範圍之所謂「屬於公司營業範圍內之行為」，有形式說與實質說之爭。形式說認為其乃依公司章程或所登記營業項目為判斷，而實質說認為乃係依其與公司事業上是否有實質的競合關係來判斷。形式說雖較明確，但現在公司章程所載事業可能為公司所根本未進行之事業，因此，通說採實質說而指公司實際上所經營之事業，並包括業已著手準備或只是暫時停止經營之事業在內，[1697]以及公司有具體計畫之潛在領域事業而有潛在之利益衝突者。[1698]而且董事為競業行為之職稱並不重要，因此，其不可以經理之身分為他事業為屬於公司營業範圍內之行為。[1699]

所謂為自己或他人，有經濟效果歸屬說與權利義務歸屬說之爭，前者

[1695] 吉本健一，前揭書，頁187；黑沼悅郎，前揭書，頁114；三枝一雄、南保勝美、柿崎環、根本伸一，前揭書，頁244。

[1696] 柯芳枝，前揭書，頁312；吉本健一，前揭書，頁187；三枝一雄、南保勝美、柿崎環、根本伸一，前揭書，頁244；龍田節、前田雅弘，前揭書，頁87。

[1697] 柯芳枝，前揭書，頁312；經濟部95年10月12日商字第09500626690號函；吉本健一，前揭書，頁187。

[1698] 三枝一雄、南保勝美、柿崎環、根本伸一，前揭書，頁245；江頭憲治郎，前揭書，頁439（註1）。

[1699] 經濟部66年8月29日第25392號函。

不論該行為以何人之名義為之，只要經濟效果不屬公司，則屬競業行為，而後者認為只有該行為乃以自己或公司以外之人之名義為之才屬競業，日本多數說採經濟效果歸屬說。[1700]

另外，依經濟部之函釋具有百分之百持股之母子公司間擔任董事或經理人即使兩公司經營同類業務，因法律形式上雖為兩公司，但經濟意義上實為一體，並無利益衝突可言，所以並不構成競業行為，同理，在同一法人下百分之百持股之平行子公司間擔任董事或經理人亦同。[1701]

4.與競業類似之行為

即使董事之行為未符合前述之要件，但仍屬利用公司之機密或資訊或機會而造成與公司之利益衝突，則其雖未違競業禁止義務仍違一般性之忠實義務。[1702]例如奪取公司機會之行為，即公司可能進入之營業領域，董事搶先進入，或公司預定要購買之土地被董事先行購下等行為，雖未構成競業義務之違反，但學說上認為其乃一般忠實義務之違反，惟須考量其範圍、程度與獲知該資訊之門徑，而針對該交易考量董事有否義務將該資訊提供給公司等問題。[1703]

5.例外許可

競業禁止義務之免除決議方法乃股東會之特別決議。日本有學者認為除個別交易地加以許可外， 亦可對同種之交易在某種程度上概括地允許之，[1704]或當董事擔任競業公司之代表董事，則實務上通例為以概括方式承認之， [1705]但我國學說認為原則上應就具體行為個別免除 ， 而不得概括許可。[1706]董事競業禁止之解除是否包括股東會事後的許可呢？經濟部認為，

[1700] 龍田節、前田雅弘，前揭書，頁 88。

[1701] 經濟部 101 年 10 月 11 日經商字第 10102435880 號函；經濟部 102 年 1 月 7 日經商字第 10102446320 號函。

[1702] 三枝一雄、南保勝美、柿崎環、根本伸一，前揭書，頁 244。

[1703] 黑沼悅郎，前揭書，頁 117。

[1704] 吉本健一，前揭書，頁 188。

[1705] 江頭憲治郎，前揭書，頁 439。

公司法第二〇九條之規定係指董事應於「事前」「個別」向股東會說明行為之重要內容，並取得許可，並不包括由股東會事後概括性地解除所有董事責任。[1707]

6.違反競業禁止義務之效果

違反競業禁止義務之效果為介入權 (Eintrittsrecht)[1708]或稱歸入權。[1709]公司法第二〇九條第五項規定，董事違反第一項之規定，為自己或他人為該行為時，股東會得以決議，將該行為之所得視為公司之所得，但自所得產生後逾一年者，不在此限。違反競業禁止之交易行為本身不論交易對方善意或惡意該行為皆仍有效。[1710]股東會得以決議將該競業禁止行為所得之經濟上效果歸屬給公司。歸入權乃形成權之一種，僅需公司一方之意思表示，董事即因此負有義務將其所得之利益移轉給公司，又此處之股東會決議，本法未規定為特別決議，故僅以普通決議為已足。[1711]

㈢董事之申報持有或出質本公司股份之義務

公司法第一九七條第一項規定，董事經選任後，應向主管機關申報，其選任當時所持有之公司股份數額；公開發行股票之公司董事在任期中轉讓超過選任當時所持有之公司股份數額二分之一時，其董事當然解任。該條第二項規定，董事在任期中其股份有增減時，應向主管機關申報並公告之。該條第三項規定，公開發行股票之公司董事當選後，於就任前轉讓超過選任當時所持有之公司股份數額二分之一時，或於股東會召開前之停止股票過戶期間內，轉讓持股超過二分之一時，其當選失其效力。

董事申報持股之義務乃為防止董事投機取巧當選董事後出脫持股以至

[1706] 柯芳枝，前揭書，頁314。

[1707] 經濟部86年8月20日商字第8621697號函。

[1708] 鄭玉波，同前[13]，頁136。

[1709] 柯芳枝，前揭書，頁314。

[1710] 吉本健一，前揭書，頁188。

[1711] 柯芳枝，前揭書，頁314、315。

於對公司之向心力減弱，[1712]因此，股份出質亦應納入規範，而有公司法第一九七條之一之增訂。依該條第一項之規定，董事之股份設定或解除質權者，應即通知公司，公司應於質權設定或解除後十五日內，將其質權變動情形，向主管機關申報並公告之。但公開發行股票之公司，證券管理機關另有規定者，不在此限。該條第二項規定，公開發行股票之公司董事以股份設定質權超過選任當時所持有之公司股份數額二分之一時，其超過之股份不得行使表決權，不算入已出席股東之表決權數。

四、董事對公司之權利

董事之權利根據其與公司間之關係屬有償委任介紹如下。

(一)業務與財務之調查權之有無

有設董事會之公司之個別董事有否為監督之需要而對公司之業務及財務加以調查之權呢？董事為履行其義務在各主要英美法國家立法例上皆允許其有文件查閱權。[1713]例如美國德拉瓦州公司法對董事要求忠實義務而要求其為公司作決定時需屬有受告知的決定 (informed decision)，否則即有違其忠實義務，因此，其規定董事有獲取做決定所需之資訊之權利。[1714]日本通說則採否定說，認為僅有董事會有此一權利，而須透過董事會調查之。[1715]我國二〇一八年修正時，本有董事文件查閱權之立法動議，但最後未被納入立法。其理由可能是因為怕市場派董事獲悉內部資訊或營業秘密外洩問題。

(二)民法上有償受任人之權利

董事根據民法上有償委任之規定享有對公司之預付費用請求權（民法第五四五條參照）與費用償還請求權（民法第五四六條第一項參照）與損

[1712] 柯芳枝，前揭書，頁 308。

[1713] 王文宇，同前[75]，頁 84。

[1714] 黃朝琮，董事資訊權之若干思考，中正財經法學，第 19 期，2019 年 7 月，頁 51。

[1715] 江頭憲治郎，前揭書，頁 417（註 7）。

害賠償請求權（民法第五四六條第三項參照）等。至於民法第五四七條及五四八條之報酬請求權因公司法有特別規定，因此，應優先適用公司法之規定，如下。

㈢董事之報酬請求權

公司法第一九六條第一項規定，董事之報酬，未經章程訂明者，應由股東會議定，不得事後追認。該條第二項規定，公司法第二九條第二項之規定，對董事準用之。

1.有償委任之報酬

與日本法之學說與法院實務見解所認為因為日本民法第六四八條第一項規定委任除有特約外以無償為原則，因此，除公司章程有規定或股東會有決議外，董事不得請求報酬不同地，日本公司實務乃以有報酬為原則。[1716]

我國公司之董事依民法享有有償委任之報酬，因此，縱然公司章程未訂明或股東會未議定董事之報酬，董事亦得向公司請求以章程或決議訂定相當之報酬。蓋因相較於無限公司、有限公司、兩合公司之經營機關有公司法第四十九條之限制（非有特約不得向公司請求報酬），公司法第一九六條之規範模式顯然不同，故股份有限公司之董事應為有給職，而且股份有限公司之董事可能無股東身分，不能要求其無償付出勞力且負擔責任。[1717]

2.報酬之內涵

公司法第一九六條所指之報酬，應僅指董事受領後得自由支配使用於個人利益之部分，為公司服務所應得之酬金，屬於確定之勞務對價。若是已預定於特定用途者，如事務費、車馬費、交際費之利益，性質上應屬於公司業務執行之費用。經濟部即曾指出，所謂「董事之報酬」，係指董事為公司服務應得之酬金而言；所謂「車馬費」，顧名思義，則指董事前往公司或為公司與他人洽商業務所應支領之交通費用而言，自與董事之報酬有別，所詢薪資、車馬費、交際費、伙食津貼、各項獎金、退職金等，公司應據

[1716] 黑沼悅郎，前揭書，頁 126；江頭憲治郎，前揭書，頁 450。

[1717] 陳連順，前揭書，頁 310；吉本健一，前揭書，頁 192。

上揭說明依其性質分別認定之。[1718]

3.董事報酬之決定與分配

董事報酬之決定之事務性質本屬公司廣義業務執行而屬董事會，但由於由董事會決定董事報酬有利害衝突，而屬利益相反行為（忠實義務違反之預防規範）範疇，[1719]因此，我國公司法第一九六條規定，董事之報酬，未經章程訂明者，應由股東會議定。經濟部認為，其未經章程訂明者，應由股東會議議定；倘未經章程訂明或股東會議定，而由董事會議決者，自為法所不許，且章程亦不得訂定董事之報酬授權董事會或董事長決之。[1720]又股東會係以決議為其意思表示，並於決議通過時始生效力，自無事後追認之情事。

公司章程或股東會決定董監事酬勞總額後，因董監酬勞之分配並非股東會專屬決議事項，故應可由董事會決議為之，因為只要公司章程或股東會決定董監酬勞之總額，即屬符合公司法第一九六條規定，而且總額既定對公司利益已無影響，至於酬勞如何分配各董事，乃屬經營判斷之一環，非股東會之專屬決議事項，故依公司法第二〇二條之規定，應屬董事會之職權，無須提交股東會追認。[1721]此作法為日本實務所常見，而為日本判例所接受，但股東會若有要求，則應認為董事會有向股東會報告經過及結果之義務。[1722]我國實務見解亦同此見。[1723]

當董事兼任公司之使用人（如副總）而另有職務對價時是否亦被納入此一規範中，日本雖有判決採否定見解，但學說認為此兩者不易被區分，

[1718] 經濟部93年1月20日商字第09302005550號函。

[1719] 黑沼悅郎，前揭書，頁124；三枝一雄、南保勝美、柿崎環、根本伸一，前揭書，頁241、250。

[1720] 經濟部93年1月20日商字第09302005550號函。

[1721] 王文宇，同前[75]，頁437；三枝一雄、南保勝美、柿崎環、根本伸一，前揭書，頁250；龍田節、前田雅弘，前揭書，頁92。

[1722] 吉本健一，前揭書，頁194（註42）。

[1723] 最高法院93年台上字第1224號判決。

而將容易被用以規避本規定，因此，亦應被納入規範。[1724]本書認為，不論是報酬或離職慰問金，只要有利益衝突之可能即應被納入，所以，日本法上董事之離職慰問金是否屬之雖有爭議，但判例及學說認為只要是在職中職務執行之對價即應被納入。[1725]

4. 董事報酬與酬勞之區分

現行主管機關之解釋區分董事報酬與酬勞，[1726]而認為前者乃勞務之對價而不論公司盈虧均須給付，而且，公司法上之董監報酬決定權屬股東會，而「董監事酬勞」為公司盈餘分配項目，非公司法第一九六條規定之範圍。而公司以盈餘分派之董監事酬勞乃以公司經營成功有可分派之盈餘為前提，而且，公司通常會以章程訂定董監有依獲利狀況之定額或比例來分派，而其決定權乃由董事會決議再向股東會報告與確認即可。[1727]董事之報酬可謂包括董事之責任保險議題，董監事酬勞則否。

5. 董事報酬之監控機制

董事之報酬，尤其是美國公司董事之報酬常由於股份選擇權 (stock options) 之使用而偏高（公司業績佳時股價上揚，董事於此時行使選擇權而以預先約定價格購得股份後出售之），[1728]有些國家如我國及日本公司法要求董事報酬須經股東會決議或章程之規定，有些國家如美國則否，但近年因董事高報酬而受批評而有要求須向公司股東會說明報酬 (say on pay) 之機制，希望藉此形成一些壓力。[1729]

[1724] 三枝一雄、南保勝美、柿崎環、根本伸一，前揭書，頁 250。

[1725] 三枝一雄、南保勝美、柿崎環、根本伸一，前揭書，頁 251；伊藤真，前揭書，頁 570。

[1726] 經濟部 94 年 1 月 26 日經商字第 09402199670 號函。

[1727] 周振鋒、洪秀芬，內部監控制度，收錄於方嘉麟主編，變動中的公司法制，初版，元照，台北，2019 年 1 月，頁 227；陳連順，前揭書，頁 308–309。

[1728] 河本一郎、川口恭弘，前揭書，頁 27。

[1729] 河本一郎、川口恭弘，前揭書，頁 28–29。

拾、董事之責任（對公司與對外）與訴追

由於股份有限公司股東人數可能眾多，牽連較廣，與有限公司之董事違法時不同地，公司法在股份有限公司之董事責任除前述特有事先預防之機制（即前述之對董事會違法決議之制止請求權解釋上亦及於董事）外，事後亦有特別之究責之規定如下。

一、董事對公司之責任

除本書公司法總則篇對所有類型公司之董事責任規定外，股份有限公司因組織立體化有特別規定如下。

董事違反忠實義務及善良管理人之義務、違反法令、章程或股東會決議、未依董事會決議行為及有公司法第一九三條第二項事由等，須對公司負損害賠償之責任。

股份有限公司設有董事會者，業務執行之意思決定依公司法第二〇二條之規定屬董事會之權限，而業務之具體執行則由董事長、副董事長或執行董事為之。因此，須區分有董事會決議為據而產生責任與無董事會決議為據而產生責任兩種情況。

㈠有董事會決議為據而產生責任

董事會依據公司法第一九三條第一項之規定，董事會執行業務，應依照法令章程及股東會之決議。該條第二項規定，董事會之決議，違反前項規定，致公司受損害時，參與決議之董事，對於公司負賠償之責；但經表示異議之董事，有紀錄或書面聲明可證者，免其責任。所謂致公司受損害時乃指該決議已被執行董事加以執行，否則不會產生公司之損害，此時該執行董事（或董事長）以及參與決議之董事而未有紀錄或書面聲明可證曾異議者均應負責，日本法甚至要求其等須連帶負責。

至於未出席董事會而未參與決議之董事須否負責之問題，雖有學者建議修法要求其在收到董事會紀錄後一段時間內提出異議，否則將被視為參與決議而須負責，然此一建議並未受到立法院採納。不過，學說仍有認為

當董事有意以缺席之方式使不利公司之議案通過時，須負違反公司負責人義務之責任者。[1730]

㈡無董事會決議為據而產生責任

董事會有決議而執行董事未依照決議而為固屬善良管理人義務之違反。逾越授權範圍之行為亦同。公司通常事務本不需董事會決議而可由執行董事自行決定，此時，若有違反公司法第二三條第一項善良管理人注意義務之情形，將產生對公司之損害賠償責任。

二、董事對第三人之責任

根據民法第二八條、民法第一八四條及公司法第二三條第二項之規定，董事與監察人身為公司負責人可能產生對第三人之責任已如本書公司法總則篇所述。此時，依據公司法第二二六條之規定，監察人對公司或第三人負損害賠償責任，而董事亦負其責任時，該監察人及董事為連帶債務人。

董事對第三人例如銀行在公司瀕臨破產時是否有忠實義務之問題，美國德拉瓦州判例在一九九〇年代曾有肯定判例，但後來該州最高法院採否定見解。[1731]

三、董監責任之解除

董監事對公司之責任若與各項會計表冊有關者，依據公司法第二三一條之規定，各項表冊經股東會決議承認後，視為公司已解除董事及監察人之責任。但董事或監察人有不法行為者，不在此限。未解除之責任之請求權時效為民法第一二五條之十五年時效。[1732]

[1730] 曾婉如、林國彬，前揭文，頁191。

[1731] Anil Hargovan & Timothy M. Todd, Financial Twilight Re-appraisal: Ending the Judically Created Quagmire of Fiduciary Duties to Creditors, 78 U. Pitt. L. Rev. 135, 147–148 (Winter, 2016).

[1732] 柯芳枝，前揭書，頁322。

四、責任保險

公司法第一九三條之一第一項規定，公司得於董事任期內就其執行業務範圍依法應負之賠償責任投保責任保險。該條第二項規定，公司為董事投保責任保險或續保後，應將其責任保險之投保金額、承保範圍及保險費率等重要內容，提最近一次董事會報告。

本條乃二〇一八年修法所新增。其乃為降低並分散董事因錯誤或疏失行為而造成公司及股東重大損害之風險，參考外國立法例，增訂第一項，明定公司得為董事投保責任保險。而且為透明公開，增訂第二項。所謂董事任期內就其執行業務範圍依法應負之賠償責任包括董事對公司之內部責任與董事對第三人之外部責任。

董事責任之保險與限制之正當化理由根據美國法律協會 (American Law Institute) 之一九九二年之報告有⑴被告之可責性及職務所獲利益與其潛在責任相較可能不成比例；⑵若對過失行為要求莫大之賠償責任會迫使董事採取迴避風險之措施；⑶過苛之責任可能使法院不願認定董事已違反其義務；⑷若責任限制則可減少責任保險之成本；⑸責任限制可減少原告濫訴之誘因。[1733]董事責任保險與董事責任制度間之關係，視對董事責任制度之機能採何見解而定。日本學說對董事責任制度之機能有損害填補機能說與抑制機能說（藉以防止董事任務之懈怠），若過於強調前一功能可能使公司經營人才難覓，而若採後一機能，則董事責任保險可能使此一機能弱化。[1734]

五、董事違法行為之事後責任追訴

董事違法行為之事後責任追訴可由公司自行追究以及少數股東代表訴訟兩種可能，分述如下。

[1733] 轉引自黑沼悅郎，前揭書，頁 142。

[1734] 江頭憲治郎，前揭書，頁 467、468。

㈠公司自行訴追

1.基於股東會決議

公司法第二一二條規定，股東會決議對於董事提起訴訟時，公司應自決議之日起三十日內提起之。此為公司與董事間訴訟，依據公司法第二一三條之規定，除法律另有規定外，由監察人代表公司，股東會亦得另選代表公司為訴訟之人。此一決議僅需普通決議而且有迴避規定之適用。[1735]依日本通說之見，此一請求並不以董事違反其對公司之義務所生者為限，而包括一切債務，例如交易所生之債務，[1736]我國法亦同。

2.基於少數股東權之請求

公司法第二一四條第一項規定，繼續六個月以上，持有已發行股份總數百分之一以上之股東，得以書面請求監察人為公司對董事提起訴訟。二〇一八年修正本條第一項，因為參酌各國公司法之規定，我國持股期間與持股比例之規定較各國為嚴格，不利少數股東提起代位訴訟，然為防止股東濫行起訴，仍應保留持股比例與持股期間之限制，故將持股期間調整為六個月以上，持股比例降低為已發行股份總數百分之一以上。

㈡少數股東代表訴訟

公司法第二一四條第二項規定，監察人自有前項之請求日起，三十日內不提起訴訟時，前項之股東，得為公司提起訴訟；股東提起訴訟時，法院因被告之申請，得命起訴之股東，提供相當之擔保；如因敗訴，致公司受有損害，起訴之股東，對於公司負賠償之責。

二〇一八年增訂本條第三項，乃為降低少數股東提起訴訟之障礙，故參酌民事訴訟法第七七條之二十二，明定股東提起訴訟，其裁判費超過新台幣六十萬元部分暫免徵收。該條第四項規定，第二項訴訟，法院得依聲請為原告選任律師為訴訟代理人。此乃二〇一八年所增訂，使法院得依聲請為原告選任律師為訴訟代理人。

[1735] 柯芳枝，前揭書，頁323。

[1736] 前田庸，前揭書，頁464。

公司法第二一五條第一項規定，提起前條第二項訴訟所依據之事實，顯屬虛構，經終局判決確定時，提起此項訴訟之股東，對於被訴之董事，因此訴訟所受之損害，負賠償責任。該條第二項規定，提起前條第二項訴訟所依據之事實，顯屬實在，經終局判決確定時，被訴之董事，對於起訴之股東，因此訴訟所受之損害，負賠償責任。

1.立法目的

股東代表訴訟 (representative or derivative actions) 可謂是股東為公司內部監督機制之具體表現。其立法理由乃在於強化股東的監督功能、避免監察人與董事朋比為奸，防止公司為大股東所把持而仿自美日立法例之少數股東權立法。[1737]

2.代表訴訟之性質

代表訴訟乃日本法在一九五〇年自美國法所學得，[1738]但用語採英國之舊用語代表訴訟 (representative actions)，英國在一九七五年藉判決參考美國法而改稱之為衍生訴訟。[1739]由代表訴訟之名稱可知，股東乃代位行使公司之權利而具有代位訴訟之性質，而且亦具有代表全體股東進行訴追之代表訴訟雙重性質。[1740]

3.學者對本條的建議

國內學者對本條的評論包括⑴起訴要件過於嚴格。故應參考日本公司法之規定，改以「繼續六個月以上持有股份之股東」即有資格提起訴訟，目的在於防止與公司無關緊要之股東濫行代表訴訟。⑵命原告供擔保之規定過於草率，建議參考日本商法規定，修改現行法中不設任何限制之擔保

[1737] 川村正幸等三人合著，前揭書，頁 370；柯芳枝，前揭書，頁 322；王文宇，同前[75]，頁 446。

[1738] 龍田節、前田雅弘，前揭書，頁 178；近藤光男，前揭書，頁 351；河本一郎、川口恭弘，前揭書，頁 236；柴田和史，前揭書，頁 252。

[1739] Paul Davies, ibid., p. 666.

[1740] 吉本健一，前揭書，頁 273。

理由。⑶損害賠償之設計不當。蓋因原告勝訴之利益既歸屬於公司，何以敗訴時卻需對該董事與公司負賠償責任。[1741]

有關本建議，本書贊同。對董事責任之訴追，立法例上有以少數股東權之方式為之者（例如德國股份法第一四七條，甚至第一四八條規定少數股東經法院許可可直接行使訴權），日本法昭和二十五（一九五〇）年以前之公司法採之，另有單獨股東權之途徑，例如英國與美國之代表訴訟（美國並不限於對董事之責任訴追而包括所有公司之訴權之行使皆可用代表訴訟），日本現行公司法第八四七條允許由單一持股（六個月以上）即可之單獨股東權途徑，[1742]一股即可提代表訴訟乃重視上市公司董事責任制度之前述之抑制機能之制度。[1743]而且，由於其所行使者乃公司之權利，因此，即使事件發生後才繼受股權者亦可提起之。[1744]

我國現行制度自一九二九年公司法之第一五〇條即採德國之少數股東權之途徑，當時要求須持有股份總數百分之十以上之股東方可提起，但並無持股期間之限制，一九六六年修法受美日法之影響乃開始有持股期間之限制，但卻仍保有持股比例之限制（從百分之十到一九九〇年百分之五，到二〇一二年之百分之三，到二〇一八年之百分之一），所以，並未如日本法採單獨股東權之途徑，可謂是一折衷途徑。

㈢少數股東檢查人選派聲請權同門檻可搭配

為有利代表訴訟之進行，少數股東可選擇搭配檢查人選派聲請權，因為門檻恰巧相同。公司法第二四五條第一項規定，繼續六個月以上，持有已發行股份總數百分之一以上之股東，得檢附理由、事證及說明其必要性，聲請法院選派檢查人，於必要範圍內，檢查公司業務帳目、財產情形、特定事項、特定交易文件及紀錄。這必要性更是因為股份有限公司之股東僅

[1741] 王文宇，同前[75]，頁449-450。

[1742] 江頭憲治郎，前揭書，頁493（註1）；伊藤真，前揭書，頁1213。

[1743] 江頭憲治郎，前揭書，頁493（註1）。

[1744] 龍田節、前田雅弘，前揭書，頁179。

有檢查人選派聲請權等之少數股東權，其股東權並未如無限公司未執行業務股東有隨時之業務及財務之檢查權，而是有待公司之監察機關為之。

第四節 監察機關

壹、概 述

股份有限公司之監察機關包括監察人、檢查人與公開發行公司之獨立董事。[1745]監察人係股份有限公司除政府或法人一人股東公司外之法定、必備、常設之監督機關，職司監督公司業務執行與公司會計之審核。[1746]在企業自治之原則下，股份有限公司執行業務之監督，原則上委諸公司內部自行監督，而股東會乃由全體股東所組成，由其職司監督公司業務執行固較符合民主主義展現，然股東會畢竟非經常活動之機關，因而，有另設一常設機關之必要，以補股東會監督之不足，此乃監察人制之所由設。[1747]監察人制度在日本明治三十二（一八九九）年商法之第二篇（公司法）中已有之（稱監查役），[1748]而德國當時已採勞工參與制而設監事會 (Aufsichtrat)，因此，監察人制度應是仿自法國法。其在日本法乃在二次大戰之前未強制設董事會而由各董事負責執行業務之時代，對公司業務與會計進行監察之制度，但在一九五〇年修正受美國法影響而設董事會，對董事長及其他董事之業務監察委由董事會進行，因此，監察人僅剩會計監察任務，之後甚多公司粉飾太平而破產，因此，在一九七四年又回復監察人之業務監察任務。[1749]

[1745] 王文宇，同前[501]，頁 31、33。

[1746] 鄭玉波，同前[13]，頁 143；王文宇，同前[75]，頁 488。

[1747] 柯芳枝，前揭書，頁 363、364。

[1748] 黑沼悅郎，前揭書，頁 10。

[1749] 龍田節、前田雅弘，前揭書，頁 139–140。

我國公司法受日本法影響而亦設有監察人制度。在大規模之公開發行公司股權分散而有經營者支配之現象，因此，在縮小股東會權限以讓經營者有效率經營之同時，監察機關與少數股東之監督是正權在主要國家之公司治理機制中被擴大了，[1750]尤其我國公司多為股權集中型公司，其公司之治理首重大股東侵奪小股東，包括透過關係人交易利益輸送，因此，監察人與獨立董事之監察機能尤為重要。我國現行公司法下的監察人制度，在實務運作上絲毫無法發揮其公司內部監控機制之功能，並且其職位之獨立性現實上亦被架空，導致監察人制度並無法彰顯出公司治理的功能。這是因為監察人在董事會對業務執行者缺乏選任與解任之權，因此，要對其發揮業務監督之功能有限。[1751]而且，監察人之選任與董事之選任乃同由股東會多數所選出，既是同根生，相煎不會太急。因此，遂有以美國之獨立董事取代監察人之議。依美國法之獨立董事制度，美國法下之公司治理乃以董事會為中心，監督型董事會並不負責公司業務之執行，而是透過決策之指示、建言與監督執行成效或限制重要交易需經批准始得執行等種種方式，來參與指揮公司之業務管理，真正執行公司業務者乃公司經理人。因此，為確實達成監督功能，即使為執行型董事會，其成員亦被分成內部董事與外部董事二種，前者職司公司之經營，後者則負責監督公司業務，而被稱為「獨立董事」。詳參本書第二篇公司法總則篇之公司自律監督之探討。

我國除在公開發行公司引進獨立董事之變革外，監察人之必備性在二〇一八年已被鬆動，因為該年修正公司法第一二八條之一而規定政府或法人股東一人所組織之股份有限公司，得以章程規定不設監察人。該條立法目的為一人股份有限公司欠缺內部監督機制，因為一人股份有限公司之唯一股東勢必成為執行業務之董事，因而無其他之股東得以行使監察權。若設有監察人，該條第四項明定政府或法人股東一人股份有限公司之監察人由該政府或法人股東指派。

[1750] 吉本健一，前揭書，頁 142。

[1751] 高橋紀夫，前揭書，頁 146。

因金管會法令之規定，國內上市櫃公司最遲應自二〇二二年起設置審計委員會取代監察人，而興櫃及其他公開發行股票公司得擇一設置審計委員會或監察人，而非公開發行公司除政府或法人一人股東所組成之公司外應設置監察人。然而，設置審計委員會之公司，其審計委員應遵守何規範則有待法律之發展。以下就公司法現有之規定介紹之。

貳、監察人人數與任期

一、監察人之人數

監察人之人數為章程絕對必要記載事項，雖無上限，但最少非公開發行股票之公司需一人以上而公開發行股票之公司需二人以上。公司法第二一六條第一項遂規定，公司監察人，由股東會選任之，監察人中至少須有一人在國內有住所。該條第二項規定，公開發行股票之公司依前項選任之監察人須有二人以上，其全體監察人合計持股比例，證券主管機關另有規定者，從其規定。

若公司章程明定應選出監察人三位，股東會得否僅選任一人（監察人不足額選任）呢？若章程無規定人數，公開發行股票之公司如監察人僅餘一人，仍應進行補選。[1752]當股份有限公司之監察人數已明定在章程之中，有拘束公司所有成員之效力，因此，倘公司股東會之決議為監察人之不足額選任，則有決議內容違反章程之無效結果。

二、監察人之任期

有關監察人之任期，公司法第二一七條第一項規定，監察人任期不得逾三年。但得連選連任。該條第二項規定，監察人任期屆滿而不及改選時，延長其執行職務至改選監察人就任時為止。但主管機關得依職權，限期令公司改選；屆期仍不改選者，自限期屆滿時，當然解任。

[1752] 經濟部91年4月22日經商字第09102068230號函。

參、監察人之資格

公司法第二一六條第四項規定，公司法第三〇條之規定及第一九二條第一項、第四項關於行為能力之規定，對監察人準用之。

一、積極資格

在積極資格方面雖已無需具股東之身分（公司法第二一六條第一項規定公司監察人，由股東會選任之，已刪除由股東中選出之要求），但公司法第二一六條第四項仍規定，公司法第一九二條第一項、第四項關於行為能力之規定於監察人準用之，因此，監察人若為自然人則須具有行為能力。雖法人亦可能當選為監察人，但根據公司法第二七條第一項之特別規定，須政府或法人為股東時，始得當選為監察人，惟須指定自然人代表行使職務。

此外，公司法第二一六條第一項仍規定公司監察人中至少須有一人在國內有住所。該條第二項又規定，公開發行股票之公司依前項選任之監察人須有二人以上，而其全體監察人合計持股比例，證券主管機關另有規定者，從其規定。此乃是為配合證交法第二六條有關公開發行公司董監最低持股比例之規定。

二、消極資格

在消極資格方面，除依公司法第二一六條第四項準用公司法第三十條之規定外另須注意公司法第二二二條規定，監察人不得兼任公司董事、經理人或其他職員。此外，另需注意公司法第二七條第二項規定，政府或法人為股東時，亦得由其代表人當選為董事或監察人。代表人有數人時，得分別當選，但不得同時當選或擔任董事及監察人。

肆、監察人之選任

監察人之選任除公司設立時之選任已介紹於前外，公司設立後之選任方法原則上採累積投票制（公司法第二二七條準用第一九八條之規定），且除符合證券主管機關要求之公開發行股票公司應採外，其他股份有限公司可依章程採監察人候選人提名制度。最後，根據公司法第一九八條之立法沿革與修正理由，監察人之選任不得與董事之選任同時為之。

伍、監察人與公司之關係

公司法第二一六條第三項規定，公司與監察人間之關係，從民法關於委任之規定。此一委任契約之締結乃以股東會之決議為基礎而處理公司之團體法上事務，因此，其具有特殊性，所以，公司法就其報酬與解任等設有特別之規定而應優先於民法之規定而被適用。[1753]監察人之報酬，根據公司法第二二七條之規定乃準用董事之規定，因此，未經章程訂明者應由股東會議訂之。可見，其乃有償委任，[1754]即使監察人自願無償為之，仍不影響其應負之權利義務與責任。

至於政府或法人為股東時，不論是政府或法人股東本身當選為監察人而指派自然人行使監察權，或政府或法人股東指派之自然人代表當選為監察人，公司所付之報酬均歸政府或法人股東，因為該自然人與政府或法人股東間有委任契約，而依民法第五四一條第一項之規定，受任人因處理委任事物所收取之金錢及孳息皆應繳給委任人。[1755]至於車馬費因係供實際需要之費用，故可由該自然人領取。[1756]

陸、監察人之退任

除民法所規定之委任終止事由外，公司法所規定之監察人之解任有公司法第二一六條第四項準用公司法第三十條所生之失格解任外，尚有公司

[1753] 柯芳枝，前揭書，頁 369；王文宇，同前[75]，頁 491。

[1754] 陳連順，前揭書，頁 363。

[1755] 王文宇，同前[75]，頁 491。

[1756] 司法行政部 63 年 7 月 20 日台函參字第 6303 號。

法第二二七條準用董事之解任規定（決議解任、裁判解任與當然解任），於此不贅。

柒、監察人之權限

監察人之權限除公司法第二一八條之二第一項規定，監察人得列席董事會陳述意見外，大體上有監察權、公司代表權、股東會召集權。

一、監察權

與董事原則上需集體行使公司業務執行權不同地，為有效發揮監督之功能，公司法第二二一條規定，監察人各得單獨行使監察權。此乃為避免互相制肘或互相推諉。[1757]因此，公司即使設立監察人會，亦不生法律之效力。[1758]

有關監察權，公司法第二一八條第一項規定，監察人應監督公司業務之執行，並得隨時調查公司業務及財務狀況，查核、抄錄或複製簿冊文件，並得請求董事會或經理人提出報告。此一監察權包括公司適法性監督固無爭論，而且法令在此乃包括保護公司債權人或股東之具體規定，公司負責人善良管理人注意義務與忠實義務之規定與勞動法或獨禁法等基於公益保護目的之規定，[1759]但是監察權是否包括合目的性或妥當性之監督則有爭議。日本多數說認為監察權並不及於合目的性或妥當性之監督，少數說認為及於妥當性監督，[1760]但有力學說則認為若是任何人皆認為不當者（即明顯不當者）固屬監察權所及，若非明顯不當而屬業務執行之裁量範圍之內，則不應被認為屬監察權所及。[1761]這是因為不當性到達一定之程度（如顯著程

[1757] 鄭玉波，同前[13]，頁147。

[1758] 經濟部83年8月3日商字第214137號函。

[1759] 江頭憲治郎，前揭書，頁532（註2）。

[1760] 川村正幸等三人合著，前揭書，頁318；前田庸，前揭書，頁529–530。

[1761] 神田秀樹，前揭書，頁244（註1）；吉本健一，前揭書，頁223；黑沼悅郎，前揭書，

度）時將變成具有違反善良管理人注意義務或忠實義務之違法性了。[1762]

二、監察人之公司代表權

股份有限公司之代表權，原則上屬於董事長，但例外監察人在特定情況中亦有公司代表權，包括代表公司與董事為訴訟行為、代表公司委託律師或會計師審核表冊文件及代表公司與董事為買賣、借貸或其他法律行為。

公司法第二二三條規定，董事為自己或他人與公司為買賣、借貸或其他法律行為時，由監察人為公司之代表。由於董事未必有代表公司之權，因此，本條之立法理由並非單純要避免雙重代表，而是為避免董事為自己利益或其他董事礙於同事情誼，致有犧牲公司利益之虞，故由監察人為公司之代表。[1763]此時若監察人有數人時，應共同代表公司與董事為法律行為（民法第一六八條參照），因為此種情形非監察權之行使，不適用公司法第二二一條之規定。[1764]公司法第二二三條之意旨既在避免利害衝突，損及公司利益。故當股份有限公司之董事長、董事、監察人均與本公司有交涉時，因法律無明文規定以何人為公司代表人，為顧及公司利益，宜由股東會推選代表之。[1765]此一實務見解，即認為其意旨在避免利害衝突，損及公司利益。

公司法第二二三條乃強行或任意規定呢？公司法第二二三條之相關實務見解認為，公司法第二二三條係規定「董事為自己或他人與公司有交涉時，由監察人為公司之代表」，此一條文之規定，旨在禁止雙方代表，以保護公司（本人）之利益，非為保護公益而設，自非強行規定，如有違反，

頁 162、165；龍田節、前田雅弘，前揭書，頁 154。

[1762] 高橋紀夫，前揭書，頁 283；三枝一雄、南保勝美、柿崎環、根本伸一，前揭書，頁 217；江頭憲治郎，前揭書，頁 532（註 2）；龍田節、前田雅弘，前揭書，頁 154；河本一郎、川口恭弘，前揭書，頁 245。

[1763] 王文宇，同前[459]，頁 1、11–12。

[1764] 柯芳枝，前揭書，頁 330。

[1765] 經濟部 80 年 8 月 28 日商字第 220732 號函。

其法律行為並非無效，倘公司（本人）事前許諾或事後承認，即對於公司（本人）發生效力。[1766]換言之，我國實務認為董事長違反本條之行為乃類推適用無權代理之規定而效力未定 ， 而須待監察人代表公司為承認才生效。[1767]然而，公司法第二二三條雖是二〇〇一年修法前之規定，我國在引進英美法之忠實義務以後，此一見解已受懷疑，因為監察人為公司職務負責人對公司有忠實義務，包括避免雙方代表之利益衝突情況。忠實義務在英國法上不得以契約排除，而屬強行規定，我國法應作相同解釋，而認為公司法第二二三條已屬強行規定，除公司法有特別規定外，不可被公司（本人）事前許諾或事後承認而加以排除，以免多數股東（大股東）依此而損害公司利益，不利於小股東權益保障。

三、股東會召集權

公司法第二二〇條規定，監察人除董事會不為召集或不能召集股東會外，得為公司利益，於必要時，召集股東會。監察人此一召集權已述於本書股東會章節。

捌、監察人之義務

公司法第二一六條第三項規定，公司與監察人間之關係，從民法關於委任之規定。因此，除基於委任關係所生之義務外，監察人依公司法之規定尚有以下之具體義務，包括監督公司業務與表冊之義務、申報持股之義務、不得兼任公司董事經理人或其他職員之義務，與對董事會或董事違法行為之制止義務。

依公司法第二一八條之二第二項之規定，董事會或董事執行業務有違反法令、章程或股東會決議之行為者，監察人應即通知董事會或董事停止其行為。又依公司法第二二二條之規定，監察人不得兼任公司董事、經理

[1766] 最高法院87年台上字第1524號民事判決。

[1767] 王文宇，同前[459]，頁1、11–12。

人或其他職員。依此一規定，監察人有否競業禁止義務呢？學說通說採否定說認為，監察人無執行公司業務之權限，故無競業禁止之考量。[1768]公司法第二二二條之公司係專指「本公司」而言，蓋本條之立法意旨係認為，監察人作為監督機關，實不宜與業務執行機關混淆。由此觀之，監察人不得擔任董事或經理人者，乃指「本公司」之董事或經理人而言。至於監察人兼任其他公司之董事或監察人則不受該條之限制。我國實務見解亦認為公司法第二二二條規定「監察人不得兼任公司董事、經理人或其他職員」，旨在期使監察人能以超然立場行使職權，以杜流弊，上開不得兼任公司董事及經理人，係指不得兼任同一公司之董事及經理人而言，如兼任其他公司之董事及監察人，自不受限制。[1769]

玖、監察人之責任

一、監察人對公司之責任

㈠實體規範

監察人對公司責任之實體規定有公司法第二二四條，其規定監察人執行職務違反法令、章程或怠忽職務，致公司受有損害者，對公司負賠償責任。其包括違反公司法第二三條第一項之情況。其中若有關表冊者，依據公司法第二三一條之規定，各項表冊經股東會決議承認後，視為公司已解除監察人之責任。但監察人有不法行為者，不在此限。此時公司法第二二六條進一步規定，監察人對公司或第三人負損害賠償責任，而董事亦負其責任時，該監察人及董事為連帶債務人。例如，監察人經董事會通知參加董事會而無故缺席，則有可能構成監察人對公司之忠實與注意義務之違反，而須依公司法第二二四條之規定對公司負損害賠償責任。[1770]

[1768] 鄭玉波，同前[13]，頁 145。

[1769] 經濟部 93 年 8 月 26 日商字第 09302139530 號函。

[1770] 黃銘傑，同前[1636]，頁 359、363–364。

㈡程序規範

公司對監察人起訴有公司訴追與代表訴訟，詳參本書公司對董事責任之訴追一節。前者代表人為公司董事長，而公司法第二二五條第一項規定，股東會決議，對於監察人提起訴訟時，公司應自決議之日起三十日內提起之。而且該條第二項規定，前項起訴之代表，股東會得於董事外另行選任。

所謂代表訴訟，公司法第二二七條規定，公司法第一九六條至第二〇〇條、第二〇八條之一、第二一四條及第二一五條之規定，於監察人準用之，但第二一四條對監察人之請求，應向董事會為之。詳參公司對董事責任之代表訴訟於茲不贅。

二、監察人對第三人之責任

監察人乃公司法第八條第二項之職務負責人，因此，其對第三人之責任亦有公司法第八條第二項、公司法第二三條第二項、民法第二八條及民法第一八四條之適用。此時有關監察人與董事之連帶責任，依據公司法第二二六條之規定，監察人對公司或第三人負損害賠償責任，而董事亦負其責任時，即董事共同釀成時，本法為保護被害人起見，而規定該監察人及董事為連帶債務人。這是法定的連帶債務，惟若是監察人自己釀成者，則由監察人自負責任，或頂多由監察人與公司連帶負責而與董事無關。[1771]

拾、檢查人

一、檢查人之概念

檢查人為公司法第八條第二項所規定之職務負責人，且為公司法所法定、任意、臨時之監督機關。[1772]德國法對公司設立程序與設立後之業務與財務　（含會計）　以及重整程序之監督有監控權 (Kontrolrecht) 與監察權

[1771] 鄭玉波，同前[13]，頁 148。

[1772] 王文宇，同前[75]，頁 495。

(Aufsichtsrecht) 兩種監督權。監察權不僅對事實有調查權，而且對事實之適法性與適當性皆有調查權與糾正權，而監控權原則上僅有對事實有調查權以及對事實之適法性之調查權而無適當性調查權（我國公司重整檢查人可調查公司負責人之執行職務有否失當乃屬例外），而且其僅有將檢查結果向選任機關之報告權，而無糾正權（例如召集股東會加以糾正之權利）。[1773]

二、設立目的

檢查人之設立目的除避免監察人等常設機關可能與公司業務執行機關因長時間交往而徇私外，[1774]亦因現代公司經營專業化，有甚多事項須仰賴專業人才能一窺其中奧妙，檢查人之相關專業知識正可補監察人之不足。[1775]

三、檢查人之資格

有關檢查人之資格公司法僅在公開發行公司之重整於公司法第二八五條第一項規定，法院得就對公司業務具有專門學識、經營經驗而非利害關係人者，選任為檢查人。而後在股份有限公司之特別清算，依公司法第三五二條第二項規定，準用公司法第二百八十五條之規定。其他情況之檢查人資格應亦相同。[1776]

四、檢查人之選任

公司法中有關檢查人之選任有公司與法院兩者。由公司選任者包括由創立會（公司法第一四六條第二項參照）與由股東會（公司法第一七三條第三項、公司法第一八四條第二項、公司法第三三一條第二項參照）以普

[1773] 柯芳枝，前揭書，頁 381；王文宇，同前[75]，頁 165、495、496。

[1774] 柯芳枝，前揭書，頁 380；王文宇，同前[75]，頁 165、495。

[1775] 王文宇、林國全，公司法，收錄於王文宇、林國全、王志誠、許忠信、汪信君，前揭書，頁 116。

[1776] 柯芳枝，前揭書，頁 382。

通決議加以選任。

由法院選任者包括基於少數股東權之申請（公司法第二四五條第一項）、公司重整（公司法第二八五條第一項）、特別清算（公司法第三五二條第二項）。雖由法院所選任，檢查人與公司間之關係仍為委任關係，而且原則上為有償委任（參閱公司法第三一三條第一項規定），因此，非訟事件法第八四條前段規定，其費用由公司負擔。但有見解認為，由法院選任者與公司間並無委任關係，而僅為公司之監督機關而已。[1777]

五、少數股東之檢查人選派聲請權

(一)概　述

公司法第二四五條第一項規定，繼續六個月以上，持有已發行股份總數百分之一以上之股東，得檢附理由、事證及說明其必要性，聲請法院選派檢查人，於必要範圍內，檢查公司業務帳目、財產情形、特定事項、特定交易文件及紀錄。該條第二項規定，法院對於檢查人之報告認為必要時，得命監察人召集股東會。二〇一八年修正時為強化少數股東之保護，將持股期間及持股數，調降為六個月及百分之一。此一權利被稱為股東對公司業務及財務狀況之檢查權。[1778]

(二)立法意旨

股份有限公司股東因人數可能眾多，採企業所有與企業經營分離原則，故股東對公司之經營甚少參與，但股東畢竟為資本主，而其股東共益權（例如對董事會之違法行為禁止請求權）與自益權之適當行使之前提為股東能正確掌握公司之業務與財務狀況，[1779]甚至須調查董監事有無不法之事實。然而股份有限公司之股東因人數可能眾多，為了不影響公司之正常營運，公司法不能像在有限公司的場合一樣讓不執行業務之股東皆得行使監察

[1777] 鄭玉波，同前[13]，頁 143–144。

[1778] 柯芳枝，前揭書，頁 417。

[1779] 鄭玉波，同前[13]，頁 161。

權，而需有所限制，以免股東濫用其權利，[1780]而且公司經營趨向專業化後，股東之專業常有不足而監察人可能與經營派朋比為奸，因此，為協助少數股東獲取內部資訊調查相關事實，公司法第二四五條遂規定，其得聲請法院選派檢查人為之。

㈢股東行使檢查人選派聲請權之要件

為防止少數股東濫用檢查人選派聲請權，須繼續半年以上，持有已發行股份總數百分之一以上之股東。該股份包括表決權股與無表決權特別股，因為檢查內容並非限於表決權等共益權之落實而包括自益權之落實。而且，由於其屬少數股東權，所以，解釋上不以單一股東持有已發行股份總數百分之一以上為必要，而得合併計算數位股東所持有之股份。[1781]此一持股比例根據日本判例需在申請時到選任時皆符合，但學說認為此一要求可能使申請人在公司發行新股時非因己意而喪失申請權而失當。[1782]我國法因有原股東新股認購權規定，而不生此問題。

㈣具有董事身分之股東亦可聲請選派檢查人

股份有限公司之董事為公司業務執行機關，但董事會依公司法第二二八條編造會計表冊常委由財務會計部門專業為之，然後提出於董事會，而董事會之決議就此採取多數決，少數董事即使有所質疑，仍可能被否決，而且，少數董事從財務報表與會計表冊未必能正確判定其記載內容有無錯誤，更遑論核對公司實際之財產狀況，故我國實務認為，只要符合聲請法定資格，縱然擔任董事職務，仍應容許其行使檢查人選派聲請權。[1783]本書認為在現行法不允許董事調閱權之前提下更應允許其聲請。然而若其為獨立董事，則因獨立董事職務與監察人類似，因此，應不予允許。

[1780] 柯芳枝，前揭書，頁417；黑沼悅郎，前揭書，頁180。

[1781] 柯芳枝，前揭書，頁418；鄭玉波，公司法，二版，三民，台北市，民國72年8月，頁161。

[1782] 黑沼悅郎，前揭書，頁180。

[1783] 台灣高等法院暨其所屬法院於民國95年12月13日法律座談會民事類第9號提案。

㈤監察人無檢查人選派聲請權

就條文文義而言，聲請資格僅有持有股份數及時間之限制而已，但實務認為監察人依公司法第二一八條第一項規定，已得隨時調查公司業務與財務狀況，查核簿冊文件，殊無另依第二四五條聲請法院選派檢查人，檢查公司業務帳目與財產情形之必要。[1784]本書基於監控權與監察權之功能區分，贊同此一見解。

六、檢查人之義務與責任

檢查人既為公司職務負責人依公司法第二三條第一項之規定對公司即應負善良管理人之注意義務以及忠實義務。因此，針對重整檢查人公司法第三一三條第一項即明文規定其善良管理人之注意義務。此一義務之違反將產生檢查人依公司法第二三條第一項以及民法委任等規定對公司須負損害賠償責任。最後，檢查人之專業需求時常乃因公司資本制度之專業，例如會計專業，此時我們須對股份有限公司之資本制度做一了解。

[1784] 最高法院75年台抗字第150號裁定。

第五章　股份有限公司之資本與公示制度

第一節　概　述

在第四章介紹股份有限公司之人的組織（機關）後，在本章需介紹物之組織，即資本制度與其相關公示制度。而其中增資問題擬納入發行新股一節中，而僅在本章之末介紹減資議題。

壹、資本的意義

資本 (capital, Kapital) 之概念在經濟學與法學及會計學上有不同之意義。在經濟學上資本乃泛指營業上之經營資金而約等同會計學上之資產，甚至常指土地以外之廠房、機器與設備等，而包括他人資本（如公司債及其他借款）與自己資本（如盈餘公積）等非屬公司法上之資本者。[1785]在公司法與會計學上，資本乃指股東為達成公司目的事業對公司所為出資之總額，故為一定不變之計算上數額，除非經過增減資程序。[1786]

此一靜態資本雖被大陸法系期許能在股東有限責任的制度下，達到保護股份有限公司債權人之功能，[1787]但一公司之償債能力往往取決於現實具體之資產，因此，公司資產負債表中動態之資產反而提供較好之公司信用基礎，尤其是與無限公司與兩合公司有無限責任股東對公司之債務負無限連帶清償責任不同，股份有限公司係以公司資產作為公司所承擔債務之唯一清償基礎。資產乃公司所擁有之資源與財產，以所謂之會計恆等式（資

[1785] 三枝一雄、南保勝美、柿崎環、根本伸一，前揭書，頁30。
[1786] 柯芳枝，前揭書，頁156。
[1787] 前田庸，前揭書，頁19。

產等於負債加股東權益）來看，則知其來源乃公司對他人之負債（例如公司債）與公司因股東出資所轉換成之股東權益。資產負債表上資產減去負債之淨值才是公司信用之真實基礎，而使得資產越多反而提供較好之公司信用基礎，而資產來源之一的股東權益項目之科目之一為股東出資（即公司法上之資本）。可見，資本為資產的來源之一。然而，公司資產日日有所變動，要形成信用基礎需透明與公開，英美法系基於個人自由主義僅力求資訊透明化，而要求交易相對人自我搜尋公司資產自我判斷後自負盈虧，而較少對資本做要求，所以，在美國法上，公司資本根據信託基金理論(the trust fund theory)，乃股東要享受有限責任所需付之代價，[1788]可見其乃以著眼於股東而非債權人。

大陸法系則本於集體主義希望確保債權人或交易相對人之交易安全，雖知資產或公司淨值才為公司債信最好之建立基礎，但在資訊透明化與公開化落實之前，僅能退而求其次而仰賴公司資本，希望藉資本要求而給交易帶來安全。而此一公司資本之數額，在使用面額股之公司，乃以股份總數及其面額代表之，在採無面額股之公司，乃僅以股份總數表徵之，因為無面額股為美國法之股份制，而使資本概念產生轉變。

貳、資本之概念區分

資本為公司從事商業活動之基礎，亦為公司債權人評估其債權滿足可能性之基礎。然而，資本之概念有實質與形式之分，而形式資本又有廣義與狹義之分。

所謂實質資本乃形式資本（如實收資本）因公司經營而有所增減後之數額，故相當於會計上所稱的公司淨值或股東權益。對公司債權人而言，實質資本才是債權實現之最佳保障，形式資本之大小並非關鍵之所在，但形式資本仍能作為評估公司財力之簡易參考。

所謂形式資本乃指股份總數與每股金額之乘積，即股東之出資額。此

[1788] Katharina Pistor et al., ibid., 822.

包括將公司章程所定之股份總數乘上每股金額之總和之「章定資本總額」，與將公司已發行股份總數乘以每股金額之總和之「實收資本」。當股份有面額而溢價發行時，超過面額發行所得之溢額，公司法認為其應列為資本公積，因為公積並非大陸法系之資本之概念所及。然而，此一形式資本之概念因每股金額之金額乃依面額或依實際價額而有狹義與廣義之分。

傳統上大陸法系股份有面額，而且章程有股份總數之記載，其乘積即為章訂資本總額（現在在有限公司仍有此一概念），即使改採授權資本制而使其資本有實收資本之概念，即已發行股份總數乘上股份面額（而得股本），已發行股份總數乘上溢價所得之資本公積（美國法稱為額外投入資本“additional paid-in capital”）仍非大陸法系之資本之概念所及。然而，公司會計所稱之資本為廣義資本或稱投入資本 (contributed capital, paid-in capital) 而強調所有股東之投入皆應計入資本中不應因股份面額之超過而受影響，包括前述之實收資本與資本公積皆屬投入資本。因此，有學者認為所謂資本公積乃一過時之名詞，因為在現代會計學多改稱為額外投入資本。[1789]然而，現行會計準則仍將額外投入資本翻譯為資本公積，因此，與過時與否無關，而是涉及大陸法系與美國法制之衝突問題。此由當我國股份採美國所始創之無面額股時便不生衝突可知。依據公司法第一五六條第二項後段之規定，公司採行無面額股者，其所得之股款應全數撥充資本，此一資本雖有見解認為乃指實收資本，[1790]但更精確而言乃屬上述之投入資本了。

實收資本雖可能因公司經營而與公司現實財產（純財產）有所差距，而可能對不成熟之市場參與者造成誤導，但在缺乏更有效的揭露制度下，由於實收資本額乃公司法第三九三條第二項所要求主管機關對非公開發行股票公司所公開之唯一資訊，因此，仍為部分市場參與者所重視之判斷公

[1789] 王文宇，同前[75]，頁 326。

[1790] 朱德芳、張心悌，公司籌資與有價證券之發行，收錄於方嘉麟主編，變動中的公司法制，初版，元照，台北，2019 年 1 月，頁 52、56。

司債信之資訊。[1791]不過，實收資本額如何從主管機關的公開資訊中得知則因該公司股份為面額股或無面額股而有所不同。

參、股份有無面額與實收資本之關係

就股份與實收資本之關係而言，面額股在現行公司法上之功能為將股東對公司之投入資本區分成實收資本（由面額乘上股數）與資本公積（由溢價乘上股數），而後者在一定條件下可被撥充資本或發放現金股利。當主管機關所公開者僅為已發行股份數，我們將之乘上該股份面額即可算出該公司之實收資本額。

至於無面額股，公司法第一五六條第二項後段規定，公司採行無面額股者，其所得之股款應全數撥充資本。此條規定之資本其實已屬投入資本之範疇。此種公司之章程雖僅有股份總數（或稱授權股份數）之記載，但由於公司法第三九三條第二項第七款之規定，主管機關須公告該公司之實收資本額，因此，例如該公司之章程所載股份總數若為二百萬股而主管機關公開其已發行八十萬股，若能計算出該公司每股獲得平均價格為五元，則實收資本為四百萬元，而其章程授權資本額（章定資本總額）即為一千（五元乘上二百萬股）萬元，而留有一百二十萬股於將來再分次發行。[1792]

肆、我國原則上已無最低資本額之要求

所謂最低資本額乃指依法公司之資本須達所訂最低額以上，其設置乃因資本制度之目的將因金額過小而未能達其目的。[1793]我國除其他法規另有要求外，公司法已於二〇〇九年四月廢除股份有限公司與有限公司之最低資本額要求，因為我國公司之資本制度與日本法一樣已朝向英美法調整。

[1791] 朱德芳、張心悌，前揭文，頁52。

[1792] 陳連順，前揭書，頁165。

[1793] 前田庸，前揭書，頁20。

第二節 英美法系股份有限公司之資本制度

壹、導 論

英美法基於自由個人主義，公司法並無資本三原則之要求，而強調經營者與控制股東之責任並採授權資本制。

貳、授權資本制

授權資本制 (authorized share capital) 乃英美之制度，所以，其意義須從英美公司之資本制度來了解。美國法上，公司設立時發起人僅須就基本章程所定資本各認一股以上即得申請公司設立，而不必將章程所定之資本全數發行，而得於公司成立後視實際需要授權由董事會分次發行稱為授權資本制。[1794]所謂授權資本制之授權乃因在公司之特許主義時代，股份資本之發行是基於國家之授權，此一授權在進入現代英美公司法所採行之準則主義時代之後仍被保留而表示國家授權一公司所得發行之章程所定股份資本。[1795]例如，在英國法上公司章程所載之股份資本 (share capital) 為其名目資本，亦即被授權發行之所有股份之名目價值之總和。[1796]此一名目資本乃其全部所能發行之股份資本之最高額，發行超過部分之股份無效。但這並不表示一公司在成立之後便會發行全部名目資本的股份，而是發起人可能訂出一名目資本額讓公司在初期能有發行一部分股份以獲得初期營運所需之資金，而留一部分股份讓將來之董事發行以獲取其將來營運所需資金或換取所需之資產。[1797]但公司並不必使其名目資本超過其實際需求過多，因

[1794] 王文宇，同前[75]，頁 327。

[1795] 柯芳枝，前揭書，頁 159。

[1796] Robert R. Pennington, ibid., p. 24.

[1797] Robert R. Pennington, ibid., p. 24.

為將來若有大量資金之需求仍可藉變更章程中明目資本之方式為之。[1798]從而所謂授權資本乃指章程所定公司不必變更章程即得以發行之股份資本，而由於在此一範圍內之股份發行通常屬董事會之權限，[1799]因此，由國家授權公司發行變成公司授權董事會發行了。

第三節　大陸法系之資本制度

壹、概　述

由於股份有限公司之股東僅以其出資額為限，對於公司債務負間接有限之清償責任，故公司之「資產」或現實財產為公司債權人實現債權之唯一依賴。而為保障公司債權人實現債權之可能性，本須力求公司資產之充足，但公司之「資產」隨公司營業狀況而增減，因此，就公司償債能力評估基礎之擇定上，相較於公司之浮動之「資產」，公司之「資本」為相對較穩固之數額，故以公司之資本為評估公司償債能力之基本數值，並加以努力維持則成為公司債權人之最低保障，大陸法系乃有資本三原則之立法設計。

貳、資本三原則

大陸法系下的公司資本制度，除普遍設有最低資本額之要求外，尚採取確保資本真實流入及防止資本不當流出之法律機制，故承認資本三原則，與股東有限責任原則相互配套。我國公司法因制定時參考日本法與德國法而深受德國法之影響，為求公司資本確實與穩固，並保障交易相對人亦有資本三原則即資本確定原則 (das Prinzip des festen Grundkapitals)、資本維持原則 (das Prinzip der Bindung des Grundkapitals)、資本不變原則 (das

[1798] Robert R. Pennington, ibid., p. 25.

[1799] 鄭玉波，同前[13]，頁 79。

Prinzip der Bestaendigkeit des Grundkapitals)。

在大陸法系之傳統上，資本三原則乃資本制度之本質要求，因為若無此三原則，則資本制度將失其意義，雖未有明文規定，但公司法上有甚多條文乃在體現或落實此三原則。[1800]尤其是要有資本制度，就須有資本維持原則及資本不變原則，此兩者與資本確定原則較可被放棄者不同。[1801]然資本三原則亦有僵化之缺陷，有礙公司資本之籌集甚至不利公司之設立。尤其，資本確定原則要求股份有限公司於設立時，資本總額必須在章程中確定，且應認足繳足，而使公司不易成立且有資本閒置之缺失。在採行資本三原則國家中如日本法近年受美國法之影響，漸有輕視資本制度之傾向，即使仍保有大陸法系之制度，內容已趨緩很多，[1802]其中，資本確定原則因較不具本質性，所以，日本法已大幅緩和之。[1803]我國對此亦改採英美法之授權資本制緩和資本確定原則之限制，至於資本維持原則與資本不變原則則仍為我國公司法所嚴加遵守，[1804]但資本不變原則之內涵則已有所改變。在採行面額股之公司雖仍有資本三原則之適用，但採無面額股之公司，資本三原則已未能給債權人多少保障，[1805]而且在引進低面額股及閉鎖性股份有限公司允許勞務出資等情況下，資本已喪失往昔之意義，因此，債權人已不能再如以往般仰賴資本三原則，[1806]這一發展趨勢使德國法亦開始做調整。

參、德國法對資本三原則之調整

資本不變原則要求公司資本總額一經章程資本確定後，即應保持固定

[1800] 前田庸，前揭書，頁 21。
[1801] 前田庸，前揭書，頁 22。
[1802] 龍田節、前田雅弘，前揭書，頁 399。
[1803] 前田庸，前揭書，頁 21。
[1804] 柯芳枝，前揭書，頁 162。
[1805] 王文宇，同前[75]，頁 84。
[1806] 王文宇，同前[75]，頁 327。

不變，非依法定程序，不得任意變更公司之資本總額。因程序繁複，有礙公司資本之籌集，在時間上緩不濟急，因此，採行資本三原則國家中之德國，乃對此改採許可資本制 (genehmigtes Kapital) 緩和資本不變原則與資本確定原則之限制。

所謂許可資本制乃指公司設立雖仍採行資本確定原則（德國股份法第二九條），但德國股份法第三節第二〇二條第一項規定，公司章程可以授權董事會或董事 (Vorstand) 在公司成立後於最長五年之期間內，藉發行新股獲得資本之挹注提高基本資本額（das Grundkapital，即我國法之章定資本額）達到一特定之所稱數額（Nennbetrag，即許可資本）。德國公司法第二〇二條第二項又規定，前項之授權亦得在章程變更登記後於最長五年之期間內藉章程變更方式為之，但此一決定需有股東會四分之三之特別決議。該條第三項又規定，該許可資本 (genehmigtes Kapital) 之所稱數額不得超過授權時存在之基本資本額（章定資本額）之一半。新股票之發行僅能經監察人會之同意發行之。

由上述規定可知，許可資本制不必經股東會之特別決議而由董事會或董事決定之，惟不得超過授權時基本資本額（章定資本額）之半數，此一制度緩和了資本不變原則之嚴苛。最後，此一授權亦得依變更章程之方式為之，但此時乃同時改變了公司之章程所訂基本資本額（章定資本額）了。國內有認為其乃屬一種折衷的授權資本制或類似授權資本制者，[1807]因為兩者間之主要差異在於授權資本制乃章定資本總額內之伸縮彈性，而許可資本制乃在章定資本總額外之彈性，無論何者，皆已使成立公司的資本不再受章程之確定了。

[1807] 鄭玉波，同前[13]，頁 79；姚志明，前揭書，頁 198。

肆、資本確定原則

一、意 義

所謂資本確定原則，指股份有限公司於設立時，資本總額必須在章程中確定，且應認足或募足，否則公司不能成立，以確保公司於成立時即有穩固之財產基礎。[1808]我國公司法在一九六六年修正之前即採此制，學者又稱之為法定資本制。[1809]

在公司設立時，資本確定原則配合資本維持原則使公司事實上擁有相當於帳面資本之資產，因此，此一形式資本提供公司債權人確定的信用基礎，與股東判斷其權益比例多寡之參考。然而，公司營運一段時間後，公司的形式資本因公司之盈虧而對債權人漸失其意義，而是公司淨值方具有重要性，因此，上述意義之資本確定原則已不被採納，[1810]或謂雖未被廢棄，但其內涵已被大幅改變了。

二、資本確定原則內涵之演變

資本確定原則在我國立法例之演變由一開始採歐陸法系之法定資本制，折衷變成折衷式授權資本制，此時期仍在第一次發行股份之範圍內相對地遵守資本確定原則，[1811]而最後改採完全授權資本制。而此一原則現在則更因允許一塊錢公司（無最低資本額要求）而中空了。[1812]

[1808] 柯芳枝，前揭書，頁 157；高橋紀夫，前揭書，頁 5；江頭憲治郎，前揭書，頁 38（註1）。

[1809] 鄭玉波，同前[13]，頁 79；廖大穎，前揭書，頁 116。

[1810] 川村正幸等三人合著，前揭書，頁 402。

[1811] 柯芳枝，前揭書，頁 162。

[1812] 龍田節、前田雅弘，前揭書，頁 400。

㈠法定資本制

我國公司法於一九六六年修法前，採法定資本制（即資本確定原則），[1813]要求公司於設立之初，資本總額需於章程中確定，並予以募足（募集設立）或認足（發起設立）後，公司始得設立。

在章程所載股份總數方面有兩種主義，一為總數發行主義（日本法稱之為總數引受主義），一為部分發行主義（日本稱為截止發行主義）。依前者，公司設立時須將公司章程之股份全數發行，公司方設立，而公司發行新股亦須將該次要發行之股份發行完畢該新股發行才成立，而依後者僅需一部分發行即可截止而完成（日本稱之為「打切發行」）。採取後一主義而允許股份部分發行或甚至僅發行一股，在公司設立時等於緩和了資本確定原則。[1814]

採法定資本制（即資本確定原則）之優點為確保公司於成立時即有穩固之財產。並使公司之交易相對人得於股東有限責任之制度下，對於其將來實現債權之可能性提供最基本的評估標準。

採行法定資本制（即資本確定原則）之缺點為公司不易成立；資產閒置；增減資須經股東會特別決議，曠日費時。

㈡我國已改採授權資本制修正了資本確定原則

由於上述之缺點，我國已改採完全授權資本制，因此，公司法第一五六條第四項規定，公司章程所定股份總數，得分次發行。完全授權資本制不僅在客體方面採部分發行主義（日本稱為截止發行主義），而且，在主體方面不再由股東會決定發行與否，而改成授權董事會為決定之機關。然而，我國授權資本制之變動並非一次到位，而是經過一段緩衝期間如下。

1. 折衷式授權資本制

日本商法於昭和二十五（一九五〇）年修法前，亦採法定資本制，惟於昭和二十五年修法時，針對上述法定資本制之僵硬，與授權資本制對於

[1813] 柯芳枝，前揭書，頁161。

[1814] 前田庸，前揭書，頁24。

債權人保護不周之處予以調和，而採行所謂「折衷式授權資本制」。[1815]其與上述美國法之授權資本制，主要差別在於日本法對於公司設立時所發行之股份數另設有最低數額之限制，其數額不得少於章定股份總數之四分之一。換言之，即章程中所規定之股份總數，不得超過公司於設立時所發行之股份數之四倍。同時，於變更章程增加股份總數時，變更後之股份總數亦不得超過既已發行股份數之四倍。

我國公司法於一九六六年修法時，仿照日本立法例，採用折衷式授權資本制，因此亦規定公司章定股份總數，得分次發行，但第一次應發行之股份，不得少於股份總數四分之一，並規定「公司非將已規定之股份總數，全數發行後，不得增加資本」（原公司法第二七八條第一項），且「增加資本後，第一次發行之股份，不得少於增加之股份總數四分之一」（原公司法第二七八條第二項）。

2.完全授權資本制

⑴授權資本制之全面化

受美國法與日本法之影響以及現代新金融商品帶來之影響，例如在有發行可轉換公司債時之四分之一之計算困難等，我國已超過現行日本公司法而全面改採完全授權資本制或稱純粹授權資本制。

⑵意　義

依授權資本制，公司章程雖訂明股份總數，但授權董事會根據公司實際資金需求而分次發行。根據美國法之授權資本制，股份有限公司於設立時，雖仍須於章程中載明公司股份總數（或一定數額之資本），惟無須於公司設立時即全數發行，公司之發起人僅須就章程所定之股份數各認一股以上即得申請設立公司，其餘之股數則得於公司設立後，視公司之實際需求而分次發行。又因發行股份之事項屬於董事會之職權，等同於股東會藉由章程之訂定，授與董事會發行股份之權限，故稱授權資本制，[1816]又稱為授

[1815] 三枝一雄、南保勝美、柿崎環、根本伸一，前揭書，頁7。

[1816] 鄭玉波，同前[13]，頁79。

權股份制度。[1817]

⑶優缺點

授權資本制將使公司成立時之財產基礎較為薄弱，會產生章定資本總額與實收資本額間之差距，在股東有限責任之制度下，需有有效之資訊揭露方法，否則對於公司債權人之保障將有所不周，故我國法於一九六六年修法時，遂仿效日本法之規定，僅採「折衷式授權資本制」。[1818]

相對地，其優點則為公司較易成立而且能彈性調度公司所需資金。相對於法定資本制而言，授權資本制給予公司最大的便利性：於設立時，無須認足或募足所有章定股份，降低公司設立之難度；於增資時，公司經營者得在章程之限制範圍內自由地依公司之資金需求而發行股份甚至減資，而無需每次發行新股或減資時皆履行變更章程之程序，提高資金使用之效率性。

⑷二〇〇五年公司法修正改採完全授權資本制

基於上述便利公司藉由發行新股籌措資金之考量，二〇〇五年修法時改採授權資本制（完全授權資本制、純粹授權資本制），刪除原第一五六條第二項但書「但第一次應發行之股份，不得少於股份總數四分之一」之限制，並修正舊法第二七八條第二項之規定為「增加資本後之股份總數得分次發行」原有關四分之一之限制亦隨同刪除。然舊法第二七八條第一項仍留有「公司非將已規定之股份總數，全數發行後，不得增加資本」之文字，有違反授權資本制之疑慮。最後，第二七八條在二〇一八年又全條遭刪除，詳如後述。在完全授權資本制下，公司資本有授權資本（章程名目資本）與已發行資本，我國法常稱為實收資本或實收股本。

⑸資本確定原則之尚存規定

公司法雖改採完全授權資本制，但仍留有法定資本制（即資本確定原則）之一些具體落實規定：公司法第一三一條第一項規定，發起人認足第

[1817] 川村正幸等三人合著，前揭書，頁 168。

[1818] 柯芳枝，前揭書，頁 160、161。

一次應發行之股份時，應即按股繳足股款並選任董事及監察人。公司法第一三二條第一項規定，發起人不認足第一次發行之股份時，應募足之。此些規定乃資本確定原則在我國法之殘跡。

伍、資本不變原則

一、資本不變原則內涵

所謂資本不變原則，原係指公司資本總額一經章程確定後，即應保持固定不變，非依法定程序（例如公司法第二七七條及第二七九條），不得任意變更公司之資本總額。[1819]所謂不變包括不增加與不減少。所以，不只增資須修改章程要依法定程序，欲減少公司章定資本，亦應經嚴格的減資程序，並確保公司債權人之權益不因減資而受損。

然而，在授權資本制下，資本不變原則之現代意涵已改變為，在章程所定資本範圍內若要增加發行股份，固可自由為之，但若要減少資本（減少已發行股份數或其金額）亦須經法定之程序，並應有保障債權人之程序。[1820]

二、目　的

資本不變原則乃為保障公司債權人而且乃為防止股份有限公司資本無端變少，損及公司財務狀況與債權人權益。[1821]此一原則乃是落實資本充實與維持原則，否則公司實質財產因後一原則而維持等同形式資本，但形式資本若允許任意變更或減少，則維持之將不具實益。[1822]

[1819] 川村正幸等三人合著，前揭書，頁 402；柯芳枝，前揭書，頁 158；鄭玉波，同前[13]，頁 80；柴田和史，前揭書，頁 59；廖大穎，前揭書，頁 118。

[1820] 前田庸，前揭書，頁 23；柴田和史，前揭書，頁 59。

[1821] 三枝一雄、南保勝美、柿崎環、根本伸一，前揭書，頁 31。

[1822] 柯芳枝，前揭書，頁 158；三枝一雄、南保勝美、柿崎環、根本伸一，前揭書，頁 31；

三、優缺點

資本不變原則之優點為避免公司形式資本變動而損及債權人之利益，而其缺點在於公司資本之因修改章程或踐行其他法定程序而籌措耗時費日，緩不濟急，無法快速因應商業上之需求。

四、具體落實規定

就現代意義之資本不變原則所強調之法定程序而言，除公司法第二七七條（修改章程規定）及第二七九條（減資程序規定）外，公司法之具體落實規定為公司法第一六八條之規定，[1823]以及公司法第一六八條之一之規定。

公司法第一六八條第一項前段規定，公司非依股東會決議減少資本，不得銷除其股份。該條第二項規定，公司減少資本，得以現金以外財產退還股款；其退還之財產及抵充之數額，應經股東會決議，並經該收受財產股東之同意。該條第三項規定，前項財產之價值及抵充之數額，董事會應於股東會前，送交會計師查核簽證。又公司法第一六八條之一第一項規定，公司為彌補虧損，於會計年度終了前，有減少資本及增加資本之必要者，董事會應將財務報表及虧損撥補之議案，於股東會開會三十日前交監察人查核後，提請股東會決議。該條第二項規定，公司法第二二九條至第二三一條之規定，於依前項規定提請股東臨時會決議時，準用之。

五、近年所受衝擊

在授權資本制下，章程之預訂發行股份總數之變動，可能僅屬修改章程之程序而未涉及實收資本之增減，而且資本不變原則之資本減少若屬實收資本之減少，則公司法已允許公司依其需要而減少，所以，已非不變，

江頭憲治郎，前揭書，頁38（註2）。

[1823] 賴源河（王志誠修訂），前揭書，頁185。

所需要者為保障公司債權人之程序，[1824]然而我國公司法在未修改章程之減資程序，卻漏未規定保護債權人之債權人異議程序。

陸、資本維持原則

一、內　容

所謂資本維持原則乃公司存續中至少須經常維持相當於實收資本額之具體財產並以具體財產充實抽象資本之原則，故又稱為資本充實原則或資本拘束原則。[1825]依此定義，資本充實原則與資本維持原則未被區別，因為資本充實原則（採出資全額付進主義）乃資本維持原則之自然結果，[1826]因此，我國多數學說見解將資本維持與資本充實同視。但日本學說則多數加以區別，而認為資本充實原則乃指公司設立時，發行新股時，公司合併時與公司增資時，實際交給公司之財產須等於公司之實收資本，而資本維持原則乃指公司成立財產付給公司之後，須維持等同公司資本之現實財產之意思，例如盈餘分派允許與否之問題。[1827]

我國公司法第九條第一項規定，公司應收之股款，股東並未實際繳納，而以申請文件表明收足，或股東雖已繳納而於登記後將股款發還股東，或任由股東收回者，公司負責人各處五年以下有期徒刑、拘役或科或併科新台幣五十萬元以上二百五十萬元以下罰金。此一規定之立法目的雖一般認為乃在於防止虛設行號、保障公司債權人利益、維護交易安全與股東平等原則之維護，但其實乃基於資本充實原則之要求。[1828]

[1824] 龍田節、前田雅弘，前揭書，頁 400。

[1825] 姚志明，前揭書，頁 153、195；柯芳枝，前揭書，頁 158；鄭玉波，同前[13]，頁 80；賴源河（王志誠修訂），前揭書，頁 184；廖大穎，前揭書，頁 117。

[1826] 江頭憲治郎，前揭書，頁 37（註 1）。

[1827] 吉本健一，前揭書，頁 24、26、27；神田秀樹，前揭書，頁 300（註 1）；三枝一雄、南保勝美、柿崎環、根本伸一，前揭書，頁 30–31；前田庸，前揭書，頁 21–22。

[1828] 江頭憲治郎，前揭書，頁 111（註 1）。

二、資本維持原則之目的

資本維持原則之設計目的在於對外保障公司債權人債權之實現，對內制止股東之過高盈餘分派請求，以確保企業之健全發展。[1829]而且，其乃兩階段立法設計。第一階段為公司發行股份所取得之資金需能具體充實股份之形式價值，確保公司資本無虛增之情事，亦即公司之「形式資本」要與「實質資產」相符。第二階段則為公司存續中，需經常維持相當於抽象實收資本之具體資產，禁止公司資產不當流出。換言之，資本維持原則在確保股東出資之確實履行及維持公司之實質資產不低於形式資本。

三、本法落實此兩原則之規定

公司法中與資本維持原則相關之規定除公司法總則篇之轉投資、不可借貸與不可從事保證等之規定外，有關股份有限公司有股票回籠原則禁止、盈餘分派限制之規定與公司公積之規定。[1830]其中，有關股份有限公司之資本充實原則之相關規定，包括在採行面額股時之股份折價發行之禁止（公司法第一四〇條參照）、[1831]抵價財產估價過高時創立會之裁減權（公司法第一四七條參照）、[1832]發起人之連帶認繳股款義務等，[1833]詳參本書各該章節之介紹，在此僅針對出資標的之限制作探討。

四、出資標的之限制

股份有限公司之出資以現金出資為原則，因為此一方法最易確保出資之充實與維持，但公司法中另有出資標的之例外特別考量，分述如下。

[1829] 川村正幸等三人合著，前揭書，頁 402；柯芳枝，前揭書，頁 158。

[1830] 三枝一雄、南保勝美、柿崎環、根本伸一，前揭書，頁 31。

[1831] 柯芳枝，前揭書，頁 158。

[1832] 柯芳枝，前揭書，頁 158。

[1833] 柯芳枝，前揭書，頁 158；前田庸，前揭書，頁 22。

㈠發起人

發起人得以公司事業所需之財產及技術出資（公司法第一三一條第三項參照），其乃指以現金以外之其他動產、不動產、智慧財產權等財產及技術出資。與公司法第一五六條第五項所規定之股東之出資選項相比，少了一項，即股東得以對公司所有之貨幣債權抵充之，因為公司剛發起設立時尚少會產生貨幣債務。

㈡不公開發行股份之股款

公司法第二七二條規定，公司公開發行新股時，應以現金為股款。但由原有股東認購或由特定人協議認購，而不公開發行者，得以公司事業所需之財產為出資。

㈢股東出資

有關股東之出資義務，公司法第一五六條第五項規定，股東之出資，除現金外，得以對公司所有之貨幣債權、公司事業所需之財產或技術抵充之；其抵充之數額需經董事會決議。

此一規定，明定股東之出資，除現金外，得以對公司所有之貨幣債權、公司事業所需之財產或技術抵充之，以資明確；其抵充之數額需經董事會之「決議」。又前述公司法第二七二條係規範發行新股時股東出資之種類，與本項所規範者，係強調非現在股東非以現金出資時，其出資種類及其抵充之數額需經董事會通過，因此，乃屬二事。

由於本規定涉及資本維持原則，[1834]故本條乃以列舉之方式為出資標的之規定，[1835]而決定機制為董事會之普通決議。股東得以「對公司所有之貨幣債權」出資之立法理由在於改善公司財務狀況，降低負債比例，惟需注意者，該「公司」指被出資公司而非泛指一切公司。

鑑於無形資產與智慧財產在現代知識經濟的公司經營中重要性已不輸有形資產，因此，所謂「公司事業所需之財產」出資雖又被稱為現物出資，

[1834] 王文宇，同前[75]，頁 340、341。

[1835] 王文宇，同前[75]，頁 340。

然而所謂之財產乃指現金、貨幣債權與技術以外之有體 (tangible) 財產如動產、不動產或無體財產權如營業秘密權、商標權與專利權等，而所謂公司所需之技術，係指以專利權或專門技術 (know-how) 出資，其立法理由在於技術之輸入可增強企業之競爭力，以利公司之未來發展。所以，所謂技術並不包括勞務出資。[1836]

舊法時允許以公司所需之商譽出資，其立法理由認為，可藉由商譽之無形資產，提高營運效能，但因當時有學者認為以商譽出資雖有其優點，惟恐有違資本充實原則之虞，而且無形的商譽究竟如何進行出資之抵充，實務上有其技術上之困難，因此，二〇一一年修法刪除商譽一項。其實商譽（日文稱為暖簾）之英文為 “goodwill”，[1837]在英美法的確是一無體財產權，但因我國於二〇一一年刪除，不宜再以公司事業所需之財產使其敗部復活。

㈣股份交換

公司法第一五六條之三規定，「公司設立後得發行新股作為受讓他公司股份之對價」，惟須經董事會之特別決議。

股份交換亦屬非現金出資之一種方式，其增訂理由認為，於股份交換時，受讓公司發行新股時會造成原股東股權稀釋，使股東權益減少之情形，故需經董事會特別決議，以保障原股東之權益，又因股份交換取得新股東之有利資源，對公司整體之營運將有助益而增訂。

公司法的股份交換，對股東不具強制性，而且應遵守公司法有關發行新股之規定，在對價公允之前提下，對公司小股東衝擊較低，故以董事會特別決議通過即可。但一公司之股份交換若已達發行股份百分之百之情形，即屬企併法與金控法定義之股份轉換，而為企業取得他企業經營權所採取之一種特殊方法。此時，由於「股份轉換」依金控法與企併法之規定需全部轉換，對股東有強制性，故須經股東會特別決議始可。[1838]

[1836] 王文宇，同前[75]，頁 340。

[1837] 龍田節、前田雅弘，前揭書，頁 396（註 41）。

又經濟部認為，本條「公司設立後得發行新股作為受讓他公司股份之對價」，其所稱他公司，包括依我國公司法組織登記之公司及依外國法律組織登記之公司。[1839]

第四節 股份有限公司之減資

壹、減資之概念

有些減資形式涉及大陸法系之資本不變原則，而英美法系之授權資本制又帶來新的減資概念，這使得我們在探討資本制度中的減資制度時須先介紹減資之概念，以及其概念之區分。

一、減資之實質與形式區分

所謂減資 (reduction of share capital; Kapitalherabsetzung) 有實質上減資與形式上減資之區分。所謂形式上減資（名義上減資或計算上減資）乃指公司營業產生虧損，所以減少公司資本使其與公司之純財產額（資產減去負債之額）一致。[1840]此種減資並未返還現實財產（含現金）給股東。所謂實質上減資乃因公司事業未如預期，以致於資本過剩而減少資本將多餘之資金返還於股東。企業在以下之情況會考慮實質減資（甚至修改章程之股份總數）而返還股款給股東，例如⑴公司產業為成熟產業；⑵長期以來營業與獲利穩定，現金流量表中營業活動淨現金流量均為正值；⑶有足夠的短期可資運用之資金；而且⑷企業短期內並無重大資本支出之計畫。[1841]

[1838] 王文宇，同前[75]，頁 175。

[1839] 經濟部 91 年 4 月 16 日經商字第 09102073880 號函。

[1840] 鄭玉波，同前[13]，頁 189；王文宇，同前[75]，頁 585–586。

[1841] 王文宇、林國全，公司法，收錄於王文宇、林國全、王志誠、許忠信、汪信君，前揭書，頁 177。

然而，實務上亦常有以實質減資而達到如同現金盈餘分派之效果者。

二、減資概念之廣狹義

現在之減資概念有廣狹義之分。狹義減資必涉及章程（資本總額或股份總數）之變更，而廣義減資則包括不變更章程而僅減少已分次發行之股份數者。傳統上，大陸法系之增減資都指修改章程之增減資，[1842]其原因應與公司法第二七七條到第二八一條有關減資之規定乃位於公司法股份有限公司第九節之變更章程一節中有關，但英美法上之減資因採授權資本制乃包括未修章程之減資，[1843]二戰後深受美國法影響之日本法亦同，其不再稱修改章程增減發行可能之股份總數為增減資，而將之歸入章程變更中加以介紹，[1844]因此，我國受美國法影響改採完全授權資本制後，漸有學說，修法理由及實務見解將減資概念改採廣義而包括未修改章程之減資。[1845]

㈠廣義說對實質減資之區分

採廣義說者對實質減資與形式減資皆採廣義說。而且，廣義說其實尚有最廣義說，而其認為實質減資包括三種即變更章程減資、不變更章程而依公司法第一六八條僅經過股東會決議銷除已發行股份將資本返還給股東、不變更章程而依公司法第二四一條規定以股東會特別決議將溢價資本公積返還給股東，[1846]而廣義說僅認為前兩者為實質減資。[1847]

㈡廣狹義說對公司法第一六八條及第一六八條之一減資之不同看法

廣義說者認為減資亦包括修改章程減少章程中授權資本額之減資與未修改章程而僅減少公司已分次發行股份之減資。[1848]因此，公司法第一六八

[1842] 姚志明，前揭書，頁247；廖大穎，前揭書，頁98。

[1843] Paul Davies, ibid., p. 247.

[1844] 江頭憲治郎，前揭書，頁695、839（註2）。

[1845] 廖大穎，前揭書，頁331。

[1846] 洪令家，公司對股東所為之分配，收錄於方嘉麟主編，變動中的公司法制，初版，元照，台北，2019年1月，頁108、111。

[1847] 賴源河（王志誠修訂），前揭書，頁373。

條及第一六八條之一乃屬公司法第二七七條修改章程規定以外不需修改章程之減資規定，而只需股東會普通決議通過即可。[1849]

與此相對地狹義說認為公司法第一六八條及第一六八條之一仍屬修改章程減資規定之一部分，尚需修改章程方能為之。因此，須股東會特別決議而且不得以臨時動議提出。[1850]

㈢本書見解

由於現在於完全授權資本制下，減資亦常被用以代表章程所訂股份總數內之減少已發行股份數之減資，其方法包括股份銷除，而在銷除後可否再發行新股之問題，日本法雖有否定說，但應認為只要未變動章程之股份總數則將來可再發行新股，[1851]因此，若未涉及變更章程之股份總數或每股金額，則僅須股東會之普通決議即可，惟若為須變更章程之減資則須有股東會之特別決議方可。[1852]至於公司法第一六八條及第一六八條之一乃有關增減資之內部程序之一，所以，其涵蓋不須修章之增減資之內部程序與須修章之增減資之內部程序。以下於介紹減資程序與方法後區分修章減資與不修章減資分別探討之。

貳、減資程序在美國法與大陸法系之差異

德國公司法之減資程序除須經股東會決議（甚至特別決議，股份法第二二二至二二八條參照）且有債權人異議之程序，美國各州公司法則因無資本三原則，所以，多數州僅規定由董事會決議即可，而且多數州並無債權人異議程序之規定。[1853]

[1848] 洪令家，前揭文，頁 108–109。

[1849] 洪令家，前揭文，頁 109；賴源河（王志誠修訂），前揭書，頁 373；最高法院 102 年度台上字第 808 號民事判決。

[1850] 陳連順，前揭書，頁 417–418；王文宇、林國全，公司法，收錄於王文宇、林國全、王志誠、許忠信、汪信君，前揭書，頁 177。

[1851] 神田秀樹，前揭書，頁 120–121、142；河本一郎、川口恭弘，前揭書，頁 101。

[1852] 賴源河（王志誠修訂），前揭書，頁 373；最高法院 102 年度台上字第 808 號民事判決。

參、減資之方法

一、三種減資方法

減資之方法可為㈠減少股份金額而不減股份總數，其方法有三，即減少之金額可發還股東（即實質減資時）、亦可將減少之金額註銷或割棄（即形式減資時）、另可將之免除，即對尚未繳納之股份金額免除其一部或全部之繳納義務。㈡減資亦可以減少股份數額之方式為之，包括股份銷除與股份合併兩種方式 。㈢減資亦可以減少股份金額兼減少股份數額之方式為之。[1854]減資與增資雖然在理論上可藉增減章程中每股金額之方式為之，但我國公司法的規定中僅規定增減股份數量（包括股份銷除與股份合併）之方式，[1855]惟此三種減資方法在我國應均得被採用，因為他們既無違反我國之強行規定亦與股份有限公司之性質無所抵觸。[1856]本書認為，減資與增資不同，並不會違反股東有限責任原則，因此，只要其實施不牴觸股份平等原則，此三種方法皆應被允許。

二、減資之實行方法

減資之實行方法依其為形式上減資或實質上減資而略有不同，雖然兩種減資皆可能涉及股份合併或銷除，但若為形式上減資，則未退還股款；若為實質上減資，則應退還股款。

[1853] 江頭憲治郎，前揭書，頁 696（註 3）。

[1854] 鄭玉波，同前[13]，頁 189；潘維大、范建得、羅美隆，前揭書，頁 215–216；梁宇賢，同前[253]，頁 196–197。

[1855] 王文宇、林國全，公司法，收錄於王文宇、林國全、王志誠、許忠信、汪信君，前揭書，頁 176–177；經濟部 75 年 1 月 28 日商字第 04146 號函。

[1856] 梁宇賢，同前[253]，頁 197。

㈠現金或財產

公司減資退還股款時可否以發還現物代替現金之發還呢？我國舊實務見解認為公司之資本既係所有股東出資之總額，則公司減資時，依每一股東持股比例核發所減少之金額，自應以發還現金為限。倘以現金以外之財產抵付，則因估價難以精確，極易損及公司及債權人權益，將與該法所採公司資本維持之原則之精神相違。[1857]但現行公司法第一六八條第二項已明文規定公司減少資本，得以現金以外財產退還股款；其退還之財產及抵充之數額，應經股東會決議，並經該收受財產股東之同意。該條第三項規定，前項財產之價值及抵充之數額，董事會應於股東會前，送交會計師查核簽證。因此，不論是否修改章程減資，皆可以以現物為之了。

㈡股份之銷除或合併

減資亦可以減少股份數額之方式為之，包括股份銷除與股份合併兩種方式。有關股份合併、分割與銷除除本書股份一節所介紹者外，公司法第一六八條第一項規定，公司非依股東會決議減少資本，不得銷除其股份；減少資本，應依股東所持股份比例減少之，但本法或其他法律另有規定者，不在此限。所謂本法或其他法律另有規定者乃例如公司法第一六七條第二項後段或公司法第一六七條之一第二項後段或證交法第二八條之二第四項後段等公司收回自己股份逾期未出售時視為未發行股份而加以銷除併為變更登記之規定。另外，合併股份方式而減少股份數之方式，須換發股票。

三、可能換發新股票

除上述以股份合併方式而減少股份數之方式減資時，須換發股票外，以減少每股金額方式時，若是票面金額股，則亦須換發股票。[1858]此時另需進入換發新股票之程序。而且，由於資本額不可低於面額乘上股份總數，而受有限制，若採無面額股，則不受此限制。[1859]

[1857] 經濟部90年8月20日經商字第09002177720號。

[1858] 陳連順，前揭書，頁419。

股份有限公司之變更章程減資，若涉及換發新股票（有些公司未發行股票），尚需注意公司法第二七九條第一項之規定，因減少資本換發新股票時，公司應於減資登記後，定六個月以上之期限，通知各股東換取，並聲明逾期不換取者，喪失其股東之權利。該條第二項規定，股東於前項期限內不換取者，即喪失其股東之權利，公司得將其股份拍賣，以賣得之金額，給付該股東。又公司法第二八〇條規定，因減少資本而合併股份時，其不適於合併之股份之處理，準用第二七九條第二項之規定。即股東於前項期限內不換取者，即喪失其股東之權利，公司得將其股份拍賣，以賣得之金額，給付該股東。

肆、章程所定股份總數內之減資

一、股東會之普通決議

由上述可知，國內亦有見解採公司法第一六八條及第一六八條之一乃包括不須修章之增減資之規定者。所以，現在之減資亦被用以代表章程所訂股份總數內之減資，此時由於未變更章程之股份總數等，僅須股東會之普通決議即可。經濟部函釋亦認為本條項所指亦為一種減資且僅須股東會之普通決議即可。[1860]然而，就立法政策而言，減資（即使未修改章程之減資）基本上乃事業規模縮小而為有關公司基礎之變更事項，理應股東會之特別決議方妥。[1861]

㈠為彌補虧損

公司法第一六八條之一第一項規定，公司為彌補虧損，於會計年度終了前，有減少資本及增加資本之必要者，董事會應將財務報表及虧損撥補之議案，於股東會開會三十日前交監察人查核後，提請股東會決議。該條

[1859] 前田庸，前揭書，頁627。

[1860] 經濟部100年2月17日經商字第10002402520號函。

[1861] 江頭憲治郎，前揭書，頁695。

第二項規定，第二二九條至第二三一條之規定，於依前項規定提請股東臨時會決議時，準用之。

為彌補虧損之減資（即形式上減資）在日本法上亦僅須股東會普通決議即足，但日本法要求僅能在股東年會為之，因為常會方能正確地算出公司累積虧損之數額。[1862]

㈡非為彌補虧損

實務上有以減資而達到如同現金盈餘分派之效果者。此時雖非為彌補虧損，亦須由董事會決議後提案由股東會為普通決議通過。而且，公司法第一六八條第一項規定，減少資本應依股東所持股份比例減少之，但公司法或其他法律另有規定者，不在此限。本條雖僅針對銷除股份之減資而作規定，但對減少股份金額及合併股份方式之減資亦有適用，即應經股東會決議方足以維股東權益。[1863]而且，雖只是為減少章程內已發行股份總數之減資方法，仍應遵守現代意義之資本不變原則與股東平等原則。

所謂「本法或其他法律另有規定者」乃例如公司法第一六七條第二項後段或公司法第一六七條之一第二項後段或證交法第二八條之二第四項後段等公司收回自己股份逾期未出售視為未發行股份而加以銷除併為變更登記之規定。此等減資為法定減資，[1864]所以毋須經股東會之決議。

二、債權人保障問題

此種減資僅減少公司已發行股份總數而將之還原為未發行之股份，所以，章程之股份總數未變動，不必修改章程，因此，此種減資程序雖在實務上較常見（應是受美國法之減資概念所影響），但卻未有如公司法第二八一條之準用公司法第七三條及第七四條之大陸法系傳統保障債權人之規定，因此，對債權人保障實為不足。我國有學者即建議應仿英、美與新加

[1862] 江頭憲治郎，前揭書，頁 697（註 5）。

[1863] 王文宇，同前[75]，頁 587。

[1864] 王文宇，同前[75]，頁 587。

坡所採之減資前之償付能力測試，以確保減資後公司仍能清償正常營運下之債務，例如香港法乃要求減資後仍能清償十二個月內到期之債務。[1865]

本書認為日本法之規定乃大陸法系之制度，應較適宜參考（且其減資乃如我國之章程範圍內之實收資本之減少）。日本公司法第四四九條第一項規定，減資原則上須經債權人異議之程序，因為即使是為填補虧損之形式減資亦將使本來不可能受盈餘分派之股東在將來變成可能被分派，使公司財產向公司外流失容易化，而對公司債權人不利。[1866]

伍、須變更章程之減資

一、變更章程之減資及其程序

國內傳統上認為須修改章程者才是減資，[1867]且由於資本不變原則，股份有限公司之減資須符法律之規定與程序，[1868]即根據公司法第一六八條第一項，第二七七條及二八一條等之規定為之。

㈠先由董事會擬定方案提出於股東會

修章減資乃先由董事會擬定減資修改章程方案，並於股東會召集通知中載明其為召集事由，不得以股東會臨時動議為之。[1869]此時與上述不修章程減資一樣可能是為彌補虧損或非為彌補虧損，程序如上述。實務上有以減資而達到如同現金盈餘分派之效果者，此時雖非為彌補虧損亦須由董事會決議後提案。

[1865] 洪令家，前揭文，頁109-110。

[1866] 江頭憲治郎，前揭書，頁703。

[1867] 陳連順，前揭書，頁166；潘維大、范建得、羅美隆，前揭書，頁216；梁宇賢，同前[253]，頁197、198。

[1868] 鄭玉波，同前[13]，頁189。

[1869] 潘維大、范建得、羅美隆，前揭書，頁216。

㈡股東會特別決議通過

公司法第一六八條第一項規定，公司非依股東會決議減少資本，不得銷除其股份；減少資本，應依股東所持股份比例減少之。但本法或其他法律另有規定者，不在此限。國內甚多見解認為本條項所涉者為修章減資。

所謂本法或其他法律另有規定者乃如前述收回自己股份，逾期未出售視為未發行股份，而加以銷除併為變更登記之規定（又被稱為法定減資）。此等減資為法定減資，所以，毋須經股東會之特別決議，[1870]但由於原則上須減少章程之股份總數或面額股之面額，因此，需為修改章程而進行公司法第二七七條之程序，所以，原則上須經股東會之特別決議。

二、踐行保障公司債權人之程序

由於減資會影響債權人之債權滿足，所以，公司法第二八一條規定，公司法第七三條及第七四條之規定，於減少資本準用之。而公司法第七三條第一項乃規定，公司決議合併時，應即編造資產負債表及財產目錄。該條第二項規定，公司為合併之決議後，應即向各債權人分別通知及公告，並指定三十日以上期限，聲明債權人得於期限內提出異議。公司法第七四條乃規定，公司不為前條之通知及公告，或對於在指定期限內提出異議之債權人不為清償，或不提供相當擔保者，不得以其合併對抗債權人。所以，準用之結果，公司需編造資產負債表及財產目錄、向債權人通知及公告、債權人異議後之處理則為債權已屆期者則清償；若債權尚未屆期，則視需要提供擔保。若未依規定處理，減資雖然仍生效，但不得以該減資對抗債權人。

陸、減資登記

公司減資時，公司登記事項（如實收資本）將有所變更，若章程亦有變動，則應一併為變更章程之登記。[1871]此時，依公司登記辦法第四條之規

[1870] 王文宇，同前[75]，頁587。

定，減資後十五日內應由代表公司之負責人向主管機關申請變更登記。否則，依公司法第十二條規定，不得以其減資變更對抗第三人。此時，我們需了解股份有限公司資本與公示原則之關係。

第五節　股份有限公司與資本相關之公示原則

壹、公示原則之意義與用語

所謂公示原則乃藉登記、公告及其他方法強制對利害關係人提供相關之資訊，在公司法領域，雖然四種公司皆有或多或少之公示原則之要求，[1872]而已於本書公司法總則篇介紹公司所涉之公示原則，但股份有限公司之股東僅負有限責任，對債權人實屬不利，而其股東人數亦可能眾多、公司規模大且牽涉較廣，因此，除上述資本三原則等甚多保護債權人之機制外，[1873]在廢除最低資本額制度後，公司法為使投資人及公司債權人對股份有限公司之財務資料有所了解，以作為投資及金融借貸判斷之依據，更需使其財產狀況對外公開，俾維護交易安全。[1874]所以，所謂公示（開示）制度便被理解為乃為保護股東及債權人之合理期待而揭露各種資訊（包括證券交易法上之資訊揭露要求），會計簿冊之作成與提供以及商業登記制度（屬間接開示制度如後述）等制度。[1875]

在用語上因股份有限公司可能涉及證券交易法，且受到美國法較多之

[1871] 潘維大、范建得、羅美隆，前揭書，頁217。

[1872] 龍田節、前田雅弘，前揭書，頁43。

[1873] 神田秀樹，前揭書，頁29。

[1874] 川村正幸等三人合著，前揭書，頁33、39；鄭玉波，公司法，二版，三民，台北市，民國72年8月，頁81–82、149、153；龍田節、前田雅弘，前揭書，頁43。

[1875] Karsten Schmidt, a.a.O. (Fußnote 3), S. 414；神田秀樹，前揭書，頁28（註2）、29（註3）；青竹正一，商法總則——商行為法，信山社，東京，2019年3月，頁55。

影響，學者有保持大陸法系之傳統而稱之為公示原則（主義）者，[1876]亦有受美國法之影響而稱之為開示主義者，[1877]更有將公示原則與開示主義等同對待者，[1878]本書在用語上採前說，但須指出公示原則乃大陸法系對全部商法及商業登記皆有適用之原則，而開示制度之英文為揭露 (disclosure)，乃自美國法所引入，不僅追求當事人之交易安全，而要弭平當事人間之資訊不對稱而求交易內容之公平，且追求企業活動之公正。[1879]

貳、公示制度之機能

公示（開示）制度在公司法上受到美國法之影響有如下之機能，第一，讓利害關係人知悉必要之事項（資訊提供機能），第二，不僅使其相關人知悉權利行使之機會，而且使其能根據合理之判斷行使其權利（權利實質化機能），第三，弭平當事人間資訊不對稱而使其地位較對等（地位平等化機能），第四，與陽光為最好之防腐劑一樣，其能讓當事人不敢為非作歹。[1880]

參、公示之方法

在介紹公司會計制度之前，有必要先了解為實行此一公示原則所採之登記制度及公告制度等制度。

股份有限公司之增資、減資、公司債募集及合併解散等均須登記而有些登記事項主管機關除須依對四種公司皆適用之公司法第三九三條第二項加以公開，甚至上網外，以及依電子公告、電磁紀錄及會計書類之電子化處理規定外，以紙類為之者有如下之方式。

[1876] 鄭玉波，同前[13]，頁 81–82、149、153；潘維大、范建得、羅美隆，前揭書，頁 99–100；三枝一雄、南保勝美、柿崎環、根本伸一，前揭書，頁 4。

[1877] 龍田節、前田雅弘，前揭書，頁 43–45。

[1878] 神田秀樹，前揭書，頁 28、28（註 2）、29（註 3）。

[1879] 神田秀樹，前揭書，頁 28（註 2）；龍田節、前田雅弘，前揭書，頁 43–44。

[1880] 龍田節、前田雅弘，前揭書，頁 43。

一、在一定之場所提供資訊之方法（間接公示或間接開示）

在一定之場所提供資訊之方法為開示制度中之間接公示制度，[1881]包括登記制度、在公司等場所備置以供閱覽、在公司機關之說明與報告等。

㈠登記制度

登記制度為公示制度之一環，乃將交易上重要之事項使一般利害關係人周知以達交易安全之目的，股份有限公司之增資、減資、公司債募集及合併解散等均須登記。

㈡在公司等場所備置以供閱覽

在公司等場所備置以供閱覽包括對登記及公告內容之根據公司法第二三〇條第三項（第一項表冊及決議，公司債權人得要求給予、抄錄或複製）與公司法第三九三條第二項之請求抄錄等。[1882]

㈢在公司機關之說明與報告

在股東會上為說明與報告亦是一種公示之方法，而且在董事會上報告及說明亦屬之。[1883]

二、直接向利害關係人提供資訊之方法

直接向利害關係人提供資訊之方法（直接開示）包括確實向利害關係人送交通知（或資訊）與公告制度兩種。[1884]

公告制度有強制公告者，但亦有公司可選擇公告者，前者例如募集公司債之公告，後者例如公司法第二三〇條第二項規定，前項經股東會承認之財務報表及盈餘分派或虧損撥補決議之分發，公開發行股票之公司，得以公告方式為之。

[1881] 神田秀樹，前揭書，頁 29（註 3）；龍田節、前田雅弘，前揭書，頁 44。

[1882] 鄭玉波，同前[13]，頁 81–82、149、153。

[1883] 龍田節、前田雅弘，前揭書，頁 44。

[1884] 龍田節、前田雅弘，前揭書，頁 44。

公告方法依日本公司法第九三九條乃章程相對必載事項，[1885]公司可選擇官方報日報或電子公告為之，若選擇多重方法則須以多重方法公告之，若未以章程選擇則以官報公告為之，因為本規定乃為使股東等事先知悉公告方法而擔保公告之確實性。[1886]而且，日本公司法第九一一條第三項規定二十九項公司登記時應登記事項，其中第二十七到二十九項即為該公司如何作公告之規定。

我國公司法第二八條第一項規定，公司之公告應登載於新聞紙或新聞電子報。第二項規定前項情形，中央主管機關得建置或指定網站供公司公告。第三項規定前二項規定，公開發行股票之公司，證券主管機關另有規定者，從其規定。但我國公司法第一三〇條及第二八條卻未規定公司之公告方法為章程相對必載之事項，使得我國之公示制度不甚健全。

[1885] 神田秀樹，前揭書，頁 46–47。

[1886] 伊藤真，前揭書，頁 1312–1313。

第六章　股份有限公司之會計

第一節　前　言

在大陸法系，公司會計與資本制度及資本三原則有密切之關係，因此，在上一章介紹資本制度後，在本章即可介紹公司會計制度與盈餘分派等制度，而此時須先了解何謂會計與會計表冊。

公司會計制度在立法例上有大陸法系與英美法系之兩大立法例，前者乃基於資本維持原則以保障債權人等之觀點而設置會計規定與制度，所以，會計之目的為計算盈餘以定可以以紅利分配之盈餘分配，而與前述之資本制度相連結，[1887]然而英美法之會計目的乃要依揭露規範對外部投資人提供資訊，並藉以保障債權人，例如英國法在一九八一年受歐陸法影響之前即無須有盈餘方可分配紅利之要求。[1888]前者乃以企業解散時財產之價值是否足以保障債權人為出發點，而後者乃以企業繼續為前提，基於財產原價主義而以損益表等，[1889]揭露正確資訊供股東與第三人作判斷。

相較於其他類型之公司，公司法對股份有限公司有詳細之會計規定，其主要之理由為(1)由於股東僅負有限責任，公司之財產為公司債務之唯一擔保，盈餘分派等對股東之財產分配的規制須先計算出分配可能額，此對公司之非任意債權人（侵權行為損害賠償請求權人）尤為重要。[1890](2)為有

[1887] Karsten Schmidt, a.a.O. (Fußnote 3), S. 414 ； Martin Gelter & Alexandra Reif, ibid., 1435, 1436；近藤光男，前揭書，頁 373。

[1888] Martin Gelter & Alexandra Reif, ibid., 1436; Paul Davies, ibid., pp. 281, 282.

[1889] 近藤光男，前揭書，頁 373；柴田和史，前揭書，頁 312。

[1890] 神田秀樹，前揭書，頁 281；高橋紀夫，前揭書，頁 312；江頭憲治郎，前揭書，頁

利公司任意性債權人做回收風險評估，公司財產狀況有公示之必要，而且為讓公司股東能預測將來之風險，亦需有公司會計提供透明資訊。[1891](3)股份有限公司可能規模甚大需有完整健全之報表以協助經營階層明瞭公司之財務與營業狀況。[1892](4)公司需累積一部分盈餘作公積，以增強公司債信，以免動輒倒閉，因此，須計算盈餘分配可能額以兼顧股東與債權人之需求。[1893](5)應公示之事項若以法律加以統一要求，則對利害關係人之交易成本能大大地降低。[1894]因此，基於此五大理由，公司法對股份有限公司特別設有會計一節規範公積、會計表冊、盈餘與其分配等規定以確保會計書類之正確性與明確性。[1895]此一會計規定解釋上應優先於商業會計法之規定而被適用，[1896]而且，原則上屬強行規定之性質。[1897]

第二節 公積與其用途

壹、定 義

在大陸法系之公司法，公積並非資本之概念所及，所以，是會計上之議題而非資本制度之內涵。所謂的公積，指公司所積存而超過實收資本額之純財產額，換言之，乃公司之純財產額超過其實收資本額之數額而為特

599。

[1891] 鄭玉波，同前[13]，頁149；三枝一雄、南保勝美、柿崎環、根本伸一，前揭書，頁272；江頭憲治郎，前揭書，頁599。

[1892] 王文宇，同前[75]，頁499。

[1893] 鄭玉波，同前[13]，頁149；三枝一雄、南保勝美、柿崎環、根本伸一，前揭書，頁272。

[1894] 江頭憲治郎，前揭書，頁599。

[1895] 高橋紀夫，前揭書，頁312；柴田和史，前揭書，頁312。

[1896] 鄭玉波，同前[13]，頁149。

[1897] 川村正幸等三人合著，前揭書，頁381；近藤光男，前揭書，頁372。

定目的積存於公司之金額。其目的與作用在於填補公司之虧損，充實公司資本，鞏固公司財產基礎增加公司之信用以保護債權人。[1898]公積之提存會限縮對股東之盈餘分派，所以，若無所限制將有害股東之利益，因此，大陸法系（如日本法及我國法）對公積之提列及使用會設有限制。[1899]

公積與資本同屬計算上之數額而非具體財產，從而所謂積存並非由公司保留特定現實財產，而只是在公司之資產負債表中負債欄記載一定金額而從公司之純財產額中加以扣除，公司遂保留相當於該數額之金額不作為盈餘分派給股東而已，由此可見，公積與資本相同均係為了計算盈餘而作為資產負債表之負債欄之扣除項目。[1900]公積在撥充資本之前並不構成公司之資本，但其功能與公司資本類似，在資產負債表上又列在資本之後故又被稱為附加之資本 (additional paid-in capital)。[1901]

貳、公積之類型

形式上以公積之名義記載於資產負債表之負債欄且具有公積之實質者，稱為公然公積，而實質上具有公積之性質卻未以公積之名義記載於資產負債表之負債欄者為秘密公積（例如故意低估公司積極財產之價格或故意高估公司消極財產之價格而無形中使公積增加）。[1902]秘密公積易成為逃漏稅之工具，故未為我國公司法所承認。

一、公然公積依強制性與否區分法定公積與任意公積

公然公積中其積存係出於法律之強制規定者為法定公積或稱強制公

[1898] 柯芳枝，前揭書，頁 395。

[1899] 近藤光男，前揭書，頁 392。

[1900] 柯芳枝，前揭書，頁 395。

[1901] 柯芳枝，前揭書，頁 395；鄭玉波，同前[13]，頁 153。

[1902] 柯芳枝，前揭書，頁 396；鄭玉波，同前[13]，頁 154（註 12）；賴源河（王志誠修訂），前揭書，頁 328。

積，例如法定盈餘公積與資本公積（但須注意證交法有要求特別盈餘公積之提列）即是。[1903]相對地，公積之積存並非因法律之強制規定，而係出於章程之訂定或股東會之決議而積存者，稱任意公積或意定公積。[1904]例如特別盈餘公積若非基於證交法之要求者即屬之。

二、公然公積依財源之不同分成盈餘公積與資本公積

公然公積依其財源之不同可被區分成盈餘公積與資本公積。所謂盈餘公積，是指從每一決算期之盈餘中積存之公積，[1905]例如當一公司以年為決算期而到當年度公司有盈餘時，從盈餘中提列一定比例積存於公司之公積。公司自營業活動所獲之盈餘悉數分派給股東亦不違資本維持原則，然公司之財產（資產）隨公司營業表現之好壞及物價之波動不時有減少之虞，為保護公司債權人與公司健全發展遂有必要保留一部分盈餘不加以分配，以備公司經營惡化時之需（法定盈餘公積）或公司發展之用（特別盈餘公積）。[1906]其又被區分成前述之「法定盈餘公積 (gesetzliche Rücklage)」與「特別盈餘公積」。特別盈餘公積可能有其目的（如為取得自己公司股份之目的），亦可能沒有預定特別之目的（而僅表示「其他用途」），而當要改變其用途（或目的）時，須根據其原先所成立之章程或股東會決議之程序變更之。[1907]

所謂資本公積乃指營業活動所獲之盈餘以外之財源(如股本溢價所得、受贈與之所得、資產重估增值、處分資產之溢價收入等非營業活動所獲之權益)，因法律要求所積存之公積。[1908]其財源多是得自資本交易所得之剩餘

[1903] 鄭玉波，同前[13]，頁 154。

[1904] 鄭玉波，同前[13]，頁 154。

[1905] 柯芳枝，前揭書，頁 397。

[1906] 柯芳枝，前揭書，頁 397；江頭憲治郎，前揭書，頁 670。

[1907] 江頭憲治郎，前揭書，頁 675（註 22）；龍田節、前田雅弘，前揭書，頁 313。

[1908] 柯芳枝，前揭書，頁 397；陳連順，前揭書，頁 377。

額，因此，此類金額本即與資本相當而不具有應分配給股東之盈餘之性質。[1909]又因為其非營業所得而不屬於盈餘之概念所及，因此，法律遂要求將其積存於公司而且其積存並無時間與金額之上限，而每次有此金額發生即應積存，不待股東會之決議。[1910]固然特定營業年度所積存之資本公積亦應揭載於該年度決算之資產負債表而提出於股東會請求承認，但股東會就資本公積部分僅具確認其積存之適法性而已，並非決定其積存。[1911]例如股本溢價所得（超過票面金額發行所得之溢價）是指因股本交易所產生之餘額，其性質屬於具資本性之剩餘金，故不具盈餘性質。

參、公積之提列

一、盈餘公積之提列

盈餘公積乃是將公司之盈餘保留在公司以作為公司未來彌補虧損或擴大公司生產規模之用，而且為了避免公司無能力因應未來之負面變化而有法定盈餘公積之提列要求。[1912]

㈠法定盈餘公積之提列

公司法第二三七條第一項規定，公司於完納一切稅捐後，分派盈餘時，應先提出百分之十為法定盈餘公積。但法定盈餘公積，已達實收資本額時，不在此限。

由於公司法第二三二條第一項規定，公司非彌補虧損及依本法規定提出法定盈餘公積後，不得分派股息及紅利。因此，公司法定盈餘公積之提列應以完納一切稅捐及彌補公司虧損（累積與年度）後之餘額為準。[1913]此

[1909] 柯芳枝，前揭書，頁397；江頭憲治郎，前揭書，頁669。

[1910] 柯芳枝，前揭書，頁397。

[1911] 柯芳枝，前揭書，頁397。

[1912] 洪令家，前揭文，頁102。

[1913] 司法院院字第1423號解釋參照。

處所謂虧損乃指完成決算程序經股東會承認後之累積虧損與公司年度進行中所發生之本期淨損之合計。[1914]又所謂法定盈餘公積，依公司法第二三七條第一項規定既為百分之十，則超過者應提列為特別盈餘公積，否則，公司將可把公司盈餘儘可能納入法定盈餘公積內而不必繳納所得稅，且可能影響股東盈餘分配之權益。[1915]

法定盈餘公積之提列目的除填補公司虧損外，主要乃透過一定比例之保留盈餘之提撥，限制股利之分配，以逐年累積具體之財產充實抽象之資本，以保障公司債權人之權益。[1916]公司法第二三七條第一項但書規定所稱實收資本額本規定為「資本總額」，但在授權資本制下實務上均以實收資本額為認定標準，[1917]故二〇一八年修正時修正本條第一項，以符實際。法定盈餘公積既已達實收資本額，則公司至少已有倍於公司實收資本之財產供債務清償之用，對公司債權人之保障應已足夠。

㈡特別盈餘公積之提列

公司法第二三七條第二項規定，除前項法定盈餘公積外，公司得以章程訂定或股東會議決，另提特別盈餘公積。此外，證交法第四一條第一項有命令特別盈餘公積之提列規定，其乃法定特別盈餘公積之性質，以限制盈餘分派，保障公司債權人。[1918]

特別盈餘公積提列之數額以章程訂定之或股東會議決議訂之，公司法並無限制，但其有特別目的之限制因為特別盈餘公積乃基於特定目的（例如改良設備擴大投資或償還公司債或特別股等）而依章程訂定或股東會議決所提存之公積。[1919]其提列須提出法定盈餘公積後尚有盈餘時為之。當無

[1914] 最高行政法院 97 年度判字第 828 號判決。

[1915] 司法行政部台 (63) 函參第 5529 號函。

[1916] 王文宇，同前[75]，頁 510。

[1917] 經濟部 91 年 11 月 4 日經商字第 09102247860 號函釋參照。

[1918] 王文宇，同前[75]，頁 511。

[1919] 柯芳枝，前揭書，頁 399。

章程規定亦未經股東會決議者不得提列特別盈餘公積，[1920]但我國公司卻常以未分配盈餘規避此一規定。

二、資本公積之提列

資本公積之提列原規定於舊公司法第二三八條，但此條已於二〇〇一年十一月十二日被刪除，因為資本公積之規定係屬商業會計處理問題，何種金額應累積為資本公積應依商業會計法及其相關法令之規定，毋庸公司法加以規範。

肆、公積之用途

公積之用途視其為特別盈餘公積或法定公積而定。

一、特別盈餘公積之用途

特別盈餘公積，視其特別目的為何而定，例如特別盈餘公積償還特別股或公司債等。特別盈餘公積之目的未完成或提列原因未消滅且未轉換回保留盈餘（指累積未撥用之盈餘）前不得用於分派股息及紅利，[1921]亦不得用於彌補公司虧損，惟若其提列之目的已消滅，則由於其本質乃保留盈餘，自得併入未分配盈餘來加以運用。[1922]

二、法定公積之用途

法定公積之用途為法定。公司法第二三九條第一項規定，法定盈餘公積及資本公積，除填補公司虧損外，不得使用之，但第二四一條規定之情形，或法律另有規定者，不在此限。因此，法定公積之用途原則上僅能用於填補公司虧損，但例外可發給新股（即撥充資本）或現金，分述如下。

[1920] 鄭玉波，同前[13]，頁155。

[1921] 經濟部80年3月5日商字第201535號函。

[1922] 經濟部89年6月15日商字第89207222號函。

㈠填補公司虧損為原則

填補虧損所用公積種類之順序，依公司法第二三九條第二項之規定，公司非於盈餘公積填補資本虧損，仍有不足時，不得以資本公積補充之。可見，乃以盈餘公積優先填補之，資本公積居次。此一盈餘公積包括以填補虧損為目的之特別盈餘公積。資本公積之財源係源自股東之出資或與之相當者，性質上屬美國法所謂之投入資本，而具有公司股本之本質，所以，不宜任意變動而使其用途當然置於盈餘公積（性質屬保留盈餘）之後。[1923]然而，與我國法不同地，資本公積或盈餘公積何者應先被使用，日本法並未作規定而由公司自行決定。[1924]

所謂虧損有累積虧損與本期虧損（如當年度虧損）之分。[1925]公司法所謂之虧損乃指公司之純財產額較公司之資本及歷年累積之法定公積（資本公積及法定盈餘公積）之和為少。[1926]因此，其為累積虧損之概念。而依商業會計法第五八條之規定，商業在一定期間內之全部收益減除全部成本、費用及損失後之差額若負數則為本期純損、本期淨損或本期虧損，若以年度計則為年度虧損。因此，若某一營業年度發生淨損而如以特別盈餘公積即足以填補則不得謂公司有虧損。[1927]此處所謂填補虧損亦如公積之提列一般，均屬計算上之概念，而減少資產負債表負債欄中之法定公積之同時自該欄減去相當於該金額之累積虧損而已。[1928]

㈡例外可發給新股或現金

1. 發給新股或現金受股份面額之影響

公司法第二四一條第一項規定，公司無虧損者，得依前條第一項至第

[1923] 柯芳枝，前揭書，頁 400；王文宇，同前[75]，頁 512。

[1924] 江頭憲治郎，前揭書，頁 701。

[1925] 王文宇，同前[75]，頁 511。

[1926] 柯芳枝，前揭書，頁 400。

[1927] 柯芳枝，前揭書，頁 400。

[1928] 柯芳枝，前揭書，頁 400。

三項所定股東會決議之方法，將法定盈餘公積及下列資本公積之全部或一部，按股東原有股份之比例發給新股或現金：一、超過票面金額發行股票所得之溢額。二、受領贈與之所得。該條第二項規定，公司法第二四〇條第四項及第五項規定，於前項準用之。該條第三項規定，以法定盈餘公積發給新股或現金者，以該項公積超過實收資本額百分之二十五之部分為限。

當公司採無面額股時即無公司法第二四一條第一項所稱之超過票面金額發行股票所得之溢額，因此，其會影響以資本公積發放股利之數額，但有學說認為在該股票雖無票面金額而仍有章程中設定價格（非真正無面額股）時，設定價格乘以股份總數之部分仍計入公司資本而僅有設定價格外之部分才計入資本公積，而連設定價格皆無之真正無面額股則全數計入資本。[1929]因此，前者不影響以資本公積發放股利，但後者則有影響。

當公司採低面額股時，資本與資本公積會互相消長，而使實收資本變低而大幅增加資本公積，有利於分配股利，但此亦將衝擊資本維持原則。[1930]

2.發給新股（公積撥充資本）

依公司法第二四一條規定發給新股者稱為公積撥充資本或稱公積轉增資（指需修章程者）。[1931]此類發行新股股東無須繳納股款，因此，公司資產未增加，所以為一種特殊發行新股。

⑴法定公積撥充資本之規範理由

公積原為債權人之擔保，先以填補損害為原則。不過，若公積達到一定條件時，法律認已對債權人有相當之保障時，亦可作為其他用途，撥充資本即為用途之一。

⑵法定公積撥充資本之要件

法定公積撥充資本之限制有⒜需公司無虧損；⒝須依公司法第二四〇條第一項至第三項所定股東會決議之方法經股東會之特別決議；⒞需屬已

[1929] 王文宇，同前[75]，頁335、336。

[1930] 王文宇，同前[75]，頁335、336。

[1931] 柯芳枝，前揭書，頁415。

實現資本公積之限制，或屬法定盈餘公積已「超過實收資本額百分之二十五之部分為限」。

所謂屬已實現資本公積乃例如條文所示之超過票面金額發行股票所得之溢價與受領贈與之所得，公司已實際獲得該資本公積之挹注，以之撥充資本僅係股東權益中投入資本項目內科目間之變動，對公司實際之財務狀況並無影響，所以以之撥充資本並無問題。[1932]同理處分資產溢價型之資本公積只要是已實現者應亦可類推適用本規定。

第三節　會計表冊之種類與內容

壹、會計表冊之一般規定

公司之交易活動包括融資活動、投資活動、營運活動與盈餘分配活動，而所謂會計乃衡量公司交易的後果加以記錄、分類、彙總及編制財務報表，提供會計資訊給報表使用人之過程，而此財務報表即為狹義之會計表冊，加上營業報告書則稱為廣義的會計表冊。[1933]

會計表冊之內容有大陸法系所採之財產法的立場與美國法所採之損益法的立場。前者以公司解散清算為前提，重視公司債權人之保護，而表示出決算日各被分立出來之財產之價值，包括財產目錄及資產負債表上商品、債權等財產之當時的市場價值等。後者乃重視依投資者之觀點所判定之公司收益力量，以企業繼續性為前提，根據原價主義來計算公司損益。日本法本採前者，但在昭和三十七年後改採後者並受國際會計準則之影響。[1934]

我國公司法對四種類型之公司，以公司法第二〇條第一項之規定要求，

[1932] 王文宇，同前[75]，頁518。

[1933] 馬秀如，會計及審計，收錄於方嘉麟主編，變動中的公司法制，初版，元照，台北，2019年1月，頁254-255。

[1934] 江頭憲治郎，前揭書，頁600、601（註3）；前田庸，前揭書，頁598-599。

公司每屆會計年度終了，應將營業報告書、財務報表及盈餘分派或虧損撥補之議案，提請股東同意或股東常會承認。所謂提請股東同意乃指對股份有限公司以外之他三類型之公司，而所謂提請股東會同意乃指股份有限公司之股東會同意。因此，針對股份有限公司，公司法第二二八條第一項又規定，每會計年度終了，董事會應編造左列表冊，於股東常會開會三十日前交監察人查核：一、營業報告書。二、財務報表。三、盈餘分派或虧損撥補之議案。該條第二項又規定，前項表冊，應依中央主管機關規定之規章編造。又該條第三項規定，第一項表冊，監察人得請求董事會提前交付查核。此處所謂之會計年度，依商業會計法第六條之規定，除法律另有規定或營業上有特殊需求者外，商業（指以營利為目的之企業，包括公司）以每年一月一日起至十二月三十一日止為會計年度。我國公司實務常在六月召開股東年會，所以，依公司法第二二八條第一項之董事會應編造會計表冊於股東常會開會三十日前交監察人查核之要求，此些會計表冊之編造期間多為一月到五月，乃會計師事務所之所謂忙季。

由於公司分配可能額乃根據會計表冊而算出，而且此些會計表冊須加以開示，因此，公司法中之會計規制主要有三大內容，即會計表冊之種類與內容做成、會計表冊之確定與開示、依會計表冊所為之盈餘與分派，[1935]分述於下。

貳、會計表冊之種類與內容

會計表冊之種類包括營業報告書、財務報表與盈餘分派或虧損撥補等之議案。

一、營業報告書

所謂營業報告書依據商業會計法第六六條第二項之規定，其內容須包括經營方針、營業計畫實施成果、營業收支預算執行情形、獲利能力分析、

[1935] 江頭憲治郎，前揭書，頁599。

研究發展狀況等資訊。

二、財務報表

所謂財務報表 (financial statements; Jahresabschluss) 依據商業會計法第二八條第一項之規定乃包括資產負債表 (balance sheet; Bilanz)、綜合損益表、現金流量表及權益變動表。綜合損益表被舊法根據 “GAAP” 稱為損益表 (profit and loss account; Gewin-und-Verlustrechnung)，現行法依據國際財務報導準則 (International Financial Reporting Standards, IFRSs) 改稱之為綜合損益表。

資產負債表 (Balance Sheet) 乃以所謂會計恆等式即資產 (assets) 等於負債 (liabilities) 加上業主（股東）權益 (owner's equity) 來顯示該商業（公司）在特定日期之財務狀況。

綜合損益表乃表示商業（公司）在一定期間（報導期間）之經營績效，而依據商業會計法第二八條之二之規定乃包括收益與費損等要素，所以，綜合損益表中會有本期淨利或本期淨損。本期淨利應與盈餘仔細做區分而本期淨損應與虧損仔細做區分。公司法上之盈餘與虧損皆為累積狀態而非本期之淨利或淨損。

現金流量表表現一商業（公司）在特定期間之營業、投資與籌資活動所造成之金額流進與流出。所以，雖稱為現金流量表但並非現金 (cash) 之流進與流出而已。

所謂權益變動表在商業（如獨資或合夥）為商業所有人權益變動表，而在股份有限公司所呈現者為股東權益變動表。所以，其乃呈現一公司在一定期間之股東權益變動之情況，包括資本之期初與期末餘額、資本公積之期初與期末餘額、保留盈餘與累積虧損之期初與期末餘額、庫藏股票之期初餘額與期末餘額等資訊。

三、議　案

議案有盈餘分派之議案與虧損撥補之議案等。所謂盈餘分派之議案乃指公司於完納稅捐與提撥法定公積後尚有盈餘時董事會擬如何分配股利之議案而向股東會提出者。此時，有些情況須股東會決議通過。

所謂虧損撥補之議案乃指公司有虧損時董事會擬如何填補虧損之議案而向股東會提出者。此時，股東會僅是聽取該報告而依公司法第二三〇條加以表決承認。

第四節　會計表冊之編造、確定與公示

壹、會計表冊之編造與查核流程

一、會計表冊之編造

依據公司法第二二八條第一項之規定，董事會於每會計年度終了，應編造營業報告書、財務報表、盈餘分派或虧損撥補之議案，於股東常會開會三十日前交監察人查核。此些表冊應依中央主管機關規定之規章由董事會編造因為其乃公司業務執行機關。除中央主管機關所規定之規章外，若公司章程有盈餘分派或虧損撥補之規定，則董事會亦應遵守之。

董事會乃委由業務執行之輔助機關之經理人指揮公司會計人員編造之。又為確保會計表冊之正確性以保障投資人，公司法第二〇條第二項乃規定，公司資本額達一定數額以上（現行經濟部商業司之二〇〇一年十二月十二日函乃要求公告實收資本額達三千萬新台幣之公司包括股份有限公司）或未達一定數額而達一定規模者，其財務報表，應先經會計師查核簽證；其一定數額、規模及簽證之規則，由中央主管機關定之。但公開發行股票之公司，證券主管機關另有規定者，不適用之。該條第三項規定，前項會計師之委任、解任及報酬，準用公司法第二九條第一項之規定。

二、會計表冊之監察人查核與查核意見

董事會編制財務報表稱為狹義之會計，而對財務報表所產生之會計資

訊加以審計 (audit)，雖屬廣義會計之一環，但公司法稱之為查核，乃由監察人或審計委員會為之，[1936]而會計表冊之查核乃監察人監察權行使之一環。監察人之監察權包括隨時監察與開股東會時之監察。隨時監察根據公司法第二一八條第一項之規定，監察人應監督公司業務之執行，並得隨時調查公司業務及財務狀況，查核、抄錄或複製簿冊文件，並得請求董事會或經理人提出報告。此一隨時監察當然包括對會計表冊之查核。

至於監察人在股東會時之監察，則需待董事會完成會計表冊。由於實務上監察人須在股東會時根據其書面查核報告提出口頭報告，為有充分時間查核，公司法第二二八條第三項規定，監察人得請求董事會提前交付會計表冊供其查核。由於監察人未必有相關專業，因此，根據公司法第二一八條第二項之規定，監察人為辦理該事務，得代表公司委託律師、會計師審核之。監察人之查核意見根據公司法第二二九條之規定須以書面為之，但實務上監察人亦會在股東會根據此一書面查核報告提出口頭報告。

貳、會計表冊之股東會承認

一、股東會之承認

公司法第二三〇條第一項前段規定，董事會應將其所造具之各項表冊，提出於股東常會請求承認。此一股東常會之承認門檻，因公司法無作特別規定，所以乃以普通決議為之。[1937]然而，此一承認決議乃股東會消極地對會計表冊之承認與否之決議，就甚多屬董事會權限之事項股東會不得藉此做積極之增減決議。而且，由於會計表冊涉及專業與技術知識，不適宜成為股東會討論之議案，[1938]我國法與日本公司法（第四三八條第二項）遂同稱之為承認。我國學者雖有人認為，對於財務報表與營業報告書不僅其所

[1936] 馬秀如，前揭文，頁 256。

[1937] 柯芳枝，前揭文，頁 393。

[1938] 河本一郎、川口恭弘，前揭書，頁 41。

載資訊已為歷史資訊，而且，其資訊乃離股東遠而距董事會近，因此，要求股東會承認僅流為形式動作，[1939]但因為盈餘分派可能額之算出乃以會計表冊中之各項目之金額為基礎，所以，其乃屬對股東及公司債權人之利害有影響之重要事項，所以須經股東會之承認。[1940]至於盈餘分派或虧損撥補之議案因為尚未決定，所以，不應是承認案而是應為討論案。[1941]

二、會計表冊上董監責任之解除

公司法第二三一條規定，各項表冊經股東會決議承認後，視為公司已解除董事及監察人之責任，但董事或監察人有不法行為者，不在此限。所謂視為公司已解除董事及監察人之責任乃指與會計表冊相關（即所揭露事項或自此些表冊得知悉之事項[1942]）之責任被解除而已，並非所有對公司之責任被解除。[1943]董監事與會計表冊相關之責任既已被解除責任，則根據舉重明輕之原則，其業務執行輔助人員之責任，除有不法行為者外，亦被解除。

參、會計表冊之公示

一、會計表冊在股東會前之備置與供查閱

為確保股東能有知悉正確之財務與會計資訊以利其在股東會行使表決權，[1944]公司法第二二九條規定，董事會所造具之各項表冊與監察人之報告書，應於股東常會開會十日前，備置於本公司，而且股東得隨時查閱，並

[1939] 馬秀如，前揭文，頁264。

[1940] 伊藤真，前揭書，頁707。

[1941] 馬秀如，前揭文，頁264。

[1942] 王文宇、林國全，公司法，收錄於王文宇、林國全、王志誠、許忠信、汪信君，前揭書，頁121。

[1943] 王文宇，同前[75]，頁505；賴源河（王志誠修訂），前揭書，頁325。

[1944] 柯芳枝，前揭書，頁393。

得偕同其所委託之律師或會計師查閱。此乃是事先地對股東之公示義務。[1945]

二、股東會承認後會計表冊之揭露

經股東會承認之會計表冊之揭露義務乃事後地對股東等之公示。[1946]其有主動與被動兩種。前者依據公司法第二三〇條第一項後段之規定，董事會所造具之各項表冊經股東常會承認後，董事會應將財務報表及盈餘分派或虧損撥補之決議，分發各股東。依此規定僅財務報表及盈餘分派或虧損撥補之決議需分發給各股東，而其可藉議事錄之記載及分發方式為之。而公開發行股票之公司，依公司法第二三〇條第二項之規定，前項財務報表及盈餘分派或虧損撥補決議之分發，得以公告方式為之。

所謂被動公示義務乃指經公司債權人之要求者。依公司法第二三〇條第三項之規定，第一項董事會所編造之各項表冊及決議，公司債權人得要求給予、抄錄或複製。表冊內容雖比應發送給股東者為多類，但卻無違反之罰鍰規定，因為公司法第二三〇條第四項之罰鍰規定（代表公司之董事，違反第一項規定不為分發者，處新台幣一萬元以上五萬元以下罰鍰）並不擴及之。

第五節　盈餘與其分派

壹、前　言

有關盈餘分派等向股東發還財產之法制，因該國公司法有否資本維持原則之要求而有法制上之差異。大陸法系有資本維持原則，因此，須有盈餘方可能做盈餘分派，[1947]例如日本法、德國法與歐洲國家多要求以可分配

[1945] 高橋紀夫，前揭書，頁 318。

[1946] 高橋紀夫，前揭書，頁 319。

[1947] 江頭憲治郎，前揭書，頁 685（註 1）；黒沼悦郎，前揭書，頁 237。

盈餘為限度，我國法亦同。美國各州公司法並無資本維持原則之要求，而以有效的公司債權人保障為中心，有些州公司法要求不能因分派而使公司支付不能，有些州法以流動資產與流動負債之比例為準，因此，即使資產負債表上有累積虧損，只要損益表上有當期淨利，在該限度內仍可向股東為財產分配，稱為迅速 (nimble) 分配。[1948]英國法在一九八〇年之前的法令與判例見解不明，但加入歐體後在一九八〇年代改採歐陸法之途徑，須有可分配盈餘才可分派股息及紅利。

貳、盈餘之相關概念

一、盈餘之概念

所謂盈餘乃公司純財產額（資產額減去負債額）超過公司實收資本加上公積等法定扣除項目之差額。[1949]所以，盈餘乃一數年累積狀態，而非一年度內或一基期內之狀態。而且，其財源並非僅來自營業所獲利益，因此，日本法不稱之為盈餘，而稱之為剩餘金，包括資本剩餘金與營利剩餘金，而後者乃當期營業淨益所累積者。[1950]

二、盈餘與本期綜合損益總額之差別

盈餘之概念須先與本期綜合損益總額作區分。所謂本期綜合損益總額，依商業會計法第五八條之規定，乃指在同一會計年度（或基期）內所發生之全部收益減除同期之全部之費用、成本及損失之差額。若差額為正數，則為淨益，若差額為負數，則為淨損，即例如所謂之年度虧損。但此一虧損與公司法所稱之虧損乃累積虧損者，仍有所不同。

[1948] 黑沼悅郎，前揭書，頁 237；江頭憲治郎，前揭書，頁 685（註 1）。

[1949] 柯芳枝，前揭書，頁 401；神田秀樹，前揭書，頁 301；吉本健一，前揭書，頁 376。

[1950] 江頭憲治郎，前揭書，頁 672–674。

參、盈餘利用之順序

一、原則上要有可分配盈餘始得分派

公司分配股息或紅利之前原則上應先彌補虧損及提存法定盈餘公積，而尚有可分配盈餘時方可。因此，公司法第二三七條第一項規定，公司於完納一切稅捐後，分派盈餘時，應先提出百分之十為法定盈餘公積，但法定盈餘公積，已達實收資本額時，不在此限。公司法第二三二條第一項規定，公司非彌補虧損及依本法規定提出法定盈餘公積後，不得分派股息及紅利。該條第二項又規定，公司無盈餘時，不得分派股息及紅利。

由上述相關而一再重複之規定可導出其分派流程大體上為，須先確認盈虧，完納稅捐，彌補虧損，提列法定盈餘公積與特別盈餘公積，紅利部分應保留員工酬勞成數，最後再經股東常會決議。此一限制之立法目的，乃為遵守資本維持原則，保障公司債權人權益。倘若公司無盈餘，仍發放股息紅利與股東，無異侵蝕公司資本，有害債權人利益。

二、例外可為建設股息之分派

分配股息或紅利應先彌補虧損，而且原則上須有可分配盈餘，方可分派股息及紅利，但有一個例外即無盈餘時仍可發建設股息。公司法第二三四條第一項規定，公司依其業務之性質，自設立登記後，如需二年以上之準備，始能開始營業者，經主管機關之許可，得依章程之規定，於開始營業前分派股息。該條第二項規定，前項分派股息之金額，應以預付股息列入資產負債表之股東權益項下，公司開始營業後，每屆分派股息及紅利超過實收資本額百分之六時，應以其超過之金額扣抵沖銷之。

公司無盈餘時，例外仍得以發建設股息（請注意不含紅利），乃因為例如鋼鐵、鐵路等大型建設事業，開始營業之前之建設期間較長，而且需有大量之資金，須賴資本市場籌資，因此，若謹守無盈餘即不得分派股息之原則，公司於創業初期將因尚未開始營業而無盈餘可供分派，而使資本市場上潛在股東之投資意願降低，有礙公司籌資。[1951]故特設本條之規定，而建設股息之性質雖為股息之預付，但實際上乃一種出資之返還。[1952]

肆、盈餘分派請求權之概念

一、抽象盈餘分派請求權

股東投資股份有限公司，除轉讓持股時之資本利得與公司解散時之剩餘財產分配請求權外，即是為了分配盈餘。前兩者類似債券投資之本金，後者類似利息，所以，我國法稱之為股息。所不同者，公司債券必有利息，而股份（票）為風險資產（證券）未必有股息。雖未必有股息，但一定有期待，所以，盈餘分派請求權乃一抽象之期待權，稱為盈餘分派請求權(Gewinnanteilsrecht)，其不可被單獨處分，亦不會罹於消滅時效。[1953]日本在二〇〇五年公司法之前，甚至有學者認為其乃固有權（雖可能被作彈性解釋），[1954]或至少抽象盈餘分派請求權乃固有權（即股東會不能以多數決加以剝奪者），[1955]惟因技術上不能一有盈餘即分配，因此，尚需股東會或董事會之決議方行分配，因此，其僅為相對性之固有權。

二、具體的盈餘分派請求權

㈠盈餘分派請求權之具體化

通說與實務認為，股東會於決議通過盈餘分派議案確定所分派之股息與紅利後，股東之盈餘分派請求權即告發生與確定，而成為具體的盈餘（股息與紅利）分派請求權(Dividendenrecht)，性質上為單純之對公司之債權，

[1951] 王文宇，同前[75]，頁514。
[1952] 鄭玉波，同前[13]，頁160。
[1953] 鄭玉波，同前[13]，頁159；柯芳枝，前揭書，頁402；江頭憲治郎，前揭書，頁691。
[1954] 龍田節、前田雅弘，前揭書，頁52（註8）；前田庸，前揭書，頁657。
[1955] 近藤光男，前揭書，頁404。

因此，得與股份分離而被獨立轉讓或處分，也會罹於消滅時效。[1956]上市公司常為集團事務處理之方便性而在公司章程中規定一段期間（例如三年）經過後公司免除盈餘分派之義務，此一期間之性質屬除斥期間，除非鑑於實際上之必要性乃過短，否則會被認為有效，日本即有判例亦採此見解。[1957]具體盈餘分派請求權成立後，股份若被轉讓，此一債權並不當然隨同移轉。[1958]

原則上須在前一會計年度有可分配盈餘，且經股東會以決議通過董事會所提之盈餘分派案之後，[1959]股東才有具體的盈餘分派請求權。

㈡盈餘分派之時期與決定機關

1.盈餘分派之決定機關以股東會為原則

有關決定機關，美國法上，一般認為董事會之專業與資訊較適合作為盈餘分派之決定機關，因此，不論上市公司或閉鎖性公司，其權限皆專屬於董事會。但英國法允許公司以章程自治。[1960]日本法原則上由股東會以普通決議為之，[1961]且有見解認為不限於股東常會而可為臨時股東會者，[1962]例外依日本法第四五九條第一項之規定，在章程有規定時，亦能由董事會決定特定有關盈餘分派之事項。我國公司法第一八四條第一項則規定，股東會決議盈餘分派或虧損撥補。可見我國之盈餘分派之決定權與日本法一樣乃原則上由股東會以普通決議為之，例外我國公司法另有規定由董事會決定之情況（下述），但盈餘分派之議案則須由董事會編造，股東會不能主動立案。

[1956] 鄭玉波，同前[13]，頁159；柯芳枝，前揭書，頁402；最高法院90年台上字第1721號民事判決；神田秀樹，前揭書，頁308；江頭憲治郎，前揭書，頁693。

[1957] 江頭憲治郎，前揭書，頁693（註3）。

[1958] 最高法院90年度台上字第1721號民事判決；神田秀樹，前揭書，頁308；江頭憲治郎，前揭書，頁693。

[1959] 洪令家，前揭文，頁99；前田庸，前揭書，頁658-659。

[1960] 江頭憲治郎，前揭書，頁682-683（註7）。

[1961] 江頭憲治郎，前揭書，頁679-680。

[1962] 近藤光男，前揭書，頁401。

2.盈餘分配之時期

(1)原則為會計年度終了

公司法第二二八條第一項規定，每會計年度終了，董事會應編造左列表冊，於股東常會開會三十日前交監察人查核：……盈餘分派或虧損撥補之議案。且公司法第二三〇條第一項規定，董事會應將其所造具之各項表冊，提出於股東常會請求承認，經股東常會承認後，董事會應將財務報表及盈餘分派或虧損撥補之決議，分發各股東。

(2)例外可每季或半年發放

二〇一八年修正之前僅能一年發放一次。二〇一八年修正增訂公司法第二二八條之一，已改成可每季、半年與年度發放。此乃是為滿足股東資金需求之彈性及減省額外之融資成本，符合一定條件之公司，得於章程訂明盈餘分派或虧損撥補於每季或每半會計年度終了後為之。公司法第二二八條之一第一項遂規定，公司章程得訂明盈餘分派或虧損撥補於每季或每半會計年度終了後為之。該條第二項規定，公司前三季或前半會計年度盈餘分派或虧損撥補之議案，應連同營業報告書及財務報表交監察人查核後，提董事會決議之。該條第三項規定，公司依前項規定分派盈餘時，應先預估並保留應納稅捐、依法彌補虧損及提列法定盈餘公積，但法定盈餘公積，已達實收資本額時，不在此限。

由此規定可歸納為，現金盈餘分派期中由董事會為之，而期末現金分配由股東會普通決議為之，但公開發行股票公司之期末現金分配，如下述可藉章程授權董事會決之。不過，非期末之期中分派可能因為董事會過於樂觀而在期末時方知其實公司為虧損，此時，由於公司法並無令股東返還之規定，因此，應認為期中分派乃獨立之分派而非年度盈餘分派之預付。[1963]

3.公開發行公司得授權董事會藉特別決議以現金發放股息及紅利

公司法第二二八條之一第四項規定，公司依第二項規定（前三季或前

[1963] 洪令家，前揭文，頁106。

半會計年度盈餘分派）分派盈餘而以發行新股方式為之時，應依第二百四十條規定辦理；發放現金者，應經董事會決議。

公司法第二二八條之一第四項之立法理由指出，公司前三季或前半會計年度分派盈餘，如以發行新股方式為之時，因涉及股權變動而影響股東權益較大，因此，該議案除應依第二項提董事會決議外，並應依第二四〇條規定辦理，即須經股東會特別決議；至於發放現金者，則毋庸經股東會決議而僅須經董事會決議。

由董事會決定之變革乃是因為公開發行股票公司之股東會召集較不易，而現金發放股息及紅利並無以股份發放之可能稀釋股權之問題，所以，得以章程授權董事會以特別決議為之，以求時效之利。

伍、盈餘分派之標準

一、二〇一八年修正不應被解釋為禁止公司以章程訂定普通股分派股息之定額或比率

二〇一八年修正前公司法第二三五條第一項原規定，股息及紅利之分派，除章程另有訂定外，以各股東持有股份之比例為準。二〇一八年修正將原條文所定「章程另有規定」之「章程」二字改為「本法」，而成為「股息及紅利之分派，除本法另有規定外，以各股東持有股份之比例為準」。修正理由認為，原條文之「章程另有規定」係指特別股分派股息及紅利之情形，即公司法第一五七條第一項第一款及第三五六條之七第一項第一款之規定，而非允許公司得以章程任意規定分派方式，故修正以資明確。

原則上，以各股東持有股份之比例為準又稱為股東平等分派原則，而且，依現行規定，任何違反股東平等原則之章程或股東會決議乃無效。[1964]二〇一八年修正被認為，除特別股外，將不再允許公司以章程訂定普通股股東分派股息及紅利之定額或比率，[1965]此一見解值得商榷。

[1964] 賴源河（王志誠修訂），前揭書，頁228。

舊法所謂「章程另有規定」乃指除特別股外，章程訂有盈餘分派之標準者，例如章程可選擇固定比率（如百分之五）或一定之區間或定一下限以上分配盈餘給所有普通股股東（此時稱為股息）或員工（僅屬舊法所稱之紅利），此時，董事會於每營業年度（或基期）終了，應依據已生效之章程，編造上年度盈餘分派議案經踐行法定程序後據以分派上年度盈餘。[1966]經濟部即認為此乃是因為投資人於投資時乃是依據已生效之公司章程所訂之盈餘分派方法作為衡量投資之考量標準，[1967]若公司於股東常會時未先為盈餘分派之承認，即先行變更章程並依變更後之章程分派上年度盈餘，即與前揭規定不合。[1968]此乃是因為章程之規定對股東所形成之期待權不可被剝奪。

二〇一八年修正後，公司已不得再以章程作與股東平等分派原則相違之規定，例如日本法上之閉鎖性股份有限公司由於人的要素之特徵（類似有限公司），而被允許用章程規定對特定股東（不依其持股比例地）給予盈餘分派請求權或剩餘財產分配請求權等特殊待遇，[1969]在我國法現在即不再被允許，但若以章程訂定普通股分派股息之定額或比率而不違股東平等分派原則者，仍應被允許。

二、公司法是否應容任公司長期不分配盈餘

公司於有盈餘時，是否絕對須分派股息及紅利，法無明文，有學說見解認為此乃為公司自治事項，日本亦有學說認為，由於公司性質所要求之營利性僅需有盈餘分派或剩餘財產分派之一項即可，因此，現行公司法一方面給盈餘分派請求權，但又允許公司因預防將來產品跌價或因準備員工

[1965] 陳連順，前揭書，頁 173；洪令家，前揭文，頁 102。

[1966] 經濟部 79 年 8 月 28 日商字第 214784 號函。

[1967] 經濟部 84 年 6 月 22 日商字第 211381 號函。

[1968] 經濟部 79 年 8 月 28 日商字第 214784 號函。

[1969] 江頭憲治郎，前揭書，頁 134。

福利而不分配盈餘，等到公司解散時再分配剩餘財產。[1970]亦有見解認為，有盈餘而長年不分配，除在嚴重時可能構成公司解散事由外，公司機關未為分派之決定前，法院亦難命之分配。[1971]

然而，亦有甚多學說對長期不分配盈餘之作法有所保留。柯芳枝教授即認為，在企業經營之合理範圍內固可將盈餘保留而限制或暫時停止盈餘分派，惟若恣意或長期剝奪或限制盈餘分派則非所宜，在此意義下盈餘分派請求權之性質屬相對之固有權，不得加以剝奪，[1972]類似地，近藤教授亦認為當公司有盈餘時，董事會或股東會決議不分配盈餘並非無所限制，除不論分派與否皆須遵守股東平等原則外，亦須依公司經營判斷本期不分配乃屬合理方可，例如決定不分配卻給公司負責人大量報酬，即屬不合理。[1973]亦有見解不容許股東會以多數決超過合理期間及範圍地對（抽象）盈餘分派請求權加以限制或剝奪。[1974]英國法長期不分派可能構成對少數股東之不公平危害 (unfair prejudice)。因此，本書鑑於本法已有意定盈餘公積之制度，若公司可大量無限制地不分配盈餘，則意定盈餘公積便無存在之必要，因此，本書認為，若章程有訂明者，依德國之見解，股東有訴權請求股東會作發放決議，甚至已成立具體盈餘分派請求權。[1975]章程之記載在英美法會構成直接訴權。在我國法上，雖未能作相同之論，但至少董事會有義務根據章程所記載之盈餘分派標準作成議案提出於股東會，而股東會亦有義務依章程之規定作決議通過之，此時，我們必須了解我國法對股息及紅利的區分。

[1970] 黑沼悅郎，前揭書，頁 28–29。

[1971] 龍田節、前田雅弘，前揭書，頁 52（註 8）。

[1972] 柯芳枝，前揭書，頁 401。

[1973] 近藤光男，前揭書，頁 404。

[1974] 前田庸，前揭書，頁 56。

[1975] Karsten Schmidt, a.a.O. (Fußnote 21), S. 917.

三、股息與紅利本有差異

傳統上，所謂股息乃指依章程或股票上載明之定率或定額分配之盈餘，而紅利乃公司除依章程或股票上載明之定率或定額分配之盈餘（股息）外尚有多餘，再以之增加分派給股東之盈餘。[1976]即紅利乃本於股份平等原則所額外之盈餘分派，屬不可期待之驚喜。同樣屬不可期待的驚喜者為員工紅利，而使我國紅利有廣狹兩義，狹義紅利固指前述股息以外對股東額外增加分派之盈餘，而廣義之紅利則兼指年終分發於員工之獎勵在內，[1977]甚至包括董監事酬勞。[1978]

年終分發給員工年終獎金始於三菱汽船商社在一八七四年五月牡丹社事件（經英美航商拒絕協助後）時臨危授命運送日軍到屏東而獲鉅利後，在一八七七年再運兵到九州打贏西南戰爭後在日本首先發放給員工而成為今日之傳統。雖有學者主張用股利取代股息及紅利，[1979]我國一九四六年舊法的確曾改稱為股利，但在一九六六年及之後之修法即知不妥而改回一九二九年之股息與紅利之區分。根據一九二九年公司法第一七一條但書之規定，公司無盈餘者不得分派股息及紅利，但資本公積已超過資本總額二分之一或由盈餘提出之公積有超過該盈餘十分之一之數額者，公司為維持股票之價格得以其超過部分派充股息。可見，當時無盈餘仍可能例外分派股息，但不可分派紅利。

本書認為，一九二九年公司法第一七一條但書僅允許股息之派充而不允許紅利之派充乃因依章程或股票記載所定之定率或定額為股東投資時本

[1976] 王文宇，同前[75]，頁512；柯芳枝，前揭書，頁215（註38）；梁宇賢，同前[253]，頁165-166。

[1977] 鄭玉波，同前[13]，頁157；陳國義，前揭書，頁168。

[1978] 王文宇、林國全，公司法，收錄於王文宇、林國全、王志誠、許忠信、汪信君，前揭書，頁126。

[1979] 洪令家，前揭文，頁101。

可期待於公司有盈餘時所可被分配者，而紅利則屬不可期待之驚喜。相同地，依現行公司法第二三四條之規定雖可例外依章程之規定發建設股息，但不可發紅利。[1980]因此，本書認為在現行法仍有區分股息及紅利之必要，而且公司法第二三四條僅允許股息之派充而不允許紅利之派充乃因依章程記載之定率或定額為股東投資時本可期待於公司有盈餘時所可被分配者，而建設股息即為此一期待股息之預付。

就股票之記載盈餘之定率或定額而言，股票之要式性應不妨礙公司在股票上做此記載，但其法律拘束力生疑，因此，公司法第二三四條僅規範章程記載方式之股息。

四、一公司章程中所規定之固定比率或定額之盈餘乃屬股息

本書認為，二〇一八年修法前原公司法第二三五條第一項（股息及紅利之分派，除章程另有訂定外，以各股東持有股份之比例為準）之所謂「除章程另有訂定外」乃例如優先股或後配股應特別分派之特別股之情形，[1981]但並不以特別股為限，例如公司可能在章程中對所有普通股份規定「一年度內之盈餘有一半以上須分配給股東」，此時，若該公司於該年度有可分配盈餘，則該公司之股東會常會即須決議分配股息，因為該股息已屬股東既得利益。本書之理由如下：

第一，以章程規定盈餘分派之比例或標準乃四種類型公司皆適用者，包括無限公司之公司法第四十一條第一項第六款，有限公司之第一〇一條第一項第五款及兩合公司之第一一六條，不能獨對股份有限公司加以剝奪。

第二，章程既可給發起人特別利益，當亦可給一般股東一般利潤。所謂特別利益是指一般股東應得利潤以外之利益，蓋發起人在籌備期間比一般股東辛苦，故我國公司法允許其有特別利益，惟必須將其範圍、種類與受益人姓名記載於章程，而且，若業已確定，則屬既得權，嗣後除經受益

[1980] 鄭玉波，同前[13]，頁160。

[1981] 鄭玉波，同前[13]，頁158。

人同意外，不得變更章程予以裁減，而且，此一特別利益與該發起人所擁有之股份乃屬兩事，而基於其乃得以請求給付之財產權，自得與股份脫離而單獨被轉讓。[1982]

第三，就普通股與特別股定義之相對性而言，即使公司對普通股以章程規定有盈餘時每期（年）對每一普通股發放一定比例之盈餘作股息，亦不礙特別股之發行，例如比該比例優或劣，即為特別股。如此，便可透過主管機關公佈章程範例作引導，或進行行政輔導，公司定期發放股息，不但可改善現行公司累積大量未分配盈餘之情況，亦可增加股份吸引投資之魅力。

第四，在日本法，特別股份被稱為種類股份，而成為盈餘分派之一般標準者被稱為普通股份，而當有複數之種類股份時，當然普通股亦會成為一種種類股份。[1983]所以，我國法認為章程有規定盈餘分派之標準者即為特別股一點，並不適宜，因為章程可對公司全部股份規定一盈餘分派標準再對一部分股份做更優或更劣之條件規定而成特別股。日本法於承認種類（特別）股外，即另外承認三種依章程規定對全部股份皆適用之規定，即全部股份皆附轉讓限制、全部股東對公司皆有買回請求權與公司在章定條件滿足時對全部股份皆有強制買回股份之權者。此三者乃章程之相對必載事項，[1984]至於任意記載事項，只要不違公司法之規定或公序良俗，即可記載於章程，而且，日本實務上有甚多任意記載事項被載於章程，因為雖載於他處亦有效，但以章程為之明確性較高，且有更改較不容易之效果，[1985]因此，對每一普通股皆以章程規定一定比例或一定定額之盈餘分派，當為法之所許。

第五，公司章程中有關盈餘分派之規定，若股東會決議違反此一規定，

[1982] 梁宇賢，同前[15]，頁297-298。

[1983] 高橋紀夫，前揭書，頁88。

[1984] 近藤光男，前揭書，頁61。

[1985] 神田秀樹，前揭書，頁50。

在日本法上該違反會形成撤銷股東會決議之事由，[1986]在我國法上，依公司法第一九一條之規定，該決議將因違反章程規定而無效。

第六，實務上有盈餘分派保證股，即為促使公司經營者確實為股東利益而努力，公司乃發行此種股份，約定一定之盈餘分派水平，而於未達此一分派水平時，由保證股股東選出一部分董事參與經營。[1987]其約定方式即可在章程中做此約定，而股東權種類雖多數由法律所明定，但亦可藉章程規定而享有某種股東權，例如盈餘分派權。[1988]

第七，章程中之盈餘分派規定是否能構成股東向公司起訴請求之依據，則視該規定之內容而定。原則上，未經股東會根據章程規定作成決議，股東不能直接根據章程而向公司作請求，亦即原則上章程之規定未生具體盈餘分派請求權，但例外在該章程之規定相當具體以自動地且確定地算出之形式來加以規定時，江頭教授認為，即使未經股東會之決議，股東亦得根據此一規定向公司作請求。[1989]例如公司章程若規定「本公司有可分配盈餘之年度分配百分之三十為股利」，則此時該百分之三十已成為股息，至於股東會額外加發者則為紅利。

陸、股息及紅利之分派方法

股息及紅利（盈餘）分派之方法為現金股利與股票股利。其前提須先確定四個重要期日，即股東會或董事會決議日、停止過戶日（除息日）、股息紅利基準日與發放日。其中，股東會或董事會決議日亦須決議股息紅利基準日，即以該日之股東名簿上所記載之股東為有權受盈餘分配之股東。而停止過戶日（除息日）即根據公司法第一六五條第二項之規定，股東名簿記載之變更，於公司決定分派股息、紅利或其他利益之基準日前五日，

[1986] 江頭憲治郎，前揭書，頁 692（註 1）。

[1987] 黃銘傑，同前[1014]，頁 139、166。

[1988] 柴田和史，前揭書，頁 130；神田秀樹，前揭書，頁 69。

[1989] 江頭憲治郎，前揭書，頁 692（註 1）。

不得為之的開始日。此四日期決定後即得依情況計算並分派現金或股份為股息或紅利。

一、現金分派股息及紅利

現金（金錢之意思）股息或現金紅利乃現在最通常之盈餘分派方式。其原則上只須股東會普通決議即可，例外在公開發行股票之公司，因為股東會召集不易而此時又未發行新股影響到股權，所以，為方便允許公司得以章程規定授權董事會以特別決議為之。因此，公司法第二四〇條第五項便規定，公開發行股票之公司，得以章程授權董事會以三分之二以上董事之出席，及出席董事過半數之決議，將應分派股息及紅利之全部或一部，以發放現金之方式為之，並報告股東會即可。

二、股份分派股息及紅利

以股份分派方式來分派股息及紅利（盈餘分配）又被稱為盈餘轉增資或盈餘轉作資本，[1990]由於其等於強迫股東認股，[1991]而且我國法乃以發行新股而不像日本法可以自己公司庫藏股為之而有稀釋股權之問題，因此，不論期中或期末發放皆須由股東會以特別決議為之，而且，依公司法第一七二條第五項之規定，須在股東會召集事由中列舉不得以臨時動議提出。因此，公司法第二四〇條第一項規定，公司得由有代表已發行股份總數三分之二以上股東出席之股東會，以出席股東表決權過半數之決議，將應分派股息及紅利之全部或一部，以發行新股方式為之；不滿一股之金額，以現金分派之。該條第二項規定，公開發行股票之公司，出席股東之股份總數不足前項定額者，得以有代表已發行股份總數過半數股東之出席，出席股東表決權三分之二以上之同意行之。該條第三項規定，前二項出席股東股

[1990] 陳連順，前揭書，頁388。

[1991] 王文宇、林國全，公司法，收錄於王文宇、林國全、王志誠、許忠信、汪信君，前揭書，頁128；王文宇，同前[75]，頁516。

份總數及表決權數，章程有較高規定者，從其規定。該條第四項規定，依本條發行新股，除公開發行股票之公司，應依證券主管機關之規定辦理者外，於決議之股東會終結時，即生效力，董事會應即分別通知各股東，或記載於股東名簿之質權人。這是因為除公開發行股票公司在公司法外亦受證交法之規範，所以其發行新股須依證券主管機關之規定辦理（例如依證交法第二二條第一項之規定公開發行公司發行新股應經證券主管機關之申報生效始生效力）外，增資發行新股屬特殊發行新股，不依普通發行新股之程序，所以，該條第四項規定其於作決議之股東會終結時即生效力。

柒、違法盈餘分派之後果

大陸法系認為違法盈餘分派之後果會影響資本維持原則，對公司債權人不利，因此，公司法第二三三條規定，公司違反前條規定分派股息及紅利時，公司之債權人，得請求退還，並得請求賠償因此所受之損害。這是因為其分配行為無效，所以，取得者應依不當得利負返還之責。[1992]而且，公司負責人需負刑責，因為公司法第二三二條第三項規定，公司負責人違反第一項或前項規定（即無可分派盈餘時不得分派）分派股息及紅利時，各處一年以下有期徒刑、拘役或科或併科新台幣六萬元以下罰金。

第六節 員工酬勞與入股

壹、傳　統

公司在年終發紅利給員工之制度，始自日本三菱汽船公司在一八七七年西南戰爭之後因公司運兵員到九州賺得大筆收入之後，已如前述。我國公司法制歷來受日本法之影響而有員工分紅之制度，從一九二九年法即區分股息及紅利，而紅利包括分配給員工之盈餘，因此，在一九八〇年修法

[1992] 神田秀樹，前揭書，頁 310；吉本健一，前揭書，頁 384；黒沼悦郎，前揭書，頁 243。

為提倡此一員工分紅制度，而於公司法第二三五條增訂舊法第二項規定，章程應訂明員工分配紅利之成數。這是因為股東利益最大化原則僅屬次佳之策而不能被絕對地貫徹，因此，公司法對之有所緩和，包括當公司章程有不符股東利益最大化原則之規定，例如規定一定比例之盈餘分配給對公司有貢獻者而非全部給股東，除該比例過高以致於違反公司營利目的之本質而無效外，該章程未必無效。[1993]

貳、員工分紅費用化

現行公司法中，分配給員工者不再被稱為紅利而稱為員工酬勞。我國商業會計法在二〇〇八年於第六十四條將員工分紅費用化。會計準則受英美之影響，而英美並無員工分紅之傳統，遂將之認定為員工酬勞，且酬勞屬於公司人事成本，須在計算應稅淨利時先加以扣除，再算出稅後淨利，而後再進行股東盈餘分派。因此，我國在二〇一五年五月二十日修訂公司法刪除第二三五條第二項到第四項之規定，而另外增訂公司法第二三五條之一，以繼續保障勞工權益，而該條第一項之規定乃將以前之員工分配紅利改稱為員工酬勞，而規定，公司應於章程訂明以當年度獲利狀況之定額或比率，分派員工酬勞，但公司尚有累積虧損時，應予彌補。該條第二項又規定，公營事業除經該公營事業之主管機關專案核定於章程訂明分派員工酬勞之定額或比率外，不適用前項之規定。

所謂「當年度獲利狀況」應依會計師簽證或董事會決議之財務報表為準，而所謂獲利狀況乃指不含員工酬勞金額之稅前利益。[1994]因此，所謂「當年度獲利狀況」乃指當年度之淨利，而非公司之（累積）盈餘狀況。而所謂「定額」係指固定數額或一定數額，[1995]而「比率」根據經濟部之解釋可選擇固定比率（如百分之五）、一定之區間（百分之三～百分之五）或定一

[1993] 江頭憲治郎，前揭書，頁24（註3）。

[1994] 賴源河（王志誠修訂），前揭書，頁338。

[1995] 賴源河（王志誠修訂），前揭書，頁338。

下限（如百分之三以上）。[1996]

參、董事會特別決議

公司法第二三五條之一第三項規定，前二項員工酬勞以股票或現金為之，應由董事會以董事三分之二以上之出席及出席董事過半數同意之決議行之，並報告股東會。

二〇一八年修正本條時，第一項至第三項未修正，而增訂第四與第五項。公司法第二三五條之一第四項規定，公司經前項董事會決議以股票之方式發給員工酬勞者，得同次決議以發行新股或收買自己之股份為之。二〇一八年修正鑑於原第三項「員工酬勞以股票或現金為之」所稱之股票包含新股與已發行股份，故增訂第四項，明定公司有收買自己之已發行股份以支應員工酬勞之法律依據，並明定得於同一次董事會決議以股票之方式發給員工酬勞，同時決議以發行新股或收買自己之已發行股份以支應之，毋庸召開二次董事會。

員工酬勞入股以已發行之股份為之者，僅需經董事會特別決議，固較無問題，但以發行新股為之者，性質上屬後述之特殊發行新股，原股東並無新股認購權，而其股權卻與普通發行新股同有被稀釋之問題，此時未經股東會特別決議而僅由董事會特別決議為之，對原股東權益之保障似有不妥。

肆、員工擴及關係企業員工

公司法第二三五條之一第五項規定，章程得訂明依第一項至第三項發給股票或現金之對象包括符合一定條件之控制或從屬公司員工。依原第五項之規定，員工酬勞發給對象，除本公司員工外，亦可依據章程規定發給從屬公司員工。惟基於大型集團企業對集團內各該公司員工所採取之內部規範與獎勵，多一視同仁，故二〇一八年修正並擴及至控制公司員工，提

[1996] 經濟部 104 年經商字第 10402413890 號函。

供企業更大彈性。

伍、立法效果評量

員工酬勞立意雖然良善，但相對於大型公司之董監報酬常被批評為肥貓，很多公司章程中之員工酬勞卻金額極低或比例極低，目的僅在符合法律之要求而已，因此，非但未能達到原定目的，卻造成立法後所有股份有限公司皆需修改章程並為變更登記之勞民傷財而已。[1997]因此，我們需探求有無以發行新股之方式來達到激勵公司員工之其他方法。

[1997] 朱德芳與張心悌，前揭文，頁68-69。

第七章　公司金融

第一節　公司金融概述

壹、內外部資金

由前章可見有些公司不發放盈餘而累積資金作將來投資之用，內部資金積蓄雖不用付出如發行證券籌資之手續成本，但較無利用效率。[1998]因此，實務上乃生公司金融（corporate finance；資金調達）此一有關公司資金運用之一門專業學問，其探討領域包括公司融資工具、風險管理工具與相關之法律機制等。一般而言，公司之資金調度（公司金融）可被分成內部金融與外部金融。內部金融（內部資金或自己金融）包括公司內部所累積未分配之盈餘（包括任意盈餘公積）。[1999]外部金融包括企業間信用（融資借貸）與金融市場上之金融。

貳、間接與直接金融

金融市場上之融資工具包括直接金融工具 (direct finance instruments) 與間接金融工具。[2000]間接金融包括銀行貸款、銀行聯貸或國際銀行聯貸等透過銀行所為之間接融資，以及短期金錢市場上之資金調度。大陸法系之公司較仰賴間接金融。而且，經營業績不佳或債信不佳之公司通常只有間接金融方法（借貸）此一融資方式。[2001]

[1998] 黑沼悅郎，前揭書，頁 251。

[1999] 高橋紀夫，前揭書，頁 335。

[2000] 高橋紀夫，前揭書，頁 335。

所謂直接金融乃指直接透過發行股份、股權衍生工具（如發行新股認購權憑證）與公司債等向外籌資。[2002]直接融資通常比向銀行借款來得便宜，而且對上市公司而言，由於乃向大眾籌資，所以可做大金額之籌資。[2003]公司債適合長期大量資金需求，缺點為程序成本高，不適於短期，其優點為不會稀釋原有股東權，但須屬業績較佳之上市公司，發行較不生困難。[2004]英美之公司較仰賴直接金融。

對中小企業而言，除銀行貸款外，直接金融常需仰賴經營者或冒險(venture)資金，或仰賴控制公司之資金，首先，以公司債（屬貸款）之方式雖有利息可做公司費用而有節稅之好處，但就提升公司對第三人之債信能力而言，亦宜維持一定比例以上之自己資本比例，所以，需發行股份，但閉鎖性新創中小企業公司之股份除經營者自己外，並非仰賴公眾，而是須仰賴冒險資本家 (venture capitalist) 之資金，而冒險資本家投資之目的常為早點將股份首次公開發行（上市）而後出售持股自經營團隊脫離，因此，常需仰賴股東間協議，且可能向冒險資本家發行公司債或附新股認購權之公司債。[2005]

所謂衍生工具（商品）乃由股票、匯率、利率等基礎資產所衍生之產品，由股權所衍生者稱為股權衍生工具，例如股份認購權 (warrant) 及認股選擇權 (option) 等由股權交易所衍生出之金融商品。其亦屬所謂風險管理工具，例如選擇權與交換 (swap) 等目的在於投資或投機之商品，其亦被用作避險之金融商品。其與直接金融工具市場有同樣之交易市場，包括集中交易所與櫃檯買賣市場 (OTC)。

[2001] 川村正幸等三人合著，前揭書，頁 164。

[2002] 吉本健一，前揭書，頁 283。

[2003] 神田秀樹，前揭書，頁 136。

[2004] 江頭憲治郎，前揭書，頁 713。

[2005] 江頭憲治郎，前揭書，頁 713-714。

第二節 發行新股

壹、發行新股時之考量因素

與公司債之發行屬公司之物的擴大不同地，公司發行新股屬公司之人的擴大（新股東加入公司）與物的擴大（公司資本與資產增加），而募集股份可能影響既有股東之公司支配上之利益（表決權比例維持之利益）與經濟上之利益（股價不下跌之利益），因此，須衡量「公司機動地籌措資金之利益」與「既有股東之利益」，以求股東與公司之共同利益。[2006]而所謂「既有股東之利益」在公開發行公司與非公開發行公司有所不同。

在所有與經營分離原則之公開發行公司，股東維持原有持股比例之利益較低，而公司機動地籌措資金之利益較高，[2007]但若涉及經營支配權之改變者，則須加以規範，例如日本公司法即認為其可能危害原有股東之利益，[2008]而英國法則認為公司經營權乃持股以外之另一事項，而其變動需有特別考量。我國法未作特別規範。相對地，在非公開發行公司，原股東維持其持股比例之要求較強，因此，公司機動地資金籌措之需求要退讓。[2009]

授權資本制乃為公司機動籌措資金（經營上之便利性）之利益而將發行新股委由董事會決定，忽視了股東之意見，因此，僅以公開發行公司為妥，若是在非公開發行公司，則其發行新股（因可能影響股東對公司之支配力）宜由股東會決議之，[2010]但我國公司法則未注意到此一細膩之差異（而只給原股東之新股認購權來關照之）。

[2006] 黑沼悅郎，前揭書，頁253；前田庸，前揭書，頁291。

[2007] 前田庸，前揭書，頁294。

[2008] 前田庸，前揭書，頁294。

[2009] 黑沼悅郎，前揭書，頁254；前田庸，前揭書，頁296。

[2010] 黑沼悅郎，前揭書，頁254；前田庸，前揭書，頁8。

同理，在新股之募集決定上，在公開發行公司由於各股東持股比例通常並不高（即各股東通常對公司無支配力），所以，維持股東原有持有比例（對公司之支配力），並非很重要，因此，可為公司之機動籌措資金之經營上便利而犧牲之。[2011]而非公開發行公司要在非股東找到資金並不容易，所以，須給原股東新股認購權以獲資金，而其對維持原持股比例亦有較大之利益，因此，日本法原則上由股東會決定發行新股募集事宜，例外在章程所訂之（經股東會所訂之）一定股數與金額之限制下及一年之期間限制內可委由董事會決定之。[2012]我國法未作此區分，全部授權董事會決定分次發行新股，且全部公司類型之分次發行新股皆有原股東新股認購權。

貳、發行新股與增資之關係

所謂發行新股乃指公司設立後之發行新股，而不包括公司設立時之發行股份。[2013]此時是否即為增資，與前述減資概念相映地，傳統上修改章程增加股份總數才是增資，而章程股份總數內之分次發行新股並非增資，但在完全授權資本制下，現在漸漸有人認為分次發行亦是增資。因此，發行新股之概念在二〇一八年修法前後有所不同。二〇一八年修法前，在授權資本制之下，所謂發行新股乃指公司成立後發行公司章程所載股份總數中尚未被發行之股份以及於章程所載股份總數悉數發行後，經變更章程增加股份總數後發行所增加之股份之全部或一部分股份而言。[2014]依此一見解，唯修改章程增加股份才屬增資發行新股。[2015]二〇一八年修法刪除公司法二

[2011] 黑沼悅郎，前揭書，頁 255；前田庸，前揭書，頁 294。

[2012] 黑沼悅郎，前揭書，頁 258。

[2013] 神田秀樹，前揭書，頁 148（註 3）。

[2014] 柯芳枝，前揭書，頁 463；王文宇，同前[75]，頁 559。

[2015] 姚志明，前揭書，頁 464、487；柯芳枝，前揭書，頁 463；鄭玉波，同前[13]，頁 178、187；王文宇，同前[75]，頁 560；賴源河（王志誠修訂），前揭書，頁 356、358；陳連順，前揭書，頁 166、407–408；潘維大、范建得、羅美隆，前揭書，頁 213、219–220；梁宇賢，同前[253]，頁 185–186、194；陳國義，前揭書，頁 178–179。

七八條後，本法認為公司設立以後在章程所載股份總數內，第二次發行之股份即為增資發行新股，而章程所載股份總數悉數發行後經變更章程增加股份總數後所發行之股份並無不同，皆為增資發行新股。此顯然受英美法之影響，因為在英美法上，分次發行新股與修章增資發行新股皆為增資。[2016]

參、發行新股之類別

一、通常發行新股與特殊發行新股

㈠區分之標準

發行新股之類別在學說上有通常（普通）發行新股與特殊發行新股。通常發行新股乃公司單純以籌集資金之目的而發行新股，因此，必以招募認股人且使之繳足股款為要件，其結果為公司因發行新股而增加現實財產，[2017]而且招募對象常不特定。通常發行新股才有員工新股認購權之適用。

所謂特殊發行新股，乃非以籌措資金為目的而係為履行其法律上或契約上義務而發行新股。[2018]其特徵為新股股款係以公司現存之財產充當而通常不生認股人繳納股款之問題，從而，公司通常不因特殊發行新股而增加現實財產（或資產），而且發行新股之對象在各種場合均屬確定（例如股東、員工、轉換公司債債權人、吸收合併時消滅公司之股東等），[2019]例如因分派盈餘而發行新股、以公積撥充資本而發新股等，詳述於後。

㈡通常發行新股可被分成分次發行新股與修章發行新股

雖然增資概念已變成廣義而喪失區分功能，但須否修改章程仍可被用來將通常發行新股區分成分次發行新股與修章發行新股。而特殊發行新股

[2016] Paul Davies, ibid., p. 245.

[2017] 柯芳枝，前揭書，頁 464；鄭玉波，同前[13]，頁 179；神田秀樹，前揭書，頁 146。

[2018] 王文宇，同前[75]，頁 561。

[2019] 柯芳枝，前揭書，頁 464；王文宇，同前[75]，頁 559；川村正幸等三人合著，前揭書，頁 170。

亦可修章發行新股與不必修章之發行新股。

1.分次發行新股

公司法第二六六條第一項規定，公司依第一五六條第四項分次發行新股，依本節之規定。該條第二項規定，公司發行新股時，應由董事會以董事三分之二以上之出席，及出席董事過半數同意之決議行之。該條第三項規定，第一四一條、第一四二條之規定，於發行新股準用之。

公司依公司法第一五六條第四項所為之分次發行新股為通常發行新股之一種。依公司法第一五六條第四項之規定，公司章程所定股份總數，得分次發行；同次發行之股份，其發行條件相同者，價格應歸一律，但公開發行股票之公司，其股票發行價格之決定方法，得由證券主管機關另定之。在此須注意，第四項所稱之價格應歸一律乃指不論面額股或無面額股，其發行交易條件相同者，其實際價格原則上應一律。

分次發行新股與後述之修章發行新股雖同為通常發行新股而皆有股東新股認購權之適用，但仍有區別兩者之必要，因為尚有須否修改章程程序之別，而此一差別涉及決定機關之不同，所以，公司法第二六六條第一項雖規定，公司依第一五六條第四項分次發行新股，依本節之規定。而此處所謂「分次發行新股」雖包括修章增資後之分次發行新股，但在修章分次發行新股仍多了一個修改章程之程序。

2.修章發行新股

公司法第二六八條第五項規定，公司發行新股之股數、認股權憑證或附認股權特別股可認購股份數額加計已發行股份總數、已發行轉換公司債可轉換股份總數、已發行附認股權公司債可認購股份總數、已發行附認股權特別股可認購股份總數及已發行認股權憑證可認購股份總數，如超過公司章程所定股份總數時，應先完成變更章程增加資本額後，始得為之。

公司法第二六八條第五項之規定涵蓋普通發行新股與特殊發行新股。其中所謂「公司發行新股之股數如超過公司章程所定股份總數時」(在舊法時亦同）亦被承認為是一種通常發行新股。增資發行新股而須變更章程中股份總數者本規定於原公司法第二七八條，但此條在二〇一八年被刪除，其理由為原第二七八條第一項規定「公司非將已規定之股份總數，全數發行後，不得增加資本」，其第二項規定「增加資本後之股份總數，得分次發行」，此規定在授權資本制之下並無必要，因為公司得於章程所定股份總數（即授權股份數）之範圍內，按照實際需要，經董事會決議，分次發行股份，無庸經變更章程之程序，因此，倘公司欲發行新股之股數加計已發行股份數，逾章程所定股份總數時，應允許公司可逕變更章程將章程所定股份總數提高，不待公司將已規定之股份總數，全數發行後，始得變更章程提高章程所定股份總數（增加資本），因此，原第二七八條第一項規定限制公司應將章程所定股份總數全數發行後，始得增加資本，並無必要，故予以刪除，以利公司於適當時機增加資本，便利企業運作，又修章增加資本後之股份總數，本得分次發行，不待規定，故亦刪除原第二七八條第二項。

可見，舊法所承認之修章發行新股現在已非發行新股一節之規定範圍，但公司在修改章程增加股份總數後之發行新股則又屬該節（公司法第二六六條到二七六條）之發行新股了。原公司法第二七八條第一項規定限制公司應將章程所定股份總數全數發行後，始得修章增加資本，並無必要，故予以刪除，因此，現行規定只要已發行與擬發行之總和超過章程股份總數即可修章增資，不必待原章定總數發行完再修章，此點雖值得贊同，但其與分次發行新股仍有修改章程與否之差異。

二、發行新股尚可被區分為公開發行與不公開發行新股

發行新股不論是普通發行或特殊發行新股皆可依其方式之不同被區分成公開發行與不公開發行新股。

通常發行新股包括緣故募集，即以對員工或交易伙伴為限者之私募，以及不以此為限制之公募或稱為一般募集。[2020]其與募集設立時之股份發行多了既存股東利益保護所生之兩個問題須被注意，即發行新股使全部股份價格下跌而使原股東經濟上受損之問題，以及原股東表決權比例維持之問

[2020] 前田庸，前揭書，頁291。

題。[2021]

㈠證交法上之定義不能被移植到公司法

募集之概念在引進私募之前乃指向不特定人公開招募認購有價證券之行為。[2022]因此，依證交法第七條第一項之規定，募集者謂發行公司發行前對非特定人公開招募股票之行為。此一募集定義其實為公募之定義，[2023]而在證交法稱為募集乃因證交法本即針對公開發行證券之行為，所以，不必強調公募而直接稱為募集，至於證交法第七條第二項規範私募乃因該發行公司已為公開發行公司才受證交法之規範，否則，對特定人之募集本不受證交法之規範。因此，證交法上之定義不能被移植到公司法來。

其實募集，依其對象之特定與否可被區分為公募與私募。公募乃對不特定人之募集而私募乃對特定人或特定之少數人（如公司債之三十五人限制）之募集行為。日本學者亦認為公司法之募集與證交法之募集乃不同之概念，後者乃對多數人而且有一定發行金額以上者，所以，在引進私募之後，亦可被稱為公募。[2024]有學者認為證交法上之募集乃指公司以公開方式對不特定人籌資之行為，而此即為公司法下之公開發行股份之行為。[2025]但精確而言，公募乃向不特定多數人招募認購有價證券之行為，[2026]亦即公開發行股票之前階行為。

㈡私募之概念

所謂私募，意指非向公眾招募，而僅洽請特定人購買公司債或股票等證券而相對於公開發行。[2027]私募雖能方便企業籌資，但亦有價格若偏低，則難免圖利特定人，而不利於公司小股東，或甚至以低於股份面額之金額

[2021] 前田庸，前揭書，頁 291。
[2022] 王文宇，同前[75]，頁 531。
[2023] 吉本健一，前揭書，頁 286。
[2024] 高橋紀夫，前揭書，頁 339；神田秀樹，前揭書，頁 51（註 1）。
[2025] 朱德芳、張心悌，前揭文，頁 69。
[2026] 高橋紀夫，前揭書，頁 339。
[2027] 賴英照，前揭書，頁 64。

發行而使差額減少公司盈餘，或增加公司累積虧損，而且，未能受到證交法內線交易（以上市或上櫃之證券為限）規範之保障之缺點，[2028]所以，須加以規範。

公司法上之私募股份（票）乃指依公司法第二六八條第一項之規定，公司發行新股時，由原有股東及員工全部認足或由特定人協議認購而不公開發行者。而證交法之私募（股票與公司債）乃以非公開之方式對符合一定條件之特定人發行有價證券，而所謂符合一定條件之特定人，依證交法第四三條之六第一項之規定，乃指金融業或符主管機關所規定之條件或屬該公司內部情況較了解之人。此些人較有管道獲得資訊並有足夠之專業能力以保護自己，因此，私募之規範較為簡略。[2029]

㈢公開發行之概念

所謂公開發行乃指對不特定人為公募並發行新股。因此，雖非公開發行公司，依公司法第二六八條第一項之規定，公司發行新股時，除由原有股東及員工全部認足或由特定人協議認購而不公開發行者外，應將下列事項，申請證券主管機關核准，公開發行。此一公開發行因為乃以不特定之社會大眾為招募股份之出售對象，已屬證交法第七條第一項後段所規定之發行公司於發行前對非特定人公開招募有價證券之行為，而構成證交法之有價證券之募集行為，所以，須受證交法之規範而優先適用證交法上之規定。[2030]相對地，對股東、員工或不具私募身分之特定人所為者，鑑於公開發行公司股東與員工人數眾多而其對公司資訊可能不足，所以，證交法規定其亦屬公開發行有價證券之行為，而要受到比較嚴格之證交法之規範。[2031]

[2028] 賴英照，前揭書，頁65。

[2029] 賴英照，前揭書，頁66。

[2030] 朱德芳、張心悌，前揭文，頁69；王文宇、林國全，公司法，收錄於王文宇、林國全、王志誠、許忠信、汪信君，前揭書，頁153。

[2031] 朱德芳、張心悌，前揭文，頁69-70。

㈣公開發行之限制

發行新股有一般限制與特殊限制。一般限制乃指通常發行新股與特殊發行新股，不論公開與否皆須受到的限制，包括發行新股變更登記後才可發行之限制及不得折價發行之限制等。

所謂特殊限制則指公開發行新股與發行具有優先權之特別股才須受到的限制，包括公開發行新股之限制與發行具有優先權之特別股之限制等。公司法第二六九條規定，公司有左列情形之一者，不得公開發行具有優先權利之特別股：一、最近三年或開業不及三年之開業年度課稅後之平均淨利，不足支付已發行及擬發行之特別股股息者。二、對於已發行之特別股約定股息，未能按期支付者。又公司法第二七〇條規定，公司有左列情形之一者，不得公開發行新股：一、最近連續二年有虧損者，但依其事業性質，須有較長準備期間或具有健全之營業計畫，確能改善營利能力者，不在此限。二、資產不足抵償債務者。此兩條乃大陸法系本於集體主義欲對公開發行之應募人加以保護之獨特制度，而為英美法所無。

肆、通常發行新股之程序

通常發行新股包括章程股份總數內之分次發行新股與修章增資後之分次發行新股，以下依此區分分別介紹其非公開發行與公開發行之程序。日本法對違反法令或章程規定之發行新股設有禁止發行之事前救濟與發行後新股無效之訴與確認不存在之訴。我國無類似之規定。

一、公司法第一五六條第四項之分次發行新股

通常發行新股之程序為董事會特別決議之通過、公開發行時董事會應備置認股書、董事會應對原有股東為附失權預告之認股通知與公告、員工及原有股東之認股、員工及原有股東以外第三人之認股、董事會催繳股款與申請變更登記等。

㈠董事會特別決議之通過

公司法第二六六條第二項規定，公司發行新股時，應由董事會以董事

三分之二以上之出席，及出席董事過半數同意之決議行之。由此規定可見，我國法不論公開發行與否只要求須經董事會之特別決議。由董事會而非由股東會決議乃為使董事會得隨時根據公司資金需求以及金融市場之狀況而以有利條件迅速籌得公司所需資金，故屬業務執行之一環。[2032]此外，非閉鎖性公司之限制轉讓特別股以外之股份，不論是公募或洽由第三人承購，因股東通常並不關心持股比例之變動，所以，原則上以董事會決議即可。[2033]

歐體會員國之公司法要求須由股東會特別決議，但得以股東會特別決議或以章程規定，在一定數量限制內及五年期間內授權董事會決定之。但日本法上，閉鎖性公司之發行新股通常為由原股東優先承購，其原則上須股東會特別決議，而且，例外由第三人承購時，由於可能變動各股東持股比例，因此，原則須股東會特別決議，但允許股東會以特別決議將該決定委由董事或董事會決定之。[2034]

㈡董事會應對原有股東為附失權預告之認股通知與公告

公司法第二六七條第三項規定，公司發行新股時，除依前二項保留給員工者外，應公告及通知原有股東，按照原有股份比例儘先分認，並聲明逾期不認購者，喪失其權利；原有股東持有股份按比例不足分認一新股者，得合併共同認購或歸併一人認購；原有股東未認購者，得公開發行或洽由特定人認購。

㈢不論公開發行與否董事會皆應備置認股書

公司法第二七三條第一項規定，公司公開發行新股時，董事會應備置認股書，載明下列事項，由認股人填寫所認股數、種類、金額及其住所或居所，簽名或蓋章：一、第一二九條及第一三〇條第一項之事項。二、原定股份總數，或增加資本後股份總數中已發行之數額及其金額。三、第二六八條第一項第三款至第十一款之事項。四、股款繳納日期。該條第四項

[2032] 柯芳枝，前揭書，頁 472；龍田節、前田雅弘，前揭書，頁 320。

[2033] 江頭憲治郎，前揭書，頁 742–743。

[2034] 江頭憲治郎，前揭書，頁 739–741。

規定，代表公司之董事，違反第一項規定，不備置認股書者，由證券主管機關處新台幣一萬元以上五萬元以下罰鍰。

公司法第二七四條第一項規定，公司發行新股，而依第二七二條但書不公開發行時，仍應依前條第一項之規定，備置認股書；如以現金以外之財產抵繳股款者，並於認股書加載其姓名或名稱及其財產之種類、數量、價格或估價之標準及公司核給之股數。公司法第二七四條第二項又規定，前項財產出資實行後，董事會應送請監察人查核加具意見，報請主管機關核定之。

㈣緣故募集

員工及原股東行使新股認購權時應於董事會所備置之認股書填寫所認股數、種類、金額及其住所或居所，簽名或蓋章。

員工及原有股東未認足之股份得由第三人認股（不公開發行），亦得向不特定人募集而為公開發行。第三人與不特定人可為自然人或法人。洽由第三人認購者常為一人認購，[2035]而其契約之性質為一般契約之性質，若違反則依民法債務不履行處理之。[2036]即已認而未繳者不似發起設立時由發起人負責繳足，而僅以失權並依債務不履行處理之，是為資本確定原則之放棄。[2037]

㈤公開發行之核准與撤銷

由於公司法不似證交法已改採申報生效之用語 （證交法第二二條參照），仍保留大陸法系之核准制體例，因此，公司法第二六八條第一項規定，公司發行新股時，除由原有股東及員工全部認足或由特定人協議認購而不公開發行者外，應將下列事項，申請證券主管機關核准，公開發行：一、公司名稱。二、原定股份總數、已發行數額及金額。三、發行新股總數、每股金額及其他發行條件。四、證券主管機關規定之財務報表。五、

[2035] 川村正幸等三人合著，前揭書，頁 170。

[2036] 江頭憲治郎，前揭書，頁 757（註 2）。

[2037] 前田庸，前揭書，頁 296。

增資計畫。六、發行特別股者，其種類、股數、每股金額及第一五七條第一項第一款至第三款、第六款及第八款事項。七、發行認股權憑證或附認股權特別股者，其可認購股份數額及其認股辦法。八、代收股款之銀行或郵局名稱及地址。九、有承銷或代銷機構者，其名稱及約定事項。十、發行新股決議之議事錄。十一、證券主管機關規定之其他事項。

為落實核准制，公司法第二六八條第二項又規定，公司就前項各款事項有變更時，應即向證券主管機關申請更正；公司負責人不為申請更正者，由證券主管機關各處新台幣一萬元以上五萬元以下罰鍰。而且，即使核准，之後仍可被撤銷，司法第二七一條第一項即規定，公司公開發行新股經核准後，如發現其申請事項，有違反法令或虛偽情形時，證券管理機關得撤銷其核准。該條第二項規定，為前項撤銷核准時：未發行者，停止發行；已發行者，股份持有人，得於撤銷時起，向公司依股票原定發行金額加算法定利息，請求返還；因此所發生之損害，並得請求賠償。

㈥公開發行時董事會應公告招募

公司法第二七三條第二項規定，公司公開發行新股時，除在前項認股書加記證券主管機關核准文號及年、月、日外，並應將前項各款事項，於證券主管機關核准通知到達後三十日內，加記核准文號及年、月、日，公告並發行之，但營業報告、財產目錄、議事錄、承銷或代銷機構約定事項，得免予公告。

此一規定乃為讓投資大眾有資訊決定投資與否。若時間拖過久事實將有所變更，為保護投資人，公司法第二七三條第三項規定，超過前項期限仍須公開發行時，應重行申請。

㈦發行新股之出資標的較限縮

雖然公司法第一五六條第五項規定，股東之出資，除現金外，得以對公司所有之貨幣債權、公司事業所需之財產或技術抵充之；其抵充之數額需經董事會決議。但對發行新股時之認股人，公司法第二七二條則規定，公司公開發行新股時，應以現金為股款，但由原有股東認購或由特定人協議認購，而不公開發行者，得以公司事業所需之財產為出資。顯然，出資標的大為限縮。

㈧發行新股之整體性

由於投資人乃以該次發行新股完成的前景為投資預期，所以，發行新股具有整體性，我國法不允許只發行一部分（所謂打切發行）。因此，公司法第二七六條第一項規定，發行新股超過股款繳納期限，而仍有未經認購或已認購而撤回或未繳股款者，其已認購而繳款之股東，得定一個月以上之期限，催告公司使認購足額並繳足股款；逾期不能完成時，得撤回認股，由公司返回其股款，並加給法定利息。該條第二項並規定，有行為之董事，對於因前項情事所致公司之損害，應負連帶賠償責任。

當發行新股全體完成時，認股人對公司完成認股行為，其繳納義務已發生，股東如不履行對公司之出資義務者，現行公司法雖未明訂公司得請求股東履行之法律基礎，但仍應認為其已構成股東對公司出資債務之不履行，董事會得催繳並向法院提起給付訴訟。

㈨申請變更登記

依公司登記辦法第四條之規定，發行新股結束後十五日內應由代表公司之負責人向主管機關申請變更登記。否則，依公司法第十二條之規定不得以其變更對抗第三人。

㈩發行股票與不發行股票

理論上認股人繳足股款，認股人即取得股東之身分，[2038]但若要取得股票包括無實體之股票，須發行新股變更登記後三個月內才可能取得。這是因為依公司法第一六一條第一項之規定，公司非經發行新股變更登記後，不得發行股票，但公開發行股票之公司，證券管理機關另有規定者，不在此限。又公司法第一六一條之一第一項規定，公開發行股票之公司，應於發行新股變更登記後三個月內發行股票。非公開發行者可不印製股票。又公司法第一六一條之二第一項規定，發行股票之公司，其發行之股份得免印製股票。即無實體發行。

[2038] 王文宇，同前[75]，頁579。

針對公開發行股票之公司，證交法第三四條第一項規定，公司應於依公司法得發行股票之日起三十日內對認股人憑股款繳納憑證而交付股票並應於交付前公告之。而所謂「依公司法得發行股票之日」依經濟部函釋乃指收到發行新股變更登記之日。[2039]

二、修章增資之通常發行新股之額外程序

㈠股份有限公司之一般變更章程

公司既為社團法人，則根據自治之原則，只要不違強行規定、公序良俗、股份有限公司本質、股份平等原則及股東固有權，則可經股東會變更章程。[2040]但依公司法第二七七條第一項之規定，公司非經股東會特別決議，不得變更章程。

公司法第二七七條第四項規定，前二項出席股東股份總數及表決權數，章程有較高之規定者，從其規定。若一公司之章程規定，章程需經全體股東同意方可變更，則其是否符第四項規定呢？依司法院二十三年院字第一一二八號解釋，全體同意與股份有限公司之性質與第四項之用語稱較高規定尚屬有別，所以，不能被允許。

最後，章程變更一經股東會特別決議通過即生效，向主管機關為變更登記僅為對抗要件而已。

㈡股份有限公司之增資與變更章程

股份有限公司之增資可能是因為擴大營業規模，亦可能是因為彌補虧損。增資之方法有增加股份總數、增加每股金額（例如每股由十元變成三十元）及增加股份總數與每股金額兩者。[2041]此時需由董事會提出增資方案並經股東會特別決議，並區分兩種情況。

[2039] 經濟部 57 年 8 月 5 日經台 (57) 商字第 27207 號函。

[2040] 柯芳枝，前揭書，頁 485；鄭玉波，同前[13]，頁 186。

[2041] 潘維大、范建得、羅美隆，前揭書，頁 213–214。

1.擴大營業規模而增資

公司法第二七八條之規定雖已被刪除，但公司仍得由股東會以特別決議依上述變更章程之程序來增資，即增加章定股份總數，公司採面額股者雖然理論上可藉增加股份之面額來增資，但實務上甚為困難。[2042]公司在修改章程增加股份總數後之發行新股則已屬公司法發行新股一節之發行新股了。因此，其亦適用該節之規定，而且，雖無明文規定，解釋上其亦須由董事會先做成增資之提案。

2.彌補虧損而增資

為彌補虧損而增資乃屬法定董事會與股東會之共享權。公司法第一六八條之一第一項遂規定，公司為彌補虧損，於會計年度終了前，有增加資本之必要者，董事會應將財務報表及虧損撥補之議案，於股東會開會三十日前交監察人查核後，提請股東會決議。該條第二項又規定，公司法第二二九條至第二三〇條之規定，於依前項規定提請股東臨時會決議時，準用之。

國內學者採公司法第一六八條之一乃修章增資之規定之見解者認為此時另須修改章程，所以，依公司法第一七五條第五項之規定，不得以臨時動議提出。[2043]本書認為此一彌補虧損而增資案與修改章程上股份總數案應可併成一案而在作股東會通知時應載明為彌補虧損而增資變更章程為召集事由。[2044]

㈢董事會發行新股或催繳所增加之股款

修章增資若採增加股份總數之方式，則於股東會特別決議通過增資與修章後由董事會發行新股；若採增加每股金額之方式（如每股面額由十元增成三十元），則於股東會特別決議通過增資與修章後董事會即應向全體股東催繳所增加之股款並換發股票。[2045]後一方式有違股東有限責任原則，本

[2042] 柯芳枝，前揭書，頁489；王文宇，同前[75]，頁584。

[2043] 陳連順，前揭書，頁417。

[2044] 潘維大、范建得、羅美隆，前揭書，頁214。

書認為不應被允許。梁宇賢教授亦認為，公司增加資本，股份之總額則有變更，必須變更章程，梁教授未討論增加每股金額方式之增資可能性，因為其認為本法僅採增加股份數額為增資之方法。[2046]

三、新股認購權

所謂新股認購權乃公司為通常發行新股時能優先於他人而認購新股之權利。新股認購權可分為股東之新股認購權與第三人（如公司員工）之新股認購權。又新股認購權僅於能比他人優先認股之點上具有意義，而與可否享受發行價額或其他方面之優惠條件並無關係。[2047]因此，固然對主張新股認購權之股東通常均允許其以較一般人有利之價格認購（例如有些國家容許一般人須以超過面額之市價認購而股東仍僅需以面額認購），但此種有利之價額並非股東新股認購權之本質上內容，而頂多可被認為其屬性而已。[2048]

㈠原股東之新股認購權

公司法第二六七條第三項規定，公司發行新股時，除依前二項保留者外，應公告及通知原有股東，按照原有股份比例儘先分認，並聲明逾期不認購者，喪失其權利；原有股東持有股份按比例不足分認一新股者，得合併共同認購或歸併一人認購；原有股東未認購者，得公開發行或洽由特定人認購。可見，根據本項規定，通常發行新股時，原有股東有新股認購權，藉此可免其股權比例因發行新股而變動。

1.意 義

股東之新股認購權 (pre-emptive rights; Bezugsrecht) 乃公司法為保障股東能保有原來之股權比例，而根據股份平等原則所賦予股東在通常發行新

[2045] 潘維大、范建得、羅美隆，前揭書，頁 214–215；陳國義，前揭書，頁 186。

[2046] 梁宇賢，同前[253]，頁 195。

[2047] 柯芳枝，前揭書，頁 465。

[2048] 柯芳枝，前揭書，頁 465（註 2）。

股時能以相同條件優先購買之權利。[2049]而且，股份價格甚難估計準確，若估計過低時可能造成原有股東之股份價值被拉低，因此，賦予其此一認購權。[2050]此一權利有抽象新股認購權與具體新股認購權兩種區分。

2. 抽象與具體新股認購權之法律性質

所謂抽象新股認購權乃股東基於股東之資格依法享有之固有股東權之一，因此，不得與股份分離而被單獨讓與或做其他處分。此一權利乃基於公司法之規定，而且，生成於公司成立時或成為股東時。[2051]由於仍有待公司發給股份方成為股東（而與認股權憑證乃屬形成權會於行使後形成股東地位者不同），因此，性質上僅為一種請求權，[2052]但其仍為股東之固有權，不容章程或股東會未經其同意即加以限制與剝奪。而且，傳統上大陸法系在上市公司認為事涉持股比例之維持問題而認為其規定乃強行法。但美國德拉瓦州判例在十九世紀曾認同其為固有權，之後在一九六七年法規定，須公司章程有規定，股東才擁有之，此一變動乃因若在公開股票市場，認購權其實並無大意義。[2053]

所謂具體之新股認購權乃指公司每次決定發行新股時，股東依法對所發行之新股，除應保留由員工優先承購之部分外，得請求按照原有股份之比例儘先分認之權利，因此，已屬具體之獨立權利而得於發生後不受社團之約束，得與股份分離而被單獨讓與。[2054]因此，公司法第二六七條第四項規定，前三項新股認購權利，除保留由員工承購者外，得與原有股份分離而獨立轉讓。此一規定所規範之新股認購權即指具體之新股認購權。而且，具體之新股認購權於發生之後，若股份被轉讓，仍不當然隨同股份而被移

[2049] 鄭玉波，同前[13]，頁 181；黃銘傑，同前[44]，頁 3、21–22。

[2050] 黃銘傑，同前[44]，頁 3、21–22。

[2051] 柯芳枝，前揭書，頁 468–469（註 15）。

[2052] 江頭憲治郎，前揭書，頁 748（註 7）。

[2053] Katharina Pistor et al., ibid., 826–827.

[2054] 柯芳枝，前揭書，頁 469。

轉給受讓人。[2055]

3.新股認購權之權利行使方式

新股認購權既為股東之權利，則股東可決定行使與否。若公司擬通常發行新股，但未依法讓原股東優先按比例分認，原有股東要如何主張其權利呢？此時股東得以抽象新股認購權受侵害為由，根據公司法第一九四條行使制止請求權，而且其行使無需透過訴訟之方式為之。另外，股東亦得以公司法第二六七條第三項之規定作為請求權（具體之新股認購權）之依據，請求董事會確實履行股東新股認購之義務。在英美法上並得以個人（或團體）之股東地位，以契約（章程）上權利或法定權利受到侵害為由，對公司或董事提起訴訟。

4.原股東新股認購權並不足以保障原股東權益

原股東在公司發行新股或處分自己之股份時有以盈餘分派請求權為中心之財產的利益（包括對股份價值之利益）與以表決權為中心之支配的利益可能會受影響。[2056]

由於發行新股可能造成股價下跌，因此，即使賦與原股東新股認購權而能依原持股比例而購入新股，但可能會在股價下跌之幅度大時，原股數加上新股數之總市值仍低於原股數之總市值，因此，公司法應思考如何保障原股東之持股比例（對公司之支配權）外，亦應思考如何保障其經濟利益，不因發行新股而受損，以及在股東可能受損時，是否應經股東會之特別決議方可發行新股之立法政策問題。[2057]

㈡員工之新股認購權

公司法第二六七條第一項規定，公司發行新股時，除經目的事業中央主管機關專案核定者外，應保留發行新股總數百分之十至十五之股份由公司員工承購。該條第二項規定，公營事業經該公營事業之主管機關專案核

[2055] 柯芳枝，前揭書，頁 469。

[2056] 吉本健一，前揭書，頁 296。

[2057] Paul Davies, ibid., p. 306；神田秀樹，前揭書，頁 144–146。

定者，得保留發行新股由員工承購；其保留股份，不得超過發行新股總數百分之十。該條第五項規定，第一項、第二項所定保留員工承購股份之規定，於以公積抵充，核發新股予原有股東者，不適用之。該條第六項規定，公司對員工依第一項、第二項承購之股份，得限制在一定期間內不得轉讓，但其期間最長不得超過二年。該條第七項規定，章程得訂明依第一項規定承購股份之員工，包括符合一定條件之控制或從屬公司員工。

員工新股認購權之立法目的在於，促進勞資融合、緩和勞資對立、激勵員工士氣。員工之新股認購權僅通常發行新股時才適用，而以公積抵充核發新股予原有股東者屬特殊發行新股，即因此種新股之核發係基於原有股東之資格而取得，員工非股東故不能享有之。同理，其他之特殊發行新股，員工亦不能享有員工新股認購權。[2058]

此處所通常發行之新股包括普通股與特別股，因此，若公司所發行者有普通股與特別股，則應分別依比例讓員工認購，不得強迫員工僅認購其中一種，例如只購特別股。[2059]

1.如何判斷公司法所稱之「員工」

公司法第二百六十七條發行新股時，應如何判斷公司法所稱之「員工」呢？員工指非基於股東地位為公司提供服務者。經濟部見解即認為，所謂之「員工」乃指非基於股東地位為公司提供服務之人，倘若董事同時身兼公司之經理人，則關於其經理人之身分，固為公司員工；但關於其董監事身分，則並非員工（蓋在舊公司法第一九二條之規定下，董事必須是股東）。[2060]惟在二〇〇一年修法之後，董事不一定須具備股東身分，但經濟部仍認為董事、監察人非屬員工。[2061]本書認同董事、監察人並非屬員工，因

[2058] 柯芳枝，前揭書，頁467。

[2059] 柯芳枝，前揭書，頁466。

[2060] 經濟部84年2月10日商字第201253號函。

[2061] 經濟部94年3月15日經商字第09402027670號函；經濟部92年10月15日經商字第09202214370號函。

為董事、監察人與公司間之關係屬委任關係，而非僱傭關係。

2.員工優先承購之比例是強制規定

發行新股總數之百分之十至十五之員工優先承購之比例為強行規定，董事會決議無論是超過之或不足額的比例認購，均屬違反公司法第二六七條之規定而無效之情形。[2062]

3.立法必要性之探討

員工新股認購權之立意雖良善，但在實務上其受歡迎之程度卻未如預期，其原因在於(1)中小型之股份有限公司多為家族企業，其對股權外流相當排斥，因此，常勸說員工放棄之，而員工亦對流通性低之股份沒多大興趣，(2)對有上市上櫃之中大型股份有限公司，其股票流通性高，員工固較喜愛，但公司常用更有價格優惠之員工認股權憑證（公司法第一六七條之二參照）來取代之，因此，員工新股認購權已喪失其誘因，而只是延宕公司籌資之時間而已，因此，我國已有將該規定由強行規定改為任意規定之呼聲。[2063]

伍、特殊發行新股

一、前　言

所謂特殊發行新股，乃非以籌措資金為目的而係為履行其法律上或契約上義務而發行新股。[2064]其特徵為新股股款係以公司現存之財產充當，而不生認股人繳納股款之問題，從而公司並不因發行新股而增加現實財產(即增加資產)，而且，發行新股之對象在各種場合均屬較為確定，例如為股東、員工、轉換公司債債權人、吸收合併時消滅公司之股東等。[2065]

[2062] 經濟部 90 年 9 月 4 日經商字第 09002189970 號函。

[2063] 朱德芳、張心悌，前揭文，頁 62。

[2064] 王文宇，同前[75]，頁 561。

[2065] 柯芳枝，前揭書，頁 464；王文宇，同前[75]，頁 559。

二、特殊發行新股之例示

公司法中屬特殊發行新股之規定包括公司法第二六七條第五項（以公積核發新股予原股東）、公司法第二六七條第九項（公司發行限制員工權利新股）、因合併他公司或分割而發行新股、因履行契約之約定而發行新股（例如公司法第一六七條之二之員工認股權憑證、公司法第二六二條之附認股權公司債與轉換公司債、公司法第二六八條之一第一項之認股權憑證及附認股權特別股）、因減資而發行新股（公司法第二七九、二八〇條參照）、因股份交換而發行新股、以股份分派盈餘。[2066]其中，因合併他公司或分割而發行新股等，公司法第二六七條第八項規定，本條規定，對因合併他公司、分割、公司重整或依第一百六十七條之二、第二百三十五條之一、第二百六十二條、第二百六十八條之一第一項而增發新股者，不適用之。

特殊發行新股亦可能修章發行新股。除本書已介紹於相關章節者與認股權憑證將於下一節介紹者外，在此僅介紹股份交換與限制員工權利新股兩種特殊發行新股。

㈠股份交換

股份交換乃屬特殊發行新股之一種而被用於公司間策略聯盟等之用，例如由甲公司發行新股換取丙所持有乙公司之股份，而使甲變成乙之股東而丙成為甲之股東。[2067]公司法第一五六條之三規定，公司設立後得發行新股作為受讓他公司股份之對價，需經董事會三分之二以上董事出席，以出席董事過半數決議行之，不受第二六七條第一項至第三項之限制（包括原股東新股認購權之規定）。因此，實務上有以此一方式來發行新股以稀釋市場派之股權比例達到保障經營權者。[2068]

公司法第一五六條之四第一項規定，公司設立後，為改善財務結構或

[2066] 鄭玉波，同前[13]，頁 179；王文宇，同前[75]，頁 533。

[2067] 王文宇，同前[75]，頁 562。

[2068] 陳彥良，前揭文，頁 173。

回復正常營運，而參與政府專案核定之紓困方案時，得發行新股轉讓於政府，作為接受政府財務上協助之對價；其發行程序不受本法有關發行新股規定之限制，其相關辦法由中央主管機關定之。所謂他公司股份包括他公司已發行股份與他公司新發行股份，而前者究為他公司本身持有或其股東所持有，則非所問。[2069]

㈡限制員工權利新股

1.意　義

所謂限制員工權利新股乃公司經股東會特別決議向員工無償或有償地（但優惠價格地）發行股東權利受到限制之新股（附有服務或績效條件而於條件成就前股東權利受有例如不得轉讓之限制），以激勵員工未來之工作與績效。

所謂限制乃依該公司發行辦法之規定而定，例如公司與員工約定在工作一定期間之後或達成某一績效後方可處分該股票而在持有期間仍享有其他之共益權與自益權。此外，公司之發行辦法亦會規定發行目的、期間、股份之種類、發行總額、發行價格、員工資格、限制條件、員工離職之處理方式（例如員工若中途離職則視約定條件來處理，例如依約定方式由公司買回該股份）、條件未成就前之處理方式（或股份應信託於保管機構不能出售質押而表決權也由保管機構執行之[2070]）以及屆期條件未成就如何處理（例如於員工於期間屆滿而未達成該條件時公司得依發行辦法之約定收回或收買已發行之限制員工權利新股並予以註銷）等。[2071]

2.優　點

限制員工權利新股之優點在於公司無盈餘時亦可發行而有別於員工酬勞入股，而且若以無償方式為之則員工不會如在員工認股權憑證一般可能因股價跌到一定價格下而受害。

[2069] 賴源河（王志誠修訂），前揭書，頁 181。

[2070] 朱德芳、張心悌，前揭文，頁 65。

[2071] 朱德芳、張心悌，前揭文，頁 64–65。

3.二〇一八年擴大到非公開發行公司以增加員工向心力

有關限制員工權利新股之引進，我國法乃分三階段。首先，公司法原（二〇一一年修定引進）第二六七條第八項雖允許公開發行公司發行限制員工權利新股，但甚多新創而非公開發行之公司亦有以之作為強化員工向心力之必要，因此，在二〇一五年引進閉鎖性股份有限公司時在公司法第三五六條之七第一項規定，公司發行特別股時，應就下列各款於章程中定之：……六、特別股轉讓之限制。七、特別股權利、義務之其他事項。其中第六款即包括限制員工權利新股。此時僅剩下非閉鎖性之非公開發行公司不能發行限制員工權利新股，顯不妥當，因此，二〇一八年修法藉公司法第二六七條第九項規定將之擴大到所有類型之股份有限公司。

4.要　件

發行限制員工權利新股亦屬發行新股而有股權稀釋之問題，所以，須經股東會之特別決議，甚至經濟部認為應根據發行新股之法定程序來進行，包括董事會特別決議及依相關規定向金管會申報始得為之。[2072]公司法第二六七條第九項遂規定，公司發行限制員工權利新股者，不適用第一項至第六項之規定，應有代表已發行股份總數三分之二以上股東出席之股東會，以出席股東表決權過半數之同意行之。該條第十項規定，公開發行股票之公司出席股東之股份總數不足前項定額者，得以有代表已發行股份總數過半數股東之出席，出席股東表決權三分之二以上之同意行之。該條第十二項規定，公開發行股票之公司依前三項規定發行新股者，其發行數量、發行價格、發行條件及其他應遵行事項，由證券主管機關定之。有關此一規定，金管會乃以發行人募集與發行有價證券處理準則來因應此一要求。[2073]

5.擴大適用

公司法第二六七條第十一項規定，公司章程得訂明依第九項規定發行限制員工權利新股之對象，包括符合一定條件之控制或從屬公司員工。此

[2072] 經濟部101年8月6日經商字第10102426120號函。

[2073] 朱德芳、張心悌，前揭文，頁65。

項乃二〇一八年所增訂，目的在於賦予公司發行限制員工權利新股關於員工範圍之彈性。此一擴大從實務上觀察有其必要，因為大型企業為跨足其他領域或跨國經營其事業，往往形成控制與從屬型之關係企業，以共同協力生產相關產品，而基於控制關係與股權結構之安排，可能由控制公司成為上市櫃公司以籌資，或由被控制之子公司成為上市櫃公司，對於員工而言，當然較青睞流通性高之上市櫃公司之股票，因此，基於關係企業之集團屬性而有此一跨大適用之需求。[2074]

第三節 認股權憑證

壹、意義與利用目的

認股權憑證乃表彰得認購股份之權利之有價證券， 屬衍生性金融商品。[2075]認股權憑證除後述用於公司債之轉換機制外，其可發行給董事或員工增強其工作誘因，亦可能被發行給貸款銀行或冒險基金而使其願意融資，亦可能上市成為公司在資本市場直接融資之工具。[2076]

貳、認股權憑證之法律性質

認股權憑證是一種選擇權 (option)，[2077]於權利人選擇後，公司有核發股份義務。選擇權之效力，國內有見解認為其為一形成權，依此說，選擇權行使後即具股東之身分。日本公司法亦僅規定於行使後有受股份交付之權利，因此，日本學者亦有認為乃是行使並繳付預先約定之價款後形成股東

[2074] 朱德芳、張心悌，前揭文，頁 65。

[2075] 王文宇，同前[75]，頁 564。

[2076] 龍田節、前田雅弘，前揭書，頁 337。

[2077] 王文宇，同前[75]，頁 564；三枝一雄、南保勝美、柿崎環、根本伸一，前揭書，頁 309。

身分者，[2078]但亦有認為乃股份交付請求權之債的關係之形成權者，[2079]或僅屬形成能受股份之交付之形成權者。[2080]可見，被形成之法律狀態未必為股東之身分。

選擇權亦可獨立為一衍生性金融商品，即選擇權契約一方給付他方權利金 (premium) 而在一定時間對一定標的物以一定價格加以買進或賣出一定數量之選擇權利。選擇權人若有買入之權稱為 “call option”；若有賣出之權利則稱為 “put option”。除以股票為基礎資產 (underlying assets) 之衍生性金融商品外，亦可以以外匯為基礎資產而由銀行發行選擇權供投資人或公司進行外匯應收帳款之匯兌風險之控制之用。

參、認股權憑證之概念區分

一、形成權與請求權之區分

原股東新股認購權、股份認購權（或稱認購權憑證，warrants）與認股選擇權 (stock options) 應有所區分。認股權憑證或稱為認股選擇權乃屬形成權而與原股東新股認購權僅屬請求權者不同。[2081]

二、從發行主體區分

從發行主體來做區分，認股權憑證是由該公司所自己發行，表彰得認購本身股份之有價證券，包括公司發行股票選擇權予員工作為激勵士氣之用。[2082]

相對地，認購權證乃一標的公司以外之第三人所發行，表彰得認購該

[2078] 龍田節、前田雅弘，前揭書，頁 336、351。

[2079] 吉本健一，前揭書，頁 309。

[2080] 近藤光男，前揭書，頁 161。

[2081] 川村正幸等三人合著，前揭書，頁 195；江頭憲治郎，前揭書，頁 788。

[2082] 王文宇，同前[75]，頁 47。

公司股份之有價證券，其為選擇權之一種，並以特定股票為交易標的之購買權而可於集中交易市場進行交易。[2083]

肆、認股權憑證種類漸開放

認股權憑證依投資人或持有人身分可被區分員工認股權(員工為對象，但亦有對董事發行者)、附認股權公司債（公司債債權人為對象）、認股權憑證（一般投資人為對象）、附認股權特別股（特別股股東為對象）。我國法同日本法對此些產品乃漸次第開放，[2084]因為此些產品可能有被濫用之虞，例如員工認股權憑證制度在公司經營權爭奪之場合，因發行股份時原股東並無新股認購權，實務上可能被用以稀釋對手之股權而保經營權。[2085]

一、員工認股權憑證

有關員工認股權憑證，公司法第一六七條之二第一項規定，公司除法律或章程另有規定者外，得經董事會以董事三分之二以上之出席及出席董事過半數同意之決議，與員工簽訂認股權契約，約定於一定期間內，員工得依約定價格認購特定數量之公司股份，訂約後由公司發給員工認股權憑證。該條第二項規定，員工取得認股權憑證，不得轉讓，但因繼承者，不在此限。該條第三項規定，章程得訂明第一項員工認股權憑證發給對象包括符合一定條件之控制或從屬公司員工。

㈠立法目的

員工認股權憑證（又稱員工認股選擇權）制度乃指公司與員工約定，員工在服務滿一定時間之後，得依約定價格及數量等條件，於將來之一定期間內，從公司購買其股票之權利，而公司依約有以該條件出售該數量之股票之義務。其目的在於提高員工努力工作之誘因。因此，為擴大落實此

[2083] 王文宇，同前[75]，頁46–47。

[2084] 江頭憲治郎，前揭書，頁788。

[2085] 陳彥良，前揭文，頁174。

一目的，二〇一八年增定該條第三項而規定，公司章程得訂明第一項員工認股權憑證發給對象包括符合一定條件之控制或從屬公司員工。

㈡法定一身專屬性且沒兩年之限制

此一權利並非依債之性質不能被轉讓（民法第二九四條第一項但書參照），而約定不能轉讓之特約依民法第二九四條第二項之規定，不得對抗善意第三人，所以，以約定方式禁轉之效力不足，因此，為維持一身專屬性以激勵該員工，遂以本條規定其不得轉讓，而具法定一身專屬性，但繼承者除外。

在此須注意，此一轉讓限制沒有最長兩年之法定限制，公司法第二六七條第六項雖規定，公司對員工行使新股承購權所承購之股份，得限制在一定期間內不得轉讓，但其期間不得超過二年，惟同條第八項則明定，依公司法第一六七條之二（員工認股權憑證）而增發新股者，不適用該條之規定。

㈢公司公開發行新股時應將認購股份數額及其認股辦法呈報證券管理機關

公司法第二六八條第一項第七款規定，公司公開發行新股時，應將「發行認股權憑證」或附認股權特別股之認購股份數額及其認股辦法等，申請證券管理機關核准後，才可公開發行之。這是因為「發行認股權憑證」包括發行員工認股權憑證，而員工將來行使其選擇權時會影響現在之公開發行新股認購人之利益。

㈣員工認股權憑證與「認股權憑證」之異同

員工認股權憑證（又稱員工認股選擇權）與「認股權憑證 (warrants)」（詳參下述）兩者除存續期間有所不同（前者存續期間通常較長，後者通常較短）外，主要有以下之差別：⑴目的不同：前者為公司對內員工之誘因報酬制度，而後者主要為公司之對外融通工具。前者之員工固包含符合一定條件之控制或從屬公司員工，但認股權憑證之投資人則可包括非員工之一般投資人。⑵資金來源不同：前者得以員工報酬當作員工認股選擇權之資金來源，因為員工認股選擇權之目的與公司法中之其他員工政策相同，皆在結合員工與公司之利益，以激勵士氣，提高績效，而後者之資金則主要為投資人之外部資金。

二、附認股權公司債

公司法第二六二條第一項規定，公司債約定得轉換股份者，公司有依其轉換辦法核給股份之義務，但公司債債權人有選擇權。該條第二項規定，公司債附認股權者，公司有依其認購辦法核給股份之義務，但認股權憑證持有人有選擇權。詳參公司債一節。

三、附認股權特別股

所謂附認股權特別股乃特別股與認股權相結合，而使特別股股東具有依認股辦法認購發行該特別股之公司之股份之權利。[2086]

公司法第二六八條第一項規定，公司發行新股時，除由原有股東及員工全部認足或由特定人協議認購而不公開發行者外，應將下列事項，申請證券主管機關核准，公開發行：……七、發行附認股權特別股者，其可認購股份數額及其認股辦法。因此，發行公司應備認購股份數額及其認股辦法申請證券主管機關（證期局）核准。

由於附認股權特別股屬特殊發行新股，因此，公司法第二六八條之一第一項規定，公司發行認股權憑證或附認股權特別股者，有依其認股辦法核給股份之義務，不受第二六九條及第二七〇條規定（一般發行新股）之限制，但認股權憑證持有人有選擇權。這是因為公司發行認股權憑證或附認股權特別股者尚非屬現金發行新股，自不受第二六九條及第二七〇條規定之限制。但其他相關之發行新股之決議方式或限制規定，仍應準用之。

[2086] 王文宇，同前[75]，頁565。

四、認股權憑證

㈠用　途

認股權憑證乃向一般投資人發行，所以公司可以藉此憑證之發行進行籌資，而其好處在於，並沒有像發行新股時要讓原股東維持原持股比例的限制，因此，不擔心持股比例變動之股東可選擇不認購股份而認購認股權憑證，並在市場中轉售該憑證以獲利。[2087]此外，認股權憑證之另一用途為，作為防衛用途，即預先無償發行此憑證給股東，讓其在有敵意併購者出現時較易取得股份，而降低敵意併購者之持股比例。[2088]然而，當經濟低迷股價低時，投資人甚易從市場買得該標的股票，所以，認股權憑證在此時會變成無價值。[2089]

㈡我國之承認

我國在二〇〇一年始立法承認認股權憑證 (warrants)，而於公司法第二六八條之一第一項規定，公司發行認股權憑證或附認股權特別股者，有依其認股辦法核給股份之義務，不受第二六九條及第二七〇條規定（一般發行新股）之限制，但認股權憑證持有人有選擇權。這是因為公司發行認股權憑證或附認股權特別股者尚非屬現金發行新股，自不受第二六九條及第二七〇條規定之限制。但其他相關之發行新股之決議方式或限制規定，仍應準用之。

㈢準用甚多通常發行新股之規定

認股權憑證之發行方法與手續與普通發行新股之程序幾乎相同，[2090]因此，公司法第二六八條之一第二項規定，第二六六條第二項、第二七一條第一項、第二項、第二七二條及第二七三條第二項、第三項之規定，於公司發行認股權憑證時，準用之。請參閱普通發行新股之上述程序，於茲不

[2087] 河本一郎、川口恭弘，前揭書，頁 80。
[2088] 河本一郎、川口恭弘，前揭書，頁 80。
[2089] 河本一郎、川口恭弘，前揭書，頁 79。
[2090] 江頭憲治郎，前揭書，頁 795。

贅。而在此僅強調，公司法第二六七條第三項之原股東新股認購權之規定雖不在準用之列，但由於其乃股份之蛹，所以，其發行亦須遵守股東（份）平等原則。[2091]

㈣認股權憑證之要式性與否

認股權憑證在立法例上，大陸法系乃以要式方式為之，例如日本公司法第二八九條之規定，所以，其為要式證券且可為記名式與不記名式，[2092]但英美法則未規定其要式性，我國法亦未規定，乃採英美法之模式。所以，在日本法上，此一憑證乃有價證券而具有推定佔有人為適法權利人之效力，因此，除受讓人有惡意或重大過失者外，能善意受讓之。[2093]我國法則不能做相同之解釋。

第四節　公司債

壹、概　說

與股票購買人為公司有盈餘時有股息與紅利分配但公司經營不善時可能血本無歸而屬風險愛好者不同地，公司債債權人因不論公司盈虧皆有本金與利息之收入而屬風險趨避者。[2094]傳統上公司債之利率乃原則上固定不變，[2095]但買賣之價格會變動，不過，實務上有利息隨著股票指數等一定類型之指數連帶變動之公司債，[2096]或偶有浮動利率公司債之發行。然無論如何，其總有利息之收入，所以，風險較低，但公司債債權人仍需注意此一

[2091] 龍田節、前田雅弘，前揭書，頁 340。

[2092] 江頭憲治郎，前揭書，頁 804（註 1）；龍田節、前田雅弘，前揭書，頁 338–340、347。

[2093] 吉本健一，前揭書，頁 321；近藤光男，前揭書，頁 177。

[2094] 朱德芳、張心悌，前揭文，頁 48。

[2095] 梁宇賢，同前[253]，頁 170。

[2096] 黃銘傑，同前[1014]，頁 139、166。

直接金融方式可能有些缺失，例如當公司發行新股時，轉換公司債之轉換權可能被沖淡等。所以，雖然英美法國家很多未在公司法（立法）中規範公司債，但日本法與我國法則因為公司債為有價證券而且常向公眾募集有保護多數債權人之必要而在公司法中規範之，[2097]或為使相關規定之適用明確化而納入公司法中加以規範。[2098]

貳、公司債之意義

所謂公司債 (debt securities; debentures; Anleihen) 乃我國股份有限公司為籌措長期資金，將所需資金總額平均分割為一定單位之金額，並以有實體流通債券或無實體之債券方式，向國內公眾或向特定少數人發行之大量與集團的金錢債務（金錢債券）。[2099]

公司債規定於我國公司法股份有限公司章，因此，我國現行公司法僅允許股份有限公司募集與發行公司債，因為公司債乃為募集長期巨額之資金，需大額資金者通常為大型企業，而股份有限公司乃我國公司型態中適合經營大規模企業之企業型態。[2100]我國法不允許其他類型公司（包括有限公司）發行公司債，應是考量到其非公開之人合性格，但公司債既已可以私募，即無如此限制之必要，例如日本公司法即允許四類公司皆可發行，甚至允許無限公司或兩合公司發行公司債。[2101]

公司債依募集地可被區分成本國公司債與外國公司債，公司法所規定者乃本國公司債，而未規範外國公司債。我國為經濟發展允許本國公司到國外發行公司債，[2102]在國外發行之公司債，募集事項之決定程序等與公司

[2097] 神田秀樹，前揭書，頁326；前田庸，前揭書，頁679。

[2098] 川村正幸等三人合著，前揭書，頁421。

[2099] 柯芳枝，前揭書，頁419、424；鄭玉波，同前[13]，頁163–165；王文宇，同前[75]，頁530；神田秀樹，前揭書，頁325。

[2100] 柯芳枝，前揭書，頁433；黑沼悅郎，前揭書，頁252。

[2101] 川村正幸等三人合著，前揭書，頁421；江頭憲治郎，前揭書，頁724（註11）；近藤光男，前揭書，頁415。

內部組織相關之事項乃依據公司設立準據法（我國公司到海外發行則依據我國公司法）之規定，至於公司債契約等依法律行為而成立之債權債務關係之準據法，則可由契約當事人約定，實務上多會約定以發行地法為準據法，[2103]即使不約定發行地而約定我國法為準據法，仍非我國公司法上之公司債。至於外國股份有限公司到我國所發行之公司債，由於其並非我國公司法上之股份有限公司，因此，該些公司債亦非本法所謂之公司債，所以，不適用本法有關發行及信託等規定，[2104]但須遵守證券交易主管機關之規定。

參、發行公司債之目的與理由

為籌措鉅額且長期性之資金，選擇透過發行公司債，除可提高投資人投資意願外，其發行理由常在於，公司債係屬一種債權債務關係，屬於負債而非公司股份。若發行新股，因程序繁瑣往往緩不濟急，而且發行新股會造成資本額增加，股數增加稀釋每股之盈餘而可能影響股價，公司債雖讓發行公司有較大之財務壓力，尤其是公司業績不佳時，但由於公司債之利息支出屬公司之費用而有節稅之效果，[2105]所以使公司債更受企業之歡迎。

肆、公司債之概念

公司債之概念與一般債務之不同在於其有以下之特徵，即乃為因應長期且大量之資金需求、募集對象為不特定多數人或特定少數人、屬整體債務性質、多數同單位金額。所以，第一，其具長期性，公司若因短期資金需要而發行 “CP (commercial paper)” 自金錢市場借款，其不適用公司債之相關規定。[2106]第二，定型性，公司債債權人與公司間之公司債契約內容為定

[2102] 梁宇賢，同前[253]，頁 172。

[2103] 江頭憲治郎，前揭書，頁 731。

[2104] 江頭憲治郎，前揭書，頁 724–725（註 11）。

[2105] 朱德芳、張心悌，前揭文，頁 48。

[2106] 神田秀樹，前揭書，頁 138（註 1）。

型化契約。第三，附從性，公司債應募人僅能附從發行公司所定之發行條件而締結契約。第四，整體性，在各公司債債權人間，即使所持有之公司債數量有所不同，其地位在性質上亦無區別。[2107]第五，平等性，由於公司債係一整體性債務，其債權人最基本的權利即係請求按期付息與到期還本，因此，發行公司不得違反債權人之意思而有不同的差別待遇。除劣後公司債等外，原則上各公司債債權人平等，不得選擇性地對部分債權人優先清償。惟若發行公司對債權人有債權而符抵銷之規定，能否抵銷則有所疑問，但日本有判決及學說認為公司債既為公司之債務，應無否定之理由。[2108]

伍、公司債與公司債契約的法律性質

一、公司債本身的法律性質

公司債（券）乃得依背書或僅依交付方式轉讓之流通性證券之一種。[2109]其為股份有限公司對公眾負擔之金錢債務而屬一種被稱為公司債契約之契約關係，[2110]但其與可轉讓定存單及公債券仍有所差異。公債有廣義與狹義之分，廣義公債指凡向一般公眾以發行有價證券方式所成立之債即稱為公債，而狹義公債僅指中央或地方政府所發行之公債，而通常所謂公債乃採狹義，但公司債仍可被稱為一種廣義公債。[2111]

二、公司債契約之法律性質

公司法第二五三條第一項規定，應募人應在應募書上填寫所認金額及其住所或居所，簽名或蓋章，並照所填應募書負繳款之義務。該條第二項

[2107] 柯芳枝，前揭書，頁 424、425。

[2108] 近藤光男，前揭書，頁 416。

[2109] 柯芳枝，前揭書，頁 421。

[2110] 柯芳枝，前揭書，頁 423。

[2111] 鄭玉波，同前[13]，頁 164。

規定，應募人以現金當場購買無記名公司債券者，免填前項應募書。又公司法第二五四條規定，公司債經應募人認定後，董事會應向未交款之各應募人請求繳足其所認金額。

依此一公司債發行實務之規定，公司債契約之法律性質有消費借貸說、與消費借貸類似之無名契約說、債券買賣說與區分說之爭。區分說為日本通說，即認為以賣出金融債券方式發行者乃債券買賣說，而以一般事業發行方式者乃採與消費借貸類似之無名契約說。[2112]

其與民法之有償消費借貸雖類似，但仍有五點區別，即(1)消費借貸之標的為金錢或其他替代物，但公司債契約之標的則以金錢為限；(2)消費借貸為要物契約，但公司債契約為諾成契約；(3)消費借貸不必發行證券，但公司債必須發行證券；(4)消費借貸之債權雖可被轉讓但無流通性，而公司債具有流通性；(5)消費借貸屆期須以同種類同數量之標的物返還，但公司債可能以高於或低於面額發行，所以其與屆期須依面額返還之數量可能不同。[2113]因此，柯芳枝教授稱其為類似有償消費借貸之諾成契約，但因公司法第二五三條第二項所規定之「應募人以現金當場購買無記名公司債券者，免填前項應募書」，而又肯定買賣契約說。[2114]

鄭玉波教授認為其乃屬於一種以成立公司債為標的之預約，而以公司債之招募公告為要約，以應募人之應募書為承諾，但現場買無記名公司債券者，免填前項應募書。之後，根據此一預約應募人須繳款而公司須交付債券以成立公司債關係。[2115]

[2112] 長谷川雄一，前揭書，頁 58、59、60；國內學說之介紹請參閱柯芳枝，公司法論，前揭書，頁 423（註 5）。

[2113] 柯芳枝，前揭書，頁 424；王文宇，同前[75]，頁 531–532；江頭憲治郎，前揭書，頁 724（註 10）。

[2114] 柯芳枝，前揭書，頁 424。

[2115] 鄭玉波，同前[13]，頁 163、170。

陸、公司債之種類

公司債有記名與無記名之分、有擔保公司債與無擔保公司債之分、有實體與無實體公司債之分、普通公司債與特別公司債（如可轉換公司債與附認股權公司債）、普通公司債與次順位公司債之分等。

一、記名與無記名公司債

公司債依債券有否記載債權人姓名可被區分成有記名與無記名之公司債。此一區分涉及公司債移轉之方式與出席公司債權人會議之方式之不同。無記名公司債必有債券，[2116]但公司法第二六一條規定，債券為無記名式者，債權人得隨時請求改為記名式。而無實體公司債必為記名公司債。

二、有實體與無實體公司債

公司債之發行依證交法第八條第一項之規定，乃指公司製作並交付或以帳簿劃撥方式交付公司債券之行為，而包括有實體發行與無實體發行。

㈠單張大面額公司債之廢棄

規範單張大面額公司債之公司法第二五七條之一已在二〇一八年被刪除。其原規定，公司發行公司債時，其債券就該次發行總額得合併印製。刪除理由認為單張大面額公司債與前述單張大面額股票均係為降低公司發行成本，為我國在上市、上櫃及興櫃公司有價證券全面無實體化前之過渡階段而設。目前我國上市、上櫃及興櫃公司有價證券已全面無實體發行，本條已無適用之可能，故予以刪除。

㈡無實體公司債應集保

公司法第二五七條之二第一項規定，公司發行之公司債，得免印製債票，並應洽證券集中保管事業機構登錄及依該機構之規定辦理。該條第二項規定，經證券集中保管事業機構登錄之公司債，其轉讓及設質應向公司

[2116] 近藤光男，前揭書，頁424。

辦理或以帳簿劃撥方式為之，不適用公司法第二六〇條及民法第九〇八條之規定。該條第三項規定，前項情形，於公司已印製之債券未繳回者，不適用之。

發行公司債之公司，未印製債票而洽證券集中保管事業機構登錄者，因已無實體債券，持有人辦理公司債轉讓或設質，無法再以背書、交付之方式為之，故增訂該條第二項，排除公司法第二六〇條及民法第九〇八條之規定之適用，並明定其轉讓及設質應向公司辦理或以帳簿劃撥方式為之。

三、有擔保與無擔保公司債

所謂有擔保公司債，傳統上係指有由發行公司或由第三人提供擔保品或設定擔保物權以擔保公司債未來所應付本息之公司債。[2117]公司債由於乃屬長期債務，且發行人為求低利息常以有擔保為原則。[2118]此外，亦有以擔保信用狀擔保之公司債。由金融機構擔任保證人者視為有擔保，[2119]解釋上含銀行以擔保信用狀為之者或以銀行保證狀擔保之者。

有無擔保常生爭論，例如日本法上公司債之所謂擔保現在已不限於物保，而包括人保，甚至附負面承諾條款者 (negative pledge) 亦屬有擔保公司債。[2120]我國法未做此明文規定，所以，難做相同之解釋。我國學者即認為未設定擔保物權擔保公司債未來所應付本息者，即為無擔保公司債，包括以非金融機構做保證人之公司債為廣義無擔保公司債。無擔保公司債常會在契約中約定負面承諾條款 (the negative pledge clause)，基本型之負面承諾條款 (the basic negative pledge) 乃由借款人向銀行承諾將不會（以其資產）對他人設定或提供擔保權。負面出質條款的產生，其原因不外乎，對某些具折衝能力或信用頗佳的借款人，銀行一方面無法要求其提供擔保，另一方面不願喪失該供貸以賺取利息的機會，銀行僅得退而求其次，要求於萬

[2117] 柯芳枝，前揭書，頁 425。

[2118] 柯芳枝，前揭書，頁 426。

[2119] 朱德芳、張心悌，前揭文，頁 83。

[2120] 江頭憲治郎，前揭書，頁 726–727。

一借款人破產或無資力時無任何人會享有優先受償機會。[2121]附負面承諾條款之公司債被稱為附特約公司債或準有擔保公司債，但依其性質仍屬無擔保公司債。[2122]

有擔保與無擔保之區別實益在於，有擔保公司債既有擔保物權可供債權之擔保，對公司債債權人較有保障，故對其限制較寬；而無擔保公司債則僅依賴發行公司或保證人之信用，對公司債債權人保障相對較弱，故限制較嚴，[2123]詳參後述公司債發行之限制。

四、普通與特別公司債

(一)區　分

公司債之種類有普通公司債 (straight bond) 與特別公司債之區分。普通公司債乃指公司債僅具有依發行條件支付本金與利息之金錢債權債務關係者，即非股權連動者。[2124]近年來，普通公司債亦有相當多新形式，而以契約對債權人賦予利率或償還方面之特約者，例如變動利率公司債、給付與償還不同貨幣公司債、公司清算時才償還之永久債、利益參加公司債 (participating bonds)、所得型公司債 (income bonds)、指數（如隨股票指數而變化償還金額之）公司債等。[2125]利益參加公司債乃除受一定利率之利息外，在公司有盈餘分派給股東時，其尚可參加公司利潤之分配，而所得型公司債乃指當公司有所得時才有利息請求權者。[2126]

與普通公司債相對地，特別公司債乃指除金錢債權債務關係外，尚賦予公司債債權人其他特殊權利者，例如與股權相關者（而具有股債性質之

[2121] 王文宇，同前[75]，頁 538。

[2122] 柯芳枝，前揭書，頁 426。

[2123] 柯芳枝，前揭書，頁 425–427。

[2124] 江頭憲治郎，前揭書，頁 725。

[2125] 江頭憲治郎，前揭書，頁 725–726（註 12）。

[2126] 王文宇，從新金融商品論我國公司籌資法制，收錄於其所編，公司與企業法制，初版，元照，台北，2000 年 5 月，頁 125、141–142；江頭憲治郎，前揭書，頁 726（註 12）。

混合型融資工具者），[2127]此時或被稱為股權連動債。[2128]實務上，閉鎖性股份有限公司向公司經營者或冒險基金私募發行之公司債常為股權連動債，無擔保公司債且無公司債受託人之公司債。[2129]又例如公司債若賦予持有人以一定價格賣還給發行公司者稱為可賣回公司債 (puttable bonds)，若賦予發行公司以一定之價格買回者稱為可贖回公司債 (callable bonds)。[2130]以下僅就其他特別公司債之類型說明之。

㈡附認股權公司債與轉換公司債之共通規定

二〇一五年之前的實務見解認為僅公開發行股票公司始得發行（公開或私募）可轉換公司債與附認股權公司債。[2131]二〇一五年修法引進閉鎖性股份有限公司時已放寬其可私募轉換公司債及附認股權公司債，但非閉鎖性之非公開發行股份有限公司則仍不被允許。

1.全部種類股份有限公司皆可私募公司債

二〇一八年修正公司法第二四八條第二項，已允許非公開發行股票之公司私募普通公司債與特別公司債。該條項規定，普通公司債、轉換公司債或附認股權公司債之私募不受第二四九條第二款（最近三年獲利不佳不得發行）及第二五〇條第二款（最近三年獲利不佳不得發行）之限制，並於發行後十五日內檢附發行相關資料，向證券主管機關報備；私募之發行公司不以上市、上櫃、公開發行股票之公司為限。

此次修法乃是鑑於閉鎖性股份有限公司已在二〇一五年被放寬私募之標的，除私募普通公司債外，亦得私募轉換公司債及附認股權公司債，此次修正更放寬適用之範圍，擴及非公開發行股票之公司，以利企業運用。

[2127] 朱德芳、張心悌，前揭文，頁 83。

[2128] 江頭憲治郎，前揭書，頁 725。

[2129] 江頭憲治郎，前揭書，頁 723（註 10）。

[2130] 王文宇，同前[75]，頁 532。

[2131] 經濟部 91 年 1 月 24 日經商字第 09102004470 號函。

2.私募轉換公司債或附認股權公司債原則上應經股東會決議

二〇一八年修法增訂第二四八條之一，讓所有類型之股份有限公司皆可私募轉換公司債或附認股權公司債等特別公司債。但發行特別公司債可能影響股東權益，[2132]因此，依公司法第二四八條之一之規定，公司依前條（第二四八條）第二項私募轉換公司債或附認股權公司債時，除應經董事會之特別決議外，並須經股東會普通決議，但公開發行股票之公司，證券主管機關另有規定者，從其規定。又證交法第四十三條之六規定，公開發行公司私募特別公司債應經股東會特別決議。

之所以原則上須經股東會決議（閉鎖性公司可例外，參後第八章所述），乃因私募轉換公司債或附認股權公司債，在將來轉換時可能涉及股權變動而影響股東權益較深，故明定公司除應經第二四六條之董事會特別決議外，原則上並應經股東會決議。

3.發行限制

我國法採行授權資本制，因此，允許發行轉換公司債與附認股權公司債，[2133]但有其限制，即其募集決定如上述須經董事會特別決議且須經股東會決議通過外，依公司法第二四八條第七項之規定，可轉換股份數或可認購股份數加上其他已發行股份或潛在股份若已逾章程所訂股份總數，應先完成變更章程之程序。此乃發行轉換公司債之要件之一。[2134]這是因為所發行之股份原則上乃新股，[2135]例外依證交法第二十八條之二第一項第二款所允許之上市或上櫃之公開發行公司，才可以以庫藏股為之，而不必發行新股。此一發行新股在性質上屬特殊發行新股。[2136]所以，應注意轉換後之股份價值被稀釋之問題。

[2132] 朱德芳、張心悌，前揭文，頁89。

[2133] 梁宇賢，同前[253]，頁171。

[2134] 柯芳枝，前揭書，頁432。

[2135] 王文宇、林國全，公司法，收錄於王文宇、林國全、王志誠、許忠信、汪信君，前揭書，頁135-136。

[2136] 柯芳枝，前揭書，頁430。

㈢可轉換公司債

1.意 義

所謂可轉換公司債 (convertible bonds; convertible debentures; Wandelschuldverschreibungen) 乃債權人除債權外另享有得將該債權轉換成股份之權利，亦即其另賦予公司債債權人得將所持有之公司債轉換為發行公司股份之轉換權之公司債。其在行使轉換權前，債權人與公司間仍為債權債務關係，惟一旦行使轉換權，該公司債債權即轉換成股份，公司債債權人因持有該轉換後之股份而成為股東，同時喪失公司債債權人之地位，而使此種公司債又被稱為潛在之股份。[2137]在經濟上，甚至於轉換前轉換公司債已具有股份化之趨勢而被稱為是公司債股份化之一種表現。[2138]

2.作 用

此一轉換權可壓低公司債之利率，實務上甚至有零利率發行者而可讓發行公司以比普通公司債更低之成本取得資金；而對投資人而言，其可在該公司股票上揚時轉換成股票出售以獲利，而在股價低迷時仍維持債權人身分享受利息收入，所以，可謂是無限獲利可能而損失有限之投資工具。[2139]但當經濟情況差時，或公司績效不好時，債權人不會行使轉換權，所以，屆期公司需為償還本金而苦惱。[2140]

3.轉換權為選擇權

公司法第二六二條第一項規定，公司債約定得轉換股份者，公司有依其轉換辦法核給股份之義務，但公司債債權人有選擇權。所以，轉換權是一種選擇權 (option)，因公司債債權人之一方選擇轉換權之行使之意思表示到達公司，即當然發生轉換之效力，此時債權人頓時喪失債權人地位而成

[2137] 高橋紀夫，前揭書，頁 391。

[2138] 柯芳枝，前揭書，頁 429；鄭玉波，同前[13]，頁 164。

[2139] 王文宇、林國全，公司法，收錄於王文宇、林國全、王志誠、許忠信、汪信君，前揭書，頁 135；神田秀樹，前揭書，頁 339；黒沼悅郎，前揭書，頁 282；三枝一雄、南保勝美、柿崎環、根本伸一，前揭書，頁 322。

[2140] 河本一郎、川口恭弘，前揭書，頁 79。

為公司之股東，故轉換權之法律性質為形成權。[2141]惟此一選擇權與民法之選擇之債並不相同，因此，並無民法第二一二條之溯及既往之效力而僅自選擇時起生其效力。[2142]

若公司債被作為質權之標的，則根據民法第九〇三條之規定（為質權標的物之權利非經質權人之同意，出質人不得以法律行為使其消滅或變更），未經質權人之同意，公司債權人（出質人）不得任意行使其轉換權。[2143]即使經同意而轉換成股份，根據質權之物上代位性，該質權仍存在於該些股份上。[2144]

4.從屬公司可購買但不可轉換

從屬公司得否認購控制公司所發行之可轉換公司債或附認股權公司債呢？經濟部指出，可轉換公司債未行使轉換前，係屬債券性質，公司法未有禁止從屬公司持有控制公司所發行債券之規定，是以，從屬公司如在交易市場買賣控制公司海外轉換公司債或持有國內轉換公司債等項，而不進行轉換，則尚無違反公司法第一六七條第三項之規定；惟如行使轉換，自違反上開規定。[2145]

㈣附認股權公司債

1.意　義

所謂附新股認購權之公司債 (bonds with subscription warrants; Optionsanleihen)，乃指賦予公司債債權人得依認購辦法認購發行公司股份之權利的公司債。其對發行公司而言，乃屬一甘味劑 (sweetener) 而可享受比一般公司債更低之利率。[2146]對債權人而言，其於行使認股權時，尚須就

[2141] 柯芳枝，前揭書，頁 430；王文宇，同前[75]，頁 533；王文宇、林國全，公司法，收錄於王文宇、林國全、王志誠、許忠信、汪信君，前揭書，頁 135。

[2142] 柯芳枝，前揭書，頁 431；王文宇，同前[75]，頁 533–534。

[2143] 柯芳枝，前揭書，頁 431；梁宇賢，同前[253]，頁 181。

[2144] 柯芳枝，前揭書，頁 431–432。

[2145] 經濟部 91 年 4 月 16 日經商字第 09102071760 號函。

[2146] 柴田和史，前揭書，頁 401。

所認股份繳納股款後，始得取得股份，但其與公司間之原公司債債權債務關係，並未因而消滅。其發行股份之來源如上述可轉換公司債之介紹。[2147]

2.法律性質

公司法第二六二條第二項規定，公司債附認股權者，公司有依其認購辦法核給股份之義務，但認股權憑證持有人有選擇權。又依公司法第二四八條第一項第十九款，認購辦法乃向主管機關申請發行時須載明事項之一。所以，附新股認購權之公司債性質上乃公司債與認股權（選擇權）之結合。[2148]

此一認股權是否得與公司債權分離呢？在學理上該兩種權利乃可以彼此分離而被處分，但我國實務（發起人募集與發行有價證券處理準則）則為求管理方便，而認為不得加以分離。日本法上則區分分離型與非分離型兩種。[2149]日本公司法第二五四條第二及三項即規定，當公司債與新股認購權皆存在時，須一體被處分，而不可單獨被讓與或設質，若有一者已消滅，則可被單獨處分。[2150]

五、次順位之公司債

公司法第二四六條之一規定，公司於發行公司債時，得約定其受償順序次於公司其他債權。其作用在於公司內部人（大股東）購買後，有利於公司之對外融資，[2151]此外，尚可因其受償順序較後而激勵內部人努力經營。若要向外部募集者，則須有較高的利息誘因。

至於其合法性，有認為其違反債權平均受償原則而無效，惟通說認為破產法上之債權平均受償原則乃任意規定，基於契約自由原則，約定受償

[2147] 王文宇、林國全，公司法，收錄於王文宇、林國全、王志誠、許忠信、汪信君，前揭書，頁 137。

[2148] 王文宇，同前[75]，頁 535–536。

[2149] 河本一郎、川口恭弘，前揭書，頁 155。

[2150] 龍田節、前田雅弘，前揭書，頁 356；柴田和史，前揭書，頁 402。

[2151] 王文宇，同前[2126]，頁 125、136–137。

順序次於公司其他債權之公司債應有效，[2152]但須注意契約相對性要求此一約定須存於發行公司與所有相關債權人之間才有效，對契約關係外之其他債權人則須依債權平均受償原則。

柒、公司債之募集

一、募集之概念區分

(一)公募與私募

公司債募集之概念在引進私募之前乃指向不特定人公開招募認購有價證券之行為，[2153]即募集等於公募。在引進私募之後，應依募集之對象之特定與否而被區分為公募與私募。公募乃指向不特定人招募認購有價證券之行為，所以，僅公開發行公司可依證交法及公司法之規定為之。私募乃對特定人或不特定之少數人，所以公開發行公司須依證交法及公司法之規定為之，非公開發行公司則依公司法為之。

公司法第二四八條第三項規定，前項私募人數不得超過三十五人，但金融機構應募者，不在此限。藉由私募制度來籌措資金，雖有流通性及變現性差、初次多需仰賴投資銀行媒介及信用調查等成本，但由於具有節省發行成本及迅速完成籌資程序及雙方地位較對等而契約磋商餘地大等功能，所以，為企業所樂於選擇之招募資金管道。[2154]私募制度在二〇〇一年增訂之理由為，「有價證券之私募由於應募者只限於少數之特定人，不若公開承銷涉及層面之廣大，應在規範上予以鬆綁，又配合公司法第一五六條修正，將公司股票是否公開發行歸屬於企業自治事項，故私募之發行不必受限於上市、上櫃或公開發行公司。發行前之平均淨利不能保證公司未來

[2152] 王文宇，同前[75]，頁537；王文宇、林國全，公司法，收錄於王文宇、林國全、王志誠、許忠信、汪信君，前揭書，頁137。

[2153] 王文宇，同前[75]，頁531。

[2154] 王文宇，同前[2126]，頁125、144。

之獲利，應依各應募人主觀之認定由其自行承擔投資風險，不需硬性規定平均淨利百分比，亦不必於發行前向主管機關申請或交由其事前審查，只需於發行後備查，使公司在資金募集的管道上更多元化。」

而證交法之私募（股票與公司債）乃以非公開之方式對符合一定條件之特定人發行有價證券，而所謂符合一定條件之特定人，依證交法第四十三條之六第一項之規定，乃指金融業或符主管機關所規定之條件或屬該公司內部情況較了解之人。此些人較有管道獲得資訊並有足夠之專業能力以保護自己，因此，私募之規範較為簡略。[2155]由此可見，公司法第二四八條第三項對私募公司債僅（除金融機構外）要求人數不得超過三十五人，而未規定此三十五人是否須具一定之資格，而與證交法第七條第二項之私募有價證券需具有一定之資格者方可稱為合格投資人者不同。

㈡直接與間接募集

募集之概念依募集方法之直接與否可被區分為直接募集與間接募集。直接募集乃由發行公司直接向社會大眾募集資金，出售公司債。由於公司需調集人員從事此項業務，未能達經濟規模之效而使人事成本較高，故實務上甚少直接募集。[2156]只有私募才會較常以直接募集之方式為之。

所謂間接募集乃發行公司透過證券承銷商間接地向公眾募集公司債之認購，[2157]所以多屬公募。發行公司雖須向證券承銷商支付費用與報酬，但因證券承銷商之專業分工而可收經濟規模之效，因此，多為實務所採。[2158]間接募集根據證券承銷商有否認購未銷售完之公司債之契約義務可被區分為代銷發行（又稱委託發行）與包銷發行（承銷發行或承受發行），[2159]後者依證交法第七一條第一項之規定，於承銷期間後承銷商有自行認購之義務；

[2155] 賴英照，前揭書，頁 66。

[2156] 柯芳枝，前揭書，頁 435–436；長谷川雄一，前揭書，頁 56。

[2157] 柯芳枝，前揭書，頁 436。

[2158] 柯芳枝，前揭書，頁 436。

[2159] 梁宇賢，同前[253]，頁 178。

前者依證交法第七二條之規定，於承銷期間後得退還給發行人。由於公司債未發行完畢有礙公司聲譽，因此，若有未銷售完畢之情況，常由公司大股東認購之。而且，公司債募集後若有一部分無人應募，則公司債募集全部不成立，[2160]這是因為公司債乃將基於某一目的所需之資金切割成單位出售之整（集）體債務性所使然。

二、公司債公募之程序

由於閉鎖性公司原則上不得公募公司債，因此，得申請公募公司債之公司限於非閉鎖性之非公開發行公司以及公開發行公司。

㈠內部程序

1.原則上董事會決定

公司債之募集原則上僅需董事會特別決議。籌措營運資金屬重要之業務執行範疇，而在有設董事會之公司屬董事會之職權，[2161]因此，公司法第二四六條第一項規定，公司經董事會決議後，得募集公司債，但須將募集公司債之原因及有關事項報告股東會。但由於公司債多為長期巨額資金，具有重大性，因此，該條第二項規定，前項決議，應由三分之二以上董事之出席，及出席董事過半數之同意行之。在董事會為決定後，重要性較低之事項可委由董事長來決定，例如公司債之利率上限或發行額之下限等重要事項由董事會決定後，具體利率及數額可由董事長決定，又可發行公司債之期間由董事會決定後，系列公司債之一之發行期間可由董事長決定。[2162]

2.例外須股東會決議

發行轉換公司債之程序如何，有無特別限制呢？梁宇賢教授認為公司債轉換股份，實際上等於以發行新股以清償公司債，而在授權資本制下，

[2160] 柯芳枝，前揭書，頁443。

[2161] 王文宇、林國全，公司法，收錄於王文宇、林國全、王志誠、許忠信、汪信君，前揭書，頁141。

[2162] 近藤光男，前揭書，頁418。

董事會有權決定發行新股，因此，僅需董事會決定，但例外當公司債轉換股份超過章程股份總數時另需股東會之特別決議因為需修改章程。[2163]因此，公開發行公司依公司法第二四八條第七項之規定，公司法第二四八條第一項第十八款之可轉換股份數額或第十九款之可認購股份數額加計已發行股份總數、已發行轉換公司債可轉換股份總數、已發行附認股權公司債可認購股份總數、已發行附認股權特別股可認購股份總數及已發行認股權憑證可認購股份總數，如超過公司章程所定股份總數時，應先完成變更章程增加資本額後，始得為之。此時須經股東會特別決議變更章程後增加資本額後董事會方可決議發行可轉換公司債與附認股權公司債。

問題是上述情況如未超過公司章程所定股份總數時，發行可轉換公司債與附認股權公司債同有債權股份化之現象，亦應明定應經股東會之同意。[2164]這是因為轉換公司債或附認股權公司債之募集常影響股票之價格，將來一旦行使轉換權或認股權，則更有影響公司股東盈餘之分配或公司經營權之虞，因此，發行轉換公司債宜由股東會決議。

㈡應先與受託機構締結信託契約

公司法為保障公司債權人故仿美國與日本立法例採受託人制，因此，就公募公司債，依公司法第二四八條第一項第十二款及第六項之舊規定（即僅有針對公募），強制要求公司債須有受託人，且受託人依該條第六項之規定，第一項第十二款之受託人，以金融或信託事業為限，由公司於申請發行時約定之，並負擔其報酬。因此，董事會作成公司債公開發行決定後應與受託機構締結信託契約，然後申請證券主管機關辦理。

㈢應向證券主管機關申報生效或核准通過

雖然我國證交法對證券之發行已改採美國法之申報生效制，[2165]主管機關亦根據證交法第二二條第一項所為之授權制訂發行人募集與發行有價證

[2163] 梁宇賢，同前[253]，頁180–181。

[2164] 王文宇，同前[75]，頁534、536。

[2165] 王文宇，同前[75]，頁544；陳連順，前揭書，頁399。

券處理準則。依該準則之規定，證期局於接獲公司債之募集申請時應依照該準則辦理之，但由於公司法仍留有大陸法系之核准制要求，所以，主管機關其實仍採行核准制。

公司法第二四八條第一項規定，公司發行公司債時，應載明下列事項，向證券主管機關辦理之：一、公司名稱。二、公司債總額及債券每張之金額。三、公司債之利率。四、公司債償還方法及期限。五、償還公司債款之籌集計畫及保管方法。六、公司債募得價款之用途及運用計畫。七、前已募集公司債者，其未償還之數額。八、公司債發行價格或最低價格。九、公司股份總數與已發行股份總數及其金額。十、公司現有全部資產，減去全部負債後之餘額。十一、證券主管機關規定之財務報表。十二、公司債權人之受託人名稱及其約定事項。十三、代收款項之銀行或郵局名稱及地址。十四、有承銷或代銷機構者，其名稱及約定事項。十五、有發行擔保者，其種類、名稱及證明文件。十六、有發行保證人者，其名稱及證明文件。十七、對於前已發行之公司債或其他債務，曾有違約或遲延支付本息之事實或現況。十八、可轉換股份者，其轉換辦法。十九、附認股權者，其認購辦法。二十、董事會之議事錄。二十一、公司債其他發行事項，或證券主管機關規定之其他事項。其中第二款所謂公司債總額，日本公司法第六七六條第十一款採取截止發行原則，即除另有規定外，當應募額未達公司債總額時，公司債發行亦成立，[2166]我國法未作此一明文規定，因此，本書鑑於公司債之整體性認為申請被核准後須發行達該總額，公司債發行才完成。

證券管理主管機關接獲申請後應審查其申請內容是否符合公司法第二四八條之規定，於符合後再根據該申請人是否符合公司法第二四七條之規定、有無第二四九條或第二五〇條所規定之情形（後述），來加以准駁。甚至管理機關在核准之後尚有撤銷核准之權限，即公司債發行即使經核准後，依公司法第二五一條第一項之規定，如發現其申請事項，有違反法令或虛

[2166] 近藤光男，前揭書，頁419；伊藤真，前揭書，頁949。

偽情形時，證券管理機關得撤銷核准。該條第二項規定，為前項撤銷核准時，未發行者，停止募集；已發行者，即時清償。其因此所發生之損害，公司負責人對公司及應募人負連帶賠償責任。該條第三項規定，公司法第一三五條第二項之規定，於本條第一項準用之。

㈣應募書之備置與募集之公告

公司法第二五二條第一項規定，公司發行公司債之申請經核准後，董事會應於核准通知到達之日起三十日內，備就公司債應募書，附載第二四八條第一項各款事項，加記核准之證券管理機關與年、月、日、文號，並同時將其公告，開始募集，但第二四八條第一項第十一款之財務報表，第十二款及第十四款之約定事項，第十五款及第十六款之證明文件，第二十款之議事錄等事項，得免予公告。須備置應募書乃是因為公司債契約具有集團性、公眾性與定型性，因此，公司法規定其募集採應募書主義。[2167]

㈤募集及應募

發行公司於核准通知到達之日起三十日內須開始募集，且依公司法第二五二條第二項之規定，超過前項期限未開始募集而仍須募集者，應重行申請。之所以規定須在三十日內募集乃是因為時間過久將使主管機關所審查之事項之真實性漸喪失，而使公告內容失真，因此，若逾期而仍需募集則須重新申請。

應募方式有兩種。依公司法第二五三條第一項之規定，應募人應在應募書上填寫所認金額及其住所或居所，簽名或蓋章，並照所填應募書負繳款之義務。該條第二項規定，應募人以現金當場購買無記名公司債券者，免填前項應募書。凡依第一項規定在應募書上填載者構成公司債募集要約之承諾，因此，有依照所填應募書負繳款之義務。[2168]應募人以現金當場購買無記名公司債券者，性質上屬債權之買賣，既已交現金，買賣契約已履行，因此，依該條第二項之規定，免填前項應募書。

[2167] 柯芳枝，前揭書，頁442。

[2168] 柯芳枝，前揭書，頁443。

㈥董事會應將全體應募人清冊送交公司債債權人之受託人，催繳款項後發行公司債

董事會在將全體應募人清冊送交公司債債權人之受託人後，依公司法第二五四條之規定，公司債經該些應募人認定後，董事會應向尚未交款之各應募人請求繳足其所認金額。催繳後則為實體公司債券之製作與發行或無實體公司債之登錄與發行。

三、公司債私募之程序

私募公司債除上述之公募程序中有適用之規定外，其主要與公募之差異如下。

㈠適用公司

依公司法第二四八條第二項後段規定，公司債私募之發行公司不以上市、上櫃、公開發行股票之公司為限。此乃當然，所以，此一規定乃為消除證交法第七條第二項規範私募所可能產生之僅有上市、上櫃、公開發行股票之公司才可私募之錯誤印象。

㈡私募之公司債種類

公開發行股票公司可私募之公司債種類依證交法之規定並不限於普通公司債，亦可為特別公司債。

非公開發行股票公司於二〇一八年修法後，由於第二四八條第二項之公司債三字被改成普通公司債及轉換公司債及附認股權公司債，所以，看似僅能私募此三種公司債，但本書認為不必以此為限，例如劣後公司債之私募亦非常有實務必要性。

㈢私募之公司債之決定機關

除閉鎖性股份有限公司私募公司債之決定機關在該專章有特別規定外，其他公司之私募公司債當區分普通公司債與股權相關之特別公司債兩種情況。

私募普通公司債，依公司法第二四六條之規定須經董事會特別決議。特別公司債而與股權無關者亦同。但二〇一八年起，由於已允許非公開發

行之股份有限公司可不設董事會，此時公司債之發行之決定機關應為該董事（乃一公司機關）。[2169]

私募轉換公司債或附認股權公司債等與股權相關之特別公司債則須另經股東會決議。雖有學者認為，發行轉換公司債與一般公司債一樣，僅須經董事會特別決議。然有見解認為，轉換公司債之募集常影響股票之價格，將來一旦行使轉換權，則更有影響公司股東盈餘之分配或公司經營權之虞，因此，發行轉換公司債宜由股東會決議。

二〇一八年修正公司法第二四八條之一而規定，公司依前條第二項私募轉換公司債或附認股權公司債時，應經第二四六條董事會之決議，並經股東會決議，但公開發行股票之公司，證券主管機關另有規定者，從其規定。這是因為轉換公司債或附認股權公司債之募集常影響股票之價格，將來一旦行使轉換權或認股權，則更有影響公司股東盈餘之分配或公司經營權之虞，因此，發行轉換公司債宜由股東會普通決議。又證交法第四三條之六甚至規定，公開發行公司私募特別公司債應經股東會特別決議。

㈣私募公司債不必強制信託

公司法第二四八條第一項第十二款及第六項之舊規定（即僅有針對公募）強制要求公司債須有受託人且受託人以金融或信託機構為限。惟私募於二〇〇一年被引進時，卻未被排除，所以，亦適用強制信託之規定。現行法已經筆者任立法委員時提案修法，因為私募乃對特定人或不特定少數人（我國法乃三十五人以下），且多針對專業機構，無強制信託之必要，僅是增加應募人之成本，減少應募誘因，不利公司債之發行而已。因此，董事會（或董事）作成公司債私募發行決定不必與受託機構締結信託契約。

㈤應募書之備置

公司債之私募，雖不必公告，但解釋上仍須備置應募書並應向應募人交付公開說明書。[2170]

[2169] 近藤光男，前揭書，頁 418。

[2170] 陳連順，前揭書，頁 403。

㈥事後報備制

公司法第二四八條第二項規定，普通公司債、轉換公司債或附認股權公司債之私募於發行後十五日內檢附發行相關資料，向證券主管機關報備。不似公募乃採申報生效制，但依本條文義，所有欲私募公司債之公司皆須報備，並非以適用證交法之公開發行股票公司為限。本書認為非公開發行股票公司以外之股份有限公司之私募行為應非屬證交法的規範領域，以無需向其報備為妥。

四、公司債募集與發行之限制

原則上公司債為一長期巨額債務又對大眾招募，公司債募集與發行之限制除該公司章程之限制外，公司法基於大陸法系集體主義之思維為保障投資大眾而有得否發行之法定限制與金額額度之限制，近年則有認為應自由化之聲音，應是受英美法之影響，例如證交法之前述申報生效制即是美國之制度。

㈠公　募

1.發行公司債之額度限制

⑴公司債總額限制

依公司法第二四七條第一項之規定，公開發行股票公司之公司債總額（有擔保與無擔保），不得逾公司現有全部資產減去全部負債後之餘額。

二〇一八年之前本條第一項並非針對公開發行股票公司，而且應扣除之部分包括公司之無形資產。所謂無形資產乃如商譽、商標權、著作權等無實體存在而有經濟價值之資產。[2171]該次修正乃因證券交易法第二八條之四第一款規定，公開發行股票之公司募集有擔保公司債、轉換公司債或附認股權公司債時，其發行總額不得逾全部資產減去全部負債餘額之百分之二百，不受本法第二四七條之限制；證券交易法第四三條之六第三項規定，普通公司債之私募，其發行總額不得逾全部資產減去全部負債餘額之百分

[2171] 柯芳枝，前揭書，頁433。

之四百，不受本法第二四七條之限制。上開規定尚無「全部資產減去全部負債及無形資產」之規定。又我國改採國際財務報導準則 (International Financial Reporting Standards, IFRSs) 後，公司之無形資產大幅增加，另基於特殊產業之行業特性，例如電信業、文創業等，其無形資產之比重甚大，如計算基礎須扣除無形資產，將使此類公司發行公司債之額度受到限制，故修正第一項，刪除「及無形資產」之文字。

另考量現行公開發行股票之公司募集發行公司債之總額限制雖已於證券交易法第二八條之四明定，惟依證券交易法第四三條之六第三項規定，私募轉換公司債及附認股權公司債，其私募數額仍須受本法第二四七條規定限制，故修正第一項，以公開發行股票公司為適用對象。

總額之限制乃為保護債權人，故該餘額之計算應考慮發行公司發債時償還能力與財務狀況而以發行公司最近期之財務報表為計算之依據。[2172]日本在一九九三年之前有總額限制，但該年因少有國家尚有此一限制而廢棄之。[2173]這是因為向銀行借款並無此限制，而此立法之效果受質疑，日本產業界遂要求廢止，[2174]但公司債仍受到證券公司市場消化可能性之審查限制。[2175]

⑵無擔保公司債

公司法第二四七條第二項規定，無擔保公司債之總額，不得逾前項餘額二分之一。證券交易法第二八條之四第二款雖有特別規定，惟內容亦為不得逾前項餘額二分之一，而與第二四七條第二項之規定略同。

⑶有擔保公司債

證券交易法第二八條之四第一款規定，公開發行股票之公司募集有擔保公司債、轉換公司債或附認股權公司債時，其發行總額不得逾全部資產

[2172] 經濟部72年3月25日商字第11607號函。

[2173] 神田秀樹，前揭書，頁328；龍田節、前田雅弘，前揭書，頁353。

[2174] 河本一郎、川口恭弘，前揭書，頁162-163。

[2175] 黑沼悅郎，前揭書，頁252。

減去全部負債餘額之百分之二百，不受本法第二四七條之限制。又公開發行公司之無擔保（物保）公司債由金融機構擔任保證人者視為有擔保（證交法第二九條參照）。

2.發行公司債之法定禁止

公司法第二四九條規定，公司有下列情形之一者，不得發行無擔保公司債：一、對於前已發行之公司債或其他債務，曾有違約或遲延支付本息之事實已了結，自了結之日起三年內。二、最近三年或開業不及三年之開業年度課稅後之平均淨利，未達原定發行之公司債，應負擔年息總額之百分之一百五十 。這是因為該公司公司債信已動搖或營利能力已不堅強之故。[2176]

公司法第二五〇條規定，公司有左列情形之一者，不得發行公司債：一、對於前已發行之公司債或其他債務有違約或遲延支付本息之事實，尚在繼續中者。二、最近三年或開業不及三年之開業年度課稅後之平均淨利，未達原定發行之公司債應負擔年息總額之百分之一百者，但經銀行保證發行之公司債不受限制。這是因為該公司公司債信已喪失或營利能力已薄弱之故。[2177]

㈡私　募

1.金額總額限制

依公司法第二四七條第一項之規定，公開發行股票公司之公司債總額（有擔保與無擔保），不得逾公司現有全部資產減去全部負債後之餘額。

證券交易法第四三條之六第三項規定，普通公司債之私募（不論有無擔保），其發行總額不得逾全部資產減去全部負債餘額之百分之四百，不受本法第二四七條之限制。

由於證券交易法第四三條之六第三項之規定僅對普通公司債作特別規定，所以，私募轉換公司債及附認股權特別公司債，其私募數額仍須受公

[2176] 柯芳枝，前揭書，頁 435。

[2177] 柯芳枝，前揭書，頁 434。

司法第二四七條規定限制。換言之，公開發行股票公司私募上開種類公司債仍有舉債額度限制，以免影響公司財務健全。至於非公開發行股票之公司，為便利其籌資，私募公司債之總額，則無限制。

2. 法定限制

公司法第二四八條第二項規定，普通公司債、轉換公司債或附認股權公司債之私募不受第二四九條第二款（公司前三年獲利狀況不佳）及第二五〇條第二款（公司前三年獲利狀況不佳）之限制。這是因為公司債應由投資人自行判斷自負盈虧，[2178]而私募之投資人多為專業機構或有一定專業知識或經濟能力者，有自行保護自己之能力。

五、公司債目的為使用之限制

公司債是有特定目的之債務，投資人乃因該目的而購買，因此，公司法第二五九條規定，公司募集公司債款後，未經申請核准變更，而用於規定事項以外者，處公司負責人一年以下有期徒刑、拘役或科或併科新台幣六萬元以下罰金，如公司因此受有損害時，對於公司並負賠償責任。

捌、公司債（券）之轉讓性與流通性

一、公司債券之轉讓性與流通性

公司債乃長期債務而為鼓勵投資人購買須讓投資人能在清償期屆至以前能加以轉讓而收回投資。因此，公司債乃債權被證券化之有價證券，而可以藉背書與交付方式或僅依交付方式轉讓之，而不必依民法債權讓與方式為之，以促進公司債之流通。所以，公司債為有價證券、證權證券、債權證券與要式證券。[2179]

[2178] 王文宇，同前[75]，頁548。

[2179] 柯芳枝，前揭書，頁444、445。

二、公司債之要式性

公司法第二五七條第一項規定，公司債之債券應編號載明發行之年、月、日及第二四八條第一項第一款至第四款、第十八款及第十九款之事項，有擔保、轉換或可認購股份者，載明擔保、轉換或可認購字樣，由代表公司之董事簽名或蓋章，並經依法得擔任債券發行簽證人之銀行簽證後發行之。該條第二項規定，有擔保之公司債除前項應記載事項外，應於公司債正面列示保證人名稱，並由其簽名或蓋章。

由此可見公司債無論記名與否，皆為要式證券。[2180]立法例上，我國及日本公司法第六九七條第一項法定其內容，以確保其流通性。[2181]此一要式性之要求包括債券之發行，因為公司債契約雖因應募人填載應募書而成立，不待公司債券之發行，但理論上於繳足款項後公司應發行公司債券以促進公司債之流通。[2182]

三、公司債之存根簿

公司法第二五八條第一項規定，公司債存根簿，應將所有債券依次編號，並載明左列事項：一、公司債債權人之姓名或名稱及住所或居所。二、第二四八條第一項第二款至第四款之事項，第十二款受託人之名稱，第十五款、第十六款之發行擔保及保證、第十八款之轉換及第十九款之可認購事項。三、公司債發行之年、月、日。四、各債券持有人取得債券之年、月、日。該條第二項規定，無記名債券，應以載明無記名字樣，替代前項第一款之記載。規定公司債存根簿之備置與內容乃是因為公司債存根簿上之記載有讓轉讓或設質能對抗公司之效力。

[2180] 鄭玉波，同前[13]，頁 171。

[2181] 江頭憲治郎，前揭書，頁 817（註 5）；伊藤真，前揭書，頁 967。

[2182] 柯芳枝，前揭書，頁 446。

四、公司債之轉讓與設質

公司法第二六〇條規定，記名式之公司債券，得由持有人以背書轉讓之，但非將受讓人之姓名或名稱，記載於債券，並將受讓人之姓名或名稱及住所或居所記載於公司債存根簿，不得以其轉讓對抗公司。無記名公司債因公司法無特別規定，所以，僅需交付即生轉讓之效力。[2183]

至於，公司債之設質因公司法無特別規定，所以，需依民法第九〇八條之規定。根據該規定，以無記名公司債設定質權者以交付方式為之，而以記名公司債為之者，以背書加交付為之。但此為生效要件。公司債設質若要能對抗公司，尚須將質權人之姓名或名稱記載於公司債券並將質權人之姓名或名稱及住所或居所記載於公司債存根簿，方能以其設質對抗發行公司。[2184]

五、公司債具有善意受讓之流通性

公司債券是為無因證券或有（要）因證券，固有學者基於保護善意第三人而認為其乃無因證券者，但江頭教授認為其乃表徵既成立之公司債契約上之權利之要因證券，所以，公司債若無效，債券亦無效。[2185]

我國法雖未規定公司債具流通性而可被善意受讓，但學說認為公司債不僅可被轉讓而且具善意受讓之流通性。[2186]在日本法上，公司債憑證乃有價證券而具有推定佔有人為適法權利人之效力，因此，除受讓人有惡意或重大過失者外，能善意受讓之。[2187]甚至，日本法上，無論是記名或不記名

[2183] 柯芳枝，前揭書，頁447；鄭玉波，同前[13]，頁173。

[2184] 柯芳枝，前揭書，頁448；鄭玉波，同前[13]，頁173。

[2185] 江頭憲治郎，前揭書，頁817（註5）。

[2186] 王文宇，同前[75]，頁550。

[2187] 吉本健一，前揭書，頁342；高橋紀夫，前揭書，頁380；龍田節、前田雅弘，前揭書，頁373。

或劃撥帳戶登記之公司債皆有善意受讓之可能。[2188]至於我國公司法第二五七條之二所規定之無實體發行，因無法律明文規定其可被善意受讓，應不能做相同之解釋。

玖、公司債債權人之保護

一、前　言

公司債債權人尤其是公募公司債債權人乃投資大眾，常乏自保之法律專業，而公司債又為長期債務，在其存續期間中發行公司之財務與業務可能有重大改變，因此，各主要國家鑑於公司債之定型性、債權人之權利義務相同、有相同之利害關係而能成立公司債債權人團體，以糾合群力注意其權利與利益，而對發行公司而言，此亦有省去與大眾個別處理債權債務之好處，[2189]因此，英美法系乃以公司債受託人制度，而大陸法系乃以公司債債權人會議方式，來保障公司債債權人。日本法則兼採債權管理者暨受託人制度與公司債債權人會議制度，我國公司法自一九六六年修法亦仿日本立法例而兼採兩者。[2190]此兩者皆是為保障投資人與投資公眾而設，因此，皆為強行規定。[2191]

二、公司債債權人會議

㈠債權人會議之召集

公司法第二六三條第一項規定，發行公司債之公司，公司債債權人之受託人，或有同次公司債總數百分之五以上之公司債債權人，得為公司債債權人之共同利害關係事項，召集同次公司債債權人會議。

[2188] 黑沼悅郎，前揭書，頁288。

[2189] 賴源河（王志誠修訂），前揭書，頁353。

[2190] 柯芳枝，前揭書，頁448-450；鄭玉波，同前[13]，頁174；姚志明，前揭書，頁456。

[2191] 江頭憲治郎，前揭書，頁723（註10）。

㈡公司債債權人會議之決議之方法

公司法第二六三條第二項規定，前項會議之決議，應有代表公司債債權總額四分之三以上債權人之出席，以出席債權人表決權三分之二以上之同意行之，並按每一公司債券最低票面金額有一表決權。該條第三項規定，無記名公司債債權人，出席第一項會議者，非於開會五日前，將其債券交存公司，不得出席。

公司法第二六四條規定，前條債權人會議之決議，應製成議事錄，由主席簽名，經申報公司所在地之法院認可並公告後，對全體公司債債權人發生效力，由公司債債權人之受託人執行之。但債權人會議另有指定者，從其指定。

㈢公司債債權人會議之決議須經法院認可

公司債債權人會議之決議須經法院認可，且公司法第二六五條規定，公司債債權人會議之決議，有左列情事之一者，法院不予認可：一、召集公司債債權人會議之手續或其決議方法，違反法令或應募書之記載者。二、決議不依正當方法達成者。三、決議顯失公正者。四、決議違反債權人一般利益者。

㈣公司債債權人會議之決議之效力

公司法第二六四條規定，前條債權人會議之決議，應製成議事錄，由主席簽名，經申報公司所在地之法院認可並公告後，對全體公司債債權人發生效力，由公司債債權人之受託人執行之。但債權人會議另有指定者，從其指定。

三、公司債之信託

㈠公司債受託人之意義

公司債受託人乃基於信託契約受發行公司之委託，為應募人之利益（受益人）查核監督發行公司發行事項之履行，並取得實行及保管所設定擔保物權之金融或信託機構。委託人乃發行公司而受益人乃應募大眾，因此，該信託契約為一利他契約。[2192]

受託財產在立法例上有不限於有擔保權之公司債，即使無擔保之公司債皆可信託者，亦有規定僅有擔保權之公司債才可信託者，其他則可設公司債管理者，如日本法。日本法之所以採公司債受託者乃限於有物上擔保權擔保之公司債，乃因為公司債債權人人數可能較多且變動快，所以，要直接由債權人做擔保權人乃屬困難（需登記），所以，由發行公司與受託人成立信託契約，委由受託人為債權人之利益，公平地依債權額比例而保有並執行該擔保權，但如此做將違反擔保物權之從屬性，所以，乃以立法（担保付社債信託法）特別規定。[2193]至於日本之公司債管理者制度乃考量到對小額而人數可能眾多之公司債債權人甚難管理，因此，仿美國一九三九年之信託證書法 (Trust Indebenture Act of 1939) 而設，[2194]可見，無擔保權之公司債本亦可藉信託機制為之。

㈡私募公司債不必強制信託

公司法第二四八條第一項第十二款與第六項規定之舊規定乃針對公募而作規定。被信託者為公司債及其可能之擔保物權，而以應募人為受益人（信託契約乃利益第三人契約），惟私募於二〇〇一年被引進時卻疏未加以排除，所以，亦適用強制信託之規定。現已經筆者任立法委員時提案修法，因為私募乃對特定人或不特定之少數人（我國乃三十五人以下），且多針對專業機構或有一定專業知識或經濟能力者，其有保護自己之能力無強制信託之必要，[2195]而且對發行公司而言，其亦無為省去與大眾交易之麻煩而強制信託之必要，因此，強制信託僅是增加應募人與發行公司之成本，減少應募誘因，不利公司債之發行而已。

[2192] 柯芳枝，前揭書，頁 458；鄭玉波，同前[13]，頁 174。

[2193] 神田秀樹，前揭書，頁 338；吉本健一，前揭書，頁 339；江頭憲治郎，前揭書，頁 727（註 13）。

[2194] 江頭憲治郎，前揭書，頁 728（註 16）。

[2195] 王文宇，同前[75]，頁 530–531；黒沼悦郎，前揭書，頁 285。

㈢公司債受託人之權利

公司債受託人之權利，除我國信託法所規定之受託人權利以外，公司法有三項特別之規定。

1.查核及監督公司履行公司債發行事項之權

公司法第二五五條第二項規定，前項受託人，為應募人之利益，有查核及監督公司履行公司債發行事項之權。此為受託人之主要權限。本法為讓受託人便於行使此一權限，在有受託人之公司債，依公司法該條第一項之規定，董事會在實行催繳債款前，應將全體記名債券應募人之姓名、住所或居所暨其所認金額，及已發行之無記名債券張數、號碼暨金額，開列清冊，連同第二四八條第一項各款所定之文件，送交公司債債權人之受託人。

2.取得、保管暨實行擔保物權

公司法第二五六條第一項規定，公司為發行公司債所設定之抵押權或質權，得由受託人為債權人取得，並得於公司債發行前先行設定。該條第二項規定，受託人對於前項之抵押權或質權或其擔保品，應負責實行或保管之。這是因為公司債債權人人數眾多，若要個別為其設定擔保物權誠屬困難，因此，特設受託人制度使其為應募人利益取得實行及保管公司債之擔保物權。[2196]此一擔保物權之權利人乃受託人，而且，此一擔保物權得於公司債發行前即行設定，[2197]而為擔保物權從屬性之例外。

從上述之規定可見，我國公司法似認為受託之財產僅限於該擔保物權，而不包括該公司債債權本身，因為我國受託人之權限僅限於查核及監督公司履行公司債發行事項，而未規定包括受領公司債之本金償還及利息支付，以及為受償還所必要之一切訴訟上與訴訟外行為之權限，而與日本公司法第七〇五條以下之規定不同。此一規定實有疏漏而不妥適，因為無擔保公司債亦有強制信託之必要，否則發行公司面對公司債投資大眾之交易與協

[2196] 柯芳枝，前揭書，頁459。

[2197] 柯芳枝，前揭書，頁459。

商成本繁重，更何況，債權本身亦可以是信託財產之一。因此，本書認為應將債權本身解釋為亦屬信託財產方妥。

3.召集公司債債權人會議並執行其決議

依公司法第二六三條第一項規定與第二六四條之規定，公司債債權人之受託人，得為公司債債權人之共同利害關係事項，召集同次公司債債權人會議並執行其決議。

拾、公司債之付息、償還與消滅

一、付　息

公司債均附有利息，其利率乃公司債發行條件之一，且應列入申請證券管理機關審核事項之一，以及公告之內容之一，並須在應募書、公司債券及公司存根簿上載明。利息給付請求權依民法第一二六條之規定，其消滅時效為五年。

公司債之付息方法有附息券 (coupon) 與未附息券兩種。實務上以有附息券為常，而附於債券之下方成一系列之表彰利息請求權之不記名有價證券，以便債權人換取利息之定期支付。其可自公司債脫離而獨立地流通。[2198] 若未附息券，則屬全部利息一次給付，此時，公司債大抵皆為折價發行，並將償還本金時應給付之利息併入債券面額來記載。[2199]

二、償　還

公司債本金償還方法及期限乃公司債發行條件之一，且應列入申請證券管理機關審核事項之一，以及公告之內容之一，並須在應募書、公司債券及公司存根簿上載明。跨國發行之公司債而有用金融性擔保信用狀 (Financial Standby) 擔保者，常由擔保銀行在海外為發行公司清償。公司債

[2198] 江頭憲治郎，前揭書，頁 819（註 1）。

[2199] 柯芳枝，前揭書，頁 461。

之償還包括屆期償還與分期償還，其償還請求權之消滅時效依民法第一二五條之規定為十五年。

三、消 滅

公司債與一般債務相同因清償、抵銷、混同等原因而消滅。公司債常訂有清償期間，因此，發行公司不可違反債權人之意思而提前清償，但公司可自己收買其公司債券，此時，尚不因混同（因債券乃有價證券而屬不同種類而不混同）而消滅，尚須加以銷除證券，方生混同而消滅之效果，[2200]此與公司債屆清償期後公司將債券收買時，則公司債因混同而消滅者不同。[2201]最後，轉換公司債亦因轉換而消滅。

[2200] 柯芳枝，前揭書，頁 462–463；鄭玉波，同前[13]，頁 177。

[2201] 鄭玉波，同前[13]，頁 177。

第八章　閉鎖性股份有限公司

第一節　概　述

壹、我國股份有限公司法制乃以大型公司為規範典範

我國公司法區分四種公司類型乃假設股份有限公司為大型公司，而其他三型（尤其是有限公司）為中小型公司，因此，股份有限公司之規範乃以大型公司為假設規範對象，並根據資合公司之公開性而多強行規範以保障交易安全。此一公開性乃因股份轉讓自由而開花，並藉企業所有與經營分離原則而結果。但公司實務卻非如此，例如二次大戰前之日本四大財閥（三菱、三井、安田、住友）則多為無限公司或兩合公司，又例如我國現在有限公司雖有約五十萬家，其中約有七千家為大型公司，股份有限公司約有十二萬家，而其中屬中小型者約有十餘萬家。由此一公司實務可見，希望有企業所有與經營分離原則之效率者不見得要股份轉讓自由原則或公開發行其股份，尤其是有些股份有限公司之投資人乃屬新創公司而希望其股東夥伴維持某種信賴或合作關係，或至少不要敵對之關係，而且希望公司法律規範尊重其契約自主，因此，希望所投資之公司之股權具有閉鎖性（人合色彩）。我國上述之公司類型設計使得中小型之股份有限公司須受到為大型之股份有限公司所設計之法律之規範，而降低其經營彈性與效率，徒增其法遵之成本。[2202]

[2202] 王文宇，同前[75]，頁669。

貳、閉鎖性股份有限公司與有限公司之關係

我國學者在二〇〇二年即鑑於閉鎖性股份有限公司對新創產業之重要性而呼籲立法引進閉鎖性股份有限公司之制度並建議以專章作特別規定，[2203]我國遂在二〇一五年修法參考英國、美國、新加坡及香港等之法律，以特別專章之方式引進閉鎖性股份有限公司制度，希望能鼓勵此類外資來台投資，以及鼓勵我國之新創產業與家族型中小企業進行投資。但閉鎖性股份有限公司在大陸法系如日本法乃從有限公司制度引進之制度，[2204]而在英美法系乃參考私公司 (private company) 而做規定，例如股東人數限制，股份轉讓限制與不可公開募股即為英國一九八〇年之前舊法上私公司之要件規定。[2205]

參、國外類似制度

在國外與閉鎖性股份有限公司類似之制度，股東人數較少且關係較緊密者，在德國為有限公司，在美國為閉鎖性公司 (close corporation)，在英國法為私公司，[2206]而在日本為全部股份讓渡限制公司乃全部股份皆附有轉讓限制之公司。[2207]

第二節 我國所規定之與非閉鎖性公司之差異

閉鎖性股份有限公司之立法技術在國外有於公司法股份有限公司章中

[2203] 黃銘傑，同前[44]，頁 3、5、20。

[2204] 江頭憲治郎，前揭書，頁 313。

[2205] Paul Davies, ibid., p. 12.

[2206] Paul Davies, ibid., p. 12；王文宇，同前[75]，頁 670。

[2207] 吉本健一，前揭書，頁 31、72、78；黑沼悅郎，前揭書，頁 12。

獨立出一節者，因此，其乃屬特別規定而應優先適用，惟該節無規定者，仍適用股份有限公司之其他規定。因此，我國於二〇一五年於公司法中制定專章（二〇一八年部分修正）引進閉鎖性股份有限公司，而使得我國股份有限公司有閉鎖性之公司、非公開發行公司亦非閉鎖性之公司、公開發行公司與上市櫃公司四種根據公司之開放性所做之區分。

閉鎖性公司與非閉鎖性公司主要有十點以上之不同，即允許監察人選舉不受一股一權之限制、董監選舉可不採累積投票制、優先認購權之排除、保障監察人一定之席次、允許股權轉讓之限制、股東人數上限之限制、表決權信託之受託人原則上限於股東、股東得以勞務出資、股東會得以書面決議、章程可以訂定發行特別債券由董事會決議即可等。

壹、與有限公司同具有股東間之人合色彩

一、股東人數之上限

公司法第三五六條之一第一項規定，閉鎖性股份有限公司，指股東人數不超過五十人，並於章程定有股份轉讓限制之非公開發行股票公司。該條第二項規定，前項股東人數，中央主管機關得視社會經濟情況及實際需要增加之；其計算方式及認定範圍，由中央主管機關定之。此一股東人數上限之限制乃參考香港與新加坡等英國法系之閉鎖性公司之人數上限。其股東可為自然人，法人與外國人。

二、不得公開發行或募集有價證券

公司法第三五六條之四第一項規定，公司不得公開發行或募集有價證券，但經由證券主管機關許可之證券商經營股權群眾募資平台募資者，不在此限。該條第二項規定，前項但書情形，仍受第三五六條之一之股東人數及公司章程所定股份轉讓之限制。

三、股份轉讓之限制

㈠立法之必要性

有關股份自由轉讓原則，根據公司法第一六三條第一項之規定，股份有限公司除本法另有規定外不能以章程限制其股份之轉讓自由。因此，股東間有必要限制股份轉讓者，實務上僅有以股東間契約約定不得轉讓一途，但契約約定有其相對性限制，而其效力不及於第三人，[2208]因此，若有違約轉讓之情形僅能請求損害賠償，該轉讓對公司仍有效，是以，當新創公司有必要維持股東間之信任與合諧以同心協力時，[2209]股東間協議即有所不足，因此，公司法在二〇一五年引進閉鎖性股份有限公司而在公司法第三五六條之一第一項規定，閉鎖性股份有限公司乃於章程定有股份轉讓限制之公司，且在公司法第三五六條之五第一項規定，公司股份轉讓之限制應於章程載明，即須以章程作股權轉讓之限制，而構成公司法第一六三條第一項之股份自由轉讓原則之例外。

㈡轉讓限制之態様

轉讓限制之態様除全部股份之轉讓限制外，亦可以特別股做特別轉讓限制態様。公司法第三五六條之五第一項所規定之公司股份轉讓限制應於章程載明，乃指須以章程對所有股份之轉讓做限制。而因為二〇一八年修正在公司法第三五六條之七第一項第六款對閉鎖性股份有限公司增加公司得於章程針對特別股另為轉讓之限制，所以，閉鎖性公司之股份轉讓限制可能有兩種以上之限制態様，例如普通股轉讓須董事會同意，而特別股之轉讓需股東會同意。

㈢轉讓限制之意義

所謂轉讓，固不包括繼承、公司合併、公司分割所產生之概括承受之情況，但所謂轉讓限制，文義上可擴及例如轉讓禁止或轉讓須得其他股東

[2208] 王文宇，同前[75]，頁672。

[2209] 黃銘傑，同前[44]，頁3、21。

之同意等等，可見我國法之規定太過廣泛，而應加以限縮解釋。鑑於股份轉讓乃股份有限公司股東回收投資之唯一方法，所以，所謂限制不應包括轉讓禁止，而且，所謂限制並非轉讓本身受限制而是股份之取得須公司之承認而已，這是因為股份有限公司並無退股制度，所以，雖可有條件限制之，但仍不得妨礙股東以轉讓股份回收其投資。[2210]例如日本公司法第一三六條即做此明文之規定。我國法亦應做相同之限縮解釋。

1.章程得規定視為已經承認之一定場合

公司章程亦得規定在一定之場合（例如受讓人為原股東或公司從業人員時）被視為已獲公司之承認，但此一一定場合之規定若違反股東平等原則則此一章程規定將淪為無效。[2211]

2.轉讓之承認機關

由於轉讓限制設置之目的乃為避免股份轉入不和睦之人之手中而保障其他股東之利益，因此，轉讓承認（事後之同意日承認）之機關原則上為股東會，[2212]但由於考量到時間之限制，日本公司法第一三九條規定在有設董事會之公司乃由董事會決定之。[2213]當由股東會決定時，該欲轉讓股份之股東需利益迴避，而當由董事會決定時，其並非完全委由董事會作裁量，而是理論上董事在做決定時須盡其善良管理人之注意義務與忠實義務，不過，事實上其裁量空間甚大。[2214]

至於是否允許由章程規定由董事長等來決定之問題， 在日本有肯定說，[2215]與否定說，不過否定說亦認為若股東會或董事會設定一定之基準而委由董事長依該基準來處理承認事宜則被允許。[2216]

[2210] 吉本健一，前揭書，頁 25、72、78、79。

[2211] 江頭憲治郎，前揭書，頁 236。

[2212] 江頭憲治郎，前揭書，頁 236；伊藤真，前揭書，頁 205。

[2213] 江頭憲治郎，前揭書，頁 238（註 6）。

[2214] 江頭憲治郎，前揭書，頁 237（註 3）。

[2215] 伊藤真，前揭書，頁 205。

[2216] 江頭憲治郎，前揭書，頁 236、238（註 6）。

㈣設定擔保權尚非轉讓

就股份設定質權等擔保權不包括在轉讓限制之內，但擔保權實施後取得股份者已屬轉讓取得者，此時須嗣後獲得公司之承認。[2217]

㈤閉鎖性之公示要求

公司閉鎖性（即股份轉讓受限制）之公示方法有三，即登記有轉讓限制之章程、記載於股票（有發行股票者）及向受讓人為通知。[2218]此乃為讓受讓人有適當管道知悉該限制。[2219]因此，公司法第三五六條之五第二項規定，前項股份轉讓之限制，公司印製股票者，應於股票以明顯文字註記；不發行股票者，讓與人應於交付受讓人之相關書面文件中載明。該條第三項規定，前項股份轉讓之受讓人得請求公司給與章程影本。這是因為章程中有轉讓限制之記載，能讓受讓人了解限制之方法為何。

日本法之轉讓限制之公示方法尚包括該章程轉讓限制規定之登記，我國法因公司法第三九三條第三項規定，章程須公司同意主管機關方可將其上網，因此，為較有效地公示閉鎖性，我國公司法第三五六條之二規定，公司應於章程載明閉鎖性之屬性，並由中央主管機關公開於其資訊網站。這是因為閉鎖性公司之公司治理較為寬鬆，企業自治之空間較大，為利民眾辨識而達公示效果以保障交易安全。[2220]

若發行股票之公司怠於股票上做明顯文字之註記或怠於作閉鎖性之登記則對善意受讓人不可主張該轉讓之限制。[2221]

㈥違反轉讓限制之轉讓效力

閉鎖性公司之轉讓限制在主管機關網站上必可查知，非閉鎖性股份有限公司及其他三種類公司之章程亦皆為公示事項，依公司法第三九三條第

[2217] 江頭憲治郎，前揭書，頁 241（註 14）。

[2218] 江頭憲治郎，前揭書，頁 235（註 1）。

[2219] 賴源河（王志誠修訂），前揭書，頁 411。

[2220] 賴源河（王志誠修訂），前揭書，頁 408；陳連順，前揭書，頁 437。

[2221] 江頭憲治郎，前揭書，頁 235（註 1）；伊藤真，前揭書，頁 205。

二項之規定，主管機關應予公開，因此，任何人至少均得臨櫃向主管機關申請查閱、抄錄或複製任一家公司章程。[2222]因此，國內有見解認為違反此一章程所為轉讓限制者，該轉讓無效，因為章程為公示資訊。[2223]

日本法上雖有學說採絕對說而認為，若採相對說則取得股份者可能指揮原股東（出讓股東）作表決權之行使而使轉讓限制失其旨趣，但日本判例及學說採相對說而認為該轉讓在當事人間仍有效，更何況股東表決權受他人指揮之情況並不限於此種情況，而包括例如受貸款債權人之指揮之情況，因此，絕對說之理由並無根據，[2224]而且日本公司法第一三四條僅規定不得請求股東名簿上之更名，應是認為在當事人間仍有效。

㈦員工離職須轉讓股份之約定非轉讓限制

閉鎖性公司可能與其員工約定在離職時須以預先約定之價格出賣股份，此一約定有其合理性，因為可避免強迫閉鎖性公司接受已與公司無關之人員為股東，但若其價格不足以反映公司之資產或業績，則該轉讓契約應被認為有違公序良俗而無效。[2225]

四、股東會得以視訊會議或書面決議進行

因為閉鎖性股份有限公司股東人數較少且關係較緊密，應開放股東會得以較簡便方式進行以降低會議成本，[2226]公司法第三五六條之八第一項遂規定，公司章程得訂明股東會開會時，以視訊會議或其他經中央主管機關公告之方式為之。該條第二項規定，股東會開會時，如以視訊會議為之，其股東以視訊參與會議者，視為親自出席。該條第三項規定，公司章程得

[2222] 朱德芳、張心悌，前揭文，頁76。

[2223] 朱德芳、張心悌，前揭文，頁81。

[2224] 江頭憲治郎，前揭書，頁241（註14）。

[2225] 吉本健一，前揭書，頁85。

[2226] 賴源河（王志誠修訂），前揭書，頁414；方元沂，閉鎖性股份有限公司，收錄於方嘉麟主編，變動中的公司法制，初版，元照，台北，2019年1月，頁371。

訂明經全體股東同意，股東就當次股東會議案以書面方式行使其表決權，而不實際集會。該條第四項規定，前項情形，視為已召開股東會；以書面方式行使表決權之股東，視為親自出席股東會。即股東會得以視訊會議或書面決議進行。

貳、與有限公司同須保障各股東之參與經營機會

閉鎖性股份有限公司積極參與公司經營之股東較多，所以確保各股東有參與經營機會之機制很重要，尤其是確保少數股東可被選為董事之機制，因為中小企業經營者或冒險企業經營者常以大部分之自己身家財產投入做公司資金，需擔任業務執行職務獲取報酬以維生外，或因為聯合開發公司 (Joint Venture Company) 常由股東提供原料或進行產品販售等關係人交易，擔任董事較能有資訊進行監督，或因為冒險資金提供者 (Venture Capitalist) 擔任董事較能如其原始設計地積極提供經營建言或指導，或因為若僅由具多數股權之股東擔任董事則公司利益可能因董事報酬過高或關係人交易而流失，而有使少數股東得不到依持股比例分配利益之風險，因此，表決權限制對閉鎖性公司很重要，[2227]而且閉鎖性公司因聯合開發經營者之需或要冒險投資組合作其投資者之需，日本法允許其可在章程中規定表決權數因人而異而非因持股比例而計，[2228]甚至股東表決權拘束契約與表決權信託契約亦相當有其必要。基於上述考量，我國公司法有以下四種特別之設計：

一、股東表決權拘束契約

有關股東表決權拘束契約與表決權信託契約，除一般性內容已介紹於本書第四篇第四章第二節有關股東會表決權一節外，為使閉鎖性公司股東得以協議或信託方式糾合具有相同理念之股東共同行使表決權以鞏固經營團隊之主導權，[2229]二〇一五年引進閉鎖性股份有限公司時在公司法第三五

[2227] 江頭憲治郎，前揭書，頁 311–313。

[2228] 江頭憲治郎，前揭書，頁 338。

六條之九第一項規定，股東得以書面契約約定共同行使股東表決權之方式。這是因為股東表決權之行使與否以及如何行使原則上乃由股東自由決定，但在閉鎖性公司，為避免公司支配僅依資本多數決而定，常有股東間簽訂表決權拘束契約之情況，例如兩個出資比例不同之股東所組成之聯合開發公司，該兩股東有相同之選任董事權限之契約。[2230]由於此種協議之簽訂除涉及董事之忠實之義務（裁量權不受扭曲）考量外，本屬契約自由之範疇，閉鎖性公司因規模較小，沒必要如公開發行公司般有高程度之忠實義務之要求（詳參本書公司法總則篇有關忠實義務之介紹），因此，宜尊重契約自由而肯認其效力，表決權信託契約，亦同。

二、表決權信託契約

公司法第三五六條之九第一項規定，股東得成立股東表決權信託，由受託人依書面信託契約之約定行使其股東表決權。與前述閉鎖性公司以外之非公開發行公司之規範不同地，為維持閉鎖性公司之閉鎖性，[2231]該條第二項規定，前項受託人，除章程另有規定者外，以股東為限（即表決權信託之受託人原則上限於股東）。該條第三項規定，股東非將第一項書面信託契約、股東姓名或名稱、事務所、住所或居所與移轉股東表決權信託之股份總數、種類及數量於股東常會開會三十日前，或股東臨時會開會十五日前送交公司辦理登記，不得以其成立股東表決權信託對抗公司。

公司法第三五六條之九第三項之二〇一八年修正理由為，股東表決權信託之相關資料，尤其股份總數、種類及數量，涉及股東會召開時表決權行使之計算，依原第三項規定，股東應將上開資料於股東會五日前送交公司辦理登記，始得對抗公司，惟股東成立表決權信託契約後（股東為委託人），股東名簿將變更名義為受託人，與股份轉讓無異，為利股務作業之處

[2229] 賴源河（王志誠修訂），前揭書，頁 415。

[2230] 江頭憲治郎，前揭書，頁 339。

[2231] 方元沂，前揭文，頁 370。

理，參酌公司法第一六五條規定，將原第三項「股東會五日前送交公司辦理登記」修正為「股東常會開會三十日前，或股東臨時會開會十五日前送交公司辦理登記」。此外，如前所述，二〇一八年並增訂公司法第一七五條之一而將表決權信託契約之適用範圍擴大到非公開發行股份有限公司，但在公開發行股份有限公司則仍不被允許。

三、董監事選舉

與上市公司有公司所有與經營分離原則相對地，閉鎖性公司之出資者多為經營，因此，公司法應保障其參與經營之機會，但二〇一五年之前之公司法仍以股東會之資本多數決原則來對待閉鎖性公司而排除了少數股東參與經營之機會，此時，少數股東只能出售其股權，但此種沒有公司支配權之股權事實上並不易找到買主，因此，常由大股東購買，而會產生逼迫離開 (squeeze-out) 之現象。因此，閉鎖性公司須在章程享有相當自治而能以章程條款保障少數股東在公司已生對立時之經營參與權或其股權出售時之公平價格。[2232]

㈠允許董監選舉可不採累積投票制

閉鎖性股份有限公司在設立時依公司法第三五六條之三第五項之規定，發起人選任董事及監察人之方式，除章程另有規定者外，準用第一九八條規定。該條第七項又規定，股東會選任董事及監察人之方式，除章程另有規定者外，依第一九八條規定。

我國公司法對董監事之選舉採強制累積投票制乃為保障小股東避免大股東專擅，但為讓閉鎖性股份有限公司於設立登記後，股東會選舉董事及監察人之方式，更具彈性，二〇一八年增訂公司法第三五六條之三第七項，不強制公司採累積投票制，而允許公司得以章程另定選舉方式，惟所謂章程另有規定，僅限章程就選舉方式為不同於累積投票制之訂定。章程另訂之選舉方式，例如對於累積投票制可採不累積之方式，如每股僅有一個選

[2232] 江頭憲治郎，前揭文，頁 52–53（註 2）。

舉權；或採全額連記法；或參照內政部頒訂之會議規範訂定選舉方式，均無不可。總之，即允許董監選舉可不採累積投票制。

㈡得發行保障特別股股東當選一定名額之董監事之特別股

公司法第三五六條之七第一項第四款規定，公司發行特別股時，應就下列各款於章程中定之：……四、特別股股東被選舉為董事、監察人之禁止或限制（即可發行不具被選為董監之特別股），或當選一定名額之權利（即保障其當董事或監察人一定之席次）。

依原第一項第四款之規定，解釋上係指特別股股東可被選舉為董事、監察人或剝奪、限制特別股股東被選舉為董事、監察人之情形，尚無保障特別股股東當選一定名額董事、監察人之意。為使閉鎖性股份有限公司有充分之企業自治空間，得發行保障特別股股東當選一定名額之董監事之特別股，故二〇一八年修正公司法第三五六條之七第一項第四款為「特別股股東被選舉為董事、監察人之禁止或限制，或當選一定名額之權利」。又本款所稱「當選一定名額」，係指當選一定名額之董事或監察人，而與二〇一八年新修正條文第一五七條第一項第五款之「當選一定名額董事」，有所不同。除當選一定名額之董事乃為讓冒險基金 (Venture Capital) 能保障其發言權外，[2233]我國公司法第三五六條之七第一項第四款允許閉鎖性公司以章程保障特別股股東當選一定名額之監察人（而非如閉鎖性公司以外之非公開發行公司之特別股股東僅可被保障當選一定名額之董事）應是因為閉鎖性公司自治空間較高，所以，允許公司以章程保障特別股股東當選一定名額之監察人而使特別股股東較願意釋出業務執行權給經營團隊來主導經營。

㈢閉鎖性股份有限公司監察人選舉不受一股一權之限制

公司法第三五六條之七第二項規定，公司法第一五七條第二項規定，於前項第三款複數表決權特別股股東不適用之。本項規定是二〇一八年所增訂，乃為讓閉鎖性股份有限公司擁有較大自治空間，[2234]故排除公司法第

[2233] 黑沼悅郎，前揭書，頁 101。

一五七條第二項規定（具有複數表決權特別股之股東，其於選舉監察人時，其表決權應與普通股股東之表決權同）之適用。二〇一八年增訂公司法第一五七條第二項乃為避免具複數表決權特別股股東掌控董事及監察人席次，有違公司治理之精神，故在監察人選舉上讓複數表決權股回復為一股一權原則，但閉鎖性股份有限公司應讓其有較大之自治空間，具複數表決權特別股之股東，於選舉監察人時，仍享有複數表決權，而與閉鎖性公司以外之非公開發行公司不同。

四、複數表決權股與對於特定事項之否決權股

閉鎖性股份有限公司由於人的要素之特徵（類似有限公司），所以，公司法允許其可用章程規定複數表決權，或某一股東可享有超過其持股之表決權。[2235]

㈠複數表決權股

創新事業之創業者常資金不足，但仍須維持創新公司依創業者之構想發展而需有更高程度之企業所有與經營分離原則之適用，因此，德國法所始創之複數表決權制度即益加適當，以免因一股一表決權原則而使其創業者之構想發展受到市場投資人之扭曲。因此，公司法在二〇一五年引進閉鎖性股份有限公司時即有複數表決權股之制度，而於公司法第三五六條之七第一項第三款規定，公司發行特別股時，應就下列各款於章程中定之：……特別股之股東行使表決權之順序、限制、無表決權、複數表決權或對於特定事項之否決權。

雖然二〇一八年修法對非公開發行公司（理論上含閉鎖性公司）依公司法第一五七條第一項第四款之規定已有複數表決權之規定，而僅公開發行股票公司因涉及廣大投資人保護而仍不允許複數表決權之制度，似乎已不必再需對閉鎖性公司維持二〇一五年之規定，然而由於公司法第三五六

[2234] 方元沂，前揭文，頁368。

[2235] 江頭憲治郎，前揭書，頁134。

條之七第二項規定，公司法第一五七條第二項規定（前項第四款複數表決權特別股股東，於監察人選舉，與普通股股東之表決權相同）於前項第三款複數表決權特別股股東不適用之。換言之，閉鎖性股份有限公司具複數表決權特別股之股東，於選舉監察人時，仍享有複數表決權。所以，雖同為複數表決權股，但由於在選舉監察人的權利方面不同，所以，仍須在閉鎖性股份有限公司專章中作規定。

㈡對於特定事項之否決權股

對於特定事項具有否決權之特別股亦被稱為黃金股 (Golden Share)，乃指對特定事項（常為重大事項）該股股東不論持股數即有否決權 (veto power)。[2236]此種特別股讓擁有否決權者可對抗例如敵意併購等。[2237]我國公司法在二〇一五年之前基於股份（東）平等原則而未允許之，但在引進閉鎖性股份有限公司時為讓公司有彈性可以發行此一種特別股以便讓公司於引進天使基金或其他基金時，讓某一股東對該公司之某些決策仍具有關鍵決定權，而不因其股權較少而喪失對公司之支配力。[2238]因此，公司法第三五六條之七第一項第三款規定，公司發行特別股時，應就下列各款於章程中定之：……對於特定事項之否決權。此一規定不僅在二〇一八年修法時獲得維持，而且其適用範圍被擴大到閉鎖性公司以外之非公開發行股份有限公司。

參、因為未涉公眾資金所以資金籌資較有彈性

一、發起人不能對外募資但出資標的較有彈性

公司法第三五六條之三第一項規定，發起人得以全體之同意，設立閉鎖性股份有限公司，並應全數認足第一次應發行之股份。這是因為閉鎖性

[2236] 王文宇，同前[75]，頁 675。

[2237] 陳連順，前揭書，頁 186。

[2238] 王文宇，同前[75]，頁 674。

股份有限公司之設立乃由於其股東間之信賴關係，故僅能發起設立而不能以募集設立為之。

由於未涉公眾資金，所以，資金籌資較有彈性，因此，公司法第三五六條之三第二項規定，發起人之出資除現金外，得以公司事業所需之財產、技術或勞務抵充之，但以勞務抵充之股數，不得超過公司發行股份總數之一定比例。對全部之股份有限公司之發起人而言，公司法已在二〇一八年放寬其出資之標的。即公司法第一三一條第三項已放寬為「發起人之出資，除現金外，得以公司事業所需之財產、技術抵充之」。但此一放寬仍不足以適應新創事業之需求，因此，公司法在二〇一八年之修正仍維持二〇一五年之閉鎖性公司發起人出資規定，而僅刪除信用兩字。兩相比較，發起人在閉鎖性股份有限公司多了一項勞務出資之選項。而此一選項應是為讓創業者之創新構想或創新商業模式而未達營業秘密保護權之位階者得以用勞務出資為之。這是因為閉鎖性股份有限公司之人合色彩使得股東得以勞務出資，[2239]但本書認為此點已超過有限公司之要求，應是受到沒有資本三原則之英美法之影響。所以，勞務出資與資本維持原則相違，不能沒有限制，該條第三項遂規定，前項之一定比例，由中央主管機關定之。所以，經濟部以前所做出之函釋應仍有所適用，即實收資本額未達新台幣三千萬之公司，其勞務與信用（現在已不能以信用出資）合計抵充之股數不得超過已發行股份總數二分之一，而資本額三千萬以上之公司，其勞務與信用（現在已不能以信用出資） 合計抵充之股數不得超過已發行股份總數四分之一。[2240]

由於勞務出資會造成資本虛增、有誤導市場參與者之風險以及對其他股東不公平之情況，所以，依原公司法第三五六條之三第四項規定，「非以現金出資者」，應經全體股東同意，並於章程載明其種類、抵充之金額及公司核給之股數。所稱非以現金出資者，解釋上，現金以外之出資均屬之，

[2239] 方元沂，前揭文，頁371。

[2240] 經濟部104年9月9日經商字第10402423740號函。

範圍過廣，故二〇一八年修正第四項明定僅技術或勞務出資者，始應經全體股東同意，是以，該條第四項現在規定，以技術或勞務出資者，應經全體股東同意，並於章程載明其種類、抵充之金額及公司核給之股數；主管機關應依該章程所載明之事項辦理登記，並公開於中央主管機關之資訊網站。這是因為以技術或勞務出資會影響其他股東之權益，所以，須其同意而且公開於網站，以達公示效果並保障交易安全。[2241]而其之所以須記載於章程乃因其乃屬所謂之危險的約束事項，即因發起人在設立程序中濫用權限損害公司之危險性頗高之事項，因此，須記載於原始章程始生效力。[2242]

二、公司債

閉鎖性股份有限公司雖因閉鎖性之維持，不得公開募集公司債，但私募則被允許。其私募普通公司債，依公司法第三五六條之十一第一項之規定，應由董事會以董事三分之二以上之出席，及出席董事過半數同意之決議行之。

至於可轉換公司債與附認股權公司債兩種特別公司債，在二〇一五年修法之前可發行（公開或私募）者僅限於公開發行股票之公司。[2243]二〇一五年引進閉鎖性股份有限公司時始允許其可以私募轉換公司債或附認股權公司債，惟應經董事會之特別決議，並經股東會決議，不過若該公司章程規定無須經股東會決議者，則從其規定。至於非閉鎖性之非公開發行股票有限公司當時仍不被允許，所以，到二〇一八年修法增訂公司法第二四八條之一才讓所有類型之股份有限公司皆可私募轉換公司債或附認股權公司債。然而，依公司法第二四八條之一之規定，股份有限公司私募轉換公司債或附認股權公司債時，因可能在轉換時造成股權變動而影響股東權益較深，故明定公司除應經董事會之特別決議外，並應經股東會決議，除非公

[2241] 賴源河（王志誠修訂），前揭書，頁409。

[2242] 三枝一雄、南保勝美、柿崎環、根本伸一，前揭書，頁39。

[2243] 經濟部91年1月24日經商字第09102004470號函。

開發行股票之公司，證券主管機關另有規定者而從其規定。

然而，閉鎖性股份有限公司仍適用二〇一五年所規定之公司法第三五六條之十一第二項之規定，即公司私募轉換公司債或附認股權公司債，應經前項董事會之決議，並經股東會決議，但章程規定無須經股東會決議者，從其規定。因此，閉鎖性股份有限公司私募轉換公司債或附認股權公司債，即使在轉換後可能影響股東利益，只要該公司章程有訂定發行該等特別公司債券由董事會決議即可，則亦合規定。

此外，基於公司閉鎖性之維持，公司法第三五六條之十一第三項規定，公司債債權人行使轉換權或認購權後，仍受第三五六條之一之股東人數及公司章程所定股份轉讓之限制。

最後，公司法第三五六條之十一第四項規定，第一項及第二項公司債之發行，不適用第二四六條、第二四七條、第二四八條第一項、第四項至第七項、第二四八條之一、第二五一條至第二五五條、第二五七條之二、第二五九條及第二五七條第一項有關簽證之規定。本項在二〇一八年修法增訂第二四八條之一，因為公司法第二四八條之一明定公司私募轉換公司債或附認股權公司債時，須經股東會決議，而依公司法第三五六條之十一第二項但書之規定，閉鎖性公司章程倘規定無須經股東會決議者，從其規定，為避免在適用上之衝突及讓閉鎖性公司募資更有彈性，故修正第四項，增列排除公司法第二四八條之一之適用。

三、發行新股

有關閉鎖性股份有限公司之發行新股份，公司法第三五六條之十二第一項規定，公司發行新股，除章程另有規定者外，應由董事會以董事三分之二以上之出席，及出席董事過半數同意之決議行之。該條第二項規定，新股認購人之出資方式，除準用第三五六條之三第二項至第四項規定外，並得以對公司所有之貨幣債權抵充之。

公司法第三五六條之十二第三項規定，第一項新股之發行，不適用第二六七條規定。此一排除包括對員工與股東新股優先認購權之排除。就排除員工新股認購權而言，其立意雖良善，但在實務上，其受歡迎之程度卻未如預期，原因在於中小型之股份有限公司對股權外流相當排斥，因此，常勸說員工放棄之，而員工亦對流通性低之股票沒多大興趣，而公司更常用更有價格優惠之員工認股權憑證來取代之，因此，員工新股認購權已喪失其誘因，而只是延宕公司籌資之時間而已。[2244]

就排除原股東新股認購權而言，原股東新股認購權乃為避免原股東持股比例因發行新股而受到改變，但亦會因通知原股東認購之時間成本而延宕，[2245]特別是發行新股乃為引進擁有特殊資源可協助公司營運之策略投資人時，因此，乃參考他國之立法例排除原股東新股認購權之強制性。[2246]

第三節　公司閉鎖性之變更

壹、主動變更為非閉鎖性公司

公司法第三五六條之十三第一項規定，公司得經有代表已發行股份總數三分之二以上股東出席之股東會，以出席股東表決權過半數之同意，變更為非閉鎖性股份有限公司。該條第二項規定，前項出席股東股份總數及表決權數，章程有較高之規定者，從其規定。

貳、被動變更為非閉鎖性公司

公司法第三五六條之十三第三項規定，公司不符合第三五六條之一規定時，應變更為非閉鎖性股份有限公司，並辦理變更登記。該條第四項規定，公司未依前項規定辦理變更登記者，主管機關得依第三八七條第五項規定責令限期改正並按次處罰；其情節重大者，主管機關得依職權命令解散之。

[2244] 朱德芳、張心悌，前揭文，頁62。

[2245] 方元沂，前揭文，頁369。

[2246] 朱德芳、張心悌，前揭文，頁62。

參、主動變更為閉鎖性公司

公司法第三五六條之十四第一項規定，非公開發行股票之股份有限公司得經全體股東同意，變更為閉鎖性股份有限公司。這是因為變更成閉鎖性公司後，股權之轉讓將受限制，因此，須全體股東之同意。依該條第二項之規定，全體股東為前項同意後，公司應即向各債權人分別通知及公告。這是因為閉鎖性股份有限公司之出資等較有彈性，會影響到債權人利益，故為保障債權人而設。但本項疏未規定債權人反對時之處理程序，解釋上應類推適用公司法第七三條及七四條等債權人異議程序之規定。

非公開發行股票之股份有限公司變更成閉鎖性股份有限公司雖有本章所介紹之彈性，但在萬一發生經營困難時則不能享有變成公開發行公司才有之重整制度的好處。

第九章　公開發行公司之重整

第一節　概　述

壹、公司重整之意義

所謂公司重整乃公開發行股票或公司債之公司因財務困難，暫停營業或有停業之虞，而有重建更生之可能者，在法院監督下，以調整其債權人、股東及其他利害關係人利益之方式，達成企業維持與更生，用以確保債權人及投資大眾之利益，維護社會經濟秩序為目的之制度。[2247]

貳、重整之目的與特色

重整之目的乃為企業維持，因為現代經濟的事業體彼此互相交易而經緯交錯，一事業倒閉不僅影響其自己之股東及受雇員，亦牽連其交易伙伴，尤其是公開發行股票或公司債之公司因規模大，牽連更廣。

公司正常營運時固然以股東利益最大化為原則，但當公司財務發生危機時股東僅剩少量之剩餘財產，能再失去者不多，因此，股東會傾向高風險高獲益之行為而使公司財務更加困難，因此，此時需轉向債權人利益最大化原則。[2248]重整法制之特色即為公司債權人與股東同為利害關係人而組成關係人會議共謀公司之重整再生，因此，即使為有擔保權之債權人亦須參加重整程序，否則，不得行使其權利，而且，重整之目的乃求事業之復興，不在乎法人格是否維持同一，因此，不妨將公司改組或變更章程（公

[2247] 最高法院92年台抗字第283號裁定。

[2248] 黃銘傑，同前[44]，頁3、16。

司法第三〇四條第一項第六款參照)，甚至另行成立新公司以繼承原公司之業務亦可。[2249]

參、立法例

美國於其破產法中有公司重整之制度稱為接管人制度 (Receivership)，而英國則在其二〇〇六年公司法亦有專章處理安排與重建 (arrangement and reconstruction)，日本於一九五二年制定會社更生法乃繼受美國之立法。此些制度有親債權人者，有親債務人者之別。我國在一九六六年修法乃仿美日立法例而制定公司重整一節。[2250]由於我國現行制度傾向債務人保護，因此，近年有爆發財務危機之公司利用重整之聲請作為逼迫債權人退讓之工具，而另一方面有債權人以重整為蓄意逃債而向法院提出公司破產之聲請以為抵制者。[2251]

肆、公司重整之實體法與程序法上性質

公司重整之實體法上性質在學說上有和解契約說與共同行為說。和解契約說認為重整人提出重整計畫為要約，關係人會議之可決計畫為承諾所形成之和解契約，而共同行為說認為重整乃利害關係人之共同行為，以達公司再生之目的。[2252]無論採何說，其在程序法上之性質為一非訟事件，因此，須有待向法院提出聲請。

[2249] 鄭玉波，同前[13]，頁 191–192。

[2250] 王文宇，我國公司重整法制之檢討與建議，收錄於其所編，公司與企業法制，初版，元照，台北，2000 年 5 月，頁 211、214。

[2251] 王文宇，同前[2250]，頁 211、214。

[2252] 梁宇賢，同前[253]，頁 181。

第二節　重整之要件

重整之要件根據公司法第二八二條之規定，須公開發行公司因財務困難，暫停營業或有停業之虞，而有重建更生之可能者方可被裁定進行重整。

壹、公開發行股票或公開發行公司債之公司

我國重整之對象限於公開發行股票或公開發行公司債之公司，因為其規模較大，股票在證券市場流通，所以，可能牽連廣大投資人。[2253]所謂公開發行股票，雖有見解認為包括依公司法規定向證券管理機構申請辦理公開發行程序而受證券交易法規範之股份有限公司者，[2254]但本書認為應排除剛申請而尚未實際公開發行之公司，而限於公司設立時採募集設立方式者以及公司成立後發行新股時對不特定之公眾募股者，[2255]以及曾依公司法公開募集公司債者，但不以股票或債券上市或上櫃為必要。[2256]

貳、財務困難，暫停營業或有停業之虞

重整原因為公司因財務困難已暫停營業或有停業之虞，至於公司是否有支付不能或債務超過則非所問，因此，即使已聲請宣告破產，只要在破產尚未確定，仍可聲請重整。[2257]

[2253] 鄭玉波，同前[13]，頁 191；王文宇、林國全，公司法，收錄於王文宇、林國全、王志誠、許忠信、汪信君，前揭書，頁 157。

[2254] 王文宇、林國全，公司法，收錄於王文宇、林國全、王志誠、許忠信、汪信君，前揭書，頁 157。

[2255] 柯芳枝，前揭書，頁 504；梁宇賢，同前[253]，頁 200。

[2256] 梁宇賢，同前[253]，頁 200。

[2257] 柯芳枝，前揭書，頁 504；王文宇，同前[75]，頁 592。

參、有重建更生之可能

公司有無重建更生之可能，我國最高法院實務見解認為，應依公司業務及財務狀況判斷其是否在重整後能達到收支平衡，且能具有盈餘可攤還債務者，始得謂其有經營之價值而許其重整。[2258]

第三節 重整聲請與程序

壹、重整之聲請權人

一、董事會、股東或債權人

公司法第二八二條第一項規定，公開發行股票或公司債之公司，因財務困難，暫停營業或有停業之虞，而有重建更生之可能者，得由公司或下列利害關係人之一向法院聲請重整：一、繼續六個月以上持有已發行股份總數百分之十以上股份之股東。二、相當於公司已發行股份總數金額百分之十以上之公司債權人。三、工會。四、公司三分之二以上之受僱員工。該條第二項規定，公司為前項聲請，應經董事會以董事三分之二以上之出席及出席董事過半數同意之決議行之。

所謂相當於公司已發行股份總數金額百分之十以上之公司債權人並不區分該債權有無擔保權或優先權，[2259]而與破產程序不同。而所謂「已發行股份總數金額百分之十」，在採面額股時固以面額計算較明確且容易，在採無面額股時，本書認為應以聲請時市價為準，因為重點在於要確定該債權人對該公司之再生有利害關係，不過，應可合併數債權人之債權計算之。

[2258] 最高法院93年台抗字第178號民事裁定。

[2259] 王文宇，同前[75]，頁593。

二、工會及公司三分之二以上之受僱員工

此一規定為二〇一八年修正所增訂，因為若公司能重整成功對於公司債權人債權之確保、員工家庭生計及社會經濟均有極大之助益，公司重整聲請權不能忽略公司停業後受害最深之員工之權益，所以應賦予工會或一定比例以上之公司員工有公司重整聲請權。公司法第二八二條第三項進一步規定，第一項第三款所稱之工會，指下列工會：一、企業工會。二、會員受僱於公司人數，逾其所僱用勞工人數二分之一之產業工會。三、會員受僱於公司之人數，逾其所僱用具同類職業技能勞工人數二分之一之職業工會。這是因為我國之工會有企業工會、產業工會與職業工會三種。又該條第四項規定，第一項第四款所稱之受僱員工，以聲請時公司勞工保險投保名冊人數為準。

貳、聲請重整之程序

重整程序之聲請權人依公司法第二八三條第一項之規定為公司重整之聲請時，應以書狀連同副本五份，載明下列事項，向法院為之：一、聲請人之姓名及住所或居所；聲請人為法人、其他團體或機關者，其名稱及公務所、事務所或營業所。二、有法定代理人、代理人者，其姓名、住所或居所，及法定代理人與聲請人之關係。三、公司名稱、所在地、事務所或營業所及代表公司之負責人姓名、住所或居所。四、聲請之原因及事實。五、公司所營事業及業務狀況。六、公司最近一年度依第二二八條規定所編造之表冊；聲請日期已逾年度開始六個月者，應另送上半年之資產負債表。七、對於公司重整之具體意見。

公司法第二八三條第二項規定，前項第五款至第七款之事項，得以附件補充之。該條第三項規定，公司為聲請時，應提出重整之具體方案。股東、債權人、工會或受僱員工為聲請時，應檢同釋明其資格之文件，但對第一項第五款及第六款之事項，得免予記載。二〇一八年修正針對本條之修正僅是配合公司法第二八二條增訂賦予工會及三分之二以上之受僱員工

有公司重整聲請權之規定而已。

參、法院對重整聲請之裁定

一、裁定前之程序

㈠形式上審查

法院接獲重整之聲請後應先形式上審查，包括擬被重整之公司是否為公開發行股票或公司債之股份有限公司，聲請人有否聲請權以及法院有無管轄權等。

有關重整之程序駁回，公司法第二八三條之一規定，重整之聲請，有左列情形之一者，法院應裁定駁回：一、聲請程序不合者，但可以補正者，應限期命其補正。二、公司未依本法公開發行股票或公司債者。三、公司經宣告破產已確定者。四、公司依破產法所為之和解決議已確定者。五、公司已解散者。六、公司被勒令停業限期清理者。

由公司法第二八三條之一第三及四款要求確定可知，即使已進入破產程序，只要尚未確定仍可申請重整。第六款所稱公司被勒令停業限期清理者乃例如銀行被主管機關依銀行法第六二條勒令停業並限期清理者。此時，為避免系統風險現實化，會由主管機關依銀行法第六二條之一以下之規定進行接管，所以不得進行重整。

㈡實質上審查

法院為形式審查若認為並無不合程式之情事，則應進行實質審查其確實有重整之原因及必要。為此，法院應訊問利害關係人並為以下之行為。

1.主管等機關意見之徵詢

有關法院作重整意見之徵詢，公司法第二八四條第一項規定，法院對於重整之聲請，除依前條之規定裁定駁回者外，應即將聲請書狀副本，檢送主管機關、目的事業中央主管機關、中央金融主管機關及證券管理機關，並徵詢其關於應否重整之具體意見。該條第二項規定，法院對於重整之聲請，並得徵詢本公司所在地之稅捐稽徵機關及其他有關機關、團體之意見。

該條第三項規定，前二項被徵詢意見之機關，應於三十日內提出意見。第四項規定，聲請人為股東或債權人時，法院應檢同聲請書狀副本，通知該公司。

2.應通知被聲請重整之公司

公司法第二八四條第四項規定，重整聲請人為股東或債權人時，法院應檢同聲請書狀副本，通知該公司。

3.得選任檢查人提出報告

公司法第二八五條第一項規定，法院除為前條徵詢外，並得就對公司業務具有專門學識、經營經驗而非利害關係人者，選任為檢查人，就左列事項於選任後三十日內調查完畢報告法院：一、公司業務、財務狀況及資產估價。二、依公司業務、財務、資產及生產設備之分析，是否尚有重建更生之可能。三、公司以往業務經營之得失及公司負責人執行業務有無怠忽或不當情形。四、聲請書狀所記載事項有無虛偽不實情形。五、聲請人為公司者，其所提重整方案之可行性。六、其他有關重整之方案。該條第二項規定，檢查人對於公司業務或財務有關之一切簿冊、文件及財產，得加以檢查。公司之董事、監察人、經理人或其他職員，對於檢查人關於業務財務之詢問，有答覆之義務。

依公司法第三一三條第一項之規定，檢查人應以善良管理人之注意，執行其職務，其報酬由法院依其職務之繁簡定之。該條第二項規定，檢查人執行職務違反法令，致公司受有損害時，對於公司應負賠償責任。該條第三項規定，檢查人對於職務上之行為，有虛偽陳述時，各處一年以下有期徒刑、拘役或科或併科新台幣六萬元以下罰金。由本法對檢查人課以自由刑顯見檢查人以自然人為限。[2260]而且，法院實務常選派執業會計師為檢查人。

4.命令公司負責人造公司債權人及股東表冊

法院於裁定重整前，需有公司債權人及股東表冊，公司法第二八六條

[2260] 經濟部56年9月8日商字第23373號函。

遂規定，法院於裁定重整前，得命公司負責人，於七日內就公司債權人及股東，依其權利之性質，分別造報名冊，並註明住所或居所及債權或股份總金額。

二、法院於裁定重整前得裁定作其他處分

依據公司法第二八七條第一項之規定，法院為公司重整之裁定前，得因公司或利害關係人之聲請或依職權，以裁定為左列各款處分：一、公司財產之保全處分。二、公司業務之限制。三、公司履行債務及對公司行使債權之限制。四、公司破產、和解或強制執行等程序之停止。五、公司記名式股票轉讓之禁止。六、公司負責人，對於公司損害賠償責任之查定及其財產之保全處分。

本項所為之處分乃為保全公司之財產(包括被重整公司所持有之股票)而限制公司之營業以免每下愈況，甚至限制債權人對公司債權之行使等。由此項可知，重整程序開始並不當然使公司破產、和解或強制執行等程序當然停止，而須待法院另為停止之裁定或為重整裁定。

此一保全處分之規定並未給有擔保債權人特別保護，因為擔心有擔保債權人因擔心其債權受重整之影響而紛紛各謀自保而為不利於重整公司之行為而產生在聲請時有重整可能，而在裁定時已無重整可能之情形發生，所以，讓有擔保之債權人同受保全處分之拘束。[2261]

對公司行使債權即使已被限制處分，由於其係在維持公司現狀，解釋上應僅係限制公司為現實給付，因此，民事訴訟程序既然僅在確定私權（尚待強制執行），因此，已起訴之訴訟應得繼續進行訴訟，而未起訴者應尚能提起。[2262]

為避免過度，公司法第二八七條第二項規定，前項處分，除法院准予重整外，其期間不得超過九十日；必要時，法院得由公司或利害關係人之

[2261] 王文宇，同前[2250]，頁211、223。

[2262] 賴源河（王志誠修訂），前揭書，頁381。

聲請或依職權以裁定延長之；其延長期間不得超過九十日。該條第三項又規定，前項期間屆滿前，重整之聲請駁回確定者，第一項之裁定失其效力。該條第四項規定，法院為第一項之裁定時，應將裁定通知證券管理機關及相關之目的事業中央主管機關。

三、重整之駁回

公司法第二八五條之一第一項規定，法院依檢查人之報告，並參考目的事業中央主管機關、證券管理機關、中央金融主管機關及其他有關機關、團體之意見，應於收受重整聲請後一百二十日內，為准許或駁回重整之裁定，並通知各有關機關。該條第二項規定，前項一百二十日之期間，法院得以裁定延長之，每次延長不得超過三十日，但以二次為限。

公司法第二八五條之一之現行規定乃二〇〇一年所增訂。重整為緊急事件為爭取時效，故設有一百二十日之限制，因為若無准駁之時間限制，則不但給大股東充裕時間脫產而且增加其威脅債權人退讓之籌碼，而且，亦可能因拖延而喪失公司更生之先機。[2263]

法院為重整裁定時，依其職權調和利害關係人之利益衝突，應本於公正合理之原則為之，但公司法第二八五條之一第三項規定，有左列情形之一者，法院應裁定駁回重整之聲請：一、聲請書狀所記載事項有虛偽不實者。二、依公司業務及財務狀況無重建更生之可能者。該條第四項規定，法院依前項第二款於裁定駁回時，其合於破產規定者，法院得依職權宣告破產。

聲請被駁回時，因公司法第三一四條之規定，聲請人如有不服可準用民事訴訟法之規定提起抗告。之所以需有此一準用規定乃因聲請權並非申請權，後者被駁回可抗告，前者則否。

[2263] 王文宇，同前[2250]，頁 211、218–219。

四、准許重整之裁定與法院應履行之行為

法院為重整裁定後，應選任重整監督人、選派重整人暨為重整裁定之公告與送達等行為。

㈠選任重整監督人

公司法第二八九條第一項規定，法院為重整裁定時，應就對公司業務，具有專門學識及經營經驗者或金融機構，選任為重整監督人。

㈡選派重整人

公司法第二九〇條第一項規定，公司重整人由法院就債權人、股東、董事、目的事業中央主管機關或證券管理機關推薦之專家中選派之。該條第二項規定，公司法第三十條之規定，於前項公司重整人準用之。有關重整人資格，詳參後第五節。

㈢重整裁定之公告與送達

公司法第二九一條第一項規定，法院為重整裁定後，應即公告下列事項：一、重整裁定之主文及其年、月、日。二、重整監督人、重整人之姓名或名稱、住址或處所。三、第二八九條第一項所定期間、期日及場所。四、公司債權人怠於申報權利時，其法律效果。該條第二項規定，法院對於重整監督人、重整人、公司、已知之公司債權人及股東，仍應將前項裁定及所列各事項，以書面送達之。

㈣公司帳簿之處置

公司法第二九一條第三項規定，法院於前項裁定送達公司時，應派書記官於公司帳簿，記明截止意旨，簽名或蓋章，並作成節略，載明帳簿狀況。

㈤重整開始之登記

公司法第二九二條規定，法院為重整裁定後，應檢同裁定書，通知主管機關，為重整開始之登記，並由公司將裁定書影本黏貼於該公司所在地公告處。

五、重整裁定之效力

㈠被重整公司機關職權之停止與業務經營權與財產管理處分權之移交

公司法第二九三條第一項規定，重整裁定送達公司後，公司業務之經營及財產之管理處分權移屬於重整人，由重整監督人監督交接，並聲報法院，公司股東會、董事及監察人之職權，應予停止。該條第二項規定，前項交接時，公司董事及經理人，應將有關公司業務及財務之一切帳冊、文件與公司之一切財產，移交重整人。該條第三項規定，公司之董事、監察人、經理人或其他職員，對於重整監督人或重整人所為關於業務或財務狀況之詢問，有答覆之義務。

㈡各項程序之停止

公司法第二九四條規定，裁定重整後，公司之破產、和解、強制執行及因財產關係所生之訴訟等程序，當然停止。

㈢債權行使之限制

公司法第二九六條第一項規定，對公司之債權，在重整裁定前成立者，為重整債權；其依法享有優先受償權者，為優先重整債權；其有抵押權、質權或留置權為擔保者，為有擔保重整債權；無此項擔保者，為無擔保重整債權；各該債權，非依重整程序，均不得行使權利。

㈣法院之處分與權力不受影響

公司法第二九五條規定，法院依第二八七條第一項第一、第二、第五及第六各款所為之處分，不因裁定重整失其效力，其未為各該款處分者，於裁定重整後，仍得依利害關係人或重整監督人之聲請，或依職權裁定之。

第四節 重整債權、重整債務及股東權

壹、重整債權

一、實質意義之重整債權

所謂實質意義之重整債權係指重整裁定前所成立，得以藉強制執行程序對公司主張之財產上請求權而言。[2264]之所以限於得以藉強制執行程序對公司主張乃因公司重整為預防公司因債權人之個別強制執行或一般性之強制執行（破產宣告）而解體為目的。[2265]公司法第二九六條第一項遂規定，對公司之債權，在重整裁定前成立者，為重整債權；其依法享有優先受償權者，為優先重整債權；其有抵押權、質權或留置權為擔保者，為有擔保重整債權；無此項擔保者，為無擔保重整債權；各該債權，非依重整程序，均不得行使權利。

由於公司法第二九六條第二項規定破產法破產債權節之規定，於前項債權準用之。因此，重整債權發生原因須在重整裁定之前，不過，只要原因發生在前，即使附條件、附期限或屬將來之請求權皆屬重整債權。[2266]但其中有關別除權及優先權之規定，不在準用之列，這是因為在破產程序有別除權及優先權之人不依破產程序而行使其權利，但重整程序則要求此些人依重整程序行使其權利。[2267]最後，該條第三項規定，取回權、解除權或抵銷權之行使，應向重整人為之。

由上述可知重整債權有三種類，即優先重整債權、有擔保債權與（無

[2264] 柯芳枝，前揭書，頁 522；王文宇，同前[75]，頁 611。

[2265] 柯芳枝，前揭書，頁 522。

[2266] 王文宇，同前[75]，頁 611、615；梁宇賢，同前[253]，頁 218–220。

[2267] 鄭玉波，同前[13]，頁 199。

擔保權亦無優先權之）無擔保重整債權。各該債權，不分種類，非依重整程序，均不得行使權利。此一規定乃落實法院在重整准駁裁定前所可為保全等處分之制度而達更生之目的，但連擔保重整債權人皆須受此限制，恐使擔保物權之價值減少。所以，英美法少採之，而應是受日本法之影響。日本會社更生法要求有擔保債權人須依更生程序行使其權利，而且其第二九條（有關保全程序之拘束力）允許向法院請求除去留置權，甚至，更生法第一〇四條允許重整人向法院請求除去優先權、質權、抵押權及留置權等。

二、形式意義之重整債權

所謂形式意義之重整債權乃指向重整監督人申報而依重整程序受償之實質意義之重整債權。

三、重整債權之申報、審查、異議與確定

(一)重整債權之申報

公司法第二九七條第一項規定，重整債權人，應提出足資證明其權利存在之文件，向重整監督人申報，經申報者，其時效中斷；未經申報者，不得依重整程序受清償。該條第二項規定，前項應為申報之人，因不可歸責於自己之事由，致未依限申報者，得於事由終止後十五日內補報之，但重整計畫已經關係人會議可決時，不得補報。該條第三項規定，股東之權利，依股東名簿之記載。因此，記名股東依股東名簿之記載，不必申報。[2268]

(二)重整債權之審查與異議

公司法第二九八條第一項規定，重整監督人，於權利申報期間屆滿後，應依其初步審查之結果，分別製作優先重整債權人、有擔保重整債權人、無擔保重整債權人及股東清冊，載明權利之性質、金額及表決權數額，於第二八九條第一項第二款期日之三日前，聲報法院及備置於適當處所，並

[2268] 柯芳枝，前揭書，頁540；梁宇賢，同前[253]，頁224。

公告其開始備置日期及處所，以供重整債權人、股東及其他利害關係人查閱。該條第二項規定，重整債權人之表決權，以其債權之金額比例定之；股東表決權，依公司章程之規定。

公司法第二九九條第一項規定，法院審查重整債權及股東權之期日，重整監督人、重整人及公司負責人，應到場備詢，重整債權人、股東及其他利害關係人，得到場陳述意見。該條第二項規定，有異議之債權或股東權，由法院裁定之。該條第三項規定，就債權或股東權有實體上之爭執者，應由爭執之利害關係人，於前項裁定送達後二十日內提起確認之訴，並應向法院為起訴之證明；經起訴後在判決確定前，仍依前項裁定之內容及數額行使其權利。但依重整計劃受清償時，應予提存。

㈢重整債權之確定

重整債權經異議提起確認之訴判決確定者已屬確定。又公司法第二九九條第四項規定，重整債權或股東權，在法院宣告審查終結前，未經異議者，視為確定；對公司及全體股東、債權人有確定判決同一之效力。

貳、重整債務

公司法第三一二條第一項規定，左列各款，為公司之重整債務，優先於重整債權而為清償：一、維持公司業務繼續營運所發生之債務。二、進行重整程序所發生之費用。重整債務在日本會社更生法又被稱為共益債權，若無此規定，將無人願意與重整公司交易了。[2269]

參、重整程序中之股東權

公司法第二九三條第一項規定，重整裁定送達公司後，公司業務之經營及財產之管理處分權移屬於重整人，由重整監督人監督交接，並聲報法院，公司股東會、董事及監察人之職權，應予停止。股東會之職權停止而股東為重整關係人，但其股東權僅能依重整程序行使之，依公司法第三〇

[2269] 鄭玉波，同前⓭，頁200。

二條之規定，除非公司已無淨值，否則應允許股東在關係人會議行使表決權。

第五節　重整人、重整監督人及關係人會議

壹、重整人

一、重整人之意義

重整人乃在重整程序中執行公司業務，對外代表公司，擬定並執行重整計畫之法定必備常設之機關。

二、重整人之選任

公司法第二九〇條第一項規定，公司重整人由法院就債權人、股東、董事、目的事業中央主管機關或證券管理機關推薦之專家中選派之。該條第二項規定，公司法第三〇條之規定，於前項公司重整人準用之。

有關重整人之選任有兩股思潮之衝突，即若選擇原公司董事則可因其對公司業務熟悉而有駕輕就熟之效，而且原董事因續任重整人而不會因懼被奪權而抗拒重整，但其缺點在於公司財務危機常與董事之能力或專業或人品有關，而且，董事可能擁有相當多之公司股票，因此，較難公平對待債權人之利益保障問題。[2270]

選派重整人後有兩種情況法院可另為選派重整人，即公司法第二九〇條第三項所規定之關係人會議，依第三〇二條分組行使表決權之結果，有二組以上主張另行選定重整人時，得提出候選人名單，聲請法院選派之。此一獲選人不必具有債權人、股東、董事之身分，因為若能獲得多數關係人認同之人即使未具該些身分，其重整計畫較易獲得關係人會議可決，應

[2270] 王文宇，同前[2250]，頁 211、215–216。

對重整之進行有利，故不必限制之。[2271]另外一種情況為公司法第二九〇條第五項所規定之重整人執行職務其有違法或不當情事者，重整監督人得聲請法院解除其職務，而另行選派之。此時被選之範圍仍有第一項之限制。[2272]

三、重整人之人數

公司法第二九〇條第一項僅規定重整人之選派與職權，而沒有規定人數。重整人之人數如何？可否由法人擔任？柯芳枝教授認為，解釋上以董事為重整人，至少需三人，由法院選派者由法院視實際情況決定之。[2273]梁宇賢教授亦認為似應以董事人數為準。[2274]然而，林國全教授認為，法院應就具體個案，斟酌實際需要選任重整人。雖然公司法並未限制法人被選任為重整人，但法院在選任時，仍應仔細審酌以法人擔任重整人時，其專業能力如何，並非漫無限制。

四、重整人之職權

公司法第二九〇條第四項規定，重整人執行職務應受重整監督人之監督，其有違法或不當情事者，重整監督人得聲請法院解除其職務，另行選派之。而且，公司法第二九〇條第五項規定，重整人為下列行為時，應於事前徵得重整監督人之許可：一、營業行為以外之公司財產之處分。二、公司業務或經營方法之變更。三、借款。四、重要或長期性契約之訂立或解除，其範圍由重整監督人定之。五、訴訟或仲裁之進行。六、公司權利之拋棄或讓與。七、他人行使取回權、解除權或抵銷權事件之處理。八、

[2271] 王文宇、林國全，公司法，收錄於王文宇、林國全、王志誠、許忠信、汪信君，前揭書，頁 174。

[2272] 王文宇、林國全，公司法，收錄於王文宇、林國全、王志誠、許忠信、汪信君，前揭書，頁 174。

[2273] 柯芳枝，前揭書，頁 543。

[2274] 梁宇賢，同前[253]，頁 212。

公司重要人事之任免。九、其他經法院限制之行為。

五、重整人之義務與責任

公司法第三一三條第一項規定，重整人應以善良管理人之注意，執行其職務，其報酬由法院依其職務之繁簡定之。該條第二項規定，重整人，執行職務違反法令，致公司受有損害時，對於公司應負賠償責任。

貳、重整監督人

公司法第二八九條第一項規定，法院為重整裁定時，應就對公司業務，具有專門學識及經營經驗者或金融機構，選任為重整監督人，並決定下列事項：一、債權及股東權之申報期日及場所，其期間應在裁定之日起十日以上，三十日以下。二、所申報之債權及股東權之審查期日及場所，其期間應在前款申報期間屆滿後十日以內。三、第一次關係人會議期日及場所，其期日應在第一款申報期間屆滿後三十日以內。該條第二項規定，前項重整監督人，應受法院監督，並得由法院隨時改選。該條第三項規定，重整監督人有數人時，關於重整事務之監督執行，以其過半數之同意行之。

公司法第三一三條第一項規定，重整監督人應以善良管理人之注意，執行其職務，其報酬由法院依其職務之繁簡定之。該條第二項規定，重整監督人，執行職務違反法令，致公司受有損害時，對於公司應負賠償責任。

參、關係人會議

一、關係人會議之意義

關係人會議乃由重整債權人與股東所組成在重整程序中審議及表決重整計畫之法定、必備而具臨時性之最高意思機關。[2275]

[2275] 柯芳枝，前揭書，頁548-549；鄭玉波，同前[13]，頁202。

二、關係人會議之開會

公司法第三〇〇條第一項規定，重整債權人及股東，為公司重整之關係人，出席關係人會議，因故不能出席時，得委託他人代理出席。該條第二項規定，關係人會議由重整監督人為主席，並召集除第一次以外之關係人會議。該條第三項規定，重整監督人，依前項規定召集會議時，於五日前訂明會議事由，以通知及公告為之。一次集會未能結束，經重整監督人當場宣告連續或展期舉行者，得免為通知及公告。該條第四項規定，關係人會議開會時，重整人及公司負責人應列席備詢。

三、關係人會議之任務

公司法第三〇一條規定，關係人會議之任務如左：一、聽取關於公司業務與財務狀況之報告及對於公司重整之意見。二、審議及表決重整計劃。三、決議其他有關重整之事項。

四、關係人會議之決議方法

公司法第三〇二條第一項規定，關係人會議，應分別按第二九八條第一項規定之權利人，分組行使其表決權，其決議以經各組表決權總額二分之一以上之同意行之。該條第二項規定，公司無資本淨值時，股東組不得行使表決權。

第六節　重整計畫

壹、重整計畫之擬定與提出

重整基本流程大體上為由債權人及股東申報權利、重整人擬定重整計畫、提交關係人會議審查。因此，公司法第三〇三條第一項（有關重整計畫之提出）規定，重整人應擬訂重整計劃，連同公司業務及財務報表，提請第一次關係人會議審查。該條第二項規定，重整人經依第二九〇條之規定另選者，重整計畫，應由新任重整人於一個月內提出之。

貳、重整計畫之內容

公司法第三〇四條第一項規定，公司重整如有左列事項，應訂明於重整計畫：一、全部或一部重整債權人或股東權利之變更。二、全部或一部營業之變更。三、財產之處分。四、債務清償方法及其資金來源。五、公司資產之估價標準及方法。六、章程之變更。七、員工之調整或裁減。八、新股或公司債之發行。九、其他必要事項。該條第二項規定，前項重整計畫之執行，除債務清償期限外，自法院裁定認可確定之日起算不得超過一年；其有正當理由，不能於一年內完成時，得經重整監督人許可，聲請法院裁定延展期限；期限屆滿仍未完成者，法院得依職權或依關係人之聲請裁定終止重整。

參、重整計畫之審查、可決與認可

一、重整計畫之審查

公司法第三〇三條第一項（有關重整計畫之提出）規定，重整人應擬訂重整計劃，連同公司業務及財務報表，提請第一次關係人會議審查。該條第二項規定，重整人經依第二百九十條之規定另選者，重整計畫，應由新任重整人於一個月內提出之。

二、重整計畫之可決

重整計畫須經關係人會議之可決。公司法第三〇二條第一項遂規定，關係人會議，應分別按第二九八條第一項規定之權利人，分組行使其表決權，其決議以經各組表決權總額二分之一以上之同意行之。該條第二項進一步規定，公司無資本淨值時，股東組不得行使表決權。

三、重整計畫之認可

公司法第三〇五條（有關重整計畫之執行）第一項規定，重整計畫經關係人會議可決者，重整人應聲請法院裁定認可後執行之，並報主管機關備查。

四、重整計畫未獲關係人會議可決之救濟

公司法第三〇六條（有關重整計畫之變更及修正）第一項規定，重整計畫未得關係人會議有表決權各組之可決時，重整監督人應即報告法院，法院得依公正合理之原則，指示變更方針，命關係人會議在一個月內再予審查。

肆、重整計畫之重行審查

公司法第三〇六條（有關重整計畫之變更及修正）第一項規定，重整計畫未得關係人會議有表決權各組之可決時，重整監督人應即報告法院，法院得依公正合理之原則，指示變更方針，命關係人會議在一個月內再予審查。該條第二項規定，前項重整計畫，經指示變更再予審查，仍未獲關係人會議可決時，應裁定終止重整。但公司確有重整之價值者，法院就其不同意之組，得以下列方法之一，修正重整計畫裁定認可之：一、有擔保重整債權人之擔保財產，隨同債權移轉於重整後之公司，其權利仍存續不變。二、有擔保重整債權人，對於擔保之財產；無擔保重整債權人，對於可充清償其債權之財產；股東對於可充分派之賸餘財產；均得分別依公正交易價額，各按應得之份，處分清償或分派承受或提存之。三、其他有利於公司業務維持及債權人權利保障之公正合理方法。該條第三項規定，前條第一項或前項重整計畫，因情事變遷或有正當理由致不能或無須執行時，法院得因重整監督人、重整人或關係人之聲請，以裁定命關係人會議重行審查，其顯無重整之可能或必要者，得裁定終止重整。該條第四項規定，前項重行審查可決之重整計畫，仍應聲請法院裁定認可。該條第五項規定，

關係人會議，未能於重整裁定送達公司後一年內可決重整計畫者，法院得依聲請或依職權裁定終止重整；其經法院依第三項裁定命重行審查，而未能於裁定送達後一年內可決重整計畫者，亦同。最後，公司法第三〇七條（重整計畫之執行與變更時之徵詢）第一項規定，法院為前二條處理時，應徵詢主管機關、目的事業中央主管機關及證券管理機關之意見。

伍、重整計畫之執行

重整計畫須經關係人會議可決，並聲請法院裁定後執行。一旦重整計畫經認可後，重整人應依該計畫所定期限完成重整工作。

一、執行之意思決定

公司法第三〇五條（有關重整計畫之執行）第一項規定，重整計畫經關係人會議可決者，重整人應聲請法院裁定認可後執行之，並報主管機關備查。該條第二項規定，前項法院認可之重整計畫，對於公司及關係人均有拘束力，其所載之給付義務，適於為強制執行之標的者，並得逕予強制執行。可見，重整計畫此時可作為債權人之執行名義，而且被免除之權利債權人不得請求之。[2276]所以，為求慎重，公司法第三〇七條（重整計畫之執行與變更時之徵詢）第一項規定，法院為前二條處理時，應徵詢主管機關、目的事業中央主管機關及證券管理機關之意見。

公司法第二九〇條第四項規定，重整人有數人時，關於重整事務之執行，以其過半數之同意行之。此時，對外之代表權是否單獨代表或共同代表，公司法未明文規定，有學者認為應可參考公司法在清算人以公司法第三三四條準用公司法第八五條之規定，當未推任一人為代表人時，各有對第三人之代表權。[2277]本書認為適用民法第二七條第二項亦可得到相同結果。

[2276] 賴源河（王志誠修訂），前揭書，頁 390。

[2277] 梁宇賢，同前[253]，頁 212。

二、受重整監督人之監督

公司法第二九〇條第六項規定，重整人為下列行為時，應於事前徵得重整監督人之許可：一、營業行為以外之公司財產之處分。二、公司業務或經營方法之變更。三、借款。四、重要或長期性契約之訂立或解除，其範圍由重整監督人定之。五、訴訟或仲裁之進行。六、公司權利之拋棄或讓與。七、他人行使取回權、解除權或抵銷權事件之處理。八、公司重要人事之任免。九、其他經法院限制之行為。

三、法律規定之變通

又為使重整計畫能發揮功效，法院在執行重整計畫中可另作適當之處理之裁定，乃為法律規定之變通。[2278]公司法第三〇九條規定，公司重整中，下列各款規定，如與事實確有扞格時，經重整人聲請法院，得裁定另作適當之處理：一、第二七七條變更章程之規定。二、第二七九條及第二八一條減資之通知公告期間及限制之規定。三、第二六八條至第二七〇條及第二七六條發行新股之規定。四、第二四八條至第二五〇條，發行公司債之規定。五、第一二八條、第一三三條、第一四八條至第一五〇條及第一五五條設立公司之規定。六、第二七二條出資種類之規定。

由於本條第五款之規定，當公司重整乃以設立新公司之方式為之時如有必要得經法院裁定不依第一二八條、第一三三條、第一四八條至第一五〇條及第一五五條等設立公司之規定為之。[2279]

[2278] 潘維大、范建得、羅美隆，前揭書，頁242。

[2279] 鄭玉波，同前[13]，頁208。

第七節　重整完成與其效力

壹、重整完成之程序

重整完成時，應聲請法院為重整完成之裁定，並於裁定確定後，召集重整後之股東會選任董事、監察人。公司法第三一〇條第一項遂規定，公司重整人，應於重整計畫所定期限內完成重整工作；重整完成時，應聲請法院為重整完成之裁定，並於裁定確定後，召集重整後之股東會選任董事、監察人。該條第二項規定，前項董事、監察人於就任後，應會同重整人向主管機關申請登記或變更登記。

貳、重整完成之效力

重整完成之效力為，股東與公司之債權人未申報之權利或已申報而未依重整計畫移轉於重整後之公司承受者，請求權消滅。而且，重整完成後，不論債權人有無申報重整債權，其對保證人及其他共同債務人仍得行使權利。亦即，債權人就因重整計畫而減免之部分，仍得請求保證人代負履行之責，不因公司重整而受影響。[2280]公司法第三一一條第一項遂規定，公司重整完成後，有下列效力：一、已申報之債權未受清償部分，除依重整計畫處理，移轉重整後之公司承受者外，其請求權消滅；未申報之債權亦同。二、股東股權經重整而變更或減除之部分，其權利消滅。三、重整裁定前，公司之破產、和解、強制執行及因財產關係所生之訴訟等程序，即行失其效力。該條第二項規定，公司債權人對公司債務之保證人及其他共同債務人之權利，不因公司重整而受影響。此乃為使重整計畫於關係人會議易於通過，[2281]而為保證從屬性原則之例外。[2282]

[2280] 最高法院79年台上字第1301號民事判例。

[2281] 最高法院79年台上字第1301號民事判例。

第八節 法院裁定終止重整與其效力

法院裁定終止重整共三種情形，即⑴重整計畫若未被法院認可時；⑵重整計畫依公司法第三〇六條第二項之規定經法院指示變更再予審查，仍未獲關係人會議可決時，法院應裁定終止重整；⑶公司法第三〇六條第三項規定，前條第一項或前項重整計畫，因情事變遷或有正當理由致不能或無須執行時，法院得因重整監督人、重整人或關係人之聲請，以裁定命關係人會議重行審查，其顯無重整之可能或必要者，得裁定終止重整。

法院為終止重整之裁定，依公司法第三〇七條第二項之規定，應檢同裁定書通知主管機關；裁定確定時，主管機關應即為終止重整之登記；其合於破產規定者，法院得依職權宣告其破產。此時，法院裁定終止重整之效力，依公司法第三〇八條之規定，除依職權宣告公司破產者乃依破產法之規定外，有左列效力：一、依第二百八十七條、第二百九十四條、第二百九十五條或第二百九十六條所為之處分或所生之效力，均失效力。二、因怠於申報權利，而不能行使權利者，恢復其權利。三、因裁定重整而停止之股東會、董事及監察人之職權，應即恢復。而且，公司法第三一二條第二項規定，前項優先受償權（指重整債務）之效力，不因裁定終止重整而受影響。最後，在重整期間重整人對外所為之法律行為，仍然有效。[2283]

[2282] 最高法院 100 年度台上字第 1466 號民事判決。

[2283] 潘維大、范建得、羅美隆，前揭書，頁 244。

第十章　股份有限公司之解散與清算

第一節　前　言

有關公司之解散與清算之一般規定已介紹於本書第二篇公司法總則篇，以下針對股份有限公司之解散與清算規定來介紹其程序與效力，其餘請參閱總則篇。

第二節　股份有限公司之解散

壹、股份有限公司之解散之事由

公司法第三一五條第一項規定，股份有限公司，有左列情事之一者，應予解散：一、章程所定解散事由。二、公司所營事業已成就或不能成就。三、股東會為解散之決議。四、有記名股票之股東不滿二人。但政府或法人股東一人者，不在此限。五、與他公司合併。六、分割。七、破產。八、解散之命令或裁判。

公司法第三一五條第一項第三款規定所謂之股東會解散決議，依公司法第三一六條第一項規定，股東會對於公司解散、合併或分割之決議，應有代表已發行股份總數三分之二以上股東之出席，以出席股東表決權過半數之同意行之。公司法第三一六條第二項規定，公開發行股票之公司，出席股東之股份總數不足前項定額者，得以有代表已發行股份總數過半數股東之出席，出席股東表決權三分之二以上之同意行之。該條第三項規定，前二項出席股東股份總數及表決權數，章程有較高之規定者，從其規定。

公司法第三一五條第一項第三款規定所謂之解散之命令或裁判乃指公

司法第九條及第十條主管機關之命令解散及公司法第十一條之法院裁定解散。

貳、股份有限公司解散之防止

股份有限公司解散之防止除前述針對公開發行股票公司之重整程序外，公司法第三一六條第四項規定公司解散時，除破產外，董事會應即將解散之要旨，通知各股東。各股東若有意繼續經營者依公司法第三一五條第二項規定，前項第一款（章程所定解散事由）得經股東會議變更章程後，繼續經營；第四款本文（有記名股票之股東不滿二人）得增加有記名股東繼續經營。

第三節　股份有限公司之清算

壹、概　述

股份有限公司解散時，除破產與合併者外，應行清算以了結其法律關係並分配其剩餘財產，因法人欠缺如自然人之繼承制度。清算中公司與解散前之公司乃同一體關係，但權利能力僅限於了結現務及便利清算，因此，公司已喪失營業活動能力，雖然公司法之規定在清算範圍內對清算中公司仍有所適用，但以營業為前提之法律規定則對清算中公司不再適用，例如業務執行機關已不存在，因此，董事會之業務執行權與董事長之代表權消滅。[2284]

貳、清算之分類

清算依其任意性可被區分為任意清算與法定清算。任意清算乃指依章程或全體股東所定之方法處分公司財產所為之清算。[2285]日本法上無限公司

[2284] 柯芳枝，前揭書，頁 566–568。

（合名會社）與兩合公司（合資會社）由於其乃基於人之信賴關係而成立，且解散後無限責任股東仍對債權人負責任，因此，依日本公司法第六六八條以下之規定得採行任意清算。[2286]我國公司法未允許之。[2287]

法定清算乃指因清算涉及股東及債權人之利害關係，因此，須依法定之程序來進行。[2288]尤其是股份有限公司之股東有限責任，公司財產為債權人唯一之擔保，因此，為保障公司債權人與為保護一般股東免於股東之專橫，所以，僅有法定清算程序而無任意清算。[2289]法定清算在日本被分成不受法院監督之普通清算與受法院嚴格監督之特別清算。[2290]特別清算乃日本獨創之清算制度，我國在一九六六年仿自日本法，以加強不正常清算之處理。[2291]

我國法定清算亦被分成普通清算與特別清算，但皆受法院之監督。[2292]所謂普通清算乃股份有限公司解散後通常進行之清算，而與其他三類型之公司同有之普通清算程序。[2293]而所謂特別清算（僅適用於股份有限公司）乃普通清算之實行發生顯著之障礙或公司債務超過資產有不實之嫌疑時，依法院命令開始進行之清算。普通清算大體上偏向公司自行清算而對公司債權人與股東之權益同等保護，因此，法院除選派清算人而有相當之監督權（消極監督）外並不干涉其清算之進行。反之，國內一般認為特別清算乃偏向於法院之公權力干涉，且特別保護債權人之權益，因此法院及債權人均享有積極監督公司進行清算之權限，是以，特別清算程序較普通清算

[2285] 伊藤真，前揭書，頁 934。

[2286] 伊藤真，前揭書，頁 762。

[2287] 柯芳枝，前揭書，頁 568。

[2288] 伊藤真，前揭書，頁 762。

[2289] 三枝一雄、南保勝美、柿崎環、根本伸一，前揭書，頁 328。

[2290] 伊藤真，前揭書，頁 762；高橋紀夫，前揭書，頁 450。

[2291] 柯芳枝，前揭書，頁 569。

[2292] 鄭玉波，同前[13]，頁 215；潘維大、范建得、羅美隆，前揭書，頁 252。

[2293] 王文宇，同前[75]，頁 647。

更為嚴格，倘尚未開始普通清算不得逕為特別清算。[2294]不過，日本學者則認為，特別清算乃在法院之監督下，公平且誠實地對待債權人、公司與股東而進行清算，因此，帶有與破產管理人類似之性質。[2295]

參、普通清算

一、清算人

(一)清算人之意義

清算人乃清算中公司之執行清算事務及代表清算中公司之法定、必備機關。[2296]

(二)清算人之選任

公司法第三二二條第一項規定公司之清算，以董事為清算人，但本法或章程另有規定或股東會另選清算人時，不在此限。該條第二項規定，不能依前項之規定定清算人時，法院得因利害關係人之聲請，選派清算人。因此，清算人有法定、章定、選定與選派清算人四種。[2297]

以董事為清算人乃法定，所以，不待董事之就任承諾，[2298]故又稱為當然清算人。[2299]所以乃由全體董事為清算人[2300]，當公司章程有規定清算人則稱為章定清算人，此時可排除以全體董事為法定清算人之規定。股東會另選清算人時稱為選定清算人，此時，需該清算人之同意，[2301]法院選派清算

[2294] 柯芳枝，前揭書，頁568–569；鄭玉波，同前[13]，頁220；王文宇，同前[75]，頁646、652；梁宇賢，同前[253]，頁260。

[2295] 三枝一雄、南保勝美、柿崎環、根本伸一，前揭書，頁333。

[2296] 王文宇，同前[75]，頁647。

[2297] 鄭玉波，同前[13]，頁216。

[2298] 經濟部81年8月27日商字第223740號函。

[2299] 王文宇、林國全，公司法，收錄於王文宇、林國全、王志誠、許忠信、汪信君，前揭書，頁181。

[2300] 潘維大、范建得、羅美隆，前揭書，頁253。

人時，亦同。

㈢清算人之解任

清算人與公司間既為委任關係則其解任依民法第五四九條第一項及民法第五五〇條有規定外，有關清算人之解任，公司法第三二三條第一項規定，清算人除由法院選派者外，得由股東會決議解任。該條第二項規定，法院因監察人或繼續一年以上持有已發行股份總數百分之三以上股份股東之聲請，得將清算人解任。法院所選派之清算人僅法院可解任之。

㈣清算人之權利與義務

清算人既取代董事而執行清算事務，其與公司間之關係為有償委任，[2302] 公司法第三二四條規定，清算人於執行清算事務之範圍內，除本節有規定外，其權利義務與董事同。其報酬，公司法第三二五條第一項規定，清算人之報酬，非由法院選派者，由股東會議定；其由法院選派者，由法院決定之。該條第二項規定，清算費用及清算人之報酬，由公司現存財產中儘先給付。

清算人乃公司法第八條第二項之職務負責人，其對公司以及第三人之義務與責任請參本書公司法總則篇所述。

二、清算程序與清算人之職務與權限

清算人之職務，根據公司法第三三四條之規定，公司法第八三條至第八六條、第八七條第三項、第四項、第八九條及第九〇條之規定，於股份有限公司之清算準用之。

依公司法第八四條之準用，清算人之職務計有了結現務，收取債權清償債務以及分派剩餘財產。而且，清算人執行前述職務，有代表公司為訴訟上或訴訟外一切行為之權。但將公司營業包括資產負債轉讓於他人時，應得股東會特別決議之同意。有認為分派盈餘或虧損亦為清算人職務之一

[2301] 經濟部 81 年 8 月 27 日商字第 223740 號函。

[2302] 鄭玉波，同前[13]，頁 216；王文宇，同前[75]，頁 647。

者，[2303]但應否定之。

由於公司法第八七條第三項之準用，清算人應於就任時起六個月內完成清算，而為順利完成此些任務，公司法尚有以下之規定。

㈠清算人造報表冊及召集股東會

公司法第三二六條第一項規定，清算人就任後，應即檢查公司財產情形，造具財務報表及財產目錄，送經監察人審查，提請股東會承認後，並即報法院。該條第二項規定，前項表冊送交監察人審查，應於股東會集會十日前為之。

㈡催報債權

公司法第三二七條規定，清算人於就任後，應即以三次以上之公告，催告債權人於三個月內申報其債權，並應聲明逾期不申報者，不列入清算之內。但為清算人所明知者，不在此限。其債權人為清算人所明知者，並應分別通知之。

㈢對債權人之清償

公司法第三二八條第一項規定，清算人不得於前條所定之申報期限內，對債權人為清償。但對於有擔保之債權，經法院許可者，不在此限。第二項規定公司對前項未為清償之債權，仍應負遲延給付之損害賠償責任。第三項規定公司之資產顯足抵償其負債者，對於足致前項損害賠償責任之債權，得經法院許可後先行清償。

㈣對未申報債權人之清償

公司法第三二九條規定，不列入清算內之債權人，就公司未分派之賸餘財產，有清償請求權。但賸餘財產已依第三三〇條分派，且其中全部或一部已經領取者，不在此限。

㈤剩餘財產之分配

公司法第三三〇條第一項規定，清償債務後，賸餘之財產應按各股東股份比例分派。但公司發行特別股，而章程中另有訂定者，從其訂定。

[2303] 鄭玉波，同前⑬，頁217。

清算完結後若有可以分配之財產可重行分配，根據公司法第三三三條之規定，清算完結後，如有可以分派之財產，法院因利害關係人之聲請，得選派清算人重行分派。

㈥清算完結時為必要行為

清算完結時清算人應為以下之必要行為。造具清算期內收支表等簿冊送經監察人審查，並召集股東會承認之。公司法第三三一條第一項規定，清算完結時，清算人應於十五日內，造具清算期內收支表、損益表、連同各項簿冊，送經監察人審查，並提請股東會承認。該條第二項規定，股東會得另選檢查人，檢查前項簿冊是否確當。該條第三項規定，簿冊經股東會承認後，視為公司已解除清算人之責任。但清算人有不法行為者，不在此限。該條第四項規定，第一項清算期內之收支表及損益表，應於股東會承認後十五日內，向法院聲報。之後，聲請法院指定簿冊文件之保存人。有關簿冊文件之保存，公司法第三三二條規定，公司應自清算完結聲報法院之日起，將各項簿冊及文件，保存十年。其保存人，由清算人及其利害關係人聲請法院指定之。

㈦聲請宣告公司破產

依公司法第三三四條之規定，公司法第八九條之規定，於股份有限公司之清算準用之。因此，公司財產不足清償其債務時，清算人應即聲請宣告破產。公司法第八九條第二項規定之準用結果，清算人移交其事務於破產管理人時，職務即為終了。

㈧聲請法院下命令開始特別清算

公司法第三三五條第一項規定，清算之實行發生顯著障礙時，法院依債權人或清算人或股東之聲請或依職權，得命令公司開始特別清算；公司負債超過資產有不實之嫌疑者亦同。但其聲請，以清算人為限。

肆、特別清算

一、特別清算之概念

㈠特別清算之意義

特別清算乃普通清算之實行發生顯著之障礙或公司債務超過資產有不實之嫌疑時依法院命令開始進行之清算。

㈡特別清算與破產之異同

破產程序嚴格而繁複，若一公司債務超過資產仍有疑義時即進行破產程序，則將造成浪費司法資源，因此，需有一介於普通清算與破產中間之制度。[2304]特別清算旨在平等地保護公司債權人之權益一點與破產制度甚為類似，而可謂實質上與破產制度同為一種破產處理程序。[2305]所以，須在法院監督下進行。

二、特別清算之開始

㈠特別清算之開始原因

公司法第三三五條第一項規定，清算之實行發生顯著障礙時，法院依債權人或清算人或股東之聲請或依職權，得命令公司開始特別清算；公司負債超過資產有不實之嫌疑者亦同。但其聲請，以清算人為限。所謂負債超過資產有不實之嫌疑乃指事實上是否超過仍未能確定之情形，[2306]因為若已確定超過則應進行破產程序。

[2304] 柯芳枝，前揭書，頁585；鄭玉波，同前⑬，頁220；高橋紀夫，前揭書，頁450。

[2305] 伊藤真，前揭書，頁762；吉本健一，前揭書，頁460；三枝一雄，南保勝美，柿崎環，根本伸一，前揭書，頁328、333。

[2306] 王文宇、林國全，公司法，收錄於王文宇、林國全、王志誠、許忠信、汪信君，前揭書，頁185。

㈡法院於特別清算開始前可能之處分

公司法第三三六條規定，法院依前條聲請人之聲請，或依職權於命令開始特別清算前，得提前為第三三九條之處分。而公司法第三三九條規定，法院認為對清算監督上有必要時，得為第三五四條第一款、第二款或第六款之處分。該三款之處分乃指：一、公司財產之保全處分。二、記名式股份轉讓之禁止。……六、因前款（基於發起人、董事、監察人、經理人或清算人責任所生之損害賠償請求權）之損害賠償請求權，對於發起人、董事、監察人、經理人或清算人之財產為保全處分。

㈢法院命令開始特別清算之效果

法院命令開始特別清算時公司進入特別清算之狀態，清算人不是僅對公司負善良管理人之注意義務而已，而是須顧及利害關係人（債權人與股東）間之公平。

而且公司法第三三五條第二項規定，第二九四條關於破產、和解及強制執行程序當然停止之規定，於特別清算準用之。因此，公司之破產、和解及強制執行程序當然停止。這是因為普通清算之實行發生顯著之障礙而須特別清算者常與破產、和解及強制執行程序之同時進行有關。

三、特別清算程序中之機關

㈠概　述

與普通清算不同地，特別清算偏向於法院之公權力干涉且特別保護債權人之權益，因此，法院及債權人均享有積極監督公司進行清算之權限。因此，除普通清算之機關外，特別清算另有債權人會議與監理人及檢查人。債權人會議為債權人團體之意思決定機關，而監理人為債權人團體所選出之監督機關，而檢查人為法院之輔助機關。[2307]

[2307] 柯芳枝，前揭書，頁590。

㈡特別清算人

1.特別清算人之角色

特別清算程序開始後原則上仍由清算人為清算中公司執行清算事務及代表清算中公司而被稱為特別清算人。然而，由於此時公司實質上是處於近似破產之狀態，因此，其角色不再如普通清算人之偏向清算中公司之角色，而是應以中立之角色對公司股東及債權人公平地執行清算事務而類似破產管理人之地位，而具有介於普通清算人與破產管理人之中間性格。[2308]

2.特別清算人之任免

公司法第三三七條第一項規定，有重要事由時，法院得解任清算人。第二項規定清算人缺額或有增加人數之必要時，由法院選派之。

特別清算原則上由普通清算人為清算人以善用其經驗有利於清算完結，但若有清算人未能以中立之角色對公司股東及債權人公平地執行清算事務之重要事由時，法院得解任清算人並另行選任清算人。[2309]

3.特別清算人之職務

有關普通清算規定之準用，公司法第三五六條規定，特別清算事項，本目（法條之節下為目）未規定者，準用普通清算之規定。因此，特別清算人之職務包括了結現務、收取債權、清償債務以及分派剩餘財產。而且，清算人執行前述職務，有代表公司為訴訟上或訴訟外一切行為之權。

有關債務清償之職務，公司法第三四〇條規定，公司對於其債務之清償，應依其債權額比例為之，但依法得行使優先受償權或別除權之債權，不在此限。又清算人可能因法院命令而另有報告及協同調查之職務，因為公司法第三三八條規定，法院得隨時命令清算人為清算事務及財產狀況之報告，並得為其他清算監督上必要之調查。

有關召集債權人會議及會議會中之職務，公司法第三四一條第一項規定，清算人於清算中，認有必要時，得召集債權人會議。公司法第三四四

[2308] 柯芳枝，前揭書，頁 590。

[2309] 柯芳枝，前揭書，頁 590；王文宇，同前[75]，頁 652。

條第一項規定，清算人應造具公司業務及財產狀況之調查書、資產負債表及財產目錄，提交債權人會議，並就清算實行之方針與預定事項，陳述其意見。又公司法第三四七條規定，清算人得徵詢監理人之意見，對於債權人會議提出協定之建議。

4.特別清算人之權限

特別清算人有前述職務之執行職務權限外，亦有代表清算中公司為訴訟上或訴訟外一切行為之權。但由於在特別清算程序中債權人亦參與清算事務之監督，而有些行為會增加公司之負擔或減少公司之資力，故需債權人會議所選出之監理人之同意，[2310]因此，公司法第三四六條第一項規定清算人為左列各款行為之一者，應得監理人之同意，不同意時，應召集債權人會議決議之。但其標的在資產總值千分之一以下者，不在此限：一、公司財產之處分。二、借款。三、訴之提起。四、成立和解或仲裁契約。五、權利之拋棄。又該條第二項規定，應由債權人會議決議之事項，如迫不及待時，清算人經法院之許可，得為前項所列之行為。該條第三項規定，清算人違反前兩項規定時，應與公司對於善意第三人連帶負其責任。該條第四項規定，公司法第八四條第二項但書之規定，於特別清算不適用之。

㈢債權人會議

1.債權人會議之意義

債權人會議乃在特別清算中由已經申報債權人及為特別清算人所明知債權之普通債權人所組成之債權人團體之最高意思機關。其決議以債權之金額比例訂之。但有優先權及別除權之債權人不包括在內，蓋其有優先受償權。依公司法第三四二條之規定，債權人會議之召集人，對前條第四項債權之債權人（即有優先權及別除權之債權人），得通知其列席債權人會議徵詢意見，但無表決權。

公司正常營運時固然以股東利益最大化為原則，但當公司財務發生危機時，股東僅剩少量之剩餘財產，能再失去者不多，因此，股東會傾向高

[2310] 柯芳枝，前揭書，頁 592；王文宇，同前[75]，頁 653。

風險高獲益之行為，而使公司財務更加困難，因此，此時需轉向債權人利益最大化原則，[2311]而有特別清算債權人會議之制度。

2.債權人會議之召集、召集權人與準用規定

公司法第三四一條第一項規定，清算人於清算中，認有必要時，得召集債權人會議。該條第二項規定，占有公司明知之債權總額百分之十以上之債權人，得以書面載明事由，請求清算人召集債權人會議。該條第三項規定，公司法第一七三條第二項於前項準用之。該條第四項規定，前條但書所定之債權，不列入第二項之債權總額。

為使債權人會議準用股東會等之規定，公司法第三四三條第一項規定，公司法第一七二條第二項、第四項、第一八三條第一項至第五項、第二九八條第二項及破產法第一二三條之規定，於特別清算準用之。該條第二項規定，債權人會議之召集人違反前項準用第一七二條第二項規定，或違反前項準用第一八三條第一項、第四項或第五項規定者，處新台幣一萬元以上五萬元以下罰鍰。

(四)監理人

監理人乃債權人會議所選任代表債權人監督及輔助特別清算人執行清算事務之法定任意機關。[2312]公司法第三四五條規定，債權人會議，得經決議選任監理人，並得隨時解任之。該條第二項規定，前項決議應得法院之認可。

(五)檢查人

檢查人乃在特別清算程序中由法院選派以檢查公司業務及財務之法定、任意、臨時機關，俾輔助法院進行特別清算。[2313]

與普通清算不同地，法院積極介入特別清算以求公平，因此，法院得發佈檢查命令。公司法第三五二條第一項規定，依公司財產之狀況有必要

[2311] 黃銘傑，同前[44]，頁 3、16。

[2312] 鄭玉波，同前[13]，頁 223–224。

[2313] 柯芳枝，前揭書，頁 601。

時，法院得據清算人或監理人，或繼續六個月以上持有已發行股份總數百分之三以上之股東，或曾為特別清算聲請之債權人，或占有公司明知之債權總額百分之十以上債權人之聲請，或依職權，命令檢查公司之業務及財產。但法院專業可能不同，因此，該條第二項規定，公司法第二八五條之規定（有關重整檢查人之選任），於前項準用之。因此，法院得以選任檢查人並要求檢查人提出報告事項。公司法第三五三條遂規定，檢查人應將左列檢查結果之事項，報告於法院：一、發起人、董事、監察人、經理人或清算人依第三四條、第一四八條、第一五五條、第一九三條及第二二四條應負責任與否之事實。二、有無為公司財產保全處分之必要。三、為行使公司之損害賠償請求權，對於發起人、董事、監察人、經理人或清算人之財產，有無為保全處分之必要。

㈥法院之積極介入

由於法院在特別清算乃積極介入以求利害關係人間之公平，因此，依公司法第三五四條之規定，法院據第三五三條所稱之檢查人報告而認為必要時，得為左列之處分：一、公司財產之保全處分。二、記名式股份轉讓之禁止。三、發起人、董事、監察人、經理人或清算人責任解除之禁止。四、發起人、董事、監察人、經理人或清算人責任解除之撤銷；但於特別清算開始起一年前已為解除，而非出於不法之目的者，不在此限。五、基於發起人、董事、監察人、經理人或清算人責任所生之損害賠償請求權之查定。六、因前款之損害賠償請求權，對於發起人、董事、監察人、經理人或清算人之財產為保全處分。

四、協定之建議、條件與其變更

㈠協定之意義

協定乃特別清算中公司與債權人團體間為完成清算就債務處理之方法所成立之和解契約。[2314]其乃特別清算程序順利完結之途徑之一，而類似訴

[2314] 柯芳枝，前揭書，頁 609；鄭玉波，同前[13]，頁 227；王文宇，同前[75]，頁 658。

訟上和解。此一契約由特別清算人提出經債權人會議可決而成立，並經法院認可後生效，而對全體債權人均有拘束力。[2315]

特別清算是對公司財務不佳、瀕臨破產所為之清算程序，而清算結果公司已處於債務比純財產為多，此時若即步入破產程序則費力費時，因此，若彼此各退一步以協議之方式完成清算並使公司人格消滅對彼此皆較有利。[2316]

㈡協定之建議

公司法第三四七條規定，清算人得徵詢監理人之意見，對於債權人會議提出協定之建議。公司法第三四八條規定，協定之條件，在各債權人間應屬平等（債權平等原則），但第三四〇條但書所定之債權（即依法得行使優先受償權或別除權之債權），不在此限。不過，依公司法第三四九條之規定，清算人認為作成協定有必要時，得請求第三四〇條但書所定之債權人參加。

㈢協定之可決與認可

公司法第三五〇條第一項規定，協定之可決，應有得行使表決權之債權人過半數之出席，及得行使表決權之債權總額四分之三以上之同意行之。該條第二項規定，前項決議，應得法院之認可。該條第三項又規定，破產法第一三六條之規定，於第一項協定準用之。

㈣協定之變更

公司法第三五一條規定，協定在實行上遇有必要時，得變更其條件，其變更準用前四條之規定。

㈤協定不可能時乃破產程序之開始

特別清算程序之終結有兩種情況。第一種情況為完成特別清算程序，包括清算結果，公司財產足夠則分配而不必協定，債權皆獲滿足後而將剩餘財產依持股比例分配給各股東，以及於債務超過時（此情況較多）成立

[2315] 柯芳枝，前揭書，頁609。

[2316] 柯芳枝，前揭書，頁609。

協定，而依協定與債權人和解。[2317]第二種情況為債務超過而協定未能成立，此時應依公司法第三五五條之規定處理，即法院於命令特別清算開始後，而協定不可能時，應依職權依破產法為破產之宣告，協定實行上不可能時，亦同。因此，進入特別清算程序後，法院不能僅因事實上查明債務已超過財產即依職權依破產法為破產之宣告。

[2317] 王文宇、林國全，公司法，收錄於王文宇、林國全、王志誠、許忠信、汪信君，前揭書，頁191。

第五篇

關係企業

第一章　概　述

數企業形成關係企業（集團企業）之目的與因素包括：⑴多角化之經營；⑵避免新事業波及原事業；⑶減少營利事業所得稅（因為很多稅制採累進稅率）；⑷為融資便利性而成立數公司（風險較易評估）；⑸獎勵投資相關條例常只針對特定事業做獎勵優惠。[2318]形成關係企業後，關係企業之控制公司負責人居於整體關係企業之統一指揮中心，而控制從屬企業之人事及業務經營，並決定與分配關係企業之集團利益，而使關係企業成為單一經濟實體，但仍非一法律上之主體，而其所涵蓋之企業依本書第一篇導論所述本包括個人獨資企業、合夥企業及公司企業在內，但我國公司法在做關係企業立法時只針對公司型企業加以規範。[2319]

立法例上，對關係企業有以包括地立法模式者（如德國），有以董事之忠實義務之延伸來處理之者。[2320]而以忠實義務來處理之者尚有一些未決之問題，例如控制公司常為集團之利益而指揮被控制公司，甚至犧牲被控制公司之利益，而被控制公司之董事對被控制公司負有追求股東（包括少數股東）之利益最大化之忠實義務，此時要其盡忠實義務而抗拒控制公司之指揮有事實上之困難。[2321]因此，我國公司法在一九九七年乃參考德國法之關係企業章節而增訂「關係企業章」，[2322]其立法目的在於規範關係企業之運

[2318] 蘇怡慈，集團企業，收錄於方嘉麟主編，變動中的公司法制，初版，元照，台北，2019年1月，頁339。

[2319] 柯芳枝，前揭書，頁663、664。

[2320] 江頭憲治郎，前揭書，頁55（註2）。

[2321] 江頭憲治郎，前揭書，頁54。

[2322] 王文宇，同前[75]，頁700。

作，避免關係企業從事不正當之利益輸送，以保護從屬公司與其少數股東、債權人之權益，促進關係企業之健全經營，達成商業現代化之目標而參考德國股份法以及美國有關關係企業之普通法判例而制定。

第二章　關係企業之定義及種類

第一節　關係企業之定義

關係企業乃指數法律上獨立之企業間因具有特定之控股、業務，甚至董事間之血緣等關係而採取協調一致決策與行為之企業群，以謀求集團之最大利益，而包括契約上之關係企業，亦即約定就生產與販賣等活動密切協力之企業群。[2323]然而根據我國公司法第三六九條之一之法定定義，在我國所謂關係企業，僅指獨立存在而相互間具有下列關係之企業：有控制及從屬關係之公司及相互投資公司兩類型。[2324]因此，所謂關係企業如其名稱所示應是企業間有前述關係而不以公司為限，例如日本法之母公司即包括股份有限公司、持份公司（合名公司、合資公司與合同公司）、合夥以及其他類似之事業體。[2325]在我國則僅限於公司與公司間才能形成關係企業。而且，我國法未明文承認契約上之關係企業。

第二節　關係企業之種類與其認定標準

根據我國公司法第三六九條之一之法定定義，在我國所謂關係企業，僅指獨立存在而相互間具有控制及從屬關係之公司以及相互有所投資之公司兩種類型。有控制及從屬關係者甚至可形成金字塔之立體型態（縱的關係企業），而相互投資公司或稱交叉持股類型則為橫的關係企業。[2326]金字塔

[2323] 王文宇，同前[75]，頁686、689；龍田節、前田雅弘，前揭書，頁517。

[2324] 柯芳枝，前揭書，頁663。

[2325] 江頭憲治郎，前揭書，頁8。

之立體型態與交叉持股型態雖能讓控制企業發揮以小博大之槓桿效果，但卻有控制結構因層次超過兩層而結構不明，或不能合併報表之危險，或互相拉抬股價以炒作股價之危險。[2327]

壹、有控制及從屬關係之公司

公司法第三六九條之二第一項規定，公司持有他公司有表決權之股份或出資額，超過他公司已發行有表決權之股份總數或資本總額半數者為控制公司，該他公司為從屬公司。該條第二項規定除前項外，公司直接或間接控制他公司之人事、財務或業務經營者亦為控制公司，該他公司為從屬公司。公司法第三六九條之三規定，有左列情形之一者，推定為有控制與從屬關係：一、公司與他公司之執行業務股東或董事有半數以上相同者。二、公司與他公司之已發行有表決權之股份總數或資本總額有半數以上為相同之股東持有或出資者。

控制公司可為我國所承認之四類型公司之任一種，但從屬公司不可為無限公司，因為依公司法第十三條之規定，公司不得為他公司之無限責任股東。由公司法第三六九條之二與第三六九條之三之規定可見，公司間有否控制與從屬關係之認定標準，有形式認定、實質認定與推定三種。分述如下。

一、形式認定之控制及從屬公司

公司法第三六九條之二第一項規定，公司持有他公司有表決權之股份或出資額，超過他公司已發行有表決權之股份總數或資本總額半數者為控制公司，該他公司為從屬公司。

[2326] 河本一郎、川口恭弘，前揭書，頁17。

[2327] 蘇怡慈，前揭文，頁340、342。

㈠「持有他公司有表決權之股份」與「持有他公司有表決權之出資額」過半數者

本項之「持有他公司有表決權之股份」與「持有他公司有表決權之出資額」應區分公司種類而適用。若「他公司」為股份有限公司，則控制與從屬關係之認定以「持有他公司有表決權之股份」為準；若「他公司」為有限公司或兩合公司，則控制與從屬關係之認定以「持有他公司有表決權之出資額」為準。

又所謂之「資本總額」係針對有限公司與兩合公司之計算基準。然有限公司之表決權原則上係以「表決權」計算，而非出資額數，從而，即使一公司在他有限公司的出資額已達他公司資本總額的半數，除非該公司以章程規定表決權依出資額之比例，否則控制公司仍未必能實質控制它。[2328]

而且，所謂「公司持有他公司有表決權之股份超過他公司已發行有表決權之股份總數之半數者」為控制公司之規定，因二〇一八年修法允許非公開發行公司發行複數表決權股，因此，本規定僅看股數而不看表決權，可能會造成股數超過二分之一，卻表決權未過半之情況。[2329]

現行法之形式認定基準在此有所缺失，立法技術上應以是否持有他公司過半數之表決權為認定基準較妥。即使如此修法，控制關係之存在須有支配經營（即支配財務及事業方針之決定）為前提，因此，在日本法上，一般被認為親子關係之認定並非依表決權過半之形式基準，而是要有實質的支配力。[2330]因此，若明顯地並無支配經營之情況則應被排除。[2331]

㈡計算方式

公司法第三六九條之十一規定，計算本章公司所持有他公司之股份或出資額，應連同左列各款之股份或出資額一併計入：一、公司之從屬公司

[2328] 姚志明，前揭書，頁 628。

[2329] 蘇怡慈，前揭文，頁 345。

[2330] 川村正幸等三人合著，前揭書，頁 45；江頭憲治郎，前揭書，頁 9（註 12）。

[2331] 江頭憲治郎，前揭書，頁 9（註 12）。

所持有他公司之股份或出資額。二、第三人為該公司而持有之股份或出資額。三、第三人為該公司之從屬公司而持有之股份或出資額。

經此計算後，擁有子公司之所有已發行股份者稱為完全母公司，被擁有者為完全子公司，最終完全母公司乃指沒有自己之完全母公司之公司。[2332]而被百分百持股之完全子公司則是一種一人公司。[2333]

二、實質認定之控制及從屬公司

所謂實質認定之控制及從屬公司，根據公司法第三六九條之二第二項之規定乃指直接或間接控制他公司之人事、財務或業務者。此處所謂直接控制，乃持有他公司有表決權之股份或出資額未過半數，卻可實質操縱他公司之人事、財務或業務者。其控制力之來源不論是轉投資（但表決權未過半，若過半則屬形式上之控制從屬公司）或其他原因則非所問。[2334]但應限於公司結構內之影響可能性，例如藉董事選舉，至於外在者例如因貸款或業務往來而有影響力則不包括在內。[2335]而所謂間接控制，如甲公司控制乙公司，乙公司控制丙公司，甲即可透過乙而控制丙。[2336]最後，一公司是否直接或間接控制他公司之人事、財務或業務經營，應以一公司對他公司有無具有指示具體業務執行之權力為認定標準，並不以實際上已行使其控制力為必要，換言之，以有上述之影響力之可能存在時即應認為成立控制關係，有無真正實施影響力並不影響控制關係之存在。[2337]

[2332] 江頭憲治郎，前揭書，頁 8、10（註 12）。

[2333] 江頭憲治郎，前揭書，頁 54。

[2334] 柯芳枝，前揭書，頁 667；王文宇，同前[75]，頁 688。

[2335] 姚志明，前揭書，頁 632。

[2336] 柯芳枝，前揭書，頁 667；王文宇，同前[75]，頁 688。

[2337] 姚志明，前揭書，頁 632。

三、推定之控制及從屬公司

公司法第三六九條之三規定，有左列情形之一者，推定為有控制與從屬關係：一、公司與他公司之執行業務股東或董事有半數以上相同者。二、公司與他公司之已發行有表決權之股份總數或資本總額有半數以上為相同之股東持有或出資者。這是因為當一公司與他公司之執行業務股東或董事有半數以上相同者容易產生控制與從屬之關係，為求周延故推定其有控制或從屬之關係，然既為推定，則可舉反證推翻之。[2338]

貳、有相互投資關係之公司

一、相互投資關係

依公司法第三六九條之九第一項之規定，公司與他公司相互投資各達對方有表決權之股份總數或資本三分之一以上者，為相互投資公司。

與上述類型不同者為，在此有相互性，與上述乃單方性者不同，但在此只需三分之一以上而非半數以上。相互投資有時又被稱為交叉持股，其在實務上有維持或強化企業間之合作，確保企業經營者之支配權，維穩股價便於企業籌措資金等好處，[2339]但由於公司間相互投資每有虛增資本（資本空洞化），以及董監事長期在位（支配空洞化）與炒作股票之弊端，[2340]並使公司各機關彼此間之制衡 (check and balance) 機制失能，[2341]所以須加以限

[2338] 柯芳枝，前揭書，頁 667；周振鋒、洪秀芬，內部監控制度，收錄於方嘉麟主編，變動中的公司法制，初版，元照，台北，2019 年 1 月，頁 217；賴源河（王志誠修訂），前揭書，頁 420。

[2339] 王文宇、林國全，公司法，收錄於王文宇、林國全、王志誠、許忠信、汪信君，前揭書，頁 239。

[2340] 吉本健一，前揭書，頁 116；伊藤真，前揭書，頁 478；黑沼悅郎，前揭書，頁 72、73。

[2341] 河本一郎、川口恭弘，前揭書，頁 41。

制，但若全面禁止不僅難以落實而且亦不利於企業之結合，例如日本公司實務常藉集團內公司彼此交叉持股以防衛敵意併購。[2342]所以，僅能採折衷方案，[2343]而使其表決權受到限制，而且藉由資訊公開使利害關係人知其相互投資之事實，避免為資本虛增之現象所蒙蔽。[2344]其持股判斷時點原則上為股東會時為準。[2345]

二、相互為控制公司與從屬公司之問題

公司法第三六九條之九第二項規定，相互投資公司各持有對方已發行有表決權之股份總數或資本總額超過半數者，或互可直接或間接控制對方之人事、財務或業務經營者，互為控制公司與從屬公司。

相互投資公司且互為控制從屬公司既為本條所肯定，學說亦肯認其合法性，[2346]且既然又同為控制與從屬公司，自亦適用其規範。[2347]然而國內有見解認為此種型態之公司於二〇〇一年修正公司法新增第一六七條第三項（被持有已發行有表決權之股份總數或資本總額超過半數之從屬公司，不得將控制公司之股份收買或收為質物）與該條第四項（前項控制公司及其從屬公司直接或間接持有他公司已發行有表決權之股份總數或資本總額合計超過半數者，他公司亦不得將控制公司及其從屬公司之股份收買或收為質物）禁止從屬公司購買控制公司之股份後，已不可能再發生，蓋一旦某公司持有他公司已發行有表決權股份總數過半數時，該他公司即不得再買入某公司之股份，故已無再取得控制公司地位之可能性，但在修法前已存在之相互投資公司之法律地位與權益不受影響。[2348]

[2342] 河本一郎、川口恭弘，前揭書，頁 14、17。

[2343] 龍田節、前田雅弘，前揭書，頁 305。

[2344] 柯芳枝，前揭書，頁 668；王文宇，同前[75]，頁 689、698。

[2345] 三枝一雄、南保勝美、柿崎環、根本伸一，前揭書，頁 162。

[2346] 姚志明，前揭書，頁 635；廖大穎，前揭書，頁 717。

[2347] 陳連順，前揭書，頁 461。

[2348] 王文宇，同前[75]，頁 689。

第三節 關係企業種類之侷限性與搭配揭開公司面紗之理論之必要性

壹、契約上之關係企業

我國關係企業章乃參考德國法，而德國法上所規範之關係企業類型中另有規範企業間訂有控制契約之關係企業，但因我國實務甚少以此方式形成關係企業，因此，我國立法時未將之納入規範。[2349]

貳、公司以外形式之控制型態

我國實務上常見以財團法人（如醫院）對他公司形成控制關係，或以信託等非法人之形式對他公司形成控股之關係，甚至以個人設置的「總管理處」之組織形式為之，由於其非公司型態之企業，因此，非我國法所規範之關係企業，而僅能被稱為集團企業。[2350]

參、搭配揭開公司面紗之理論之必要性

我國二〇一一年修法時原欲將契約上之關係企業納入規範以便將以個人或總管理處方式控制他公司者納入規範，但立法院審議時卻屈服於國內集團企業老闆之壓力而作罷。這是因為我國企業集團中所設置的總管理處之組織形式，在現行關係企業章中僅能在各分子公司間存有控制之關係時或互相投資時才被認定為關係企業而納入公司法之規範。然而，對於控制頂點之集團老闆或總管理處因其非公司型態而不受關係企業章之規範，此時僅能以公司法第八條第三項之影子董事之規定或公司法第一五四條第二項等揭開公司面紗理論之規定來加以繩之以法了。此時，我們需了解控制公司之法律責任。

[2349] 姚志明，前揭書，頁633；王文宇，同前[75]，頁689。

[2350] 蘇怡慈，前揭文，頁337。

第三章　控制公司之法律責任

第一節　概　說

轉投資之放寬必然需有關係企業之立法規範，因為可能會有公司濫用有限責任制度及獨立法人格制度，例如詐害第三人或為有害從屬公司債權人或其股東等行為。我國現行關係企業章之規範僅及於控制公司與控制公司之公司負責人，無法規範到其他真正具有控制力之主體，例如企業集團的總管理處，而需要另有揭開公司面紗之理論之立法。

德國法將控制從屬公司之支配類型當成獨自成類之（關係企業）規範而不適用一般的揭穿公司面紗原理及責任制度。雖有判決認為當子公司已成為母公司利益之工具時，亦應有一般揭穿理論之適用，國內學者亦有認為集團企業責任亦屬揭開公司面紗責任者，[2351]但由於在德國法無實定法根據，而只規定控制公司之補償責任，而此並非揭穿責任，[2352]頂多可稱為德國關係企業模式之揭穿責任。所以，在日本尚有被控制公司之債權人以法人格否定論及事實上董事之原理來尋求救濟，[2353]在我國則因有關係企業章之立法而至今幾乎沒有案例。

[2351] 廖大穎，前揭書，頁64。

[2352] Karsten Schmidt, a.a.O. (Fußnote 21), S. 237–239.

[2353] 黑沼悅郎，前揭書，頁366。

第二節 審判實務需求

壹、英美審判實務

依英美審判實務，法院在特定情形下，為保護公司之債權人，當從屬公司陷於控制公司之全面支配下，即從屬公司形同控制公司之傀儡時，得否認從屬公司之法人格，使控制公司直接對從屬公司之債權人負責，其目的在避免發生濫用公司有限責任制度，或利用公司法人格而迴避本人責任。揭穿公司面紗之結果㈠控制公司對內而言，控制公司對內（即對被控制公司）有忠實義務，因為其為影子董事 (shadow director)，而影子董事亦是董事，所以對公司有忠實義務。㈡控制公司對外而言，控制公司對外（對被控制公司之債權人）須直接負責，因為已揭開面紗，例如資產證券化之特別目的公司 (“spc”)：針對利用特殊目的公司進行之金融資產證券化交易，美國破產法庭依據衡平法原則，有權視情況將特殊目的公司與創始機構之資產負債合併，而視為單一主體，以避免創始機構濫設特殊目的公司，再發行有價證券詐騙投資人，此即所謂「實質合併原則」。

貳、我國未決之問題

控制公司之董事對控制公司之善良管理人注意義務是否包括監視子公司之業務呢?日本學說認為不只控制公司對被控制公司有積極指揮業務時，甚至僅單純持股而將業務委由被控制公司進行時，其皆有善良管理人之注意義務所生之監視與適切管理之義務。[2354]我國對此因關係企業章未規定，所以乃未決之問題。

此外，日本曾探討立法而意見紛歧未通過，然學說認為當控制公司可被認為是被控制公司之事實上董事時則可要求控制公司本身對被控制公司

[2354] 黑沼悅郎，前揭書，頁 364–365。

之股東負起日本法第四二九條第一項之責任以保障被控制公司之少數股東之利益。[2355]日本法第四二九條第一項規定，公司董事等負責人於其職務之執行有故意或重大過失時須對第三人因此所受之損害負責。此條立法乃因公司在債務即將超過資產時公司負責人有以小博大孤注一擲之傾向而使公司因冒險而受損，進而使第三人受害，因此所負之特別的法定責任。[2356]我國並無類似立法，而且即使日本雖有第四二九條之規定與救濟可能性，仍被認為乃是被控制公司少數股東之悲哀，[2357]因此還是須有揭開公司面紗理論之立法為妥。

第三節　對控制公司之損害賠償請求權

關係企業之控制公司往往操縱交易條件使從屬公司受害而自己獲利或藉調整所屬關係企業之損益而利益輸送或逃漏稅捐，因此，有必要規定對控制公司之損害賠償請求權，[2358]而讓被控制公司及其股東或債權人有救濟途徑。

壹、公司法承認控制公司得決定集團利益之分配

公司法關係企業章仿德國法原則上承認控制公司或其負責人得本於其控制力決定集團利益之分配。因此，公司法第三六九條之四第一項規定，控制公司直接或間接使從屬公司為不合營業常規或其他不利益之經營，而未於會計年度終了時為適當補償，致從屬公司受有損害者，應負賠償責任。

公司法第三六九條之五規定，控制公司使從屬公司為前條第一項之經營，致他從屬公司受有利益，受有利益之該他從屬公司於其所受利益限度

[2355] 黑沼悅郎，前揭書，頁367–368。

[2356] 伊藤真，前揭書，頁684–685；高橋紀夫，前揭書，頁8。

[2357] 龍田節、前田雅弘，前揭書，頁522。

[2358] 柯芳枝，前揭書，頁669。

內，就控制公司依前條規定應負之賠償，負連帶責任。

國內學者認為此兩條之共同立法意旨可謂是揭開公司面紗原則之表彰、延伸或引入或變形之一。[2359]其實從此二條文觀之，公司法顯然承認控制公司或其負責人得本於其控制力之行使，於會計年度中決定集團利益之分配，以追求整體企業集團之經營綜效，所以，其只規定控制公司之補償責任，而此並非揭穿責任，[2360]頂多可稱為德國關係企業模式之揭穿責任。

貳、從屬公司之損害賠償請求權之要件

依公司法第三六九條之四第一項規定，控制公司直接或間接使從屬公司為不合營業常規或其他不利益之經營，而未於會計年度終了時為適當補償，致從屬公司受有損害者，應負賠償責任。而且，具有控制與從屬關係之相互投資公司亦有補償與賠償請求權之適用。[2361]其構成要件有㈠控制公司直接或間接促使從屬公司之因果關係。㈡為不合營業常規或其他不利益之經營。所謂「不合營業常規或其他不利益之經營」，性質上為實體規範而非程序規範。而所謂不合營業常規，在美國法稱為非常規交易 (non-arm's length transaction)，[2362]即依一般商業交易慣例，交易條件顯不相當。[2363]我國經濟部亦認為，應以一般商業交易及慣例來認定其交易是否合理，[2364]例如關係企業間商品或股票之銷售其交易價格低於市場上正常交易之合理價格，以及關係企業間相互融資而不計收利息，或低於企業間相互融資成本之利率計收利息，均屬「不合營業常規」；[2365]並且在判斷時點上，應以事前

[2359] 王文宇，同前[75]，頁 701；廖大穎，前揭書，頁 64、68。

[2360] Karsten Schmidt, a.a.O. (Fußnote 21), S. 237–239.

[2361] 王文宇、林國全，公司法，收錄於王文宇、林國全、王志誠、許忠信、汪信君，前揭書，頁 241。

[2362] 柯芳枝，前揭書，頁 670。

[2363] 王文宇，同前[75]，頁 692。

[2364] 王文宇，同前[75]，頁 692。

[2365] 賴源河（王志誠修訂），前揭書，頁 424。

判斷是否構成不合營業常規或不利益經營，[2366]即以公司實際為特定交易行為時為判斷時點。㈢未於會計年終了時為適當補償。用補償（非違法行為）字眼意味著在該年度內之集團財務調度行為乃屬合法被允許，僅於年度後未補償才變成違法。[2367]㈣致從屬公司受有損害。

參、連帶賠償義務人

一、控制公司負責人

公司法第三六九條之四第二項規定，控制公司負責人使從屬公司為前項之經營者，應與控制公司就前項損害負連帶賠償責任。依此規定，控制公司負責人之連帶賠償責任之要件如下：㈠控制公司已滿足法定要件，須對從屬公司負損害賠償責任。㈡須擔任控制公司負責人之職務。㈢須使從屬公司為非常規交易或不利益之經營。[2368]此一控制公司負責人包括公司法第八條第三項所稱之實質董事。[2369]

二、他從屬公司

公司法第三六九條之五規定，控制公司使從屬公司為前條第一項之經營，致他從屬公司受有利益，受有利益之該他從屬公司於其所受利益限度內，就控制公司依前條規定應負之賠償，負連帶責任。依此規定，控制公司使從屬公司為不合營業常規或其他不利益之經營，致他從屬公司受有利益，受有利益之該他從屬公司於其所受利益限度內，就控制公司依前條規定所應負之賠償責任，負連帶責任。

[2366] 王文宇，同前[75]，頁 692。

[2367] 王文宇、林國全，公司法，收錄於王文宇、林國全、王志誠、許忠信、汪信君，前揭書，頁 243。

[2368] 王文宇，同前[75]，頁 693。

[2369] 陳連順，前揭書，頁 454。

賠償請求權不論是否以代位權之方式為之，其行使對象包括受有利益之其他從屬公司，[2370]但從屬公司乃身不由己，為兼顧從屬公司股東及債權人之利益，賠償範圍以其所受利益範圍為限。[2371]

肆、損害賠償請求權人

從二〇一三年修法引進揭開公司面紗理論後，受害從屬公司有請求權，與受害從屬公司的債權人代位權外，從屬公司之債權人亦可能有自己之請求權。

一、自有請求權人

㈠受害從屬公司

公司法第三六九條之四第一項規定，控制公司直接或間接使從屬公司為不合營業常規或其他不利益之經營，而未於會計年度終了時為適當補償，致從屬公司受有損害者，應負賠償責任。此一請求權乃受害從屬公司之自有的求償權。[2372]

㈡受害從屬公司之債權人

當控制公司為從屬公司之法人股東時，從二〇一三年修法開始，受害從屬公司的債權人得根據公司法第一五四條第二項股東（控制公司）濫用從屬公司之法人地位，致從屬公司負擔特定債務且清償顯有困難，其情節重大而有必要者，該股東（即控制股東）應對從屬公司之債權人負清償之責。[2373]自二〇一八年修法將揭開公司面紗理論擴及有限公司後，控制公司若為有限公司，亦同。[2374]

[2370] 王文宇、林國全，公司法，收錄於王文宇、林國全、王志誠、許忠信、汪信君，前揭書，頁 246。

[2371] 柯芳枝，前揭書，頁 670；王文宇，同前[75]，頁 694。

[2372] 陳連順，前揭書，頁 455。

[2373] 陳連順，前揭書，頁 455。

二、代位請求權人

(一)主　體

公司法第三六九條之四第三項規定，控制公司未為第一項之賠償，從屬公司之債權人或繼續一年以上持有從屬公司已發行有表決權股份總數或資本總額百分之一以上之股東，得以自己名義行使前二項從屬公司之權利，請求對從屬公司為給付。債權人不論金額大小皆有代位權。[2375]而股東以表決權股份為限則值得商榷，蓋無表決權之股東亦同會受害，[2376]更何況代位權並非表決權之內涵。

(二)客　體

債權人或符條件之股東得以自己之名義代位請求控制公司賠償，且依公司法第三六九條之四第四項規定，前項權利之行使，不因從屬公司就該請求賠償權利所為之和解或拋棄而受影響。又公司法乃民法之特別法，因此，此一代位權不受民法第二四二及二四三條之限制。[2377]

然其賠償所得歸於從屬公司。由於所得之賠償屬於從屬公司而減少誘因，因此，此一規定被德國與我國學者批評為形同具文，[2378]而有進一步修法引進揭開公司面紗理論之必要。

伍、損害賠償請求權之消滅時效

公司法第三六九條之六規定，前二條所規定之損害賠償請求權（包括從屬公司對控制公司之直接請求權及從屬公司的債權人或少數股東之代位求償權），[2379]自請求權人知控制公司有賠償責任及知有賠償義務人時起，二

[2374] 陳連順，前揭書，頁455。

[2375] 柯芳枝，前揭書，頁671。

[2376] 柯芳枝，前揭書，頁671。

[2377] 柯芳枝，前揭書，頁671。

[2378] 姚志明，前揭書，頁649。

年間不行使而消滅。自控制公司賠償責任發生時起，逾五年者亦同。

第四節 控制公司對從屬公司之債權居次原則且不得抵銷

公司法第三六九條之七第一項規定，控制公司直接或間接使從屬公司為不合營業常規或其他不利益之經營，如控制公司對從屬公司有債權，在控制公司對從屬公司應負擔之損害賠償限度內，不得主張抵銷。該條第二項規定，前項債權無論有無別除權或優先權，於從屬公司依破產法之規定為破產或和解，或依本法之規定為重整或特別清算時，應次於從屬公司之其他債權受清償。所謂別除權乃根據物權法而對一標的物有優先受償之權，而優先權則為債權所附之優先權。

壹、立法理由

從屬公司（若為股份有限公司或有限公司）的財產為其全體債務之總擔保，為避免控制公司於設立從屬公司時濫用股東有限責任而儘量壓低從屬公司之資本或增加其負債而規避其責任損及其他債權人之利益，故參考美國深石 (Deep-Rock) 一案之判例見解而規定其債權居次 (subordinated)。我國有學者認為不可主張抵銷亦屬深石原則之具體表現者。[2380]

貳、深石原則

所謂深石原則 (Deep-Rock doctrine) 乃源自美國普通法判例 Deep-Rock 一案，[2381]其乃指控制公司對於從屬公司之債權，在從屬公司欠缺清償

[2379] 陳連順，前揭書，頁 455。

[2380] 蘇怡慈，前揭文，頁 347；王文宇、林國全，公司法，收錄於王文宇、林國全、王志誠、許忠信、汪信君，前揭書，頁 247。

[2381] Taylor v. Standard Gas & Electric Co., 306 U.S. 307 (1939).

能力時，控制公司不能與從屬公司之其他債權人共同參與分配。其受償順序應次於其他債權人，以保障從屬公司之其他債權人。此原則又被稱為控制公司對從屬公司之債權居次原則，且乃屬揭開公司面紗原則之延伸。[2382] 其可能缺失為，可能降低控制公司貸款給其從屬公司之意願，有礙關係企業團綜效之追求。

[2382] 王文宇，同前[75]，頁695。

第四章　相互投資型關係企業之規範

第一節　規範理由與途徑

由於公司間相互投資恐有諸多弊端，例如資本虛增與相互扶持長期支配公司等，其規範途徑有加以限制或藉由資訊公開，使有利害關係人知其事實等途徑。我國公司法除限制其表決權外，遂課予公司一定之通知義務，使可能成為他公司之從屬公司者，或可能成為相互投資公司者，可於一定期間內知悉訊息，並做出回應或準備。

第二節　相互投資之抑制

我國公司法對相互投資之法定限制包括公司法第一六七條第三項規定，被持有已發行有表決權之股份總數或資本總額超過半數之從屬公司，不得將控制公司之股份收買或收為質物。第四項規定前項控制公司及其從屬公司直接或間接持有他公司已發行有表決權之股份總數或資本總額合計超過半數者，他公司亦不得將控制公司及其從屬公司之股份收買或收為質物。第五項規定公司負責人違反前四項規定，將股份收回、收買或收為質物，或抬高價格抵償債務或抑低價格出售時，應負賠償責任。這是因為此類從屬公司之收買決定其實是控制公司之意思，因此，相互投資之結果常生上述之弊端。

第三節　相互投資公司投資狀況之公示

我國公司法對相互投資資訊之公示義務有通知與公告義務兩種。

壹、投資超過三分之一之通知義務

公司法第三六九條之八第一項規定，公司持有他公司有表決權之股份或出資額，超過該他公司已發行有表決權之股份總數或資本總額三分之一者，應於事實發生之日起一個月內以書面通知該他公司。

本條所謂公司原則上指本國公司而言，[2383]而所謂事實發生之日依經濟部之見解乃指辦理過戶日而非實際轉讓日，[2384]因此，當被投資公司為有限公司時須變更股東名簿及章程中之股東姓名，而當被投資公司為股份有限公司時，須依公司法第一六五條第一項規定將受讓人記載於股東名簿。這是因為唯於該時起該轉讓方能對抗被投資公司而對其主張已轉讓。

貳、投資重大變動之再通知義務

公司法第三六九條之八第二項規定，公司為前項通知後，有左列變動之一者，應於事實發生之日起五日內以書面再為通知：一、有表決權之股份或出資額低於他公司已發行有表決權之股份總數或資本總額三分之一時。二、有表決權之股份或出資額超過他公司已發行有表決權之股份總數或資本總額二分之一時。三、前款之有表決權之股份或出資額再低於他公司已發行有表決權之股份總數或資本總額二分之一時。如有此些變動，因影響效果頗大，所以應再為通知。

[2383] 經濟部 86 年 9 月 4 日商字第 86214513 號函。

[2384] 經濟部 87 年 2 月 2 日商字第 87200740 號函。

參、受通知公司之公告義務

公司法第三六九條之八第三項規定，受通知之公司，應於收到前二項通知五日內公告之，公告中應載明通知公司名稱及其持有股份或出資額之額度。

實務上被通知之公司會要求其辦理股東名簿變更登記後再受理其通知，此一作法被經濟部認為乃理所當然與法自無不合。[2385]此一公告義務乃為貫徹公示原則以保障公司小股東與債權人，因此，該條第四項規定，公司負責人違反前三項通知或公告之規定者，各處新台幣六千元以上三萬元以下罰鍰。主管機關並應責令限期辦理；期滿仍未辦理者，得責令限期辦理，並按次連續各處新台幣九千元以上六萬元以下罰鍰至辦理為止。

第四節　相互投資公司表決權行使之限制

壹、限制內容

相互投資公司之股東權，依德國股份法之規定，盈餘或股息分配權亦受限制，而我國僅限制其表決權而已。公司法第三六九條第一項規定，相互投資公司知有相互投資之事實者，其得行使之表決權，不得超過被投資公司已發行有表決權股份總數或資本總額之三分之一，但以盈餘或公積增資配股所得之股份，仍得行使表決權。該條第二項規定，公司依第三六九條之八規定通知他公司後，於未獲他公司相同之通知，亦未知有相互投資之事實者，其股權之行使不受前項限制。

貳、表決權限制之理由

公司間相互投資除有前述虛增資本之弊端外，尚有董監事長久掌握經

[2385] 經濟部 87 年 2 月 2 日商字第 87200740 號函。

營權或把持股東會之缺點，而較不重視股東利益（例如日本以前之從業員主權時代），而其影響力來自表決權，[2386]所以應對其表決權加以一定之限制。[2387]

參、從屬公司等相互投資控制公司之股份無表決權

公司法上另有其他表決權行使之限制（無表決權）規定，例如公司法第一七九條第二項規定，有下列情形之一者，其股份無表決權：……二、被持有已發行有表決權之股份總數或資本總額超過半數之從屬公司，所持有控制公司之股份。三、控制公司及其從屬公司直接或間接持有他公司已發行有表決權之股份總數或資本總額合計超過半數之他公司，所持有控制公司及其從屬公司之股份。

[2386] 川村正幸等三人合著，前揭書，頁 33–34。

[2387] 柯芳枝，前揭書，頁 668；王文宇，同前[75]，頁 689、698。

第五章　關係企業之資訊揭露制度

關係企業之資訊揭露義務除證券交易法第三六條及第三七條規定外，有公司法第三六九條之十二之規定。公司法該條第一項規定，從屬公司為公開發行股票之公司者，應於每會計年度終了，造具其與控制公司間之關係報告書，載明相互間之法律行為、資金往來及損益情形。該條第二項規定，控制公司為公開發行股票之公司者，應於每會計年度終了，編製關係企業合併營業報告書及合併財務報表。該條第三項規定，前二項書表之編製準則，由證券主管機關定之。

本條規定乃為明瞭控制公司與從屬公司間之交易情況而參考德國立法例（股份法）而制定，再經二〇一八年之修正。原第一項所定「公開發行股票公司之從屬公司」，係指從屬公司為公開發行股票之公司之情形；原第二項所定「公開發行股票公司之控制公司」，係指控制公司為公開發行股票之公司之情形，故二〇一八年修正第一項及第二項，予以釐清。經此一釐清後我們可清楚看出，我國的合併報表義務漏掉一重要類型，即當控制公司為非公開發行公司時，其並無合併報表之義務，而此一類型乃依修正前之舊文字可將之涵蓋到，使其有合併報表之義務且是我國實務最需透明而不透明之處，然而此次釐清卻使其更不透明了。[2388]

此一合併報表之理由在於控制公司董事之善管義務及於對被控制公司之監視義務以及為保障控制公司股東之利益，須讓其等有了解企業集團及其子公司之營業與財務等狀況之充分資訊。[2389]然而，由我國之規定可見，我國合併報表僅規範公開發行公司，但關係企業之控制公司與被控制公司

[2388] 馬秀如，前揭文，頁 258–259。

[2389] 黑沼悅郎，前揭書，頁 365。

皆可能為非公開發行公司，因此，我國之規定並未能揭露所有關係企業之實情，而使本條所欲達之目的被大打折扣了。[2390]

[2390] 王文宇、林國全，公司法，收錄於王文宇、林國全、王志誠、許忠信、汪信君合著，前揭書，頁248。

第六篇

企業基礎之變更

第一章　概　述

所謂企業基礎之變更 (fundamental changes) 乃指組織變更、合併、分割、股份轉換、公司營業之租售或受讓等與股東之重大利害相關而須經股東會特別決議且設有股份收買請求權或債權人異議程序者。其中除組織變更僅有公司之單獨行為外，其他皆涉兩公司（包括分割後新設之公司）間關係之行為，而後者大體上可被區分為三大類，即同一集團間之行為而未有企業支配變動者、涉及企業間支配之企業併購 (M&A; takeover)，以及兩個以上之企業形成共同企業（例如聯合開發公司）等三大類。[2391]本書僅論公司法有規範涉及者，其他則屬資本市場法之領域。

第一節　企業併購之概念

企業之概念已介紹於本書第一篇導論中，而我國企業併購法僅規範股份有限公司間之併購，因此，所謂企業併購依據企業併購法第四條第二款之定義，乃指公司間之合併、收購及分割。而股份轉換乃是將他公司收購為百分之百持股之子公司，[2392]而為收購之概念所及，因此，先進國家之企業併購法亦會規範股份轉換之行為，例如日本公司法第五篇（第七四三條以下）即包括之。

企業併購（或稱公司併購）之動機乃是為擴大經濟規模，提升效率，取得他公司之顧客、市場佔有率、員工、技術以及其無形資產，而合併或收購他公司資產，或為形成控股關係而收購他公司之股份，又公司有時為

[2391] 江頭憲治郎，前揭書，頁 833。

[2392] 王文宇，同前[75]，頁 175。

專業經營以提升效率，有利銀行融資時之風險評估等，而有必要進行分割。然而，企業併購會影響經營權歸屬，甚至形成獨佔或寡佔而不利於市場競爭，以及造成失業勞工問題。因此，法律須加以規範，包括公司法、企業併購法、公平交易法、金融機構合併法與勞基法等皆有所規定。例如公司法即關注公司併購時，資產鑑價與出售常有模糊空間而被經營者濫用圖利私人，因此，在此更需強調其義務包括忠實義務，尤其是利益迴避與揭露資訊之義務。

第二節　企業併購之態樣

壹、概　述

企業併購若僅涉及公司之併購則可被稱為公司併購。公司併購之態樣包含合併 (amalagamation, merger, consolidation, Verschmelzung)、分割 (corporate division)、收購 (acquisition) 與股份轉換 (share exchange)。大體上可根據其有否變動法律人格來加以區分成兩大類型。

貳、法律人格有變動之併購

法律人格有變動之併購指合併與分割。合併有吸收合併 (consolidation) 與新設合併 (merger) 之分。分割亦有新設分割與吸收分割之分。

參、法律人格未變動之併購

法律人格未變動之併購則有收購。所謂收購，依企業併購法第四條第四款之定義，乃指公司購買取得他公司之股份、營業或財產，而以股份、現金或其他財產作為對價之行為。可見，公司之法律人格未變動，而且收購依此定義包含股份收購（包括股份轉換）與營業之收購及財產之收購。這是因為如本書導論篇所述，企業雖有經濟上之單一性，但在法律上未成為單一權利之客體，所以，並未能成為收購之客體，而僅能對其股份，營業與財產進行收購，問題在於營業為何能被收購，詳述於下。

第二章　股份收購與股份轉換

第一節　定　義

股份收購 (share acquisition) 指收購公司購買目標公司之全部或一部分之股權。股份收購有敦促公司經營派努力經營之效果。而於收購後兩公司仍留有各自之法律人格，只是收購人得到另一家公司之經營權或控制權，使目標公司成為被投資公司或子公司，所以乃為最常見之併購型態，但股份收購往往是合併的先聲，即所謂之先購後併。[2393]

股份收購依定義包含股份轉換。股份轉換與股份交換有所不同。企併法與金控法之股份轉換明文規定以「取得他公司經營權為股份轉換」之目的。而股份交換乃指公司為轉換為控股公司或其他關係企業之目的，透過股份移轉之方法，進行企業組織再造。股份交換對股東不具強制性，雖然受讓公司發行新股會造成原股東股權之稀釋，影響股東權益，但若對價公允，只要遵守公司法有關發行新股之規定，對公司少數股東衝擊較低，故經董事會特別決議即可。[2394]但一公司之股份交換若已達發行股份百分之百之情形，即屬企併法與金控法定義之股份轉換，而為企業取得他企業經營權所採取之一種特殊方法，由於「股份轉換」依金控法與企併法之規定需全部轉換，對股東有強制性，故須經股東會特別決議始可。[2395]

[2393] 王文宇，同前[75]，頁 173。

[2394] 王文宇，同前[75]，頁 175。

[2395] 王文宇，同前[75]，頁 175。

第二節　股份轉換

壹、股份轉換之意義

所謂股份轉換，乃為形成控股公司或關係企業而依特別法之規定（企併法或金控法）所為之股份交換行為。因此，股份轉換，依企業併購法第四條第五款之定義乃指公司以股東會特別決議讓與全部已發行股份於他公司，而由他公司以股份、現金或其他財產支付轉讓公司股東作為對價之行為，而且，依企併法第二九條第一項之規定，他公司可為既存之公司亦可為新設之公司。以形成金控公司為例，可預先設立將來要成為控股公司之公司，而後由其與既存之金融機構訂立股份交換契約，並經股東會特別決議通過，由該控股公司取得原金融機構百分之百之股份，而原金融機構之股東透過換股而成為控股公司之股東者。此時標的公司法律人格並未變動而是多出一控制公司之法人格。我國公司法僅有一般的股份交換規定，但一公司依企併法與金控法之規定藉股份交換讓與已發行股份達百分之百之情形，即屬企併法與金控法定義下之股份轉換。

此時須注意日本公司法第二條第三一款將股份交換定義為股份有限公司將全部已發行之股份由另一既存之股份有限公司或有限公司取得之情況，而依第三二款，所謂股份移轉乃一或二以上之股份有限公司將全部已發行之股份由新設之股份有限公司取得之情況。換言之，日本之股份交換乃企業收購或既存之公司被完全子公司化，而股份移轉乃由既存之一家或兩家以上公司被統合在一家股份有限公司下經營之機制。[2396]所以，日本法之股份交換（與我國法之股份交換不同意義）與股份移轉皆屬我國企業併購法上之股份轉換。股份交換之母公司可為既存公司而且可為有限公司，但股份移轉之母公司必為新設立之公司且為股份有限公司。[2397]日本法所稱

[2396] 江頭憲治郎，前揭書，頁934、935。

之股份交換在美國有相當多之州公司承認之，而且在英國與德國等沒有類似制度之國家，亦有在當對另一公司之已發行股份之持股佔大部分時（例如百分之九十以上時）可強制使其成為完全子公司化。[2398]

貳、與股份收購之區別

股份轉換是企業為取得他企業經營權所採取之一種方式。由於股份轉換會造成關係企業或控股關係之形成，因此，有別於一般股份收購行為。[2399]

參、股份轉換之類型

股份轉換等於公司以特別決議出賣他人（股東）之物（股票），而且當其對價為併購目標公司之股份時，等於強制其接受併購公司之股份，而使目標公司之股東成為併購公司之股東，而併購公司成為目標公司之百分之百之控制公司或母公司而有三種可能性即：⑴既存之兩家公司以股份轉換方式成為完全控制之母子公司（認養模式）；⑵一家既存公司取得新設立公司之全部股份而由既存公司轉換為完全控股公司（母生子模式）；⑶既存公司之股東將所持有之股份移轉給新設立之公司而由新設立之公司取得既存公司之全部股份而成為控制公司（新設公司為控制公司）。[2400]

肆、效　果

股份轉換通常並不會使公司之財產狀態惡化，而且此時並無公司法人格之消滅，而僅是股東之變動，因此，與合併及分割不同地，原則上並不需債權人異議之手續，所以，日本法僅在例外地對債權人有重大影響時才設有債權人異議程序，[2401]我國法遂未規定之，但須有反對股東之保護機制。

[2397] 伊藤真，前揭書，頁1066；神田秀樹，前揭書，頁388。

[2398] 江頭憲治郎，前揭書，頁935（註1）。

[2399] 王文宇，同前[75]，頁175。

[2400] 陳連順，前揭書，頁91。

伍、反對股東之保護

此一企業併購之態樣固然未涉及公司法律人格之消滅，仍會有公司組織變動或重大營業變動而影響股東權益甚鉅，所以，企業併購法原則上要求股東會之特別決議，而且賦予反對股東之股份收買請求權。

2401 神田秀樹，前揭書，頁389；江頭憲治郎，前揭書，頁939、940、948。

第三章　公司營業之租售或受讓（營業讓與）

第一節　內容與立法意旨

公司法第一八五條第一項規定公司為下列行為，應有代表已發行股份總數三分之二以上股東出席之股東會，以出席股東表決權過半數之同意行之：一、締結、變更或終止關於出租全部營業，委託經營或與他人經常共同經營之契約。二、讓與全部或主要部分之營業或財產。三、受讓他人全部營業或財產，對公司營運有重大影響。

公司法第一八五條僅對股份有限公司作規定。此一規定內容乃一九六六年仿自美國與日本立法例所訂。[2402]日本法將之合稱為事業讓與（日文為事業讓渡）。[2403]本條之所以規定應經由股東會之特別決議乃因股份有限公司在企業所有與企業經營分離之前提下，通常經營行為乃由董事會決議即可，但重大處分行為或締約行為，因涉及企業收益基盤之變動而將造成公司之重大影響，所以應委由股東會決議，以保障股東的投資權益。[2404]

[2402] 柯芳枝，前揭書，頁272。

[2403] 近藤光男，前揭書，頁450。

[2404] 三枝一雄、南保勝美、柿崎環、根本伸一，前揭書，頁337。

第二節　重大事項之類別

壹、讓與全部或主要部分之營業或財產

一、營業之意義

公司法第一八五條第一項第一款稱「出租全部營業」，何以營業可以被出租呢？又公司法第一八五條第一項第三款稱「受讓他人全部營業或財產」，何以營業與財產同樣可被受讓呢？這是因為如前述本條乃繼受自英美法與日本法，而營業 (business) 乃屬營利性質之事業，在英美法被當作財產，所以，其可以被出讓與受讓，亦可以被出租。

日本法上，本規定被稱為事業（營業）讓渡，包括債務之讓渡，而有關事業讓渡之要件，學說及判決有爭議見解，日本判例採形式說（事業財產與地位繼承說）而認為須有三要件之合致，第一，為一定之事業目的而被組織化且具有機的一體機能的財產之全部或一部分之讓渡，第二，需有事業活動之承繼，第三，因該事業活動之承繼，讓渡公司有競業禁止之義務。但多數學說採有機的財產讓渡說，而認為僅需第一要件之合致而不必有其餘兩個要件，因為事業讓渡之範圍沒有加以限制之必要。[2405]不論採何見解，此一有機財產乃英文所稱之 “going concern” 而包括具有經濟價值之與顧客間之關係，而與個別之營業財產或權利義務的集體地讓與不同。[2406]事（營）業讓與之受讓人承受讓與人之資產、債務、契約上地位之哪些部分乃根據契約內容而定，但構成事（營）業之債務或契約上地位之轉讓須有相關債權人或契約相對人之同意，此點與公司分割的情況不同。[2407]

[2405] 三枝一雄、南保勝美、柿崎環、根本伸一，前揭書，頁 338；伊藤真，前揭書，頁 750；廖大穎，前揭書，頁 697，亦採類似之見解。

[2406] 江頭憲治郎，前揭書，頁 959（註 1）。

在大陸法系與我國法上，由於營業未能被認定為財產，所以，在學說上有將此營業與財產之收購解釋為資產收購 (asset acquisition) 而認為在效果上，被收購者之人格仍然存在，而因為收購公司並不承受目標公司之債務，所以風險較低，但因收購程序須對個別財產或權利為之，所以，手續較為繁雜，實務上並不多見。[2408]

二、財產之範圍

所謂財產，解釋上包括公司所擁有對子公司之所持股份或持份，因為對母公司而言，子公司實質上為營業之一部分，轉讓持股及於支配權之放手之程度者與營業之讓與有相同之影響。[2409]我國法雖無如日本法作特別之明文規定，但解釋上應亦相同。

三、「主要」之認定

公司法第一八五條第一項第二款之「讓與全部或主要部分之營業或財產」，其中之「主要」如何判斷呢？在此應做量與質之考量，而所謂量之考量乃指須考量此交易在資產數量上、營業量上，對公司從業員數有否相當重要性，而所謂質的影響是指，該交易雖在量方面不大，但卻涉及例如公司傳統形象有重大影響之部分等。[2410]柯芳枝教授之見解亦類似，且認為應視各該公司之營業及其經營性質而有不同。[2411]我國實務見解則認為，所謂讓與主要部分之營業或財產，係指該部分營業或財產之轉讓，足以影響公司所營事業之不能成就者而言。[2412]我國實務見解顯然比較嚴格。

[2407] 江頭憲治郎，前揭書，頁 958；近藤光男，前揭書，頁 109。

[2408] 王文宇，同前[75]，頁 173。

[2409] 江頭憲治郎，前揭書，頁 961；伊藤真，前揭書，頁 751。

[2410] 高橋紀夫，前揭書，頁 403-404；江頭憲治郎，前揭書，頁 960-961（註 3）；伊藤真，前揭書，頁 750。

[2411] 柯芳枝，前揭書，頁 272。

[2412] 81 年台上字第 2696 號判決。

貳、受讓他人全部營業或財產，對公司營運有重大影響

公司受讓他公司之財產原則上不必股東會之決議，但當所受讓者為他公司之全部營業或財產，在日本法上很可能連讓與公司之全部債務（含帳簿外債務）皆承受，而使受讓公司之情況與下述之吸收合併之存續公司之情況近似，[2413]因此，我國公司法乃規定當其對公司營運有重大影響時，屬本條之重大事項。

參、出租全部營業，委託經營或與他人經常共同經營之契約

公司法第一八五條第一項第一款所稱之營業全部之出租、營業全部之委託經營、與他人事業經營共通損益之經常共同經營，通常為同一企業集團內為之者較多，[2414]但因與前述事業（營業）讓與在實質上有相同之機能，因此，亦被納入規範。[2415]

此三項乃日本在二次大戰之前仿自德國法所做之規定，而且在日本案例並不多。[2416]所稱之「出租全部營業 (Betriebspachtvertrag)」乃指公司將全部營業及營業用財產加以出租，[2417]而在租期內營業用財產移轉由承租人佔有，承租人以自己之名義及自己之計算（利害）對該營業加以使用收益，而出租之公司僅收取租金。[2418]

所謂委託經營乃指公司之全部營業之經營委託，且委託公司受受任人

[2413] 江頭憲治郎，前揭書，頁964；伊藤真，前揭書，頁751。

[2414] 江頭憲治郎，前揭書，頁966。

[2415] 三枝一雄、南保勝美、柿崎環、根本伸一，前揭書，頁341。

[2416] 龍田節、前田雅弘，前揭書，頁553。

[2417] 柯芳枝，前揭書，頁273。

[2418] 江頭憲治郎，前揭書，頁966；伊藤真，前揭書，頁751。

指揮之拘束（受任人代替委託公司之董事或董事會而進行業務執行），而其與出租全部營業契約之不同點在於委託公司之營業之名義或計算或多或少仍屬於委託公司。[2419]經營委託契約中，若營業乃由受任人之計算而為之，則其與營業之出租（在對內關係上無差異，而僅對外關係有別）極為接近，而被稱為狹義經營委託契約或營業移轉契約 (Betriebsüberlassungsvertrag)。至於，仍以委託公司之名義及計算來營業，而受任人僅被授予業務執行權之契約則多被稱為經營管理契約。[2420]

所謂與他人共同經營之契約，在日本公司法第四六七條第一項第四款之用語為「與他人共通事業（營業）上的全部損益之契約，以及其他與此類似之契約」。其乃指當事者公司雖維持其法律上獨立性，[2421]但其等之營業損益或經常損益等合算後之損益，根據預先合意之方法分配給各公司之契約，所以，民法上之合夥契約亦屬之。[2422]

第三節 反對股東之股份收買請求權

為保護反對之少數股東，公司法第一八六條規定，股東於股東會為前條決議前，已以書面通知公司反對該項行為之意思表示，並於股東會已為反對者，得請求公司以當時公平價格，收買其所有之股份，但股東會為前條第一項第二款之決議，同時決議解散時，不在此限。

此為日本法在昭和二十五（一九五〇）年時基於強化股東地位之一環而自美國法所引進，[2423]我國於一九六六年仿自美日立法例之所謂股份收買請求權 (the appraisal right) 之規定。[2424]股份收買請求權實質上乃賦予反對股

[2419] 江頭憲治郎，前揭書，頁 967。
[2420] 江頭憲治郎，前揭書，頁 967（註 1）。
[2421] 伊藤真，前揭書，頁 751。
[2422] 江頭憲治郎，前揭書，頁 968。
[2423] 江頭憲治郎，前揭書，頁 837、843（註 1）。

東退出公司社團而收回投資之方法，而實質上為多數決制之修正。[2425]公司之投資乃基於股東之預期所作之決定，因此，當因多數股東之意思，公司將有重大之營業或財產之變更時或公司將與他公司合併時，此一預期已根本改變。因此，自當允許反對之少數股東退出公司。因此，股份收買請求權雖為自益權，但屬固有權，不容公司以任何方法加以剝奪。而且，在大陸法系，其被認為乃因公司股東一方之行使而不待公司之承諾即能在雙方形成股份買賣契約或形成公司對股份之購買義務之效果，所以為一種形成權。[2426]

公司法第一八七條第一項規定，前條之請求應自第一八五條決議日起二十日內，提出記載股份種類及數額之書面為之。該條第二項規定，股東與公司間協議決定股份價格者，公司應自決議日起九十日內支付價款，自第一八五條決議日起六十日內未達協議者，股東應於此期間經過後三十日內，聲請法院為價格之裁定。

第四節　法律效力

與下述之公司合併乃組織法上之概括的事業財產之承繼不同地，公司營業之租售或受讓乃契約所涉之構成該營業之個別財產、權利與義務（包括債務）之個別地移轉，且債務須由受讓公司加以債務承擔並經債權人同意，[2427]因為在此並無與合併與分割程序相同之債權人異議程序。[2428]

[2424] 柯芳枝，前揭書，頁 276；王文宇，同前[75]，頁 412。

[2425] 三枝一雄、南保勝美、柿崎環、根本伸一，前揭書，頁 73。

[2426] 柯芳枝，前揭書，頁 277；王文宇，同前[75]，頁 412–413；三枝一雄，南保勝美，柿崎環，根本伸一，前揭書，頁 75；江頭憲治郎，前揭書，頁 847。。

[2427] 廖大穎，前揭書，頁 706。

[2428] 三枝一雄、南保勝美、柿崎環、根本伸一，前揭書，頁 339–340；近藤光男，前揭書，頁 456–457。

第四章　公司合併

第一節　公司合併之概念、性質與功能

壹、公司合併之概念

所謂公司合併 (merger, consolidation, amalgation; Verschmelzung)，我國公司法對此並無明文之定義，因此，學者認為其乃指兩個以上之公司依法定程序不經解散與清算而合併為一公司之法律行為。[2429]此一法律行為通說認為屬一種契約但少數說則認為屬合同行為。[2430]一般而言，其係指兩個以上之公司訂立合併契約，依公司法第二四條之規定，免經清算程序而歸併為一間公司之行為。其中原有之一以上之公司從而消滅，且按公司法第七五條之規定，消滅公司之權利義務概括由合併後「存續」（吸收合併）或「另立」（新設合併）之公司承受。至於被消滅公司之股東則當然取得續存或新設公司之股東資格作為對價。此一制度之優點在於無須經清算等解散程序，程序上較為簡便。其缺點為市場上競爭減少，因此，須受到公平交易法（反托拉斯法）之規範。

公司合併與分割及股份交換不同地，公司法之合併規定適用於四種類型之公司，而由於企業併購法第四條第三款亦針對股份有限公司有合併之定義並規範股份有限公司之合併，因此，雖然公司法合併之規定為基本原

[2429] 鄭玉波，同前[13]，頁 36；梁宇賢，同前[15]，頁 164；賴源河（王志誠修訂），前揭書，頁 109；柯芳枝，前揭書，頁 72。

[2430] 鄭玉波，同前[13]，頁 37。

則，但就股份有限公司之併購而言，企業併購法為特別法而應優先被適用。[2431]至於金融機構即使屬為股份有限公司之類型，則適用金融機構合併法與金融控股公司法之規定。

有關本國公司與外國公司合併之問題，傳統上經濟部認為外國公司因乃分別依據其本國法律所設立，所以，其無法與本國公司合併，[2432]但現在企業併購法第二一條及金融機構合併法第十四條已有條件允許之。公司法合併規範與企業併購法間後者應優先適用，因此，公司法之規範實際上處於備而不用之狀態。[2433]

貳、公司合併之法律性質

公司合併之性質有人格合一說、現物出資說與社員現物出資說。人格合一說認為其乃當事者公司合體之組織法上之特別契約，[2434]現物出資說認為其乃以消滅公司之全部財產為現物出資而換取存續公司所發行股票或設立新設公司之現物出資，而社員現物出資說認為現物出資者並非消滅公司本身而是其股東。不論採何說，其對具體之問題解決而言，差異不大，並無爭論之實益。[2435]

參、公司合併之功能

公司合併通常是因為多角化經營、分散風險、擴大規模、排除市場之競爭而壟斷市場或拯救發生破綻之公司等目的，因此，具有企業結合與企業維持之兩大功能，[2436]而須受到公平交易法（反托拉斯法）之規範。

[2431] 陳連順，前揭書，頁 89。

[2432] 經濟部 84 年 9 月 11 日商字第 84220963 號函。

[2433] 姚志明，前揭書，頁 97。

[2434] 吉本健一，前揭書，頁 390。

[2435] 神田秀樹，前揭書，頁 353（註 1）；龍田節、前田雅弘，前揭書，頁 481；前田庸，前揭書，頁 725。

[2436] 柯芳枝，前揭書，頁 72；黑沼悅郎，前揭書，頁 306；龍田節、前田雅弘，前揭書，

第二節 公司合併之類型與限制

壹、公司合併之類型

公司合併之類型主要有吸收合併、新設合併與三角合併等類型。

一、吸收合併

吸收合併（又稱存續合併，其英文為 “merger”）乃指兩個以上之公司合併而由其中一家公司存續，其他公司消滅並由存續公司吸收消滅公司之營業與法律人格並進行組織之變更與修改章程。其中，由存續公司交付金錢給消滅公司之股東者，稱為交付現金合併 (cash-out merger)。[2437]

二、新設合併

新設合併（又稱創設合併，其英文為 “consolidation”）乃指兩個以上公司合併而全部消滅其法律人格而另立一新公司而繼受全部資產與債權債務。此一方式由於須再為公司登記並繳登記費，所以實務上少用之。[2438]

三、三角合併

所謂三角合併，即由子公司與標的公司合併，但以母公司所發行之新股給標的公司之原有股東作為合併之對價，此常被用在直接吸收合併有困難之場合，例如當欲併購之主動公司乃一外國公司，此時其先在擬被併公司國內設一存續公司而吸收該消滅公司，而由主動公司以自己之股份做對價交付給消滅公司之股東。[2439]又合併後，若子公司為存續公司者，稱為正

頁 481。

[2437] 江頭憲治郎，前揭書，頁 852（註 3）。

[2438] 黑沼悅郎，前揭書，頁 306；前田庸，前揭書，頁 724。

三角合併；若合併後子公司消滅者，則稱為逆三角合併。

三角合併為美國各州公司法早所承認之制度。日本學說上有以三角合併有違股東平等原則及侵害財產權而反對之者，但多數學說認為並無此問題，而可認為乃以消滅公司之事業全部為現物出資（現物出資說）而設立公司。[2440]

我國學者有認為三角合併並非我國法定之合併類型者，[2441]但企業併購法第二二條及其立法理由則肯定之，「現行公司法就存續公司或新設公司換發消滅公司股東所持股份之對價僅限於存續公司或新設公司發行新股之股份，範圍過於狹隘，往往影響消滅公司股東同意合併之意願。鑒於合併時應保障消滅公司股東者，係確保其於合併後仍得取得與其所持消滅公司股份相等價值之對價，故其他公司股份、現金或其他財產，均應允許作為支付消滅公司股東之對價。再者，消滅公司股東不同意存續公司或新設公司所支付之對價，尚可藉由公司法第三一七條異議股東收買股份請求權之規定保障其投資權益，對消滅公司股東權益應不致造成影響。參考美國德拉瓦州公司法第二五一(b)條規定，允許存續公司或新設公司以其他公司股份（實務上通常為上市之母公司股份；實務上又稱三角合併）、現金或其他財產作為換發消滅公司股東所持消滅公司股份之對價。……爰於第一項第二款及第三款明定之。」至於母公司在三角合併所發行之新股可否排除母公司之員工及原股東之新股認購權，我國法並無明文規定。

貳、公司合併之限制

無論是上述何種類型之合併，其是否受有法律限制，在主要國家之立

[2439] 高橋紀夫，前揭書，頁412（在股份交換亦可三角股份交換）；神田秀樹，前揭書，頁356（註4）；吉本健一，前揭書，頁390；江頭憲治郎，前揭書，頁852（註3）；龍田節、前田雅弘，前揭書，頁496–497。

[2440] 黑沼悅郎，前揭書，頁307；江頭憲治郎，前揭書，頁852（註3）。

[2441] 姚志明，前揭書，頁542。

法例上有所不同。

一、合併之立法例

同種類之公司間固得進行合併，但對於不同種類之公司間得否進行合併，有㈠公司種類不限制主義，即不問公司之種類均得合併，例如法國公司法。[2442]㈡公司種類限制主義，如德國股份法限制合併後之公司之種類，即各種公司皆可合併，但合併之一方有為股份有限公司者，合併後之公司須為股份有限公司。

二、我國法學說之見

我國法以前無明文規定，致我國學說上有嚴格限制說、適當限制說、自由說三種見解。

㈠嚴格限制說

本法既未將合併之規定置於總則，而僅分設於各章中，可知在本法上不獨限於同種類公司始得合併 ， 且合併後之公司仍須為同種類之公司始可。[2443]

㈡適當限制說

我國多數學說在此採適當限制說。公司合併不需經清算程序，則在不同種類公司合併，將產生錯綜複雜之法律關係，故宜加以限制為以同種類或性質相近之公司相互合併為宜。[2444]所謂性質相近例如有限公司或股份有限公司不能與無限公司相合併，但有限公司與股份有限公司相互間則得合併，惟合併後存續或新設之公司雖理論上有限公司或股份有限公司皆可，[2445]

[2442] 梁宇賢，同前[15]，頁 170。

[2443] 鄭玉波，同前[13]，頁 37、212。

[2444] 柯芳枝，前揭書，頁 76；潘維大、范建得、羅美隆，前揭書，頁 93；梁宇賢，同前[15]，頁 171；陳連順，前揭書，頁 81；陳國義，前揭書，頁 209。

[2445] 梁宇賢，同前[15]，頁 178。

但鑑於我國在變更組織時僅允許有限公司變更成股份有限公司之加強公司大眾化之政策與精神，因此，合併之結果應以成立或存續股份有限公司為妥。[2446]我國法現已採此一見解，後述。

㈢自由說

此說認為，對公司之合併不受種類及性質之限制，例如無限公司可以與有限公司合併為有限公司，因為公司法第七三條已設有合併程序，且於第七四及七五條規範有保護債權人程序，尤以第七五條強調概括承受之效力，對債權人實已有相當程度保護。而且，即使消滅之公司為無限公司，按第七八條各該股東尚有兩年之連帶無限清償責任，不致妨礙交易安全，故無限制之必要。[2447]

日本公司法第七四八條以下已改採自由說，[2448]但須遵守該法之程序。甚至，學說認為，雖無法律明文規定，若外國公司與日本公司為同種之法人，則鑑於美國有明文承認之州公司法，而歐洲諸國亦多允許與外國公司合併，因此，解釋上可被允許合併。[2449]甚至，清算中公司與存立中公司為存立中公司為存續公司之吸收合併，或為新設合併，亦應被允許。[2450]

三、我國限制之內容與原理

根據公司法第三一六條之一第一項之規定，股份有限公司相互間合併，或股份有限公司與有限公司合併者，其存續或新設公司以股份有限公司為限。

此一合併規範之原理應是採適當限制說，凡責任性質相同者皆可合併，

[2446] 梁宇賢，同前[15]，頁171；柯芳枝，前揭書，頁76–77；經濟部77年3月21日經商字第07610號函。

[2447] 梁宇賢，同前[15]，頁176–177。

[2448] 神田秀樹，前揭書，頁344；吉本健一，前揭書，頁390；近藤光男，前揭書，頁457。

[2449] 江頭憲治郎，前揭書，頁860–861（註3）。

[2450] 江頭憲治郎，前揭書，頁860。

而且我國法鼓勵成立較開放之股份有限公司。因此，除⑴股份有限公司與股份有限公司合併只能成立股份有限公司及股份有限公司與有限公司合併，亦只能成立股份有限公司外，⑵無限公司與無限公司合併只能成立無限公司，⑶有限公司與有限公司合併只能成立有限公司。無限公司與兩合公司間之合併，現行公司法並無明文規定，解釋上得允許其合併成無限或兩合公司。[2451]

第三節 公司合併之程序與效力

壹、公司合併之程序

由於公司合併屬於一種企業結合，除須考慮公平交易法之限制與遵守其程序要求外，公司合併之程序主要如下：合併契約之作成；經意思機關之特別決議；編造資產負債表及財產目錄；踐行保護公司債權人程序；合併登記。

一、訂立合併契約

首先應由當事人公司簽訂合併契約就合併之內容、嗣後公司之組織、消滅公司之股東在嗣後公司之地位等加以約定，公司法雖僅在股份有限公司之合併在第三一七條及第三一七條之一就合併契約有所規範，但在其他類型之公司之合併亦應為相同之解釋。[2452]然而，合併契約在股份有限公司乃由董事會特別決議作成，而其他類型公司由代表機關作成。[2453]

合併契約應經股東會決議合併並承認通過後始生效力，[2454]所以，此一

[2451] 陳連順，前揭書，頁 82。

[2452] 柯芳枝，前揭書，頁 77。

[2453] 王文宇，同前[75]，頁 190、627。

[2454] 經濟部 89 年 12 月 5 日商字第 89224851 號函。

契約性質上為以合併決議為停止條件之契約，[2455]且應以書面為之。

二、股東之同意合併或為合併決議

合併契約須以股東同意或股東會決議為生效要件，因此，合併決議須與合併契約相容，否則須另行協商合併契約之內容。而為保障股東之權益，公司法要求全體同意或特別決議，而視何種公司類型而有異。

㈠持份公司

在無限、兩合公司需有全體股東同意。不同意之無限公司股東能選擇退股。有限公司依公司法第一一三條第一項之規定，公司合併應經股東表決權三分之二以上之同意。該條第二項規定，除前項規定外，公司合併準用無限公司有關之規定。有限公司之不同意合併之少數股東既無退股制，亦無出資收買請求權之規定，因此，僅能依公司法第一一一條轉讓其股份了，[2456]但其價格可能會不高。

㈡股份有限公司

1.非簡易合併

股份有限公司之合併需經股東會特別決議，而且反對之股東對其持有之股份有收買請求權。若於「股份轉換基準日」時，對不同意股東之股份仍未完成價款之交付，是否可讓該股東反悔而選擇換股呢？經濟部認為於股份轉換基準日對未完成價款交付之異議股東股份，仍得轉換股份，因為股東就股東會承認合併契約，在集會前或集會中以書面表示異議，係屬股份收買事宜，至表示異議股東之股份收買價格於「合併基準日」後議定或裁定，與股份之銷除，係屬二事。[2457]

此外，未放棄表決權而投反對票之股東得否於事後行使股份收買請求

[2455] 柯芳枝，前揭書，頁77；賴源河（王志誠修訂），前揭書，頁110；王文宇，同前[75]，頁190。

[2456] 陳連順，前揭書，頁84。

[2457] 經濟部92年12月16日經商字第09202250560號函。

權？學說上有爭執。有認為公司法第三一七條第一項僅規定「得放棄表決權」，故縱不放棄表決權，亦可於股東會上投反對票而於合併案仍然通過後行使反對股東之股份收買請求權。[2458]亦有認為應解讀為「『得』放棄表決權，而請求公司按當時公平價格，收買其持有之股份」使放棄表決權成為股份收買請求權之前提要件，並進一步使該放棄之表決權自出席股東之表決權數扣除，以促進合併之成立。[2459]現行企業併購法第十二條第一項第二款已明文採須放棄表決權之見解。

2.高度控制與從屬關係公司之簡易合併

⑴合併決議

合併之類型中有一種乃高度控制與從屬關係下，由控制公司與其從屬公司合併，因對於公司股東權益較不生影響，為便利企業經營策略之運用並節省程序成本，我國法遂於二〇〇一年參考美國模範公司法略式合併之規定制定公司法第三一六條之二，而國內有學者從該條立法理由而認為簡易合併乃指控制公司吸收合併其從屬公司者，[2460]但本書認為其亦包括新設合併在內。

有關股份有限公司之略式合併，公司法第三一六條之二第一項規定，控制公司持有從屬公司百分之九十以上已發行股份者，得經控制公司及從屬公司之董事會以董事三分之二以上出席，及出席董事過半數之決議，與其從屬公司合併。其合併之決議，不適用第三一六條第一項至第三項有關股東會決議之規定。

依此一規定，高度控制與從屬關係股份有限公司之簡易合併無須如其他股份公司間之一般合併經股東會之特別決議而僅需董事會之特別決議，其理由在於從屬公司之股東既然百分之九十以上股份已屬控制公司則其不

[2458] 王文宇，同前[75]，頁 628。

[2459] 林國全，反對合併股東之股份收買請求權，月旦法學雜誌，第 52 期，1999 年 8 月，頁 12–13。

[2460] 王文宇，同前[75]，頁 630（註 9）、631。

可能藉股東會表決而反對之，因此，沒必要召開股東會決定之（日本法稱之為略式合併，而日本法上之簡易合併乃指日本會社法第七九六條第二項之吸收合併而合併對價乃存續會社之純資產額五分之一以下，因對存續公司非屬基礎性變更，所以不需存續公司之股東會決議者），[2461]而就控制公司之股東權益保護而言，合併前其既以高度持股將控制公司影響力間接及於從屬公司，則合併之結果實質上只是使該間接關係變成直接關係而已，所以，對控制公司之股東權益而言變化不大。[2462]

最後，由於企業併購法第十九條有類似而更詳細之規定，應優先適用之，而且包括該條第四項之股份有限公司與其所擁有百分之九十資本總額之其他公司之合併。

⑵反對股東之股份收買請求權

公司法第三一六條之二第二項規定，從屬公司董事會為前項決議後，應即通知其股東，並指定三十日以上期限，聲明其股東得於期限內提出書面異議，請求從屬公司按當時公平價格，收買其持有之股份。企業併購法第十二條第一項第三款亦有簡易合併股份收買請求權之規定，應優先適用之。

公司法第三一六條之二第三項規定，從屬公司股東與從屬公司間依前項規定協議決定股份價格者，公司應自董事會決議日起九十日內支付價款；其自董事會決議日起六十日內未達協議者，股東應於此期間經過後三十日內，聲請法院為價格之裁定。

⑶股份收買請求之失效

公司法第三一六條之二第四項規定，第二項從屬公司股東收買股份之請求，於公司取銷合併之決議時，失其效力。股東於第二項及第三項規定期間內不為請求或聲請時，亦同。

[2461] 吉本健一，前揭書，頁397-399；神田秀樹，前揭書，頁365；黑沼悅郎，前揭書，頁316；高橋紀夫，前揭書，頁429-430（略式吸收分割與略式股份交換亦同）。

[2462] 王文宇，同前[75]，頁631。

⑷控制公司之特別規定

公司法第三一六條之二第五項規定，第三一七條有關收買異議股東所持股份之規定，於控制公司不適用之。因此，控制公司反對合併股東則無股份收買請求權之適用。企業併購法第十二條第一項第三款亦同旨。其理由在於⑴就控制公司之股東權益保護而言，合併前其既以高度持股將控制公司影響力間接及於從屬公司，則合併之結果實質上只是使該間接關係變成直接關係而已，所以對控制公司之股東權益而言變化不大；[2463]⑵即使價格不相當，股東會之表決亦會通過，而且股東亦無禁止請求權可行使。[2464]因此，除不必股東會之決議外，控制公司之反對股東亦無收買請求權。[2465]

三、編造資產負債表及財產目錄

公司合併時，為讓股東容易判斷是否繼續投資，以及讓債權人容易決定是否繼續債權，根據公司法三一九條之規定，公司應編造資產負債表及財產目錄，因為依該條之規定，公司法第七三條至第七五條之規定，於股份有限公司之合併準用之。

四、履行保障公司債權人之程序

為保障公司債權人，根據公司法第三一九條之準用結果，公司為合併之決議後，應即向各債權人分別通知及公告，並指定三十日以上期限，聲明債權人得於期限內提出異議。若債權人不於期限內異議則視為同意合併，債權人變成嗣後公司之債權人，[2466]若異議則擬合併公司須對之清償或提供相當之擔保，否則，不得以其合併對抗債權人。

企業併購法第二三條第一及二項則規定，合併決議後應即向各債權人

[2463] 王文宇，同前[75]，頁631。

[2464] 吉本健一，前揭書，頁419。

[2465] 王文宇，同前[75]，頁632；吉本健一，前揭書，頁419。

[2466] 陳連順，前揭書，頁84。

分別通知及公告，並指定三十日以上期限，聲明債權人得於期限內提出異議。公司不為通知或公告，或對期間內異議之債權人不對之清償或提供相當之擔保或成立以清償債務為目的之信託或由公司證明合併無礙於債權人之權利，不得以之對抗債權人。

在股份有限公司，根據公司法第三一九條之一之規定，分割後受讓營業之既存公司或新設公司，應就分割前公司所負債務於其受讓營業之出資範圍負連帶清償責任。但債權人之連帶清償責任請求權，自分割基準日起二年內不行使而消滅。此乃來自大陸法系之制度。[2467]另外企業併購法第二三條第一及第二項亦有類似規定。

五、公司之設立或變更章程

(一)存續或新設公司非為股份有限公司

合併後存續或新設之公司若非為股份有限公司，則須依情況修改公司章程或訂立章程。

(二)存續或新設公司為股份有限公司

若存續公司為股份有限公司則其董事會應召集股東會修改章程，若為新設股份有限公司，則須召開發起人會議，因此，公司法第三一八條第一項規定，公司合併後，存續公司之董事會，或新設公司之發起人，於完成催告債權人程序後，其因合併而有股份合併者，應於股份合併生效後；其不適於合併者，應於該股份為處分後，分別循左列程序行之：一、存續公司，應即召集合併後之股東會，為合併事項之報告，其有變更章程必要者，並為變更章程。二、新設公司，應即召開發起人會議，訂立章程。又公司法第三一八條第二項規定，前項章程，不得違反合併契約之規定。在略式合併，依公司法第三一六條之二第六項規定，控制公司因合併而修正其公司章程者，仍應依公司法第二七七條章程修改規定辦理。

[2467] 黑沼悅郎，前揭書，頁318。

六、辦理公司合併之登記

依公司登記辦法第四條第一項之規定於實行後十五日內應進行變更登記，而其有存續公司之變更登記、消滅公司之公司解散登記及新設公司之設立登記。辦理解散或設立登記後，公司法律人格方產生變動。

貳、公司合併之效力

公司合併生效之時點在吸收合併在日本法乃以合併契約所訂之效力發生日生效（日本公司法第七五〇條第一項參照），而在新設合併乃在新設公司成立時生合併之效力。[2468]在我國法上，合併後會產生如下之效力。

一、公司之消滅

無論何種合併至少有一公司因解散而消滅，但由於公司之權利義務概括由另一公司承受，故無須經清算程序（然仍須為前述之解散登記）。此與通常之解散需清算完結法人格方消滅者不同。[2469]

二、公司之變更與設立登記

在吸收合併時有一公司存續而吸收另一公司使規模擴大變更其組織，故應變更章程並為變更登記。在新設合併有一新公司成立，所以須設立登記。

三、權利義務之概括承受

合併之效力依公司法第七五條之規定與準用（有限公司依公司法第一一三條第二項；兩合公司依第一一五條；股份有限公司依第三一九條），因合併而消滅之公司之權利義務由合併後存續或另立之公司承受。此一承受

[2468] 神田秀樹，前揭書，頁 373。

[2469] 柯芳枝，前揭書，頁 81。

乃指概括承受。而且依企業併購法第二十四條之規定，除消滅公司繼續中之訴訟、非訟、仲裁及其他程序由既存或新設之公司承受外，因合併而消滅之公司之權利義務由合併後存續或另立之公司概括承受，亦即(1)被合併公司之股東原則上成為新設公司或續存公司之股東，例外包括股東行使股份收買請求權而出脫股份者；[2470](2)被合併公司之債權人成為新設公司或既存公司之債權人；(3)權利義務之概括承受乃指不能免除一部分權利義務之承受，否則依民法第七一條該免除無效，[2471]但不需權利義務之個別移轉。[2472]所謂概括承受性質上與自然人之繼承同，所以，仍須依法定程序辦理，例如不動產之移轉雖不必個別移轉行為，但仍應做成書面並經登記方生效力。[2473]

由於概括承受之前已對債權人有保護程序，所以，當所承受者為債務時不必再經債權人之同意即可對其生效力，[2474]又概括承受乃因法律規定而生之效力，因此，若所承受者為債權時，不必對債務人為通知即可對其生效力。[2475]

[2470] 王文宇，同前[75]，頁193。

[2471] 陳連順，前揭書，頁89。

[2472] 鄭玉波，同前[13]，頁39。

[2473] 梁宇賢，同前[15]，頁168；王文宇，同前[75]，頁193。

[2474] 王文宇，同前[75]，頁193。

[2475] 賴源河（王志誠修訂），前揭書，頁112。

第五章　公司之分割

第一節　公司分割之意義與目的

壹、意　義

公司分割 (Spaltung) 係指股份有限公司依企業併購法或公司法等規定，將其經濟上成為一整體之獨立營業部門之營業（包括資產與負債），以對既存公司（吸收分割）或新設公司（新設分割）為現物出資之方式，而由被分割公司或被分割公司股東取得既存公司發行之股份或新設公司所發行之股份，並由既存公司或新設公司概括承受該營業部門之營業（含資產與負債）者。[2476]企業併購法第四條第六款之分割定義略同。現行公司分割制度因法律規定僅適用於股份有限公司（公司法第三一六條之一第二項及企業併購法第四條及第三二條第十一項），[2477]而有限公司、無限公司與兩合公司因規模較小較無分割之必要，所以，我國法未規範之，基於人合色彩應不被允許分割。

公司分割為大陸法系之制度，美國法並無此一制度。[2478]日本法上被分割者為有關公司事業之所擁有之權利義務之全部或一部分，而此一分割對象之權利義務之意義有所爭論。有認為僅是權利義務之承繼或概括承受，但日本判決及學說認為其乃相當於被分割公司之事業之全部或一部分之財產，亦即因一定之事業目的而被組織化而具有有機一體化的機能之財產，

[2476] 經濟部 91 年 8 月 22 日經商字第 09102168750 號函；王文宇，同前[75]，頁 634。

[2477] 陳連順，前揭書，頁 433。

[2478] 江頭憲治郎，前揭書，頁 898（註 1）。

因為分割時並不需個別債權者之同意，而是以概括承受方式之整體移轉。[2479]

貳、公司分割之目的

公司分割之目的在於解決企業組織或業務過於龐雜之問題，以分割方法利用特定部門之分離出去，縮小公司之規模，促進企業經營之專業化與改善績效，[2480]而且可較易控制公司風險，並藉風險較易受銀行評估而較易獲得銀行融資等。此外，就經濟規範而言，競爭主管機關有時為求市場之競爭而要求公司進行分割。

第二節　公司分割之類型

壹、以受出資之公司為新設公司或既存公司而區分

公司分割以受出資之公司為新設公司或既存公司而區分為新設分割與吸收分割。根據公司法第三一六條之一第二項之規定，股份有限公司經分割者，其新設或存續之公司以股份有限公司為限，以求公司大眾化及財務健全化。

一、新設分割

新設分割（又稱單純分割）乃被分割公司將其部分營業部門之資產（財產及負債）分割，獨立成立新設公司，由新設公司受讓該營業。此時，新設公司對外並無招募股份之情形，性質上屬於發起設立。被分割公司本身或被分割公司之股東作為因分割而新設之公司之發起人。新設分割之被分割公司可以是一家，亦可能是數家公司同時被分割。[2481]

[2479] 吉本健一，前揭書，頁411。

[2480] 賴源河（王志誠修訂），前揭書，頁398。

二、吸收分割

吸收分割（又稱為合併分割）指被分割公司營業分割之同時，將被分割之一部分營業合併到其他既存之公司，由既存公司受讓該營業。[2482]此種分割方式，通常為控股公司之組織，為使其旗下被控股公司所重複經營之事業部門得以集中營業與管理，而進行組織再造所採行。此一類型並無公司法人格之變動，而僅為資產之移轉。其中以被分割公司於該合併後依然存續或因此消滅，又被區分為存續分割合併與消滅分割合併。[2483]此外尚有被分割公司的分割部分與他公司全部或分割的一部分，進行新設合併所形成之新設分割合併。[2484]

吸收分割中（與吸收合併時有交付現金合併類似地），承繼公司依據分割契約向被分割公司給付現金（分割交付金）者稱為交付現金分割，而若以承繼公司之母公司之股份做對價交付者，稱為三角分割。[2485]

三、新設分割與吸收分割之併行

新設分割與吸收分割之併行，乃指同一被分割公司之各獨立營業部門有被新設分割者，亦有被吸收分割者。[2486]

貳、以被分割公司法人格是否繼續存續而區分

公司分割以被分割公司法人格是否繼續存續而區分為存續分割與消滅分割。(1)存續分割，分割後，被分割公司仍然存續。(2)在消滅分割，被分

[2481] 吉本健一，前揭書，頁 411。

[2482] 陳連順，前揭書，頁 433。

[2483] 陳連順，前揭書，頁 433。

[2484] 陳連順，前揭書，頁 433。

[2485] 江頭憲治郎，前揭書，頁 899（註 4）。

[2486] 陳連順，前揭書，頁 433。

割公司於分割後，因解散而喪失其法人格。消滅分割亦被稱全部分割或完全分割。日本法並未承認消滅分割。[2487]

參、以新設公司由該被分割公司或其股東取得股份而區分

公司分割以新設公司由該被分割公司或其股東取得股份而分為物的分割與人的分割。

一、物的分割

將公司全部或部分營業或財產，以現物出資之方式設立新公司或移轉給承受公司，被分割公司取得承受公司所發行之新股，以為對價。[2488]

二、人的分割

人的分割乃指承受公司將分割程序所發行之股份，直接依被分割公司股東之原持股比例，分配給被分割公司之股東之分割型態。[2489]其等於物之分割加上對被分割公司股東之「財產分派」所構成。[2490]即一旦分割對價（現金或現物）交付給公司時該公司立刻以之分派給其股東。因此，公司法之分割其實皆為物之分割。[2491]

三、物與人之混合分割

分割程序所發行之股份一部分交被分割公司，一部分交被分割公司股

[2487] 神田秀樹，前揭書，頁378。

[2488] 王文宇，同前[75]，頁637；神田秀樹，前揭書，頁378；黑沼悅郎，前揭書，頁328；高橋紀夫，前揭書，頁409。

[2489] 王文宇，同前[75]，頁637；神田秀樹，前揭書，頁378；吉本健一，前揭書，頁411；黑沼悅郎，前揭書，頁328；高橋紀夫，前揭書，頁409。

[2490] 近藤光男，前揭書，頁467。

[2491] 河本一郎、川口恭弘，前揭書，頁312。

東之混合型分割。[2492]

第三節 分割之限制與程序

壹、分割之限制

無限公司與兩合公司不能被分割，因為公司之無限責任股東對公司債務負無限清償責任，若因公司分割而由其他公司承繼公司債務，則對被分割公司之債權人可能會受到重大損害。[2493]在我國法，有限公司亦不可被分割。至於分割後承繼之公司或新設之公司，日本法並無限制必為股份有限公司，而可為其他公司，例如無限公司或兩合公司，[2494]我國法只能為股份有限公司。

貳、分割之程序

一、董事會做成分割計畫

股份有限公司依據公司法第三一七條第一項（企業併購法第三五條第一項）之規定，公司分割時，董事會應就分割有關事項作成分割計畫，提出於股東會；股東在集會前或集會中，以書面表示異議，或以口頭表示異議經紀錄者，得放棄表決權，而請求公司按當時公平價格，收買其持有之股份。董事會做成分割計畫，隨股東會之召集通知書一併發送於股東。

公司法第三一七條之二第一項（企業併購法第三八條第一項同）規定，第三一七條第一項之分割計畫，應以書面為之，並記載左列事項：一、承

[2492] 神田秀樹，前揭書，頁 378；黒沼悅郎，前揭書，頁 328–329；高橋紀夫，前揭書，頁 409。

[2493] 江頭憲治郎，前揭書，頁 903。

[2494] 江頭憲治郎，前揭書，頁 903–904。

受營業之既存公司章程需變更事項或新設公司章程。二、被分割公司讓與既存公司或新設公司之營業價值、資產、負債、換股比例及計算依據。三、承受營業之既存公司發行新股或新設公司發行股份之總數、種類及數量。四、被分割公司或其股東所取得股份之總數、種類及數量。五、對被分割公司或其股東配發之股份不滿一股應支付現金者，其有關規定。六、既存公司或新設公司承受被分割公司權利義務及其相關事項。七、被分割公司之資本減少時，其資本減少有關事項。八、被分割公司之股份銷除所需辦理事項。九、與他公司共同為公司分割者，分割決議應記載其共同為公司分割有關事項。

由分割計畫所記載之事項可知分割可能須進行之其他程序包括被分割公司減少資本之銷除股份以及既存公司換發新股；新設公司發行新股等程序。

二、召集股東會進行特別決議

公司分割對股東權益影響重大，因此，其股東會之決議方式與解散及合併程序一樣，[2495]而且不得以臨時動議提出。

分割計畫經股東會特別決議通過後若要調整分割營業之範圍、金額或發行新股數，應由其後之股東臨時會以決議變更之，而不能由董事會決定之。[2496]

對少數股東權之保障，公司法第三一七條第一項規定了少數股東之股份收買請求權，即股東在集會前或集會中，以書面表示異議，或以口頭表示異議經紀錄者，得放棄表決權，而請求公司按當時公平價格，收買其持有之股份。

[2495] 賴源河（王志誠修訂），前揭書，頁 398。

[2496] 經濟部 95 年 8 月 22 日經商字第 09500601300 號函。

三、編造資產負債表及財產目錄

股份有限公司分割時，為讓股東容易判斷是否繼續投資，以及讓債權人容易決定是否繼續債權，根據公司法第三一九條之規定，公司法第七三條至第七五條之規定，於股份有限公司之合併或分割準用之。所以，公司應編造資產負債表及財產目錄。

四、履行保障公司債權人之程序

為保障公司債權人，根據公司法第三一九條之準用公司法第七三條至第七四條之結果，公司為分割之決議後，應即向各債權人分別通知及公告，並指定三十日以上期限，聲明債權人得於期限內提出異議。若債權人不於期限內異議則視為同意分割，債權人變成嗣後公司之債權人，若異議則擬分割公司須對之清償或提供相當之擔保，否則，不得以其分割對抗債權人。

企業併購法第三五條第六項則規定，分割決議後應即向各債權人分別通知及公告，並指定三十日以上期限，聲明債權人得於期限內提出異議。公司不為通知或公告，或對期間內異議之債權人不對之清償或提供相當之擔保或成立以清償債務為目的之信託或由公司證明分割無礙於債權人之權利，不得以之對抗債權人。

五、董事與監察人之選舉

公司法第三一七條第二項規定，他公司為新設公司者，被分割公司之股東會視為他公司之發起人會議，得同時選舉新設公司之董事及監察人。另外企業併購法第三五條第七項亦有類似規定。

新設分割時之新設公司之股份乃分配給被分割公司或被分割公司之股東並無對外募股，因此，屬於發起設立，[2497]而由被分割公司或被分割公司之股東為發起人以縮小規模專業經營而分割部分之資產及負債，由新設公

[2497] 王文宇，同前[75]，頁639。

司概括承受，形同現物出資，因此，為求程序經濟而排除通常之設立程序，[2498]遂以被分割公司之股東會視為他公司之發起人會議，同時得選舉新設公司之董事與監察人。

又經濟部認為，公司法第一二八條之一規定，「政府或法人股東一人所組織之股份有限公司，不受前條第一項之限制。該公司之股東會之職權由董事會行使，不適用本法有關股東會之規定。前項公司之董事、監察人，由政府或法人股東指派」。是以，依公司法第三一七條第二項之規定，如新設公司發行股份予被分割公司，並由被分割公司百分之百持有股份，即屬於一人股東情形，則新設公司之董事、監察人依第一二八條之一之規定由被分割公司逕行指派，尚不發生股東會選舉董事、監察人情事。[2499]

六、申請為設立變更或解散登記

公司分割後視情況應依公司登記辦法之規定為公司解散、設立與變更之登記。

第四節　公司分割之效力

公司分割除上述之變更或視情況之設立登記外，尚有以下之效力。

壹、公司之消滅不必清算

公司法第二四條規定解散之公司除因合併、分割或破產而解散外，應行清算。此處所謂分割而解散乃指消滅分割，此時雖須辦理解散登記，但消滅公司不必經清算即人格消滅，因為權利義務被概括承受。

[2498] 王文宇，同前[75]，頁639。

[2499] 經濟部91年5月17日經商字第0910209215-0號函。

貳、權利義務被概括承受

不僅消滅公司之權利義務被概括承受（公司法第三一九條準用第七五條），而且存續分割（例如吸收分割）之分割範圍之權利義務（包括債務）亦被新設或既存之公司所概括承受，因此，即使為債務之承受亦不必有債權人之同意，而為民法上一般原則之例外。[2500]這是因為已有債權人異議之程序足以保障債權人利益。然而，其仍需進行各該移轉行為之對抗要件程序如登記等。[2501]

參、存續分割的被分割公司的債務清償責任

分割後受讓營業之既存公司或新設公司，應就分割前公司所負債務於其受讓營業之出資範圍負連帶清償責任，但債權人之連帶清償責任請求權，自分割基準日起二年內不行使而消滅（公司法第三一九條之一參照）。

若是消滅分割則為前述之權利義務之概括承受而無可能由受讓營業之既存公司或新設公司與其連帶負責，因此，本條乃指續存分割之情況。[2502]

公司續存分割時，若分割部分營業價值被低估，則即使被分割公司繼續存在，其財產已減少而不利於其債權人，而且，受讓營業之既存公司或新設公司因此獲有利益，故為保護被分割公司之債權人，本法乃規定此一連帶責任。[2503]日本法在做類似立法前曾有判例，在分割公司與設立公司乃實質上由同一人經營時，以法人格否定論而將兩者視為同一公司者。[2504]

此一債務僅限於被分割公司在被分割前之債務，因為本條之立法理由

[2500] 三枝一雄、南保勝美、柿崎環、根本伸一，前揭書，頁 348。

[2501] 吉本健一，前揭書，頁 421。

[2502] 王文宇，同前[75]，頁 640。

[2503] 王文宇，同前[75]，頁 641；日本法第 759 條第 4 項亦有類似之規定，其原理請參吉本健一，前揭書，頁 424–425；伊藤真，前揭書，頁 1048–1049；黑沼悅郎，前揭書，頁 333。

[2504] 黑沼悅郎，前揭書，頁 333。

乃為保護被分割公司之債權人不受分割之影響，而且本條立法理由亦在於避免過度擴大受讓營業之既存或新設公司的債務責任。[2505]而此一分割前之債務雖然包括分割部分營業所生以及其他部分所生之債務，[2506]但本書認為需「被分割之業務所生之債務與分割前債務乃不可分」因為本條之意義可由企併法第三十五條第六項之類似規定看出。由於分割之資產包括債務，但有些債務有連貫性，因此，若被分割之業務所生之債務與分割前債務乃不可分時，企併法該條項要求受讓營業之既存公司或新設公司應就分割前公司所受之債務，於其受讓營業之出資範圍與分割前之公司（即存續分割）負連帶清償責任。

第五節　公司分割與營業讓與之差異

我國實務上有公司以公司法第一八五條之讓與營業而達到事實上公司分割之目的，即先設立轉投資之子公司，再將擬分割出去之營業部門轉讓給該子公司而替代新設分割，若欲與其他既存公司共同經營而達到分割合併之效果，則會由該轉投資之子公司與其他既存公司合併而替代了吸收分割。[2507]

公司分割與營業讓與有以下之差異。㈠法律人格之變動方面，營業讓與只是財產之讓與並未涉及法律人格之變動，公司分割則可能產生法律人格之變動。[2508]㈡概括承受之有無方面，被分割公司所被分割之營業之權利義務由新設公司或既存公司所概括承受，無需另為個別移轉之行為；營業讓與之權利義務須被個別地移轉，而且債務移轉原則上需債權人之同意。[2509]

[2505] 王文宇，同前[75]，頁641；陳連順，前揭書，頁436。

[2506] 王文宇，同前[75]，頁641。

[2507] 王文宇，同前[75]，頁641-642。

[2508] 神田秀樹，前揭書，頁354（註2）。

[2509] 神田秀樹，前揭書，頁350、354（註2）。

㈢公司債權人之保障方面，公司分割須踐行公司債權人保護之程序，而公司之營業讓與則無此需要。公司法第三一九條之一規定，分割後之既存公司或新設公司應依比例就分割前公司之債務，負連帶損害賠償責任；營業讓與則無類似之規定。㈣保護員工權益方面，公司分割有企業併購法第十五至第十七條有關勞工權益之規定，而營業讓與則無類似保護員工權益之規定。

第六章　公司之變更組織

第一節　概　述

壹、變更組織之意義

所謂變更組織 (conversion; Formwechsel) 乃指公司不中斷其法人格(保持法人格之同一性)，而變更其法律上之組織，成為其他種類之公司。[2510]換言之，其主體雖變更，但法人人格仍保持其同一性。可見，需有法律人格者方能變更組織，無法律人格之合夥企業不能藉變更組織而成為一公司。至於有限合夥雖具法律人格，但有限合夥法並未規定其可變更組織成一公司。而公司變更組織對公司債權人、交易安全有重大影響，因為原債權對變更後之公司繼續存在而可能對債權人較無保障，故不許公司任意為之，因而，須有法律明文規定，始得為之。[2511]

貳、變更組織之功能

公司變更組織有程序便利性，因為非屬公司解散，所以，不需經解散程序，[2512]僅於形式上變更組織，故手續簡便。而且，其具有企業維持之功能，因為有時公司雖欠缺原公司組織之要件，但仍具備其他種類公司之要件，得以轉換成為他種類之公司而繼續存在。[2513]由於此一功能，我國公司

[2510] 鄭玉波，同前[13]，頁 39–40；柯芳枝，前揭書，頁 83。

[2511] 柯芳枝，前揭書，頁 84。

[2512] 梁宇賢，同前[15]，頁 188–189。

[2513] 柯芳枝，前揭書，頁 83；鄭玉波，同前[13]，頁 40。

法乃在一九六六年仿德國股份法與日本法而設此一變更組織之規定。

第二節 股份有限公司以外其他三種公司之變更組織

壹、變更組織之法律限制

根據公司法第七六條與第一二六條之規定，無限公司與兩合公司得互相變更組織。又根據公司法第一〇六條之規定，有限公司可變更為股份有限公司，反之則否。可見，無限公司與兩合公司得互相變換組織，而有限公司得變更為股份有限公司，但反之則否。此些規定乃在種類上有所限制，即原則上須公司性質相近而股東責任相同之公司始可互變。[2514]惟有學者認為，有限公司須經全體股東同意始能變更組織，又變更為無限公司後，對公司債權人將更為有利，故現行法限制有限公司不得變更為無限公司，於法理上並不充分。[2515]日本公司法在二〇〇五年公司法制定前乃與我國現行法類似地僅允許資合公司彼此間與人合公司彼此間互相變更組織，但鑑於國際上英國法與德國法之自由化趨勢，現在已不受限制。[2516]

貳、變更組織之共通程序

無限公司，有限公司與兩合公司之變更組織之個別程序規定已介紹於本書第三篇之各該公司類別之介紹中，在此僅歸納其共通程序，包括全體股東同意、編造資產負債表及財產目錄、履行公司債權人保障之程序（惟有限公司中，因股東責任不因變更組織而改變，故僅需向債權人為通知及

[2514] 鄭玉波，同前⑬，頁 40；梁宇賢，同前⑮，頁 193；賴源河（王志誠修訂），前揭書，頁 115。

[2515] 梁宇賢，同前⑮，頁 194（註 1）。

[2516] 江頭憲治郎，前揭書，頁 969（註 2）。

公告，無需進行異議程序，而債權人亦不得異議）、[2517]變更章程與辦理變更登記。

第三節　股份有限公司之變更組織

壹、原則上不得變更組織

股份有限公司原則上不得變更組織為其他種類之公司，以維持公司大眾化之目的，但公司重整時，若重整計畫將之變更為其他種類之公司，則只要經關係人會議可決並經法院認可則可。[2518]

貳、變更為閉鎖性股份有限公司

公司法第三五六條之十四第一項規定，非公開發行股票之股份有限公司得經全體股東同意，變更為閉鎖性股份有限公司。該條第二項規定，全體股東為前項同意後，公司應即向各債權人分別通知及公告。

[2517] 柯芳枝，前揭書，頁 86；梁宇賢，同前[15]，頁 193。

[2518] 賴源河（王志誠修訂），前揭書，頁 116；梁宇賢，同前[15]，頁 186。

第七篇

外國企業

第一章　外國公司

第一節　概　念

外國企業包括外國公司與其他型態之外國企業。然而，何謂外國公司呢？何種外國企業是我國公司法所稱之外國公司而可不必經認許即有權利能力呢？探討如下。

壹、我國公司法上外國公司之意義

公司法第四條第一項規定，本法所稱外國公司，謂以營利為目的，依照外國法律組織登記之公司。該條第二項規定，外國公司，於法令限制內，與中華民國公司有同一之權利能力。根據此一定義，為外國公司須為依照外國法律組織登記而以營利為目的之公司。由於與公司法第一條對我國公司所為須屬社團法人之要件相較可知，我國公司法僅要求其為公司，並未要求外國公司須屬社團法人。此點值得贊同也值得探討。值得贊同者在於有些外國公司在其本國法律並非社團（例如一人公司），而且，亦非法人（例如德國之無限公司與兩合公司）。

值得探討者在於何謂公司呢？依照外國法律組織登記之以營利為目的之外國基金是否為外國公司呢？由於我國所謂公司需有法律人格，因此，外國公司亦須具有法律人格。而一外國公司是否具有法人格乃有關公司內部之組織，在國際私法上一般認為乃根據該公司所準據設立之國之法律決定之（稱為設立準據法主義）。[2519]此外，外國公司（例如英國有非營利為目的之公司）需以營利為目的才是公司法上之外國公司，而須受公司法規範，

[2519] 神田秀樹，前揭書，頁398。

若為非營利為目的之外國公司，則有可能屬外國法人而可能須受我國民法總則施行法之規範。

日本公司法第二條第二款規定，外國公司為以外國法令為準據所設立之法人及其他之團體而與會社同種或類似者。由於此一規定，外國即使並未將之當作法人，例如德國之無限公司並無法律人格，其團體只要與公司同種或類似，所以，日本判決認為其在日本法上雖非法人，但為外國公司而可受判決。[2520]此一定義足供我國參考。又根據美國法所成立之有限合夥，日本學者亦認為其與日本法之持份公司（即類似我國之無限公司與兩合公司）相似，而應被認為屬日本法上之外國公司。[2521]

貳、外國法人

一國基於課稅，國家安全，與經濟等考量有需要去區分法人之國籍。在國際私法上，一外國法人有否法律人格或有否權利能力所應根據之法律稱為從屬法 (personal law; Gesellschaftsstatut)。[2522]此外，有關法人內部組織之事項以及法人之解散清算等事項亦根據從屬法決定以免法律關係趨於混亂，[2523]而從屬法之認定或就外國法人（包括有法律人格之外國公司）國籍之認定在學說上有以下之主義。

一、外國法人之國籍認定學說之爭

㈠住所地說

住所地說乃根據法人實在說而立論，認為法人並非法律所擬制，而是真實地存在而有其營業及住所。根據此說，若不在現在之經營管理地進行

[2520] 三枝一雄、南保勝美、柿崎環、根本伸一，前揭書，頁 21；江頭憲治郎，前揭書，頁 1979（註 1）；龍田節、前田雅弘，前揭書，頁 558。

[2521] 江頭憲治郎，前揭書，頁 980（註 1）。

[2522] 江頭憲治郎，前揭書，頁 980。

[2523] 江頭憲治郎，前揭書，頁 980。

設立手續，則不承認其法律人格。[2524]大陸法系國家多採此說，但在認定法人之住所又有營業中心說、本公司所在地說、法人真實住所所在地說等之爭。

㈡控制說

控制說以控制該法人之自然人之國籍為國籍，稱為管理主義，[2525]但何謂控制在實務上甚難明白認定，而且，有些公司之控制權經常轉換會造成其國籍亦經常變動，更有些公司受外國公司所控制，因此，僅有在第一與第二次世界大戰時才比較被採以認定外國法人之國籍。

㈢準據法說

此說乃以法人所據以設立之法律訂定國為其國籍。此說認為法人之本質乃應採法人擬制說，而認為法人乃依據準據法所設立（所擬制），其國籍當然以賦予其人格之法律制定國為國籍。本說之優點在於標準明確，易被遵循（法的安定性），符當事人自治，而其缺點在於可能被利用於在與該公司之業務無關之國家設立公司而產生虛偽或規避法律之現象。[2526]英美法系國家多採此說。[2527]日本法亦同。

二、我國法所採之觀點

以上諸說以準據法說最為有力。[2528]因此，我國外國人投資條例第三條第二項（外國法人依其所據以成立之法律定其國籍）以及公司法第四條第一項（規定外國公司乃依照外國法律組織登記）顯然乃採準據法說。[2529]

[2524] 江頭憲治郎，前揭書，頁 980（註 2）。

[2525] 龍田節、前田雅弘，前揭書，頁 557。

[2526] 王文宇，同前[75]，頁 707。

[2527] 江頭憲治郎，前揭書，頁 980（註 2）。

[2528] 鄭玉波，同前[13]，頁 250。

[2529] 柯芳枝，前揭書，頁 679；姚志明，前揭書，頁 31。

第二節　外國法人與公司之權利能力

壹、外國法人之權利能力

所謂認許 (recognition; Anerkennung) 乃指依設立準據法或住所地法有法人格之外國法人在國內進行交易之權利能力之承認程序。[2530]

有關認許之必要性與否牽涉到公司之法人擬制說 (fiction theory) 與法人實在說之爭。英美法採前說，認為公司僅能在其準據法國存在，而法律原則上並無域外效力，所以，一外國公司除非經過認許，否則不能被認為存在，而認許等於公司之再設立 (reincorporation)。[2531]此說乃外國法人之內國權利能力承認上之所謂限制理論 (Restrictive theory)。限制理論根據法人擬制說而認為法人人格為其所屬國家之法律所擬制，而因為法律無域外效力，所以，其在該國法域之外即無人格。[2532]

大陸法系採法人實在說，認為公司如同自然人有權利能力，既在其本國成立則已有權利能力，在他國不必再經過認許已有權利能力，而認許僅具確認其已存在之效力而已。[2533]此一見解又被稱為自由理論 (Liberal theory) 說，其認為，與自然人一樣地，法人暨已由外國法律賦予其人格，內國當然應予以承認。[2534]

基於國際禮讓 (international comity) 可得對外國法人加以認許。在外國法人之認許上，各國立法例除前述之限制理論與自由理論之別外，主要有採互惠認許主義（以外國承認本國法人之人格為條件認許該外國之法人）

[2530] 江頭憲治郎，前揭書，頁 982。

[2531] 柯芳枝，前揭書，頁 680–682。

[2532] 王文宇，同前[75]，頁 711。

[2533] 柯芳枝，前揭書，頁 680–682。

[2534] 王文宇，同前[75]，頁 711。

與特別認許主義（須內國政府各別地承認外國法人之人格）。我國民法總則施行法乃採特別認許主義。[2535]根據民法總則施行法第十一條之規定，外國法人除依法律規定外，不認許其成立。民法總則施行法第十二條第一項規定，經認許之外國法人於法令限制內，與同種類之我國法人有同一之權利能力。而未經認許其成立之外國法人，依據民法總則施行法第十五條之規定，僅有與以其名義為法律行為之人對該法律行為負連帶責任之能力，而非全無權利能力。由於需負連帶責任即有可能在國內被提起民事訴訟，因此，我國實務乃將未認許之外國法人當作民事訴訟法第四十條第三項之非法人團體而承認其當事人能力。此一規定於國際交易不頻繁之十九世紀固較不生問題，但在現今國際交易頻繁與網路交易無遠弗屆之二十一世紀即不能無所變革。

貳、外國公司因公司法特別規定而不待認許即有權利能力

民法總則施行法第十二條第一項規定「經認許之外國法人，於法令限制內，與同種類之我國法人有同一之權利能力」而依我國二〇一八年修法前之公司法之規定，外國公司之權利能力之取得，須經認許 (recognition)。若外國公司已依其本國法有效成立，即難以否認此事實。從而，林國全教授認為，[2536]外國公司認許之效力，應僅在允許外國公司於我國境內營業，而不應解為外國公司須經認許在我國法律上始承認其法人格。應將外國公司之認許修改為在境內營業之條件，而非權利能力取得之要件。

因有上述之批評，在國際化之趨勢下，國內外交流頻繁，依外國法設立之外國公司既於其本國取得法人格，我國對此一既存事實宜予尊重。且為強化國內外公司之交流可能性，配合實際貿易需要及國際立法潮流趨勢，

[2535] 王文宇，同前[75]，頁 711。

[2536] 林國全，外國公司代表人辦事處，月旦法學教室，第 14 期，2003 年 12 月，頁 26，頁 27。

故二〇一八年修法廢除外國公司認許制度。公司法廢除外國公司認許制度後，依現行公司法第四條第二項規定，外國公司，於法令限制內，與中華民國公司有同一之權利能力。外國公司不待認許即於法令限制內與中華民國公司有同一之權利能力，而不再與其他種類之外國法人一般，未經認許僅有負連帶責任之能力了。

外國公司於法令限制內有與我國公司相同之權利能力，故其能取得本國公司以股票設定之質權。[2537]但外國公司取得我國土地有法令上之限制，包括土地法第十七條第一項對林漁礦地等對外國人之限制。而且，外國公司欲於我國境內募集發行股份者，須依證券交易法第二二條第一項之規定，向金管會申報生效後始得為之。外國公司若要進行營業則須分公司登記。

第三節　分公司登記為在國內營業之前提

壹、國內營業之前提

所謂營業乃指以營利為目的而進行業務之謂。公司法第三七一條第一項規定，外國公司非經辦理分公司登記，不得以外國公司名義在中華民國境內經營業務。至於，外國公司根據我國公司法成立子公司而在中華民國境內營業者須以該子公司名義為之，亦不得以該外國公司名義為之。

貳、辦事處登記不得營業

外國公司不必經認許在我國即有權利能力，其若不在我國營業，則不必為分公司之登記，但其若要蒐集資料或從事市場調查等，則可能須設辦事處，此時依公司法第三八六條第一項之規定，外國公司因無意在中華民國境內設立分公司營業，未經申請分公司登記而派其代表人在中華民國境內設置辦事處者，應申請主管機關登記。該條第二項規定，外國公司設置

[2537] 賴源河（王志誠修訂），前揭書，頁435。

辦事處後，無意繼續設置者，應向主管機關申請廢止登記。該條第三項規定，辦事處代表人缺位或辦事處他遷不明時，主管機關得依職權限期令外國公司指派或辦理所在地變更；屆期仍不指派或辦理變更者，主管機關得廢止其辦事處之登記。

第四節　分公司登記之要件

壹、積極要件

一、公司名稱須譯成中文

公司法第三七〇條規定，外國公司在中華民國境內設立分公司者，其名稱，應譯成中文，並標明其種類及國籍。所謂應譯成中文應被作廣義解讀，而容許音譯、意譯或另外選用中文文字為名稱。而且，外國公司名稱之中譯或使用亦須受到公司法第十八條第一項前段之限制，即不得與他公司或有限合夥名稱相同。

二、營業基金之備置

有關在國內之營業基金，公司法第三七二條第一項規定，外國公司在中華民國境內設立分公司者，應專撥其營業所用之資金，並指定代表為在中華民國境內之負責人。

公司法已廢除最低資本額之規定，但公司法第三七二條第一項明定外國公司在我國設立分公司者，應專撥其營業所用之資金。至於目的事業主管機關對於外國公司在我國境內所營事業最低資本額之限制，應回歸各目的事業主管機關之規定。此一規定乃為保障我國內與外國分公司交易之相對人不必到海外訴訟，甚至強制執行。

三、許可事業應先經許可

外國公司在我國所欲經營之業務若依法律或依基於法律授權之命令須先經許可者依公司法第三七七條準用公司法第十七條第一項之結果，外國公司須先獲得許可後方能申請分公司登記。

貳、消極要件

外國公司有下列情事之一者依公司法第三七三條之規定，不得予以分公司登記：其目的或業務違反中華民國法律、公共秩序或善良風俗，或者申請登記事項或文件有虛偽情事。

第五節　分公司登記後之監督

公司法第三七四條第一項規定，外國公司在中華民國境內設立分公司者，應將章程備置於其分公司，如有無限責任股東者，並備置其名冊。又營業基金之維持義務方面，公司法第三七二條第二項規定，外國公司在中華民國境內之負責人於登記後，將前項資金發還外國公司，或任由外國公司收回者，處五年以下有期徒刑、拘役或科或併科新台幣五十萬元以上二百五十萬元以下罰金。

第六節　分公司登記之廢止與清算

公司法第三七八條規定，外國公司在中華民國境內設立分公司後，無意在中華民國境內繼續營業者，應向主管機關申請廢止分公司登記。但不得免除廢止登記以前所負之責任或債務。

公司法第三七九條第一項規定，有下列情事之一者，主管機關得依職權或利害關係人之申請，廢止外國公司在中華民國境內之分公司登記：一、外國公司已解散。二、外國公司已受破產之宣告。三、外國公司在中華民國境內之分公司，有第十條各款情事之一。公司法第三七九條第二項規定，前項廢止登記，不影響債權人之權利及外國公司之義務。因此，須進行清算已了結債權債務。

外國分公司之清算與公司清算不同地，乃指非因解散而是因法定原因而了結我國內之債權債務，因此，其與外國公司之解散與清算有所不同。外國分公司之清算原因，依公司法第三八〇條第一項之規定，外國公司在中華民國境內設立之所有分公司，均經撤銷或廢止登記者，應就其在中華民國境內營業所生之債權債務清算了結。由於所有分公司均經撤銷或廢止登記者而為保護國內債權人而要求其應進行清算。

第二章　其他型態之外國企業

第一節　概　述

外國事業有營利性質與非營利性質之區分，而營利性質者可被稱為外國企業。非營利性質之外國事業（例如“Green Peace”、“World Watch”或“Fair Trade”）等關心慈善、環保與生態之團體則可能有法人資格，亦可能沒有法人資格。

第二節　外國公益事業

外國事業若為公益事業且具法人之資格，則即使像英國之公益公司仍非我國公司法上之外國公司，所以，必須經我國認許後方可被承認為具有外國法人之權利能力，其餘非公益公司型態之外國法人，仍須經過我國之認許，在我國方有權利能力。不論何者，其業務可能另須獲政府之許可，例如捐血中心業務。

第三節　非公司之外國營利事業

壹、前　言

外國營利企業包括公司、非公司型態之法人企業與非法人之外國企業，其中非法人之外國企業未能被認定為我國公司法中之外國公司，但非公司型態之法人企業則有可能。

貳、非法人型態之外國企業

外國企業若為非法人，例如信託、聯合開發 (Joint Venture)、無法人資格之基金 (fund)、資金 (Capital)、獨資或合夥，則其要到我國營業，須依我國公司法另設子公司，或另設獨資事業或合夥事業等方式為之。

以聯合開發 (Joint Venture) 為例，聯合開發的概念甚難加以界定，英國法與美國法有甚大歧異。美國聯邦法院曾將聯合開發界定為「兩個或兩個以上自然人或法人結合財產與專業技能，從事單一事業而享有聯合財產權與控制權，並分配利潤與損失的事業體」。[2538]英國法上的聯合開發則不限於從事單一事業，所分配者為聯合開發所獲之產品（例如石油）而非利潤。但英美兩國法律同認為其非法人，所以，未能被認定為我國公司法中之外國公司。

參、法人型態之外國企業

法人型態之外國企業，例如合作社、有法人資格之基金 (fund) 等，其若要到我國營業，應可比照公司法對外國公司之規定，不必認許，即有權利能力，可進行營業，但須類推適用分公司之規定，設分部 (branch) 並登記、備置資金及代表人等。

以有限合夥為例，有限合夥在有些國家（如我國）為法人，在有些國家則否。我國有限合夥法乃二〇一五年為鼓勵投資而制定公佈，根據該法有限合夥 (Limited Partnership) 乃一人以上之普通合夥人 (General Partner) 與一人以上之有限合夥人 (Limited Partner) 根據合夥契約共同組成具有法人資格之社團法人。原則上，普通合夥人對有限合夥之債務負無限清償責任，而有限合夥人僅以出資額為限負有限責任。有限合夥乃類似兩合公司之組合。外國有限合夥，例如，日本在平成十年藉民法上合夥、隱名合夥、信託受益權分售方法與冒險資本基金 (venture capital fund) 等方法形成投

[2538] Mallis v. Bankers Trust Co., 717 F. 2d 683 (1983).

資事業有限責任合夥（須登記而其成員有無限責任與有限責任合夥人）供冒險事業投資，[2539]其有法人格，若要到我國營業，應可比照公司法對外國公司之規定，不必認許即有權利能力，但須類推適用外國分公司之規定，設分部 (branch) 並登記、備置資金及代表人等後，方可進行營業。

[2539] 江頭憲治郎，前揭書，頁 11、12（註 2）。

參考文獻

壹、中日文（依姓氏筆畫排列）

一、書　籍

三枝一雄、南保勝美、柿崎環、根本伸一，基本会社法，第一版，中央経済社，東京，2015年9月。
川村正幸等三人合著，詳說会社法，第一版，中央経済社，東京，2016年9月。
川村正幸、品谷篤哉、酒井太郎，商法總則——商行為法，新世社，東京，2019年7月。
王文宇，公司法論，第六版，元照，台北，2018年10月。
王文宇，公司與企業法制，初版，元照，台北，2000年5月。
王文宇、林國全、王志誠、許忠信、汪信君，商事法，初版一刷，元照，台北，2004年6月。
王仁宏，新修正公司法解析，第二版，元照，台北，2002年3月。
方嘉麟主編，變動中的公司法制，初版，元照，台北，2019年1月。
江頭憲治郎，株式会社法，第七版，有斐閣，東京，2017年11月。
伊藤真監修，会社法，初版，弘文堂，東京，2016年2月。
吉本健一，会社法，第二版，中央経済社，東京，2016年8月。
吳光明，證券交易法論，第十四版，三民，台北，2019年2月。
近藤光男，最新株式会社法，第八版，中央経済社，東京，2019年5月。
河本一郎、川口恭弘，新日本の会社法，初版，商事法務，東京，2018年2月。
青竹正一，商法總則——商行為法，信山社，東京，2019年3月。
長谷川雄一，有価証券法通論，成文堂，東京，2000年9月。

姚志明，公司法，第二版，新學林，台北，2020年5月。
洪遜欣，法理學，初版九刷，三民（總經銷），台北，1991年12月。
施啟揚，民法總則，再版，三民，台北，1984年6月。
柯芳枝，公司法論，增訂初版，三民，台北，1997年10月。
前田庸，会社法入門，第十三版，有斐閣，東京，2018年11月。
神田秀樹，会社法，第二十一版，弘文堂，東京，2019年3月。
柴田和史，会社法詳解，第二版，商務法務，東京，2018年3月。
高橋紀夫，会社法，初版，峨野書院，京都，2016年12月。
陳連順，新公司法，初版，自刊，台北，2019年1月。
黃銘傑，公司治理與企業金融法制之挑戰與興革，初版，元照，台北，2006年9月。
曾世雄，企業設計法，自刊（三民書局總經銷），台北，1995年1月。
梁宇賢，公司法實例解說，第三版，自刊，台北，1991年9月。
梁宇賢，商事法要論，第四版，三民，台北，1991年。
陳國義，商事法概要——案例式，初版，滄海書局，台中，2000年。
黑沼悅郎，会社法，初版，商事法務，東京，2017年8月。
森本滋，商行為法講義，第二版，成文堂，東京，2006年5月。
詹德恩，法令遵循理論與實務，初版，元照，台北，2021年4月。
廖大穎，公司法原論，修訂第八版，三民，台北，2019年8月。
潘維大、范建得、羅美隆，商事法，初版，三民，台北，1999年10月。
鄭玉波，公司法，第二版，三民，台北，1983年8月。
龍田節、前田雅弘，会社法大要，第二版，有斐閣，東京，2017年5月。
賴英照，股市遊戲規則——最新證券交易法解析，第三版，自刊，台北，2019年9月。
賴源河（王志誠修訂），實用公司法，增訂第二版，五南，台北，2019年9月。

二、論　文

王偉霖，我國新修正公開發行公司出席股東會使用委託書規則之評析，中正財經法學，第18期，2019年1月，頁1。

方嘉麟，論發起人之形式意義，收錄於財經法論集——柯芳枝教授六秩華誕祝賀文集，三民書局，台北，1997年，頁71。

林國全，反對合併股東之股份收買請求權，月旦法學雜誌，第52期，1999年8月，頁12。

林國全，外國公司代表人辦事處，月旦法學教室，第14期，2003年12月，頁26。

林國全，監察人自行召集股東會，月旦法學教室，第32期，2005年6月，頁37。

黃朝琮，董事資訊權之若干思考，中正財經法學，第19期，2019年7月，頁51。

陳蕙君，公司法第173條之1持股過半數股東召集股東會之解釋與適用，中正財經法學，第19期，2019年7月，頁1。

楊岳平，新公司法與企業社會責任的過去與未來，中正財經法學，第18期，2019年1月，頁43。

貳、英、德文（依姓氏字母排列）

一、書　籍

Baumbach, Adolf & Hopt, Klaus, Handelsgesetzbuch, 31., neubearbeitete und erweiterte Auflage, Verlag C. H. Beck, München, 2003.

Davies, Paul, Gower's Principles of Modern Company Law, 16th ed., Sweet & Maxwell, London, 1997.

Emch, U., Renz, H. & Boesch, F., Das Schweizerische Bankgeschaeft, 5. Aufl., Ott Verlag Thun, Bern, 1998.

Pennington, Robert R., Company Law, 7th ed., Butterworths, London, Dublin & Edinburgh, 1995.

Schmidt, Karsten, Handelsrecht, 5. neubearbeitete Aufl., Carl Heymanns Verlag, Berlin, 1999.

Schmidt, Karsten, Gesellschaftsrecht, 4. neubearbeitete Aufl., Carl Heymanns Verlag, Berlin, 2002.

二、論　文

Afsharipour, Afa, Redefining Corporate Purpose: An International Perspective, 40 Seattle U. L. Rev. 465 (Winter, 2017).

Bavoso, Vincenzo, The Corporate Law Dilemma and the Enlightened Sovereigh Control Paradigm, 12 Brook. J. Corp. Fin. & Com. L. 241 (2018).

Gelter, Martin & Reif, Alexandra, The UK's Influence on EU Company Law, 40 Fordham Int'l L.J. 1413 (August, 2017).

Hamill, Susan P., The Origins Behind the Limited Liability Company, 59 Ohio St. L.J. 1459 (1998).

Hargovan, Anil & Todd, Timothy M., Financial Twilight Re-appraisal: Ending the Judically Created Quagmire of Fiduciary Duties to Creditors, 78 U. Pitt. L. Rev. 135 (Winter, 2016).

Johnston, Andrew, The Shrinking Scope of CSR in UK Corporate Law, 74 Wash. & Lee L. Rev. 1001 (Spring, 2017).

Keay, Andrew, Takerholder Theory in Corporate Law, 9 Rich. J. Global L. & Bus. 249 (Summer, 2010).

Pistor, Katharina et al., The Evolution of Corporate Law: A Cross-country Comparison, 23 U. Pa. J. Int'l Econ. L. 791 (Winter, 2002).

Reisberg, Arad, Corporate Law in the UK After Recent Reforms, Current Legal Problems (2010) 63 (1): 315.

Schmidt, Jessica, Reform of Germany's Private Limited Compnay (GmbH), 9

German Law Journal 1093 (2008).

Wagner, Constance Z., Evolving Norms of Corporate Social Responsibility, 19 Transactions 619 (Spring, 2018).

Yan, Min, Corporate Social Responsibility versus Shareholder Value Maximization: Through the Lens of Hard and Soft Law 40 NW J. Int'l L. & Bus. 47 (Fall, 2019).

Yan, Min & Zhang, Daoning, From Corporate Responsibility to Corporate Accountability, 16 Hastings Bus. L.J. 43 (Winter, 2020).

公司法論

梁宇賢／著

本書除對公司法之理論與內容加以闡述外，並多方援引司法院大法官會議之解釋、最高法院與行政法院之裁判、法院座談會之決議及法務部與經濟部之命令等。又本書對各家學者之見解、外國法例（尤其日本法例）皆有所介紹，並就我國現行公司法條文之規定評其得失，提供興革意見，俾供公司法修正時之參考。

商事法

吳博文／著

本書內容涵蓋最新修法資料、實務見解及學者意見，以及商事法中重要法律概念之名詞釋義，如公司法之「黃金表決權」、「複數表決權」、「累積投票制」、「深石原則」或報載所稱之「肥貓條款」、「大同條款」、「SOGO條款」等，方便讀者瞭解商事法特有之名詞。

公司法原論

廖大穎／著

本書內容以資合性的股份有限公司與人合性的無限公司、兩合公司及有限公司制度為兩大主軸，非常適合學術界與實務界人士參考。並針對我國的企業型態與公司法制，提綱挈領，簡明扼要剖析公司與法律的基本設計，並試圖藉由本書，勾勒出現代公司法的原貌，以開啟大學相關科系學生與一般讀者對公司法學的興趣。

公司法實例研習

曾淑瑜／著

本書不採傳統教科書模式，而以實例導引出各章、節重點。除仍保留系統化之特色外，亦增加思考問題之空間。本書共設計了一百二十三個問題，每一個問題之後還有二個練習題，可以讓對國家考試實例題頭痛之學子於課後練習。當然，本書亦將題目列舉於目錄上，讓實務從業者在遇到相關問題時，可迅速從目錄中找到爭議問題之所在，翻閱解答。

商事法

潘維大、范建得、羅美隆／著　黃心怡／修訂

本書共分緒論、公司法、商業登記、票據法、保險法、海商法、公平交易法等七大部分。在章節編排上務求綱舉目張、提綱挈領，冀希使讀者迅速瞭解我國商事法律之理論與實務，並附有公司申請登記之表格供讀者參考，使讀者更貼近實務操作，達到法律生活化之目標。

商事法要論

梁宇賢／著

本書共分為五編，除緒論述及商事法之意義、沿革，及與其他法律之關係外，其餘四編分別介紹公司法、票據法、海商法及保險法，均以詮釋法律條文為主，並徵引立法例、學說、判例等，間或參以管見，提綱挈領，力求理論與實際融會貫通，由簡入繁，以增進讀者之了解。

海商法

劉宗榮／著

本書特色：

一、從國際貿易與海上貨物運送的關係開始，到海上保險為止，依照事理的發展，由淺入深，進入海商法。

二、海上貨物運送的基礎，以海員、資金、船舶為中心，深入介紹相關制度。

三、海上貨物運送區分件貨運送與航程傭船，分別從定型化契約與個別商議契約的理論，說明當事人的權利義務。

四、各章備有習題，自修考試兩相宜。

破產法論

陳計男／著

本書參酌現行判例，外國法例、判例，中外著述及修正草案之重要修正內容，除就破產法之基本理論予以闡述外，並就現行法之缺點及實務上發生諸問題，提出個人意見，可供大專學生作為進修或研究破產法學之用，亦可供辦案人員實務上之參考。

國際私法實例研習

蔡華凱／著

本書以大學法律系授課範圍為主，針對涉外民事法律適用法規定所及範圍內，盡量擷取我國或外國的裁判實務為實例材料，而非單純假設性的考題設計。惟有在欠缺相關實務案例的情況下始以假設性的問題代之。又本書在內容上避免未經實務實踐的空泛理論之介紹，專就實務案例之爭點提出最具實用性的理論說明。

現代國際法

丘宏達／著　陳純一／修訂

本書內容重點涵蓋國際法的概念與性質、國際法的淵源、國際法與國內法的關係、條約、國際法的主體等。全書每一章均詳細說明分析當代國際法的重要規範，並儘量以實例解說。反映國際法的最新發展與中華民國的國際法實踐是本書的重要目的，而實例多則是本書的特色。對於與我國有關的國際法問題、國家實踐及相關法規與判決，本書均特別作詳細的敘述與分析。

民法總則

鄭玉波／著　黃宗樂、楊宏暉／修訂

本書以我國民法總則編為主要之論究對象，除對私法上之原理原則，如私權之主體——人、私法之客體——物、私權之變動等基本問題，均分別予以剖述外，並置重於外國法例之比較及特殊問題之探究，自四十八年八月初版發行以來，一直深受讀者喜愛。

法學緒論

鄭玉波／著　黃宗樂、楊宏暉／修訂

本書將「法學緒論」定位為「對於法律之概念、內容及其一般之原理原則，以至於法律思想等，加以初步之介紹者」，共分十二章，文字力求通順，敘述力求扼要，並儘量舉例說明，以幫助了解。總之，本書允為法學之最佳階梯，乃學習法律之津梁。

國家圖書館出版品預行編目資料

公司法要義／許忠信著.——初版一刷.——臺北市:
三民，2022
面；　公分

ISBN 978-957-14-7343-7（精裝）
1. 公司法

587.2　　110018908

公司法要義

作　　者	許忠信
責任編輯	李律衡
美術編輯	江佳炘
發 行 人	劉振強
出 版 者	三民書局股份有限公司
地　　址	臺北市復興北路 386 號 (復北門市) 臺北市重慶南路一段 61 號 (重南門市)
電　　話	(02)25006600
網　　址	三民網路書店 https://www.sanmin.com.tw
出版日期	初版一刷 2022 年 3 月
書籍編號	S582481
I S B N	978-957-14-7343-7